现代汽车涂装车间技术手册

王云华 主 编
李兵波 王红明 王 明 副主编

U0314234

化学工业出版社
·北京·

内容简介

本书是作者团队基于其多年在汽车涂装行业的丰富工作经验形成的一本注重可操作性、包含规划工艺、突出技术标准、注重细节要求、明确设计参数的汽车涂装专业书籍。

本书内容涵盖涂装车间工艺设备、前处理电泳、工位室体、喷漆室及中间烘房、烘干炉、机运设备、涂胶机器人、喷漆机器人、供料系统、空调系统、自动控制系统、设备消防系统、涂装车间辅助系统等涂装车间典型设备、系统的技术要求，以及涂装车间的"三废"处理、机械通用技术、电气通用技术、深度清洁标准、设备选型清单等辅助内容。

本书具有很强的实操指导意义，可供汽车涂装领域从事工厂规划和建设、工艺研究的专业工程人员参考使用。

图书在版编目（CIP）数据

现代汽车涂装车间技术手册/王云华主编. —北京：
化学工业出版社，2023.8
ISBN 978-7-122-42755-7

Ⅰ.①现… Ⅱ.①王… Ⅲ.①汽车-涂漆-手册 Ⅳ.
①U472.44-62

中国国家版本馆 CIP 数据核字（2023）第 028949 号

责任编辑：张海丽　武　江　　　　　　　　装帧设计：刘丽华
责任校对：王鹏飞

出版发行：化学工业出版社（北京市东城区青年湖南街 13 号　邮政编码 100011）
印　　刷：三河市航远印刷有限公司
装　　订：三河市宇新装订厂
787mm×1092mm　1/16　印张 35½　字数 951 千字　2023 年 8 月北京第 1 版第 1 次印刷

购书咨询：010-64518888　　　　　　　售后服务：010-64518899
网　　址：http://www.cip.com.cn
凡购买本书，如有缺损质量问题，本社销售中心负责调换。

定　　价：198.00 元　　　　　　　　　　　　　　　版权所有　违者必究

前　言

翻遍了美系、日系、德系以及自主系汽车公司的涂装车间规格相关资料，发现不同公司的规格要求各有特点。具有历史底蕴的外国品牌公司一般都有比较规范的规格资料，细节要求齐全，能够做到一套技术规范全球通用。国产品牌和新能源公司的规格资料参差不齐，就目前而言，整个汽车涂装行业专业工程师的技术沉淀基本靠自身工作积累，不利于涂装行业的发展。因此，当下涂装行业缺乏公开发行、用于新建涂装车间、具有实际参考价值的技术规格书籍。

基于编写一本实际操作性强的涂装车间技术规格书的目的，我们组织志同道合的同仁，集全员之力，穷尽团队经验智慧，历时一年有余，群策群力，经百次讨论，数十次反复斟酌修改，终得成稿。本手册内容详尽，囊括涂装车间各类生产系统、自动控制、消防以及环保和职业卫生等，兼具各类辅助系统设备、实验室仪器、生产工具以及辅材。所有设备规格都力争做到量化、具体化，避免模棱两可而在后期发生推诿现象；所有工程界面力求清晰明了，各方责任清楚；各项技术规格都尽量做到用图片、表格形式体现，易于理解；其他亮点不胜枚举，力求做到全面、详细，可借鉴性和可实际操作性强。本书以目前涂装材料与设备技术发展趋势下新建60JPH的涂装车间为基础条件编写，以假设新建涂装车间可以满足同时生产A级和B级三厢轿车、SUV和MPV不同车型为前提，为了满足不同企业商务发包习惯，书中分成总包和分设备系统分包两种模式，可作为新建涂装车间的技术参考蓝本，希望可以为涂装行业同仁们的工作提供帮助和借鉴。

本书由王云华担任主编，李兵波、王红明、王明担任副主编。全书由王云华负责统稿，其中，王红明完成第1章的编写；李兵波完成第2章的编写；杨久稳完成第3章的编写；王明完成第4章的编写；余志刚完成第5章的编写；王忠庆完成第9章的编写；赵沛完成第11章的编写；安敦任完成第15章的编写；其他章节由全体成员一起完成编写。全书是在各位作者的精诚通力合作下完成的。

然涂装各项技术、设备日新月异，难免有所疏漏，本书如若有幸得到涂装行业的前辈和同仁的审阅，还请不吝指教，以便本书后续改进。

编　者

目　录

1　涂装车间工艺设备技术要求总则

2　前处理电泳技术要求

3 工位室体技术要求

4 喷漆室及中间烘房技术要求

5 烘干炉技术要求

6 机运设备技术要求

7　涂胶机器人技术要求

8　喷漆机器人技术要求

9　供料系统技术要求

10 空调系统技术要求

11 自动控制系统技术要求

12 设备消防系统技术要求

13 涂装车间辅助系统技术要求

14　涂装车间"三废"处理与职业健康

15　附　录

参 考 文 献

1 涂装车间工艺设备技术要求总则

涂装是整车制造过程中冲、焊、涂、总四大工艺之一，主要功能是对车身进行内外表面处理，为车身提供具有装饰、防腐功能的多涂层。涂装能为车身装饰绚丽多彩的颜色，为客户提供更多和自主化的选择；能隔绝环境中的酸雨、阳光、空气污染物，起到防腐作用；还能减少因轻微刮擦或石击等造成的损伤，由此提高汽车的商品价值和耐用价值。

涂装主流工艺包含前处理电泳、涂胶、面漆、精修报交以及注蜡。涂装生产线的环境较为复杂，涉及腐蚀性区域、高湿区、高温区、防爆区等；环保及消防要求较高，"三废"需合法合规排放；喷漆、输漆系统及点修补等防爆区域的消防要求高；设备的自动化程度较高，具有贯穿整个生产线的自动控制系统，高精度、高质量、精确闭环控制的喷涂机器人。

涂装车间的项目建设工作要以打造行业标杆工程为目标，工艺方面，以行业内主流工艺为主，优先考虑当前较为先进的、有一定应用的工艺；设备方面，选择可靠性高、应用广泛、高智能水平的装备，建设高度自动化、智能化的生产线；能耗及环保方面，以国家法律法规、地方标准为原则，确保工艺、设备、质量指标的同时，兼顾节能减排、绿色环保的要求，选择工艺及装备。乙方全方位考虑、综合设计，为甲方建设高质量、高性价比、高柔性化、高工艺水平的涂装生产线。

本书将以某主机厂（以下简称甲方）新建一个涂装车间为内容载体，完成项目全部设计和建造要求。新建涂装车间必须具备生产 A 级和 B 级的三厢轿车、SUV 及 MPV 等车型的能力。总承包方（以下简称乙方）向甲方提供涂装车间各设备的设计规划和项目管理服务，主要包括项目设计、制造、运输、存储、安装、调试、培训、试生产、生产陪伴及售后服务、全过程项目管理工作，为交钥匙总包工程。在后续章节，有各子设备系统分包界面描述，以满足不同企业的商务选择。

1.1 总体要求

1.1.1 设计要求

① 生产线确保具备 4 款车型混线生产能力，净产能 60JPH（小时工作量）以上。

② 涂装车间的设计必须遵守行业标准、安全环保规范、设计安装规范。

③ 满负荷状态以年 5000h 计，在适当的维修条件下，工厂应具有 25 年以上的寿命。

④ 本车间工艺设备采用分层分区布置，主体厂房两层，局部三层结构。工艺设计应能够采用当前先进的技术，体现绿色节能环保理念。主要工序有：前处理电泳（薄膜、阴极电泳）→涂胶→面漆（B1B2、2K 清漆）→精修报交线→注蜡。

涂装车间各项工艺、设备设计详见以下各设计要求：

涂装车间前处理电泳技术要求（第 2 章）

涂装车间工位室体技术要求（第 3 章）

涂装车间喷漆室及中间烘房技术要求（第 4 章）

涂装车间烘干炉技术要求（第 5 章）

涂装车间机运设备技术要求（第 6 章）

涂装车间涂胶机器人技术要求（第 7 章）

涂装车间喷漆机器人技术要求（第 8 章）

涂装车间供料系统技术要求（第 9 章）

涂装车间空调系统技术要求（第 10 章）

涂装车间自动控制系统技术要求（第 11 章）

涂装车间设备消防系统技术要求（第 12 章）

涂装车间辅助系统技术要求（第 13 章）

涂装车间"三废"处理与职业健康（第 14 章）

工艺流程如图 1-1 所示。

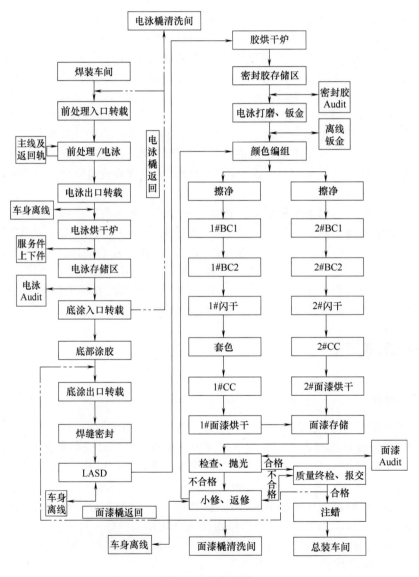

图 1-1　工艺流程

Audit：评估，质量检查

1.1.2　项目内容

乙方以总承包的形式为甲方提供涂装车间的设计和项目建设工作，供货范围包括项目设计、项目管理、制造、包装、运输、存储、安装、调试、培训、试生产、验收、生产陪伴（简称"陪产"）及售后服务等工作。项目工作内容包括但不限于以下部分。

① 工艺及设备方案的详细设计。

② 前处理设备的设计、供货、制造、运输、安装、调试、陪产、验收及项目管理。

③ 电泳设备的设计、供货、制造、运输、安装、调试、陪产、验收及项目管理。

④ 烘干室及强冷室设备的设计、供货、制造、运输、安装、调试、陪产、验收及项目管理。

⑤ 室体设备的设计、供货、制造、运输、安装、调试、陪产、验收及项目管理。

⑥ 喷漆室设备的设计、供货、制造、运输、安装、调试、陪产、验收及项目管理。

⑦ 空调送排风设备的设计、供货、制造、运输、安装、调试、陪产、验收及项目管理。

⑧ 输送系统设备的设计、供货、制造、运输、安装、调试、陪产、验收及项目管理。

⑨ 机器人系统设备的设计、供货、制造、运输、安装、调试、陪产、验收及项目管理。

⑩ 电控系统的设计、供货、制造、运输、安装、调试、陪产、验收及项目管理。

⑪ 输调漆、供胶、供蜡系统的设计、供货、制造、运输，安装系统的设计、供货、制造、运输、安装、调试、陪产、验收及项目管理。

⑫ 废气处理设备的设计、供货、制造、运输、安装、调试、陪产、验收及项目管理；喷漆室、闪干采用转轮设备进行处理，调漆间、点修补/大返修的废气采用活性炭进行处理。

⑬ 纯水设备的设计、供货、制造、运输、安装、调试、陪产、验收及项目管理。

⑭ 整流电源设备（分布式）的设计、供货、制造、运输、安装、调试、陪产、验收及项目管理。

⑮ 设备消防系统的设计、供货、制造、运输、安装、调试、陪产、验收及项目管理。

⑯ 其他配套设施的设计、供货、制造、运输、安装、调试、陪产、验收及项目管理。

⑰ 现场所有设备的检修平台（检修吊装轨道、挂钩等）的设计、供货、制造、运输、安装、调试、陪产、验收及项目管理。

⑱ 乙方需派专人至甲方现场，配合甲方公用土建招标及方案图纸会签，以及公用土建施工过程中配合甲方协调。

1.1.3　注意事项

乙方在正确理解本技术要求后，为确保车间在满负荷状态下生产时的各项功能、环保指标、质量指标，结合各自的经验，对招标技术要求做出评估。评估的内容包含但不仅限于：

① 对工艺设备技术要求提出修改意见（不合理处、不完善处、错误处等）。

② 指出工艺技术要求中遗漏的，为完成油漆工艺所必需的设备、设施、功能。

③ 指出工艺设备技术要求中不符合、违背或未提到的，但是必须执行的国家及地方性法规（如环保法规、消防法规、劳动安全法规、高压高温设备法规等）。

④ 对第①～③项不指出问题或不做评估即视为无"不合理处、不完善处、错误、遗漏"以及无"不符合、违背"之处。如在后续实施过程中产生此类问题，由乙方提出解决方案，并经甲方认可后实施，在此过程中不得增加任何费用。

1.2 分工界面

1.2.1 分工界面总述

分工界面的总体描述见表 1-1（分工界面包含但不限于以下内容，表格中"〇"表示责任方）。

表 1-1 分工界面

分项	甲方	乙方	工程内容
公用管线	〇	〇	分工界面详见 1.2.2 节的公用管线分工界面
基础	〇		基础、地面、地坑、地沟
	〇		地坑、地沟的棱角
	〇		地坑、地沟的盖板
	〇		地坑安全扶手
	〇		设备与基础之间固定和空间的回填
厂房建筑	〇		厂房建筑
	〇		维修间、库房等
	〇		调漆间和储漆间、供胶间、供蜡间
	〇		披屋
	〇		土建临时办公室
	〇		物料存放区
	〇		内外墙的粉刷和装修、地坪油漆
	〇		厂内生活设施（办公室、厕所、盥洗室等）
	〇		土建办公用水、用电、卫生等设施
	〇		建筑物洞口的开洞、修理、加强、封闭、设备支撑的基础等
		〇	建筑物洞口的设备提资、管道支撑等
	〇		屋面和墙面设备物料进口开洞及封闭
		〇	屋面和墙面设备物料进口提资
	〇		建筑接地装置
	〇		厂房防雷设施及首检
	〇		土建施工用开关板和安全装置
	〇		防火隔离及覆盖物
	〇		屋顶防漏板
	〇		厂房分隔
	〇		厂房楼梯
	〇		土建施工用动力（电、水、天然气等消耗）
	〇		土建施工现场的清（理）除现场、清除废料
设备相关		〇	各工艺设备
		〇	车间风淋室
		〇	喷漆室风淋门
	〇		屋面通风机
		〇	设备室体卷帘门
	〇		建筑内外墙卷帘门[除涂装车间与 BDC（车体分配中心）接口处的卷帘门]
		〇	涂装车间与 BDC 接口处卷帘门、机运的安全互锁
	〇		车间供配电
	〇		污水处理站

分项	甲方	乙方	工程内容
	○		车间消防
		○	水消防系统:文丘里、喷漆室、闪干、流平、烘干入口、洁净区、喷漆风道、注蜡室等 气体消防系统:调漆间、储漆间
	○		车间排烟
		○	滑橇清洗间地面格栅和橇体支架
		○	设备照明
		○	设备接地、设备风管防雷接地
		○	专用维修工具
		○	工位器具,包含导轨滑架、固定托盘、水槽、移动托盘、小型测试台等
	○	○	检查、校正安装基础
	○	○	公用管线安装位置及空间确认
		○	公用管线与设备布置三维图合图(数模)
		○	公用管线等与工艺设备干涉的费用、方案及实施
		○	临时办公室
	○		物料存放区
	○		提供临时办公用水、电、卫生等设施点
设备相关		○	临时办公用水、电等消耗费用
		○	设备运输、安装,现场安装所需装备(叉车、吊车等)
		○	防火隔离及覆盖物
		○	安装用开关板和安全装置
		○	现场清理、清除废料
		○	设备深度清洁、厂房内部深度清洁
	○		试验车身
		○	试验车身涉及的运输报关等
		○	钝化清洗,包含材料、清洗操作、废料处理
		○	安装用动力(电、水、气等消耗费用)
	○		联机调试、试生产、生产用动力能源
	○		土建及设备建设临时用电供配电主柜
		○	车间设备建设临时用电电柜及电路布置
		○	量产前润滑油、润滑脂、化学药剂提供及加注
		○	终验收前滤材的安装及更换
		○	量产前现场保安
	○		能源质检,提供质检报告(水、电、气)
		○	能源质检确认签字(水、电、气)
		○	废气排放第三方检测报告
		○	仪器仪表首检
		○	特种设备首次送检
	○		建筑防雷接地第三方检测
		○	设备接地检测
		○	车间制冷设备首次保养

1.2.2 公用动力分工界面

公用动力分工界面如表 1-2 所示。

表 1-2　公用动力分工界面

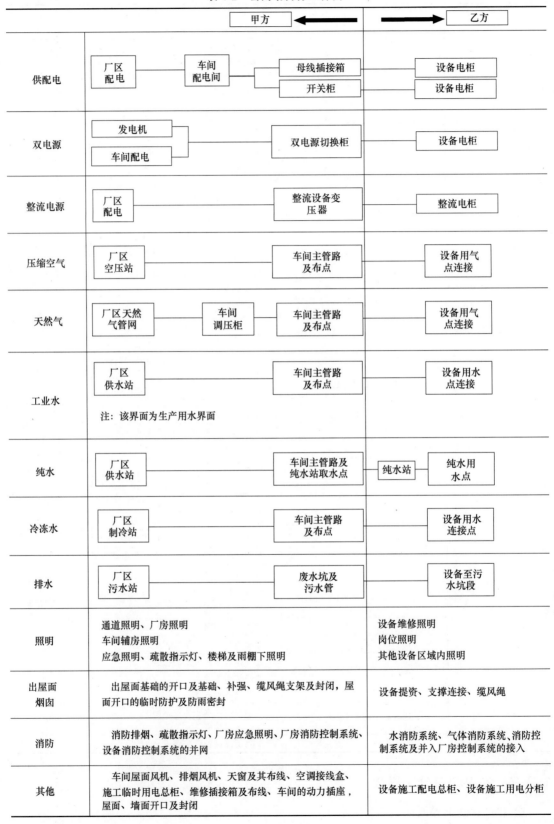

	甲方 ←	→ 乙方
供配电	厂区配电 → 车间配电间 → 母线插接箱 / 开关柜	设备电柜 / 设备电柜
双电源	发电机 / 车间配电 → 双电源切换柜	设备电柜
整流电源	厂区配电 → 整流设备变压器	整流电柜
压缩空气	厂区空压站 → 车间主管路及布点	设备用气点连接
天然气	厂区天然气管网 → 车间调压柜 → 车间主管路及布点	设备用气点连接
工业水	厂区供水站 → 车间主管路及布点 注：该界面为生产用水界面	设备用水点连接
纯水	厂区供水站 → 车间主管路及纯水站取水点 → 纯水站	纯水用水点
冷冻水	厂区制冷站 → 车间主管路及布点	设备用水连接点
排水	厂区污水站 → 废水坑及污水管	设备至污水坑段
照明	通道照明、厂房照明 车间辅房照明 应急照明、疏散指示灯、楼梯及雨棚下照明	设备维修照明 岗位照明 其他设备区域内照明
出屋面烟囱	出屋面基础的开口及基础、补强、缆风绳支架及封闭，屋面开口的临时防护及防雨密封	设备提资、支撑连接、缆风绳
消防	消防排烟、疏散指示灯、厂房应急照明、厂房消防控制系统、设备消防控制系统的并网	水消防系统、气体消防系统、消防控制系统及并入厂房控制系统的接入
其他	车间屋面风机、排烟风机、天窗及其布线、空调接线盒、施工临时用电总柜、维修插接箱及布线、车间的动力插座，屋面、墙面开口及封闭	设备施工配电总柜、设备施工用电分柜

1.2.3 施工界面示意图

1.2.3.1 公用管线分工界面

（1）工业水

工业水分工界面如图 1-2 所示。

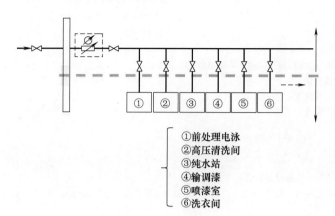

土建部分，包含：
主管路、流量计、压力表及
各设备连接点的阀门

各设备供货商部分，包含：
各设备支管路、设备至主管
路预留阀门的对接

①前处理电泳
②高压清洗间
③纯水站
④输调漆
⑤喷漆室
⑥洗衣间

图 1-2　工业水分工界面

注：

a. 供水点的需求不少于图 1-2 的描述，具体见各设备提资；

b. 生活用水的技术要求及实施由土建负责；

c. 设备管路标高要求：一层设备管路高度距离二层楼面底 1.3m；二层设备管路高度距离二层楼面顶 5.5m；三层设备管路高度距离三层楼面顶 5.5m。

（2）冷冻水

冷冻水分工界面如图 1-3 所示。

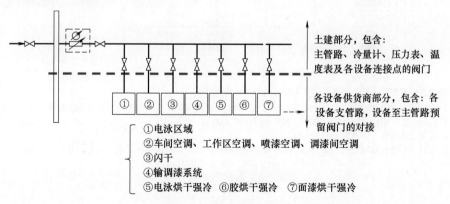

土建部分，包含：
主管路、冷量计、压力表、温度表及各设备连接点的阀门

各设备供货商部分，包含：各设备支管路，设备至主管路预留阀门的对接

①电泳区域
②车间空调、工作区空调、喷漆空调、调漆间空调
③闪干
④输调漆系统
⑤电泳烘干强冷　⑥胶烘干强冷　⑦面漆烘干强冷

图 1-3　冷冻水分工界面

注：

a. 冷冻水的需求不少于图 1-3 的描述，具体见各设备提资；

b. 设备管路标高要求：一层设备管路高度距离二层楼面底 1.3m；二层设备管路高度距离二层楼面顶 5.5m；三层设备管路高度距离三层楼面顶 5.5m。

（3）热水

热水分工界面如图 1-4 所示。

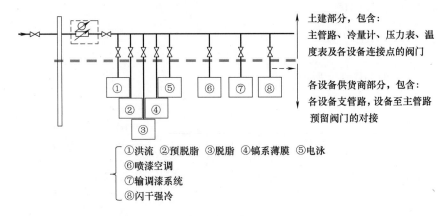

①洪流 ②预脱脂 ③脱脂 ④镉系薄膜 ⑤电泳
⑥喷漆空调
⑦输调漆系统
⑧闪干强冷

图 1-4　热水分工界面

注：

a. 热水点的需求不少于图 1-4 的描述，具体见各设备提资；

b. 设备管路标高要求：一层设备管路高度距离二层楼面底 1.3m；二层设备管路高度距离二层楼面顶 5.5m；三层设备管路高度距离三层楼面顶 5.5m。

（4）供配电

供配电分工界面如图 1-5 所示。

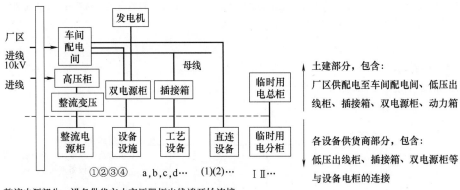

1. 整流电源部分，设备供货方由变压器柜出线端开始连接
2. ①②③④双电源需求有：电泳系统、输调漆空调、消防系统等，各双电源柜布置至各设备需求点
3. a,b,c,d…插接箱随母线全车间分布至各设备需求点
4. 依据设计提资，需求直连的工艺设备
5. 项目安装阶段临时用电界面：土建部分负责临电总柜，乙方负责在每个区域安装临电分柜及电缆连接工作

图 1-5　供配电分工界面

注：

a. 用电的需求不少于图 1-5 的描述，具体见各设备提资；

b. 设备管路标高要求：一层设备管路高度距离二层楼面底 1.3m；二层设备管路高度距离二层楼面顶 5.5m；三层设备管路高度距离三层楼面顶 5.5m。

（5）压缩空气

压缩空气分工界面如图 1-6 所示。

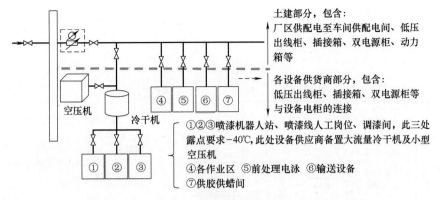

图 1-6　压缩空气分工界面

注：

a. 压缩空气的需求不少于图 1-6 的描述，具体见各设备提资；

b. 设备管路标高要求：一层设备管路高度距离二层楼面底 1.3m；二层设备管路高度距离二层楼面顶 5.5m；三层设备管路高度距离三层楼面顶 5.5m。

（6）天然气

天然气分工界面如图 1-7 所示。

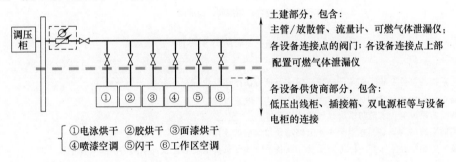

图 1-7　天然气分工界面

注：

a. 天然气的需求不少于图 1-7 的描述，具体见各设备提资；

b. 设备管路标高要求：一层设备管路高度距离二层楼面底 1.3m；二层设备管路高度距离二层楼面顶 5.5m；三层设备管路高度距离三层楼面顶 5.5m。

（7）污水

污水分工界面如图 1-8 所示。

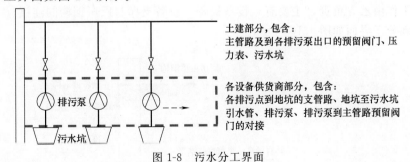

图 1-8　污水分工界面

注：

a. 排污泵的出口配置压力控制器，由设备供货商提供；

b. 土建预留的排污泵出口的对接阀门，置于距离水泵出口 1m 处；

c. 污水坑设置斜坡或 2m² 左右的排水收集凹面，便于排水。

（8）消防

消防分工界面如图 1-9 所示。

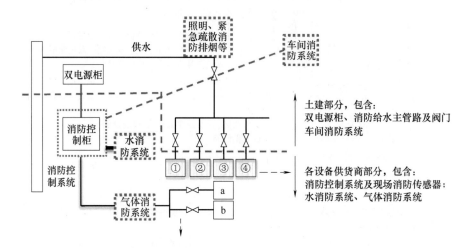

①②③④水消防系统现场各需求点有：文丘里、喷漆室、闪干、流平、烘干入口、洁净区、喷漆风道、注蜡室等

a，b 气体消防系统包含：调漆间、储漆间

图 1-9　消防分工界面

注：

a. 消防系统的设计及施工必须严格按照国家及地方法律法规执行；

b. 设备消防系统所包含的区域包含但不限于图 1-9 描述内容；

c. 设备消防系统包含水消防系统、气体消防系统；

d. 水消防系统的现场各需求点至主水管路用预留阀门的连接；

e. 设备消防系统并入车间主体消防系统。设备消防部分负责电缆的连接，车间消防负责控制模块的融合工作。

1.2.3.2　基础及钢构

（1）隶属于土建施工的工作

① 厂房主体支撑钢构。

② 设备预埋板、地坑、开洞、围堰、水泥槽体等。

③ 具有标高、水平度等要求的基础面。

（2）设备自身钢构及与建筑主体钢构的对接

本部分工作由乙方负责，主要有：设备提资；设备支撑与厂房钢构的连接。

建筑基础分工界面如图 1-10 所示。

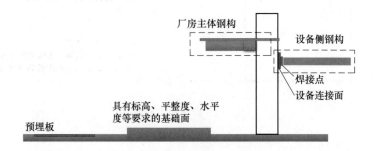

图 1-10　建筑基础分工界面

（3）建筑开洞界面（图1-11）

土建界面：建筑开洞、建筑主体钢构或支撑、洞口封闭。

设备界面：设备提资需求尺寸、承载要求。

（4）焊涂/涂总设备分工界面

① 白车身在位于涂装车间内的输送线完成由涂装滑橇与焊装/总装滑橇的转接过程，在焊涂/涂总输送线的交界面，存在输送线的信息及数据的交互过程。

② 硬件划分。涂装与其他车间硬件分工界面如表1-3所示。

焊涂/涂总设备分工界面如图1-12所示。

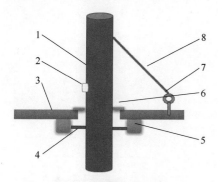

图1-11　建筑开洞界面

1—风管等管线；2—废气检测口；3—建筑屋面或墙体；

4—管线等支撑连接；5—建筑主体钢构或支撑点；

6—洞口封闭；7—缆风绳支撑；8—缆风绳

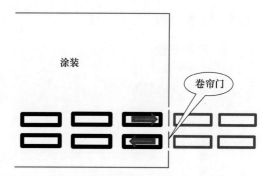

图1-12　焊涂/涂总设备分工界面

表1-3　涂装与其他车间硬件分工界面

类别	涂装	焊装/总装
机械部件	涂装车间内所有输送设备	焊涂/涂总交界面涂装车间以外的输送设备
电气部分	涂装车间内输送设备的控制	车间以外的输送设备的控制
	联锁信号通信硬件：pn/pn coupler 卷帘门及机运联锁	

（5）工厂IT与设备分工界面

① 硬件分工（IT分工界面见图1-13）。

a. 工厂IT负责车间Ethernet主网的建成，包括车间环网桥架、通信电缆、环网交换机及附件、UPS等，同时预留足量的通信端口给设备使用。

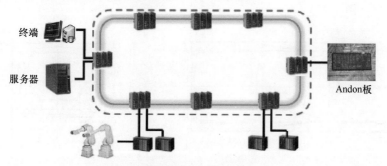

PLC&ROB(可编程逻辑控制器和机器人)

图1-13　IT分工界面

b. 乙方负责各生产设备、监控设备等至环网交换机的连接（包括通信电缆）以及自身内部的通信构架。

　　② 软件控制：乙方负责设备监控、能源计量、Andon 系统、数据库等组建，同时应依据工厂 IT 或相关方需求，向工厂生产系统提供相应的数据及控制要求。

　　图 1-13 中，虚线框外是乙方供货范围。

1.3　技术要求描述

1.3.1　技术参数

1.3.1.1　设计参数

　　（1）车身规格

　　① 参考车型示意图（图 1-14）。

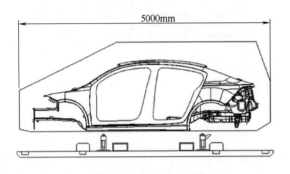
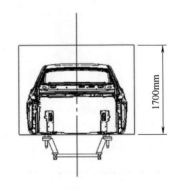
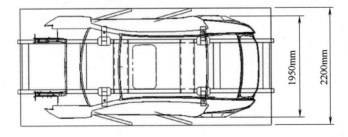

图 1-14　车型示意图

　　② 车身框架（图 1-15）。

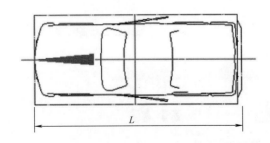
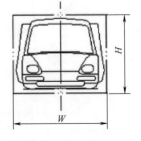

图 1-15　车身框架

③ 车身参数（表 1-4）。

表 1-4　车身相关参数

名称		设备能力设计车型尺寸
车体尺寸	净尺寸(长×宽×高)/mm	5000×1950×1700
	含夹具尺寸(长×宽×高)/mm	5100×2200×1700
白车身质量		(MAX)650kg/台
表面积		(MAX)140m²/台(前处理/电泳处理面积)

（2）工艺材料选用

工艺材料选用如表 1-5 所示。

表 1-5　工艺材料选用

工艺	材料	品牌	关键参数
脱脂	脱脂剂	汉高、PPG、帕卡	pH 值:11.5～13.0 温度:45～60℃
薄膜	薄膜材料	汉高、PPG、帕卡	pH 值:3.6～4.8 温度:30～32℃
电泳	阴极电泳	BASF、PPG、艾仕得	固体分:18%～25% pH 值:5.2～6.2 溶剂含量:<1% 电导率:200～2200μS/cm
阳极液	阳极液	BASF、PPG、艾仕得	电导率:1000～5500μS/cm pH 值:1.5～3.5
密封胶	焊缝密封胶	汉高、依多科、PPG	聚氯乙烯树脂 黏度:170～230Pa·s 密度:1.4～1.55g/cm³ 固体分:≥98%
LASD	液态阻尼垫	汉高、依多科、PPG	丙烯酸乳液 黏度:65～100Pa·s 密度:1.4g/cm³ 左右 固体分:≥75%
地板胶	PVC 抗石击胶	汉高、依多科、PPG	聚氯乙烯树脂 黏度:80～120Pa·s 密度:1.30～1.45g/cm³ 固体分:≥96%
裙边胶	裙边胶	汉高、依多科、PPG	PVC 和填料 黏度:14.4～70.2Pa·s 固体分:≥93%
色漆	水性漆	PPG、BASF、立邦、艾仕得	黏度:90～150mPa·s
清漆	2K	PPG、BASF、立邦、艾仕得	溶剂型 黏度:30～50Pa·s
注蜡	水性蜡	依多科、帕卡、汉高	水性蜡 密度:0.8～1.0g/cm³ 施工温度:15～30℃ 施工黏度:400～900Pa·s

（3）烘烤参数

各工艺烘干炉参数如表 1-6 所示。

表 1-6 各工艺烘干炉参数

名称	烘烤温度/℃	升温时间/min	保温时间/min	备注
电泳烘房	185	10	≥30	
胶烘房	140	10	≥10	
闪干	80	3	≥3	脱水率≥85%
面漆烘干	165	15	≥20	
水性蜡	110～130	5	—	表干,不流动

（4）工艺参数

各工艺最大工艺量如表 1-7 所示。

表 1-7 各工艺最大工艺量

序号	工艺名称	工艺参数
1	电泳面积	（MAX）140m²
2	色漆内表面喷涂面积	（MAX）10m²
3	色漆外表面喷涂面积	（MAX）14m²
4	清漆内表面喷涂面积	（MAX）10m²
5	清漆外表面喷涂面积	（MAX）14m²
6	清漆类型	双组分溶剂型
7	色漆类型	水性B1B2
8	白车身材质组成	冷轧板、镀锌板、铝板或热成型板
9	底板胶喷涂面积	（MAX）6m²
10	底板预密封焊缝长度	（MAX）60m
11	LASD涂胶面积	（MAX）3m²

（5）产品指标

各工序工艺指标如表 1-8 所示。

表 1-8 各工序工艺指标

序号	涂层项目		质量指标		
1	电泳	立面膜厚	20μm(≥18μm)		
		平面膜厚	20μm(≥18μm)		
		内表面膜厚	12μm(≥10μm)		
		内腔膜厚	12μm(≥10μm)		
2	BC1 外板	膜厚	>16μm		
3	BC2 内板	膜厚	>12μm		
4	BC2 外板	膜厚	>16μm		
5	2KCC 内板	膜厚	>35μm		
6	2KCC 外板	膜厚	>40μm		
7	套色	膜厚	根据材料要求待定		
8	ISS	参数	总长/m	宽度/mm	厚度/mm
			40	25～35	1.5～2.5
9	LASD	参数	面积/m²	宽度/mm	厚度/mm
			（MAX）3	75～90	2～3
10	UBS	参数	长度/m	宽度/mm	厚度/mm
			（MAX）60	25～35	1.5～2.5
11	UBC	参数	面积/m²	宽度/mm	厚度/μm
			（MAX）6	140～180	500～800
12	RP	参数	总长/m	宽度/mm	厚度/μm
			（MAX）4	120～150	300～500
13	整车外观	外观 R	水平>8.5;垂直>7.5		
		DOI 素色黑	≥90		
		素色白	≥85		
		金属亮	≥85		
		金属暗	≥90		
		GLOSS 20	≥85		

（6）洁净度要求

根据生产工艺及空气洁净度要求，将涂装车间各区域划分为高度洁净区和一般洁净区，划分如下：

① 高度洁净区：喷漆室、烘干炉、闪干、调漆间、储漆间。

② 一般洁净区：前处理电泳线、密封线、底涂线、打磨线、报交线、小修室、AU-DITT 室等。

③ 洁净度参考标准：GB 50073—2013《洁净厂房设计规范》。

洁净度等级如表 1-9 所示。

表 1-9　洁净度等级表

空气洁净度等级	大于或等于表中粒径的最大浓度限值/(pc/m³)[①]					
	$0.1\mu m$	$0.2\mu m$	$0.3\mu m$	$0.5\mu m$	$1\mu m$	$5\mu m$
1	10	2				
2	100	24	10	4		
3	1000	237	102	35	8	
4	10000	2370	1020	352	83	
5	100000	23700	10200	3520	832	29
6	1000000	237000	102000	35200	8320	293

① pc/m³ 为每立方米颗粒数目。

涂装车间各区域洁净度要求如下：

① 高度洁净区：满足国家规范级 4 标准。

② 一般洁净区：满足国家规范级 5 标准。

各区域洁净度要求满足本章描述的同时，也必须满足各分项技术要求的描述。

（7）照度、风速、温湿度

各工作室对于照度、风速、温湿度要求如表 1-10 所示。

表 1-10　各工作室对于照度、风速、温湿度要求

序号	名称	照度/lx	风速	噪声/dB(A)	温度/℃		湿度/%
					夏季	冬季	
1	手工预清理	1000	800m³/(m·h)	<82	28	18	
2	换夹具	1000	1000m³/(m·h)	<82	28	18	
3	上遮蔽	1000	1000m³/(m·h)	<82	28	18	
4	UBS	500/800	600m³/(m·h)	<82	28	18	
5	车底检查	1200	800m³/(m·h)	<82	28	18	
6	UBC	500/800	0.2m/s	<82	28	18	
7	卸遮蔽	1000	1000m³/(m·h)	<82	28	18	
8	内腔自动站	500/800	600m³/(m·h)	<82	28	18	
9	内腔检查	1200	800m³/(m·h)	<82	28	18	
10	LASD	500/800	600m³/(m·h)	<82	28	18	
11	裙边自动站	500/800	0.2m/s	<82	28	18	
12	检查擦净	1200	800m³/(m·h)	<82	28	18	
13	焊缝密封	1000	1000m³/(m·h)	<82	28	18	
14	涂胶离线	1000	800m³/(m·h)	<82	28	18	
15	涂胶 Audit	1200	—	<82	28	18	
16	钣金检查线	1200	2500m³/(m·h)	<82	28	18	
17	电泳打磨线	1200	2500m³/(m·h)	<82	18		>70(配加湿器)
18	钣金离线	1200	600m³/(m·h)	<82	28		
19	颜色编组	500	600m³/(m·h)	<82	28	18	>70(配加湿器)

序号	名称	照度/lx	风速	噪声/dB(A)	温度/℃ 夏季	温度/℃ 冬季	湿度/%
20	面漆擦净	详见喷漆室规格书		<82	23±2		60~70
21	喷漆线			<82	23±2		60~70
22	面漆 Audit	1200	600m³/(m·h)	<82	28	18	
23	检查精修线	1400	1000m³/(m·h)	<82	28	18	
24	点返修	1200	0.2m/s	<82	28	18	
25	贴膜	1000	1000m³/(m·h)	<82	28	18	
26	报交线	1400	750m³/(m·h)	<82	28	18	
27	注蜡线	1000	1000m³/(m·h)	<82	28	18	
28	服务件线	1000	600m³/(m·h)	<82	28	18	

（8）质量要求

主要质量要求包含但不限于表 1-11 中的内容。

表 1-11　各工序质量要求

区域	描述	数量
前处理电泳	缩孔	无
	电泳花斑	无
	电泳条纹	无
	电泳流痕	无
	车身胶点（白车身结构胶造成）	<1 点
	电泳打磨点	<6 个/台
密封胶	飞溅	无
	气泡	无
	堆积	无
	堵孔	无
	流挂/滴挂	无
面漆	缩孔	无
	溶剂点	无
	发花	无
	流挂	无
	缺漆	无
	各颜色平均打磨点	<8 个/台
精修	直行率	>90%

（9）能耗和环保指标

① 涂装车间的设计必须满足国家和地方标准，达到清洁生产的要求，参考标准包含但不限于以下内容（若有新版本，以最新版本为准）：

GB 16297—1996《大气污染物综合排放标准》

DB32/1072—2018《太湖地区城镇污水处理厂及重点工业行业主要水污染物排放限值》（位于太湖流域的工厂）

DB32/2862—2016《表面涂装（汽车制造业）挥发性有机物排放标准》

采用先进的工艺技术与设备、合理有效的方案，综合利用各类设备设施，提高资源利用率，减少或者避免生产制造过程中污染物的产生和排放，导入节能减排新技术，建设环保节能的绿色工厂。

② 各类能耗及污染物产生指标如表 1-12 所示。

表 1-12　能耗及污染物产生指标

序号	名称	单位	要求	备注
能源消耗				
1	工业水耗量	m³	≤2.3	单台
2	耗电量	kW·h	≤290	单台
3	天然气耗量	m³	≤45	单台
污染物产生指标				
1	废水产生量	L/m²	≤8.8	
2	废漆渣废弃物产生量	g/m²	≤100	

③ 废气排放要求如表 1-13 所示。

表 1-13　废气排放要求

大气污染物排放	国家及地方标准	a. 遵循 GB 16297—1996《大气污染物综合排放标准》 b. 遵循江苏省地方标准 DB32/2862—2016《表面涂装（汽车制造业）挥发性有机物排放标准》
	废气排放的涉及范围	a. 燃烧废气的排放 b. VOC 废气的排放
	排放要求及指标	TVOCs≤20mg/m³ 排气高度 排气限值及速率 提供第三方检测报告

5 年内满足此排放要求，10 年内满足国家及地方指标的上限值。

1.3.1.2　涂装产能设计指标

涂装产能设计指标如表 1-14 所示。

1.3.1.3　能源参数

能源参数如表 1-15 所示。

1.3.1.4　温湿度设计参数

温湿度设计参数如表 1-16 所示。

1.3.2　工艺及设备技术要求

本小节简单介绍各系统配置，具体参数及技术要求见各分项技术规格资料。

① 本车间工艺设备采用分层分区布置，主体厂房两层，局部三层。

② 前处理电泳采用稳定高效的连续性输送方式，前处理采用薄膜工艺，能耗低、污染小、产渣量少；电泳线配有 EDRO 系统。前处理电泳设计时应充分考虑水的循环利用，减少废水排放量。

③ 配置有液态阻尼垫自动喷涂站、内腔自动涂胶站，焊缝密封工序采用人工操作方式，根据工件的涂胶操作设置高低工位，设置封闭室体，提供操作环境。底板密封及底板胶喷涂采用机器人自动喷涂方式，底板密封后采用人工补喷方式，裙边胶采用机器人自动喷涂方式。自动涂胶站处为适应自动喷涂要求必须配置视觉系统，底板密封及底板胶喷涂采用空中输送系统。

④ 喷漆采用水性免中涂工艺，配套溶剂型 2K 清漆，降低 VOC 排放量。色漆前设置人工擦净工位、擦净机器人及离子风等设备；色漆及清漆线喷漆室采用干式喷漆室；内外表面均采用机器人自动喷涂，配套有内外加电雾化器，提高涂料利用率。

⑤ 喷漆空调采用循环风空调（人工区除外），节能减排。空调系统应具备自动控温、控湿功能，满足涂装车间工艺要求。

表 1-14 涂装产能设计指标

产线	日产量/台 920 工作时间/h 15.3 开动时间/(min/天)	开动率/%	实际开动时间/(min/天)	需求产能/JPH 60 生产台数/(台/天)	小件比例/%	套色比例/%	换色空位/(台/天)	返修/%	生产天数 250 排空数量/(台/天)	通过台数/(台/天)	生产能力 JPH	节拍/s	生产能力/(台/年) 229950 输送设备 节距/m	链速/(m/min)	备注
夹具岗	920	97	892.4	920	—	—	—	—	—	920	62	58	5.8	5.99	
前处理电泳	920	97	892.4	920	3	—	—	—	—	948	64	56	6.6	7.04	
电泳炉1#2#线	920	95	874.0	460	3	—	—	—	—	474	32	113	5.8	3.09	
电泳炉排空缓存数	—	—	—	—	—	—	—	—	150	—	—	—	—	—	
密封胶1#2#人工	920	95	874.0	460	—	—	—	—	—	460	32	113	5.8	3.09	
细密封1#2#自动	920	95	874.0	460	—	—	—	—	—	460	32	113	—	—	
LASD 1#2#线	920	95	874.0	460	—	—	—	—	—	460	32	113	—	—	以会签结果为准
UBS 1#2#线	920	95	874.0	460	—	—	—	—	—	460	32	113	—	—	
UBC 1#2#线	920	95	874.0	460	—	—	—	—	—	460	32	113	—	—	
裙边胶1#2#线	920	95	874.0	460	—	—	—	—	—	460	32	113	5.8	3.09	
胶烘干炉	920	95	874.0	920	—	—	—	—	—	920	64	56	5.5	5.87	
密封胶炉缓存数量	—	—	—	—	—	—	—	—	40	—	—	—	—	—	
电泳打磨1#2#线	920	95	874.0	460	—	—	—	—	—	484	32	113	5.8	3.09	
漆前编组	—	—	—	—	—	—	—	—	60	—	—	—	—	—	
面漆1#线	920	93	855.6	460	—	0	54	2	46	569	40	90	6.9	4.60	
面漆2#线	920	93	855.6	460	—	100	54	2	46	569	40	90	6.9	4.60	
面漆烘干炉1#2#线	920	93	855.6	460	—	—	54	2	100	569	40	90	5.8	3.87	
检查抛光1#2#线	920	95	874.0	460	—	—	—	—	—	484	32	113	5.8	3.09	
贴黑膜1#2#线	920	95	874.0	460	—	—	—	—	—	484	32	113	5.8	3.09	
WAX1.2	920	95	874.0	460	—	—	—	—	—	484	32	113	5.8	3.09	

表 1-15 能源参数

序号	能源类型	项目	参数
1	电	电压/频率	三相：380V(1±10%)/50Hz
			单相：220V(1±10%)/50Hz
2	工业水	压力	0.2～0.4MPa
		水质	详见水质报告
3	热水	压力	＞0.35MPa
		温度	85～95℃
4	冷冻水	压力	＞0.35MPa
		温度	7～12℃
5	天然气	热值	≥8500kcal[①]/Nm³
		供气压力	0.05～0.10MPa
6	压缩空气	压力	大于 0.65MPa
		露点温度	≤-20℃或≤-40℃(面漆线)
		含油量	≤0.01mg/m³
		固体颗粒最大直径	0.1μm
		固体颗粒最大浓度	0.1mg/m³

① 1cal=4.184J。

表 1-16 温湿度设计参数

季节	项目	参数	备注
夏季	最高干球温度	40℃	环境温湿度以工厂当地近 10 年天气为准
	湿度	40%～85%	
冬季	最低干球温度	-10℃	
	湿度	35%～60%	

⑥ 涂装输送系统包含前处理电泳输送系统、地面输送系统、空中输送系统，输送线采用滑橇、吊具及输送小车等输送方式，要求输送平稳，位置准确。在载体互换工位、自动喷涂及自动涂胶等精度要求较高的工位，需安装定位夹紧装置，提高定位精度。

⑦ 烘干炉采用燃气加热（间接式加热、对流），烘干炉的运行参数及稳定性满足工艺要求，同时满足安全及环保要求。

⑧ 工位及厂房暖通空调应具备加湿、冷却、加热功能，确保操作工位及厂房内的温湿度达标。送排风设计时应充分考虑循环利用，降低能耗。

⑨ 废气排放必须满足国家及地方排放标准，烘房、喷房、调漆间、储漆间、小修室等废气都要经过废气处理装置处理，达标后才能进行排放。同时废气处理装置安装在线监测仪器并将监测数据上传系统，依据环保要求确定位置及数量。废水排放：乙方将生产废水引至废水收集点。任一排放点、排放指标超出限定，乙方须做补救措施来达到要求，产生的改造费用、检测费用等由乙方负担。

⑩ 自动控制系统，除实现各设备的自动控制功能外，还包括设备监控系统、车体识别跟踪系统、能源计量系统、Andon 系统（安灯系统，车间现场管理目视化工具）、工厂生产网交互等。

⑪ 车间计量、显示仪器仪表的首次检测由乙方提供。

1.3.3 工艺设备设计及选型要求

1.3.3.1 基本原则

① 生产线的设计要以高性能、高精度、高质量为目标，采用应用广泛的业内主流结构或稳定可靠的新技术，达到业内中高等级的装备水平。

② 设备及材料选用：采用国内优质产品、合资或外资优质产品，禁止采用低质量的贴牌产品。

a. 各主线、辅助系统及成套设备都必须统一布局，配置各系统间的联锁控制，接入车间设备网络系统。

b. 各设备系统采用模块化结构，现场拼装，施工过程必须是可拆卸形式的铆接、螺栓连接，禁止焊接形式的装配。

c. 各辅助系统及成套设备的标准必须依照主系统标准执行，当该设备不满足主线标准时必须进行定制。

③ 工艺设备的设计必须遵守国家及地方法律法规。废气排放口安装在线检测装置，废水排放口配置流量监测。

④ 生产线的设计要从节能减排的角度出发。在遵守国家政策的同时，选择高性价比的设备电机是能源消耗的主要部分，电机的选择必须遵守 GB 18613—2020《电动机能效限定值及能效等级》，选择使用能效等级 IE2 以上的高效电机（电动机能效＝机械能输出/电机输入）；车间内，各区域均采用 LED 照明，且确保单件芯片光效≥120lm/W，灯具总体光效≥100lm/W；各设备系统的能源消耗均须接入系统，电能以动力柜为单位，其他能源以线体为单位。

⑤ 生产线各设备系统的设计须确保 10％以上的预留负荷，硬件的配置须确保 15％以上的预留，各分项系统的设备预留量必须同时满足总则和各分项系统的要求。

⑥ 各设备系统中的主要参数，如温湿度、压力、液位、高度、移行定位、质量、电导率等，都必须以模拟量的形式进行监控及参与控制。

⑦ 开关量执行部件必须进行闭环控制，如各类电/气动流体阀门、卷帘门等，都必须采集状态信号，参与控制。

⑧ 线体类输送机（除高温区设备）都必须配置位置开关，监控车身在输送机上的位置。

⑨ 输送系统中，所有线体输送机的张紧、驱动、配重等都必须配置整体形式的设备基础，禁止使用简易基础（地面膨胀螺栓或化学锚栓）。

⑩ 设备设计阶段，须使用设备失效模式及后果分析（EFMEA）对各设备系统进行工程分析，并提交相应的报告。

1.3.3.2 设备选型要求

（1）外购件选用

① 禁止选用任何出现过批量性问题的产品；经改进后的产品，若想投用，必须出具质量保证说明。

② 施工过程中，发现有批量性问题时（使用工况等实际因素的影响），必须整体更换。

③ 外购件必须出具合格证明；如果重要的功能器件选用的是外资品牌，则必须选用进口件。

④ 功能件在使用时必须做抽查测试，抽查比例大于 5％（不得小于 1 个）。

⑤ 外购件选用时必须针对相应的使用环境，选择合适的产品。如防爆区选用防爆器件，湿度较大的区域选择防水防锈器件，高温区不得选用橡胶器件，高温区及受限空间的器件须冗余配置，重载设备必须降低负荷率。

（2）成套设备的选用

① 成套设备的选用必须遵守国家、地方（工厂所在地）的法律法规。

② 成套设备的所有标准、元器件选型必须与主系统一致，若因生产制造原因无法更改，元器件的性能等级必须与主系统一致，提供完善的设备图纸、程序。

③ 成套设备包含新技术时，必须有 3 个以上业内主流车企的成熟应用经验。

1.3.3.3 设备维修类设计要求

典型维修通道如图 1-16 所示。

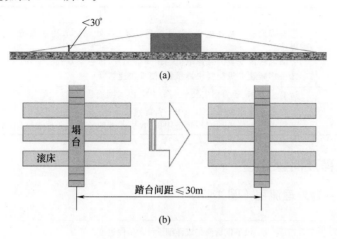

图 1-16 典型维修通道

设备维修类设计要求如表 1-17 所示。

表 1-17 设备维修类设计要求

项目	要求
维修通道	①设计物流通道时,须覆盖到全车间各区域,且无障碍物,便于大型备件安全便利地运输到现场,维修通道在详细设计阶段通过设计图纸提交给甲方确认; ②车间内,当地面布置有管线、桥架、支撑件等部件横跨通道时,表面必须配置平滑的踏板,踏板倾斜角度小于 30°,如图 1-16(a)所示; ③输送线线体方向,踏台间距≤30m,如图 1-16(b)所示; ④工艺设备布局时,确保设备区域内有充足的巡检、维修的穿行空间,走道宽＞500mm
维修平台	维修平台尺寸不得小于 600mm(长)×400mm(宽),设备部件位于 3m 以上高度,且该部件属于功能性部件,同时有一定的维修保养需求,其他条件如下(满足一项,即需配维修平台): a. 维修时需多人操作或单人操作难度较大; b. 需维修的部件中,有单件＞10kg; c. 需维修件角度倾斜,不利于拆卸时
维修吊装设施	①吊装设施的配置:固定式吊装、龙门架、小型移动吊架。吊装设施都必须配置挂钩(通过安全检测),具体技术要求见附录《涂装机械通用技术要求》(15.2.4.6 小节); ②吊装设施的安全要求:固定式吊装设施必须配置机械限位,能安全可靠地收纳,张贴警示标识; ③质量＞50kg 的驱动装置都须配置固定式吊装设施
维修空间	①设备零部件在设计、安装时,要留有充足的维修空间,合理设计检修口: a. 检修口的位置及尺寸依据实际需求确定,在确保受限区域内设备部件能实现维修的基础上,合理设计; b. 检修口配置的需求点:受限区域内有功能性部件(有维修需求),维修时无法触及或操作难度较大。 ②设备零部件设计时,须考虑巡检维修的目视需求,合理配置目视窗口,如各类油箱油位、风阀等
结构及安装要求	①非标件设计时,杜绝出现一次成型、后期须破坏性维修的结构; ②设计及安装阶段,禁止出现因其他任何目的,将原有的铆接、螺栓连接改为焊接的情况,若必须修改,可重新进行整体设计; ③其他要求见附录 15.2 节

1.3.3.4 设备维修类需求（表1-18）

表 1-18 设备维修类需求

项目	要求
冗余配置	①升降设备的减速电机、大型输送设备（前处理电泳输送系统）的驱动电机须一用一备配置； ②高温区内安装的减速电机一用一备配置，传感器双开关配置； ③备用减速电机配置快插接头，便于快速切换
柜体快速接口	所有主控柜、动力柜安装外装的 PN、以太网通信接口
服务器类	①中控系统服务器采用一用一备配置； ②机器人上位机须配一台备用机，含机器人的整套永久授权软件，便于上位机的快速切换

1.3.4 界面流程及问题处理

1.3.4.1 界面及问题处理流程（图1-17）

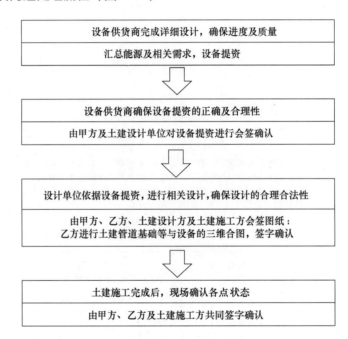

图 1-17 界面及问题处理流程

1.3.4.2 提资相关内容

提资相关内容如表1-19所示。

表 1-19 提资相关内容

分项	设备提资内容（至少包含）	分项	设备提资内容（至少包含）
公用管线	位置及需求数量 流量或容量 能源质量（乙方进行评审并签字确认）	特殊地面要求	标高及强度 精度要求 其他相关要求
基础及钢构	位置及数量 尺寸要求 承载或其他需求 材质要求	屋面或墙面洞口	位置及数量 尺寸要求 支撑需求

1.3.4.3 问题处理

项目施工阶段，干涉问题处理方式如表 1-20 所示。

表 1-20　干涉问题处理方式

公用管线、钢构、基础及屋面开洞，与设备干涉或发生位置偏差	甲方、乙方及土建施工方共同排查原因	排查后，原因明确	施工阶段，有设计变更的情况发生，但未及时更新图纸	①土建设计未及时下发图纸，费用及实施由设计方负责 ②土建施工方未及时将图纸发放到现场，费用及实施由土建施工方负责
			土建施工产生偏差	土建施工方负责费用，牵头设计单位出具体方案，并实施
		排查后，原因不明确	乙方在投标阶段，将此项工作作为报价内容，并负责后续工作的实施	

1.4　项目管理

1.4.1　项目管理概述

本节详细明确了项目建设过程中的规范及要求，包含了安全管理、质量控制、进度管理、设计变更、验收管理、问题处理及目视化管理，适用于详细设计、制造、运输、安装、调试以及售后服务等整个项目建设过程，本着合理合规的原则，确保项目的顺利完成。

1.4.1.1 生产能力

生产线具有 4 款车型混线生产的能力，净产能在 60JPH 以上。

1.4.1.2 工程进度

工程进度应明确以下时间及内容：

详细设计开始日期（绝对日期或相对日期）

安装开始日期（绝对日期或相对日期）

前处理电泳投槽日期（绝对日期或相对日期）

设备单机调试完成日期（绝对日期或相对日期）

工程竣工日期（绝对日期或相对日期）

1.4.1.3 组织构架

（1）分项目人员组织结构（图 1-18）

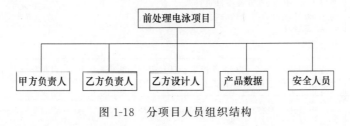

图 1-18　分项目人员组织结构

（2）总体人员组织结构（图 1-19）

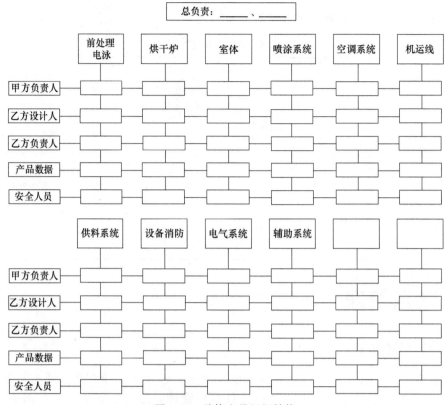

图 1-19　总体人员组织结构

1.4.2　项目例会制度

在项目建设过程中,项目各方负责人应按时参加项目建设例会,并按要求提交工作报告,确保项目建设进程。

(1)前期准备阶段(详细设计—采购—设备制造—设备预验收)(表 1-21)

表 1-21　前期准备阶段

周例会	参加人员:涂装项目管理组 时间:每周五 15:00—16:00 地点:项目基地或视频电话会议 例会纪要,格式见 1.8 节
周报	乙方:每周四 17:00 之前提交本周工作周报至涂装项目工作组,周报格式见 1.8 节 涂装项目组每周五汇总并提交涂装项目周报
月例会	参加人员:甲方、乙方各项目负责人 时间:每月最后一周(择时)15:00—16:30 地点:项目基地 例会纪要
月报	乙方:每月 25 日 17:00 之前提交本月月报至涂装项目工作组,月报格式见 1.8 节 涂装项目工作组每月 25 日汇总并提交项目月报
专项会议	根据项目建设需要,不定期召开专项问题会议 例会纪要

(2)安装调试阶段(进场安装—单机调试—联合调试—工艺优化)(表 1-22)

表 1-22　安装调试阶段

日例会	参加人员:各分项目工作组成员(甲方、乙方) 时间:每天 8:30—9:00 地点:项目基地
日报	各分项目:每天 20:30 之前提交当日工作报告至涂装项目组,日报格式见 1.8 节
周例会	参加人员:各分项目工作组成员(甲方、乙方) 时间:每周五 16:00—17:00 地点:项目基地 例会纪要
周报	各分项目负责人:每周五 15:30 之前提交本周工作周报至涂装项目组,周报格式见 1.8 节
专项会议	根据项目建设需要,不定期召开专项问题会议 例会纪要

1.4.3　质量控制管理规定

1.4.3.1　质量控制原则

① 项目质量控制根据分工负责制,由各项目负责人负责分项工艺设备质量。

② 项目质量控制应坚持"计划(P)、执行(D)、检查(C)、处理(A)"循环工作方法,不断改进过程控制。

③ 项目质量整改应及时有效。

④ 项目质量控制应满足工程技术标准和双方会签的文件要求。

⑤ 项目质量控制应包括人、材料、设备、方法、环境。

⑥ 项目质量的控制采用甲方抽检、乙方全检的形式来实现;抽检出问题时,乙方负责全面排查,提交检查报告,同时落实问题的整改。

⑦ 每个过程均应按要求进行自检和交接检,未经检验或已经检验为不合格的,严禁转入下道工序。

⑧ 建立、健全质量自控、自检体系,完善质量控制文件。

1.4.3.2　采购设备的质量控制

① 质量检验包括:原材料质量的核验;重要元器件、仪器、仪表的质量证书,安装前检验、零部件的加工、组装质量的检查记录;参加产品中间试验、检验或由制造厂提供相应的质量证明材料;关键零部件的制造、安装、试验应安排驻场监制;做好出厂前的检验,写出检验报告。

② 对不符合质量要求的问题应明确其影响程度和范围,并给出处理意见。对保留待定事项,应注明其待定内容,可能影响程度等;对出厂时无法进行出厂检验的设备,要作为现场试验和验证控制的重点。

1.4.3.3　设备制造安装质量控制

① 根据项目进度计划,各项目工作组对设备制造、安装过程进行有效的监控。

② 监造过程发现任何质量问题,乙方应及时提出有效措施并落实整改。

③ 对于进口商品的检验应在合同规定的检验时间、地点进行。

1.4.3.4　调试阶段质量控制

根据项目进度计划,编制项目建设调试计划,做好每天工作报告和次日工作计划,针对调试过程中提出的问题点,应由责任人及时提出问题整改办法并及时落实;调试阶段的质量问题,应在每周例会中汇报整改措施和完成情况,确保调试过程中的问题及时有效地解决。

1.4.3.5　不合格品处理

项目建设过程中不合格品应及时隔离,由各项目工作小组下发不合格通知单,及时处理，避免影响工程质量。

1.4.4 项目进度管理规定

1.4.4.1 项目进度控制要求

① 依据项目一级计划/二级计划，编制项目的三级总进度计划和各分项工程进度计划，交由涂装项目组审批，确认后执行。在项目建设过程中，如果项目计划需要变更，乙方应以书面形式提交计划调整申请，待涂装项目组批准后方可更改、执行。

② 项目进度的控制应以实现合同约定的竣工日期为最终目标。

③ 在项目实施过程中，应对进度计划实行动态管理。根据工程的实际进展情况，应定期输入工程完成量或在进度计划表上做出标记，对进度进行监测、分析和预测，必要时应采取措施保证进度计划的实现。

1.4.4.2 项目进度控制内容

① 监督检查进度计划的实施，当发现进度计划的执行受到干扰时，应及时采取调整措施。

② 进行实际进度记录，每周要在进度表上标注实际进度，并跟踪记载每个过程的开始日期、完成日期，纪录完成的工作量、发生的情况、干扰因素的排除情况。

③ 进度计划的检查应采取每日检查和定期检查的方式进行，检查内容包括：

a. 实际完成的工作量和累计完成的工作量；

b. 实际投入的人力、设备数量及工作效率；

c. 进度偏差情况；

d. 进度管理情况；

e. 影响进度的特殊原因及分析。

④ 将进度执行情况编入管理月报，逐级上报。

a. 进度执行情况的综合描述；

b. 实际进度表；

c. 工程变更情况；

d. 进度偏差的状况和导致偏差的原因分析；

e. 解决问题的措施；

f. 进度计划调整意见。

1.4.5 项目变更管理规定

1.4.5.1 项目变更描述

项目变更涉及设计施工方案、项目进度、项目范围等的变更。

1.4.5.2 项目变更流程

（1）项目变更申请

变更申请以书面形式正式提出，并留下记录。项目相关人员都可以提出变更申请，由项目负责人、相关技术人员收集现场数据，整理并汇总，以供后续评审时使用。

（2）项目变更审核

① 首先是对变更申请进行可行性论证，如果可能实现，则将变更申请由技术要求转化为资源需求。常见的评估内容包括技术评估和经济评估，前者评估是技术方案及潜在风险评估，后者评估是经济价值评估。

② 对于一些重大或功能性的变更，可以召开相关的变更方案论证会议，邀请相关方面的专家进行统一论证，再由项目组评审确认。

（3）项目变更实施

评审通过，意味着项目变更的实施开始，同时确保变更方案中的资源需求及时到位。项目变更相关工作包括项目目标的确认，最终成果、工作内容和资源、进度计划的调整。同时，要明确变更项目的交付日期、对相关人员的影响。如变更造成交付期的调整，应在变更确认时发布，而非在交付前公布。

1.4.6 项目目视化管理规定

1.4.6.1 项目目视化概述

① 项目目视化主要是项目状态目视化，是一个用来管控项目进度、沟通项目状态及解决项目问题的管理手段。主要作用有：

　　a. 确保项目计划按时实施；

　　b. 为纠正任何背离计划的偏差提供支持，提供计划偏差的早期警告；

　　c. 确保可靠的系统解决方案并制定相应的措施。

② 应从安全、人员、项目进度管理、工作报告、问题解决等方面做好目视化管理工作。各级项目管理小组（甲方、乙方）可参照目视化看板格式做好目视化工作；目视化看板内容应由专人负责信息更新。

1.4.6.2 目视化看板格式

项目管理看板如图1-20所示。

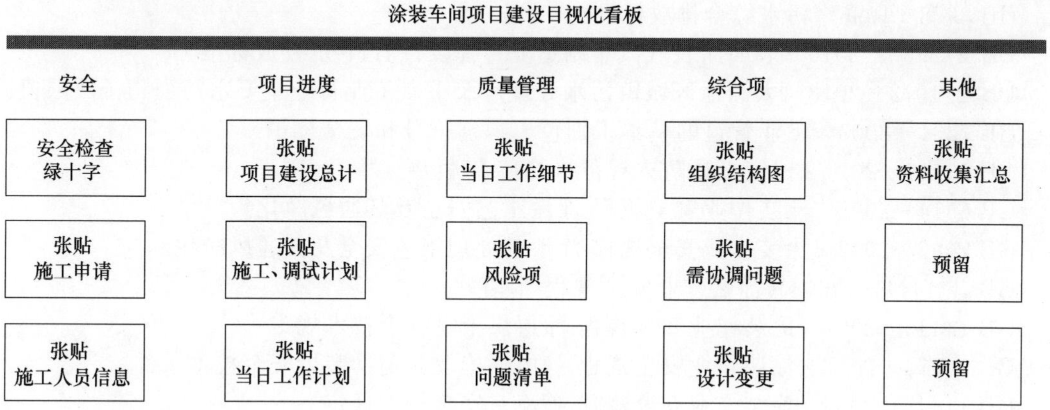

涂装车间项目建设目视化看板

安全	项目进度	质量管理	综合项	其他
安全检查 绿十字	张贴 项目建设总计	张贴 当日工作细节	张贴 组织结构图	张贴 资料收集汇总
张贴 施工申请	张贴 施工、调试计划	张贴 风险项	张贴 需协调问题	预留
张贴 施工人员信息	张贴 当日工作计划	张贴 问题清单	张贴 设计变更	预留

图1-20　项目管理看板

1.4.7 项目问题处理

项目问题关闭，要求应解决以下阶段问题：项目问题提出阶段问题；详细设计阶段问题；设备预验收问题；安装阶段问题；调试阶段问题。

项目问题关闭截止时间包括以下几个：设备预制前、设备进厂前、设备调试前、批量试生产前。

1.5 安全及法规

1.5.1 安全及法规概述

1.5.1.1 要求概述

本项目必须严格按照国家及地方相关法律法规及标准实施，同时需要按照以下标准进行设计、安装及调试。

　　① 防火防爆安全标准。

　　② 消防相关法规。

　　③ 环保相关法规。

　　④ 中国安全质量标准。

　　⑤ 电气相关安全标准。

　　⑥ 机械相关安全标准。

　　⑦ 其他中国法规所规定的要求。

1.5.1.2　内容描述

　　设计要求及参照标准包含但不限于以下描述，且相关要求及标准应以当前最新版本为准。

　　GB 5083—1999《生产设备安全卫生设计总则》

　　GB 3095—2012《环境空气质量标准》

　　GB 3096—2008《声环境质量标准》

　　GB 12348—2008《工业企业厂界噪声排放标准》

　　GB/T 50087—2013《工业企业噪声控制设计规范》

　　GB 14554—1993《恶臭污染物排放标准》

　　GB 16297—1996《大气污染物综合排放标准》

　　GB 8978—1996《污水综合排放标准》

　　DB32/2862—2016《表面涂装（汽车制造业）挥发性有机物 排放标准》

　　DB32/1072—2018《太湖地区城镇污水处理厂及重点工业行业主要水污染物排放限值》

　　GB 7231—2003《工业管道的基本识别色、识别符号和安全标识》

　　GB 50016—2014《建筑设计防火规范（2018 年版）》

　　GB 6514—2008《涂装作业安全规程 涂漆工艺安全及其通风净化》

　　GB 7692—2012《涂装作业安全规程 涂漆前处理工艺安全及其通风净化》

　　GB/T 14441—2008《涂装作业安全规程 术语》

　　GB 14443—2007《涂装作业安全规程 涂层烘干室安全技术规定》

　　GB 14773—2007《涂装作业安全规程 静电喷枪及其辅助装置安全技术条件》

　　GB 14444—2006《涂装作业安全规程 喷漆室安全技术规定》

　　GB 12367—2006《涂装作业安全规程 静电喷漆工艺安全》

　　GB 20101—2006《涂装作业安全规程 有机废气净化装置安全技术规定》

　　GB 7691—2003《涂装作业安全规程 安全管理通则》

　　GB 17750—2012《涂装作业安全规程 浸涂工艺安全》

　　GB 3838—2002《地面水环境质量标准》

　　GBZ 1—2010《工业企业设计卫生标准》

　　GB 6067.1—2010《起重机械安全规程 第 1 部分：总则》

　　GB 50231—2009《机械设备安装工程施工及验收通用规范》

　　GB 50235—2010《工业金属管道工程施工规范》

　　GB 50184—2011《工业金属管道工程施工质量验收规范》

　　GB 50236—2011《现场设备、工业管道焊接工程施工规范》

　　GB 50243—2016《通风与空调工程施工质量验收规范》

　　GB 50275—2010《风机、压缩机、泵安装工程施工及验收规范》

　　GB 50205—2020《钢结构工程施工质量验收标准》

GB 4053.1—2009《固定式钢梯及平台安全要求 第1部分：钢直梯》

GB 4053.2—2009《固定式钢梯及平台安全要求 第2部分：钢斜梯》

GB 4053.3—2009《固定式钢梯及平台安全要求 第3部分：工业防护栏杆及钢平台》

JB/T 10394.1—2002《涂装设备通用技术条件 第1部分：钣金件》

JB/T 10394.2—2002《涂装设备通用技术条件 第2部分：焊接件》

JB/T 10394.3—2002《涂装设备通用技术条件 第3部分：涂层》

JB/T 10394.4—2002《涂装设备通用技术条件 第4部分：安装》

GB 50575—2010《1kV及以下配线工程施工与验收规范》

GB 50150—2016《电气装置安装工程 电气设备交接试验标准》

GB 50169—2016《电气装置安装工程 接地装置施工及验收规范》

GB 50171—2012《电气装置安装工程 盘、柜及二次回路接线施工及验收规范》

GB/T 7251.1—2013《低压成套开关设备和控制设备 第1部分：总则》

CEC S31—2017《钢制电缆桥架工程设计规范》

GB 50149—2010《电气装置安装工程 母线装置施工及验收规范》

GB 50257—2014《电气装置安装工程 爆炸和火灾危险环境电气装置施工及验收规范》

GB 50303—2015《建筑电气工程施工质量验收规范》

GB 50093—2013《自动化仪表工程施工及质量验收规范》

1.5.2 安全要求

1.5.2.1 设备安全要求概述

① 工艺设备设计依据见1.5.1节。

② 车间内工艺设备的布局须兼顾人员逃生路线，按照国家法规合理设计，依据实际需求提供相应的硬件，如钢平台、楼梯、穿越设施等，同时乙方须提供安全逃生路线图。

③ 涂装车间所有金属设备都应接地可靠，防止静电积聚和静电放电。涂装车间区域划分及接地阻值要求如表1-23所示。

表1-23 涂装车间区域划分及接地阻值要求

防爆区	调漆间、储漆间、喷漆室、小修室、注蜡室、供蜡间等	设备接地阻值≤1Ω	a. 接地阻值检测由乙方组织测量，甲方参与，并且提交测量报告。
非防爆区	除防爆区以外的其他区域	设备接地阻值≤4Ω	b. 喷漆室内，白车身、滑橇、输送机可靠连接时，整体接地阻值≤1Ω

④ 涂装车间电气设备须选用安全、可靠的电气元件，防爆区（调漆间、储漆间、喷漆室、小修室、注蜡室、供蜡间等）的电气元件必须满足防爆要求（增安型、本安型、隔爆型等），电源等动力装置必须安置在防爆区外。

⑤ 防爆区、燃气设备附近须安装相应的气体探测器。

1.5.2.2 输送安全要求

输送设备选型、设计、安装等达到或者超过国家安全生产与卫生条例，并满足国家相关法律法规的要求（参照1.5.1节标准列项）。

① 安全距离，活动部件与固定物之间的安全间隙至少为200mm。如果安全距离小于200mm，配备相应的安全设备。

② 危险区域安装安全网。例如，升降机周围等，设安全网，且配置安全门开关，规格如下：

方管：40mm×30mm×2.9mm；

焊接网：40mm×40mm×3mm；

高度：2000mm；

宽度：500mm、750mm、1000mm；

支架间距：3000mm（标准）。

③ 防护围栏的设置：在移动设备周围设置符合国家安全标准的围栏，围栏高度、形式参照相关标准。围栏有供人员进出的门，且配置门开关，接入各对应的机运控制系统。

④ 防护罩：可接触的旋转部件（除辊床轴、移行机万向轴以外的驱动装置），如轴、链轮、齿轮、各类联轴器，均需配置便于拆卸的防护罩，防止人员踩踏或接触到转动部件。

⑤ 安全防护方式举例见表1-24。

表1-24　安全防护方式举例

设备名称	配置说明	图例
安全距离	活动部件与固定物之间间隙＞200mm	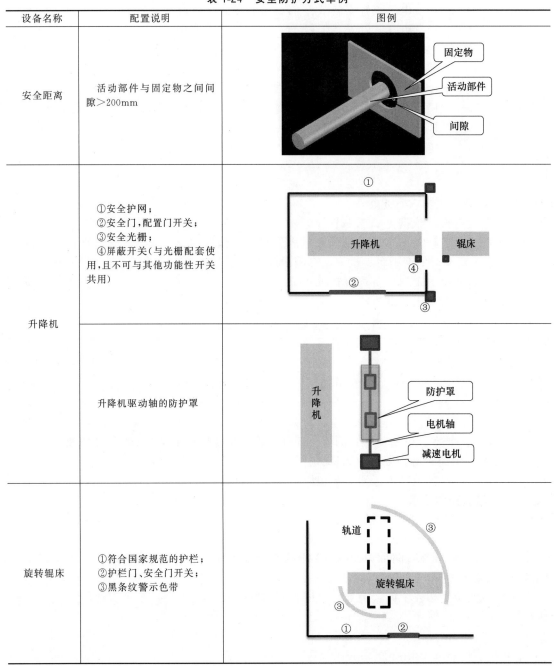
升降机	①安全护网；②安全门，配置门开关；③安全光栅；④屏蔽开关（与光栅配套使用，且不可与其他功能性开关共用）	
	升降机驱动轴的防护罩	
旋转辊床	①符合国家规范的护栏；②护栏门，安全门开关；③黑条纹警示色带	

设备名称	配置说明	图例
移行机	①符合国家规范的护栏；②护栏门、安全门开关；③黑条纹警示色带	
安全通道	跨通道的辊床设置供人员通过的踏板,配置安全毯	
输送机	驱动装置、配重装置设置安全护栏(可拆卸式)	
自动区	出入口配置具有屏蔽功能的光栅、急停按钮(涂胶机器人、喷漆机器人站)	

1.5.2.3　前处理电泳区域安全要求

前处理电泳区域槽体较多,输送结构及工况较复杂,遇到槽体内作业或车身掉槽等类似状况时,工作难度较大。综合人员安全及作业需求,要求前处理电泳区域分三段安装固定导轨,配置滑轮吊钩组件,具体要求如下:

①轨道安装于槽体上方,布置于室体内部的两侧。固定导轨共分为三段:

第一段,洪流槽至水洗 3 槽;第二段,锆化槽至沥干槽;第三段,电泳槽至 ED-RO 槽。

②一、三段导轨采用 304 不锈钢材质,二段导轨采用 316L 不锈钢;每根导轨配置 3 个

滑轮吊钩组件。

③ 基本要求:

a. 导轨底脚必须固定于结构骨架上,地脚间距须控制在 3m 左右,所有连接件必须是不锈钢件且与主体材料等同;

b. 单侧导轨的静载能力必须大于 1000kg,导轨在每个槽体段须布置防滑扣;

c. 导轨的布置要考虑前处理电泳区域各设备的整体布局,避免干涉,同时预留足够的维修空间。

安全轨道示意图如图 1-21 所示。

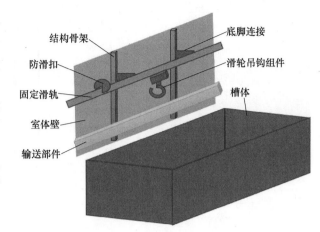

图 1-21　安全轨道示意图

1.5.2.4　电气安全要求

电气设备须通过 CCC 认证和至少通过 CE、UL、CSA 认证之一,同时符合 1.5.1 节标准列项要求,急停、安全门及安全光栅等安全部件配置要求:

① 涂装设备、涂装设备的附属配套设备设有紧急停止功能。机械化传输设备除在关键部位设紧急停止功能外,沿生产线适当布置紧急停止开关(简称急停开关),保证同一系统相邻急停开关间距不超过 20m,每个人工工位安装一个急停开关,急停开关安装防护罩。

② 人员通道与机械化传输设备交叉点设急停开关和声光报警。

③ 为保证操作危险区域(如升降装置、自动站出入口)的人员安全,须安装安全光栅,该安全光栅应具有屏蔽功能(即车身通过时,光栅暂时失效,身体型防护),含互相分开安装的光栅发送与接收装置、安装支架。

④ 急停信号、光栅、安全门信号接入安全 I/O 模块或安全继电器中,当急停信号和光栅、安全门信号触发时,安全 I/O 切断动力电源,避免控制区域附近的设备对人员或设备造成伤害。

⑤ 存在前后动作逻辑关系的各应用单元,必须有可靠的互锁关系,无论是在自动或手动模式下,各应用单元内部的前后动作顺序都必须存在互锁;电机正反转、高低速设置有软硬件互锁。示例如下:

手动与自动:软件互锁;

电机正反转:软硬件互锁;

电机高低速:软硬件互锁;

气缸正反行程:软硬件互锁;

油缸正反行程:软硬件互锁;

电动执行器正反向:软硬件互锁;

气动阀正反向:软硬件互锁。

⑥ 停电时控制系统不会出现误操作、短路、控制程序紊乱、控制数据丢失等问题。恢复供电时,机械设备不会自行启动,安全保护电路通过复位操作后才能启动。

⑦ 设备具有可靠的限位装置,对可能因超负荷发生损坏的部件设置超限位保护装置。

⑧ 插头、插座、照明、柜内空调等有短路和漏电保护装置,且在插头拔下时人无法接触到带电部分。

1.5.2.5　施工安全

（1）施工方施工过程遵循甲方各项安全标准，按要求做好施工作业申请

①《安全外包协议》《外包项目安全生产管理协议》。

②作业申请：一般作业证、登高作业文本、动火作业文本、开挖作业票文本、密闭空间作业文本、吊装安全作业证、临时用电申请等。

（2）义务及责任

①乙方有义务和责任服从甲方的安全生产管理，建立、健全安全施工现场安全生产责任制度以及施工现场安全组织机构和施工现场安全生产管理制度。

②乙方全面负责施工现场安全和文明施工现场的实施与管理，并对乙方施工现场所有发生的安全事故、人员伤亡事故负全面责任，甲方不承担任何责任。

③乙方安全组织机构和各项安全环境管理制度必须按照文明工地的要求张贴。

④工地主要入口必须悬挂安全施工警示标语，施工现场悬挂安全警示牌。

⑤施工组织设计中必须有安全管理方案、专项安全措施和安全领导小组人员名单，经监理单位、甲方代表审核签发后落实实施。

⑥在施工合同签订的同时到甲方所在地办理施工安全备案手续。

⑦施工全过程自觉接受甲方所在地的建设行政管理部门、甲方的安全管理部门及监理单位对安全生产环境工作的统一协调和监督管理。

（3）现场管理

①所有施工人员必须符合当地外来人员管理规定，乙方必须建立人事管理档案，并到施工所在地的公安部门办理人员登记手续，确保三证齐全。

②乙方施工人员进入施工现场前，须向甲方管理部门或项目组申报，经甲方管理部门同意并审批后方可进入。

③乙方施工所用物资由乙方自行保管并安排专人值班。

④施工人员进入工地必须着装整齐，佩戴好安全防护用品，遵循甲方行为规范及各项要求。

⑤施工单位在施工现场搭建的临时生活设施，必须使用符合环保要求的材料，不应使用含石棉类制品。

⑥施工作业现场必须做好防塌陷、跌落工作。沟、坑、坎、穴周围应设置显著的安全警示牌及警示灯以确保人身安全。高空作业必须采取有效的安全措施（如挂设安全网、系安全带、戴安全帽等），多层高空作业必须设置安全网。使用起重、吊运、打桩等设备施工时，必须严格遵守各种工程机械的安全操作规程及甲方各项安全规定，专人专职指挥，禁止违章指挥和违章作业。

⑦施工单位在作业中产生高噪声（如打桩）污染时，应对施工人员加强保护措施，并根据周边环境影响程度采取相应措施以减少影响。

⑧特殊工种作业人员必须持证上岗，严格遵守本岗位安全规范，避免和预防意外事故的发生。施工需要使用的特种设备，经有关部门检测合格后方可使用。施工过程中使用的化学品必须按照化学品储运的有关规定进行运输和存储。

⑨施工单位在发生重伤、死亡事故后，应立即报告本单位以及甲方现场代表及甲方的安全管理部门，报出时间不得超过4小时。

1.5.2.6　标识相关

（1）安全警示

①所有动力电气柜在柜门处张贴"有电危险"标牌，同时在柜内进线端贴"有电危险"警示标识。

② 所有护栏门、护网门、设备危险区，张贴"非专业人员禁止入内"标牌。

③ 移行机、旋转辊床、旋转移行机、堆拆剁机等，其动作覆盖范围贴黄黑条纹警示色带。

（2）管线标识

标准及要求见《涂装车间设备设施色标》。

（3）仪表标识

依据工艺参数、设备运行参数，仪表目视化视图如图1-22所示。

该区域为正常值

图1-22　仪表目视化视图

1.5.2.7　其他

洗眼装置采用工业水，位置布置如表1-25所示。

表1-25　洗眼装置位置布置

区域	数量	备注
前处理加料区	10	带喷淋
电泳加料区	10	带喷淋
化验室	1	带喷淋
调漆间	3	带喷淋
色漆喷漆室	2	带喷淋
清漆喷漆室	2	带喷淋
小修区	4	带喷淋
滑橇清洗间	1	带喷淋
各处预留	10	带喷淋

1.6　项目验收

1.6.1　设备验收依据

本节针对项目的各个阶段所涉及的验收工作进行了明确定义，描述了各阶段的验收依据、验收内容和验收要求，同时详细列出了各阶段所需提交的资料。

① 设计依据包含但不限于1.5.1节描述的标准。

② 验收内容包含1.3节所描述的所有指标。

1.6.2　设备验收内容

1.6.2.1　设备验收释义

设备各阶段验收要求如表1-26所示。

表1-26　设备各阶段验收要求

序号	验收阶段	内容	验收标准及依据
1	预验收	a. 各外购件的验收； b. 各种自制件的验收； c. 设计阶段确认需要在该阶段验收的内容	a. 设备标书； b. 技术协议； c. 经双方会签的设备图纸； d. 双方共同签字或由乙方提出经甲方认可的有关工程的洽商、变更等书面协议或文件、传真； e. 国家最新的相关法规； f. 双方会签的会议纪要
		将出厂前验收的问题全部关闭	

序号	验收阶段	内容	验收标准及依据
2	单机调试验收	各设备单机运行24h无故障。提供单机测试报告	a. 设备标书; b. 技术协议; c. 经双方会签的设备图纸; d. 双方共同签字或由乙方提出经甲方认可的有关工程的洽商、变更等书面协议或文件、传真; e. 国家最新的相关法规; f. 双方会签的会议纪要
3	联机调试验收	各生产设备正常运转可以生产出合格车身,产品质量状态稳定,满足质量目标要求,设备运行达标。提供联机调试报告	a. 设备标书; b. 技术协议; c. 经双方会签的设备图纸; d. 双方共同签字或由乙方提出经甲方认可的有关工程的洽商、变更等书面协议或文件、传真; e. 国家最新的相关法规; f. 双方会签的会议纪要
4	批量试生产验收	在车身已经生产出1500台合格品后,在正常的生产条件下,连续生产200台的车身,满足生产节拍、质量标准要求。满足安装、调试及工艺设备参数要求。如不满足要求,择期重新测试。提供试生产验收报告	a. 设备标书; b. 技术协议; c. 经双方会签的设备图纸; d. 双方共同签字或由乙方提出经甲方认可的有关工程的洽商、变更等书面协议或文件、传真; e. 国家最新的相关法规; f. 双方会签的会议纪要
5	终验收	试生产验收后,连续正常生产5000台合格车身或连续正常运行15天(16h/天),组织终验收。终验收必须圆满解决了生产验证过程中的所有问题(问题状态不凸显,问题频次及原因不可控等情况,不能以阶段性时间内无故障作为问题关闭的依据,必须彻底根治)。设备可靠运行,设备开动率≥98%。提供终验收报告,终验收后是陪产期	a. 设备标书; b. 技术协议; c. 经双方会签的设备图纸; d. 双方共同签字或由乙方提出经甲方认可的有关工程的洽商、变更等书面协议或文件、传真; e. 国家最新的相关法规; f. 设计参数、各项指标; g. 双方会签的会议纪要

1.6.2.2 设备验收具体描述

（1）预验收

① 设备制作完成后、运送到涂装车间现场前,在设备制作商的现场进行预验收。设备如要进行预装,检查这些设备的性能是否达到设备规范和设计要求,预验收时应达到测试条件。

② 乙方在预验收时准备一份预验收报告。如果经预验收后,数量正确、制作质量满意、性能满意以及所有必需的检查都通过,甲方将签署该报告。相反,甲方将拒绝签署,乙方出改进方案以进行下一次预验收。

③ 对于乙方自制件和外购件的外观质量,乙方应满足甲方的要求。乙方应在设备制造期间将设备外观小样提交甲方审核,小样达不到甲方满意程度或实样达不到甲方已认可的小样品质的,甲方有权要求乙方整返,直至甲方满意,产生的费用及进度影响的后果由乙方承担。

（2）单机调试验收

满足安装、调试及工艺设备功能要求,各设备单机运行24h无故障。

安装结束后进行功能测试,所有功能测试所必需的工作、材料和辅助工具由乙方准备,包括以下内容:

① 清场工作，将设备旁边和设备之间的工具和剩余材料清理干净。

② 关于厂房和设备的清洁工作，彻底的清洁工作属乙方供货范围。

③ 在过滤器和相关设备上（包括液体过滤器、供风机组及其系统过滤袋、喷漆室动静压室过滤袋、喷房顶棉等），乙方提供并安装整套过滤材料。

④ 冲洗和清洁所有液体通过的喷淋系统、管道和容器。

⑤ 安装空气过滤材料之前须先对安装的管道进行清洁和验收。

⑥ 化学品管道和油漆管路加压 24h 以上，测试并记录其密封性能。

⑦ 对容器、泵、管道、附件的密封性进行试验。

⑧ 用指定润滑材料对所有的设备部件进行润滑。

⑨ 对电气设备、机组、调整机构和运输装置进行功能检查。

⑩ 对电气信号、元器件进行测试。

⑪ 串联界面接口测试（需要的情况下模拟分析界面接口）。

⑫ 硬件（计算机、外围）安装连接好，并已经过测试。

⑬ 网络就绪。

（3）试运行验收

安装结束后，设备功能测试完成，在遵守相关规定下进行试运行验收：

① 试运行包括为了让设备进入一种可以使用的试用状态所需的一切工作。

② 设备和机组连续运行 24h 以上。

③ 电气信号检查、机械部件检查。

④ 对喷嘴、燃烧器、调节机构进行调整，调整安全和润滑装置，同时对限位开关、光栅和通信元件进行调整。

⑤ 烘干设备、槽子和吹热风装置加热到工作温度，检查设备的热膨胀及密封性能。

⑥ 试运行结束后，软件和可视化界面均经过测试，并且没有缺陷。

（4）联机调试验收

指测试车身在无人工干预的条件下通过涂装车间，要求测试车身在生产条件下工作，油漆质量合格。各生产设备正常运转，可以生产出合格的车身，产品质量状态稳定，满足质量目标要求。

（5）批量试生产验收阶段

试生产完成后即批量试生产的开始，涂装车间将由甲方的操作工运行，乙方进行指导。在终验收完成前的批量试生产阶段，乙方仍是涂装车间运行的责任者，在车身已经生产出 1500台合格品后，在正常的生产条件下，连续生产 200 台的车身，满足节拍、功能及质量要求。

（6）终验收

试生产验收后，连续正常生产 5000 台合格车身或连续正常运行 15 天（16h/天），组织终验收。终验收必须圆满解决了生产验证过程中的所有问题并且设备可靠运行，必须达到或超过规定的标准，设备的开动率满足设计参数，所有的设备在规定的条件下运行正常。工业废物排放符合当地法规要求。

终验收依据表 1-27 的终验收清单来进行。

表 1-27　终验收清单

设计参数	通过性能；车身参数		质量要求
	工艺参数	要求及指标（参考本章 1.3 节描述的技术参数）	能耗及环保指标
要求及指标（参考本章 1.3 节描述的技术参数）	产品指标		线体参数
	洁净度要求		设备开动率98%以上
	照度、风速、温湿度要求		

终验收阶段前，乙方免费提供所需的过滤器材料（包括液体过滤器、空调机组及其系统过滤袋、喷漆室动静压室过滤袋、喷房顶棉等），更换安装工作在第三方的指导下由乙方人员进行。终验收后，乙方免费提供两套过滤器材料供甲方使用。

终验收后，乙方派人陪同生产验证，进入陪产阶段：

① 陪产阶段设备运行，在乙方专业人员的陪伴下，甲方操作人员自行进行。

② 乙方陪产人员必须参加过设备调试，并保障陪产期间的设备正常运行。

陪产的目的在于通过不断的讲解和岗位操作实践来强化培训效果，帮助和提升甲方人员查找和排除故障的能力，从而确保产量的提高以及设备的优化。

（7）设备验收和移交

批量试生产结束后进行设备验收和设备移交，涂装车间将移交给甲方。

① 设计会签时制定的设备验收清单必须填写完整，由乙方和甲方签字确认作为验收资料。

② 存在影响生产、不符合要求或不可控状态等缺陷，视为项目合同未完成，因此不能进行设备验收和移交。

③ 甲方和乙方共同组织，对培训情况进行考核，以保证相关人员能自行负责批量生产时的设备运行。

④ 设备移交时甲方和乙方共同签订验收纪要，遗留的问题单必须在规定的期限内解决。

⑤ 如甲方认为有必要时，对一些重要的外购件可邀请相对应的生产商到场进行鉴定，以判断其是否为假冒产品。

⑥ 乙方必须在验收时提交一份详细、无遗漏的整个验收阶段的故障汇总表，这份记录是验收报告的组成部分。

⑦ 设备验收完成后，也是设备质保期的开始。

（8）安装调试的其他事项

用于安装调试期间必需的车身，由乙方向甲方借用。在使用过程所产生的，含运费在内的一切费用由乙方承担。如果造成车身损坏，由乙方按市场价格赔偿。

1.6.2.3 移交资料说明

项目阶段交付资料包含但不限于表 1-28 描述内容。

表 1-28 移交资料

阶段	资料类别	提交资料			
		中文	英文	电子版	备注
投标期文件	总体方案及 Layout 图	3份	3份	1份	图纸提交 CAD 版
	分项报价表,要求细分到部件	3份	3份	1份	
	设备配置表含水、电、气等功率分配	3份	3份	1份	
	参考资料、设计依据	3份	3份	1份	
合同签订(定标前、定标后、详细设计)	确定规格书	3份	3份	1份	
	最终报价书(详细)	3份	3份	1份	
	设备明细表	3份	3份	1份	可编辑版
	详细设计图纸、设备原理图及设备布局图	3份	3份	1份	图纸提交 CAD 版或可编辑版
	输送设备零部件图	3份	3份	1份	图纸提交 CAD 版
	车间水平衡图及整体环保方案	3份	3份	1份	可编辑版
	钢结构布置图及承载计算	3份	3份	1份	图纸提交 CAD 版
	设备基础图及承载	3份	3份	1份	图纸提交 CAD 版
	PLC 程序结构说明	3份	3份	1份	可编辑版
	节拍计算说明书	3份	3份	1份	可编辑版

阶段	资料类别	提交资料			
		中文	英文	电子版	备注
合同签订(定标前、定标后、详细设计)	喷涂参数计算说明书	3份	3份	1份	可编辑版
	各能源及参数计算说明书	3份	3份	1份	可编辑版
	管线、设备匹配三维造型图	3份	3份	1份	可编辑版
	管线与设备匹配确认书	3份	3份	1份	
	设备提资(基础、洞口、能源、管线等)	3份	3份	1份	可编辑版
	各供货商资质证明	3份	3份	1份	分包商确定前
预验收	预验收清单	3份	3份	1份	
	功能测试报告(电机、泵等)	3份	3份	1份	
	材料采购清单、质检单及原材料质检报告	3份	3份	1份	
	外购件抽检报告	3份	3份	1份	
	预调试报告	3份	3份	1份	
工程施工	施工图	3份	3份	1份	图纸提交CAD版
	设备基础图(签字确认)	3份	3份	1份	
	设备原理图(电气、机械、工艺)	3份	3份	1份	图纸提交CAD版或可编辑版
	零部件图纸(电气、机械、工艺)	3份	3份	1份	图纸提交CAD版或可编辑版
	详细的布局图(机械、电气、工艺)	3份	3份	1份	图纸提交CAD版或可编辑版
	钢结构布置图及承载计算	3份	3份	1份	图纸提交CAD版
	设备安装中线记录	3份	3份	1份	做现场永久性标识
	安装质量及进度检查记录	3份	2份	1份	
	输送设备关键零件热处理记录	3份	2份	1份	
	材质报告(原材料及辅材)	3份	3份	1份	
	管道容器等密封性实验报告	3份	3份	1份	
	验收标准	2份	2份	1份	
	特种设备设计、施工资质(如锅炉、吊装设备等)	2份	—	1份	
	有专业要求的设备设计、施工资质	2份	—	1份	
	详细的零部件清单	3份	3份	1份	可编辑版
单机调试～批量试生产验收	各元器件检查测试记录	3份	3份	1份	
	安全设备设施检查记录	3份	3份	1份	
	电气绝缘检查记录	3份	3份	1份	
	设备接地检查记录	3份	3份	1份	
	仪器仪表首检清单汇总	3份	3份	1份	
	各线满速检测记录	3份	3份	1份	
	喷涂参数核算表	3份	3份	1份	
	设备运行核算表(负荷、环保指标、能耗、开动率及各类质量工艺指标)	3份	3份	1份	
	单机调试报告	3份	3份	1份	
	设备联调报告	3份	3份	1份	
	消防验收准备工作及报告	3份	3份	1份	
	环评验收准备工作及报告	3份	3份	1份	
	设备潜在失效模式及后果分析表(EFMEA)	3份	3份	1份	
	设备操作指导书	3份	3份	1份	
	设备操作维护手册	3份	3份	1份	
	设备PM/TPM	3份	3份	1份	
	设备润滑卡	3份	3份	1份	

阶段	资料类别	提交资料			
		中文	英文	电子版	备注
单机调试～批量试生产验收	外购件资料	3份	3份	1份	注释翻译成中文
	设备零部件清单	3份	3份	1份	
	备件清单(包括型号、性能参数、原生产厂家)	3份	3份	1份	
	设备IP分配表	3份	3份	1份	
	网络拓扑图	3份	3份	1份	
	设备信号联锁表	3份	3份	1份	
	PLC程序备份	3份	3份	1份	
	HMI程序备份	3份	3份	1份	
	变频器、软启参数	3份	3份	1份	
	上位工程备份	3份	3份	1份	
终验收 (提供最终版)	总体方案及Layout图	5份	5份	1份	图纸提交CAD版
	分项报价表(细分到部件)	5份	5份	1份	
	设备能源配置表(含水、电、气等功率分配)	5份	5份	1份	
	设备明细表	5份	5份	1份	图纸提交CAD版
	详细设计图纸、设备原理图及设备布局图	5份	5份	1份	图纸提交CAD版 或可编辑版
	输送设备零部件图	5份	5份	1份	图纸提交CAD版
	钢结构、设备基础图	5份	5份	1份	图纸提交CAD版
	功能测试报告(电机、泵等)	5份	5份	1份	
	材料采购清单、质检单及原材料质检报告	5份	5份	1份	
	外购件抽检报告	5份	5份	1份	
	预调试报告	5份	5份	1份	
	施工图	5份	5份	1份	图纸提交CAD版
	设备安装中线记录	5份	5份	1份	做现场永久性标识
	安装质量及进度检查记录	5份	5份	1份	
	输送设备关键零件热处理记录	5份	5份	1份	
	材质报告(原材料及辅材)	5份	5份	1份	
	管道容器等密封性实验报告	5份	5份	1份	
	验收标准	5份	5份	1份	
	详细的零部件清单	5份	5份	1份	可编辑版
	各元器件检查测试记录	5份	5份	1份	
	安全设备设施检查记录	5份	5份	1份	
	电气绝缘检查记录	5份	5份	1份	
	设备接地检查记录	5份	5份	1份	
	仪器仪表首检清单汇总	5份	5份	1份	
	工位器具清单	5份	5份	1份	
	喷涂参数核算表	5份	5份	1份	
	设备潜在失效模式及后果分析表(EFMEA)	5份	5份	1份	
	设备操作指导书	5份	5份	1份	
	设备操作维护手册	5份	5份	1份	
	设备PM/TPM	5份	5份	1份	
	设备润滑卡	5份	5份	1份	
	外购件资料	5份	5份	1份	注释翻译成中文
	设备零部件清单	5份	5份	1份	
	备件清单(包括型号、原生产厂家)	5份	5份	1份	
	设备IP分配表	5份	5份	1份	
	网络拓扑图	5份	5份	1份	

阶段	资料类别	提交资料			
		中文	英文	电子版	备注
终验收 (提供最终版)	设备信号联锁表	5份	5份	1份	
	PLC程序备份	—	—	1份	
	HMI程序备份	—	—	1份	图纸提交CAD版 或可编辑版
	变频器、软启动器参数	5份	5份	1份	
	上位工程备份	—	—	1份	图纸提交CAD版 或可编辑版
	单机调试报告	5份	5份	1份	
	设备联调报告	5份	5份	1份	
	消防验收准备工作及报告	5份	5份	1份	
	环评验收准备工作及报告	5份	5份	1份	
	各分项设备培训资料及签字确认表	5份	5份	1份	培训材料PPT版
	各分项培训录制视频	—	—	1份	
	通过性检验报告	—	—	1份	
	烘烤参数检验报告	5份	5份	1份	
	工艺参数及产品指标验证	5份	5份	1份	
	洁净度检测报告	5份	5份	1份	
	照度、风速、温湿度检测报告	5份	5份	1份	
	质量指标检测报告	5份	5份	1份	
	能耗及环保指标验证	5份	5份	1份	
	各线体线速验证报告	5份	5份	1份	

1.7 服务项说明

1.7.1 培训

① 乙方在开展培训前，拟定培训计划，编制培训材料，经甲方认可后开始实施培训，同时须提供培训讲解材料及录制视频。

② 各培训完成后，乙方以考试形式确认各项培训效果，考试合格后，由甲方参训人员及乙方培训人员共同签字留档（作为终验收提交资料的一项）。

③ 参训范围：操作人员、维修人员、现场工艺、制造工程人员、管理人员等。

a. 操作人员：熟练掌握操作工具及设备，了解工作环境；

b. 维修人员：掌握设备结构，能够判断和处理故障；

c. 工程师：熟悉设备和系统原理，知道故障处理方法和紧急处理措施；掌握系统图纸及相关联设备，能够给维护和管理人员提供技术支持；

d. 管理人员：深刻理解整个车间，熟知相关联的设备和系统，知道设备和系统正确的操作条件；

e. 甲方培训员：熟悉原理、结构和设备操作和维护，很好地掌握供应商提供的图纸及材料，能够胜任操作和维修人员、工程师的培训老师。

④ 理论及现场培训。

培训总体分为理论培训及现场操作培训，参训人员数量按现场需求定，各项课程培训时间为4～8h，具体内容如表1-29所示。

表 1-29　培训要求

分项	结构及基础原理	工艺流程	特性及优缺点	设备操作	机械相关及电气控制	故障处理	维护保养	参训人员
涂装车间安全总述	涂装车间安全要求基础知识,车间受控区域及危险源,事故防范及处理措施							abcde[①]
涂装车间概述	○	○	○					abcde
前处理电泳	○	○	○	○	○	○	○	abcde
烘干及强冷	○	○	○	○	○	○	○	abcde
空调送排风	○	○	○	○	○	○	○	abcde
喷漆系统	○	○	○	○	○	○	○	abcde
输送线	○	○	○	○	○	○	○	abcde
喷漆机器人	○	○	○	○	○	○	○	abcde
涂胶机器人	○	○	○	○	○	○	○	abcde
输调漆	○	○	○	○	○	○	○	abcde
供胶	○	○	○	○	○	○	○	abcde
供蜡	○	○	○	○	○	○	○	abcde
整流电源	○	○	○	○	○	○	○	abcde
纯水	○	○	○	○	○	○	○	abcde
废气处理	○	○	○	○	○	○	○	abcde
水泵	○	○	○	○	○	○	○	abcde
风机	○	○	○	○	○	○	○	abcde
其他成套设备	○	○	○	○	○	○	○	abcde

① a 为操作人员;b 为维修人员;c 为工程师;d 为管理人员;e 为甲方培训员。

⑤ 厂家培训。

a. 机器人厂家培训:涂胶机器人系统、喷漆机器人系统及 LASD 机器人系统,为期 2 周,如表 1-30 所示。

表 1-30　机器人厂家培训

课程	人数	参训人
机器人原理	按需	工艺、设备相关人员
机器人初级编程	按需	工艺、设备相关人员
喷涂系统及控制系统	按需	工艺、设备相关人员
机器人维护	按需	工艺、设备相关人员

b. 视觉系统培训,为期 1 周,如表 1-31 所示。

表 1-31　视觉系统培训

课程	人数	参训人
应用软件培训	按需	工艺、设备相关人员
视觉系统原理	按需	工艺、设备相关人员
视觉系统标定及点位优化	按需	工艺、设备相关人员
视觉系统维护及控制介绍	按需	工艺、设备相关人员

c. PLC 培训,为期一周,涉及原理、程序结构、故障排除及典型重大问题分析等,如表 1-32 所示。

表 1-32　PLC 培训

课程	人数	参训人
软件应用培训	按需	设备相关人员
程序结构培训	按需	设备相关人员
硬件组态培训	按需	设备相关人员
故障处理及分析	按需	设备相关人员

厂家培训相关费用由乙方负责。

1.7.2　备件及辅料

（1）备件

备件金额：备件供货按设备投标总价的 3% 考虑（说明：A＝合同金额，备件金额＝$A \times 3\%$），其中，机器人按设备投标总价的 5% 考虑（说明：A＝合同金额，备件金额＝$A \times 5\%$）。

备件范围：设备安装结束后提供甲方所需的备件清单。

清单内容：备件清单（备件清单覆盖现场 95% 以上的零部件），包含易损件、结构件、功能件等；清单内含单价、供应商、最大最小库存量、供货周期、使用说明书。清单提供后，由甲方确认具体的备件需求，乙方严格按照供货期供货。

补充说明：设备安装、调试过程中所有的被盗件、损坏件、不合格件以及质保期内的质保件均由厂家无条件补齐和更换。

（2）过滤材料

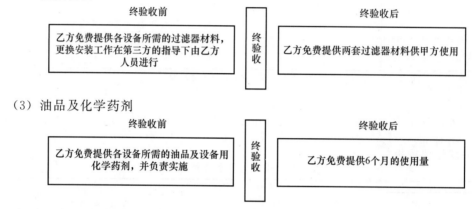

（3）油品及化学药剂

① 油品及药剂的使用须经过实验验证且提供相应报告，甲方确认后执行。

② 油品及药剂清单含单价、供应商、添加形式及添加量和相应文件等。

（4）材料及车身

① 油漆材料及白车身由甲方提供。

② 包括运费在内的一切费用由乙方承担。如果造成车身损坏，由乙方按市场价格赔偿。

1.7.3　陪产

陪产时间从终验收结束后开始计算，覆盖全车间所有设备。人员配置、时间及内容如表 1-33 所示。

表 1-33　陪产人员、时间和内容配置

系统	人员配置	时间	内容
输送系统	单班:机械1人、电气1人	12个月双班配置	①陪产人员的能力必须得到甲方认可,陪产期间,陪产人员禁止无故调换,若遇特殊原因,必须得到甲方认可,且做好工作交接。②甲方认可包括但不限于:故障记录、处理、分析及出具相应报告,同时提供月度分析报告。③陪产期间提供设备及工艺人员专业性现场培训,每月不低于一次,留签字版培训记录,每月提交
电控系统	单班:中控系统1人	12个月双班配置	
机器人系统	单班:工艺1人、电气1人	6个月双班配置	
其他设备	单班:各1人	6个月双班配置	

1.7.4 质保

① 质保期从终验收结束起，为期 2 年时间。即使质保期过后，如果发现是因为设计、施工上的过失而造成的故障，乙方应进行无偿处理。质保要求中包含的质保金、质保金处置方案，参照商务合同执行。

② 质保内容不包括耗材，其中包括但不限于：

a. 生产线设计的合理性；

b. 生产线运行的稳定性；

c. 所有组件的可靠性；

d. 现场装配和规范、设计图纸要保持一致；

e. 最终的性能要达到规范所描述的水平。

③ 质保期间内发生的事故中属于乙方责任时，须在 24h 内响应（必要时须到现场支援），并进行无偿处理。

④ 任何没有指明的部件或设备的组件都在质保范围内。

⑤ 质保内任何更换的部件，要提供从更换日开始的 24 个月的质保。

⑥ 批量供货的组件，如出现批量性质量问题（近似问题出现≥3 次），所有该组件必须全部免费更换。若更换后，问题得不到根治，乙方必须无偿提供改进方案并实施。

1.8 其他

（1）会议纪要

通用会议纪要模板如表 1-34 所示。

表 1-34 通用会议纪要模板

Meeting Minutes 会议纪要					
Meeting Topic 会议主题					
Date 日期		Time 时间		Venue 地点	
Organized by 会议主持		Minutes by 会议记录		Absentee 缺席人员	
Item 序号	Topic/Type 议题/类型	Consensus/Actions 会议共识 / 行动安排		Champion 责任人	Planned closing date 关闭日期
Signature 签字		_____ _____ _____ _____ _____			

填写说明：

会议中如有多个议题，请在"议题/类型"列中分别注明议题及纪要类型；如会议中只讨论一个议题，可只填写纪要类型。

纪要类型样例：如行动方案、决定决议、问题升级、待讨论事项等。

如纪要类型为行动方案、问题升级、待讨论事项，需写明责任人。如果议题类型为决定决议，责任人及日期可填 N/A。

与会者签字表示对会议纪要上的所有内容表示认同，遵守并承诺按照要求按时完成行动方案实施。签字样例格式：部门＋姓名，如 GA 张三

（2）工作日报

通用日报模板如表 1-35 所示。

表 1-35　通用日报模板

工作日报						
施工单位		负责人			日期：　年　月　日	

人员出勤	计划人员					
	实际人员					
	差异					
	差异描述					

安全		序号	问题点	责任人	整改措施	整改状态
	1　2 3　4 5　6　7　8　9　10 11　12　13　14　15　16 17　18　19　20　21　22 23　24　25　26　27　28 29　30 31	1				
		2				
		3				
		4				
		5				
		6				
		7				
		8				
		9				

前日工作计划完成情况	主要工作内容	责任人	备注

明日工作计划	主要工作内容	责任人	备注

需协调问题	问题点	责任人	备注

其他			

（3）工作周报

通用周报模板如表 1-36 所示。

表 1-36　通用周报模板

第　周周报					
施工单位		负责人		日期：　年　月　日	

本月主要工作计划节点					

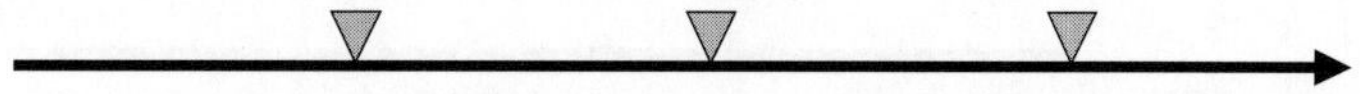

安全		序号	问题点	责任人	整改措施	整改状态

（内附日历：1 2 / 3 4 / 5 6 7 8 9 10 / 11 12 13 14 15 16 / 17 18 19 20 21 22 / 23 24 25 26 27 28 / 29 30 / 31，序号1~9）

本周工作计划完成情况	主要工作内容	责任人	备注

下周工作计划	主要工作内容	责任人	备注

需协调问题	问题点	责任人	备注

其他	

（4）工作月报

通用月报模板如表 1-37 所示。

表 1-37　通用月报模板

第　月月报				
施工单位	负责人		日期：　年　月　日	

本月主要工作计划节点					

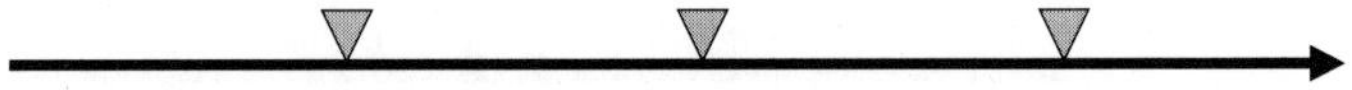

安全		序号	问题点	责任人	整改措施	整改状态
	1 2 3 4 5 6 7 8 9 10 11 12 13 14 15 16 17 18 19 20 21 22 23 24 25 26 27 28 29 30 31	1				
		2				
		3				
		4				
		5				
		6				
		7				
		8				
		9				

本月工作计划完成情况	主要工作内容	责任人	备注

下月工作计划	主要工作内容	责任人	备注

需协调问题	问题点	责任人	备注

其他	

2 前处理电泳技术要求

2.1 引言

前处理电泳是整个涂装过程的第一步，属于给车身打防腐基础的步骤。其作用是：首先，清洗车身表面的油污、颗粒、杂质、锈迹等表面缺陷，为后续工艺提供洁净的车身基础；其次，通过化学反应镀一层磷化或锆化的无机保护膜，该保护膜使金属表面钝化，对金属起缓蚀作用，提供基础的防腐性能，同时该无机保护膜属于微孔结构，在微观上可以增加表面积，增强与有机漆膜的附着力；然后，通过电泳的方式在车身内外表面涂上一层光滑平整的致密有机漆膜和基材紧密结合，它可以有效地隔绝空气、水及其他微生物等外界环境对金属基材的接触，避免浸蚀，从而起到全面防腐的作用。因此，良好的前处理电泳是整车防腐的基础。

前处理电泳一般采用自动化设计，主要是靠设备运行，人为干扰因素少，因此，合理的工艺设计和稳定可靠的设备是前处理电泳成功的关键。本生产线为新建涂装车间的重要组成部分，以其功能为主要目的，合理布局工艺，选用目前主流的薄膜处理材料实现基本的防腐功能，还可以降低氮、磷排放，减少固体废物排放；应用先进 ED-RO 技术实现电泳系统内大循环，既能满足电泳涂装质量要求，又可以降低废水排放，以满足国家和地方的排放法规要求。同时生产线需要考虑满足 A 级和 B 级的三厢轿车、SUV 及 MPV 车型的在线混合生产，旨在打造一条高效、绿色环保的生产线。

本章介绍的项目为交钥匙项目，主要包括以下内容：规划、设计、制造、运输、存储、安装、调试、培训、试生产、陪产售后服务及全过程项目管理等工作内容。由于环保要求，本章不讨论传统的磷化工艺。本章内容适用前处理电泳，公用部分参考总则。

2.2 分工界面

若项目为总包项目，其分工分界面见总则。若项目为分包项目，其分工界面如图 2-1 所示。

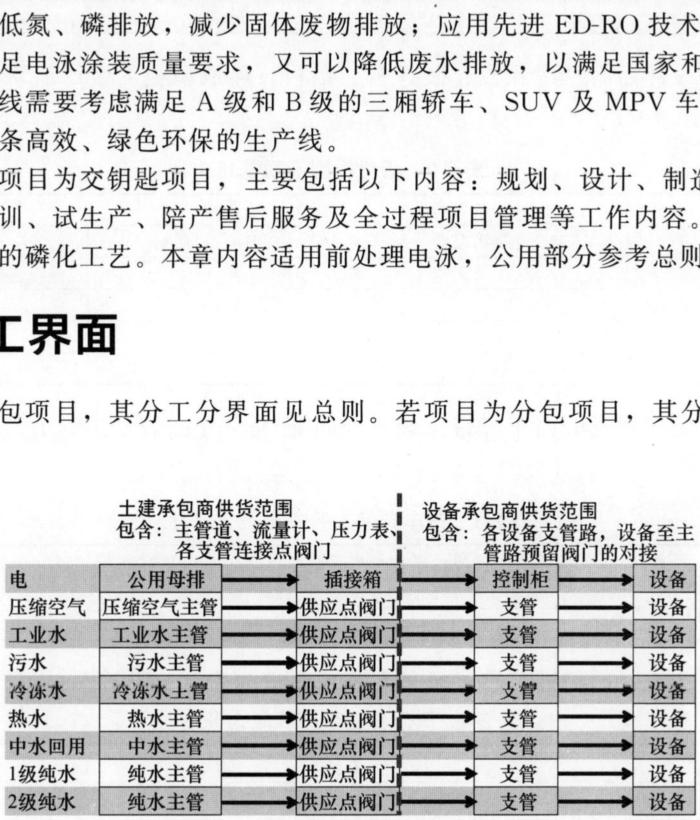

	土建承包商供货范围 包含：主管道、流量计、压力表 各支管连接点阀门		设备承包商供货范围 包含：各设备支管路，设备至主 管路预留阀门的对接	
电	公用母排 →	插接箱 →	控制柜 →	设备
压缩空气	压缩空气主管 →	供应点阀门 →	支管 →	设备
工业水	工业水主管 →	供应点阀门 →	支管 →	设备
污水	污水主管 →	供应点阀门 →	支管 →	设备
冷冻水	冷冻水土管 →	供应点阀门 →	支管 →	设备
热水	热水主管 →	供应点阀门 →	支管 →	设备
中水回用	中水主管 →	供应点阀门 →	支管 →	设备
1级纯水	纯水主管 →	供应点阀门 →	支管 →	设备
2级纯水	纯水主管 →	供应点阀门 →	支管 →	设备

图 2-1 前处理电泳公用动力分工界面

设备供应商需要预先提供空气介质、液体介质管道的接入尺寸型号，土建承包商按需预留接口，设备厂家自行准备接入。

2.3 设计基础

① 前处理电泳线应设计成至少 25 年的工作寿命，整车净产能为 60JPH。使用锆化薄膜处理＋电泳工艺。要求车身具备 10 年以上防腐性能，生产设备要求具备满足以上工艺使用条件。

② 本生产线关于工艺的要求首先要满足车身涂层标准，如表 2-1 所示。

表 2-1　车身涂层标准

电泳漆膜厚标准/μm		
部位	最小	目标值
外表面	18	20
内表面	10	12
内腔	10	12
电泳外观质量标准		
项目	标准	备注
粗糙度 Ra	<0.3	水平面<0.3，垂直面<0.3
长波	<30	
粗糙度 RPC	>45	
缩孔	无缩孔	
电泳花斑	不接受	
电泳条纹	不接受	
电泳流痕	不接受	
车身结构胶点	<1 点	

③ 本产线的设计需满足冷轧板、镀锌板、铝板、热成型板的生产需求，板材类型及质量比如表 2-2 所示。

表 2-2　板材类型及质量比

板材	质量比/%		
	当前状态	中期目标	远期目标
冷轧板	10.8	40.6	69.1
镀锌板	83.2	53.4	24.9
热成型钢	6	6	6
铝板	0	0	10

④ 本生产线要求通过的白车身带工装夹具的最大尺寸如表 2-3 所示，且生产线可以满足多车型共线生产。

表 2-3　白车身带工装夹具最大尺寸

项目	长(Max)/mm	宽(Max)/mm	高(Max)/mm	电泳面积(Max)/m²	BIW 质量/kg
白车身	5000	1950	1700	140	650
白车身带夹具	5100	2200	1700		

⑤ 车身通过产线时四门两盖带夹具最大开度要求如表 2-4 所示。

表 2-4　四门两盖带夹具最大开度

部件	开度	部件	开度
引擎盖	最大:和车顶平齐	后举升门	80～180mm
三厢后盖	最大:和车顶平齐	四门	80～180mm

⑥ 在满足最大车身带工装夹具尺寸条件下，车身和喷嘴、槽体壁板最小的间隔距离推荐如表 2-5 所示。

表 2-5　车身和喷嘴、槽体壁板的最小间距

工位	位置	距离/mm
喷	顶部喷嘴距离工件	305
	侧面喷嘴距离工件	150～305
	底部喷嘴距离工件	305
浸	侧壁喷嘴距离工件	305
	液面距离槽液高度	＜200
	液面距离工件顶部	＜200
	槽底喷管距离工件	460
电泳槽	侧面阳极距离工件	305
	侧壁距离工件	610
	液面距离工件顶部	＞350
	底部安全缆绳距离槽底	305
	车身距离安全缆绳	230

图 2-2 中的尺寸仅供参考。

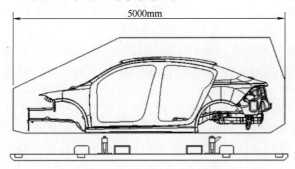

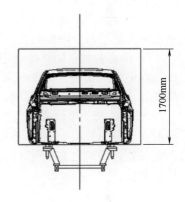

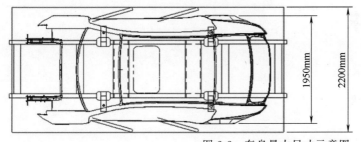

图 2-2　车身最大尺寸示意图

⑦ 输送：具体要求参照输送链要求，公用动力基础条件见总则。

⑧ 本生产线要求环保节水，电泳线要求为内封闭循环，污水排放要求如表 2-6 所示。

表 2-6　污水排放标准

区域	前处理	电泳
排放标准/（m³/单元）	＜0.8	＜0.02

⑨ 本生产线设计的单车耗水量标准如表 2-7 所示。

表 2-7　单车耗水量标准

位置	洪流-水洗 3	锆化-水洗 6	电泳段
耗水量/（L/m²）	2.5～3.0	4～5	1.5～2.0

⑩ 本生产线要求电泳车身打磨点低于 10 个，打磨点不包括焊装带来的钣金件缺陷，如钣金凹凸、钣金缺肉、切边毛刺、焊接飞溅（指飞溅黏合在车上，需要借助打磨机等工具才可以清理下来）等缺陷。要求前处理线具备除车身滴落胶功能，电泳后车身胶点低于 1 个/车。

⑪ 供应商应确定所有的工艺时间（浸、喷和滴水），遵守前处理、电泳系统的工艺设计要求，并提供对应的计算说明。在计算浸槽循环次数时，不包括喷淋泵流量。

⑫ 喷淋段、检修段及工艺室体内安装玻璃钢格栅；所有机组（泵、过滤器组、换热器以及加料槽等）都将安装在不锈钢接盘上。

⑬ 所有管道、槽体、室体表面温度超过室温 10℃时就需要增加保温，使用岩棉、外包镀锌板保温，保温层外表面温度不得高于室温 10℃。

⑭ 除新鲜纯水、新鲜 ED-RO 液、新鲜 UF 液喷淋外，其他的喷淋均需要全流量过滤。

⑮ 本设计应充分考虑到可靠的人机工程，最大限度地考虑操作、维护及安全。

⑯ 生产线启动要具备两种模式：一种是一键自动启动模式，另一种是手动逐级启动模式。暂停模式也采用一键按钮并且需要和机械化链联锁。

⑰ 终验收阶段前，乙方免费提供所需的过滤器材料，更换安装工作在第三方的指导下由乙方人员进行。终验收之后，乙方免费提供两套过滤器材料供甲方使用。

⑱ 设备和材料的选择，甲方有最终的决定权。在设备购买和运输前，提交充分的资料以得到甲方的认可。供货周期长的要提供确定的时间表，设备的品牌可由供应商选择，但必须符合技术说明书，更换品牌和设备必须有甲方书面的批准。

⑲ 前处理、电泳系统包括室体、槽、管路、过滤器、热交换器等有关设备，系统在运行前必须是完整和干净的，供应商应核实所有的清洗用的化学品适合于前处理、电泳线；设备在安装到现场之前，所有的部件要清洁；供应商提供系统维护手册，包括所有设备资料和操作数据。

2.4 工艺技术要求

2.4.1 前处理工艺技术要求

2.4.1.1 前处理工艺流程及参数

（1）前处理工艺流程

前处理工艺流程如图 2-3 所示。

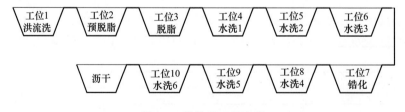

图 2-3　前处理工艺流程

（2）前处理工艺关键参数

前处理工艺关键参数如表 2-8 所示。

表 2-8　前处理工艺关键参数

序号	工序名称	处理方式	循环次数	处理时间 /s	喷淋压力 /bar[①]	处理温度 /℃
1	洪流清洗	洪流＋喷＋洪流		60	2.0～2.5	45～60
2	预脱脂	洪流＋喷＋洪流		60	2.0～2.5	45～60
3	脱脂	喷＋浸＋喷	＞3 次/h	180	1.5～2.0	45～60
4	水洗 1	喷		45	1.5～2.0	常温
5	水洗 2	喷＋浸＋喷	3 次/h	进/出	1.5～2.0	常温
6	水洗 3	喷＋浸＋喷	3 次/h	进/出	1.5～2.0	常温
7	薄膜	浸＋喷	2～3 次/h	180	1.2～1.5	30～32
8	水洗 4	喷		45	1.5～2.0	常温
9	水洗 5	喷＋浸＋喷	3 次/h	进/出	1.5～2.0	常温
10	水洗 6	喷＋浸＋喷	3 次/h	进/出	1.5～2.0	常温

① 1bar＝0.1MPa。

2.4.1.2　洪流热水洗

洪流热水洗具体技术要求如表 2-9 所示。

表 2-9　洪流热水洗技术要求

项目	要求 & 参数	技术要求
水质	pH 值：10～13	含脱脂剂
温度	45～60℃	a. 板框换热器,热水对流加热;
工作时间	60s	b. 冷态升温时间为 2h,二次升温时间为 1h
工作方式	喷淋洗	车身前段从入口洪流洗到出口洪流洗
喷淋	2.0～2.5bar	a. 喷淋环仿形设计; b. 不过车时,喷淋泵切换为循环; c. 提供底部、顶部、侧面喷淋,且压力分别单独可调; d. 车身通过时要有驼峰排水排渣设计; e. 做到有车喷淋,洪流开启,无车停止; f. 启、停位置可在 PLC 控制屏幕设置; g. 连续过车:保持喷淋,洪流长开启状态
洪流流量	＞90m³/h	a. 单侧单点,0.7～1.0bar,总量＞360m³/h; b. 洪流冲洗角度可调
过滤	袋式过滤器	喷淋、循环必须有袋式全流量过滤
	磁性过滤器	主循环管道,全自动无人值守
	旋液分离器	主循环管道,自动除渣
	纸袋过滤器	自动除渣
	车身胶过滤	提供有效除车身胶过滤装置方案
除油		a. 吸油口设置在副槽; b. 在主槽设置有驱动油污流向副槽的装置,用于非生产状态下自动除油
出口沥水		沥水回洪流热水洗槽内
补水方式		a. 外接自来水管快速补水; b. 预脱脂溢流到洪流热水洗槽; c. 水洗 1 喷淋水回用补水
排槽方式		通过主循环可将污水快速直接排放到污水站

2.4.1.3　预脱脂

除表 2-10 内容特别说明外,预脱脂的其他技术要求和洪流热水洗要求相同。

表 2-10　预脱脂技术要求

项目	参数要求	技术要求
入口段		a. 设一排润湿喷淋,喷淋水回预脱脂槽; b. 喷嘴流量:25～30L/min
出口沥水		沥水段倾斜回预脱脂槽内
工作时间	60s	车身前段进预脱脂到出口之间的时间
补水		a. 外接自来水管快速补水; b. 脱脂槽溢流到预脱脂槽; c. 水洗 1 喷淋水回用补水
排槽		a. 通过主循环可将污水快速直接排放到污水站; b. 可以通过最低点重力将水排放到备用槽内; c. 备用槽可通过泵打回,在 0.5h 内倒回

2.4.1.4　脱脂

脱脂技术要求如表 2-11 所示。

表 2-11　脱脂技术要求

项目	要求 & 参数	技术要求
水质	pH 值:10～13	含脱脂剂
温度	45～60℃	a. 板框换热器,热水对流加热; b. 冷态升温时间为 4h,二次升温时间为 2h
工作方式	浸	车身全浸时间
工作时间	180s	
主循环	3 次/h	a. 计算循环次数时,不包含喷淋泵流量; b. 底部和侧壁均需要循环喷管,且分别有单独阀门控制; c. 表面流为逆向流; d. 主循环吸口设置中,低位双吸口要求见 2.5.9 小节; e. 主循环上设置支管补充预脱脂槽液位,可在 30min 内补充完预脱脂工作液位
除油		a. 吸油口设置在副槽; b. 在主槽设置有驱动油污流向副槽的装置,用于非生产状态下自动除油(配合材料选型)
喷淋	1.5～2.0bar	a. 入口仿形喷淋,喷淋时车身倾斜,不少于 4 环; b. 出口仿形喷淋,喷淋时车身倾斜,不少于 4 环; c. 做到有车喷淋,无车停止; d. 启、停位置可在 PLC 控制屏幕设置
过滤	袋式过滤器	喷淋、循环必须有袋式全流量过滤
	磁性过滤器	主循环管道,全自动无人值守
	旋液分离器	主循环管道,自动除渣
	纸袋过滤器	自动除渣
	车身胶过滤	提供有效除车身胶过滤装置方案
出口沥水	30s	a. 沥水段 30s 内沥完,沥水成滴状; b. 沥水段倾斜回脱脂槽内
补水		a. 外接自来水管快速补水; b. 外接中水回用补水; c. 水洗 1 喷淋水回用补水
排槽		a. 通过主循环可将污水快速直接排放到污水站; b. 可以通过最低点重力将水排放到备用槽内; c. 备用槽可通过泵在 1h 内倒回 90％槽液

2.4.1.5　水洗 1

水洗 1 技术要求如表 2-12 所示。

表 2-12　水洗 1 技术要求

项目	要求 & 参数	技术要求
水质	pH 值:9~11	含少量脱脂剂
温度	常温	
工作时间	45s	车身前段从入到出的时间
工作方式	喷淋	a. 喷淋环仿形设计; b. 不过车时,喷淋泵切换为循环
主喷淋	1.5~2.5bar	a. 底部、顶部、侧面喷淋压力分别设单独阀门可调; b. 车身通过时要有驼峰排水排渣设计; c. 喷淋水回槽内
过滤	袋式过滤器	喷淋、循环必须有袋式全流量过滤
	旋液分离器	考虑生产铝板车身需要
入口喷淋	15m³/h	a. 在入口设置 3 环喷淋; b. 喷淋水取水洗 1 液位; c. 喷淋水排放到污水收集槽内,回收用
出口喷淋	15m³/h	a. 在出口设置 3 环喷淋; b. 喷淋水取水洗 2 槽液; c. 喷淋水回水洗 1 更新用
补水方式		a. 外接自来水管快速补水; b. 中水回用补水; c. 水洗 2 主循环管支管补水,可在 30min 内补充完毕
加料方式		a. 集中加料,自动、定量补给; b. 加料直接入主槽
排槽方式		a. 通过主循环可将污水快速直接排放到污水站; b. 通过主循环可快速排水到洪流热水洗

2.4.1.6　水洗 2

水洗 2 技术要求如表 2-13 所示。

表 2-13　水洗 2 技术要求

项目	要求 & 参数	技术要求
水质	pH 值:7~9	
温度	常温	
工作方式	浸	
工作时间	进/出	车身全浸时间
主循环	3 次/h	a. 计算循环次数时,不包含喷淋泵流量; b. 表面流为逆向流(和车行走方向反向); c. 主循环吸口在槽体最低位,且吸口为锥形设计; d. 主循环上设置支管补充水洗 1 液位,可在 30min 内将水洗 1 液位补充至工作液位
喷淋	1.5~2.5bar	入口:仿形喷淋,喷淋时车身倾斜,4 环 出口:仿形喷淋,喷淋时车身倾斜,4 环
出口润湿喷淋	1.5~2.0bar 15m³/h	取水洗 3 槽液喷淋,沥水回水洗 2
生产控制逻辑		a. 启:车前段距离入口喷淋 0.5m 启动喷淋; b. 停:车后端离开出口喷淋 0m,关闭喷淋,喷淋泵转为循环泵; c. 启、停位置可在 PLC 控制屏幕设置; d. 连续过车:保持喷淋长开启状态
过滤	袋式过滤器	喷淋,循环必须有袋式全流量过滤
	旋液分离器	增加旋液分离器(考虑铝板生产)

项目	要求 & 参数	技术要求
补水方式		a. 外接自来水管快速补水； b. 外接中水回用补水； c. 水洗 3 主循环支管补水
加料方式		a. 集中加料，自动、定量补给； b. 加料直接入主循环管道； c. 加料方式详见 2.4.9 节描述
排槽方式		通过主循环可将污水快速直接排放到污水站

2.4.1.7 水洗 3

除表 2-14 内容特别说明外，水洗 3 其他技术要求和水洗 2 要求相同。

表 2-14 水洗 3 技术要求

项目	参数要求	技术要求
出口润湿喷淋	1.5～2.0bar 15m³/h	a. 喷淋水为纯水； b. 沥水段倾斜回预脱脂槽内
补水方式		a. 外接纯水管快速补水； b. 外接中水回用快速补水； c. 主循环上有支管补充水洗 2 液位
出口沥水	30s	a. 沥水段 30s 内沥完，沥水成滴状； b. 沥水段倾斜回锆化槽内

2.4.1.8 高压喷淋

高压喷淋的技术要求如表 2-15 所示。

表 2-15 高压喷淋技术要求

项目	参数要求	技术要求
位置		a. 水洗 3 入口； b. 水洗 6 入口
喷嘴和工件间距	100～200mm	a. 侧壁喷嘴位置固定； b. 顶部喷嘴位置采用移动式随车移动仿形而升高和降低，仿形见图 2-4
喷淋压力	25～35bar	此压力为喷淋泵出口压力
喷嘴布置		a. 顶部喷嘴需要全覆盖车身水平面； b. 侧部喷嘴需要喷淋覆盖从顶部到车门下边缘； c. 喷嘴喷淋扇形面不可干涉
喷淋泵		a. 喷淋泵流量>12m³/h； b. 泵后需采用过滤器过滤
取水/排水		a. 水洗 3：从水洗 3 槽内取水，排水回水洗 3 槽内； b. 水洗 6：从水洗 6 槽内取水，排水回水洗 6 槽内

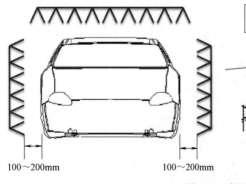
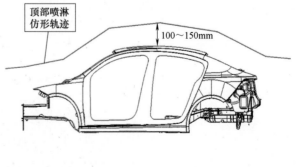

图 2-4 高压喷淋仿形示意图

2.4.1.9　薄膜处理

薄膜处理技术要求如表 2-16 所示。

表 2-16　薄膜处理技术要求

项目	要求 & 参数	技术要求
水质	pH 值:3.5～5.0	含 F、ZrO_2、Cu 等
温度	30～40℃	a. 具备冷热水自动调节温度,配置冷水、热水管道; b. 1h 内可从 25℃升至 32℃
工作方式	浸	
工作时间	180s	车身全浸时间
主循环	2～3 次/h	a. 计算循环次数时,不包含喷淋泵流量; b. 循环泵为变频泵,可以按照需求调整输出功率; c. 底部和侧壁均需要循环喷管,且分别有单独阀门控制; d. 表面流为逆向流; e. 主循环吸口设置中,低位双吸口要求见 2.5.9 小节
喷淋	1.0～1.5bar	a. 入口:润湿喷淋,1 环; b. 喷淋水为纯水; c. 排水回水洗 3
		a. 出口:仿形喷淋,喷淋时车身倾斜,4～6 环; b. 取锆化槽液喷淋; c. 排水回锆化槽内
生产控制逻辑		a. 启:车前段距离入口喷淋 0.5m,启动喷淋; b. 停:车后端离开出口喷淋 0m,关闭喷淋,喷淋泵转为循环泵; c. 启、停位置可在 PLC 控制屏幕设置; d. 连续过车:保持喷淋长开启状态
过滤	袋式过滤器	a. 喷淋,循环必须有袋式全流量过滤; b. 板框压滤机
出口沥水	30s	a. 沥水段 30s 内沥完,沥水成滴状; b. 沥水段倾斜回锆化槽内
补水方式	外接纯水快速补水	
加料方式	加料方式详见 2.4.9 节描述	
排槽方式		a. 通过主循环可将污水快速直接排放到污水站; b. 可以通过最低点重力将水排放到备用槽内; c. 备用槽可通过泵 1h 内倒回 95%槽液

2.4.1.10　水洗 4

水洗 4 技术要求如表 2-17 所示。

表 2-17　水洗 4 技术要求

项目	要求 & 参数	技术要求
水质	pH 值:7～8	含少量锆化液
温度	常温	
工作时间	45s	车身前段从入到出的时间
工作方式	喷淋	a. 喷淋环仿形设计; b. 不过车时,喷淋泵切换为循环
主喷淋	1.5～2.0bar	a. 底部、顶部、侧面喷淋压力分别设单独阀门可调; b. 车身通过时要有驼峰排水排渣设计; c. 喷淋水回槽内
过滤	袋式过滤器	喷淋,循环必须有袋式全流量过滤
入口喷淋	$18m^3$/h 1.5～2.0bar	a. 在入口设置 4～5 环喷淋; b. 喷淋水取水洗 4 槽液; c. 喷淋水排放到污水处理站

项目	要求 & 参数	技术要求
出口喷淋	$18m^3/h$ 1.5~2.0bar	a. 在出口设置 3~4 环喷淋； b. 喷淋水取水洗 5 槽液； c. 喷淋水回水洗 3 更新用
补水方式		a. 外接中水回用快速补水管； b. 外接纯水快速补水管
加料方式		a. 集中加料,自动、定量补给； b. 加料直接入主槽
排槽方式		通过主循环可快速直接排放到污水站
生产控制逻辑		a. 启:车前段距离入口洪流 0.5m,启动洪流、喷淋； b. 停:车后端离开出口洪流 0m,关闭洪流、喷淋,喷淋泵转为循环泵； c. 启、停位置可在 PLC 控制屏幕设置； d. 连续过车:保持喷淋长开启状态

2.4.1.11　水洗 5

水洗 5 技术要求如表 2-18 所示。

表 2-18　水洗 5 技术要求

项目	要求 & 参数	技术要求
水质	pH 值:7~8	
温度	常温	
工作方式	浸	
工作时间	进/出	车身全浸时间
主循环	>3 次/h	a. 计算循环次数时,不包含喷淋泵流量； b. 表面流为逆向流(和车行走方向反向)； c. 主循环吸口在槽体最低位,且吸口为锥形设计； d. 主循环上设置支管补充水洗 1 液位,可在 30min 内将水洗 1 液位补充至工作液位
喷淋		a. 入口,仿形喷淋,喷淋时车身倾斜,4 环； b. 出口,仿形喷淋,喷淋时车身倾斜,4 环
出口润湿喷淋	1.5~2.0bar	取水洗 6 槽液喷淋
生产控制逻辑		a. 启:车前段距离入口喷淋 0.5m,启动喷淋； b. 停:车后端离开出口喷淋 0m,关闭喷淋,喷淋泵转为循环泵； c. 启、停位置可在 PLC 控制屏幕设置； d. 连续过车:保持喷淋长开启状态
过滤	袋式过滤器	喷淋,循环必须有袋式全流量过滤,需要预留增加旋液分离器的空间
出口沥水		沥水段倾斜回水洗 5
补水方式		a. 外接纯水管快速补水； b. 水洗 6 主循环支管补水
加料方式		a. 集中加料,自动、定量补给； b. 加料直接入主循环管道； c. 加料方式详见 2.4.9 节描述
排槽方式		通过主循环可将污水快速直接排放到污水站

2.4.1.12　水洗 6

除表 2-19 所示内容特别说明外,水洗 6 其他技术要求和水洗 5 要求相同。

表 2-19　水洗 6 技术要求

项目	参数要求	技术要求
出口润湿喷淋	1.5~2.0bar	a. 喷淋水为纯水； b. 沥水段倾斜回预脱脂槽内

项目	参数要求	技术要求
补水方式		a. 外接纯水管快速补水； b. 主循环上有支管补充水洗 2 液位
高压喷淋		见 2.4.1.8 节高压喷淋

2.4.1.13　沥干槽

沥干槽技术要求如表 2-20 所示。

表 2-20　沥干槽技术要求

项目	技术要求
低点排污	排水收集到沥水收集槽内,收集槽将沥水补充到水洗 6 工位

前处理沥水收集系统如图 2-5 所示。

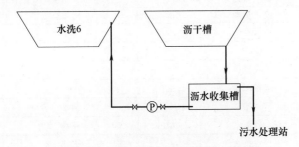

图 2-5　前处理沥水收集系统示意图

2.4.1.14　前处理各槽体补水、排水说明

各槽体补水、排水说明如表 2-21 所示。

表 2-21　各槽体补水、排水说明

工位	补/排	功能	水量	水源	排水去向
洪流洗	补水	高位溢流		预脱脂	
		配槽		自来水	
		配槽		水洗 2 循环支管	
		补液	>2m³/h	水洗 1 喷淋废水	
		配槽		预脱脂循环支管	
	排水	清槽			污水处理站
		低点排污			低位污水罐 1
预脱脂	补水	高位溢流		脱脂	
		配槽		自来水	
		补液		脱脂循环支管	
	排水	清槽			污水处理站
		低点排污			低位污水罐 1
		倒槽			脱脂备用槽
脱脂	补水	配槽		中水回用	
		配槽		自来水	
		配槽		水洗 2 循环支管	
		补液	>2m³/h	水洗 1 喷淋废水	
	排水	清槽			污水处理站
		低点排污			低位污水罐 1
		倒槽	15min		脱脂备用槽

工位	补/排	功能	水量	水源	排水去向
水洗 1	补水	溢流		水洗 2	
		配槽		中水回用	
		配槽		自来水	
		配槽		水洗 2 循环支管	
	排水	清槽			污水处理站
		低点排污			污水罐 2
		喷淋更新	15m³/h	水洗 2	污水罐 2
水洗 2	补水	溢流		水洗 3	
		配槽		中水回用	
		配槽		自来水	
		配槽		水洗 3 循环支管	
	排水	清槽			污水处理站
		低点排污			污水罐 2
		喷淋更新	15m³/h	水洗 3	水洗 1
水洗 3	补水	配槽		纯水	
	排水	清槽			污水处理站
		低点排污			污水罐 2
		喷淋更新	15m³/h		水洗 2
锆化	补水	配槽		纯水	
		补液	1m³/h	纯水	
	排水	低点排污			污水罐 2
		倒槽			锆化备用槽
水洗 4	补水	溢流		水洗 5	
		配槽		纯水	
		配槽		水洗 5 循环支管	
	排水	清槽			污水处理站
		低点排污			污水罐 2
		喷淋更新	18m³/h	水洗 5	污水罐 2
水洗 5	补水	溢流		水洗 6	
		配槽		纯水	
		配槽		水洗 6 循环支管	
	排水	清槽			污水处理站
		低点排污			污水罐 2
		喷淋更新	18m³/h	水洗 6	水洗 4
水洗 6	补水	配槽		纯水	
	排水	清槽			污水处理站
		低点排污			污水罐 2
		喷淋更新	18m³/h	纯水	水洗 5
沥干	补水	沥水		车身	
	排水				沥水收集槽
沥水收集槽	补水			沥干槽	
	排水				水洗 6
					污水罐 2

锆化前后补水、排水如图 2-6、图 2-7 所示。

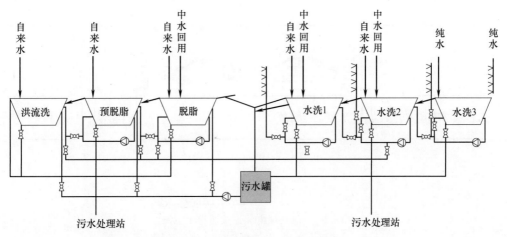

图 2-6　锆化前补水、排水示意图

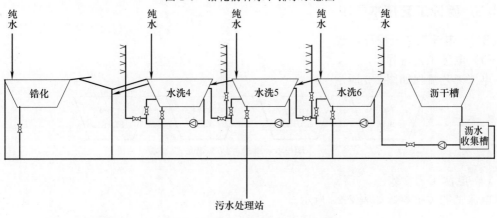

图 2-7　锆化后补水、排水示意图

2.4.2　前处理电泳连接通道

前处理电泳连接通道技术要求如表 2-22 所示。

表 2-22　前处理电泳连接通道技术要求

项目	参数要求	技术要求
工位数	2	a. 每个工位两边各接一个压缩空气接口； b. 每个工位两边各有一个纯水快速接口； c. 每个工位两边各有一个防水插座
入口	纯水	a. 设一排润湿喷淋，环形； b. 喷嘴流量为 1.5L/min，压力为 1.0～1.5bar； c. 雾化喷嘴； d. 自动控制，车到喷淋，车过停止喷淋
出口	纯水	a. 设一排润湿喷淋，环形，雾化喷嘴； b. 喷嘴流量为 1.5L/min，压力为 1.0～1.5bar； c. 自动控制，车到喷淋，车过停止喷淋
润湿方式	湿度＞80％	工位内设置雾化器润湿，单边不少于 5 个
排水方式		a. 底板上铺设格栅； b. 格栅下铺接水盘，接水盘排水至电泳污水处理站，接水盘要求全密封防水处理，不可漏水

前处理电泳连接通道如图 2-8 所示。

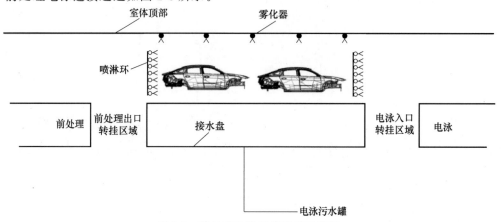

图 2-8　前处理电泳连接通道示意图

2.4.3　电泳工艺技术要求

2.4.3.1　电泳工艺流程及参数

（1）电泳工艺流程

电泳工艺流程如图 2-9 所示。

图 2-9　电泳工艺流程

（2）电泳工艺参数

电泳工艺关键参数如表 2-23 所示。

表 2-23　电泳工艺关键参数

序号	工序名称	处理方式	循环次数	喷淋压力/bar	处理时间/s	温度/℃
1	电泳	浸	4 次/h	1.0～1.5	240（通电时间）	30±3
2	UF1	喷		1.0～1.5	30	常温
3	UF2	浸	2.5 次/h	1.0～1.5	In/Out	常温
4	ED-RO	浸	2.5 次/h	1.0～1.5	In/Out	常温

2.4.3.2　电泳

电泳技术要求如表 2-24 所示。

表 2-24　电泳技术要求

项目	要求 & 参数	技术要求
介质	电泳漆	
制冷	29～33℃	板框换热器,冷冻水对流制冷
工作时间	240s	a. 不带电入槽; b. 全浸(图 2-10)通电时间为 240s; c. 升压段时间为 0～45s,可调
整流器	IGBT	a. 分布式整流器; b. 提供使用总数 20% 备用整流源; c. 12 相; d. 纹波系数<3%; e. 电压为 0～400V,可调; f. 其他技术参数详见整流器部分

项目	要求 & 参数	技术要求
入口喷淋	1.2~1.5bar 1.5m³/h	a. 纯水喷淋； b. 排水到电泳污水处理站
出口喷淋	1.2~1.5bar 12m³/h	a. 出口：仿形喷淋，喷淋时车身倾斜，4~6环； b. 取 UF1 槽液喷淋； c. 排水回电泳槽内； d. V 形喷嘴
耐压		干耐压 20000V
循环	4 次/h	a. 计算循环次数时包括超滤泵； b. 需要有侧壁和底部循环； c. 每个循环喷管均需要单独阀门及压力表可控
过滤	袋式过滤器	喷淋，循环必须有袋式全流量过滤
	超滤	见超滤专项(2.5.7 节)
阳极	极比<4	a. 板框式或弧形阳极； b. 需要在室两侧顶部配置有阳极吊装滑轨，且滑轨上要有吊葫芦； c. 吊葫芦及滑轨不可干涉输送走行； d. 在槽体中后部设置顶部阳极和底部阳极； e. 其他要求见阳极专项(2.5.5 节)
补水方式		见 2.4.1 节中补水专项
加料方式		见 2.4.9 节中加料专项
排槽方式		a. 可通过重力在 1h 内全部快速排放至备用槽； b. 备用槽可在 2h 内全部倒回

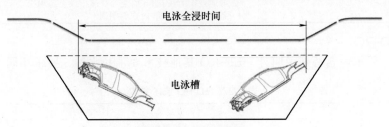

图 2-10　全浸示意图

2.4.3.3　UF1

UF1 技术要求如表 2-25 所示。

表 2-25　UF1 技术要求

项目	要求 & 参数	技术要求
工作时间	30s	车身前段从入到出的时间
工作方式	喷淋	a. 喷淋环仿形设计； b. 不过车时，喷淋泵切换为循环
主喷淋	1.2~1.5bar	a. 底部、顶部、侧面喷淋均需要设单独阀门且压力可调； b. 车身通过时要有驼峰排水设计； c. 喷淋水回槽内
过滤	袋式过滤器	喷淋，循环必须有袋式全流量过滤
喷嘴	5L/min	单个喷嘴流量，V 形喷嘴
补水方式		见 2.4.1 节中补水专项
排槽方式		a. 可通过重力在 0.5h 内全部快速排放至备用槽； b. 备用槽可在 0.5h 内全部倒回
生产控制逻辑		a. 启：车前段距离入口洪流 0.5m，启动洪流喷淋； b. 停：车后端离出口洪流 0m，关闭喷淋，淋泵转为循环泵； c. 启、停位置可在 PLC 控制屏幕设置； d. 连续过车，保持喷淋长开启状态

2.4.3.4 UF2

UF2 技术要求如表 2-26 所示。

表 2-26 UF2 技术要求

项目	要求 & 参数	技术要求
工作方式	浸	
工作时间	进/出	
槽体		a. 在侧面需要设置副槽； b. 副槽底部必须设置循环吸口，且可通过阀门调整吸口流量
主循环	2.5 次/h	a. 计算循环次数时，不包含喷淋泵流量； b. 表面流为逆向流（和车行走方向反向）； c. 主循环吸口在槽体最低位，且吸口为锥形设计，高位吸口在副槽
入口喷淋	1.2～1.5bar	a. 取 UF2 槽液喷淋； b. 排水回 UF1
出口喷淋	1.2～1.5bar	a. 仿形喷淋，喷淋时车身倾斜，4～6 环； b. 取 ED-RO 水喷淋； c. 排水回 UF2
生产控制逻辑		a. 启、停位置可在 PLC 控制屏幕设置； b. 连续过车：保持喷淋长开启状态
过滤	袋式过滤器	喷淋，循环必须有袋式全流量过滤
出口沥水		沥水段倾斜回水洗 5
补水方式		见 2.4.1 节中补水专项
加料方式		a. 加料直接入槽内； b. 见 2.4.9 节中加料专项
排槽方式		a. 可通过重力在 0.5h 内全部快速排放至备用槽； b. 备用槽可在 0.5h 内全部倒回

2.4.3.5 ED-RO

除表 2-27 所示内容特别说明外，ED-RO 其他技术要求和水洗 5 要求相同。

表 2-27 ED-RO 技术要求

项目	要求 & 参数	技术要求
入口喷淋	1.2～1.5bar	a. 取 ED-RO 槽液喷淋； b. 排水回 UF2
出口喷淋	1.2～1.5bar	a. 仿形喷淋，喷淋时车身倾斜，4～6 环； b. 取 ED-RO 水喷淋； c. 排水回 ED-RO 槽内
生产控制逻辑		a. 启、停位置可在 PLC 控制屏幕设置； b. 连续过车：保持喷淋长开启状态
排槽方式		a. 可通过重力在 0.5h 内全部快速排放至备用槽； b. 备用槽可在 0.5h 内全部倒回； c. 可直接通过主循环排放到污水处理站

ED-RO 示意如图 2-11 所示。

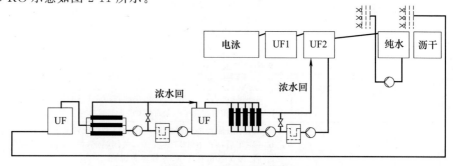

图 2-11 ED-RO 示意图

2.4.3.6 电泳湿打磨与沥干槽

为提高涂装表面质量,根据行业发展趋势,选用自动打磨机对电泳湿膜做表面打磨预处理,从而降低电泳漆膜表面粗糙度及减少颗粒,有效提升面漆外观。电泳湿打磨与沥干槽技术要求如表 2-28 所示。

表 2-28　电泳湿打磨与沥干槽技术要求

项目	技术要求
位置	ED-RO 和沥干槽之间平台,ED-RO 槽体到沥干槽之间的行走时间不低于 1.5min
电泳湿膜自动打磨机	a. 设置有车型识别,可以自动识别车型; b. 打磨机采用移动式随车仿形移动而升高和降低,砂纸自然下垂贴合打磨面 30～50cm 宽,做"Z"字形左右来回移动打磨;终验收之前设备供应商提供打磨耗材(800♯砂纸),终验收后提供 20 张打磨砂纸; c. 打磨块宽度不小于 1900mm,可覆盖整个水平面; d. 打磨机可喷水自动润湿,清洁打磨砂纸; e. 打磨区域:水平面(引擎盖、车顶、后盖)
出口	a. 打磨完成后在出口设置三排循环水喷淋,压力为 1.5～2.0bar,喷淋量为 60m³/h; b. 在循环喷淋水后 0.5m 远距离设置一排纯水喷淋,1.5～2.0bar,喷淋量为 4.2m³/h; c. 排水经沥干槽,循环使用
沥干槽	a. 沥干槽和 ED-RO 槽体大小一致,可以做一个完整的浸入动作; b. 沥干槽内设置有低点排放点

电泳湿打磨及沥干槽示意如图 2-12 所示。

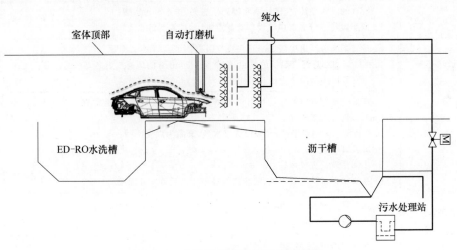

图 2-12　电泳湿打磨及沥干槽示意图

2.4.4　电泳湿膜检查站

电泳湿膜检查站技术要求如表 2-29 所示。

表 2-29　电泳湿膜检查站技术要求

项目	参数要求	技术要求
工位数	2	a. 每个工位两边各接一个压缩空气接口; b. 每个工位两边各有一个纯水接口; c. 每个工位两边各有一个防爆防水插座
入口	纯水	a. 设一排润湿喷淋; b. 喷嘴流量为 1.5L/min,压力为 1.0～1.5bar

项目	参数要求	技术要求
出口	纯水	a. 设一排润湿喷淋； b. 喷嘴流量为 1.5L/min,压力为 1.0～1.5bar
排水方式		a. 底板上铺设格栅； b. 格栅下铺接水盘,接水盘排水至电泳污水处理站
温度	26～30℃	

2.4.5 送排风

通风设计应防止水汽的浪费和进出口的湿气溢出,以及隔断化学介质、水蒸气传播,以防影响其他区域。风机配置要求为酸碱风机分离,前处理电泳分离,不可共用风管。

2.4.5.1 送风技术要求

送风技术要求如表 2-30 所示。

表 2-30　送风技术要求

项目	技术要求
风量	a. 送排风风量依据室体结构计算； b. 需要提供设计基础数据及计算方式
风口	a. 送风口不可直接正对着车身； b. 送、排风口设有可调整的滑动闸板
排水	a. 所有的风管设计,应能让集水回到风机壳,排水至污水罐； b. 脱脂段排风管底部应该设置有低点排污,排放至污水罐
排风烟囱	a. 排气烟囱应高出屋面 5m,远离空气吸口； b. 排气烟囱应设计有足够的支撑,能承受 160km/h 的风速或更高要求的标准； c. 所有的排气烟囱应设计有雨帽
脱脂段	a. 在前处理的入口处应设计有空气密封,应有供风和排风,通常有一个工位的长度(推荐＞6.8m),以防止热气外溢； b. 平台要求为格栅平铺,底板设置接水盘,流向为洪流洗槽； c. 供风口可调节； d. 中间位置设置排风； e. 在脱脂出口设置有送风,防止热气溢出并串到薄膜处理段
薄膜处理段	a. 在薄膜处理入口上方,提供经过滤后的空气送风； b. 在薄膜处理出口上方设有排风
前处理-电泳连接段	a. 前处理出口,电泳入口提供排风； b. 中间段提供送风； c. 此处风场要平衡,不可造成电泳段风串到湿膜检查站
电泳段	a. 电泳槽上方设有排风系统和送风系统,送入室体内的风应是过滤后的,提供全套设备和管路； b. 电泳出口提供排风系统； c. UF 浸槽上方提供排风系统
电泳后检查、连接通道	a. 电泳出口提供排风系统； b. 烘干炉和湿膜检查站之间提供排风； c. 湿膜检查站内提供过滤后送风； d. 此处烘干炉风场要平衡,不可造成电泳烘干炉温度反串到湿膜检查站

排风送风示意图如图 2-13 所示。

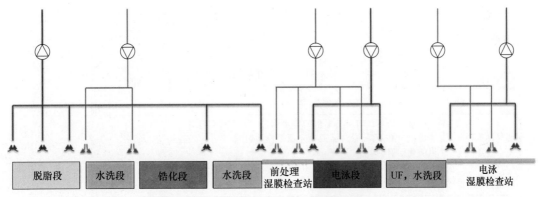

图 2-13　排风送风示意图

2.4.5.2　风机技术要求

风机技术要求如表 2-31 所示。

表 2-31　风机技术要求

序号	项目	技术要求
1	风机类型	不过载风机，环境允许温度为 100℃
2	刚性基础的风机通频带速度有效值/(mm/s)	＜2.3
	柔性基础的风机通频带速度有效值/(mm/s)	＜3.5
3	使用寿命	不低于 40000h
4	风机噪声	风机的噪声应低于国家标准要求
5	轴承	风机采用耐高温的重力球轴承或滚子轴承，油脂润滑，每个轴承都配有加油装置
6	安全保护	风机转动件必须有安全保护
7	排水	a. 所有的风管设计，应能让集水回到风机壳，排水至污水罐； b. 脱脂段排风管底部应设置有低点排污，排至污水罐
8	维修开关	应设有风机的维修开关
9	通用技术要求	a. 包括检修门、低位排水管； b. 材质要求为 304 不锈钢； c. 离心风机安装在 2.5cm 厚的防震垫上； d. 有支撑钢平台和维修平台、梯子、扶手、踏板、照明、维修吊轨； e. 风机在运行前，供应商应检查：轴承的润滑油足够，风机转向正确，安全罩牢靠； f. 风机在安装后，供应商应提交所有风机的动平衡； g. 风机在进风管和出风管应装有压差开关
10	曲线图表	提供风机的曲线图表，图表显示有静压值和效率

2.4.6　围堰

围堰要求及材料如表 2-32 所示。

表 2-32　围堰要求及材料

名称	说明	材料	备注
脱脂段围堰	大小应该是 1.1 倍体积（脱脂槽＋预脱脂槽＋洪流热水洗）	混凝土＋环氧耐碱地坪	pH 值：11～14
脱脂后围堰	大小为 1.1 倍体积（所有水洗槽＋薄膜槽）	混凝土＋环氧耐酸地坪	pH 值：3～10

名称	说明	材料	备注
电泳段围堰	大小为 1.1 倍体积电泳段所有槽体之和	混凝土＋环氧耐酸地坪	pH 值：4～7
围堰内排水	a. 每段围堰均在中央设地沟排水； b. 地沟必须设置最低点收集污水，在最低点之前必须设置金属拦网保护污水泵； c. 最低点设置污水泵排水至污水站	混凝土＋环氧耐碱地坪	
围堰外排水沟	围绕前处理线有带格栅板的排水沟，通道和出入口必须保持干燥，混凝土面要涂涂料以防化学腐蚀(土建负责)		

围堰示意图如图 2-14 所示。

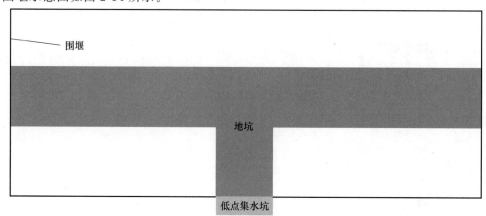

图 2-14　围堰示意图

2.4.7　室体

室体材料要求如表 2-33 所示。

表 2-33　室体材料要求

序号	名称	说明	材料	备注
1	支撑	型钢	碳钢＋防腐涂层	
2	壁板	厚 1mm，所有折边必须光滑无毛刺，外折边必须有塑胶或橡胶包边保护	不锈钢	前处理
3	观察窗口	1000mm×1000mm，厚 6mm	钢化玻璃	前处理
		落地大玻璃，高 2000mm，厚 6mm	钢化玻璃	电泳
4	门	金属框＋玻璃，厚 6mm，和输送互锁	钢化玻璃	
5	顶部导轨	在顶部位置，应急捞车用	不锈钢	
		电泳导轨＋吊葫芦，在阳极管正上方，延伸到电泳入口检修平台 2m	不锈钢	
6	结构	斜顶或半圆弧顶，设置有排水		配合机运设计
7	保温	前处理入口至脱脂出口段需要有保温	岩棉＋镀锌外板	
8	接水板	全线室内走道底板设置有接水盘，接水盘上放置不锈钢格栅，底板设置有地漏排放	不锈钢	
9	低点排污	a. 脱脂之前的低点排污至脱脂纸袋过滤机； b. 脱脂之后的低点排污至前处理污水收集罐； c. 电泳低点排污至电泳污水排污罐		
10	酸碱隔断	a. 在脱脂和水洗 1 之间室体内设置壁板隔断，防碱雾扩散； b. 水洗 3 和锆化之间设置隔断，防止酸碱雾互串		结构配合输送设计

序号	名称	说明	材料	备注
11	输送	输送应该全封闭		
12	焊接	全线应该满焊,且在深度清洁前用染色剂检测,不可有焊接毛刺	染色剂不含硅、酮类物质	
13	照明	a. 全线室体外部壁板上设置照明灯,室体内的照明>500lx; b. 前处理,电泳湿膜检查站照明为1000lx		要求采用LED灯
14	室体外平台	护栏高度1.2m+螺纹铆接+黄色涂层4.5mm花纹钢板+防腐涂层	环氧涂层	

室体示意图如图2-15所示。

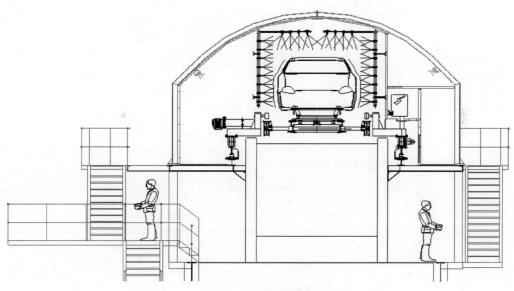

图 2-15　室体示意图

2.4.8　输送

前处理电泳的输送是前处理电泳线的重要设备组成,目前市面上主要的输送方式有摆杆及翻转等方式,其中翻转又可以分为很多种,如 Ro-dip、shuttle、learn-dip 等。输送的方式不但影响车体的设计、底盘的定位孔强度,还影响槽体、生产线的设计,总体来说,不同的输送方式各有优缺点。一般根据所生产的产品特点及设备供应商提供的解决方案以及甲方相应的预算而做综合性的选择。输送的一般要求如表2-34所示。

表 2-34　输送的一般要求

项目		要求
通用要求	精度	车体输送平稳、无爬行、无明显晃动,转接精度±2mm
	柔性	输送系统柔性好,后续新产品共线改造尽量简单
	稳定性	轨道及转接等工装和设备长久无变形,使用维护简单,运行费用低
	定位	橇体与车体采用孔定位,并具有可靠的锁定/解锁装置,不可出现掉槽、翻车等现象
	维修区	根据工艺方案设置橇体的校平、维修区域及其台车
	气密性	设备在安装使用前必须完成气密封性实验,防止空腔渗漏造成工序间槽液串槽,相互污染

项目		要求
通用要求	耐高压	a. 前处理的输送材料采用 304 不锈钢; b. 电泳的材质采用碳钢,电泳设备安装使用前必须完成涂装处理(喷砂除锈、除油、涂环氧树脂漆等); c. 耐击穿电压为 10000V,并具有较好的耐酸性和耐碱性,且对电泳无缩孔影响,涂层的绝缘电阻>5MΩ
	分区	前处理电泳输送必须分割开,独立的两套系统,中间设置转挂区域,通过输送辊床连接
	识别	每个输送单元均需要有自己独特的编码,且有识别系统
	防坠检测	脱脂、薄膜处理及电泳槽设置防坠车检测装置,电泳槽防坠检查装置和整流器互锁
	旁路故障	a. 在电泳烘干炉异常时,电泳车体要能够从线体拉出; b. 在电泳异常时,前处理车体要能从线体拉出; c. 从线体拉出采用套辊轮的方式,辊轮的数量为 30 套(每套 4 个),另设置一个辊轮的存放支架,具体形式在详细设计时确定
	车身锁紧/解锁装置	a. 采用气动或电动锁紧装置,自动锁紧/锁紧; b. 气动定位装置安装在辊床中间; c. 锁紧后带有自动检测装置,采用气动或电动装置将工件顶起,根据工件和橇体是否能被分开判断工件是否在橇体上锁紧; d. 解锁后带有自动检测装置,采用气动或电动装置将工件顶起,根据工件和橇体是否能被分开判断工件是否在橇体上解锁
	导电铜排	a. 阴极导电铜排取材质为紫铜,厚 10mm,宽度不小于 160mm,保证大电流的良好导电性,不打火花; b. 合理分段,容易出现打火的区域可局部分段,方便维修; c. 铜排曲线与输送上导电刷的运行曲线吻合,导电铜排安装在牵引轨上,导电铜排连接处平整,间隙小于 0.1mm,且位置可调; d. 铜排按弧形分段,采用斜 45°切口,并布设在铜排的直线段; e. 切口背面加装紫铜材料的固定板,表面采用沉头四螺钉结构,螺孔避开电刷运动面;接触面磨修确保光滑平整; f. 导电铜排与轨道钢结构和室间可靠绝缘,绝缘材料为短柱式玻璃纤维; g. 在干态下,用 1000V 电压摇表测量绝缘块电阻>20MΩ,整体连接电阻<1Ω
专用要求	摆杆输送	a. 摆杆由圆管冷弯弯曲而成; b. 安装在摆杆顶部的开关检测板,材质为不锈钢; c. 每个摆杆带有两个带塑料头的浸橇支撑杆和锁紧装置,防止橇体在槽液中漂浮; d. 每个摆杆带有一个用于摆杆转向和返回的尼龙轮; e. 摆杆一端固定,另一端浮动,安装在链条上可以横向窜动; f. 电泳摆杆有一个集电器,采用铜制触头和铜制弹簧板,安装在前摆杆上,保证和导电铜排接触良好
		a. 采用减速电机+链驱动方式; b. 每台必须配备必要的润滑装置; c. 在驱动上方安装有维修轨道
		设置有出入口塔,前处理电泳分别设置用于安置驱动站,且在塔顶部设置维修平台
		a. 入口辊床用于向摆杆输送过渡,配备有辅助的气缸驱动的橇体辅助推进机构,材质为不锈钢(气缸除外); b. 橇体导向轮布置在辊床入口、中间段和出口,对橇体导向有限; c. 出口辊床用于摆杆出口输送过渡,辊床支腿由弹簧支撑并有检测开关,用于监控橇体是否脱离摆杆; d. 辊床入口设有橇体导向轮和橇体检测托轮; e. 入口设橇体底面高度和橇体偏斜检测机构; f. 入口处下方设摆杆摇摆限位杆,防止摆杆下落时因摇摆被卡

项目		要求
专用要求	翻转输送	翻转形式推荐 Rodip
		a. 入口配置辊床向 Rodip 线输送过渡; b. 辊床上要求入口导向轮; c. 出口同样需要配置辊床和 Rodip 输送对接,配置必要的导向轮; d. 出口辊床上还需要设置解锁检测开关,放置橇体和输送没有完全解锁
		a. 翻转机构上设置有滑橇支架; b. 安装有自动锁紧装置及自动解锁装置,且简单可靠、使用方便; c. 在锁紧和解锁装置后配套设置检查装置,可以检测滑橇是否和翻转机构锁紧; d. 电泳段滑橇支架上设置有一个集电器,采用铜制触头和铜制弹簧板,安装在前摆杆上,保证和导电铜排接触良好
		a. 采用减速电机+双链驱动方式; b. 每段链条必须配置有自动加油润滑装置; c. 每个工艺槽体上配置有车体翻转导向轨道,配合工艺设计实现必需的翻转工艺动作

摆杆链和 Rodip 如图 2-16 所示。

(a) 摆杆链　　　　　　　　　　　　　(b) Rodip

图 2-16　摆杆链和 Rodip

2.4.9　集中加料

集中加料要求如表 2-35 所示。

表 2-35　集中加料要求

项目	要求
位置	在涂装车间外围辅房设置专用加料间,前处理物料间放置在脱脂和锆化之间,电泳加料间放置在电泳工位之间
储备	满负荷 5 天物料使用量,要求酸、碱存储分离,前处理和电泳物料分置
槽内加料点	a. 前处理浸槽的加料口设置在副槽内,喷淋槽直接设置在主槽内; b. 水洗槽加料口设置在主槽出口端,且深入液面以下 2m,管道上必须设置止回阀; c. 电泳树脂、色浆加料口设置在主循环袋式过滤器之后,加料管和主循环管道流向方向呈现 45°夹角,且加料管上要设置止回阀; d. 电泳溶剂加料口设置在电泳副槽内; e. 电泳杀菌剂加料口设置在 UF2 主槽出口端
安全	a. 必须有排风设备; b. 加料间四周设置围堰和地沟,地沟上面配置格栅板,地沟配置排污泵,自动排污,排污去向为污水处理站

项目	要求
加料系统配置	a. 所有加料点均需要配备计量泵自动加料＋气动隔膜泵手动加料,每个加料罐均配备一个气动隔膜泵补充原材料; b. 每个加料罐上均需要配置电动搅拌机; c. 所有的加料点均需要在加料出口安装止回阀; d. 脱脂材料 3 个加料罐,薄膜材料 3 个加料罐,薄膜前水洗共用 1 个加料罐,薄膜处理后水洗共用 1 个加料罐,加料罐大小需要满足满产加料最大量条件下,双班一天的使用量; e. 电泳系统不设置加料罐,使用原包装加料; f. 酸洗加料罐设置在工艺设备线边,酸洗药剂存放在前处理加料间; g. 每个加料罐均需要配置纯水管接口; h. 均需要低点排污,排污至对应地坑; i. 加料罐上均需要配置液位计,设置高高、高、低、低低液位控制; j. 加料罐需要安装在接水盘上,接水盘排污至地坑; k. 加料的控制集成于前处理电泳 PLC 之下,配置现场操作柜
材质	a. 锆化酸洗药罐、泵、管、阀均为 316L 不锈钢; b. 非锆化药罐、泵、管、阀均为 304 不锈钢

① 所有的加料罐需要设置有液位计,液位计的控制逻辑如表 2-36 所示。

表 2-36　液位计控制逻辑

液位状态	工作模式
低低液位	加料泵停止运行
低液位	需要补充物料,并声控报警
高液位	停止补充物料
高高液位	停止补充物料,启动声控报警

加料系统及加料间示意图如图 2-17、图 2-18 所示。

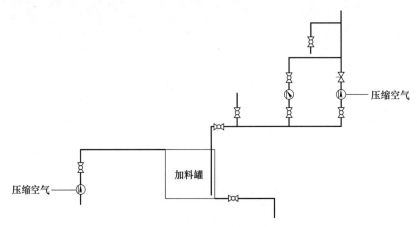

图 2-17　加料系统示意图

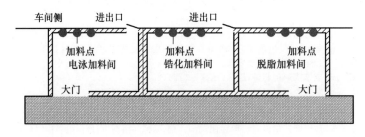

图 2-18　加料间示意图

② 各槽体加料方式和频次如表 2-37 所示。

表 2-37　各槽体加料方式和频次

材料	工艺槽	用量	方法	加料频次
脱脂 A	预脱脂	0.5kg/单元	直接补加	1 次/(1~3 单元)
	脱脂	1.5~2.5kg/单元	直接补加	1 次/(1~3 单元)
脱脂 B	预脱脂	0.1kg/单元	直接补加	1 次/(1~3 单元)
	脱脂	0.25~0.50kg/单元	直接补加	1 次/(1~3 单元)
防氧化剂	水洗 2	稀释后 3~5kg/单元	1:10 稀释后补加	1 次/(1~3 单元)
	水洗 5	稀释后 3~5kg/单元	1:10 稀释后补加	1 次/(1~3 单元)
pH 调整剂	水洗 5	稀释后 1.5~2.5kg/单元	1:10 稀释后补加	1 次/(1~3 单元)
锆化 A	锆化	调节参数用	直接补加	1 次/(1~3 单元)
锆化 B	锆化	调节参数用	直接补加	1 次/(1~3 单元)
锆化 R	锆化	2.0~3.5kg/单元	直接补加	1 次/(1~3 单元)
锆化 F 离子调节剂	锆化	稀释后 3~5kg/单元	1:10 稀释后补加	1 次/(1~3 单元)
电泳树脂	电泳	6.0~7.5kg/单元	直接补加	1 次/(1~3 单元)
电泳色浆	电泳	1.0~1.5kg/单元	直接补加	1 次/(1~3 单元)
电泳助剂	电泳	200~400kg/周	直接补加	1 次/周
电泳杀菌剂	UF1	400kg/月	直接补加	1 次/月

2.4.10　材料规格选择

前处理系统内任何工艺槽溶液不能和含紫铜、青铜、铝或黄铜成分接触，也不能有任何设备和工作场所含硅密封剂或润滑剂；所有部分包括阀门和泵等，必须有书面鉴定保证不含硅酮；所有设备、样品管道网络和洗过的槽进行硅污染测定，相应的测定费用含在合同中；含有硅、硅树脂、石棉的材料严禁使用。

2.4.10.1　室体材料

前处理室体是指前输送链过渡区到前处理湿膜检查站出口；电泳室体是指前输送链过渡区到电泳防尘通道。室体材料规格如表 2-38 所示。

表 2-38　室体材料规格

工位	材料规格	备注
室体壁板	304 不锈钢,2.0mm	室外:型钢加固
室体内支撑	304 不锈钢	室体外:型钢加固
室体观察窗口	安全玻璃,6mm	
室体内通道	304 不锈钢,1.0mm	上铺 304 不锈钢格栅
室体安全门及附件	304 不锈钢	
室体内防溅板	304 不锈钢,1.5mm	304 不锈钢骨架支撑

2.4.10.2　槽体

槽体材料规格如表 2-39 所示。

表 2-39　槽体材料规格

工位	材料规格	备注
锆化槽及备用槽	316 不锈钢,底 5mm,侧 4mm	型钢加固
电泳槽	碳钢,底 6mm,侧 5mm	型钢加固； 环氧玻璃钢做衬里>6mm； 干耐压 20000V(提供检测报告)
喷淋槽	304 不锈钢,底 4mm,侧 3mm	型钢加固
浸槽及备用槽	304 不锈钢,底 5mm,侧 4mm	型钢加固
污水收集、排放槽	304 不锈钢,3mm	

工位	材料规格	备注
脱脂油水分离槽	304 不锈钢,3mm	
酸洗槽	316L 不锈钢,3mm	
锆化加料罐	316L 不锈钢,3mm	
前处理其他加料罐	304 不锈钢,3mm	
阳极槽	316 不锈钢,3mm	
新鲜超滤+超滤轴封槽	304 不锈钢,3mm	
超滤清洗槽	304 不锈钢,3mm	
前处理轴封槽	304 不锈钢,3mm	

2.4.10.3　淌水板、接水盘

接水盘材料规格如表 2-40 所示。

表 2-40　接水盘材料规格

工位	材料规格	备注
锆化-水洗 4 排水段	316 不锈钢,3mm	底部反面型钢加固
电泳槽前后排水段	碳钢,5mm	底部反面型钢加固; 环氧玻璃钢做 6mm 衬里
其他槽体前后排水段	304 不锈钢,3mm	型钢加固
水洗 1 前排水 V 形漏斗上方平台	304 不锈钢格栅	铺设在漏斗上,水平
锆化后排水 V 形漏斗上方平台	316 不锈钢格栅	铺设在漏斗上,水平
电泳纯水洗前排水 V 形漏斗上方平台	304 不锈钢	铺设在漏斗上,水平

2.4.10.4　管道

管道材料如表 2-41 所示。

表 2-41　管道材料

工位	材料	备注
锆化工位	316 不锈钢	型钢加固支撑
电泳循环管	外部:304 不锈钢内塑特氟龙 槽内:PVC 或者 PPR	槽外:型钢加固支撑 槽内:玻璃钢
UF1、UF2、UF3 循环管道	304 不锈钢内塑特氟龙	
非锆化工位	304 不锈钢	型钢加固支撑
酸洗管道	316L 不锈钢	
其他加料管道	304 不锈钢	
自来水	内外镀锌	
压缩空气	内外镀锌	
冷冻水管	内外镀锌	橡塑保温
纯水管	304 不锈钢	
阳极循环管道	流量计之前,316 不锈钢; 流量计之后,PVC 或双层套管; 阳极管出口双层套管、主回管 PVC	
UF 系统管道	304 不锈钢	
所有轴封进出管	304 不锈钢	
管道支架	室体内:不锈钢 室体外:型钢	
污水槽排放管(污水收集槽到污水站)	PVC	承压 10bar

2.4.10.5　泵、阀、法兰

泵、阀、法兰材料如表 2-42 所示。

表 2-42　泵、阀、法兰材料

设备名称	品牌	材料	备注
泵 单机械密封	KSB/ABD/SIEMENS	过流部分,304 不锈钢	非锆化、非电泳工位使用
	KSB/ABD/SIEMENS	过流部分,316 不锈钢	锆化工位专用
泵 双机械密封	KSB/ABD/SIEMENS	过流部分,304 不锈钢	电泳线专用
泵 气动隔膜	Husky	聚丙烯	无机材料
	Husky	304 不锈钢	有机材料、杀菌剂
过滤器	FSI/飞潮/岱创	锆化工位使用 316L 材质耐压 10bar	锆化工位
		非锆化工位使用 304 不锈钢,耐压 10bar	非锆化工位
阀门	依博罗	过流部分 304 不锈钢	非锆化工位
		过流部分 316 不锈钢	锆化工位
法兰	国产精品	304 不锈钢	非锆化工位
		316 不锈钢	锆化工位

2.4.10.6　密封材料

密封材料如表 2-43 所示。

表 2-43　密封材料

工位	材料	备注
脱脂段	VITON	过流部分
锆化段	VITON	过流部分
其他段	EPDM	过流部分
热交换器	VITON	槽液侧
	EPDM	热水侧
通道门、窗、槽检修门、输送链检修门	EPDM	非过流部分

注：1. 如需使用密封材料及其他塑料橡胶材料，必须采用无硅酮不会产生缩孔的材料，且这些材料在使用前需经过甲方的认可。

2. 供应商应提供密封材料的性能报告，所有密封材料需经过甲方的确认。

2.4.10.7　其他材料

其他材料规格如表 2-44 所示。

表 2-44　其他材料规格

工位	材料	规格	备注
室体保温层	岩棉或硅酸铝	50mm	型钢加固支撑
室体保温层外包材料	镀锌波纹板	0.6mm	
冷水、冷冻水管道保温	橡塑保温	30mm	
热水管道	岩棉或硅酸铝	50mm	
供风(室体外部)	镀锌板		
供风(室体内部)	304 不锈钢		
室体排风	304 不锈钢		

2.5　成套设备技术要求

2.5.1　泵

泵技术要求如表 2-45 所示。

表 2-45 泵技术要求

项目	技术要求
材料	a. 泵的材料要求是耐腐、耐磨以及满足槽液温度的要求; b. 泵体和部件材料均不允许有黄铜、青铜、铝、硅及硅树脂的成分; c. 薄膜处理工位泵过流部分均要使用 316 不锈钢; d. 其他工位过流部分采用 304 不锈钢
与输送互锁	浸洗循环和搅拌泵、喷淋泵应连续运行,喷淋泵与输送链互锁
维护稳定性	a. 泵的选择和安装应考虑能快速更换泵体和转动件; b. 设有维修吊轨,泵体的移出不得影响管路和电机; c. 泵的规格尽可能相同,尽可能低地降低备件量,每台泵配备一套轴封; d. 电泳循环系统、超滤系统、EDRO 泵要求为 24h 不停机运行
电机	a. 接线长度适中,确保电机拆卸后有适当的移动空间,进线口要密封防水处理,在维修泵体时无须拆电源线; b. 泵的电机上要有现场维修开关; c. 泵和电机通过 Woods spacer 型连接器直接连接,转动部分设计有安全罩保护; d. 泵和电机应统一配套设计和安装考虑
泵	a. 泵要求是不过载型、卧式泵,设计压力是 150%; b. 泵的轴承要求防尘、防水,油脂润滑,最短使用寿命为 30000h,设计有加油孔; c. 轴承采用重力式、油润滑的双排式推力轴承; d. 同轴度应小于 0.002in(0.05mm); e. 在泵体的上部应设有排气阀; f. 在泵壳的下端设有一 3/4″①(内直径约 19.05mm)水堵头; g. 泵尽可能统一,以利于配件的利用; h. 泵在启动前,供应商应检查确认:轴承润滑油足够,密封完好,转向正确,安全保护装置完好和安装牢靠; i. 薄膜处理、电泳、超滤、UF 槽均需要采用双机械密封,其他工艺泵均采用单机械密封卧式泵; j. 机械密封可现场更换; k. 间歇式工作泵或有液位高度差的工作泵在出口有止回装置; l. 所有 2″(内直径约 50mm)以上的泵,在进出口应安装 Garfle 式的柔性连接; m. 泵的进口应有篮式过滤器或槽内滤网保护,每台泵应有单独的阀门控制和压力显示; n. 泵均应该安装在接水盘上,接水盘排放至污水箱内; o. 在各槽主循环泵的出口上应设取样口,位置易于操作,接近取样口的正下方设置锥形漏斗接水排放至泵的接水盘上; p. 泵的进出口应装有柔性连接,材料应能适合槽液化学品材料的要求; q. 泵出口安装压力开关,参与水泵的运行控制,当水泵出口压力降低或空运转时,将报警信息上传至系统

① 3/4″,即 3/4in,约 19.05mm。

2.5.2 过滤系统

过滤系统技术要求如表 2-46 所示。

表 2-46 过滤系统技术要求

项目	技术要求
袋式过滤器	a. 设计配置标准单袋流量<25m³/h; b. 过滤器的壳体应符合安全要求,并且额定耐压压力大于 10bar; c. 垂直动作的吊环螺栓确保壳体顶盖关闭; d. 标准过滤袋型号:直径 7″,长 32″; e. 过滤器进出口应设旁通管路、阀门及带阀门的不锈钢压力表; f. 过滤器顶部设置带球阀的膜片式压力表; g. 袋式过滤器应设有底部排水,球阀控制; h. 袋式过滤器应设有不锈钢接水; i. 设有压缩空气快换接头,可通过压缩空气将罐内液体推回工艺槽内;

项目	技术要求
袋式过滤器	j. 提供顶点排气点,球阀控制; k. 可移动的不锈钢网袋,有磁棒支架及磁棒; l. 每个磁棒上配置磁棒,磁力不低于 10000Gs[①]; m. 磁棒要求耐温 80℃; n. 袋式过滤器安装在不锈钢接水盘上; o. 接水盘上有低点排污; p. 预脱脂、脱脂接入前处理纸袋过滤器,电泳系统接入电泳低位收集罐内,其他工位接入污水收集槽
篮式过滤器	a. 提供在泵的吸入口; b. 篮式过滤器上盖螺钉连接,内设 1/8″直径孔的不锈钢网; c. 在进、出管路上设压力表; d. 底部设置有低点排污口,电泳段排污至电泳低位收集槽,其他段排污至对应区域的污水罐
旋液分离器	a. 旋液分离器最大流量必须不低于泵流量的 85%; b. 脱脂之前的旋液分离器精度为 25μm,脱脂之后的旋液分离器精度为 10μm; c. 旋液分离器必须有维修窗口; d. 过滤器进出口设旁通管路、阀门及带阀门的不锈钢压力表; e. 过滤器顶部设置带球阀的膜片式压力表; f. 过滤器应设有底部排水,球阀控制预备脱脂段排放污水至纸袋过滤器,其他排放到对应污水收集槽; g. 过滤器可通过自动清洗机排污,间隔时间可通过 PLC 修改
磁性过滤器	a. 磁性过滤器必须为全自动无人值守; b. 磁性过滤器单根磁棒的磁力大于 10000Gs; c. 具备基本的自清洗功能,清洗排渣浓缩液排放到纸袋过滤器; d. 磁性过滤器的流量必须满足主循环的流量; e. 过滤器顶部设置带球阀的膜片式压力表; f. 过滤器应设有底部排水,球阀控制预备脱脂段排放污水至纸袋过滤器,其他排放到对应污水收集槽; g. 过滤器可通过自动清洗机排污,具备反清洗功能,间隔时间可通过 PLC 修改; h. 过滤器必须配备必要的观察窗口,可观察内部磁棒吸附渣状态
纸袋过滤器	a. 纸袋过滤器承接从磁性过滤器、旋液分离器、油水分离器、袋式过滤器、室体内部通道地漏流下的液体; b. 纸袋过滤器分离出来的清液回对应的槽体; c. 纸袋过滤器出口必须配置单袋过滤器回主槽; d. 纸袋过滤器必须有维修窗口,便于清理过滤器底部淤泥; e. 纸袋过滤器为全自动控制; f. 必须配备必要的卸渣小斗车; g. 过滤器应设有底部排水,球阀控制,排污至地坑或对应区域的污水收集槽
板框除渣机	a. 全流量过滤; b. 压滤泵的出口配置数显流量计并与中控室进行数据连接; c. 板框除渣机需要配置必要的压缩机,用于吹干滤饼; d. 压滤机具有人工拉板和自动逐块拉板两种拉板方式,有红外保护防呆除渣操作,避免工伤事故; e. 板框除渣机需要有除渣斗车; f. 系统设备不可出现漏液现象; g. 板框除渣机必须高于工艺槽液位; h. 滤板材质采用增强聚丙烯材料,滤布需耐酸; i. 进出口配置膜片式压力表,压力表和清洗回路与除垢设备连接; j. 除渣管道要有防止堵塞的设置; k. 压滤机具有自动反洗功能; l. 滤板设有吊装环,压滤机上方需设置吊装葫芦,方便滤板的清洗保养; m. 压滤机的滤布精度为 1μm,滤板数为 20 片
密封圈	a. 非锆化工位的过滤器垫圈采用 Teflon(特氟龙)或 EPDM; b. 锆化工位的过滤器垫圈采用 Teflon; c. 含有硅酮材料的密封胶和密封垫不能使用

① $1Gs = 1 \times 10^{-4}T$。

过滤器配置示意图如图 2-19 所示。

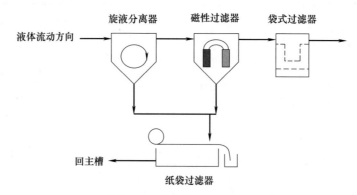

图 2-19　过滤器配置示意图

2.5.3　换热器

换热器技术要求如表 2-47 所示。

表 2-47　换热器技术要求

项目	技术要求
材料	a. 换热板材料为电解抛光的 316 不锈钢； b. 酸洗系统要求为 316L 不锈钢
系统配置	a. 板片采用搭扣式密封垫，配有压差压力表，薄膜处理要考虑热交换器对清洗介质的耐腐蚀性； b. 所有换热器能够通过增加板片，提高热交换能力 25%，而不需要改变框架大小； c. 所有换热器在进出口配备双隔离阀，在热水和介质进出口各自分别安装温度计和带阀门的压力计，双通道设计； d. 换热器有温度传感器，温度自动控制（带旁通），温度自动显示，温度超出允许偏差则报警； e. 整套热水调节单元、截止阀、管道、旁通阀、脏物捕集器和调节阀，水的加热过程能实现自动控制； f. 调节阀需在停电情况下自动复位
清洗系统	a. 前处理板式换热器要求提供供酸洗的系统，系统要求可共用； b. 酸洗槽应将酸液和清水液隔开，通过阀门的转换，分别循环清洗系统，设有各自的溢流和底部排水，槽上为易开启的盖，槽内设有滤网； c. 酸洗系统的所有设备应有明显的标示，标明化学品的种类，有危险警告指示、槽的容量等

2.5.4　油水分离器

油水分离器技术要求如表 2-48 所示。

表 2-48　油水分离器技术要求

项目	技术要求
材质	a. 全系统过滤部分必须为 304 不锈钢； b. 槽体和管道需用岩棉保温
选型基本条件	a. 依据材料选择油水分离器，常温油水分离材料不需要加热，若为高温油水分离，其工作温度为 80~90℃，1h 可加热到 80℃； b. 预脱脂、脱脂共用油水分离器，通过阀门控制切换交替排放槽液至油水分离器内，当从脱脂槽取液时，同时通过阀门自动切换清液回脱脂槽，预脱脂同理； c. 满负荷运行条件下，脱脂槽油含量不可高于 1g/L； d. 理论白车身最高带油量为 3.2g/m²； e. 槽液在油水分离器内滞留时间不低于 45min

项目	技术要求
系统配置	a. 油水分离器分离出来的清液回主槽必须经过单袋过滤器过滤； b. 浓油口分离出来的油需排放到专用的油污接口； c. 油水分离器必须设置最低点排污，且最低点排污到纸袋过滤器； d. 油水分离器必须具备生产阶段、停产阶段、倒槽阶段三种除油模式

油水分离器工艺示意图如图 2-20 所示。

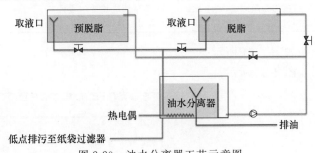

图 2-20　油水分离器工艺示意图

2.5.5　电泳阳极

电泳阳极技术说明及材料如表 2-49 所示。

表 2-49　电泳阳极技术说明及材料

名称	说明	材料	备注
阳极形式	推荐使用板式或弧形阳极	316L 不锈钢	阳极膜采用进口品牌
	顶部阳极和底部阳极采用管式或裸电极极柱，壁厚 3mm	316L 不锈钢	阳极膜采用进口品牌
极比	阳极面积∶阴极面积＞1∶4		
阳极液槽	2m³	304 不锈钢	
极液循环泵	2 台，一用一备	304 不锈钢	单机械密封
袋式过滤器	在阳极系统主进口设置两个单袋过滤器	304 不锈钢	
紫外线杀菌装置	进口灯管	304 不锈钢	
循环管路	a. 阳极进口支管不可出现重叠、堆砌、摆放要便于维护； b. 阳极管出口需使用透明钢丝软管，可以清楚地看出内部液体颜色	304 不锈钢	
阀门		304 不锈钢	
流量计	a. 每个阳极管进口段均设有转子流量计，流量计进出口均需要设置球阀控制流量； b. 每个流量计上均需要设置固定的标识牌标识所对应的阳极编号、位置		
液位计	a. 静压式液位计； b. 自动控制阳极液槽液位		
电导率仪	电导率仪安装于阳极液泵出口管路，仪表量程为 0～5000μS/cm，控制范围在设定点的 ±100μS/cm 内，超出偏差自动排放，并补充新鲜纯水，信号接至 PLC 和中控室		
电流表	每个阳极管安装有电流表，集中显示，可连续观察各阳极的运行情况，最大电流不能超过电流表的中程表值范围		
浊度仪	设置阳极液高低浊度值和报警，控制回流阳极液自动排放		
供水管	槽上设纯水用水管		

名称	说明	材料	备注
二极管	阳极上必须安装二极管防串流		
编号	a. 阳极、阳极电源线开关、电流表、二极管、阳极流量计、阳极支管均需设置统一编号； b. 编号信息要包含左右位置信息、排列序号、阳极区段等信息； c. 有左右区分的设备分别排列,便于区分		
阳极罩	阳极顶部为敞开式,便于维护,但在其顶部应该统一设置遮挡材料,避免电泳漆覆盖污染,覆盖材料易拆卸		

阳极编号信息示例如图 2-21 所示。

阳极位置示意图如图 2-22 所示。

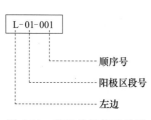

图 2-21　阳极编号信息示例

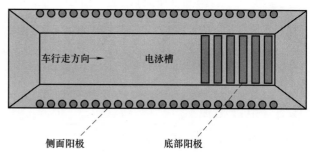

图 2-22　阳极位置示意图

2.5.6　电泳整流器

电泳整流器技术说明如表 2-50 所示。

表 2-50　电泳整流器技术说明

项目	说明
整流电源	使用绝缘栅双极型晶体管(IGBT)技术
输出电压	400V,电压上升速度连续,0～45s
输出电流	3000A
通电方式	共阴极,阳极用分区接电方式控制;工件全浸后通电,采用软启动升至工作电压;不带电出槽
接电装置	四点式弹性接电装置,与汇流排接触良好
阴极铜排	确保过渡段不会有打火、拉弧等现象
联锁	直流电源与机械化输送、电泳段室体门联锁
停链保护	停链时整流电源自动降至保护电压 50V,输送链恢复运行,整流电源自动恢复到原来状态
警示	电泳室体进入门上均装有红色警色灯,显示"高压直流电危险"
整流器主电路电源	$3\phi10kV\ 50Hz$
整流器控制系统电源	$3\phi380V/220V\ 50Hz$
关键设备	晶闸管＋电抗＋电容＋控制板
波形波动	≤±3％
电压波纹因数(满载)	≤±0.5％

IGBT 示意图如图 2-23 所示。

2.5.7　超滤装置

超滤装置技术说明及材料如表 2-51 所示。

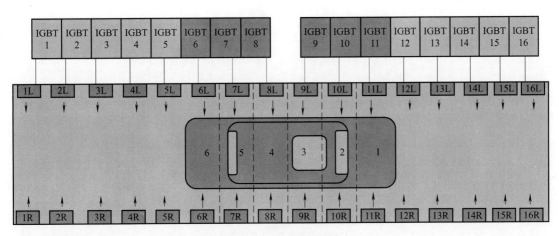

图 2-23　IGBT 示意图

表 2-51　超滤装置技术说明及材料

名称	说明	材料	备注
超滤膜产水量	推荐 2L/m² 产量设计 预留两个膜组位置及接口		
超滤膜组	10in(25.4cm)卷式超滤膜		超滤膜 为进口品牌
涂料回收率	＞96%		
超滤供给泵	2 台,变频泵	304 不锈钢	双机械密封
超滤液喷淋及转移泵	2 台	304 不锈钢	立式,一用一备
超滤清洗泵	1 台	304 不锈钢	卧式,单机械密封
袋式过滤器	内置磁棒架＋磁棒,＞8000Gs/根	304 不锈钢	
透过液槽	壁厚为 3mm,容积＞7m³	304 不锈钢	
清洗槽	配置电加热器、温度传感器及报警系统	304 不锈钢	
轴封水槽	与透过液槽一体,容积为 1m³	304 不锈钢	清液从轴封槽 流向透过液槽
轴封泵	2 台,立式离心泵	304 不锈钢	一用一备
流量计	每支超滤管 UF 液出口处均装有浮子流量计,新鲜超滤 液总管设流量计		
浊度检测光电开关	设在透过液主管上,用以检测超滤膜的破损状态,具有 自动报警功能		
液位计	静压式		
清洗	生产时每一个组件能单独清洗和更换;可实现单支膜在 线或 2～3 支膜同时循环清洗,设温控系统		
压力管理	有效地减缓启动电流的冲击和水流对膜组的冲击		
超滤液输送	通过液位计和输送信号,自动控制电泳后过渡喷淋和 UF 后新鲜超滤液喷淋,并能对电泳及 UF 水洗各槽补液		
补水	设有补加纯水管路及阀门		
控制	显示超滤装置工作状态,出现故障时自动报警		

2.5.8　轴封装置

轴封装置技术要求如表 2-52 所示。

2.5.9　槽体

槽体技术要求如表 2-53 所示。

表 2-52　轴封装置技术要求

名称	技术要求
轴封泵、轴封水槽	见超滤装置
管路	密封液输送管路采用不锈钢管,到被密封泵附近再用软管与泵连接
轴封流量计	在被密封泵的密封液管路上设有一体式轴封流量计,方便调节流量及压力
联锁/位置	a. 轴封水循环泵与各双机械密封泵联锁保护双机械密封泵; b. 轴封泵的位置布局,须确保各需求点的实际压力及流量

表 2-53　槽体技术要求

名称	项目	技术要求
喷淋槽	槽体设计	a. 前处理洪流、喷淋洗槽底均需要设计为大锥斗形(图 2-24); b. 电泳喷淋洗槽采用平底倾斜设计,槽底需设置循环喷管; c. 循环吸口在锥斗底部
浸槽	槽体设计	a. 槽底倾斜,每米长度对应的斜底至少为 2cm; b. 吸口位置在最低点,且吸口设置为横向锥度,便于收集沉渣,锥形口入口设置不锈钢格栅,防堵塞; c. 脱脂槽体需要设计有中、低位吸口设计,且两个吸口通过支管连接,中间阀门孔控制流量比例,推荐槽体设计锥形斗收集沉渣(图 2-25); d. 电泳槽体推荐使用双副槽设计(图 2-26); e. 低位吸口必须确保为整个槽体的最低点; f. 槽体内所有弯角处采用圆弧形结构,表面光滑,无沉淀死角
	循环设计	a. 脱脂和薄膜处理,电泳槽体必须设置侧壁循环; b. 表面流向和车行走方向反向循环次数要求见 2.4.1 节中前处理工艺关键参数; c. 设计时循环次数不计算喷淋量
	副槽	a. 位置配合输送方式设计若为摆杆或 C 形,门式输送,副槽必须设置在室体外的走道上,可便于人工观察清洗; b. 电泳和 UF 浸槽(图 2-27)的副槽应设置在两端,且电泳主副槽之间有可调节板,让表面液通过调节板上部进入副槽,调节板采用 FRP 材料制作,调节装置应操作方便可靠; c. 在侧壁设置副槽,槽内可以设置至少 2 排×6 根磁棒架; d. 副槽底部有循环吸口,且可以通过阀门调节流量; e. 主槽表面流向应该流向副槽
	爬梯	所有浸槽(包括洪流水洗)入口和出口的斜坡段都安装有阶梯,以便清洗过程中人员出入;槽体的阶梯应采用与该槽体匹配的不锈钢材质,浸槽斜坡上有防撞栏杆保护
	安全绳	脱脂、薄膜处理、电泳浸槽需要安装车体浮起或者掉落检测装置,设置报警装置和联锁动作,浸洗槽底部设掉件保护栏杆
溢流	多级溢流	a. 在槽体适当位置设置溢流口,在多级水洗段,后一级水洗溢流出的槽液要求回流到上一级水洗槽中; b. 脱脂溢流到预脱脂; c. 预脱脂溢流到洪流热水洗; d. 电泳系统内从最后一道工艺逐级溢流到电泳槽
液位	高低液位报警	a. 所有槽体均需要设置高低液位报警,安装静压式液位传感器; b. 槽沿距离工作液位高度>15cm; c. 主、副槽液位差 2~4cm
补水口		a. 所有工艺槽体均需要设置 RO 水、工业水补水点; b. 除脱脂、锆化、电泳槽外,其他槽体补水时间不超过 1h,排水时间不超过 1h
沥干槽		a. 沥干槽体大小和水洗浸槽一样,具备一个工艺动作; b. 槽体应设计至少一个最低点坑,用可拆卸的不锈钢格栅盖盖起来
备用槽		a. 备用槽的体积是对应最大工艺槽体积的 1.1 倍; b. 备用槽底部应设置一个最低点坑,用可拆卸的不锈钢格栅盖盖起来; c. 低点排污管径至少为 DN80(外径 88.9mm),排污到对应污水收集槽; d. 电泳备用槽上平面还须低于电泳循环管道及过滤罐的最低点,便于全部排空

名称	项目	技术要求
辅助槽体	污水收集槽 沥水收集槽 油水分离槽 纸袋过滤器清液槽 板框除渣机清液槽 阳极槽 UF 储备槽 RO 储备槽 电泳低液位收集槽 加料槽 酸洗槽	a. 辅助槽体中薄膜工位板框除渣机清液槽、UF 储备槽、RO 储备槽均应该安装在高于工艺槽液面以上位置，槽内液体因重力溢流回原工艺系统内； b. 沥水收集槽、阳极槽、纸袋过滤器清液槽体上表面应低于工艺槽底且设置高液位溢流保护，溢流到对应区域内的污水收集槽； c. 污水收集槽应该设置高液位溢流，溢流方向为对应地坑； d. 安装高度示意图如图 2-28 所示； e. 加料槽、酸洗槽必须在地坑围堰内，防止泄漏； f. 电泳工位设置低液位收集槽，收集电泳操作过程中的电泳槽液，确认不能回收的排向电泳污水管

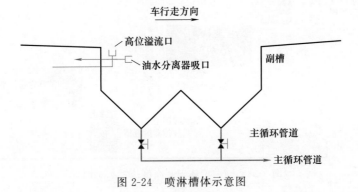

图 2-24　喷淋槽体示意图

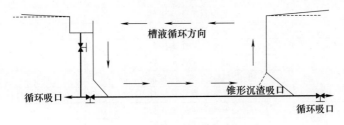

图 2-25　脱脂、锆化槽示意图

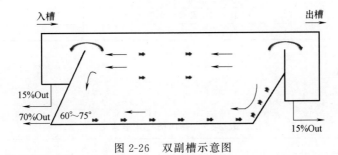

图 2-26　双副槽示意图

2.5.10　车身和槽体间距

在满足最大车身带工装夹具尺寸的条件下，工件和喷嘴及槽体壁板最小的间隔距离推荐如表 2-54 所示。

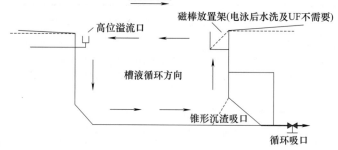

图 2-27　水洗、UF 浸槽示意图

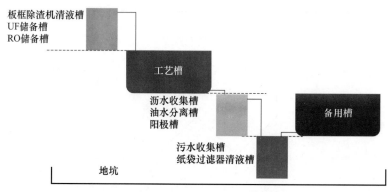

图 2-28　辅助槽体安装高度位置示意图

表 2-54　工件和喷嘴及槽体壁板的间距

工位	位置	距离/mm
喷淋	顶部喷嘴距离工件	305
	侧面喷嘴距离工件	305
	底部喷嘴距离工件	305
浸	侧壁喷嘴距离工件	305
	底部喷嘴距离工件	350
	液面距离工件顶部	450
	槽底喷管距离工件	450
电泳槽	侧面阳极距离工件	305
	侧壁距离工件	610
	液面距离工件顶部	450
	底部安全缆绳距离槽底	305
	车身距离安全缆绳	230

2.5.11　备用槽

备用槽技术要求如表 2-55 所示。

表 2-55　备用槽技术要求

项目	大小	技术要求
脱脂	1.1 倍(脱脂浸槽＋ 预脱脂槽)体积	a. 备用槽底部不需要循环； b. 备用槽通过循环泵可以在 60min 内将脱脂槽内 97％以上的槽液转移回主槽； c. 备用槽底部最低点必须设置排污口且可将槽液 100％全部排完； d. 低点排污管道管径不小于 DN80(外径 88.9mm)； e. 脱脂槽、预备脱脂槽、洪流洗共用备槽且均可以倒回主槽； f. 臂式照明灯的功率为 250W (臂材质为 MS)

项目	大小	技术要求
锆化	1.1倍锆化槽体积	a. 备用槽底部不需要循环; b. 备用槽通过循环泵可以在60min内将锆化槽内97%以上的槽液转移回主槽; c. 备用槽底部最低点必须设置排污口且可将槽液100%全部排完; d. 低点排污管道管径不小于DN80(外径88.9mm); e. 锆化备用槽不可和其他槽体共用备用槽; f. 臂式照明灯功率为250W(臂材质为MS)
电泳	1.1倍电泳槽体积	a. 循环次数3次/h; b. 备用槽通过循环泵可以在60min内将槽内97%以上的槽液转移回主槽倒向备槽,重力排放100%; c. 备用槽不可超过主槽所有过滤器最低点,确保可以正常的重力排污; d. 备用槽底部最低点必须设置排污口且可将槽液100%全部排完; e. 低点排污管道管径不小于DN80(外径88.9mm); f. 电泳、UF1、UF2、ED-RO共用备用槽,配置必要的双向管道和阀门; g. 臂式照明灯功率为250W(臂材质为MS)

电泳倒槽示意图如图2-29所示。

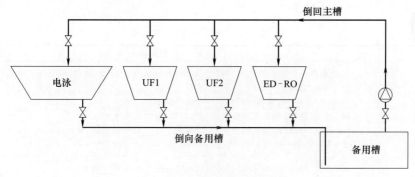

图2-29 电泳倒槽示意图

2.5.12 用水点

用水点技术要求如表2-56所示。

表2-56 用水点技术要求

项目	技术要求
用途	前处理电泳线必要设置用水点,用于日常保洁、应急清洗
规格型号	a. 工业水采用镀锌管,纯水采用304不锈钢; b. 采用DN40快速接口,所有接口必须规格型号一致
位置	a. 在室体内走道,每个工艺槽体(包括备用槽)边必须设置用水点; b. 前处理、电泳段室体外,每段必须设置至少两个,且用水点正下方设置接水漏斗,排水至污水管或地坑; c. 前处理、电泳设备层必须设置至少两个,且用水点正下方设置接水漏斗,排水至污水管或地坑; d. 每个地坑至少设置一个; e. 前处理湿膜检查站、电泳湿膜检查站均左右两边各设置一个,且用水点正下方设置接水漏斗,排水至污水管或地坑
水质	a. 脱脂段、脱脂备用槽、地坑用水点使用工业水; b. 其他点使用纯水

2.5.13 仪表

仪表技术要求如表2-57所示。

表 2-57　仪表技术要求

项目	技术要求
通用	a. 所有的量表都有嵌入式的膜片密封,量表的连接管路设有阀门,密封膜片涂有一层 Teflon♯316SS,压力小于 0～60psi^① 用 Teflon 低压膜片; b. 所有量表均需要标示工作范围; c. 除有特别说明外,量表的大小采用 DN15(外径为 21.3mm)
压力表	a. 压力表要有操作压力范围的标识; b. 压力表设在所有的泵出口过滤器的两端,喷淋、搅拌支管、热交换器两端有阀门调压
温度计	a. 温度表安装在热交换器的进、出口,以摄氏度显示; b. 洪流洗、预脱脂槽、脱脂槽、锆化、电泳槽体均需要安装
传感器	a. 电泳槽使用超声波液位传感器,其他槽使用静压式液位传感器; b. 液位计需要有高高液位、高液位、低液位、低低液位 4 挡,转移槽液位计需要和转移泵互锁; c. 压力传感器、液位计、电磁流量计信号需要接到 PLC 控制面板上

① 1psi=0.0689bar=6.8948kPa。

2.5.14　阀门

阀门技术要求如表 2-58 所示。

表 2-58　阀门技术要求

项目	技术要求
材料	a. 前处理薄膜处理系统的阀门过流部分的材料采用 316L 不锈钢,阀的内部与湿介质接触密封材料用 Teflon 材料; b. 其他工位阀门过流部分材料采用 304 不锈钢; c. 阀的过流部分,不允许有硅树脂、铜、青铜、锌镀层等成分; d. 阀门的所有成分,包括润滑剂,均须得到甲方工程师的确认,确保无硅树脂; e. 非 PVC 管路不得用 PVC 阀门
选型	a. 所有的尺寸为 DN40 及以下的阀用♯316SS,Teflon 双密封球阀; b. 尺寸大于 DN40 的用蝶阀(P/E); c. 所有的蝶阀有 10 个位的闭锁手柄或者采用涡轮手柄; d. 自动阀有电动执行器、电磁气动阀两种,电磁气动阀配置限位开关,位置信息参与阀门控制; e. 所有的自动控制阀门、执行器和限位控制器,应在制造工厂组装完成,包括支架和部件的自动阀应尽可能选同一供应商,有明显的参数标牌和易观察到的阀位指示
位置	a. 所有的喷淋和搅拌支管应有阀门; b. 前处理/电泳所有的设备应配置阀门
旁通	自动阀均应该配置旁通

2.5.15　喷嘴、管接、喷射器

（1）各工艺段喷嘴推荐选型及流量（表 2-59）

表 2-59　喷嘴选型和流量

工艺段	喷嘴型号	单个喷嘴流量/(L/min)	喷淋压力/bar
洪流洗 预脱脂 脱脂 水洗 1	V 形 每段前后排:舌形	25～30	2.0～2.5
前处理各水洗槽 （除水洗 1）	V 形 每段前后排:舌形	16～20	1.5～2.0
锆化	V 形 每段前后排:舌形	16～20	1.5～2.0

工艺段	喷嘴型号		单个喷嘴流量/(L/min)	喷淋压力/bar
电泳	入口:圆形		2.0~4.0	1.0~1.5
	出口:V 形			
UF1+UF2+ED-RO	V 形 每段前后排:舌形		16~20	1.0~1.5
新鲜纯水 新鲜 UF 新鲜 ED-RO	圆形		2.0~4.0	1.0~1.5

（2）技术要求（表 2-60）

表 2-60　技术要求

项目	技术要求
选型	a. 喷淋喷嘴采用卡箍式,喷淋一般用 V 形喷嘴; b. 新鲜纯水洗、新鲜 ED-RO 可以选用雾化喷嘴; c. 每段喷淋的前后排选用舌形喷嘴; d. 喷嘴的流量大小配合各工艺段要求; e. 槽内循环喷嘴为文丘里,可拆卸式; f. 洪流喷嘴的口径较大,喷头方向易于调整,尽可能冲洗到车身内部; g. 所有的喷嘴应方便调节和维护,应设有检修点; h. 提供 15% 的预留接头和卡扣作为备件; i. 甲方认可的产品
喷管	a. 各阶段的喷淋喷嘴设计应覆盖车表面和车内部清洗,以及错位设置; b. 安装喷嘴的管孔,应是冲制孔,不可以有毛刺,喷嘴安装后不可从管孔处渗、漏水; c. 喷嘴喷射的水不得乱溅; d. 喷淋管若采用快接式,必须确保接头不漏液
清洗	喷嘴和喷射器在管路冲洗最少 30min 后安装

2.5.16　工艺管道

工艺管道技术要求如表 2-61 所示。

表 2-61　工艺管道技术要求

项目	技术要求
选型	a. PVC/CPVC 管不能用于压力系统; b. 所有的工艺管(除原料管外)尺寸不能小于 DN40,包括管头、排放、溢流; c. 各阶段的管件与液体有接触的应一致; d. 热液管、冷水管应有保温层设计,用橡塑保温材料; e. 冷冻水和工业水主管采用橡塑保温,绝缘层外板和车间内温差小于 10℃
施工安装	a. 焊接结构金属管利用成型件,在尺寸 DN80 或以上时配装,法兰或凹槽连接缝应留有间距,方便维护和改造; b. 金属管焊接后必须钝化处理; c. 可以预制的管件尽量在原厂预制焊接,减少在现场动火施工

2.5.17　照明要求

照明要求如表 2-62 所示。

2.5.18　焊接技术要求

焊接技术要求如表 2-63 所示。

表 2-62　照明要求

位置	光照度	照明方式	安装位置
前处理电泳室体	500lx	LED	室体外
前处理电泳湿膜检查站	1200lx	LED,防水防爆	室体内
设备层	500lx	LED	顶部
人行通道	500lx	LED	通道顶部
备用槽		500W 手臂式照明灯	槽体外

表 2-63　焊接技术要求

项目	技术要求
焊接前	a. 焊接件的制作应符合设计图样、工艺文件的要求; b. 焊接前应仔细检查材料的外形尺寸和表面质量,镀层应无划伤、碰伤,外表面应无锈蚀且色泽正常
焊接工艺要求	a. 槽体需采用双面连续防水焊接,焊缝光滑,用方钢加固; b. 不锈钢槽焊应采用保护焊或氩弧焊,并进行焊缝密封; c. 接管和槽体的焊接接头应采用双面焊; d. 喷淋端室体壁板折边后内侧满焊,管道穿过室体时连接处应该双面满焊,焊接后应该满足不漏水的要求; e. 用槽钢、工字钢等型材制作的结构件应该采用整体制作,如果有超长件需要拼接,需要经过甲方同意方可制作; f. 所有支柱或其他支撑应当采用满焊,不允许点焊
焊接后检查	a. 焊接后必须对焊缝进行外观检查,检查前应该将焊渣、飞溅物清理干净; b. 焊缝表面及热影响区不得有裂纹,焊缝表面焊波均匀,不应有夹渣、焊瘤、气孔、咬边等缺陷; c. 槽体壁板错位不得超过板厚度的 25%,所有焊接要平滑无孔、无高点、无肿块或无凹坑、无焊接飞溅产生的氧化物夹杂,外部焊缝需打磨光滑并用不锈钢丝刷清洁; d. 所有接缝必须进行水密测试; e. 外观检查应在无损探伤、强度试验及致密性试验之前进行; f. 进行无损探伤的焊缝,不合格部分必须返修,返修后仍需要按原规定方法进行探伤; g. 实施焊接密封性检查之前不得在焊缝处涂以防锈油和防锈漆; h. 密封性检查应采用渗透剂和着色剂进行,密封性检验渗透剂和着色剂必须不含硅酮等易引起缩孔的材料; i. 其他焊接未尽事宜必须满足焊接相关技术标准规定

3 工位室体技术要求

3.1 引言

涂装车间的工位室体不仅为生产人员提供安全整洁的作业场所，同时还能保证生产需要的作业环境，如舒适的温湿度和合理的送排风，是涂装车间生产线必不可少的组成部分。

本章中项目的目标是在涂装车间内新建一系列配套的工位室体及相关配套设施，以满足生产过程中对作业环境的要求。本项目为交钥匙工程，乙方必须在保证布局合理、结构简洁、使用便利等前提下提供服务，项目内容包括手工预清理室体、密封胶线室体、电泳打磨线室体、检查精修线室体、贴膜报交线、注蜡线、点修补以及 Aduit 室体等室体和配套设施的设计和安装。

若本项目作为总包项目内容，公用部分参见总则，工位室体部分参见本章。若本项目作为分包项目，相关技术要求和标准参见本章内容。

3.2 分工界面

3.2.1 总包分工

总包项目的分工见第 1 章 "涂装车间工艺设备技术要求总则" 中 1.2 节 "分工界面"。

3.2.2 分包分工

（1）工程分工（一般）

工程分工如图 3-1 所示。

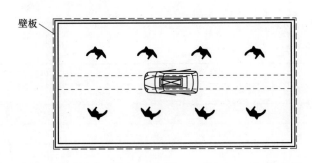

① 以室体壁板为界限，壁板以内为室体供应商供货范围，壁板之外(安全踏台除外)为其他供应商供货范围。

② 壁板以内以下内容不作为室体供应商供货范围：

　　a. 机运辊床、相关支架及施工；

　　b. 作业工具，包括胶枪、蜡枪、打磨工具

图 3-1　工程分工

（2）公用分工

公用分工如图 3-2 所示。

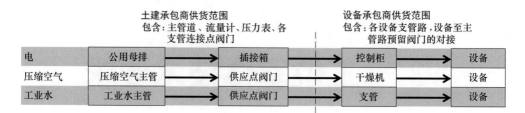

图 3-2　公用分工

注：插接箱、供应点阀门的连接作业均由设备供应商负责

（3）工程分工（空调 & 室体）

送排风分工如图 3-3 所示。

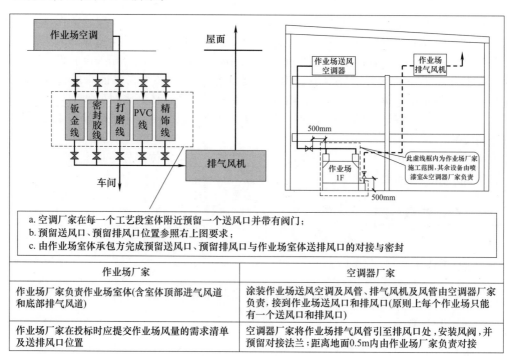

a. 空调厂家在每一个工艺段室体附近预留一个送风口并带有阀门；
b. 预留送风口、预留排风口位置参照右上图要求；
c. 由作业场室体承包方完成预留送风口、预留排风口与作业场室体送排风口的对接与密封

作业场厂家	空调器厂家
作业场厂家负责作业场室体（含室体顶部进气风道和底部排气风道）	涂装作业场送风空调及风管、排气风机及风管由空调器厂家负责，接到作业场送风口和排风口（原则上每个作业场只能有一个送风口和排风口）
作业场厂家在投标时应提交作业场风量的需求清单及送排风口位置	空调器厂家将作业场排气风管引至排风口处，安装风阀，并预留对接法兰；距离地面0.5m内由作业场厂家负责对接

图 3-3　送排风分工

（4）其他界限分工

其他界限内容分工界面如表 3-1 所示。

表 3-1　分工界面

序号	界限内容	室体供应商	机运供应商	供胶供应商
1	工程保险	○		
2	现场接收、搬运、卸货	○		
3	现场 5S 处理	○		
4	室体辊床		○	
5	室体胶枪			○

注：1. 若室体内辊床需要在室体结构上增加相关支撑结构，支撑结构由室体供应商负责，机运供应商提供需求给室体供应商。

2. 所有工作甲方负责参与检查，并给予配合。

3.3 设计基础

3.3.1 基本信息

涂装车间信息如表 3-2 所示。

表 3-2　涂装车间信息

生产纲领	满足双班 60JPH 连续生产
输送形式	地面辊床/空中辊床
车型种类	A 级、B 级的三厢轿车,SUV 及 MPV 车型
最大尺寸	5000mm×1950mm×1700mm

3.3.2 公用动力

公用动力如表 3-3 所示。

表 3-3　公用动力

电源	动力电源		三相 AC 380V(1±10%)/50Hz	
	照明电源		单相 AC 220V(1±10%)/50Hz	
	控制电源		单相 AC 220V 50Hz 或 DC 24V	
压缩空气	压力	含油量	含尘量	露点
	0.65MPa	<1mg/Nm³	<0.1mg/m³	−20℃
工业水	0.2~0.4MPa(表压)			
RO 水	电导率≤5μs/cm			

注：1. 工位室体使用的各种能源，如压缩空气、电源等，到甲方指定位置对接；乙方需对不同的能源提出要求，包括具体使用的各种能源及使用量等。

2. 甲方负责提供接到壁板的 6.5bar 压力压缩空气供气点，从供气点到设备的管路（材质为不锈钢）、过滤装置等均由乙方自己解决，过滤装置选用须得到甲方认可，并考虑备用。若乙方对气压有更高的需求，由乙方自己解决。

3.4 项目供货要求

3.4.1 室体清单

工位室体清单如表 3-4 所示。

表 3-4　工位室体清单

编号	室体名称×数量	编号	室体名称×数量	编号	室体名称×数量
1	手工预清理×1	11	裙边自动站×2	21	点修补×6
2	换夹具×2	12	LASD×2	22	油漆 Audit×2
3	上遮蔽×2	13	LASD 检查×2	23	涂胶 Audit×1
4	UBS×2	14	钣金检查线×2	24	钣金离线×1
5	车底检查×2	15	电泳打磨线×2	25	涂胶离线×1
6	UBC×2	16	检查精修×2	26	颜色编组区×1
7	下遮蔽×2	17	报交线×2	27	擦蜡室×2
8	内腔自动站×2	18	注蜡线×2	28	返修线×1
9	内腔检查×2	19	贴膜线×2		
10	焊缝密封线×2	20	服务件线×1		

3.4.2　工作流程

工位室体内工作流程如图 3-4 所示。

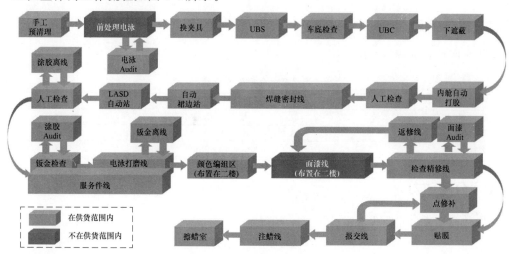

图 3-4　工位室体内工作流程

3.4.3　室体样式

3.4.3.1　封闭式样式

封闭式室体如图 3-5 所示。

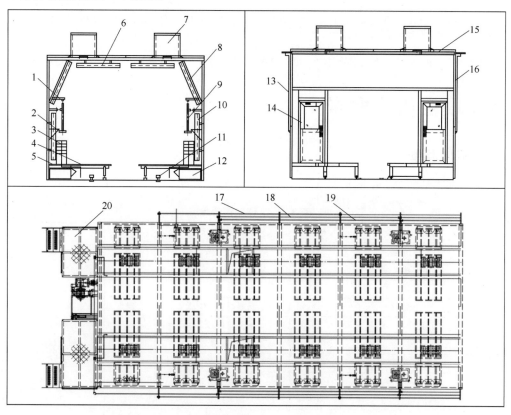

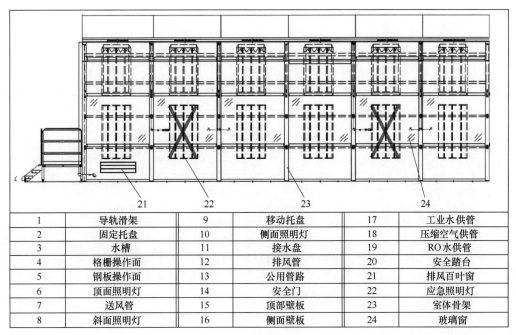

1	导轨滑架	9	移动托盘	17	工业水供管
2	固定托盘	10	侧面照明灯	18	压缩空气供管
3	水槽	11	接水盘	19	RO水供管
4	格栅操作面	12	排风管	20	安全踏台
5	钢板操作面	13	公用管路	21	排风百叶窗
6	顶面照明灯	14	安全门	22	应急照明灯
7	送风管	15	顶部壁板	23	室体骨架
8	斜面照明灯	16	侧面壁板	24	玻璃窗

图 3-5　封闭式室体图示

3.4.3.2　开放式样式

开放式室体如图 3-6 所示。

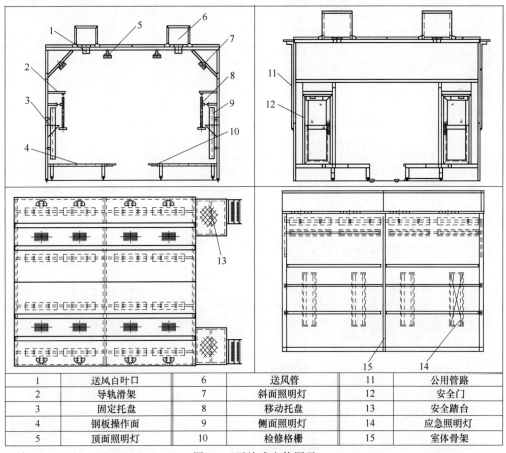

1	送风白叶口	6	送风管	11	公用管路
2	导轨滑架	7	斜面照明灯	12	安全门
3	固定托盘	8	移动托盘	13	安全踏台
4	钢板操作面	9	侧面照明灯	14	应急照明灯
5	顶面照明灯	10	检修格栅	15	室体骨架

图 3-6　开放式室体图示

3.4.4　室体形式分类

工位室体形式分类如表 3-5 所示。

表 3-5　工位室体形式分类

名称	封闭式	开放式
手工预清理		○
换夹具		○
上遮蔽		○
UBS	○	
车底检查	○	
UBC	○	
卸遮蔽		○
内腔自动站	○	
内腔自动检查		○
焊缝密封线		○
裙边自动站	○	
LASD	○	
裙边/LASD 检查		○
钣金检查		○
电泳打磨	○	
检查精修线	○	
报交线		○
注蜡线	○	
擦蜡线		○
贴黑膜	○	
点修补/大返修	○	
胶离线		○
钣金离线	○	
涂胶 Audit		○
电泳 Audit		○
面漆 Audit		○
颜色编组区	○	
服务件线		○
返修线	○	

3.4.5　设备选型

室体设备选型如表 3-6 所示。

表 3-6　室体设备选型

设备名称	进口/合资	国产	推荐供应商
灯箱		○	乙方推荐
灯管及元件	○		飞利浦
风阀、风口	○		乙方推荐
烤灯灯头及电控	○		乙方推荐
轨道及支架		○	乙方推荐
气动元件	○		Festo 或 SMC
手动风阀		○	乙方推荐
工装存放台		○	乙方推荐;含工装、沥青板、堵件等
防爆插座		○	乙方推荐;每个室体至少两个

注:所有风机均有减振器,进、出设有软连接,软连接材料为阻燃材料,同时设有排水口及排水管。

3.5 技术要求

3.5.1 参数说明

室体参数如表 3-7 所示。

表 3-7 室体参数

基础数据	手工预清理	换夹具	上遮蔽	UBS	车底检查	UBC	卸遮蔽
输送形式	快速辊床	快速辊床	快速辊床	空中快速辊床	空中快速辊床	空中辊床	空中辊床
室体长度/m	24	6	12	9	6	9	6
室体宽度/m	5.5	5.5	5.5	5.5	5.5	5.5	5.5
室体高度/m	4	4	TBD	TBD	TBD	TBD	TBD
顶部壁板	有	有	有	有	有	有	有
侧面壁板	有	有	有	有	有	有	有
操作面	平钢板＋格栅	平钢板＋格栅	平钢板	格栅	格栅	格栅	平钢板
送风	800m³/(m·h)	1000m³/(m·h)	1000m³/(m·h)	600m³/(m·h)	800m³/(m·h)	0.2m/s	1000m³/(m·h)
排风	无	无	无	有	有	有	无
排风过滤	无	无	无	有	有	有	无
照明/lx	≥1000	≥1000	≥1000	≥500	≥1200	≥500	≥1000
工位器具	有	有	无	有		无	无
基础数据	内腔自动站	内腔检查	LASD	裙边自动站	检查擦净	焊缝密封线	钣金检查线
输送形式	快速辊床	快速辊床	快速辊床	快速辊床	快速辊床	连续辊床	连续辊床
室体长度/m	9	6	9	9	12	60	12
室体宽度/m	5.5	5.5	6	5.5	5.5	5.5	5.5
室体高度/m	4	4	4	4	4	4	4
顶部壁板	有	有	有	有	有	有	有
侧面壁板	有	有	有	有	有	有	有
操作面	平钢板＋格栅	平钢板＋格栅	平钢板＋格栅	平钢板＋格栅	平钢板＋格栅	平钢板＋格栅	平钢板＋格栅
送风	600m³/(m·h)	800m³/(m·h)	600m³/(m·h)	0.2m/s	800m³/(m·h)	1000m³/(m·h)	2500m³/(m·h)
排风	无	无	无	有	无	有	无
排风过滤	无	无	无	有	无	有	无
照明/lx	≥500	≥1200	≥500	≥500	≥1200	≥1000	≥1200
工位器具	无	有	无	无	有	有	有
基础数据	电泳打磨线	检查精修线	报交线	注蜡线	贴膜线	服务件线	返修/点补间
输送形式	连续辊床	连续辊床	连续辊床	连续辊床	连续辊床	连续辊床	快速辊床
室体长度/m	42	60	18	18	18	36	7
室体宽度/m	5.5	5.5	5.5	5.5	5.5	5	6
室体高度/m	4	4	4	4	4	4	4
顶部壁板	有	有	有	有	有	无	有
侧面壁板	有	有	有	有	有	无	有
操作面	平钢板＋格栅	平钢板＋格栅	平钢板＋格栅	平钢板＋格栅	平钢板＋格栅	平钢板＋格栅	平钢板＋格栅
送风	2500/[m³/(m·h)]	1000/[m³/(m·h)]	750/[m³/(m·h)]	1000/[m³/(m·h)]	1000/[m³/(m·h)]	车间空调送风	0.2m/s
排风	有	有	有	有	有	有	无
排风过滤	有	有	有	有	有	无	无
照明/lx	≥1200	≥1400	≥1400	≥1000	≥1000	≥1000	≥1200
工位器具	有	有	有	有	有	有	有

基础数据	面漆 AUDIT	涂胶 AUDIT	钣金离线	涂胶离线	颜色编组	擦蜡室	返修线
输送形式	快速辊床	快速辊床	快速辊床	快速辊床	快速辊床	快速辊床	快速辊床
室体长度/m	6	6	6	6	TBD	12	24
室体宽度/m	5.5	5.5	5.5	5.5	TBD	5.5	5.5
室体高度/m	4	TBD	4	4	4	TBD	4
顶部壁板	有	无	有	有	有	无	有
侧面壁板	有	无	有	有	有	无	有
操作面	平钢板＋格栅	平钢板＋格栅	平钢板＋格栅	平钢板＋格栅	平钢板	平钢板＋格栅	平钢板＋格栅
送风	600m³/(m·h)	无	600m³/(m·h)	800m³/(m·h)	工位空调送风	1000m³/(m·h)	2500m³/(m·h)
排风	无	无	有	无	无	无	有
排风过滤	无	无	无	无	无	无	无
照明/lx	≥1200	≥1200	≥1200	≥1000	≥500	≥1000	≥1200
工位器具	有	无	有	有	有	有	有

3.5.2 基本说明

① 本说明中未明确规定的尺寸和参数由乙方设计，设计的最终结果必须得到甲方的确认。

② 室体及操作平台的标高将以车身表面处理范围为依据。车身表面处理的标高将以最佳的操作位置为准，避免需要转弯及伸手才能完成操作。

③ 所有的管道，每隔 2～3m 将使用 U 形钢或者角钢支撑。吊具不可以使用单边螺栓固定。

④ 送排风管道以及高压结构不能使用薄片金属螺栓。承包商要确保设备安装后需要深度清洁（或将来需要清洁）的地方不能有锋利的刀口和毛刺。

⑤ 室体及操作平台应该按照设备明细表中的数据设计，室体顶部应该比车身顶盖最少高 1.3m（该顶盖为规划车型中顶盖最高），长度由工艺及平面布局决定。室体及操作平台的内部高度由工艺对灯光及设备的要求决定。

⑥ 室体的设计应该方便附属设施设备的移动及更换。这些附属设施设备包括过滤器、镀锌板等。这些设备的更换及移动不需要对室体及空调房做改造就可以顺利完成。

⑦ 通道及装配支架所用的材料为碳钢。

⑧ 本说明中所有标注的尺寸均指净尺寸。

⑨ 所有室体的工作平台高度，根据实际需求由乙方设计。

⑩ 室体所有的门均为向外开。

⑪ 室体送风管布置在室体顶部，送风管下部每隔 2m 设一个可调风量的风嘴，具备调节风向和风量的功能。

⑫ 室体内部压缩空气管路均采用镀锌管材质，室体内支管管径为 3/8″（9.525mm），末端统一设计为外螺纹结构。

3.5.3 区域配置说明

3.5.3.1 手工预清理

手工预清理室体参数如表 3-8 所示。

3.5.3.2 换夹具

换夹具室体参数如表 3-9 所示。

表 3-8　手工预清理室体参数

项目	参数				备注
工作区尺寸	长×宽×高：24000mm×5500mm×4000mm				开放式
工位数	4				均为人工工位
送风风速	800m³/(m·h)				a. 主管带风量调节阀；
送风量	19200m³/h				b. 每 2m 设一个风口
排风	无				

项目	材质要求				备注
	镀锌	碳钢	不锈钢	其他材料	
室体上壁板					
室体侧壁板					
室体骨架		○			外加 3mm 镀锌板
门					
玻璃窗					
窗框					
操作台		○			刷环氧防锈漆
安全柱					
格栅		○			镀锌
格栅支架		○			刷环氧树脂漆
排风百叶窗					
送风管	○				不喷漆
排风管					
接水/胶/蜡盘					
过滤框架/网					

项目	内容	说明	备注
室体概况	设备类型	干式	
	温度要求	冬季温度≥18℃，夏季温度≤30℃	
	机运形式	连续辊床	
照明	灯具要求	灯管采用 Philip LED 灯	灯箱乙方设计
	照度	≥1000lx	照度均匀
	侧面	2×58W	带标准灯罩
	斜面	2×58W	
	顶部	2×58W	
公用点	电	220V 交流电	配防爆插头
	水	工业水	接到水槽
	气	6.5kg 压缩空气	配 Festo 过滤
工位器具	高工位	无	
	低工位	2个	长 6m，位置待定
	水槽	无	
	可移动踏台	无	
	移动滑架	无	
	固定托盘	无	
	移动托盘	无	
技术要求	a. 照明灯可分段进行控制开关； b. 每个工位两侧都设有压缩空气及气动三联件，同时设有管路、阀门、快插接头及 220V 防爆插座； c. 室体操作平台与输送设备之间设置 300mm 格栅，用于机运设备维修； d. 低工位辊床两侧使用 1.5mm 镀锌板封闭		

表 3-9　换夹具室体参数

项目	参数				备注
工作区尺寸	长×宽×高:12000mm×5500mm×4000mm				开放式
工位数	2				人工工位
送风风速	1000m³/(m•h)				a. 主管带风量调节阀;
送风量	12000m³/h				b. 每2m设一个风口
排风	无				

项目	材质要求				备注
	镀锌	碳钢	不锈钢	其他材料	
室体上壁板					
室体侧壁板					
室体骨架		○			外加3mm镀锌板
门					
玻璃窗					
窗框					
操作台		○			刷环氧树脂漆
安全柱					
格栅		○			镀锌
格栅支架		○			刷环氧树脂漆
排风百叶窗					
送风管	○				不喷漆
排风管					
接水/胶/蜡盘					
过滤框架/网					

项目	内容	说明		备注
室体概况	设备类型	干式		
	温度要求	冬季温度≥18℃,夏季温度≤28℃		
	机运形式	走停式辊床		
照明	灯具要求	灯管采用LED灯		灯箱乙方设计
	照度	≥1000lx		照度均匀
	侧面	2×58W		带灯罩
	斜面	2×58W		
	顶部	2×58W		
公用点	电	220V交流电		配防爆插头
	水	无		
	气	6.5kg压缩空气		配Festo过滤
工位器具	高工位	无		
	低工位	1个		
	水槽	无		
	可移动踏台	无		
	移动滑架	无		
	移动托盘	无		
	固定托盘	304不锈钢;4个		不喷漆
技术要求	a. 低工位辊床两侧使用1.5mm镀锌板封闭; b. 室体操作平台与输送设备之间设置300mm格栅,用于机运设备维修			

3.5.3.3　上遮蔽与卸遮蔽

遮蔽室体参数如表 3-10 所示。

3.5.3.4　UBS 自动站

UBS 自动站室体参数如表 3-11 所示。

3.5.3.5　车底检查

车底检查室体参数如表 3-12 所示。

表 3-10　遮蔽室体参数

项目	参数		备注
	上遮蔽	卸遮蔽	开放式
工作区尺寸	12000mm×5500mm×TBD	6000mm×5500mm×TBD	
工位数	2	1	人工工位
送风风速	1000m³/(m·h)	1000m³/(m·h)	a. 主管带风量调节阀;
送风量	12000m³/h	6000m³/h	b. 每2m设一个风口
排风	无	无	

项目	材质要求				备注
	镀锌	碳钢	不锈钢	其他材料	
室体上壁板					
室体侧壁板					
室体骨架		○			外加3mm镀锌板
门					
玻璃窗					
窗框					
操作台		○			刷环氧树脂漆
安全柱		○			刷防锈漆和面漆
格栅					
格栅支架					
排风百叶窗					
送风管	○				不喷漆
排风管					
接水/胶/蜡盘					
过滤框架/网					

项目	内容	说明	备注
室体概况	设备类型	干式	
	温度要求	冬季温度≥18℃,夏季温度≤28℃	
	机运形式	走停式空中辊床	
照明	灯具要求	灯管采用Philip LED灯	灯箱乙方设计
	照度	≥1000lx	照度均匀
	侧面	4×58W	不带灯罩
	斜面	无	
	顶部	无	
公用点	电	220V交流电	配防爆插头
	水	无	
	气	无	
工位器具	高工位	无	
	低工位	无	
	水槽	无	
	可移动踏台	2个	乙方设计
	移动滑架	无	
	移动托盘	无	
	固定托盘	304不锈钢;2个	不喷漆
技术要求	a. 上遮蔽、卸遮蔽(含过渡)工位采用敞开工位; b. 室体操作平台均采用平钢板,钢平台涂自流平环氧树脂漆; c. 在上遮蔽、卸遮蔽(含过渡)工位操作面的高度与车身下部高度为1800mm; d. 室体照明开关设在入口(出口),并可以单独控制; e. 安全防砸柱前后间距1600mm,左右间距1200mm,对称安装		

表 3-11　UBS 自动站室体参数

项目	参数				备注
工作区尺寸	9000mm×5500mm×TBD				封闭式
工位数	1				自动工位
送风风速	600m³/(m·h)				a. 主管带风量调节阀;
送风量	5400m³/h				b. 每 2m 设一个风口
排风	无				排风百叶散入车间

项目	材质要求				备注
	镀锌	碳钢	不锈钢	其他材料	
室体上壁板	○				不喷漆
室体侧壁板	○				不喷漆
室体骨架		○			外加 3mm 镀锌板
门	○				不喷漆,带闭门器
玻璃窗				○	3mm＋3mm 夹胶玻璃
窗框	○				不喷漆
操作台		○			平钢板＋镀锌格栅板
安全柱		○			刷防锈漆和面漆
格栅		○			镀锌;提供一套备用
格栅支架		○			刷环氧树脂漆
排风百叶窗					
送风管	○				不喷漆
排风管					
接水/胶/蜡盘					
过滤框架/网					

项目	内容	说明	备注
室体概况	设备类型	干式	
	温度要求	冬季温度≥18℃,夏季温度≤28℃	
	机运形式	走停式空中辊床	
照明	灯具要求	灯管采用 Philip LED 灯	灯箱乙方设计
	照度	≥500lx	照度均匀
	侧面	4×58W	
	斜面	无	不带灯罩
	顶部	无	
公用点	电	220V 交流电	配防爆插头
	水		
	气	6.5kg 压缩空气	带过滤元件
工位器具	高工位	无	
	低工位	无	
	水槽	无	
	可移动踏台	无	
	移动滑架	无	
	移动托盘	无	
	固定托盘	无	
技术要求	a. UBS室体采用封闭式室体,壁板采用整体镀锌板翻边制成(带安全玻璃窗); b. UBS室底板操作平台均采用平钢板,钢平台涂自流平环氧树脂漆; c. 机器人段操作面的高度与车身下部高度为 2100mm; d. 照明开关设置在入口,可单独控制; e. 设压缩空气及气动三联件,同时设有管路、阀门及快插接头		

表 3-12 车底检查室体参数

项目	参数				备注
工作区尺寸	6000mm×5500mm×TBD				封闭式
工位数	1				人工工位
送风风速	800m³/(m·h)				a. 主管带风量调节阀;
送风量	4800m³/h				b. 每2m设一个风口
排风	无				排风百叶窗

项目	材质要求				备注
	镀锌	碳钢	不锈钢	其他材料	
室体上壁板	○				不喷漆
室体侧壁板	○				不喷漆
室体骨架		○			外加3mm镀锌板
门	○				不喷漆,带闭门器
玻璃窗				○	3mm+3mm夹胶玻璃
窗框	○				不喷漆
操作台		○			镀锌格栅板
安全柱		○			刷防锈漆和面漆
格栅		○			镀锌;提供一套备用
格栅支架		○			刷环氧树脂漆
排风百叶窗				○	铝合金
送风管	○				不喷漆
排风管					
接水/胶/蜡盘					
过滤框架/网					

项目	内容	说明	备注
室体概况	设备类型	干式	
	温度要求	冬季温度≥18℃,夏季温度≤28℃	
	机运形式	走停式空中辊床	
照明	灯具要求	灯管采用Philip LED灯	灯箱乙方设计
	照度	≥1200lx	照度均匀
	侧面	4×58W	不带灯罩
	斜面	无	
	顶部	无	
公用点	电	220V交流电	配防爆插头
	水	无	
	气	无	
工位器具	高工位	无	
	低工位	无	
	水槽	无	
	可移动踏台	2个	乙方设计
	移动滑架	无	
	移动托盘	无	
	固定托盘	304不锈钢;2个	不喷漆
技术要求	a. 室体采用封闭式室体,壁板采用整体镀锌板翻边制成(带安全玻璃窗); b. 室体操作平台均采用平钢板,钢平台涂自流平环氧树脂漆; c. 工位操作面的高度与车身下部高度为1800mm; d. 室体照明开关设在入口,并可以单独控制; e. 安全防砸柱前后间距1600mm,左右间距1200mm,对称安装; f. 设压缩空气及气动三联件,同时设有管路、阀门及快插接头		

3.5.3.6 UBC自动站

UBC自动站室体参数如表3-13所示。

表 3-13　UBC 自动站室体参数

项目	参数				备注
工作区尺寸	9000mm×5500mm×TBD				封闭式
工位数	1				自动工位
送风风速	0.2m/s				a. 主管带风量调节阀；
送风量	35640m³/h				b. 每 2m 设一个风口
排风	有				带过滤器 G4

项目	材质要求				备注
	镀锌	碳钢	不锈钢	其他材料	
室体上壁板	○				不喷漆
室体侧壁板	○				不喷漆
室体骨架		○			外加 3mm 镀锌板
门	○				不喷漆，带闭门器
玻璃窗				○	3mm＋3mm 夹胶玻璃
窗框	○				不喷漆
操作台		○			平钢板＋镀锌格栅板
安全柱		○			刷防锈漆和面漆
格栅		○			镀锌；提供一套备用
格栅支架		○			刷环氧树脂漆
排风百叶窗					
送风管	○				不喷漆
排风管	○				不喷漆
接水/胶/蜡盘					
过滤框架/网	○				不喷漆

项目	内容	说明	备注
室体概况	设备类型	干式	
	温度要求	冬季温度≥18℃，夏季温度≤28℃	
	机运形式	走停式空中辊床	
照明	灯具要求	灯管采用 Philip LED 灯	灯箱乙方设计
	照度	≥500lx	照度均匀
	侧面	4×58W	不带灯罩
	斜面	无	
	顶部	无	
公用点	电	220V 交流电	配防爆插头
	水	无	
	气	6.5kg 压缩空气	带过滤元件
工位器具	高工位	无	
	低工位	无	
	水槽	无	
	可移动踏台	无	
	移动滑架	无	
	移动托盘	无	
	固定托盘	无	
技术要求	a. UBC 室体采用封闭式室体，壁板采用整体镀锌板翻边制成（带安全玻璃窗）； b. UBC 底涂室底板采用镀锌格栅板，格栅板采用防滑结构； c. 机器人段格栅面的高度与车身下部高度为 2100mm； d. 照明开关设置在入口，可单独控制； e. 室体格栅下部设有接物料盘，易清理、易打扫； f. 室体下部设排风管，采用防爆离心风机，室内排风管设在两侧底部，管上设有排风口，排风口设有过滤板； g. 设压缩空气及气动三联件，同时设有管路、阀门及快插接头		

3.5.3.7 ISS 内腔自动站与 LASD 自动站

ISS 内腔自动站和 LASD 室体参数如表 3-14 所示。

表 3-14 ISS 内腔自动站和 LASD 室体参数

项目	参数		备注
	内腔自动站	LASD 自动站	
工作区尺寸	9000mm×5500mm×4000mm	9000mm×6000mm×4000mm	封闭式
工位数	1	1	自动工位
送风风速	600m³/(m·h)	600m³/(m·h)	a. 主管带风量调节阀;
送风量	5400m³/h	5400m³/h	b. 每 2m 设一个风口
排风	无	无	散入车间(底部百叶窗)

项目	材质要求				备注
	镀锌	碳钢	不锈钢	其他材料	
室体上壁板	○				不喷漆
室体侧壁板	○				不喷漆
室体骨架		○			外加 3mm 镀锌板
门	○				不喷漆,带闭门器
玻璃窗				○	3mm+3mm 夹胶玻璃
窗框	○				不喷漆
操作台		○			刷环氧树脂漆
安全柱					
格栅					
格栅支架					
排风百叶窗					
送风管	○				不喷漆
排风管					
接水/胶/蜡盘					
过滤框架/网					

项目	内容	说明	备注
室体概况	设备类型	干式	
	温度要求	冬季温度≥18℃,夏季温度≤28℃	
	机运形式	走停式辊床	
照明	灯具要求	灯管采用 Philip LED 灯	灯箱乙方设计
	照度	≥500lx	照度均匀
	侧面	4×58W	不带灯罩
	斜面	无	
	顶部	无	
公用点	电	220V 交流电	配防爆插头
	水		
	气	6.5kg 压缩空气	配气动元件
工位器具	高工位	无	
	低工位	无	
	水槽	无	
	可移动踏台	无	
	移动滑架	无	
	移动托盘	无	
	固定托盘	无	
技术要求	a. 机器人室体采用封闭式室体形式,壁板采用整体镀锌板翻边制成(带安全玻璃窗); b. 室底板操作平台均采用平钢板,钢平台涂自流平环氧树脂漆; c. 照明开关设置在入口,可单独控制; d. 设压缩空气及气动三联件,同时设有管路、阀门及快插接头		

3.5.3.8 裙边自动站

裙边自动站室体参数如表 3-15 所示。

表 3-15　裙边自动站室体参数

项目	参数				备注
工作区尺寸	8000mm×5500mm×4000mm				封闭式
工位数	1				自动工位
送风风速	0.2m/s				a. 主管带风量调节阀;
送风量	31680m³/h				b. 每 2m 设一个风口
排风	有				排风管布置乙方设计 (带 G4 过滤器)

项目	材质要求				备注
	镀锌	碳钢	不锈钢	其他材料	
室体上壁板	○				不喷漆
室体侧壁板	○				不喷漆
室体骨架		○			外加 3mm 镀锌板
门	○				不喷漆,带闭门器
玻璃窗				○	3mm+3mm 夹胶玻璃
窗框	○				不喷漆
操作台		○			镀锌格栅板
安全柱					
格栅		○			镀锌;提供一套备用
格栅支架		○			刷环氧树脂漆
排风百叶窗					
送风管	○				不喷漆
排风管	○				不喷漆
接水/胶/蜡盘					
过滤框架/网	○				不喷漆

项目	内容	说明	备注
室体概况	设备类型	干式	
	温度要求	冬季温度≥18℃,夏季温度≤28℃	
	机运形式	走停式辊床	
照明	灯具要求	灯管采用 Philip LED 灯	灯箱乙方设计
	照度	≥500lx	照度均匀
	侧面	4×58W	不带灯罩
	斜面	无	
	顶部	无	
公用点	电	220V 交流电	配防爆插头
	水	无	
	气	6.5kg 压缩空气	配气动元件
工位器具	高工位	无	
	低工位	无	
	水槽	无	
	可移动踏台	无	
	移动滑架	无	
	移动托盘	无	
	固定托盘	无	
技术要求	a. 裙边自动站室体采用封闭式室体,壁板采用整体镀锌板翻边制成(带安全玻璃窗); b. 室底板操作平台均采用平钢板,钢平台涂自流平环氧树脂漆; c. 照明开关设置在入口,可单独控制; d. 室体下部设排风管,采用防爆离心风机,室内排风管布置方式由乙方设计决定,排风口设有过滤板; e. 设压缩空气及气动三联件,同时设有管路、阀门及快插接头		

3.5.3.9　人工检查站

人工检查站室体参数如表 3-16 所示。

表 3-16　人工检查站室体参数

项目	参数				备注
工作区尺寸	6000mm×5500mm×4000mm				开放式
工位数	1				人工工位
送风风速	800m³/(m·h)				a. 主管带风量调节阀;
送风量	4800m³/h				b. 每2m设一个风口
排风	无				

项目	材质要求				备注
	镀锌	碳钢	不锈钢	其他材料	
室体上壁板					
室体侧壁板					
室体骨架	○				外加3mm镀锌板
门					不喷漆,带闭门器
玻璃窗					
窗框					
操作台		○			刷环氧树脂漆
安全柱					
格栅		○			镀锌
格栅支架		○			刷环氧树脂漆
排风百叶窗					
送风管	○				不喷漆
排风管					
接水/胶/蜡盘					
过滤框架/网					

项目	内容	说明	备注
室体概况	设备类型	干式	
	温度要求	冬季温度≥18℃,夏季温度≤28℃	
	机运形式	走停式辊床	
照明	灯具要求	灯管采用 Philip LED 灯	灯箱乙方设计
	照度	≥1200lx	照度均匀
	侧面	2×58W	
	斜面	2×58W	带灯罩
	顶部	2×58W	
公用点	电	无	
	水	无	
	气	6.5kg 压缩空气	配气动元件
工位器具	高工位	无	
	低工位	无	
	水槽	无	
	可移动踏台	无	
	移动滑架	无	
	移动托盘	无	
	固定托盘	2个	不喷漆
技术要求	a. 室体采用开放式室体形式; b. 室体操作平台均采用平钢板,钢平台涂自流平环氧树脂漆; c. 室体照明开关设在入口,可单独控制; d. 室体操作平台与输送设备之间设置 300mm 格栅,用于机运设备维修; e. 设压缩空气及气动三联件,同时设有管路、阀门及快插接头; f. 检查站设置人工遮挡装置,使人工喷涂时不污染车身		

3.5.3.10　焊缝密封线与胶离线

人工密封室体参数如表 3-17 所示。

表 3-17　人工密封室体参数

项目	参数		备注
	焊缝密封线	胶离线	
工作区尺寸	60000mm×5500mm×4000mm	6000mm×5500mm×4000mm	开放式
工位数	10	1	人工工位
送风风速	1000m³/(m·h)	800m³/(m·h)	a. 主管带风量调节阀;
送风量	60000m³/h	4800m³/h	b. 每2m设一个风口
排风	无	无	

项目	材质要求				备注
	镀锌	碳钢	不锈钢	其他材料	
室体上壁板					
室体侧壁板					
室体骨架		○			外加3mm镀锌板
门					
玻璃窗					
窗框					
操作台		○			刷环氧树脂漆
安全柱					
格栅		○			镀锌
格栅支架		○			刷环氧树脂漆
排风百叶窗					
送风管	○				不喷漆
排风管					
接水/胶/蜡盘					
过滤框架/网					

项目	内容	说明	备注
室体概况	设备类型	干式	
	温度要求	冬季温度≥18℃,夏季温度≤28℃	
	机运形式	连续式辊床	
照明	灯具要求	灯管采用 Philip LED 灯	灯箱乙方设计
	照度	≥1000lx	照度均匀
	侧面	2×58W	带灯罩
	斜面	2×58W	
	顶部	2×58W	
公用点	电	无	
	水	无	
	气	6.5kg 压缩空气	配气动元件

项目	区域	焊缝密封线	胶离线	备注
工位器具	高工位	2个	无	1个,总长度12m
	低工位	无	无	
	水槽	无	无	
	可移动踏台	无	1个	
	移动滑架	2根,长度待定	无	
	移动托盘	18个	无	
	固定托盘	无	2个	

项目	
技术要求	a. 密封胶工位和离线工位为开放式结构,分为粗密封区域及细密封区域; b. 密封胶室体操作平台均采用平钢板,钢平台涂自流平环氧树脂漆; c. 密封工位照明的开关采用分段控制,每10m设一个回路,照明灯的开关设在密封工位出入口的两个端头,两头的开关都可控制整个工位的照明; d. 密封工位两侧每侧顶上方各设一根C形轨及吊轮组,用于吊粗密封胶管,其长度按涂胶工位长度确定; e. 密封工位配置不锈钢的枪保护盒、物料架,悬挂在滑轨上; f. 每个工位上设置密封胶枪站,枪站含调压器、稳压器、过滤器、压力表、供胶管路及支管安装支架、胶枪(胶枪品牌和型号由甲方确定); g. 室体操作平台与输送设备之间设置300mm格栅,用于机运设备维修; h. 密封胶操作面以下四周采用镀锌钢板封闭

3.5.3.11　钣金检查线

钣金检查室体参数如表 3-18 所示。

表 3-18　钣金检查室体参数

项目	参数				备注
工作区尺寸	12000mm×5500mm×4000mm				开放式
工位数	2				人工工位
送风风速	2500m³/(m·h)				a. 主管带风量调节阀;
送风量	30000 m³/h				b. 每2m设一个风口
排风	无				
项目	材质要求				备注
	镀锌	碳钢	不锈钢	其他材料	
室体上壁板					
室体侧壁板					
室体骨架		○			外加3mm镀锌板
门					
玻璃窗					
窗框					
操作台		○			平钢板＋镀锌格栅板
安全柱					
格栅	○				镀锌
格栅支架		○			刷环氧树脂漆
排风百叶窗					
送风管	○				不喷漆
排风管					
接水/胶/蜡盘					
过滤框架/网					
项目	内容	说明			备注
室体概况	设备类型	干式			
	温度要求	冬季温度≥18℃,夏季温度≤28℃			
	机运形式	连续式辊床			
照明	灯具要求	灯管采用 Philip LED 灯			灯箱乙方设计
	照度	≥1200lx			照度均匀
	侧面	3×58W棱镜灯			
	斜面	3×58W棱镜灯			带灯罩
	顶部	3×58W棱镜灯			
公用点	电	220V/380V电源			带防爆插座
	水	无			
	气	6.5kg压缩空气			配气动元件
工位器具	高工位	无			
	低工位	无			
	水槽	无			
	可移动踏台	2个			乙方设计
	移动滑架	2根,长度待定			
	移动托盘	4个			一个工位一个
	固定托盘	无			
技术要求	a. 钣金检查工位采用开放式室体形式; b. 室体操作平台均采用平钢板,钢平台涂自流平环氧树脂漆; c. 每个工位两侧都设有压缩空气及气动三联件,同时设有管路、阀门、快插接头及220V防爆插座; d. 室体操作平台与输送设备之间设置 300mm 格栅,用于机运设备维修				

3.5.3.12 电泳打磨与打磨离线

电泳打磨室体参数如表 3-19 所示。

表 3-19 电泳打磨室体参数

项目	参数		备注
	电泳打磨	离线打磨	
工作区尺寸	42000mm×5500mm×4000mm	6000mm×5500mm×4000mm	封闭式
工位数	7	1	人工工位
送风风速	2500m³/(m·h)	600m³/(m·h)	a. 主管带风量调节阀；
送风量	10500m³/h	3600m³/h	b. 每 2m 设一个风口
排风	有	无	带 G3 过滤

项目	材质要求				备注
	镀锌	碳钢	不锈钢	其他材料	
室体上壁板	○				不喷漆
室体侧壁板	○				不喷漆
室体骨架		○			外加 3mm 镀锌板
门	○				不喷漆,带闭门器
玻璃窗				○	3mm+3mm 夹胶玻璃
窗框	○				不喷漆
操作台		○			平钢板+镀锌格栅板
安全柱					
格栅	○				镀锌
格栅支架		○			刷环氧树脂漆
排风百叶窗					
送风管	○				不喷漆
排风管	○				不喷漆
接水/胶/蜡盘			○		2mm 304 不锈钢
过滤框架/网	○				不喷漆

项目	内容	说明	备注
室体概况	设备类型	湿式	
	温湿度要求	冬季温度≥18℃,夏季温度≤28℃ 湿度:70%～80%	配加湿器
	机运形式	连续式辊床	
照明	灯具要求	灯管采用 Philip LED 灯	灯箱乙方设计
	照度	≥1200lx	照度均匀
	侧面	3×58W 棱镜灯	
	斜面	3×58W 棱镜灯	带灯罩
	顶部	3×58W 棱镜灯	
公用点	电	220V/380V 电源	带防爆插座
	水	纯水	接入水槽
	气	6.5kg 压缩空气	配气动元件
工位器具	高工位	1个	长度 6m
	低工位	1个	6m
	水槽	12个;2mm 304 不锈钢	
	可移动踏台	2个	乙方设计
	移动滑架	2根,长度待定	
	移动托盘	12个	一个工位一个
	固定托盘	无	
	干雾加湿器	24个(主线 22个,离线 2个) 加湿后湿度满足工艺要求	按照辐射半径 2m、均匀对称布置

项目	内容	说明	备注
技术要求		a. 打磨室室体采用封闭式和镀锌板翻边自承重的结构,室体两侧为连续的大玻璃窗,高度在人视野中,侧面灯具采用立式外挂式灯具。 b. 室体内顶部照明灯箱在两个送风口之间,采用分段控制,照明灯的开关设在打磨室出入口的两个端头,开关可以控制整个工位的照明。 c. 室体内两侧装有 C 形轨道及多个吊轮组,物料板吊在 C 形轨道及多个吊轮组上可移动,物料板与壁板之间设有防碰装置。 d. 室体操作地面采用镀锌格栅板,格栅板的尺寸保持统一。 e. 打磨室用的纯水接到使用点不锈钢水槽上,并带阀门。 f. 打磨每个工位设压缩空气及气动三联件,同时设有管路、阀门及快插接头。 g. 高工位斜坡段采用防滑格栅。 h. 电泳打磨左侧中工位与低工位之间配 1 个工业水接口及 220V 防爆电源插座,连接洗衣机进水口,洗衣机直接排水至水盘;低工位辊床两侧使用 1.5mm 镀锌板封闭。 i. 两个湿打磨室合并,中间无隔板,但保留框架安装灯具;室体中间预留 2 个门洞,以便 2 个室体之间行走。	

3.5.3.13 检查精修线

检查精修室体参数如表 3-20 所示。

表 3-20 检查精修室体参数

项目	参数				备注
工作区尺寸	60000mm×5500mm×4000mm				封闭式
工位数	10				人工工位
送风风速	1000m³/(m·h)				a. 主管带风量调节阀;
送风量	100000m³/h				b. 每 2m 设一个风口
排风	有				带漆雾粘

项目	材质要求				备注
	镀锌	碳钢	不锈钢	其他材料	
室体上壁板	○				不喷漆
室体侧壁板	○				不喷漆
室体骨架		○			外加 3mm 镀锌板
门	○				不喷漆,带闭门器
玻璃窗				○	3mm+3mm 夹胶玻璃
窗框	○				不喷漆
操作台		○			平钢板+镀锌格栅板
安全柱					
格栅		○			镀锌
格栅支架		○			刷环氧树脂漆
排风百叶窗				○	铝合金
送风管	○				不喷漆
排风管	○				不喷漆
接水/胶/蜡盘			○		2mm 304 不锈钢
过滤框架/网	○				不喷漆

项目	内容	说明		备注
室体概况	设备类型	湿式		
	温度要求	冬季温度≥18℃,夏季温度≤28℃		
	机运形式	连续式辊床		
照明	灯具要求	灯管采用 Philip LED 灯		灯箱乙方设计
	照度	≥1400lx		照度均匀
	区域	检查段	精修段	
	侧面	3×58W 棱镜灯	3×58W LED 灯	带灯罩
	斜面	3×58W 棱镜灯	3×58W LED 灯	
	顶部	3×58W 棱镜灯	3×58W LED 灯	

项目	内容	说明	备注
公用点	电	220V 电源	带防爆插座
	水	工业水	接入水槽
	气	6.5kg 压缩空气	配气动元件
工位器具	高工位	4 个	长度 6m
	低工位	无	无
	水槽	18 个;2mm 304 不锈钢	
	可移动踏台	2 个	乙方设计
	移动滑架	2 根,长度待定	
	移动托盘	20 个	
	固定托盘	无	
	干雾加湿器	32 个(检查工位不配置)	每 3m 一个,左右对称
技术要求	a. 检查精修线为封闭式室体结构,室体采用镀锌板翻边自承重的结构,室体内平整,室体两侧设有连续大玻璃窗,高度在人视野中; b. 室体采用分段控制,10m 一个回路,照明灯的开关设在出入口的两个端头,两头的开关可控制整个工位的照明; c. 室体内两侧顶部装有 C 形轨道及多个吊轮组,物料板吊在 C 形轨道及多个吊轮组上可移动,物料板与壁板之间设防撞装置,检查精修室操作地面的格栅板尺寸尽量统一; d. 室体内操作地面采用镀锌格栅,检查精修室用的自来水接到使用点不锈钢水槽上,带阀门; e. 检查精修室用的自来水接到使用点不锈钢水槽上,带阀门; f. 室体每个工位设压缩空气及气动三联件,同时设有管路、阀门及快插接头; g. 高工位斜坡段采用防滑格栅; h. 低工位辊床两侧使用 1.5mm 镀锌板封闭; i. 两个检查精修室体合并,中间无隔板,但保留框架安装灯具; j. 室体中间预留 2 个门洞,以便两个室体之间行走; k. 精修室体中间位置安装 1 个工业水接口,用于洗衣机,洗衣机废水直排至接水盘		

3.5.3.14　报交线

报交室体参数如表 3-21 所示。

表 3-21　报交室体参数

项目	参数				备注
工作区尺寸	18000mm×5500mm×4000mm				开放式
工位数	3				人工工位
送风风速	$750m^3/(m \cdot h)$				a. 主管带风量调节阀; b. 每 2m 设一个风口
送风量	$13500m^3/h$				
排风	无				
项目	材质要求				备注
	镀锌	碳钢	不锈钢	其他材料	
室体上壁板					
室体侧壁板					
室体骨架		○			外加 3mm 镀锌板
门					
玻璃窗					
窗框					
操作台		○			刷环氧树脂漆
安全柱					
格栅		○			镀锌
格栅支架		○			刷环氧树脂漆
排风百叶窗					
送风管	○				不喷漆
排风管					
接水/胶/蜡盘					
过滤框架/网					

项目	内容	说明	备注
室体概况	设备类型	干式	
	温度要求	冬季温度≥18℃,夏季温度≤28℃	
	机运形式	连续式辊床	
照明	灯具要求	灯管采用 Philip LED 灯	灯箱乙方设计
	照度	≥1400lx	照度均匀
	侧面	3×58W 棱镜灯	带灯罩
	斜面	3×58W 棱镜灯	
	顶部	3×58W 棱镜灯	
公用点	电	220V 电源	带防爆插座
	水	工业水	接入水槽
	气	6.5kg 压缩空气	配气动元件
工位器具	高工位	2个	长度6m
	低工位	无	无
	水槽	无	
	可移动踏台	无	
	移动滑架	无	
	移动托盘	无	
	固定托盘	6个	
技术要求	a. 室体采用开放式室体形式; b. 压缩空气、220V 防爆电源插座配置到每个工位; c. 照明开关设在室体的出入口,开关可以控制整个工位的照明; d. 室体操作台与输送设备之间设置 300mm 格栅,用于机运设备维修; e. 夹具拆换工位日光灯布置在侧面、顶部,侧面日光灯安装在玻璃外侧		

3.5.3.15 注蜡室

注蜡室体参数如表 3-22 所示。

表 3-22   注蜡室体参数

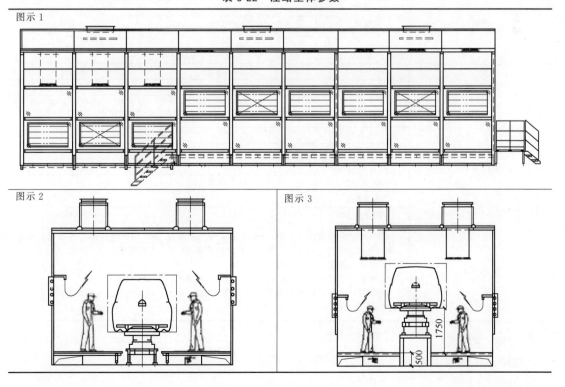

图示 1

图示 2

图示 3

项目	参数	备注
工作区尺寸	18000mm×5500mm×TBD	封闭式
工位数	3	人工工位
送风风速	1000m³/(m·h)	a. 主管带风量调节阀;
送风量	18000m³/h	b. 每2m设一个风口
排风	有	带漆雾粘

项目	材质要求				备注
	镀锌	碳钢	不锈钢	其他材料	
室体上壁板	○				不喷漆
室体侧壁板	○				不喷漆
室体骨架		○			外加3mm镀锌板
门	○				不喷漆,带闭门器
玻璃窗				○	3mm+3mm夹胶玻璃
窗框	○				不喷漆
操作台		○			刷环氧树脂漆
安全柱					
格栅		○			镀锌
格栅支架		○			刷环氧树脂漆
排风百叶窗				○	铝合金
送风管	○				不喷漆
排风管	○				不喷漆
接水/胶/蜡盘			○		2mm 304不锈钢
过滤框架/网	○				不喷漆

项目	内容	说明	备注
室体概况	设备类型	干式	
	温度要求	冬季温度≥18℃,夏季温度≤28℃	
	机运形式	连续式辊床	
照明	灯具要求	灯管采用Philip 3LED灯	灯箱乙方设计
	照度	≥1000lx	照度均匀
	侧面	4×58W	带灯罩
	斜面	无	
	顶部	无	
公用点	电	220V电源	带防爆插座
	水	无	
	气	6.5kg压缩空气	配气动元件
工位器具	高工位	无	
	低工位	无	无
	水槽	无	
	可移动踏台	2个	乙方设计
	移动滑架	4根,长度待定	
	移动托盘	无	
	固定托盘	6个	不喷漆
技术要求	a. 室体工位为封闭式工位,分为高工位和低工位,室体采用镀锌板翻边制成的自承重结构,室体内平整,室体两侧为连续的大玻璃窗,高度在人视野中; b. 室体内操作地面采用镀锌格栅板; c. 设压缩空气及气动三联件,同时设有管路、阀门及快插接头; d. 照明灯的开关设在室体出入口的两个端头,开关可以控制整个工位的照明,也可分段控制		

3.5.3.16 擦蜡室

擦蜡室体参数如表3-23所示。

表 3-23　擦蜡室体参数

图示 1

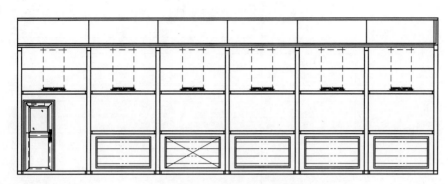

图示 2

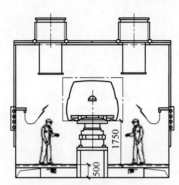

项目	参数			备注
工作区尺寸	12000mm×5500mm×TBD			开放式
工位数	2			人工工位
送风风速	1000m³/(m・h)			a. 主管带风量调节阀;
送风量	12000m³/h			b. 每2m设一个风口
排风	无			

项目	材质要求				备注
	镀锌	碳钢	不锈钢	其他材料	
室体上壁板					
室体侧壁板					
室体骨架		○			外加3mm镀锌板
门					
玻璃窗					
窗框					
操作台		○			刷环氧树脂漆
安全柱					
格栅		○			镀锌
格栅支架		○			刷环氧树脂漆
排风百叶窗					
送风管	○				不喷漆
排风管					
接水/胶/蜡盘			○		2mm 304不锈钢
过滤框架/网					

项目	内容	说明	备注
室体概况	设备类型	干式	
	温度要求	冬季温度≥18℃,夏季温度≤28℃	
	机运形式	连续式辊床	

项目	内容	说明	备注
照明	灯具要求	灯管采用 Philip 3LED 灯	灯箱乙方设计
	照度	≥1000lx	照度均匀
	侧面	4×58W	带灯罩
	斜面	无	
	顶部	无	
公用点	电	220V 电源	带防爆插座
	水	无	
	气	6.5kg 压缩空气	配气动元件
工位器具	高工位	无	
	低工位	2 个	
	水槽	无	
	可移动踏台	无	
	移动滑架	2 根,长度待定	
	移动托盘	无	
	固定托盘	4 个	不喷漆
技术要求	a. 室体工位为开放式工位,均为低工位,室体采用镀锌板翻边制成的自承重结构,室体内平整; b. 室体内操作地面采用镀锌格栅板; c. 设压缩空气及气动三联件,同时设有管路、阀门及快插接头; d. 照明灯的开关设在室体出入口的两个端头,开关可以控制整个工位的照明,也可分段控制		

3.5.3.17 贴膜线

贴膜室体参数如表 3-24 所示。

表 3-24 贴膜室体参数

项目	参数				备注
工作区尺寸	18000mm×5500mm×4000mm				封闭式
工位数	3				人工工位
送风风速	$1000m^3/(m \cdot h)$				a. 主管带风量调节阀;
送风量	$18000m^3/h$				b. 每 2m 设一个风口
排风	无				排至车间,底部百叶
项目	材质要求				备注
	镀锌	碳钢	不锈钢	其他材料	
室体上壁板	○				不喷漆
室体侧壁板	○				不喷漆
室体骨架		○			外加 3mm 镀锌板
门	○				不喷漆,带闭门器
玻璃窗				○	3mm+3mm 夹胶玻璃
窗框	○				不喷漆
操作台		○			刷环氧树脂漆
安全柱					
格栅		○			镀锌
格栅支架		○			刷环氧树脂漆
排风百叶窗				○	铝合金
送风管	○				不喷漆
排风管					
接水/胶/蜡盘					
过滤框架/网					

项目	内容	说明	备注
室体概况	设备类型	干式	
	温度要求	冬季温度≥18℃,夏季温度≤28℃	
	机运形式	连续式辊床	
照明	灯具要求	灯管采用 Philip LED 灯	灯箱乙方设计
	照度	≥1000lx	照度均匀
	侧面	3×58W 棱镜灯	带灯罩
	斜面	3×58W 棱镜灯	
	顶部	3×58W 棱镜灯	
公用点	电	220V 电源	带防爆插座
	水	工业水	接入水槽
	气	6.5 公斤压缩空气	配气动元件
工位器具	高工位	2个	长度 6m
	低工位	无	无
	水槽	无	
	可移动踏台	无	
	移动滑架	2根,长度待定	
	移动托盘	6个	
	固定托盘	无	
技术要求	a. 贴膜采用封闭式室体,采用镀锌板翻边自承重的结构,室体两侧为连续的大玻璃窗,高度在人视野中; b. 压缩空气、220V 防爆电源插座配置到每个工位; c. 照明开关设在室体的出入口,开关可以控制整个工位的照明; d. 室体操作平台与输送设备之间设置 300mm 格栅,用于机运设备维修		

3.5.3.18 点修补

点修补室体参数如表 3-25 所示。

表 3-25 点修补室体参数

项目	参数				备注
工作区尺寸	7000mm×6000mm×4000mm				封闭式
工位数	共 6 个				人工工位
送风风速	0.2m/s				工位空调送风
送风量	30240m³/h				
排风	有				带漆雾粘
项目	材质要求				备注
	镀锌	碳钢	不锈钢	其他材料	
室体上壁板	○				不喷漆
室体侧壁板	○				不喷漆
室体骨架		○			外加 3mm 镀锌板
门	○				不喷漆,带闭门器
玻璃窗				○	3mm+3mm 夹胶玻璃
窗框	○				不喷漆
操作台		○			平钢板+镀锌格栅板
安全柱					
格栅		○			镀锌
格栅支架		○			刷环氧树脂漆
排风百叶窗					
送风管	○				不喷漆
排风管	○				不喷漆
接水/胶/蜡盘			○		2mm 304 不锈钢
过滤框架/网	○				不喷漆
呼吸系统			○		304 不锈钢

项目	内容	说明	备注
室体概况	设备类型	湿式	
	温度要求	冬季温度≥18℃,夏季温度≤28℃	
	机运形式	走停式辊床	
照明	灯具要求	灯管采用 Philip LED 灯	灯箱乙方设计
	照度	≥1200lx	照度均匀
	侧面	4×58W(不带罩)	
		2×58W(带罩)	
	斜面	无	
	顶部	无	
公用点	电	220V/380V 电源	带防爆插座
	水	纯水	接入水槽
	气	6.5kg 压缩空气	配气动元件
工位器具	高工位	无	
	低工位	无	
	水槽	1个	
	可移动踏台	无	
	移动滑架	无	
	移动托盘	无	
	固定托盘	2个	不喷漆
技术要求	a. 小修室为封闭式室体,采用镀锌板翻边自承重的结构,室体两侧为连续的大玻璃窗,高度在人视野中,所有外部灯具采用外挂式灯具; b. 每个室体设两个防爆插座,插座的功率大于每个点修补烤灯的功率; c. 小修室用的纯水接到使用点不锈钢水槽上,并带阀门; d. 小修室每个工位设压缩空气及气动三联件,同时设有管路、阀门及快插接头; e. 室体内操作地面采用镀锌格栅板,所有格栅板尺寸统一; f. 每个小修室配1台红外线壁挂式烤灯和1台移动的落地式烤灯(带温度设定,功率分挡可调,自动控制,烤灯灯头位置、方向可随意调整并自动锁紧); g. 照明开关设置在入口,单独控制		

3.5.3.19 胶 Audit、电泳 Audit 和面漆 Audit

Audit 室体参数如表 3-26 所示。

表 3-26　Audit 室体参数

项目	参数				备注
工作区尺寸	6000mm×5500mm×TBD				开放式
工位数	1				人工工位
送风风速	600m³/(m・h)				车间空调送风
送风量	3600m³/h				
排风	无				
项目	材质要求				备注
	镀锌	碳钢	不锈钢	其他材料	
室体上壁板					
室体侧壁板					
室体骨架		○			外加 3mm 镀锌板
门					
玻璃窗					
窗框					
操作台		○			刷环氧树脂漆
安全柱					
格栅		○			镀锌
格栅支架		○			刷环氧树脂漆

项目	材质要求				备注
	镀锌	碳钢	不锈钢	其他材料	
排风百叶窗					
送风管					
排风管					
接水/胶/蜡盘					
过滤框架/网					

项目	内容	说明	备注
室体概况	设备类型	干式	
	温度要求	冬季温度≥18℃,夏季温度≤28℃	
	机运形式	走停式辊床	
照明	灯具要求	灯管采用 Philip LED 灯	灯箱乙方设计
	照度	≥1200lx	照度均匀
	侧面	2×58W	带灯罩
	斜面	无	
	底部	3×58W	
公用点	电	无	
	水	无	
	气	无	
工位器具	高工位	无	
	低工位	无	
	水槽	无	
	可移动踏台	无	
	移动滑架	无	
	移动托盘	无	
	固定托盘	无	
技术要求	a. 室体采用开放式室体形式; b. 每个工位设有压缩空气及气动三联件,同时设有管路、阀门及快插接头; c. 室体操作平台与输送设备间设置 300mm 格栅,用于机运设备维修		

3.5.3.20 颜色编组区

颜色封闭室体参数如表 3-27 所示。

表 3-27 颜色封闭室体参数

项目	参数	备注
工作区尺寸	待定	封闭式
送风风速	换气次数为 2~3 次/h	送风由工位空调供应
送风量		
排风	无	

项目	材质要求				备注
	镀锌	碳钢	不锈钢	其他材料	
室体上壁板	○				不喷漆,保温
室体侧壁板	○				不喷漆,保温
室体骨架		○			外加 3mm 镀锌板
门	○				不喷漆,带闭门器
玻璃窗				○	3mm＋3mm 夹胶玻璃
窗框	○				不喷漆
操作台					
安全柱					
格栅					
格栅支架					

项目	材质要求				备注
	镀锌	碳钢	不锈钢	其他材料	
排风百叶窗				○	铝合金
送风管	○				
排风管					
接水/胶/蜡盘					
过滤框架/网					

项目	内容	说明	备注
室体概况	设备类型	干式	
	温湿度要求	湿度:60%～70%	温度待定
	机运形式	走停式辊床	
照明	灯具要求	灯管采用 Philip LED 灯	灯箱乙方设计
	照度	≥400lx	照度均匀
	侧面	无	带灯罩
	斜面	无	
	顶部	2×58W	
公用点	电	220V 电源	带防爆插座
	水	无	
	气	无	
工位器具	高工位	无	
	低工位	无	
	水槽	无	
	可移动踏台	无	
	移动滑架	无	
	移动托盘	无	
	固定托盘	无	
	加湿器	加湿后湿度满足 60%～70%	按辐射半径 2m 范围均匀布置
技术要求	a. 颜色编组区采用封闭式室体形式; b. 照明灯开关设在室体的出入口,开关可以控制整个工位的照明; c. 室体采用镀锌板翻边制成的自承重结构,两侧设有连续的大玻璃窗,其高度按规范进行设计,要求高度在人视野中		

3.5.3.21 服务件线

服务件室体参数如表 3-28 所示。

表 3-28 服务件室体参数

项目	参数	备注
工作区尺寸	36000mm×5500mm×4000mm	开放式
工位数	6	人工工位
送风风速	800m³/(m·h)	
送风量	28800m³/h	
排风量(若有)	无	

项目	材质要求				备注
	镀锌	碳钢	不锈钢	其他材料	
室体上壁板					
室体侧壁板					
室体骨架		○			外加 3mm 镀锌板
门					
玻璃窗					

项目	材质要求				备注
	镀锌	碳钢	不锈钢	其他材料	
窗框					
操作台		○			平钢板＋镀锌格栅板
安全柱					
格栅		○			镀锌
格栅支架		○			刷环氧树脂漆
排风百叶窗					
送风管					
排风管					
接水/胶/蜡盘			○		2mm 304 不锈钢
过滤框架/网					

项目	内容	说明	备注
室体概况	设备类型	湿式	
	温度要求	冬季温度≥18℃,夏季温度≤28℃	车间空调送风
	机运形式	走停式辊床	
照明	灯具要求	灯管采用 Philip LED 灯	灯箱乙方设计
	照度	≥1000lx	照度均匀
	侧面	2×58W	带灯罩
	斜面	2×58W	
	顶部	2×58W	
公用点	电	220V/380V电源	带防爆插座
	水	工业水/纯水	接入水槽
	气	6.5kg 压缩空气	配气动元件
工位器具	高工位	无	
	低工位	无	
	水槽	无	
	可移动踏台	4 个	乙方设计
	移动滑架	无	
	移动托盘	无	
	固定托盘	12 个	不喷漆
	工具箱	乙方设计	
技术要求	a. 服务件线采用开放式室体形式; b. 每个工位设有压缩空气及气动三联件,同时设有管路、阀门及快插接头; c. 室体内两侧配有防爆插座,数量待定; d. 室体内操作地面采用镀锌格栅板,所有格栅板尺寸保持在一个尺寸; e. 照明灯开关设在室体的出入口,开关可以全部控制整个工位的照明		

3.5.3.22 返修线

返修室体参数如表 3-29 所示。

表 3-29　返修室体参数

项目	参数	备注
工作区尺寸	24000mm×5500mm×4000mm	封闭式
工位数	4	人工工位
送风风速	2500m³/(m・h)	a. 主管带风量调节阀;
送风量	30240m³/h	b. 每2m 设一个风口
排风	有	带漆雾粘

项目	材质要求				备注
	镀锌	碳钢	不锈钢	其他材料	
室体上壁板	○				不喷漆
室体侧壁板	○				不喷漆
室体骨架		○			外加 3mm 镀锌板

项目	材质要求				备注
	镀锌	碳钢	不锈钢	其他材料	
门	○				不喷漆、带闭门器
玻璃窗				○	3mm＋3mm 夹胶玻璃
窗框	○				不喷漆
操作台		○			平钢板＋镀锌格栅板
安全柱					
格栅		○			镀锌
格栅支架		○			刷环氧树脂漆
排风百叶窗					
送风管	○				不喷漆
排风管	○				不喷漆
接水/胶/蜡盘			○		2mm 304 不锈钢
过滤框架/网	○				不喷漆

项目	内容	说明	备注
室体概况	设备类型	湿式	
	温度要求	冬季温度≥18℃,夏季温度≤28℃	
	机运形式	走停式辊床	
照明	灯具要求	灯管采用 Philip LED 灯	灯箱乙方设计
	照度	≥1200lx	照度均匀
	侧面	4×58W(不带罩)	
		2×58W(带罩)	
	斜面	无	
	顶部	无	
公用点	电	220V/380V 电源	带防爆插座
	水	纯水	接入水槽
	气	6.5kg 压缩空气	配气动元件
工位器具	高工位	无	
	低工位	无	
	水槽	1个	
	可移动踏台	无	
	移动滑架	无	
	移动托盘	无	
	固定托盘	2个	不喷漆
技术要求	a. 返修室为封闭式室体形式,采用镀锌板翻边自承重的结构,室体两侧为连续的大玻璃窗,高度在人视野中,所有外部灯具采用外挂式灯具; b. 小修室用的纯水接到使用点不锈钢水槽上,并带阀门; c. 返修室每个工位设压缩空气及气动三联件,同时设有管路、阀门及快插接头; d. 室体内操作地面采用镀锌格栅板,所有格栅板尺寸统一; e. 照明开关设置在入口,单独控制		

3.6 主要部件说明

3.6.1 室体本体

室体规格如表 3-30 所示。

3.6.2 移动托盘

移动托盘技术说明如表 3-31 所示。

表 3-30 室体规格

作用	作业人员作业的场所				
基本参数					
室体构成	材质	厚度	涂装规格	是否进口	备注
顶部壁板	镀锌板	1.5mm	不喷漆	否	
侧面壁板	镀锌板	1.5mm	不喷漆	否	
骨架	碳钢		镀锌	否	型钢
玻璃窗框	镀锌板	2mm	不喷漆	否	
玻璃窗	夹胶玻璃	3mm+3mm		否	
门	镀锌板	1.5mm	不喷漆	否	带闭门器
门框	镀锌板	3mm	不喷漆	否	
操作台	平钢板	4mm	环氧防锈漆	否	

技术要求	a. 室体采用快装式结构; b. 壁板接缝处要求涂不含硅密封胶密封; c. 所有镀锌零件的镀锌层厚度要求不小于 $10\mu m$; d. 壁板与壁板 C 型钢间用螺栓连接,C 型钢与 C 型钢间采用螺栓连接; e. 室体两侧设夹胶大玻璃窗,暗螺钉固定玻璃,玻璃框上部两主柱之间壁板采用镀锌钢板翻边制成; f. 室门需带玻璃窗和闭门器,门外需设安全栏杆及踏台	图例 

封闭式	开放式

表 3-31 移动托盘技术说明

作用	用于室体工位人员作业时放工具辅料,具备可活动的灵活性功能			
基本参数	材质	尺寸	品牌	图例
	304 不锈钢	乙方设计	国产	
技术要求	a. 该件采用装配式结构,托盘层数可自由组拆; b. 所有部件必须去毛刺; c. 所有接缝焊接需要满足"涂装设备通用技术-焊接件"; d. 托盘两侧有挂钩结构,可以挂放工具; e. 移动托盘材质采用 304 不锈钢			
示意图				

3.6.3 水槽

水槽技术说明如表 3-32 所示。

表 3-32　水槽技术说明

作用	用于室体工位人员进行洗手、抹布清洗、打磨砂纸清洗等操作			
基本参数	材质	尺寸	品牌	图例
	304 不锈钢	600mm×400mm× TBD	国产	
技术要求	a. 水槽所用材料及阀门均为不锈钢材质； b. 槽下部设排水阀，距槽底 100mm 高处设活动的过滤网，网孔为 φ10mm，槽底为斜底带排净阀； c. 槽沿采用翻边成型以确保安全； d. 水槽高度、数量、安装位置由双方在项目期间确定			
示意图	主视图　　　　　　左视图　　　　　　俯视图			

3.6.4 照明

照明规格如表 3-33 所示。

3.6.5 固定托盘

固定托盘技术说明如表 3-34 所示。

表 3-33　照明规格

作用	用于室体照明，以达到工艺条件					
基本参数	部位	尺寸/特性	品牌	灯管数	要求	颜色
	灯箱 1	和灯管匹配	国产	2	40W/58W 带反光罩	无
	灯箱 2	和灯管匹配	国产	4		无
	灯箱 3	和灯管匹配	国产	3		无
	灯管 1	950/5000K	飞利浦	无		白光
	灯管 2	840/4000K	飞利浦	无		黄光
	灯架	和灯箱匹配	国产		材质：镀锌碳钢	
	显色指数	色温	功率因数	使用寿命		灯光效应
	≥80	4000~5000K	≥0.85	≥15000h		≥80lm/W
技术要求	a. 照明灯采用普通 LED 照明，点修补、湿打磨、离线打磨、检查精修、报交采用棱镜灯； b. 灯具的电缆连接采用专用插头和插座形式，牢固可靠； c. 具体使用型号见电气通则； d. 照明电柜按室体布局集中布置，供电由供应商自行从就近母线接取； e. 未明确规定的安装方式，在项目期间由双方确定					

灯箱示意图	   灯箱1　　　　　灯箱2　　　　　灯箱3
布置形式	形式 1  适用范围:手工预清理、换夹具、焊缝密封、钣金检查站、贴膜、注蜡、服务件线、胶离线、机器人检查站 形式 3  适用范围:上遮蔽、UBS、车底检查、UBC、卸遮蔽、内腔自动站、LASD、裙边自动站	形式 2  适用范围:电泳打磨线、检查精修线、报交线、点修补/大返修、面漆 Audit、钣金离线 形式 4  适用范围:涂胶 Audit

表 3-34　固定托盘技术说明

作用	用于室体工位人员作业时放工具辅料			
基本参数	材质	尺寸	品牌	图例
	2mm,304 不锈钢	600mm×400mm×30mm	国产	
技术要求	a. 物料板与室体立柱间用螺栓连接; b. 安装时保持料板两端平衡,整体水平稳定,外观平整; c. 安装时需避开公用管路及洗手池,具体安装位置需与甲方协商确定,以保证使用的便利性; d. 螺母螺栓采用镀锌材质,镀锌层厚度要求不小于 $10\mu m$			

示意图	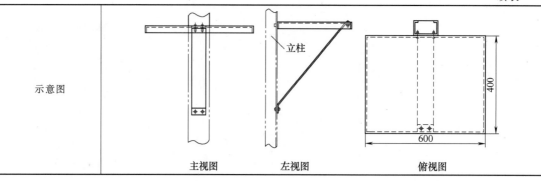 主视图　　　　　左视图　　　　　俯视图

3.6.6　格栅及支架

格栅技术说明及布置如表 3-35 所示。

表 3-35　格栅技术说明及布置

作用	作为休息、走道、平台或者水沟盖和踏步板等				
基本参数	部件	材质	尺寸	品牌	图例
	格栅	镀锌碳钢	按需设计	国产	
	支架	碳钢＋环氧树脂漆	和格栅匹配	国产	
技术要求	a. 格栅和操作台的管型镀锌支撑应和地面分离; b. 格栅质量不应该超过 27kg。为便于不同应用,格栅尺寸应该统一,具体尺寸与甲方确认; c. 格栅板支撑横上设有限位挡块,防止格栅板滑落,确保安全,其支撑梁的强度足够; d. 格栅下部的骨架采用镀锌螺栓连接,具有可拆性				
示意图	主视图 B—B 截面图				
布置形式	平钢板操作面 辊床 机运辊床 0.3m 检修格栅				
	适用范围:手工预清理、换夹具、焊缝密封线、报交线、涂胶离线、面漆 Audit、钣金检查、贴膜、注蜡线、返修线				

布置形式	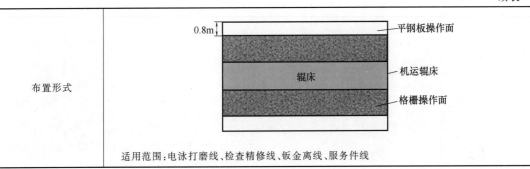 适用范围:电泳打磨线、检查精修线、钣金离线、服务件线

3.6.7 接水、蜡盘

接水、蜡盘技术说明及布置如表 3-36 所示。

表 3-36 接水、蜡盘技术说明及布置

作用	用于承接湿式工艺室体的滴水、滴蜡、滴胶,避免污染				
基本参数	名称	尺寸	材质	品牌	图例
	接水盘	按需设计	2mm 304 不锈钢	国产	
	接胶/蜡盘	按需设计	2mm 304 不锈钢	国产	
技术要求	a. 接水盘四周翻边高度 100mm,焊接均需要满焊; b. 接水盘的每侧设有不锈钢排水口,排水口设可更换清洗的不锈钢过滤罩,排水管接到就近排水坑; c. 在风管和接水盘之间进行密封处理; d. 接水盘内的水最浅的部位不小于 30mm,接水盘整体为水床状,并向一端倾斜 5°,一端设有排净口和阀、溢流口、上水管及阀				
示意图	俯视图 主视图 截面图				

3.6.8 高低工位

高低工位技术说明及布置如表 3-37 所示。

表 3-37 高低工位技术说明及布置

作用	用于方便员工对车顶或车体下方作业,改善人机工程				
基本参数	名称	尺寸	坡度	围栏	材质
	高工位	按需设计	按需设计	有	碳钢
	低工位	按需设计	按需设计	无	碳钢

技术要求	a. 制作完成后,需要刷底漆; b. 高工位所有零部件需要具备装配式结构; c. 所有零部件必须去毛刺; d. 靠近辊床面的镂空处需用钢板进行遮挡密封; e. 高工位高度600~800mm,围栏尺寸要求和安全围栏一致; f. 低工位高度要求与水平地面一致,斜坡处需要做防滑处理; g. 高工位的护栏使用10mm厚的橡塑保温棉包裹	图例

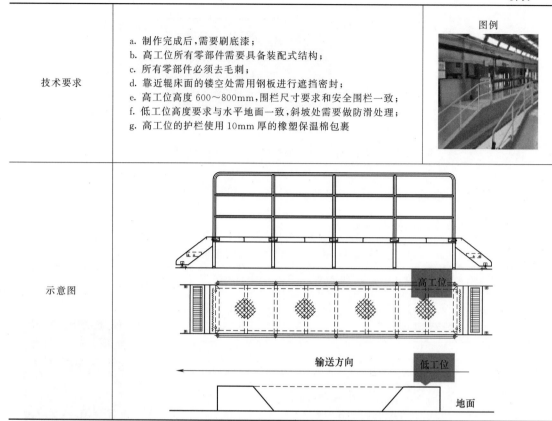

示意图

3.6.9　安全楼梯及直梯

室体梯子说明如表 3-38 所示。

3.6.10　气动连接件

为了减少后期备件运营成本,现场连接件规格尺寸需统一。室体内的压缩空气支管尺寸统一要求为 $3/8''$(9.525mm),末端加工为外螺纹结构。气动连接件说明如表 3-39 所示。

表 3-38　室体梯子说明

作用	用于方便室体出入口进出,或因特定作业高度而定制的固定楼梯或踏台				
基本参数	部件	材质	尺寸	品牌	图例
	斜梯	碳钢	按需设计	国产	
	直梯	碳钢	按需设计	国产	
技术要求	a. 直梯上端的踏棍需与平台平齐; b. 直梯采用焊接连接,焊接要求符合 GB 50205—2020《钢结构工程施工质量验收标准》的规定; c. 所有碳钢材质的构件都需要刷一层环氧富锌防锈底漆,再按甲方要求制作面漆; d. 斜梯踏步采用膨胀螺栓固定于地面; e. 安装固定后不得有歪斜、扭曲、变形或其他缺陷; f. 斜梯形式结构根据现场实际需求由乙方设计,最后与甲方确认,不局限于下面图纸所示结构				

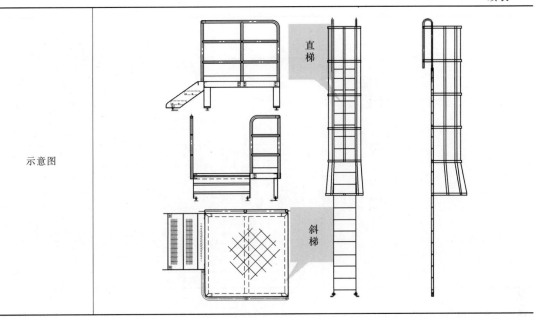

示意图	直梯 斜梯

表 3-39　气动连接件

作用	用于连接各类气动工具及元件到压缩空气管路中		
基本参数	材质	品牌	型号
	304 不锈钢	EHS	按设计需求选型
示意图			

快插接头(母)卡紧　快插接头(母)　工具自带软管

打磨机
抛光机
喷枪
气动元件
其他部件

压缩空气镀锌管　移动工具车　接头　快插接头(公)　空气软管　快插接头(公)

多功能支架

移动式工具车

进气

出气

过滤

加湿器

储存架

移动式工具车优点：
①将空气过滤、操作平台、喷枪支架、储存箱多功能融合在一起，可有效节约占地面积；
②同时可根据需求快速移动到其他需求场合，安装简单便捷；
③具有加湿、加热功能，根据使用条件需要切换至不同的功能

	接口	空气软管	卡拧	快接插头
选型要求	3/8″(9.525mm) 内-1/4″(6.35mm)外 	 橡胶管 9mm×16mm	 橡胶管卡拧 9mm×16mm	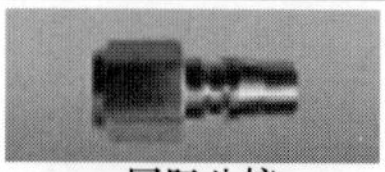 国际公接  国际母接
适用工具品牌	打磨/抛光机	路贝斯、3M 等		
	喷枪	SATA、岩田、特威等		
	气动元件	Festo、SMC、亚德客、阿托拉斯等		
	其他连接部件	佩釜、史陶比尔等		
移动工具车	规格	长×宽×高：700(＋200)mm×500mm×930mm		
	过滤	2800L/min，0.01～5μm		
	多功能支架	700mm×185mm，6 把喷枪，根据需求可选打磨机、抛光机等其他工具		
	操作平台	700mm×500mm		
	储层箱	3 层		
	适用范围	精修、面漆准备、面漆、总装修补		

3.6.11 其他工位器具

其他工位器具如表 3-40 所示。

表 3-40 其他工位器具

基本参数	部件	材质	规格尺寸	品牌	使用区域
	加湿器		乙方设计	进口	打磨、离线打磨、精修、颜色编组
	可移动踏台	铝合金	乙方设计	国产	部分室体
	安全柱	碳钢	φ100mm×1700mm	国产	底部涂胶

技术要求		
干雾加湿器	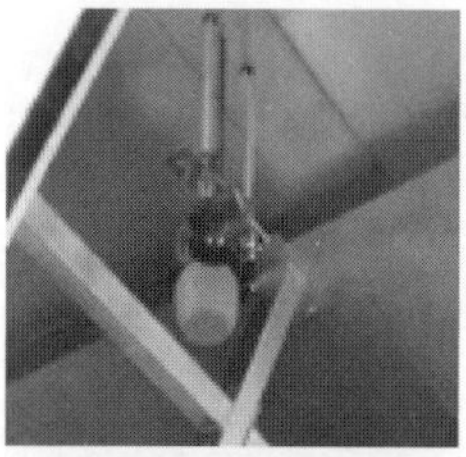	a. 喷涂粒径≤8μm，每个雾化器喷头可控制约 9m² 的环境湿度； b. 加湿器喷嘴数量应满足最合理和最经济性的要求； c. 能够根据湿度范围自动启停； d. 加湿后湿度满足工艺要求； e. 加湿器应为进口品牌
可移动踏台		a. 移动踏台采用铝合金材质制作； b. 踏台尺寸根据需要由乙方进行设计； c. 踏台必须安全稳定不摇晃； d. 图示仅供参考，具体结构由乙方设计
安全柱		a. 材质为 Q235-B 碳钢管，顶端、底部用钢板固定封闭； b. 高 1700mm，外径 φ100mm，内径 φ89mm； c. 碳钢管进行防锈处理，刷环氧富锌防锈漆，最后刷白色面漆； d. 所有焊接点必须满焊

4 喷漆室及中间烘房技术要求

4.1 引言

喷漆室是提供涂装作业专用环境的室体，能满足涂装作业对环境温度、湿度、照度、洁净度以及防爆等方面的要求；为操作人员创造相对舒适、安全的工作环境；能处理涂装作业产生的漆雾，保护喷涂物免遭二次污染，以保证喷涂质量。喷漆室需要配备漆雾处理装置，经过漆雾处理装置处理的废气还需要经过废气处理装置的处理，满足国家排放标准，以防止污染环境。

本章中分喷漆室面漆1线、2线设计，洁净间设在两线之间；工艺采用"免中涂"B1B2工艺，色漆涂料均采用水性涂料，色漆后设置热闪干段；清漆采用溶剂型2K清漆，清漆后设置流平室；内、外表采用机器人自动化喷涂；送、排风采用循环风设计，降低运行能耗；漆雾收集系统采用目前较为成熟的石灰石漆雾收集，纸盒漆雾收集作为备选方案；废气处理装置（浓缩转轮＋TNV）及机器人系统不在设备供应商的供货范围内，但排风系统、土建基础留有接口，保证系统良好运行。

4.2 分工界面

若本项目为总包项目，其分工界面见总则；若本项目为分包项目，其分工界面见分包分工界面。

（1）公用动力分工

公用动力分工示意图如图4-1所示。

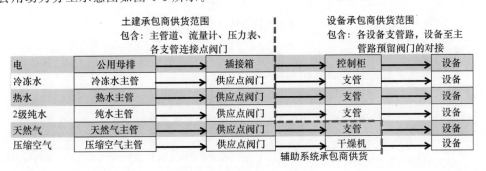

图 4-1　公用动力分工示意图

（2）室体与机器人承包商分工

室体与机器人承包商分工示意图如图4-2所示。

（3）室体与输送承包商分工

室体与输送承包商分工示意图如图4-3所示。

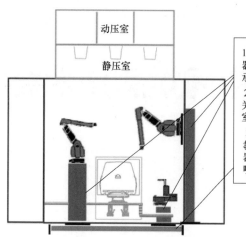

图 4-2 室体与机器人承包商分工示意图

1.机器人立柱及基座设置在二层平台,由机器人设备厂家负责设计实施,但需按时提供承载需求给喷漆室设备厂家;

2.格栅板下部承载钢构:立柱式机器人、开关门机器人、吹扫机承载横梁与钢构由涂装室厂家设计施工,并满足机器人承载需求;

3.涂装室壁板开口及密封(机器人安装口及示教器出入口)由喷涂室设备厂家负责实施,机器人设备厂家需按时提供开口位置、尺寸给喷漆室厂家

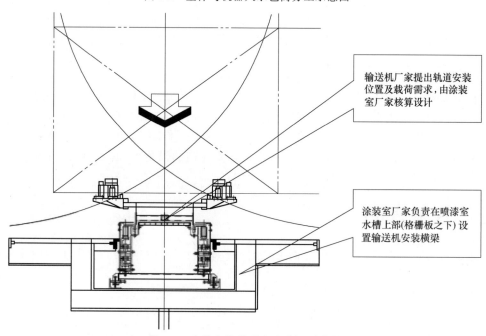

输送机厂家提出轨道安装位置及载荷需求,由涂装室厂家核算设计

涂装室厂家负责在喷漆室水槽上部(格栅板之下)设置输送机安装横梁

图 4-3 室体与输送承包商分工示意图

（4）室体与空调器承包商分工

室体与空调器承包商分工示意图如图 4-4 所示。

作业场承包商与空调器承包商具体分工如表 4-1 所示。

表 4-1　作业场承包商与空调器承包商具体分工

作业场承包商	空调器承包商
喷漆室厂家在投标时应提交转轮处理风量需求清单及送、排风口位置	喷漆室送风空调及风管、排气风机及风管由空调器厂家负责,接到喷漆室送气口和排气口(原则上每个作业场只能有一个送气口和排气口)
空调器厂家将喷漆室送气风管引至送气口处,安装风阀,并预留对接法兰,距离动压室顶板 500mm 以内由喷漆室厂家负责对接	空调器厂家将喷漆室排气风管引至排气口处,安装风阀,并预留对接法兰,距离漆雾分离设备 1000mm 以内由喷漆室厂家负责对接
空调器厂家将喷漆室排气风管引至排气口处,安装风阀,并预留对接法兰,距离漆雾分离设备 1000mm 以内由喷漆室厂家负责对接	空调器厂家将喷漆室送气风管引至送气口处,安装风阀,并预留对接法兰,距离动压室顶板 500mm 以内由喷漆室厂家负责对接

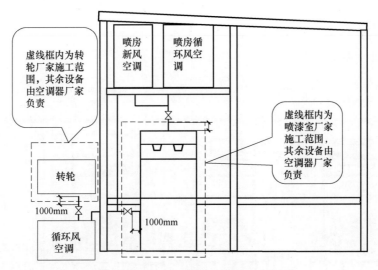

图 4-4　室体与空调器承包商分工示意图

4.3　设计要求

4.3.1　工艺布局

使用 B1＋B2＋CC（2K）免中涂工艺，双线净节拍在 60JPH 以上，1 线为双色线，2 线为面漆线。洁净间分布在两喷漆室中间，详见图 4-5。

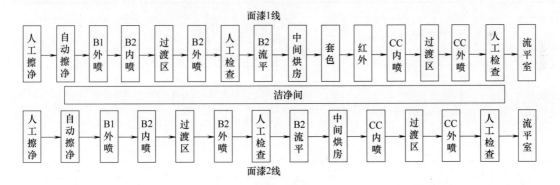

图 4-5　工艺布局示意图

4.3.2　车型数据

车型信息如表 4-2 所示。

表 4-2　车型信息

序号	描述	基础参数	序号	描述	基础参数
1	最大通过车身长度	5000mm	5	色漆内表面喷涂面积	（MAX）10m²
2	最大通过车身宽度	1950mm	6	色漆外表面喷涂面积	（MAX）14m²
3	最大通过车身高度	1700mm	7	清漆内表面喷涂面积	（MAX）10m²
4	最大通过车身质量	650kg	8	清漆外表面喷涂面积	（MAX）14m²

4.3.3　结构要求

喷漆室设计示意图如图 4-6 所示，详细要求见表 4-3。

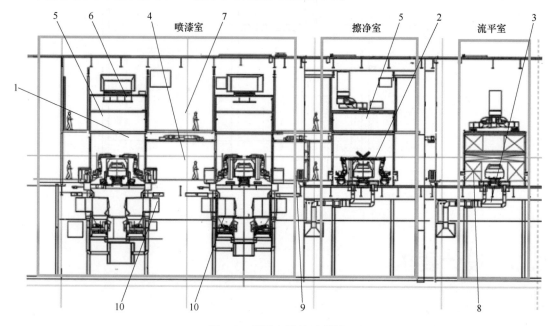

图 4-6　喷漆室设计示意图

表 4-3　喷漆室详细要求

序号	项目	详细要求
1	喷漆室	a. 顶部为动静压室，地板为格栅； b. 底部为喷房底盘及漆雾收集系统
2	擦净室	顶部无静压室，有动压室，地板为格栅，底部接水盘
3	流平室	无动静压室，地板为车间地平
4	洁净间	a. 顶部为全壁板结构，地板为钢平台或车间地坪，底部为喷房底盘或车间地坪(设计定)； b. 设置在 1 线、2 线喷漆室之间； c. 两侧设置风淋门
5	静压室	送风均流
6	动压室	
7	均匀室维修平台	设在均压室附近，洁净间一侧顶部
8	隔断墙/仿形门	设置在喷房出口和入口，自动段进出口
9	漆雾收集系统	使用石灰石漆雾收集系统
10	喷房底盘	喷房室体，设备支撑

4.3.4　工艺要求

喷房工艺详细要求如表 4-4 所示。

表 4-4　喷房工艺详细要求

序号	项目	喷漆室	备注
1	设备类型	干式喷漆室	
2	输送方式	色漆内外表站为辊床输送	详见第 6 章
		清漆内外表站为双链输送	

序号	项目		喷漆室	备注
3	作业方式	喷漆方式	色漆/清漆(内、外表面)自动喷涂	
		擦净方式	车身内表面人工擦净	
			车身外表面机器人剑刷自动擦净	
		检查补漆工位	色漆、清漆均设有补漆段	
4	工艺要求	照度	满足喷涂室车身表面各部位上的测得照度,设置生产、维修两种模式	详见照度要求
		风速	a. 喷漆室在生产时处在风压平衡可调状态; b. 喷漆室内各工艺段或隔段之间不串风; c. 喷漆室各工艺段风速、风量均匀,在空载的情况下,同一水平高度的测量风速波动在±0.05m/s 内为合格; d. 喷漆室各工艺段送风量根据断面风速进行计算	详见送风要求
		洁净度	喷房及洁净室洁净度要求,详见总则要求	
		温湿度	(23±2)℃(精度±1℃),(65±5)%(精度±3%)	含各功能段
		闪干	a. 升温时间达到 3min,升温速率低于 20℃/min; b. 车身温度保持在 65~80℃,时间大于 3min; c. 闪干炉内空气含水量≤10g 水/kg 干空气,油漆脱水率≥85%	
		漆雾处理	a. 喷漆室采用石灰石漆雾收集系统; b. 漆雾经过漆雾收集系统处理的效率达到 99%以上; c. 处理过的空气中油漆残余含量不超过 1mg/m³	详见 4.4.6节、 4.4.7节
5	设计要则		a. 为减少能耗,喷漆送、排风方面采用了循环风方案,将喷漆的排风进行循环利用,循环利用率色漆、清漆待定,具体方案于联合设计阶段确定; b. 喷房采用自承重、模块化装配式结构,减少现场安装工作量,缩短安装工期,钢板与骨架采用快装结构; c. 喷漆设备基础一次设计,实施完成	

4.3.5 风速、照度要求

喷房风速、照度要求如表 4-5 所示。

表 4-5 喷房风速、照度要求

序号	区域		长/m	宽/m	高/m	风速	照度/lx	备注
1	色漆	人工擦净	10	5.5	4.5	0.2m/s	1200	设有应急灯
		自动擦净	8	5.5	4.5	0.2m/s	500	
		气封	5	3.3	4.5	(0.3±0.05)m/s	500	
		B1 外喷自动	9	4.5	4.5	(0.3+0.05)m/s	500	设有应急灯
		B2 内喷自动	19	5.5	4.5	(0.3±0.05)m/s	500	设有应急灯
		过渡检查	6	5.5	4.5	(0.3±0.05)m/s	1200	设有应急灯
		B2 外喷自动	17	4.5	4.5	(0.3±0.05)m/s	500	设有应急灯
		检查	6	5.5	4.5	(0.45±0.05)m/s	1200	设有应急灯
		流平	7	4	3.5	30 次/h	500	
		闪干前气封	4	4	3.5	(0.3±0.05)m/s	500	
		闪干出气封	5.5	4	3.5	(0.3±0.05)m/s	500	
		套色	8	5.5	4.5	(0.3±0.05)m/s	500	
		红外表干	17	4	4.5	30 次/h	500	
2	清漆	清漆内喷	19	5.5	4.5	(0.3±0.05)m/s	500	设有应急灯
		清漆外喷	13	4.5	4.5	(0.3±0.05)m/s	500	设有应急灯
		检查	6	5.5	4.5	(0.35±0.05)m/s	1200	设有应急灯
		流平室	以详细设计数据为准			30 次/h	500	
		均压室					500	
		洁净间				20 次/h	500	设有应急灯

4.4 技术要求

4.4.1 设备配置

喷房配置如表 4-6 所示。

表 4-6　喷房配置

序号	分项	擦净室	喷漆室	流平室	洁净间
1	室体	○	○	○	○
2	玻璃窗	○	○	○	○
3	安全门	○	○	○	
4	逃生门	○	○		○
5	风淋门				○
6	动压室		○		
7	静压室	○	○		
8	照明	○	○	○	○
9	格栅	○	○		
10	接水盘	○			
11	地坪			○	○
12	卷帘门	○			
13	送排风	○	○	○	○
14	喷房底盘		○		
15	漆雾收集		○		

4.4.2 室体技术要求

4.4.2.1 喷房室体

喷房室体截面如图 4-7 所示，详细技术要求见表 4-7。

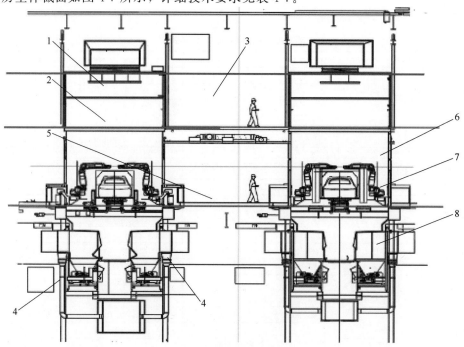

图 4-7　喷房室体截面

表 4-7 喷房室体技术要求

序号	分项		技术要求
1	动压室		详见 4.4.2.2 节
2	静压室		
3	均压室维修平台		
4	喷房底部结构		a. 喷房底部结构承载着顶部喷房部分、输送系统、应用设备和自动清洁机； b. 由大量封闭的、喷漆的钢框架组成，也形成喷房地板的支撑结构； c. 喷房在设计时保证稳固的支撑架构，不允许振动传递到喷漆室结构； d. 机器人底座属于供货范围，由机器人公司提出载荷要求； e. 型材焊接的输送链支架配有可拆式密封胶皮和盖板
5	洁净间		a. 洁净间的高度与喷漆室静压室过滤棉框架底标高持平，所有材质均采用镀锌钢板，顶板采用全壁板结构，壁板采用 1.5mm 的镀锌板； b. 洁净间尽量采用玻璃壁板，采用 6mm 夹胶玻璃。钢平台地面或车间地坪做自流平环氧树脂地面涂料，厚 $150\sim200\mu m$
6	侧墙 （擦净室、喷漆室、流平室）		 a. 喷房侧墙由采用 3mmC 型钢、1.5mm 厚金属壁板和 6mm 厚夹胶钢化玻璃集成的自承重框架组成； b. 侧墙作为过滤器顶棚和均压室的支撑； c. 安装时应使 C 形钢板翻边机构朝外； d. 墙壁内侧壁板与构架之间连接应光滑平整，所有壁板与立柱之间的接缝处都应使用不含硅酮的密封胶密封； e. 格栅以下壁板也属于侧墙范围； f. 室体壁板材质详见 4.4.3 节设备材质
	前墙、隔断墙		参见 4.4.2.4 节前墙、隔断墙、仿形门
	玻璃窗		a. 玻璃应固定在 2mm 压框中，内衬橡胶密封衬垫，并用压条紧压玻璃四边。固定玻璃用的压框、压条等均应通过螺钉或铆钉连接到室体的构架上，形成一种可拆卸的结构，便于玻璃更换； b. 墙壁内侧玻璃与壁板之间连接应光滑平整，玻璃和墙体之间所衬的密封材料应为阻燃型
7	地板	格栅	a. 整个喷房地板盖有格栅，机械和电气元件上方由光滑的盖板保护； b. 格栅尺寸一般为 990mm×530mm，高度为 40mm，建议网孔大小为 100mm×40mm，保证漆雾不易堵塞网孔，格栅板应由 4mm 厚的扁铁和 6mm×6mm 的扭方钢共同构成，带防滑锯齿，并提供 50% 备用格栅； c. 格栅板支撑横骨架应至少采用 6mm 厚的碳钢角钢焊接而成，格栅支撑骨架梁上设有限位挡块（设计选型），防止格栅板滑落，确保安全。格栅安装后，人在上面行走时不能有金属碰撞的异响声（格栅支架为喷房底盘一部分）
		接水盘	a. 擦净室体格栅下装有 304 不锈钢接水盘； b. 接水盘整体为水床状，并向一端倾斜 5°，一端设有排净口和阀、溢流口、上水管及阀； c. 排水口处设有可更换清洗的不锈钢过滤罩
		地坪	a. 洁净间为钢平台地坪或车间地坪； b. 闪干区直接位于车间地板上，以车间地板（漆过的钢筋/混凝土表面）作为地板

序号	分项	技术要求
8	漆雾收集系统	详见 4.4.6 节、4.4.7 节
	其他	a. 人工喷涂区两侧上部装有用于吊漆管和压缩空气管的不锈钢 C 形轻滑轨及滑轮,壁板装有挂喷枪的挂钩; b. 若输送设备的驱动装置位于室外,需在平台下方的壁板上留有传动轴的开口并带密封; c. 压差计、温湿度计安装在靠洁净间侧,每个喷漆段安装一个温湿度计,位置应便于观察; d. 所有型钢焊接前除锈、涂防锈漆,所有的未镀锌件均涂防锈漆,所有的螺钉、螺母、垫圈均为镀锌件,镀锌件焊缝和焊点用锌粉漆处理,焊接遵循焊接技术规范,所有的不锈钢件焊缝在安装后进行酸蚀处理; e. 喷漆室隔段之间设有气封段,顶部送风,下部无排风

4.4.2.2　均压室

均压室分为单层均压室和双层均压室两种形式,具体功能如表 4-8 所示。均压室风向示意图如图 4-8 所示。

表 4-8　均压室

结构	均压室		功能	尺寸
	单层均压室	双层均压室		
动压室		送风口	设在静压室的上部,将来自空调的送风进行两次均流,均匀配送给静压区	高约 1.5m
		风口多孔均流板		
		中间顶棚		
静压室	送风口	过滤顶棚	设在操作区的上部动压室下方,将动压室分配的风量进一步均分,静压室底部有无纺布顶棉过滤层,与操作区相隔离	高约 1.7m
	风口多孔均流板			
	过滤顶棚			
适用区域	擦净室（人工及自动）	喷漆室体		

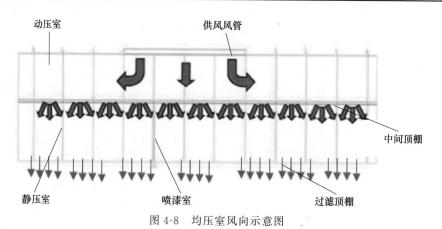

图 4-8　均压室风向示意图

（1）室体内部

室体内部设计安装要求如表 4-9 所示。

表 4-9　室体内部设计安装要求

项目	设计安装要求
壁板及支撑	镀锌板厚 1.5mm/3mm,壁板之间用不含硅酮的密封胶密封
尺寸	动压室的高度一般为 1.5m,而静压室的高度一般为 1.7m,可方便人员更换喷漆室的过滤顶棉

项目	设计安装要求
风管与动压室连接	a. 动压室风管入口处安装多孔型均流板,均流板应有足够的强度,防止长期使用后出现变形,建议使用 1.5mm 厚的镀锌板,板上的开孔应均匀布置,可选择直径为 50mm 的孔,总的开孔面积需满足通风量需求; b. 通过均流板的风速不能超过 2.5m/s

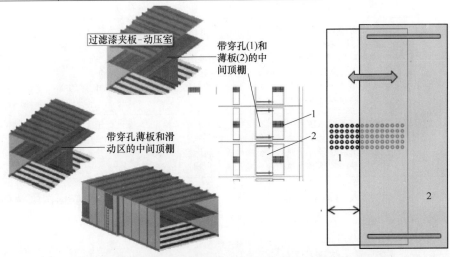

| 中间顶棚 | a. 动静压室之间隔板应至少有 2mm 厚的镀锌板,有合适的支撑。
b. 隔板应有分布均匀的开孔并带调节盖板,作为 2 级均流板使用,确保在不同区域气流分配量。盖板至少由 1.5mm 厚的镀锌板制作,需要 0(全关)到 100%(全开)的调节范围,并能进行锁定。盖板与孔板接触面之间密封严密。调节孔板的导向槽或滑托导向平直,孔板调节后锁定结构简单,方便操作,孔板的孔面积满足风量调节的要求 |

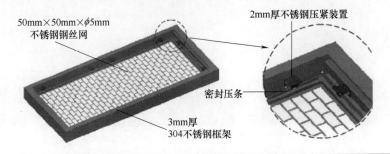

| 过滤顶棚 | a. 喷漆室室顶(包括擦净室)需要足够的强度,应至少由 3mm 厚的 304 不锈钢框架构成;
b. 铺设顶棉过滤材料用的钢丝网应为 φ5mm 的不锈钢钢丝网,其网孔尺寸为 50mm×50mm;
c. 顶棉铺设在钢丝网上后,需在其各边缘处用压条压紧,压条应为可翻转的快速压紧结构,至少采用 2mm 厚的 316 不锈钢材料制作;
d. 顶棉过滤级别为 F5 |

（2）室体外部

室体外部设计安装要求如表 4-10 所示。

4.4.2.3　出入门、逃生门

① 喷房靠近洁净室的一侧设有出入门,另一侧设有带逃生推杆的逃生门。

② 门应为 8mm 厚钢化玻璃结构＋不锈钢门框结构,门框应至少采用 2mm 厚的 304 不锈钢制作（与室体壁板材质一致）,通过不锈钢半圆头内六角螺栓连接到墙体上水平安装部位,半圆头朝上。门需配有不锈钢门把手和高性能闭门器。门和钢板、地板、柱子之间要密封,铰链采用 304 不锈钢,并保证足够的强度,所有门按外开形式设计。

表 4-10　室体外部设计安装要求

项目	设计安装要求
维修门	a. 单独区域都装有可以通过的密闭维修门; b. 维修门应至少由 1.5mm 厚的镀锌板制成,需带门框。门框至少由 2mm 厚的镀锌板或不锈钢板制成,通过半圆头内六角螺栓固定,门尺寸建议为 700mm×1200mm; c. 静压室维修门上口接近动压室底板; d. 动压室维修门可以经斜梯通过
照明	a. 均压室每隔 6m 装有照明灯箱,灯箱装在室体外侧,并靠近洁净室顶部维修平台一侧,灯光透过玻璃照射到均压室内; b. 每工艺隔段设一个回路,灯开关装在壁板外的门口一侧; c. 门和灯光应联锁控制,门打开时照明开启,门关闭时照明随之关闭; d. 维修门旁边设置手动开关,每扇维修/监视门的旁应带有翻盖的防爆插座; e. 照明应满足照度的要求
维修平台	a. 在均压室周围洁净间一侧设有更换过滤材料的维修平台,宽度大于 1.5m,并有相关的防护; b. 维修人员可以从平台通过维修门进入静压室; c. 维修人员经过平台斜梯通过维修门进入动压室; d. 平台安装后应该是自承重而不是吊装在厂房立柱或屋架之上

③ 洁净间一侧的出入门设置需保证各个工艺段进出便捷,逃生门依据国家消防法律法规设置,流平室的出入门只设置在洁净间一侧。

④ 洁净间也设有一个逃生门。

4.4.2.4　前墙、隔断墙、仿形门

前墙、隔断墙、仿形门如表 4-11 所示。

表 4-11　前墙、隔断墙、仿形门

项目	前墙	隔断墙	仿形门
示意图			
分布位置	安装在喷房线体的出入口	安装在喷房自动段的出入口	安装在喷房自动段的出入口两侧隔断墙上
材质	跟室体一致	跟室体一致	采用 10mm 厚钢化玻璃＋不锈钢铰链形式
尺寸	确保车身通过性要求	确保车身通过性要求	与所有潜在车型尺寸匹配,并留有足够的安全距离,到最大车身轮廓的距离是 500mm
设计要求	双层墙,表面光滑	a. 双层墙,表面光滑; b. 墙体内用来安放隐蔽的线路、铰链、仿形门接近开关	a. 能够实现双面开及自动关闭的隔断玻璃门; b. 当喷漆室出现故障停机时,可以允许人员在不碰车身的情况下穿过仿形门进入指定区域维修设备; c. 自动喷涂区域的仿形门处设置保护光栅。在人员进入自动喷涂区时停止设备运行,保证人员操作安全

4.4.2.5 卷帘门

擦净室入口设置电动卷帘门，电动卷帘门与输送链联锁，在输送设备开动之前，门应开启，防止车身碰撞。可采用手动模式，门出现故障时应自动报警。卷帘门材料为镀锌，本身应具有很好的气密性。

4.4.2.6 照明

喷房照明配置如表4-12所示。

表4-12　喷房照明配置

项目	喷漆室	流平室	均压室	洁净间
灯管	LED灯管	LED灯管	LED灯管	LED灯管
灯箱	4灯管 带反光罩 带铰接式结构及支撑杆	2灯管 带反光罩 带铰接式结构及支撑杆	2灯管 带反光罩 带铰接式结构及支撑杆	2灯管 带反光罩
安装位置	室体外部	室体外部	室体外部，靠近洁净间	室体内部
安装方式	横向布置，与观察玻璃紧密贴合		竖向布置	灯箱与顶棚下表面齐平，相接处密封
照度要求	满足照度工艺标准，不同回路控制时，确保各个区域照度均匀		满足照度工艺标准	满足照度工艺标准，不同回路控制时，确保各个区域照度均匀
应急照明	有		有	有
控制	a.灯箱单独分区控制，有独立的电源插头与总线桥架连接； b.每个工艺段分两个回路控制，自动站设定维修照明，满足800lx； c.每个工艺段区域可以通过现场开关或总控制柜进行单独的开关控制		a.灯箱单独分区控制，有独立的电源插头与总线桥架连接； b.与维修门联锁，门开启照明开启； c.每工艺段维修门旁设照明开关	a.灯箱单独分区控制，有独立的电源插头与总线桥架连接； b.分三个回路控制

4.4.2.7 室体送排风口

喷房送排风口如表4-13所示。

表4-13　喷房送排风口

项目	擦净室	喷漆室	流平室	洁净间
送风口	工艺空调风管连接均压室	工艺空调风管连接均压室	工艺空调风管连接室顶出口，出口有过滤	工艺空调风管连接室顶出口，出口有过滤
一级均流	无	均匀室	无	无
二级均流	静压室	静压室	无	无
排风口	格栅底部设置吸风口，吸风口有过滤	经过干式漆雾捕集系统	格栅底部设置吸风口，吸风口有过滤	格栅底部设置吸风口，吸风口有过滤

4.4.2.8 风淋室

风淋室设计安装技术要求如表4-14所示。

表4-14　风淋室设计安装技术要求

分项	设计安装技术要求
本体	a.洁净间的出入口设有自动控制的风淋室，风速为25m/s，可容纳2～3人同时进行吹净； b.供风腔供风由风嘴吹出，风嘴布置高度范围在0～2300mm； c.回风在左右两侧底部，设有与室体内壁板齐平的回风过滤装置，结构便于过滤棉的更换； d.进、出风淋室的门是互锁的，风淋时间设定为1～5min，门的开、关设有自动和手动控制，并与风淋时间互锁；

分项	设计安装技术要求
本体	e. 风淋室出入口门为厚透明玻璃单扇门； f. 外设有不锈钢开关手柄； g. 电气控制外平面板与风淋室内板齐平,便于拉出或打开,方便检修； h. 风淋室内外壁板均采用光亮型不锈钢板,底板采用 304 不锈钢板； i. 风淋室的电气控安全可靠,所用材质是阻燃的； j. 风淋室设有报警按钮及声光显示； k. 风淋室的风嘴将风淋室各方面的表面包容住
照明	风淋室内设有照明灯,灯的开关与门的开关互锁
辅助	a. 风淋室进出口设有紧急进出的按钮,此按钮与声光报警联锁； b. 风淋室入口处设有平台、踏步及安全栏杆,台面为平钢板
维护	风淋室循环风机便于检修

4.4.3 设备材质

材料选型如表 4-15 所示。

表 4-15 材料选型

序号	项目		规格	擦净室	喷漆室	流平室	洁净间
1	均压室侧板		镀锌板,1.5mm,不喷漆	○	○		
2	均压室支架		镀锌板,3mm,不喷漆	○	○		
3	静压室过滤器框架		304 不锈钢,3mm,不喷漆	○	○		
4	过滤钢丝网		304 不锈钢 50mm×50mm×φ6mm,不喷漆	○	○		
5	均压室检修平台		碳钢,4mm,涂刷环氧面漆	○	○		
6	室体支架		304 不锈钢,3mm,不喷漆		○		
7	室体侧板		304 不锈钢,1.5mm,不喷漆		○		
8	室体支架		镀锌板,3mm,不喷漆	○		○	○
9	室体侧板		镀锌板,1.5mm,不喷漆	○		○	○
10	室体顶板		镀锌板,1.5mm,不喷漆			○	○
11	玻璃		夹胶玻璃,6mm	○	○	○	○
12	玻璃窗框		304 不锈钢,2mm,不喷漆		○		
13	玻璃窗框		镀锌板,2mm,不喷漆	○		○	○
14	出入门		钢化玻璃,8mm,带闭门器	○	○	○	
15	逃生门		304 不锈钢,3mm,门框,带闭门器、逃生推杆		○		
16	逃生门		镀锌板,3mm,门框,带闭门器、逃生推杆	○			○
17	喷房底盘		碳钢,涂刷环氧面漆	○	○		○
18	地板	格栅	碳钢,镀锌	○	○		
		接水盘	304 不锈钢	○			
		地坪	涂刷环氧面漆		○	○	○
19	排风风管		镀锌板,1.5mm,不喷漆	○	○	○	○

4.4.4 过滤材料等级

过滤材料等级如表 4-16 所示。

表 4-16 过滤材料等级

区域	送风		排风	
人工/自动擦净	顶棉	F5	底部风口滤棉	G3
喷漆室	顶棉	F5	石灰石过滤	详见石灰石过滤系统
流平室	出风口滤棉	F5	底部风口滤棉	G3
洁净间	出风口滤棉	F5	底部风口滤棉	G3

4.4.5　送排风要求

4.4.5.1　概述

① 确保喷漆室和相关工艺区风速、风量的要求，风量调节机构调量准确、可靠。

② 确保喷漆室内各工艺段或隔段之间风向不漂移。

③ 确保喷漆室内下沉风速要求在室体投影面积上保持一致、均匀，最大误差不超过0.05m/s，作为验收标准和条件。

④ 确保喷漆室在生产过程中处在微正压状态（含晾干室、过渡段等）。

⑤ 喷漆室输送系统应与送排风系统互锁，并且只有送排风系统开启之后方能启动输送系统。

⑥ 喷漆室的风道需设置防火阀。送排风、防火风阀需要与消防实行联锁。

4.4.5.2　供风条件

喷房温湿度如表4-17所示。

表4-17　喷房温湿度

区域	温度/℃	相对湿度/%	洁净度
洁净室	23±2	60～70	详见总则要求
操作区（人工＋自动）	23±2	60～70	

4.4.5.3　送排风量统计

（1）1线喷房

1线喷房风量如表4-18所示。

表4-18　1线喷房风量

室体名称	设备参数			风源	风速	风量/(m³/h)
	长/m	宽/m	高/m			
色漆线						
人工擦净	10	5.5	4.5	新风	0.2m/s	实际计算
自动擦净	8	5.5	4.5	自循环	0.2m/s	实际计算
气封	5	3.3	4.5	循环风	(0.3±0.05)m/s	实际计算
B1外喷	9	4.5	4.5	循环风	(0.3±0.05)m/s	实际计算
B2内喷	19	5.5	4.5	循环风	(0.3±0.05)m/s	实际计算
过渡检查	3	5.5	4.5	新风	(0.3±0.05)m/s	实际计算
B2外喷	17	4.5	4.5	循环风	(0.3±0.05)m/s	实际计算
检查	6	5.5	4.5	新风	0.45m/s	实际计算
流平	7	4	3.5	循环风	30次/h	实际计算
闪干进气封	4	4	3.5	新风	(0.3±0.05)m/s	实际计算
闪干出气封	4	4	3.5	新风	(0.3±0.05)m/s	实际计算
套色	8	5.5	4.5	循环风	30次/h	实际计算
红外表干	17	4	4.5	新风	(0.3±0.05)m/s	实际计算
清漆线						
清漆内喷	19	5.5	4.5	循环风	(0.3±0.05)m/s	实际计算
清漆外喷	13	4.5	4.5	循环风	(0.3±0.05)m/s	实际计算
检查	6	5.5	4.5	新风	0.45m/s	实际计算
流平室	依据设计			新风	30次/h	实际计算
洁净间						
色漆洁净间	依据设计			新风	20次/h	实际计算
清漆洁净间	依据设计			新风	20次/h	实际计算

（2）2线喷房

2线喷房风量如表4-19所示。

表4-19　2线喷房风量

室体名称	设备参数			风源	风速	风量/(m³/h)
	长/m	宽/m	高/m			
色漆线						
人工擦净	10	5.5	4.5	新风	0.2m/s	实际计算
自动擦净	8	5.5	4.5	自循环	0.2m/s	实际计算
气封	5	3.3	4.5	循环风	(0.3±0.05)m/s	实际计算
B1外喷	9	4.5	4.5	循环风	(0.3±0.05)m/s	实际计算
B2内喷	19	5.5	4.5	循环风	(0.3±0.05)m/s	实际计算
过渡区	3	5.5	4.5	新风	(0.3±0.05)m/s	实际计算
B2外喷	17	4.5	4.5	循环风	(0.3±0.05)m/s	实际计算
检查	6	5.5	4.5	新风	0.45m/s	实际计算
流平段	7	4	3.5	新风	30次/h	实际计算
闪干进气封	4	4	3.5	新风	(0.3±0.05)m/s	实际计算
清漆线						
闪干出气封	5.5	4	3.5	新风	(0.3±0.05)m/s	实际计算
清漆内喷	19	5.5	4.5	循环风	(0.3±0.05)m/s	实际计算
清漆外喷	13	4.5	4.5	循环风	(0.3±0.05)m/s	实际计算
检查	6	5.5	4.5	新风	0.45 m/s	实际计算
流平室	依据设计			新风	30次/h	实际计算
洁净间						
色漆洁净间	依据设计			新风	20次/h	实际计算
清漆洁净间	依据设计			新风	20次/h	实际计算

4.4.5.4　送排风示意图

喷房将采用循环风设计，在安全限度下做到最大比例的风量回用，降低喷房运行能耗。送排风示意图如图4-9所示。

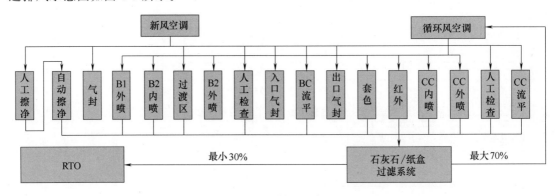

图4-9　送排风示意图

4.4.6　石灰石漆雾收集系统

4.4.6.1　概括

① 石灰石漆雾收集系统（图4-10）是一套利用沉积在过滤器表面的石灰石与循环风内油漆颗粒进行吸附，达到空气与油漆分离的系统。

② 喷漆室系统承包商负责提供满足甲方要求的干式喷房漆雾收集系统的整体设计方案

（石灰粉吸附），不仅满足喷房空气洁净度、风平衡、风速、温湿度等指标要求，同时达到减少投入和运行成本，减少废弃物排放和处理的效果。

③ 在停产状态下，收集系统的防护保证完全封闭，不允许有气味散发到车间中。

④ 收集系统位于喷房下部区域（手动检查段或机器人段，不包含气封）。

⑤ 废漆处理系统在处理过喷漆室的漆雾效率要求达到 99% 以上。

⑥ 处理过的空气中油漆残余含量不超过 $1mg/m^3$。

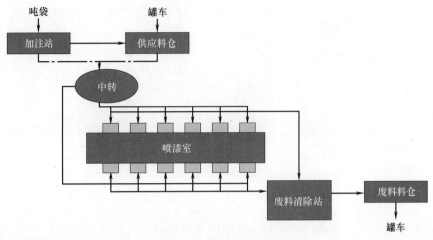

图 4-10　石灰石漆雾收集系统示意图

4.4.6.2　技术要求

喷漆室截面图如图 4-11 所示。

喷漆室设计要求如表 4-20 所示。

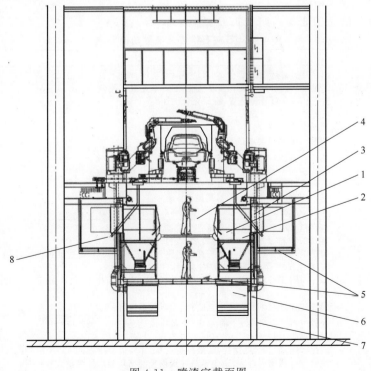

图 4-11　喷漆室截面图

表 4-20　喷漆室设计要求

序号	项目		设计要求
1	过滤器室体		a. 室体采用模块化设计,每 2m 设一段过滤器模块及过滤器之间空隙; b. 包括支撑钢结构,带石灰粉加料罐的漏斗,倾斜入口,过滤器安装开口,过滤器模组清洁气箱,带有保护过滤器; c. 过滤器室体的形状设计考虑到防止液体流到石灰粉罐内; d. 室体内表面光滑且密封焊接,允许粘贴保护膜
2	漏斗		a. 漏斗位于过滤器室体下方,加料罐连接到石灰粉供应及回收管路; b. 漏斗的形状设计考虑到防止石灰粉泄漏到喷房内,而且排除了所有由于压缩空气反吹所产生的可能对喷房的不利影响; c. 位于料斗下方的槽用作预涂层材料的供给槽,该预涂层供给槽底部为避免死角建议采用圆形槽设计,槽内设有搅拌器,目的是用于松动进料槽的石灰石材料,使其保持松散
3	过滤器模组		a. 过滤器组件包括一个洁净风箱(可以通过气密门触及)和一个位于洁净风箱顶部的压缩空气罐以及相连的阀门,过滤器芯数量依需净化的风量而定; b. 过滤器芯易更换,无须工具辅助
4	进气箱		过滤器组件之间的通道可以通到各模块,并可与文丘里下部相隔离
5	维修通道	洁净风箱的维修通道	在过滤器模组水平处提供一条维修通道,以便更换过滤器组件或模块,用梯子可通往维修通道
		漏斗之间的维修通道	位于进气室下方的维修通道可提供通往漏斗以及石灰粉供料排料系统的通道
6	排气风管		a. 风管均配备检修门,可供通行和维修,并有测量口可测量压差及流速; b. 操作人员可通行的风管均在垂直分叉点配有防跌落装置,使用镀锌材料
7	支撑钢平台		原则上采用碳钢加刷漆的材料要求,具体根据设备厂家要求来设计
8	保护过滤器		防止少量油漆或石灰粉通过过滤器,进行二次拦截,具备压差报警功能

4.4.6.3　重要部件要求

整套系统需要满足石灰石供应、过滤分离及清除的基本功能,保证设备运行控制简单,维修方便,具备手动加料及排料的功能。

（1）石灰石供应及清除

石灰石供应及清除功能要求如表 4-21 所示。

表 4-21　石灰石供应及清除功能要求

设备分项	功能要求
加注站	①加注站房对环境湿度有要求,具备除湿功能。 ②除罐车加注外具备大袋加注功能,配有举重机相关设备。 ③料仓具备高度计量装置,确保充分加注。 ④具备两种供料模式: a. 供给至供料料仓; b. 直接旁通至可能的过滤器模块
供料料仓	a. 用作新鲜石灰粉的储存罐; b. 储存罐密封性强,避免石灰在罐内吸湿结块而增加维护成本; c. 石灰石材料从加注站或卡车直接输送; d. 石灰石加注时避免粉尘对周围产生影响; e. 储存罐配有过滤器、持续液位指示器
石灰石供应	a. 供料料仓的石灰石可输送至各个过滤器; b. 输送的材料量是可控的(精度要求约 5%); c. 输送压力一直处于受控状态并通过供料系统不断调整,通过此种方式,即使管道长度有很大不同,输料系统也可以在最佳范围内运行; d. 漏斗将得到持续供料,它们与供料管道通过夹管阀相连,每次过滤器模组被清空后,填料将自动进行; e. 无加注任务时供料管道需被吹扫,无石灰石残留
废料清除工作站	a. 吸取废料的风机保证性能稳定,有备用风机及管路,能够自动切换; b. 风机前带有过滤器,并带有压力传感器,以保护风机; c. 储存罐配有过滤器、搅拌器、液位指示器,并有报警功能; d. 废料储存罐密封性强,避免石灰在罐内吸湿结块而增加维护成本; e. 废料料仓的石灰石方便排至吨袋或存储罐,设计时需充分考虑

（2）过滤模组

过滤模组功能要求如表 4-22 所示。

表 4-22　过滤模组功能要求

设备分项	功能要求
搅拌/预涂	a. 设备运行前需对过滤器充分预涂; b. 加注的石灰石通过压缩空气脉冲投入运转; c. 经搅拌的石灰石被气流带入集尘斗中进行搅动,被吸入过滤器; d. 漏斗底部具备搅拌功能,保证新鲜的石灰石不会被除尘掉落的石灰石油漆混合物覆盖; e. 每个过滤器搅拌及压缩空气脉冲时间可以设定
压力监视	a. 主过滤器模块有压差计监控滤芯压差,最大值警告过滤器堵塞需要除尘,最小值警告过滤器损坏或气流被旁通; b. 保护过滤器有压差计监控滤芯压差,正常情况无压差,有明显压差时,可能是主过滤器损坏
除尘	a. 过滤器表面石灰粉与油漆混合饱和后形成饼状,通过监控过滤器两侧的压力差来监控过滤器阻力,一旦过滤器两侧压力差达到最大值,则在过滤器内部进行自动反冲; b. 石灰石和油漆颗粒混合物掉落到漏斗中; c. 除尘间隔可设定,通过设定压缩空气脉冲除尘时间来设定除尘间隔; d. 除尘时间用软件可监控; e. 过滤器除尘效果要保证,避免因局部除尘不佳而造成过滤器堵塞的现象
排空	a. 排空过滤器模块之前,彻底除尘程序启动; b. 抽出夹管阀打开,以通过吹扫空气为排空提供辅助; c. 排空执行开始或完成需充分考虑其判定标准; d. 当除尘后重量超过"满载"水平时,需发出报警; e. 排料的输料压力一直处于受控状态并通过输料气流比例不断调整,通过此种方式,即使管道长度有很大不同,输料系统也可以在最佳范围内运行; f. 排料管路充分考虑避免堵塞的可能性

4.4.7　干式纸盒漆雾收集系统

干式纸盒漆雾收集系统作为干式石灰石漆雾收集系统的备选方案,设计前需与甲方充分讨论后确认设计要求。

4.4.7.1　基本原理

① 迷宫纸盒漆雾分离技术室采用自然再生的阻燃瓦楞纸板制作而成的立方体纸盒代替液体或石灰粉对漆雾颗粒进行捕获。纸盒内部通过边缘和开孔,形成多重折流风道,扩大吸附表面,以达到最大的吸附效果。

② 其基本工作原理是将含有过喷漆雾的空气由排风机吸入过滤单元,漆雾颗粒在过滤单元内排布的迷宫纸盒内部通过不同路径结构,利用离心力使雾滴等大颗粒被多重折流风道表面吸附,纸盒过滤器后增设袋式过滤器,可进一步捕捉空气中的漆雾颗粒,双重过滤达,到净化空气的目的。

③ 过滤器吸附一定量的漆雾后,通过压差计和压差开关设置上限报警,以确定过滤器的堵塞状况及更换时间,压差报警并经维护人员确认后,通过一套自举升机构和气动风阀,将纸盒过滤单元与排风系统切断并分离,然后拉出待更换的纸盒过滤单元移动端,并将已安装好的新纸盒的备用过滤单元移动端与排风系统对接,完成接口密封后打开气动风阀,恢复排风及漆雾吸附。

④ 替换下来的过滤单元移动端可在专用区域完成纸

图 4-12　纸盒漆雾收集系统内部示意图
1—喷漆室壁板;2—喷涂作业区;
3—纸盒过滤区;4—后续过滤区;
5—过滤单元箱;6—排风管道

盒更换和设备清洁，更新后的过滤单元移动端可作为下一个纸盒过滤单元的更换备件。整个更换过程可在连续生产的状态下进行，更换一个过滤单元对喷漆室内风平衡的影响可忽略不计。

纸盒漆雾收集系统内部示意图如图 4-12 所示。

4.4.7.2 系统构成

为满足喷涂工艺及设备的制作、安装、操作和维护需求，迷宫纸盒干式喷房需要充分考虑喷房整体的模块化和智能化设计，包括：可快速更换的标准模块化纸盒过滤单元，可将过滤单元与排风系统脱离或连接的自动举升装置，便于维护的脏风侧插板阀、喷漆室底部排风结构。

模块化纸盒过滤单元的组成及要求如表 4-23 所示。

表 4-23　模块化纸盒过滤单元的组成及要求

组成部件	要求
固定段	经过接风口、气动风阀与排风腔固定连接,固定段腔体配置消防喷头,外部集成压差开关、自动锁紧机构等
移动段	由腔体、纸盒过滤器、检修门、出风口、底座及零配件组成。纸盒过滤器安装在腔体内过滤框架上,底座安装辊子排
底部轨道	底部辊子排具备调平及定位功能,消除地面水平误差的同时,也使移动段与固定段对接更加精确

① 模块化纸盒过滤单元尺寸由内部纸盒过滤器的排列数量决定。

② 正常运行时移动段前端采用气缸压紧机构与固定段连接密封，出风口经举升装置的软连接法兰与排风管连接。装置带动软连接法兰与移动段出风口分离，压紧机构自动松开，移动段即可与整个排风系统脱离。

其他的主要组成及要求如表 4-24 所示。

表 4-24　其他的主要组成及要求

序号	结构	要求
1	自动举升装置	自动举升装置由型钢框架、软连接法兰、气缸等气动元件组成,并与模块化纸盒过滤单元配套使用。软连接法兰上端经气动风阀与排风管固定,下端由气缸带动可沿轨道上下滑动,即可实现与过滤单元出风口的连接与脱离
2	气动风阀	在过滤单元的进风口和出风口处均设有隔离用气动风阀,该风阀既作为工艺用风阀(更换过滤单元用),也作为消防用区域封闭阀。其中,入口处气动风阀由于直接与排风腔的脏风腔连接,漆雾污染阀片情况严重时需要及时清理,以避免叶片结垢影响阀的开闭,因此采用了插板阀形式,插板阀位于阀体之外,不产生漆雾累积,只在维护更换状态时进行关闭,而出风口的气动风阀由于在净风区,因此采用固定叶片的常规风阀
3	喷漆室排风结构	喷房下部操作平台至过滤单元入口段的封闭腔体,即含漆雾的颗粒风区。颗粒风区的设计是要保证排风中的漆雾尽可能地集中在排风通道的中部,从而避免过喷漆雾污染颗粒风区的壁面,增加人工清理成本;同时,也要保证在颗粒风区的下部含漆雾的排风能够均匀顺利地进入过滤单元的入口,提高过滤单元对漆雾的捕捉效率
4	自动运行控制系统:减少人工误操作	a. 自动检测系统压差根据相关设定自动判断纸盒状态并提供更换意见,当需要更换时,声光报警提示,更换确认后自动进入更换流程,避免人工操作; b. 自动压紧检测,对过滤单元位置进行定位监控,避免位置不当造成的系统过滤效果下降
5	模块化系统设计:便于检修和维护	a. 模块化结构设计,设计紧凑,节省安装控件,控制器本地化,便于本地观测维护; b. 模块化总线结构设计,方便拓展增加
6	集成化显示:便于操作和监控	a. 配备可监控显示的触摸屏,可在线监控系统内状态,可实时采集系统数据,检测风阀状态、气缸状态及压差等信息,方便拓展增加; b. 可在线修改相关参数,对相应设备进行操作,减少维护次数及维修人员工作量; c. 可通过通信网络实现远程监控,便于进行过程数据分析及优化等工作
7	优化系统设计:可快速更换过滤单元	a. 通过辊子排的配合,移动端可以方便地与固定端脱离及对接; b. 采用压缩空气驱动,可自动实现过滤单元与排风系统的切断与脱离; c. 全自动控制及响应的系统设计,可实现过滤单元移动段的在线快速更换; d. 全方位的自动监控配置,可实现控制及响应过程每一个环节的反馈监控

序号	结构	要求
8	高效的漆雾捕捉效率及高适应性	a. 迷宫纸盒与袋式过滤器的组合,使漆雾捕捉效率可高达98%; b. 过滤单元内部布置8(2×4)个迷宫纸盒过滤器,通过不同的排布以适应手工或自动喷漆环境下的风量要求
9	优化的流场排风结构	a. 优化后的排风结构使排风能够均匀流畅进入到过滤单元进行处理,同时保证纸盒最优捕捉效率风速 b. 漆雾漂流轨迹远离风道壁面,防止污染风道壁面

4.4.7.3 部件参数

（1）纸盒过滤单元

用于过喷漆雾干式分离的过滤系统,确保当前喷漆系统可以进行节能高效的内循环。纸盒过滤单元具体参数要求如表 4-25 所示。

表 4-25　纸盒过滤单元参数

参数	数值
单元类型	AE-CUBE8
过滤单元外形尺寸	1200mm(长)×1150mm(宽)×2200mm(高)
额定过风量/(m³/h)	7200
二次过滤材料	F5 袋式过滤器
整体压降损失/Pa	Max(400+250)
过滤单元出风口排放值	≤1mg/m³

（2）自动举升装置

自动举升装置需根据过滤单元风口尺寸,调整软连法兰相应大小,其余非标设备及气动元件等仅需调整安装位置,如表 4-26 所示。

表 4-26　自动举升装置参数

参数	数值
连接法兰	700mm(高)×400mm(长)
单杆双作用缓冲气缸	1 套
过滤减压阀	1 套
轨道轮	4 套
底部排风腔	按 2m 标准模锻式设计,根据喷漆线长度组装即可

（3）消耗品

① 迷宫纸盒过滤器。迷宫纸盒过滤器采用由自然再生的阻燃楞纸板制作而成,并通过纸盒内部的边缘和开孔,形成多重折流风道,扩大吸附表面,以达到最大的吸附效果。阻燃瓦楞纸板通过建筑材料等级 B1 易燃性的认证,安全稳定。迷宫纸盒过滤器参数如表 4-27 所示。

表 4-27　迷宫纸盒过滤器参数

参数	数值
纸盒尺寸	485mm(长)×485mm(宽)×500mm(高)
吸附能力/(kg/m²)	≤100(按断面面积计算)
过滤效率	≥98%
额定风量/(m³/h)	约 800
初始风压/Pa	约 200
耐温性/℃	≤80
防潮性	30min 后 100～150g/m²

② 袋式过滤器。袋式过滤器滤料采用优质超细熔喷黏合而成的合成纤维,辅以坚挺防

爆裂焊缝，每个滤袋间以金属条固定，增加滤网强度，并装配到镀锌金属框架或塑料注塑框架而成袋式过滤器。当系统突然通风或气流暂停，滤袋的坚挺结构可杜绝二次产尘，防止滤袋在使用过程中滤层脱落，从而避免过滤性能的下降，提高过滤效率。

袋式过滤器作为纸盒过滤单元的二级过滤，能高效吸附经纸盒净化后废气中残留的油漆颗粒，有效地保护了后端循环风空调和排风系统中的设备，延长后端设备的使用寿命。袋式过滤器参数如表 4-28 所示。

表 4-28　袋式过滤器参数

参数	数值	参数	数值
过滤等级	G4	密封条	PE 密封条
滤料	合成纤维	最高温度	100℃
框架	镀锌板、铝合金等	最高湿度	80％RH（非结露状态）

4.4.7.4　系统说明

① 迷宫纸盒运行系统自动控制逻辑：来自喷房的带漆空气，经过风管进入纸盒过滤单元中，在过滤单元中进行相应的过滤吸附等操作，处理完成后的干净空气经过排风管统一返回循环风空调系统中。在漆雾处理过程中，根据相应的工艺条件及漆雾累积状况判断是否需对各过滤单元进行更换，当需要更换时，发出更换提示，全部过程由 PLC 来进行判断和处理。

② 纸盒过滤段及二级过滤段均设置有压差开关检测，一方面可以检测随着漆雾累积所形成的压力变化，另一方面也可以对压力进行检测和报警。

③ 移除控制：当纸盒过滤单元中的漆雾累积到一定量时，系统提示更换信息，当操作人员进行移除确认时，系统内进行自动动作。入口风阀关闭、出口风阀关闭、压紧气缸松开，当上述动作完毕后，操作人员可以手工将吸附漆渣的过滤单元移除。

④ 更换控制：当全新的纸盒过滤单元需要更换至系统中时，操作人员将过滤单元推至相对应的轨道上，并自动锁紧机构上锁，系统会自动进行动作。压紧气缸关闭、出口风阀打开、入口风阀打开，重新恢复至原有状态，引入脏空气实现漆雾过滤功能。

4.4.7.5　纸盒压缩装置

更换下来的废纸盒需进行危废处理，由于纸盒体积较大不便于运输，需对纸盒进行压合处理后再物流运输，纸盒压缩装置也属于承包商供货范围，装置运行需安全可靠，操作简单。品牌或类型材质须得到甲方许可后方可进行现场使用。

基本要求如下：

① 纸盒压缩装置安装在纸盒拆装区域，不影响废纸盒的运输。

② 装置设计具备保护功能，非安全操作时设备停止或不运行。

③ 废纸盒压缩时会产生漆渣脱落的情况需配备相应的接盘。

④ 人工上下纸盒无须人工搬运，建议使用辅助装置，以防止身体部位进入装置内部造成意外损失。

纸盒压缩装置如图 4-13 所示。

4.4.8　中间烘房

4.4.8.1　技术要求

中间烘房参数如表 4-29 所示。

图 4-13　纸盒压缩装置

表 4-29　中间烘房参数

序号	项目			中间烘房		备注
1	总则			中间烘房的设计应满足水性漆的要求,需要提供严格的温湿度控制。所有亲水性漆强制闪干的设计都要遵守国家和当地的健康和安全设计法规要求		
2	工艺要求	水性涂料烘烤窗口		满足升温时间达到 3min,升温速率低于 20℃/min,车身温度为 65～80℃ 保持 3min		
		时间		1 线:>2min		实际依据节拍
				2 线:>3min		
				强冷区:3min		
				冷炉升温时间:60min		
		温度		1 线:升温速率低于 20℃/min		最高工作温度 90℃
				2 线:60～90℃		
				强冷区:出强冷后车温低于 30℃(包括内表面),无反弹		
				1 线温度始终低于 2 线温度		
				炉内温度均匀:温度±5℃ 以下		
				所有的烘房结构和相关设备部件都适合于在 120℃ 下连续运转		
		涂层含水量		涂层残留的含水量应小于 10%		
		风量、风速		升温区:2250m³/h 每米直线距离,12m/s,低速通风,风速可调		
				保温区:5600m³/h 每米直线距离,16m/s,高速通风,风速可调		
				强冷区:18m/s,风速可调		
		加热源		天然气、热水		
		冷却源		冷冻水		
		加热方式		间接加热		
		加热形式	升温区	热风循环			
			保温区	热风循环			
		烘房空气供应要求		供应的空气温度应在以下范围内可以控制:(35～95)℃±1℃		
				绝对湿度:单位容积空气中含有的水汽质量不超过 10g(在第二区必须使用冷旋管,目的是减少进入烘房的新鲜空气的湿度,并且控制供应到水性漆强制闪干内的混合气体最大湿度)		
		废气处理		废气通入浓缩转轮,转轮废气处理系统不在供货范围		
		空气洁净度(空气过滤级数和材料等级)		加热箱内	G4	
				补充新风	F7	
				烘道内风管	F7	
				强冷室送排风装置	F7	
3	其他			a. 承包方在任何材料和设备采购之前,应先提交水性漆强制闪干的热负荷和湿度计算,以获得甲方的批准; b. 闪干烘房必须与喷房之间密封连接,不允许出现任何缝隙; c. 闪干烘房与面漆喷房对接部分设备及闪干强冷与清漆对接区域设置围房,围房制作要求与闪干烘房一致,不开设送排风口; d. 闪干烘房与闪干强冷之间的过渡围房一并属于供货范围,此过道围房的制作要求同水性漆强制闪干; e. 可实现自然换气通风,通风的过滤等级达到 EU8,通风不能影响到前后的闪干和强冷自身风平衡;应有 6mm 厚的夹胶玻璃观察窗;围房内部照度达到 350lx;应有维修门; f. 闪干烘房与循环风接触的区域,采用不锈钢材质制作,包括内壁板、内风道、风管等		

4.4.8.2　重要部件要求

(1) 冷冻水盘管技术要求

① 冷水盘管的设计可以充分除湿、干燥引入的新鲜空气,因此循环风可以在规定的状态内。

② 冷水盘管可以利用工厂的冷冻水。

③ 冷冻水在盘状循环水管内通过控制阀来调节。

④ 湿度应在供风风机的出口风管内检测进行。

⑤ 盘管结构应能实现盘管的完全排水,应提供阀组,允许通风、排水和吹气。

⑥ 盘管应是 16mm×1.2mm 的铜管,带铝制散热片。

(2) 其他

其他设备结构及选型依据大烘房的设计要求。

5 烘干炉技术要求

5.1 引言

涂装烘干炉是汽车生产过程中的必要工序，对整个涂层的质量影响重大，不可忽视。其作用是使电泳漆、密封胶、面漆等固化成膜，确保成膜的防腐能力。

本生产线为新建涂装车间的重要组成部分，选用目前主流的结构设计，需降低能源的消耗，同时还需减少 VOC 气体的排放，以满足国家和地方的排放法规要求；同时还需优化设计参数，降低运行成本。生产线需要考虑满足 A 级和 B 级的三厢轿车、SUV 及 MPV 车型的在线混合生产，旨在打造一条高效、绿色环保的生产线。

本章介绍的项目为交钥匙项目，主要包括以下内容：项目规划、设计、制造、运输、存储、安装、调试、培训、试生产、陪产售后服务及全过程项目管理等工作内容。

本章适用于所有烘干炉，公用部分参考总则。

（1）基本能力要求

各工艺烘干炉规格如表 5-1 所示。

表 5-1　各工艺烘干炉规格

序号	设备	60JPH 烘干炉设备规格
1	电泳烘干炉	a. 电泳烘干炉采用 π 形结构； b. 电泳烘干炉采用双线设计，分别为 1♯、2♯ 烘干炉； c. 电泳 1♯、2♯ 烘干炉含烘干炉室体（含预热段）、风管、加热炉及冷却设备； d. 电泳 1♯、2♯ 烘干炉可独立运行； e. 电泳 1♯、2♯ 烘干炉一次性建成
2	密封胶烘干炉	a. 密封胶烘干炉采用 π 形结构； b. 密封胶烘干炉采用单线设计； c. 密封胶烘干炉含烘干炉室体、风管、加热炉及冷却设备
3	面漆烘干炉	a. 面漆烘干炉采用 π 形结构； b. 面漆烘干炉采用双线设计，分别为 1♯、2♯ 烘干炉； c. 面漆 1♯、2♯ 烘干炉含烘干炉室体（含预热段）、风管、加热炉及冷却设备； d. 面漆 1♯、2♯ 烘干炉可独立运行； e. 面漆 1♯、2♯ 烘干炉一次性建成
4	废气焚烧装置	a. 废气焚烧采用 TNV 或 RTO 的形式（焚烧炉采用欧美进口产品：加拿大 ComEnCo、德国 WK、德国 DURR、德国 Envirotec）； b. 在报价时，TNV 和 RTO 都必须报价，未经甲方允许情况下不允许分包
5	服务件烘干炉	a. SP 烘干炉室体、加热设备、风管； b. 抽屉式，可容纳最大单台车烘烤
6	水性蜡烘干炉	a. 水性蜡烘干炉室体、加热设备、风管； b. 采用红外＋热风烘干

（2）车身数据

车型信息如表 5-2 所示。

表 5-2　车型信息

名称		设备能力设计车型尺寸
车体尺寸	不含夹具尺寸	5000mm(长)×1950mm(宽)×1700mm(高)
	含夹具尺寸	5100mm(长)×2200mm(宽)×1700mm(高)
白车身质量		(MAX)650kg/台
夹具质量		50kg/台
表面积		(MAX)140 m²/台(前处理/电泳处理面积)

5.2　分工界面

（1）公用动力分工示意

公用动力分工界面如图 5-1 所示。

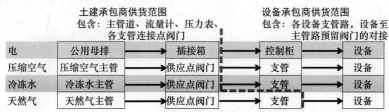

图 5-1　公用动力分工界面

（2）设备分工示意

如采用总包形式，分工界面见总则；如采用分包形式，设备分工界面如图 5-2 所示。

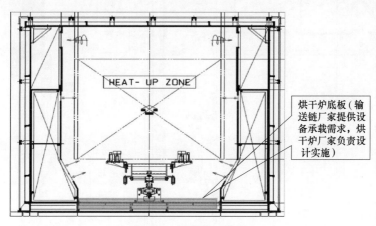

图 5-2　设备分工界面

5.3　设计要求

5.3.1　烘干炉基本设计参数

烘干炉基础参数如表 5-3 所示。

表 5-3　烘干炉基础参数

位置	长度/mm	位置	长度/mm
距离烘房顶部	400	内风道(不带过滤)	550
距离内壁板	220	距离内地板	以机运尺寸为准
内风道(带过滤)	780		

5.3.2 炉体基本结构式样

烘干炉基本结构样式如图 5-3 所示。

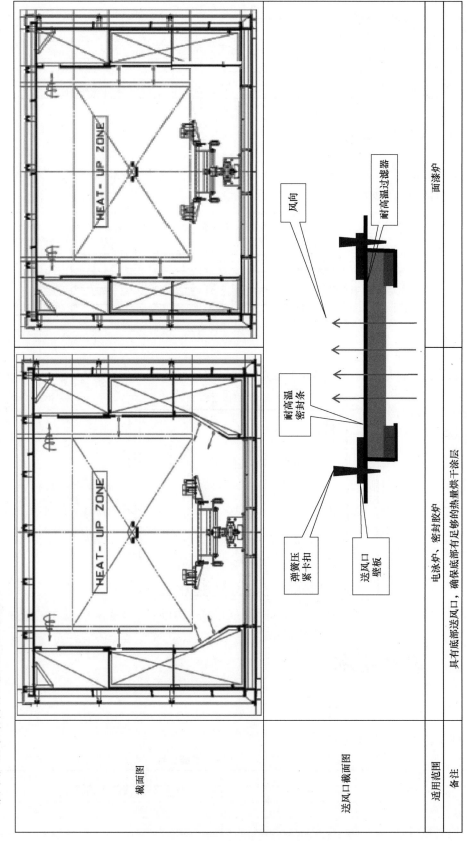

图 5-3 烘干炉基本结构样式

5.3.3 烘干炉原理式样图

烘干炉原理式样图如图 5-4 所示。

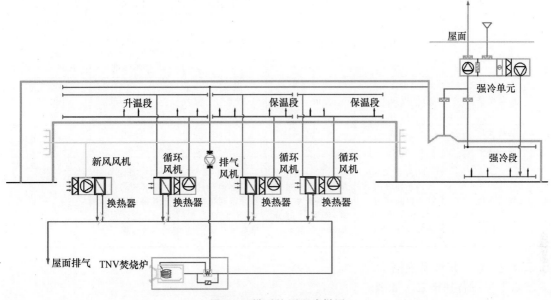

图 5-4　烘干炉原理式样图

5.3.4 规格说明

5.3.4.1 烘干炉主要参数

烘干炉主要参数如表 5-4 所示。

表 5-4　烘干炉主要参数

项目		规格				
		电泳炉1♯、2♯	密封胶炉	面漆炉1♯、2♯	服务件炉	蜡烘干炉
烘干炉形式		TNV/RTO、对流、π型	TNV/RTO、对流、π型	TNV/RTO、对流、π型	对流、步进炉	对流＋红外烘烤
空气过滤等级	新风	G4	G4	G4	G4	G4
	送风口	F6	F6	F6	F6	G4
	三元体	F5	F5	F5	F5	—
烘烤温度	车身温度/℃	185	140	145	140	85
	炉内温度/℃	190	160	165	160	100
通过时间	升温时间/min	10	10	15	20	≥5
	保温时间/min	≥30	≥10	≥20		
车身内板烘烤要求		烘烤窗口要求：160℃，15min	烘烤窗口要求：135℃，10min	烘烤窗口要求：140℃，20min	烘烤窗口要求：135℃，10min	烘烤窗口要求：85℃，5min
炉内风速/(m/s)		8~12	8~12	8~12	8~12	8~12
升温时间/min		120	120	120	60	40
炉内有效尺寸		实际设计	实际设计	实际设计	实际设计	实际设计
进出口梯形部		实际设计	实际设计	实际设计	实际设计	实际设计
车身间隔		实际设计	实际设计	实际设计	实际设计	实际设计
输送机形式		双链式	双链式	双链式	自动辊床	自动辊床

项目	规格				
	电泳炉1#、2#	密封胶炉	面漆炉1#、2#	服务件炉	蜡烘干炉
通过方式	连续	连续	连续	间歇	连续
升温时炉内状态	无车身	无车身	无车身	无车身	无车身
除臭系统	TNV/RTO	TNV/RTO	TNV/RTO	无(废气排放符合国家废气排放标准及当地环保排放标准)	无(废气排放符合国家废气排放标准及当地环保排放标准)
冷却设备	温度降至外板36℃内板40℃	温度降至外板36℃内板40℃	温度降至外板36℃内板40℃	自然冷却	温度降至外板36℃内板40℃
运转方式	自动	自动	自动	自动	自动
温度控制	自动	自动	自动	自动	自动
换气次数	实际计算(废气量必须经过计算并得到甲方同意,不允许过分抽取废气量)	实际计算(废气量必须经过计算并得到甲方同意,不允许过分抽取废气量)	实际计算(废气量必须经过计算并得到甲方同意,不允许过分抽取废气量)	实际计算(废气量必须经过计算并得到甲方同意,不允许过分抽取废气量)	实际计算(废气量必须经过计算并得到甲方同意,不允许过分抽取废气量)

5.3.4.2 烘干炉设备规格

烘干炉设备规格要求如表5-5所示。

表5-5 烘干炉设备规格要求

项目		规格				
		电泳炉1#、2#	密封胶炉	面漆炉1#、2#	服务件炉	蜡烘干炉
		TNV/RTO			燃气直接式	对流＋红外烘烤
加热设备	容量	实际计算	实际计算	实际计算	实际计算	实际计算
	加热炉	燃气式燃烧炉	燃气式燃烧炉	燃气式燃烧炉	燃气式燃烧炉	电加热炉
	台数	实际计算	实际计算	实际计算	实际计算	实际计算
	形式	耐热型	耐热型	耐热型	耐热型	耐热型
升温区热风循环风机	容量	实际计算	实际计算	实际计算	实际计算	实际计算
	台数	实际计算	实际计算	实际计算	实际计算	实际计算
	材料性质	MS	MS	MS	MS	MS
	形式	耐热型	耐热型	耐热型	耐热型	耐热型
保温区热风循环风机	容量	实际计算	实际计算	实际计算	—	—
	台数	实际计算	实际计算	实际计算	—	—
	材料性质	MS	MS	MS	—	—
	形式	耐热型	耐热型	耐热型	—	—
烘干炉排气风机	容量	实际计算(带变频器)	实际计算(带变频器)	实际计算(带变频器)	实际计算	实际计算
	台数	实际计算	实际计算	实际计算	实际计算	实际计算
	材料性质	MS	MS	MS	MS	MS
	形式	耐热型	耐热型	耐热型	耐热型	耐热型
外部空气进气风机	容量	实际计算	实际计算	实际计算	—	—
	台数	实际计算	实际计算	实际计算	—	—
	材料性质	MS	MS	MS	—	—
	形式	耐热型	耐热型	耐热型	—	—
进出口平衡排气风机	容量	实际计算	实际计算	实际计算	—	—
	台数	实际计算	实际计算	实际计算	—	—
	材料性质	MS	MS	MS	—	—
	形式	—	—	—	—	—

项目		规格				
		电泳炉 1♯、2♯	密封胶炉	面漆炉 1♯、2♯	服务件炉	蜡烘干炉
		TNV/RTO			燃气直接式	对流＋红外烘烤
强冷风机	容量	实际计算（变频）	实际计算（变频）	实际计算（变频）	—	—
	台数	实际计算	实际计算	实际计算	—	—
	材料性质	叶轮 SS,壳体 MS	叶轮 SS,壳体 MS	叶轮 SS,壳体 MS	—	—
	形式	—	—	—	—	—
强冷排气风机	容量	实际计算	实际计算	实际计算	—	—
	台数	实际计算（变频）	实际计算（变频）	实际计算（变频）	—	—
	材料性质	叶轮 SS,壳体 MS	叶轮 SS,壳体 MS	叶轮 SS,壳体 MS	—	—
	形式	耐热	耐热	耐热	—	—
热风循环过滤器	数量	实际计算	实际计算	实际计算	实际计算	实际计算
	形式	选定	选定	选定	选定	选定
空气进气口过滤器	数量	实际计算	实际计算	实际计算	实际计算	实际计算
温度控制		自动				
进出口门		出入口手动卷闸门			—	—
天然气泄漏报警器		扩散式、吸引式 各 1 台				
烘干炉本体	顶/侧板	渗铝板 1.5mm＋RW100K　150mm				
	底板	渗铝板 1.5mm＋RW100K　150mm				
	外包板	SGC 0.8mm 银色波纹板				
	架台	MS＋防锈喷涂（防火涂料）				
	出入口热板	渗铝板 1.5mm				
间接炉		SS 1.5mm＋RW100K　300mm＋SGC 外包			—	
过滤器室		渗铝板 2mm＋RW100K　300mm＋SGC 外包			—	
强冷室本体		SS 1.5mm＋RW100K　150mm＋SGC 外包			—	
强冷室过滤器室		SS 1.5mm＋RW100K　150mm＋SGC 外包			—	
风管	烘干炉内部风管	渗铝板 1.5mm				
	烘干炉循环风管	渗铝板 1.5mm＋RW100K　150mm＋SGC 外包				
	烘干炉排气风管	渗铝板 1.5mm＋RW100K　150mm＋SGC 外包				
	烘干炉冷却风管	SS 1.5mm＋无喷涂/RW100K　150mm＋SGC 外包				
	烘干炉出屋风管	SS 2mm				

5.3.4.3　TNV 系统规格

TNV 系统要求如表 5-6 所示。

表 5-6　TNV 系统要求

项目		要求
效率/%		大于 98
处理废气		电泳烘干炉 1♯、2♯,密封胶烘干炉,面漆烘干炉 1♯、2♯废气
风量/(N·m³/min)		实际计算
工作温度/℃		实际计算
升温时间/min		60
控制方式		变频控制
温度控制		自动
本体	内部	陶瓷纤维 200mm
	外板	MS4.5～6.0＋防锈防腐处理
架台		MS＋防锈防腐处理
风管	给气/回风风管	SS1.5mm
	高温风管	SS1.5mm
	排气风管	SS1.5mm
	风管骨架（所有）	SS

项目		要求
热交换器	形式	板式热交换器
	能力	实际设计
	材质	SS
风机	燃烧器鼓风机	SS(变频)
	热回收风机	SS(变频)
	排气风机	SS(变频)
保温	风管	RW100K 300mm＋SS 外包
涂装	壁板	指定色

5.4　基本要求

5.4.1　烘干炉形式

烘干炉形式如表 5-7 所示。

表 5-7　烘干炉形式

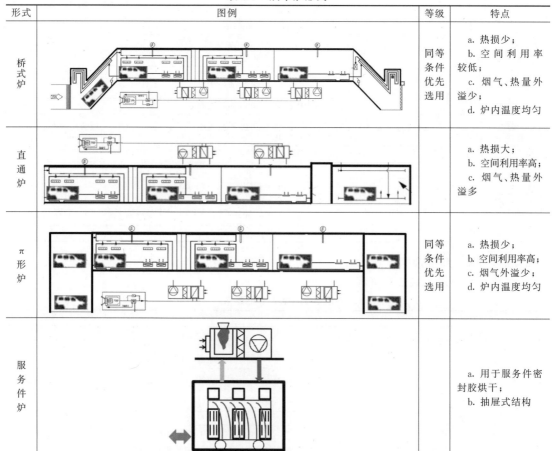

形式	图例	等级	特点
桥式炉		同等条件优先选用	a. 热损少; b. 空间利用率较低; c. 烟气、热量外溢少; d. 炉内温度均匀
直通炉			a. 热损大; b. 空间利用率高; c. 烟气、热量外溢多
π形炉		同等条件优先选用	a. 热损少; b. 空间利用率高; c. 烟气外溢少; d. 炉内温度均匀
服务件炉			a. 用于服务件密封胶烘干; b. 抽屉式结构

5.4.2　风机技术要求

① 所有循环风机、废气风机等都采用防火花风机。

② 所有电机外置，不与热空气接触。

③ 所有轴承带自冷却功能；能够承受作用空气的温度需求，以及可能存在的短时间超温的可能。

④ 循环风机应确保合理选择，使得在升温过程中风机不会出现过载；在生产过程中，风机能够运行在高效区。

⑤ 风机采用 twincity 或同等级品牌。

⑥ 轴承采用 SKF 或同等级品牌。

⑦ 皮带选用 opti 或同等级品牌。

⑧ 电机选用 Siemens 或同等级品牌。

⑨ 风机和过滤器的距离应至少是风机涡壳的 1.5 倍。

⑩ 风机供应商有义务在风机出厂前提供所有风机的性能检测报告，并对风机进行动平衡调试。

⑪ 当风机在现场安装完成后，风机供应商有义务对风机进行再一次的动平衡调试，提供动平衡检测合格报告。

⑫ 风机的选型应能够确保风机在冷态与热态情况下，都能够使得风机运行在高效区内，至少达到 75% 的机械效率。

5.4.3　换热器技术要求

（1）式样图（图 5-5）

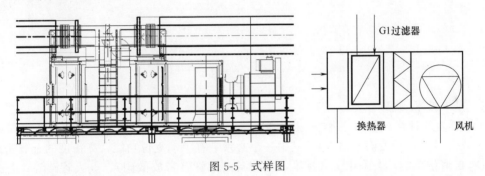

图 5-5　式样图

（2）基本技术要求

① 换热器的表面必须经过去除毛刺表面处理。

② 换热效率确保达到 80%。

③ 换热器需要设置新风口，可选择是否开启；新风口应设置在烘干房循环风入口端。新风入口设置过滤器，过滤器两侧安装微压差表。

④ 换热器应设置一个观察玻璃窗口，以查看燃烧器的运行。

⑤ 围房设有适当的维修门，每扇维修门配两个进口弹簧锁，此门同时作为泄爆口，可以通过调节弹簧张紧程度确定开启压力；通行门能够实现对风机的维护、更换过滤带、维护换热管（内侧、外侧），其中风机段维修门的大小可以允许风机叶轮移走，原材料与加热器围房墙壁相一致。

⑥ 换热器（在正常工作空气体积和温度下）每侧的压力落差都不能超过 0.37kPa。

⑦ 过滤器框架由 304 不锈钢板折制焊接，框架与内壁板密实焊接，框架应可以完全膨胀和收缩而不扭曲或变形；过滤器由特制扣具压紧，耐温密封条密闭；入口和出口带微型压差表，在换热器外有显示，气压计衬垫底部密封，无泄漏固定在过滤器顶梁的下端一侧，能够承受 400℃ 温度。

⑧ 整个单元由一个完整的钢结构基础支撑，能够承受风机、电动机的固定安装。

⑨ 在换热器每侧的入口和出口都要有测试端口，以测量压力和温度；当烘房关机后，换热系统应确保进出口温度已降到设定值方可停止循环，确保过滤材料不会被高温损坏。

5.4.4 燃烧系统技术要求

（1）式样图（图 5-6）

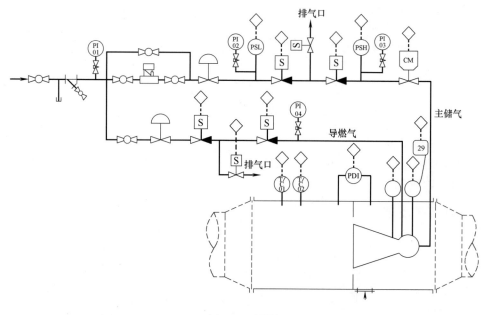

图 5-6　式样图

（2）基本技术要求

① 供燃料气管路包括：天然气过滤器；稳压阀；高压和低压开关；两个紧急切断阀（带开关位置显示、开关信号输出），其中一个必须带有手动复位功能，高精度的金属密封结构，具有自清洁功能；若采用美式标准，应配备放散管（带放散阀）、点火管路等；若采用欧式标准，应带有泄漏检测。

② 燃烧器采用 Eclipse、Maxon 或者同等档次的燃烧设备，其余元器件也应采用 dungs 或者同等级品牌。

③ 天然气的主要稳压阀将位于主引入管的最末端，设计确保每个燃烧器在最大能力运行时都不能产生天然气压力下降的现象。

④ 天然气进入每个燃烧系统前需要安装有一个经过润滑的手动球阀，并且具备锁定功能，防止人为干扰。

⑤ 燃烧器应配有充足的安全保护措施，如高低压开关、泄漏检测、火焰检测、助燃风或者辐射强排风风压检测、超温探测等；当系统出现安全报警时，应立即关闭燃烧机并切断燃气供应；燃烧系统还具有点火前的预吹扫、高压点火等其他自动功能。

⑥ 点火管路也含稳压阀，稳定供气压力；点火是高压打火与气路电磁阀同时动作。点火管路必须有两个电磁阀。

⑦ 直径超过 75mm 的管道使用法兰连接，小的管道使用螺纹连接。燃烧器系统应能方便维修，任一元器件可单独拆卸，不允许拆卸其他不相关的元器件。

⑧ 燃烧器的特点是连续比例调节，调节比为 40：1，在此范围内可以连续调节。

⑨ 护火桶等与火焰可能存在接触的设备必须采用进口耐高温不锈钢材质，确保使用寿命与烘房设备一致，不会出现损坏。

⑩ 燃烧器采用新型低氮燃烧器。

⑪ 每个燃烧炉需安装 UV 探测器及火焰电流表。

⑫ 燃烧炉安装压差开关，用来确认循环风及燃烧器的压差。

⑬ 所有燃烧器阀组应设置安全标识。

5.4.5 水性蜡烘干炉

（1）式样图（图 5-7）

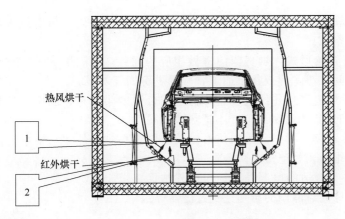

图 5-7 式样图

（2）基本技术要求

① 图 5-7 中 1 的技术要求。

a. 出风口斜上布置，使注蜡区能够集中受热；

b. 热风对流系统的热源取自于 VOC 废气处理系统的排放废气。

② 图 5-7 中 2 的技术要求。

a. 红外烤灯斜上布置，使注蜡区能够集中受热；

b. 红外灯管采用优质品牌，使用寿命不低于 15000h。

③ 其他技术要求。

a. 优先使用 VOC 废气处理系统的排放废气热量，在该热量不足时启用红外烘烤系统；

b. 全程温控能够实现自动控制；

c. 废气排放符合国家及地方标准。

5.4.6 维修门技术要求

（1）式样图（图 5-8）

（2）基本技术要求

① 烘房在机运驱动、张紧、交接辊床处（若设置）安装维修门，其余的维修门按照每30m 开设一个，并与内部风管维修门对应。

② 维修门应隔热良好，减少热桥效应，外表面包裹渗铝钢板，全部满焊，固定在铰链上。

③ 门的锁紧应完全密封，采用 4 个手柄锁紧的形式，压紧力可调。

④ 门设有移出及旋转的双重转动副，门锁和铰链的结构形式要经过甲方的认可。

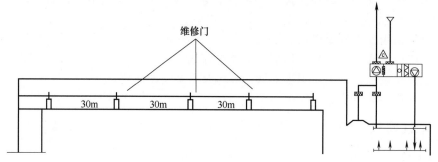

图 5-8　式样图

⑤ 烘房门框上的密封材料应与烘房门平面密封，不允许与烘房门边角密封压紧，密封材料不允许在接缝处留有空隙。

⑥ 烘房门内胆应设置台阶形式，烘房门门框做相应的配置，去除烘房门打开时旋转半径需求空间外，两者配合间隙小，形成狭小通道，减少烘房烟气外漏。

⑦ 维修门应有合适的衬垫密封并经过调整，衬垫用合适的耐用材料制作。当某一点的最大拉力达到 25kg 时，门应当也是密封的，不透热，不漏气。

⑧ 机运驱动轴处密封，应当制作合适的仿形法兰，固定在烘房外驱动轴承上，与烘房壁板上的法兰通过玻璃纤维布密封连接，防止烟气泄漏。

⑨ 每个门口都安装一个合适的电源插座；烘房外地面以上 1m 处安装一根 20mm 的压缩空气管（带快速开关、球阀、除湿的压缩空气过滤器等）。

5.4.7　强冷段技术要求

（1）式样图（图 5-9）

（2）基本技术要求

① 强冷室未作特别说明区域，要求与烘房模锻一致。

② 通过送冷风将车体温度降至 36℃ 以下，配置适当的冷冻水量及冷冻水盘管。出强冷之后，通过车体内部部件的传导作用，车身表面温度升高要小于 5℃。

③ 冷水由两通阀门通过温度控制，温度探测仪安装在强冷内排风管内；冷冻水管路设手动旁通管道，送风温度浮动能够确保在设定温度点的 ±1℃ 范围内。

④ 采用下送上吸的送排风模式；冷风吹出口按照上疏下密布置。

⑤ 出口需要安装 1 个自动卷帘门（也可手动）并与输送联锁；应有光栅检测工件的位置，防止与门冲突；应有窗户，操作者可以观察门的开启和关闭。

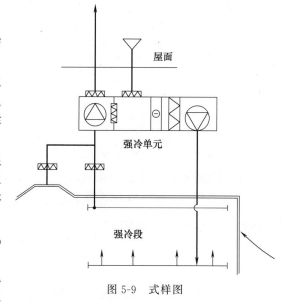

图 5-9　式样图

⑥ 强冷与车身换热后的风要设置多重循环，由强冷出口向强冷入口；强冷室共分三段，每段各自抽取上一段的排风作为供风；第三段排风将一部分供风作为烘房的新风，其余部分排放大气。供应商需提交甲方设计方案，待甲方确认后方可实施。

⑦ 烘房与强冷室之间若存在升降机设备，升降机需要设置能够覆盖整个车身长度的防护罩，防护罩由铝合金框架制作，能够承受操作人员站在其顶部施工。

⑧ 强冷空调需安装用于检查、维修设备、更换过滤器用的门，且无泄漏。

⑨ 强冷室应有合适的维修门，2mm 的渗铝钢结构，能够进行过滤袋、盘管等设备维护；门带可视为夹胶玻璃（大约 300mm×300mm×6mm），隔热；配置插座和压缩空气管。

⑩ 强冷室空调冷盘管区域设有排水点，冷凝水接入排水系统。该区域需要考虑防锈功能。

⑪ 冷水盘管应采用铜管材质配合铝制散热翅片，翅片表面涂有亲水涂层；冷水汇总管应采用铜材质，与公用动力管道连接法兰，因设置在空调壁板外侧，连接动力管道与汇总管的连通管路可采用不锈钢材质，盘管后面提供一个带排水盘的湿度消除器和排水沟；冷水盘管的安装方式应易于拆卸，方便维修。

⑫ 底部的冷风吹出口建议向上倾斜直吹底盘，提高冷却效果。

⑬ 冷水由两通阀门通过温度控制，温度探测仪安装在强冷内排风管内。

5.4.8　TNV 技术要求

（1）式样图（图 5-10）

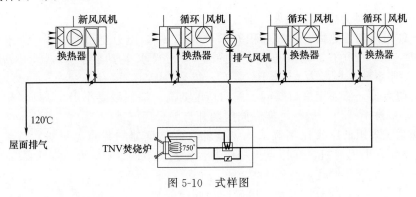

图 5-10　式样图

（2）基本技术要求

① TNV 焚烧炉应支撑在辊轮上面，容许自由膨胀。

② TNV 设备必须考虑旁路风量，用调节阀来调节温度。

③ 焚烧炉内换热盘管必须选择与焚烧炉膨胀系数一样的材质，确保焊接点牢固，不会出现破裂等问题。

④ 确保换热效率的同时，不能出现杂质堵塞换热盘管的可能。

⑤ 焚烧废气经换热后，排放出口温度不能超过 120℃（燃烧后的温度以 750℃计算）。

5.4.9　RTO 设备技术要求

（1）式样图（图 5-11）

（2）基本技术要求

① 三室 RTO 设备，由 3 个蓄热室组成，3 个蓄热室轮流进行蓄热、放热并执行反吹清扫功能；蓄热室的热效率达到 95% 以上。

② 蓄热室设有炉栅（304L），炉栅上布置陶瓷蓄热体，即蓄热床；蓄热床上下布置陶瓷鞍，使进入蓄热床及由蓄热床进入燃烧室的气流分布均匀，蓄热床下布置的陶瓷鞍为挂篮式结构，易于拆卸。

③ RTO 壳体由 6mm 钢板制造，外部设加强筋，壳体密封性良好；壳体内设耐火保温

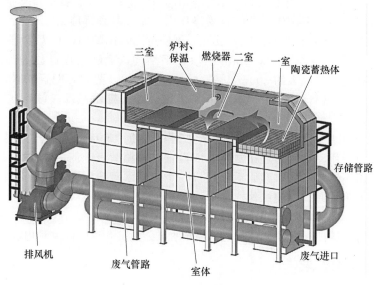

图 5-11　式样图

层，厚 220mm，材料为硅酸铝耐火纤维。

④ 必须使用陶瓷蓄热体，比表面积大于 $680m^2/m^3$，阻力要小，热容量大于 0.22BTU/lb℉，耐温要达到 1200℃，耐酸度要达到 99.5%，吸水率要小于 0.5%，压碎力要大于 $39N/cm^3$，热胀系数要小，为 $4.7×10^{-8}/℃$，抗裂性能好，寿命长。

⑤ 风向切换阀全部采用进口蝶阀。阀门精度要高，泄漏量要小于 0.1%，寿命要长（可达 100 万次，双班 10 年），运行可靠。阀门的开与关采用气动。

⑥ 燃烧系统采用低压头比例调节式燃烧器，此燃烧器的特点是可进行连续比例调节，自动点火；系统含助燃风机、高压点火变压器、比例调节阀、UV 火焰探测器等。

⑦ 送排风风机变频调速，耐温 300℃。

⑧ 阀门开启执行系统采用气动，电磁阀与阀门配套。

⑨ RTO 进口设置过滤器，高温过滤器，耐温达 300℃，滤器效率为中效，结构设计上易于拆卸维修。

⑩ RTO 炉设备为室外规格，应考虑防护（防雨、防晒、防腐、防雷等）措施。

⑪ 炉设备维修点走道区域设置防雨棚。

⑫ 从 RTO 或 TNV 排放到大气中的废气是通过 304 不锈钢制作的烟囱排放的，烟囱高度应高出厂房主体高度 5m；废气风管从车间外 1m 处至 RTO 设备都是 RTO 供货商的范围；屋顶上面的排放管 30m 范围内如果有任何进气口，那么排放管应至少往上延伸 5m，每个排放管都要安装一个遮蔽的、防风雨的出口；若现场无法实现上延伸 5m，承包商应采用其他有效手段，确保烘房排放烟气不会被吸入空调吸风口。

⑬ VOC 排放浓度 $≤20mg/m^3$，需满足国家和地方的排放标准。

5.4.10　结构、质量技术要求

① 所有的排气烟囱都有测试口，测试口有防护盖板，有助于打开和效率测试；应和甲方一起讨论测试口的尺寸和位置。

② 烘房采用间接燃烧式加热，即烘房加热热源与工艺气体是隔开的。

③ 烘房相关设备必须充分考虑到膨胀需求：

a. 若烘房通过钢结构支撑，则钢结构在跨越建筑膨胀节时必须断开，且各自做好结构加强。

b. 烘房换热机组不允许放置在建筑膨胀节上，换热机组应尽量安置在所加热模锻的中间位置；若无法实现，则靠近该换热箱的烘房地脚应限制位移。

c. 烘房末端底部应制作膨胀地脚，并有固定的滑槽与其配对使用，滑槽应限制烘房末端径向移动尺寸不超过2mm。

d. 设计时，应当考虑到烘房、风管、区域加热器、钢结构及所有焊缝之间的膨胀问题，烘房膨胀接合点、连接点应确保不会产生任何变形、泄漏，无需维护。

e. 辐射区风管在膨胀和收缩期间必须可以完全导向，承包商应提交详细的辐射区通风管和循环风管的连接图纸给甲方，附加金属的膨胀计算。

④ 烘房内部为完全焊接结构；烘房、风管和加热器的外部都将完全不漏气和不渗水；所有的焊接必须经过着色防漏测试，并提供证明文件。

⑤ 烘房系统设备在使用一年后，任何区域外部如果出现烟熏的颜色，承包商应迅速拆掉烟熏点，并修理渗漏处，不得耽误正常生产，所有费用由承包商承担。

⑥ 设计时充分考虑热胀冷缩的影响，烘房设计伸缩段结构。

⑦ 炉内送风管采用螺栓连接，须保证拼接处的间隙和段差误差≤2mm，防止粉尘堆积，不易清扫，影响车身品质。

⑧ 炉内温度均一且具有良好的可控制性。

⑨ 炉内无凹凸不平，拥有光滑平整的机构。

⑩ 根据区域保持相对稳定的给排气。

⑪ 具有防止过度烘烤、升温过快、温度瞬间过高等功能。

⑫ 系统不产生对涂膜有影响的成分，如粉尘、漆雾、颗粒等。

⑬ 滤棉及过滤袋正式生产时更换1套全新的。

⑭ 投产及满负荷生产时均进行炉温测定，未达到烘烤窗口要求的须进行调试，直到满足工艺要求。

⑮ 所有烘干炉内吹出口处设置过滤器且过滤器夹紧装置要便于过滤器的更换。

⑯ 所有与炉壁进行连接的送排气风管，其连接处满焊，并以耐高温密封胶密封。

⑰ 每个过滤器室需安装压差计，用来确认过滤器室的压差。

⑱ 所有烘干炉出入口设置手动卷闸门，并要考虑受热变形因素。

⑲ 关键部件由甲方指定品牌。

⑳ 所有燃烧器、过滤器、换热器、风机均以铭牌标注其所属区域及用途。

5.4.11 控制技术要求

① 要求在每个燃烧设备正常生产运行状态下的燃烧效率应确保助燃风机风量不超过20%。

② 所有烘房的设计要使烘房内车身上的任何点温度达到所要求的温度指标，包括车身内外面以及底部。

③ 在满负荷和生产节拍的情况下，加热设备应能确保保温区内所有工件在设定温度点上下2.5℃范围内浮动。烘房内不能存在空气温度低于操作空气温度超过5℃的冷点。

④ 烘房能够在10min内使所有的车身表面从冷态达到工艺温度，除非另外特别指定，并预留10%可调余量。

⑤ 烘房能实现自动与手动快速降温，自动仅针对机运设备出现故障，故障形式可人工修改；强制冷却功能，能够在1h内使得烘房室体内温度降低至45℃，该方案需由甲方确认；若设施需要通过强冷风管或其他非高温区设备排放高温烟气，则相应的设备必须按照高

温区域的设计要求制作。

⑥ 现场操作柜能够显示的信息包括但不限于：所有设备报警、送排风风口、室体内部温度、燃烧机组开度比例，其中温度信息能够以图表的形式显示；信息同步上传至中控室。

⑦ 每个烘房都带有独立的带数字显示器的旋转型天然气流量计，需采用进口品牌，计量单位精确到 $0.1m^3$，信息能够上传至中控室。

5.4.12　防油烟要求

（1）式样图（图5-12）

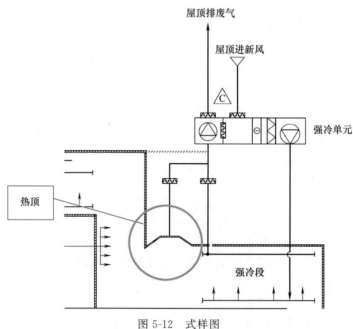

图 5-12　式样图

（2）基本技术要求

① 防止烘干炉倾斜部出入口滴油。

② 防止烘干炉排气口油烟。

③ 防止排气口滴油。

④ 热交换器设置排油口。

⑤ 建议设置为热顶形式。

5.4.13　节能环保要求

（1）技术要求

① 导入环保效果良好的脱臭炉（TNV 或者 RTO 系统；如果采用 RTO 系统，1♯线烘干炉与 2♯线烘干炉使用两套独立 RTO 系统）。

② 烘房区域的排放包括废气焚烧后排放以及燃烧机燃烧后换热烟气排放，必须满足国家和地方排放规定的各项指标，同时应尽可能回收废热。VOC 的分解率不能低于 98％。

③ 要求任何时段都可以进行废气处理，充分处理后才能排放，排放废气温度低于 120℃；同时，要避免焦油在风管中凝结。

④ 排气进行余热回收，用于前处理槽液加热（具体方案提交甲方审核认可后方可实施）。

（2）回收形式

① 气气式回收形式，如图 5-13 所示。

② 气水式回收形式，如图 5-14 所示。

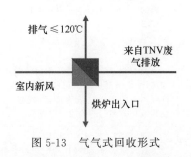

图 5-13　气气式回收形式

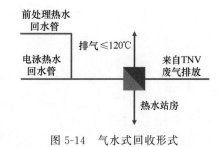

图 5-14　气水式回收形式

5.4.14　除总则要求外的资料要求

① 升温曲线和时间。

② 手动风阀、阀门开度设定值。

③ 燃烧器调试报告。

④ 压差、压力表设定值。

⑤ 定时器设定值。

⑥ 温控参数设定值。

⑦ 风机性能测试报告、风机振动测试报告。

⑧ TNV 或 RTO 设备调试报告（全参数）。

⑨ 烘干炉各区域负荷、温差、风量、循环次数、基准风量一览表（包括示意图）。

⑩ TNV 或 RTO 系统完整技术资料。

5.4.15　其他技术要求

① 烘房应安装在和工艺区分开的地方，以保证工艺区域的环境不受影响；烘房要保证平衡稳定，确保无烟气散发到喷涂车间。

② 在报价时要提交所有烘房的设计应基于材料供应商的烘烤窗口，车身各测量点炉温曲线符合烘烤窗口，是将来烘房验收的基本条件。

③ 承包方在设计审核阶段，应提交加热负载量计算、均衡的空气流动图、设备及备件清单、各项涉及主要功能的设计方案等资料给甲方，待甲方确认后方可实施。

④ 甲方保留对所有类别的设备（包括电机、风机、焚烧炉、过滤器等）和材料的最终选择权利。

⑤ 所有烘干炉控制盘柜设置依据附录 15.3 要求。

⑥ 所有烘干炉设备安装用吊轨由烘干炉厂家负责实施。

⑦ 所有风管、公用动力管线贯穿墙面及楼板开口封堵由烘干炉设备厂家负责。

⑧ 厂家投标时需提供公用动力需求、上建需求（承载、开口等）。

⑨ 屋面、楼板、墙面洞口临时防护由烘干炉厂家负责实施。

5.4.16　防火防爆要求

所有烘干炉应满足国家最新干燥炉防火防爆标准及表 5-8 所示要求。

表 5-8　防火防爆要求

设备	序号	检测点	标准值
燃烧室	1	燃烧室的结构不能造成热风泄漏	需使用在高温下不易被氧化的材料
	2	燃烧室需防止因高热而引起的变形	需采用适合温度伸缩的设备
	3	实施防止火星飞散的措施	燃烧器内防止火星下落的格子需使用不可燃材料
	4	需安装泄爆口(安全窗口)	燃烧室 $1m^3$ 左右的泄爆口的面积为 $0.2m^2$ 以上
	5	泄爆口(安全窗口)需安装在适当的地点	a. 通常选在无人、无障碍物、无可燃物的安全场地; b. 泄压装置以及其他采用何种形式的泄爆方式,由承包商根据国家和当地法规要求,以符合国家和当地法规为准,并通过当地消防及其他有关部门的验收
	6	泄爆口(安全窗口)开动后不可使其堵塞	开动后,不会再自动关闭的构造
	7	燃烧供给管需安装紧急切断阀	切断阀为双重,能够自动控制和手动控制
	8	在异常时自动关闭切断阀,切断燃烧	切断阀在异常时自动关闭,使用消防设备时需关闭
	9	能够监控燃烧的状况	燃烧时的火焰颜色需能用眼进行判别
	10	需安装能检测出异常温度的装置	在各个区域均需安装
	11	不能进水的构造	安装高度需在离地面 100mm 以上
	12	点火前必须进行预先清扫	换气能力需达到燃烧炉容量的 4 倍以上
	13	燃气燃烧炉周围需安装燃气泄漏报警器	在燃烧炉的配管周围和燃烧室易沉积的地方安装燃气泄漏报警器
	14	循环风机、鼓风机要设置双重安全机构	压差式风压设备开关与运转式检测设备,或是风压监测机构(间接型)
	15	监视火焰设备需为双重安全机构	紫外监测装置具有自我监测功能
	16	燃气输送管道和紧急切断阀之间需安装排出管和测试栓	需有排出阀和检测栓
	17	点火器点火,主燃烧炉点燃后点火器需熄火	300 万 kcal 以下 15s 最大 300 万 kcal 以上 10s 最大
	18	炉内的滤清器需用不可燃材料	炉内的滤清器需用不可燃材料
	19	热交换器采用 304 不锈钢	热交换器采用 304 不锈钢
主体	20	炉内的过滤器需用不可燃材料	炉内的过滤器需用不可燃材料
	21	烘干炉外表温度不能超过 45℃	烘干炉外壁表面温度不应高于周围环境温度 15℃
	22	燃烧装置与烘干炉之间的连接管道应使用非燃材料绝热	燃烧装置与烘干炉之间的连接管道外表面温度不应超过 70℃
	23	需能把握炉内的温度	需安装温度记录表、温度设定器
	24	排气风机禁止使用轴流式	禁止使用轴流式排气风机
	25	需要设置新风补给风机,保证炉内可燃气体最高体积浓度不应超过其爆炸下限值的 25%	炉内可燃气体最高体积浓度不应超过其爆炸下限值的 25%; 废气量必须经过计算并得到甲方同意,不允许过分抽取废气量
	26	在发生异常时需能在控制表面上判明异常内容	根据控制表可判明异常内容
	27	原则上排气、换气的通风管调整消声器为可动形式	调整消声器在前期设定后进行固定,不可造成堵塞
	28	保温材料不可掺入油脂等可燃物品	不可掺入油脂等可燃物品
	29	在通风管上需安装用于维修和清扫的工作口	需安装用于维修和清扫的工作口
	30	排气、换气通风管类需考虑排水设置	排气、换气通风管类应设置排水装置

设备	序号	检测点	标准值
主体	31	对于因易堆积、储蓄油脂而引发火灾可能的通风管需安装异常高温感应器	检测出高温异常时需能关闭燃烧设备
			温度正常时能够对温度进行管理
	32	外表温度不能超过 45℃	表面温度不能高于周围环境温度 15℃
	33	通风管的连接部位不可有泄漏	通风管的连接部位不可有泄漏
换热器RTO/TNV炉膛	34	外表温度不能超过 50℃	表面温度不能高于周围环境温度 20℃

5.4.17　燃烧炉安全设备设置

（1）燃烧炉安全设备

① 前期吹扫。在燃烧炉点火时需将残留在干燥炉内的燃气排出室外，在一定时间内启动排烟风机、燃烧炉鼓风机、热风循环风机，吹扫间接炉内以及燃烧室，在控制柜显示屏表面上需显示"正在前期吹扫"。

② 后期吹扫。燃烧炉停止运转后，燃烧炉鼓风机、热风循环风机在一定时间内继续运转，对燃烧器以及燃烧炉进行冷却。

（2）燃气泄漏探测器

① 为探测燃气配管装配部位的燃气泄漏情况，需安装扩散式燃气泄漏探测器。

② 所有使用燃气的区域都必须安装可燃气体探测器，可燃气体探测器必须与收集罩配合使用，安装位置应考虑到燃气密度。

③ 为探测燃烧室的燃气泄漏情况，需安装吸入式燃气泄漏探测器，当发生燃气泄漏时，在燃气泄漏警报表盘上显示的同时，停止相应的燃烧炉运行，HMI 屏上显示"燃气泄漏异常"，蜂鸣警报同时拉响。

④ 若出现燃气泄漏，设备将报警并停止燃烧设备运行，切换燃气供给。

（3）检查排烟风机、鼓风机、热风循环风机的运转情况

① 根据压力差开关来检测燃烧炉前后的压力差，准确判明是否满足燃烧炉点火条件的风量。

② 根据运转感应器判断热风循环风机的转速是否正常。

③ 鼓风机、热风循环风机未运转时，燃烧炉不能点火。

④ 即使鼓风机、热风循环风机在运转，如果风量不足，燃烧炉将停止运转，HMI 屏上需显示"热风循环风机风压异常"或"燃烧炉鼓风机风压异常"，蜂鸣警报同时拉响。

（4）燃气压力的确认

① 燃气压力检测设备安装在燃气燃烧炉的燃气配管装配部位中，根据燃气低压开关以及燃气高压开关来检测燃气压，如果压力不在燃烧炉的最适运转范围，燃烧炉将停止运转，HMI 屏显示"燃气压力过低异常"或"燃气压力过高异常"，蜂鸣警报同时拉响。

② 燃烧炉低燃烧启动：燃气燃烧炉点火运转时，考虑安全因素用能够点火的最小燃气量点火。因此，在点火动作之前，首先确认燃气控制阀的开启程度是否在最低燃烧位置，否则，燃气炉不点火；如果是低燃烧位置，控制监视器低燃烧位置的显示将亮灯。

③ 火焰的监测：采用紫外光电管监测（带自我监测功能）。

④ 燃烧炉高温限制：燃烧炉的后部设有高温限制用传感器，当温度异常升高时，HMI 显示"燃烧室高温异常"，蜂鸣警报同时拉响。高温限制用传感器的调整可通过控制器进行。

⑤ 低燃烧位置：小休、就餐时间，燃烧炉可设置低燃烧位置。

（5）其他安全要求

① 风机的超负荷：为防止所有的风机超负荷，当电流超过标准设定值时，相关风机停止，面板上"风机异常"的显示将亮灯，并通过警报器通知。

② 循环风机的运转确认：通过压力开关检测热风循环风机的吸入压力，确认是否达到标定风量、循环风机是否在运转，或者在运转中当风量不足时，HMI 显示"风机风压过低"，并通过警报器通知；除此之外还可以通过运转传感器检测，确认热风循环风机是否以正常的转速运转。

③ 循环风高温限制：循环通风管的送气端、换气端都设有高温限制用传感器，当温度异常上升时，HMI 显示"进气高温异常"或"换气高温异常"，并通过警报器通知；除此之外，进气高温限制、换气高温限制都可以通过面板的控制器进行调节。

5.4.18　模块化要求

① 所有的烘房、强冷室采用模块化结构设计，除非经过甲方工程师特别批准。

② 烘房模锻应以成品形式运送到现场，包括内外壁板的焊接、保温层的制作。

③ 机运预理钢结构的制作等，现场仅允许存在模锻与模锻之间膨胀节的连接工作。

④ 燃烧系统及相关控制系统必须将所有元器件安装在管路上，打包运送至现场进行安装；在从加热器制造商发货装船之前，需要进行压力测试，提供测压报告给甲方。

⑤ 要对加热器和燃烧炉一起在最大燃烧率、最高温度和最大压力下进行测试和运转。

⑥ 换热器在制造厂家全套制作安装，所有的内部结构，包括换热管、过滤框架等一并焊接完成后，成套运送至现场，现场工作仅允许进行风机、燃烧设备安装、送排风风管连接等工作。换热盘管在出厂前需要 100% 试漏。

⑦ 模组在运送过程中要恰当地拴牢，防止运输、装载或卸货中的变形；模组和设备用合适的防水布覆盖或收缩布包裹，以保护在运输和储存过程中来自天气的影响；所有的模块化烘房内部面板的接缝都要用防锈材料完全焊接，密闭不漏气，在烘房制作之前须提交焊接手续给甲方。

⑧ 所有与渗铝板相关的焊缝的内外面都要经过钝化处理。

5.4.19　烘干炉炉温测试位置

烘干炉炉温测试位置如图 5-15 所示。

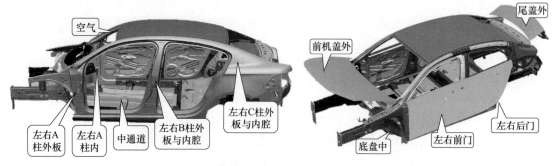

图 5-15　炉温测量点位图

6 机运设备技术要求

6.1 引言

现代汽车工业都是流水线作业，无论是间歇式生产还是连续式生产，被涂物在车间与车间、生产线与生产线、工序之间的转移都是靠各种各样的机械化运输设备（简称"机运设备"）来实现的；被涂物在涂装过程中的旋转、翻转、倾斜摆动、按程序动作、变节距、转挂、存储等按工艺需要的动作和整个生产过程的自动控制，也都是靠机运设备来实现的。机械化运输系统贯穿工业涂装生产的全过程，是现代化大量涂装生产线的动脉。它的功能、可靠性和先进性直接影响生产线的开动率、生产效率和涂装质量。

机运相当于涂装车间的交通网络，连接不同工艺之间的物理空间，实现了车身在不同工艺间的快速精准转移。

在涂装车间的设计中，被涂物输送方式的选择和机运设备类型的选用十分重要，因此，在涂装机运设备的设计选型上，需以提高涂装车间的面积利用率、空间利用率、节能降本为原则，以智能、高效、少维护为前提，来进行机运设备的规划与设计。

6.2 分工界面

总包分工见总则；分包分工详见本节。

6.2.1 公用动力分工界面

公用动力分工界面如图 6-1 所示。

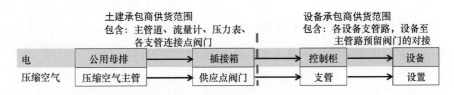

图 6-1　公用动力分工界面

6.2.2 机运系统与作业场分工界面

机运系统与作业场分工界面如图 6-2 所示。

6.2.3 机运系统与 UBS、UBC 室体分工界面

机运系统与 UBS、UBC 室体分工界面如图 6-3 所示。

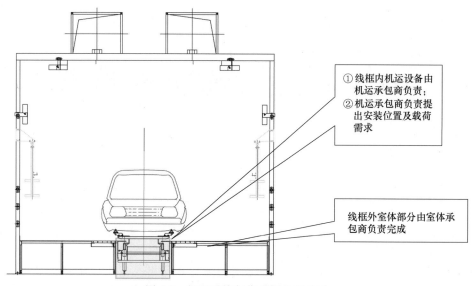

①线框内机运设备由机运承包商负责；②机运承包商负责提出安装位置及载荷需求

线框外室体部分由室体承包商负责完成

图 6-2　机运系统与作业场分工界面

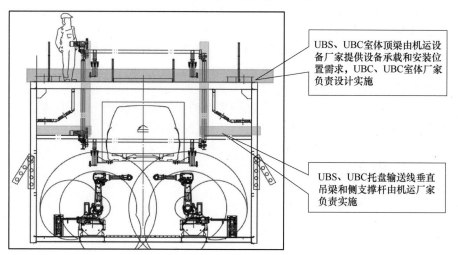

UBS、UBC室体顶梁由机运设备厂家提供设备承载和安装位置需求，UBC、UBC室体厂家负责设计实施

UBS、UBC托盘输送线垂直吊梁和侧支撑杆由机运厂家负责实施

图 6-3　机运系统与 UBS、UBC 室体分工界面

6.2.4　机运系统与喷漆室分工界面

机运系统与喷漆室分工界面如图 6-4 所示。

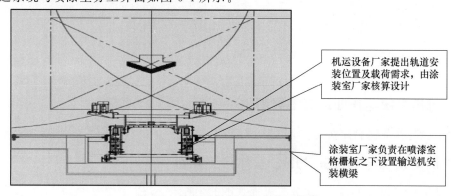

机运设备厂家提出轨道安装位置及载荷需求，由涂装室厂家核算设计

涂装室厂家负责在喷漆室格栅板之下设置输送机安装横梁

图 6-4　机运系统与喷漆室分工界面

6.2.5 机运系统与烘干炉分工界面

机运系统与烘干炉分工界面如图 6-5 所示。

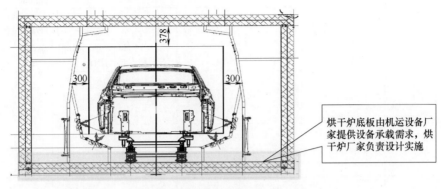

烘干炉底板由机运设备厂家提供设备承载需求，烘干炉厂家负责设计实施

图 6-5 机运系统与烘干炉分工界面

6.3 设计要求

6.3.1 产能设定

产能计算如表 6-1 所示。

表 6-1 产能计算

日产量/台	工作时间/h	需求产能/(JPH)	生产天数/天	生产能力/(台/年)
920	15.3	60	250	229950

	开动时间/(min/天)	开动率/%	实际开动时间/(min/天)	生产台数/(台/天)	小件比例/%	套色比例/%	换色空位/(台/天)	返修/%	排空数量/(台/天)	通过台数/(台/天)	生产能力 产能/JPH	生产能力 节拍/s	输送设备 节距/m	输送设备 链速/(m/min)	备注
夹具岗	920	97	892.4	920	—	—	—	—	—	920	62	58	5.8	5.99	
前处理电泳	920	97	892.4	920	3	—	—	—	—	948	64	56	6.6	7.04	
电泳炉1#、2#线	920	95	874.0	460	3	—	—	—	—	474	32	113	5.8	3.09	
电泳炉排空缓存数	—	—	—	—	—	—	—	—	150	—	—	—	—	—	以会签结果为准
密封胶1#、2#人工	920	95	874.0	460	—	—	—	—	—	460	32	113	5.8	3.09	
细密封1#、2#自动	920	95	874.0	460	—	—	—	—	—	460	32	113	—	—	
LASD1#、2#线	920	95	874.0	460	—	—	—	—	—	460	32	113	—	—	

日产量/台	工作时间/h		需求产能/(JPH)		生产天数/天		生产能力/(台/年)			
920	15.3		60		250		229950			

	开动时间/(min/天)	开动率/%	实际开动时间/(min/天)	生产台数/(台/天)	小件比例/%	套色比例/%	换色空位/(台/天)	返修/%	排空数量/(台/天)	通过台数/(台/天)	产能/JPH	节拍/s	节距/m	链速/(m/min)	备注
UBS 1#、2#线	920	95	874.0	460	—	—	—	—	—	460	32	113	—	—	以会签结果为准
UBC 1#、2#线	920	95	874.0	460	—	—	—	—	—	460	32	113	—	—	
裙边胶 1#、2#线	920	95	874.0	460	—	—	—	—	—	460	32	113	5.8	3.09	
胶烘干炉	920	95	874.0	920	—	—	—	—	—	920	64	56	5.5	5.87	
密封胶炉缓存数量	—	—	—	—	—	—	—	—	40	—	—	—	—	—	
电泳打磨 1#、2#线	920	95	874.0	460	—	—	—	—	—	484	32	113	5.8	3.09	
漆前编组	—	—	—	—	—	—	—	—	60	—	—	—	—	—	
面漆 1#线	920	93	855.6	460	—	0	54	2	46	569	40	90	6.9	4.60	
面漆 2#线	920	93	855.6	460	—	100	54	2	46	569	40	90	6.9	4.60	
面漆烘干炉1#、2#线	920	93	855.6	460	—	—	54	2	100	569	40	90	5.8	3.87	
检查抛光 1#、2#线	920	95	874.0	460	—	—	—	—	—	484	32	113	5.8	3.09	
贴黑膜 1#、2#线	920	95	874.0	460	—	—	—	—	—	484	32	113	5.8	3.09	
WAX 1#、2#	920	95	874.0	460	—	—	—	—	—	484	32	113	5.8	3.09	
点补间	—	—	—	—	—	—	—	—	—	—	—	—	—	—	
面漆 Audit	—	—	—	—	—	—	—	—	—	—	—	—	—	—	
大返修	—	—	—	—	—	—	—	—	—	—	—	—	—	—	

6.3.2 输送形式

机运配置如表 6-2 所示。

表 6-2　机运配置

机运形式		前处理、电泳线	电泳烘干及强冷	电泳缓存线	电泳橇缓存线	UBS & UBC	手工密封线	LASD	裙边胶	密封胶炉	密封胶缓存线	电泳打磨线	面涂线	面漆烘干及强冷	面漆缓存线	面漆橇缓存线	精饰线	终检报交线	注蜡、黑膜线	点补、同 Audit
Rodip		TBD																		
双摆杆		TBD																		
链式辊床	防爆																			
带式辊床	防爆					○														
链式辊床(变频)	防爆			○																
带式辊床(变频)	防爆				○								○							
链式辊床	常规			○																
带式辊床	常规				○										○	○				
链式辊床(变频)	常规																			
带式辊床(变频)	常规						○	○	○		○	○					○	○	○	○
带式升降机			○												○	○				
链式升降机			○							○				○						
机械双链				○						○				○						
皮带链					○						○				○	○				
滑板输送						○														

6.3.3　车型信息

车型信息如表 6-3 所示。

表 6-3　车型信息

名称		设备能力及车型尺寸
车型尺寸	含夹具	5000mm(长)×1950mm(宽)×1700mm(高)
	开门尺寸	5000mm(长)×2200mm(宽)×1700mm(高)
白车身质量		(MAX)650kg/台
夹具质量		50kg/台
车型		TBD

6.4　基本要求

6.4.1　通用要求

① 设备节拍、流动数为初步设计的计算数据。具体施工时的数据以厂家实际计算为准。厂家需根据车间各线体具体设计进行调整及优化；所有工序的机运设备的节拍、链速能力在以上设定表的基础上需具备提高 10% 的空间；各存储区的存储能力以及流动数设定要根据 PT/ED 线、烘干炉、面漆线的正常生产排空以及上下工序的正常生产连接要求设计；托盘数量、滑橇数量以及各存储区容量应满足正常生产流动及工艺排空的基本要求。

② 设备的设计和制造必须满足相关中国国家标准或电气、机械和安全标准；安全规格方面以中国国内相关的设备安全规范为准；所有气动管路、电气线路、器件需有标号，易于查找，主要元件需标明功能。

③ 供应商应该出具所有进口件的原产地证明。

④ 所有托盘、滑橇均需提供相应的去应力证明。

⑤ 除辊床设备、托盘设备外，所有机运设备的驱动装置必须一用一备，现场可快速切换。

⑥ 除有明确的说明允许电机直接驱动外，所有的电机必须采用变频驱动。

⑦ 所有安装螺母必须采用防松螺母，在使用正确力矩拧紧连接螺栓、螺母后，供应商应使用油性记号笔对紧固件进行标记，以方便目示管理。所有紧固螺栓强度要大于 9.8 级，尽可能将螺栓向下安装，螺母在下。

⑧ 工艺钢结构与吊挂钢结构连接必须采用压板形式螺接，不允许焊接。

⑨ 所有设计改造必须符合安全性要求，如机械外形棱角、关节需设置安全防护（倒角、防护套等）。

⑩ 所有机械器件易于拆装维护，模块化组合设计，易于替换，不允许焊接制作。

⑪ 所有支撑必须提供相应的检具，检具精度为 ±1mm。检具在使用过程中需要考虑到检具实际的可操作性。供应商需要根据实际检具的外形尺寸、质量等特性，考虑检具的拿取方式等，确保甲方在实际生产操作过程中的可靠性和简便性。

⑫ 各润滑点需有标牌说明。

⑬ 动力能源、主动力能量系统必须使用机械式中断隔离开关或者阀门来控制。

⑭ 必须为每台机械式防失控装置提供一个防失控限位开关。当防失控限位开关脱开时，它必须启动输送机停止操作。限位开关必须是控制可靠系统的一部分。

⑮ 当使用安全下降输送机时，超速监视装置（如编码器）必须监视输送机的速度。当

搬运器的速度超过超速监视装置的设定时，斜坡安全输送机上的制动器必须启用。斜坡输送机应关闭并且搬运器必须随之停止。

⑯ 在所有机运设备的行程终端都需安装相应的机械死挡，以阻挡因控制异常时被输送物品超行程运动造成事故。

⑰ 本次项目所有制作的小车、滑橇、吊具等设施，必须运到涂装车间进行验证，合格后方可进行批量制作，对于系统性的设备，要求在供应商的制作工厂进行试制后，方可进行制作；滑橇、吊具等载具的支撑必须采用甲方规定的前后各一对制造策略孔进行定位，在进行载具与车体脱离转接时，必须采用辅助装置先将车体与载具脱离，再使用移载装置将车体转接。反之一样，先由移载装置将车体放在辅助装置上，再由辅助装置将车体放在载具上。

6.4.2 常用机运设备

常用的涂装机运设备类型如表 6-4 所示。

表 6-4 涂装机运设备类型

名称	图例
辊床	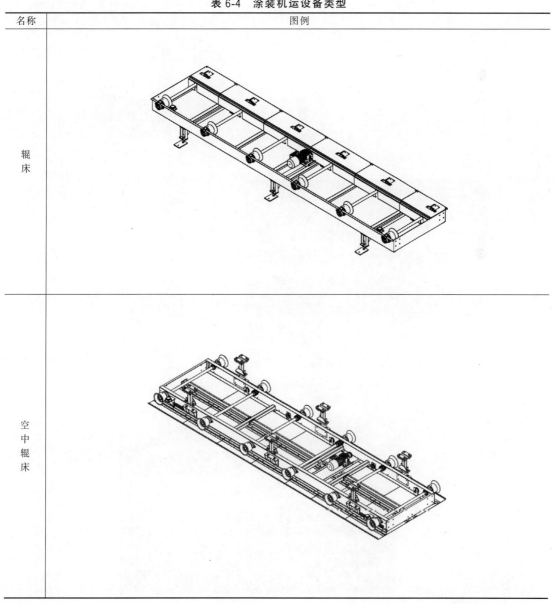
空中辊床	

名称	图例
旋转辊床	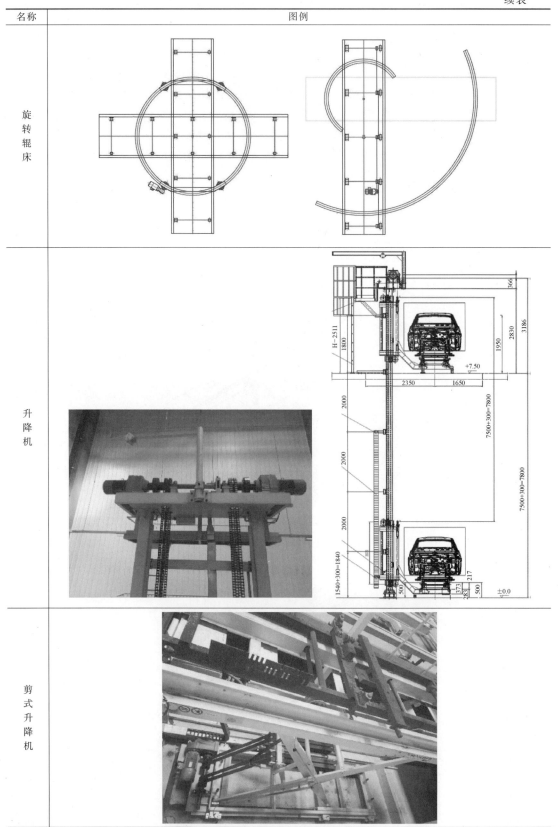
升降机	
剪式升降机	

名称	图例
带式移行机	
轨道式移行机	
烘干炉双链	

名称	图例
移载机	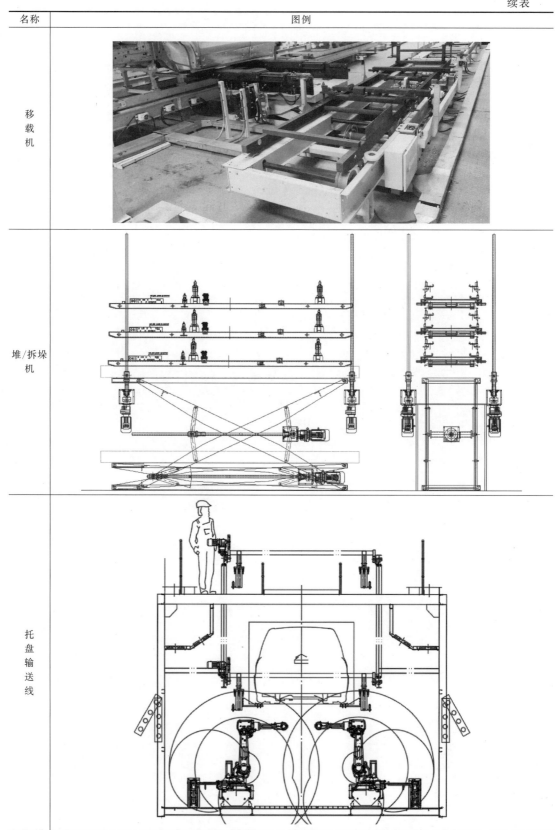
堆/拆垛机	
托盘输送线	

名称	图例
BDC 存储	

6.4.3 辊床设备

辊床是涂装车间一种常见的基本机运设备，主要起到承前启后并依据指令将车体搬运到不同工位的作用。按功能划分，可分为常规辊床、特殊辊床、空中辊床、旋转辊床等；按使用的环境划分，又可分为高温辊床、防爆辊床等。各类辊床在主体机械结构上基本相同，主要区别在于辊床上电气元件的选择。

辊床主要从其所处的环境、要求实现的功能两个方面进行选择。

6.4.3.1 常规辊床

辊床图示如图 6-6 所示。各部件技术要求如表 6-5 所示。

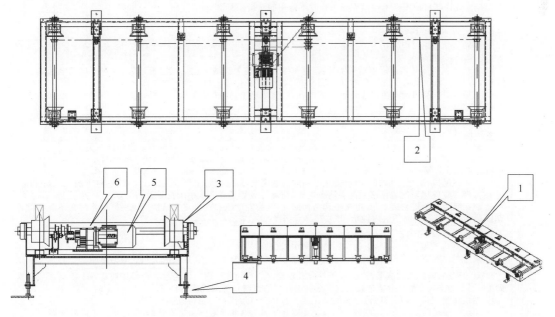

图 6-6　辊床图示

表 6-5 辊床各部件技术要求

图 6-6 序号	技术要求
1	a. 主体结构:采用 5.5m 标准辊床设计;辊床结构要求采用钢板折弯成型,不允许采用焊接形式,辊床地脚高度应可调节,驱动区域需要有盖板保护。所有提供的机运轨道部件都是可以在现场螺栓安装的标准组件,模块化组合设计,易于拆装维护,易于替换,不允许焊接制作。 b. 辊床的尺寸由甲方在设计阶段进行确定,供应商不能因为尺寸的变化提出工程更改,在油漆车间内的辊床尺寸、元器件选型、参数原则上要求一致,如存在不一致,必须做出分析说明。 c. 机运设备和组件必须可承受至少 2 倍电机额定扭矩的力。 d. 内部组件应该是易于观察和维护的,进入这些组件无须拆卸机运设备。 e. 输送轨道必须是有统一标准的横截面,并加工成便于运输和处理的长度。框架应该制作和集成为一个完整的单元。 f. 安装机运轨道支撑后,应消除轨道的偏斜。 g. 所有工位室体内的辊床,采用变频控制,通过调节辊床速度来满足工位操作的需要。所有与工位内辊床和链式输送机相衔接的辊床,采用变频控制。 h. 由供应商决定驱动辊床的速度,运行时要满足工艺动作的需要。 i. 下列位置辊床主体结构及盖板必须采用 304 不锈钢制作:前处理线入口,前处理至电泳过渡段,电泳出口到电泳烘房升降机。 j. 所有工位的辊床,采用迷宫式盖板,且必须有足够强度满足人员生产操作的要求;其他工位辊床盖板采用常规设计。 k. 所有进出口辊床处都必须安装锁紧机构,以便手推小车与之对中。 l. 在三个方向(X, Y, Z)水准测量将被执行,允许偏差在 ±2mm 之内。 m. 供应商应该提供安装用薄垫片,以避免输送设备因地面不平整而发生故障。应尽量减少垫片的数量。 n. 承包商有责任克服所有现场非水平的状况。当设备安装时,有一致的安装基准,以保证系统的安装精度。 o. 滑橇端挡器:一般情况下,滑橇停止器的活动端挡处于竖起状态,阻止输出车身或滑橇,当升降机升起到位后,通过机构的作用,该活动端挡倾斜,允许输出车身或滑橇。该端挡器要求布置在辊床的出入口、转接处或者活动辊床上。 p. 沥水辊床:沥水辊床用于前处理和电泳后,排干车身携带的液体,它包括辊床、橇体定位装置、辊床倾斜装置。驱动装置平台,周围设置栏杆。电机驱动的长轴,安装在带座轴承上。长轴上装有尼龙带辊筒和提升辊床的尼龙带。尼龙带和辊床的连接处,有提升带断裂检测装置。 q. 偏心升降辊床:偏心升降台由机架、带双列同步带轮减速电机、偏心轮轴、轴承和同步带轮,以及辊轮轴承、同步带和垂直导向装置组成。机架由方管和角钢型材构成,它固定在高度可调节的底座上;轴承座和垂直导向装置轮组安装在上面;偏心轮轴安装在轴承座里,其上装有同步带轮、偏心轮与辊轮轴承;同步带轮通过键固定在驱动轴上。在安装或维修时应注意,同步带的安装一定要保证两根轴同步。 r. 油漆参照工厂颜色规定
2	a. 皮带品牌为 CONTITECH,gates;链条品牌为椿本、东华。 b. 承包商应在制造前提供所有皮带和链条的细节以供确认;所有辊床的连接皮带或链条的间距为 1076mm。 c. 所有类型的皮带应该是钢材加强橡胶;所有皮带组件应该是新的,完整的,指定型号的。 d. 所有提供的皮带材料和装备应该是标准设计的。 e. 皮带应是头尾相连的,并且结合处应硫化。硫化长度约 1000mm 或根据厂方推荐。可更换的夹子只有在事先得到允许才可使用。承包商应提供临时维修用的粘接工具。 f. 提供每种使用皮带和链条的备件。 g. 带式辊床和链式辊床使用范围见表 6-2
3	a. 辊轮包括进出口应使用 PU 包裹的轮子或 Vulkolan,内装轴承,轮子用符合 DIN244 要求的钢管制作,带导向法兰,便于拆装。 b. 下列位置辊床必须采用不锈钢辊轮:前处理线入口、前处理线至电泳线过渡段、电泳线出口至电泳烘房升降机、烘房升降机、烘房内进口和出口、人工擦净入口到 CC 内喷入口之间工艺辊床。 c. 在那些滑橇有可能产生滑移到辊床的地方,如喷漆室出口、挥发室、烘房、喷蜡处,应使用经机器加工的带凹槽的轮子
4	机运支撑脚应在横向和垂直方向可调。在调整结束后,最终定位的规定应该被提供(如拧紧螺母、焊接固定和细线标记)
5	a. 驱动电机:品牌为 SEW/西门子,所有减速电机应装有快插插头,并就近配有动力切断开关。 b. 所有减速电机都必须包含完整的手动释放抱闸(除非定义不需要),从外部便于操作且不会引起任何人身危险。抱闸应该易于调整。抱闸制造商需要考虑实际运行中的启动和停止频率以及回馈功率。 c. 所有的电机、减速器和抱闸应安装在可调整的基座上,以适应每个厂商规格驱动皮带、链子的张紧和连接。 d. 安装在危险区域的辊床必须配备防爆电机,防爆等级等于或高于中国法规及相关规范。 e. 驱动装置包括辊轮传动带、电机传动结构的皮带、齿轮电机和电机支撑结构。应根据操作时最不利条件计算传动力。要配备密封的滚珠轴承,并要有终身润滑
6	a. 减速器品牌:SEW。 b. 减速器应该采用高效型,不论实际负载多少,规格要同电机相适应。 c. 减速器厂商需考虑实际应用需求,如启动、停止频率,回升率,速度变化范围和制动的使用
导向	a. 对皮带输送体系,需安装导向,辊子导向或辊轮边缘可用作导向。要通过生产操作或从一个机运区域传送到另一个区域时,需要对滑橇进行定位。导向设计应考虑滑橇框架纵向的偏差。 b. 对链条输送系统,在横向传输导向确保链子在整个机运线路中保持直线。 c. 在皮带输送的上方皮带的左右两侧,应安装有导向。这些导向应该是错开的,以避免皮带间的摩擦
轴系	a. 对皮带输送系统,所有的滑车轮、驱动辊轮和连接应该无键连接方式。 b. 所有超过 3m 的轴应该在中部加以支撑,以减少轴上的压力

6.4.3.2　高温辊床

高温辊床图示如图 6-7 所示，技术要求如表 6-6 所示。

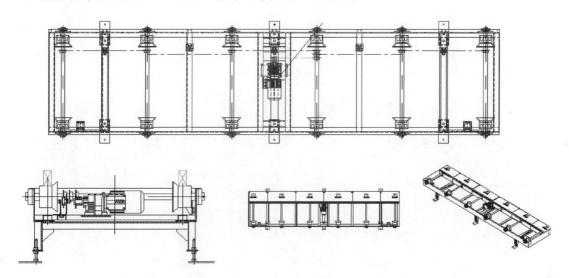

图 6-7　高温辊床图示

表 6-6　高温辊床技术要求

主体机械结构要求	高温辊床、防爆辊床主体机械、材质、结构要求见本章 6.4.3.1 节
防爆辊床	防爆要求详见 11.2.10 节电机中的防爆相关说明
高温辊床	电气要求详见 11.2.10 节相关说明
其他说明	a. 置于高温区域内的辊床禁止刷漆； b. 安装于高温区域或防爆区域的辊床其驱动单元(电机＋减速器)必须置于高温区域或防爆区域以外,通过联轴器与辊床连接

6.4.3.3　空中辊床

空中辊床如图 6-8 所示，技术要求如表 6-7 所示。

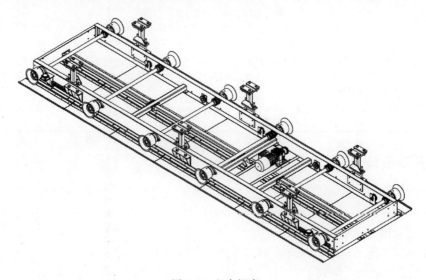

图 6-8　空中辊床

表 6-7　空中辊床技术要求

主体机械结构要求	空中辊床主体机械、材质、结构要求见本章 6.4.3.1 节
电气	详见 11.2.10 节相关说明
其他说明	需设置维修通道便于维修作业

6.4.3.4　旋转辊床

旋转辊床如图 6-9 所示，技术要求如表 6-8 所示。

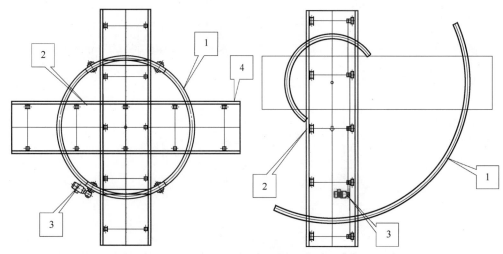

图 6-9　旋转辊床

表 6-8　旋转辊床技术要求

图 6-9 中序号	技术要求
1	a. 旋转辊床由上部辊床及底部的旋转机组成； b. 旋转被导向轮限制在轨道范围内,通过电机驱动聚氨酯转轮,在轨道方向上旋转,轨道由槽钢制成,材质为 Q235-A
2	辊床本体要求详见本章 6.4.3.1 节
3	a. 旋转电机采用变频控制,电机带摩擦轮转动,转动角度大约 90°/180°,旋转轨道的起始点及终点安装缓冲器； b. 旋转机的加减速、停止、越位信号由位于轨道外侧的接近开关发出； c. 轨道两端设置聚氨酯挡块,旋转机越位时起到缓冲作用； d. 旋转机转动到位后,停止器打开,车体才能搬入或搬出,在车体旋转过程中,停止器保持关闭状态,在无须行进的方向上需要设置机械停止机构防止车体滑出,机械停止机构需保证强度足够,不易变形
4	滑橇端挡器,一般情况下,滑橇停止器的活动端挡处于竖起状态,阻止输出车身或滑橇；当升降机升起到位后,通过机构的作用,该活动端挡倾斜,允许输出车身或滑橇。该端挡器要求布置在辊床的出入口、转接处或者活动辊床上
安全	在人员通道旁的链式移行机需设置安全护栏,在移行机与辊床线对接处、人员通道侧应设置作业入侵及干涉外检测开关,防止人员误入造成事故

6.4.4　升降设备

在四大车间之中，涂装车间的立体布置最为复杂。依据工艺和规划的需要，车体需要在不同楼层之间穿梭流转，因此升降设备成为涂装车间不可或缺的一部分。在升降机的选择上，着重考虑节拍、承重和安全要求。

在涂装车间常见的升降设备有：剪式升降台、常温升降机、高温升降机等。

6.4.4.1　剪式升降台（带式）

剪式升降台（带式）如图 6-10 所示，技术要求如表 6-9 所示。

图 6-10 剪式升降台（带式）

表 6-9 剪式升降台（带式）技术要求

图 6-10 中序号	技术要求
1	本体组成：上部辊床＋下部升降台 升降最大速度：30m/min 升降台载荷：1000kg 升降台品牌：PRO-HUB、GRUNDEI、Flexlift 升降台升降驱动形式：电动皮带式，四组皮带共同驱动
2	上部辊床要求详见本章 6.4.3.1 节
3	皮带断裂传感器
4	皮带品牌：CONTITECH，gates
5	驱动电机：SEW、西门子；变频控制，实现不同节拍要求
6	减速器：SEW
7	附近设置动力切断开关
安全	a. 必须设置机械防坠落装置； b. 举升台上装有动力安全锁定制定，平台下不得有开关和控制装置，同时需要考虑维修安全撑杆

6.4.4.2 常温升降机（带式）

常温升降机（带式）如图 6-11 所示，技术要求如表 6-10 所示。

表 6-10 常温升降机（带式）技术要求

图 6-11 中序号	技术要求
1	基本结构：双柱（设计厂家有其他形式推荐需由甲方承认）
2	采用带式升降，皮带品牌：CONTITECH，gates
3/4	驱动电机品牌：SEW、西门子 升降机的驱动电机设计为一用一备的方案，且能够实现在线切换的功能 减速器品牌.SEW 条件允许的前提下，驱动单元置于升降机底部
5	配置检修旋臂
6	升降机顶部设置爬梯、维修平台以及电机吊装支架，方便点检和维修作业
7	维修平台上设置隔离开关，当隔离开关断开时，升降机驱动电机电源被切断，电机处于抱死状态，升降机不进行任何动作

图 6-11 中序号	技术要求
8	配置检修用防坠落装置
9	a. 提升架上安装有皮带辊床,用于车体搬入搬出,辊床要求详见本章 6.4.3.1 节辊床; b. 辊床两端设置机械挡块,保证在上升和下降过程中车体无法冲出辊床; c. 提升架安装有导向支撑胶轮,升降过程中依靠立柱(方管)支撑和导向; d. 提升架与配重块之间由两条皮带连接,每条皮带至少能承受 5 倍的工作拉力,皮带跨过位于升降机顶部的驱动滚筒; e. 升降机在上到位和下到位处,都要设置提升架锁紧机构,提升架锁紧后,车体才能搬入和搬出; f. 升降机底部和顶部都要设置越位挡块(聚氨酯胶柱),异常发生时起到缓冲作用; g. 在提升架上设置皮带断裂检测的行程开关,皮带断裂时设备立即停止运转
安全要求	a. 升降机所在范围的一层及二层都要设置安全栅和护栏(位于建筑开孔中的升降机,其开孔四周需安装高度不低于 100mm、厚度不小于 2mm 的踢脚板,特殊区域需做说明),护栏入口设置入侵检测开关,防止因人体误入升降机造成的危害; b. 升降机安全门入口设置安全插销,人员须拔出安全插销方可进入,安全插销拔出,升降机机能停止; c. 所有升降机紧急停止操作按钮需设置安全锁扣,并配备安全锁(安全锁由厂家选型,由甲方认可),只有打开安全锁方能操作紧急停止按钮; d. 设置维修点检插销,当插销拔出时,认为升降机处在维修状态,不进行任何动作
其他要求	a. 升降机安装时应考虑提高整体稳定性的措施,减少因提升架上升或下降到位时快速停止造成的冲击振动,涉及防抖加固方案需要与厂房钢梁焊接的部位,投标时需向甲方反馈。加固方案须得到甲方承认后方可实施(厂家需提供加固强度计算); b. 涉及穿越楼板的升降机,需要厂家在投标时一并提供该升降机位置楼板的开口尺寸规格(需按照升降机的功能设计开口尺寸、预埋板位置、设备与厂房立柱连接位、屋面钢梁焊接部位等),并向甲方提出需求,楼板开口由土建厂家实施

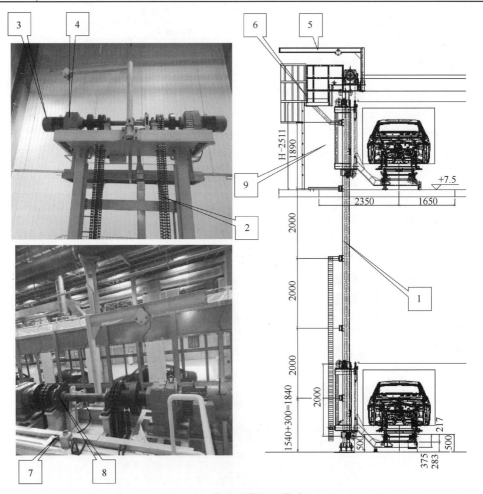

图 6-11　常温升降机（带式）

6.4.4.3 高温升降机（链式）

高温升降机如图 6-12 所示，其技术要求如表 6-11 所示。

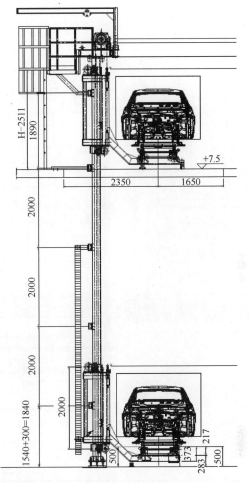

图 6-12　高温升降机

表 6-11　高温升降机技术要求

主体机械结构要求	a. 主体机械、材质、结构要求见本章 6.4.3.1 节； b. 升降机升降链条采用进口椿本链条； c. 驱动单元外置； d. 位于提升架上辊床采用链式辊床，链条采用国产东华链条或同等水平链条
电气基本要求	详见 11.2.10 节相关说明
安全要求	详见本章 6.4.4.2 节
其他要求	详见本章 6.4.4.2 节

6.4.5 移行机

当主体输送形式采用辊床输送时，移行机的配置就必不可少。移行机依据指令可以灵活地将车体转换于平行的多条辊床输送线之间。

常见的移行机有：带式移行机、轨道式移行机和链式移行机。下面就我们需要的移行机要求进行详细说明。

6.4.5.1 带式移行机

带式移行机如图 6-13 所示，技术要求如表 6-12 所示。

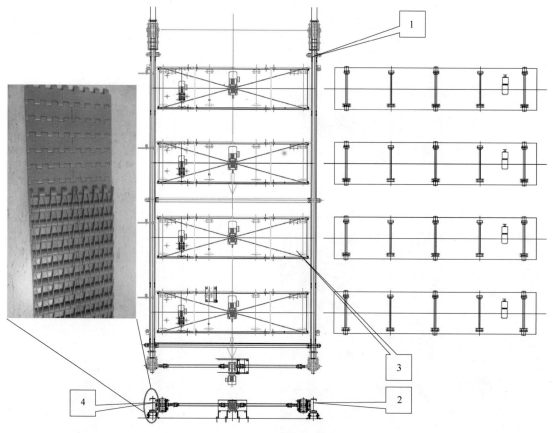

图 6-13 带式移行机

表 6-12 带式移动机技术要求

图 6-13 中序号	技术要求
1	a. 基本机构：移行机由顶升辊床及侧移模块链组成； b. 设置顶升辊床、平移机的加减速以及停止、越位信号，两侧侧移链的同步检测信号； c. 顶升辊床搬入、搬出部分辊床要求详见 6.4.3.1 节
2	驱动电机品牌为 SEW/西门子；减速器品牌为 SEW
3	a. 顶升辊床可实现所在车道的车体搬入/搬出，所在位置车体的上升/下降；车体的移行由侧移链执行； b. 顶升辊床上升到位后，车体才能搬入或搬出，在车体平移过程中，过程中的顶升辊床保持在下降到位状态
4	a. 侧移链采用塑料链条（采用 UNICHAIN 或同等品牌塑料带），链条需要保证良好的耐磨性能； b. 链条安装在固定的轨道上，由一端的驱动电机通过联轴器带动，轨道材质为 Q235-A； c. 侧移链驱动位于侧移方向末端，张紧位于侧移方向始端，采用弹簧张紧
安全要求	a. 每个顶升辊床都设置滑橇导落结构； b. 在人员通道旁的链式移行机需设置安全护栏，在移行机与辊床线对接处、人员通道侧应设置作业入侵及干涉外检测开关，防止人员误入造成事故

6.4.5.2 轨道式移行机

轨道式移行机如图 6-14 所示，技术要求如表 6-13 所示。

图 6-14　轨道式移行机

表 6-13　轨道式移行机技术要求

图 6-14 中序号	技术要求
1	基本结构：由上部辊床及底部的平移机组成； 控制：平移机的加减速、停止、越位信号，由位于轨道一侧的检测开关给出
2	平移机被导向轮限制在轨道范围内，通过电机驱动聚氨酯转轮，在轨道方向上平移
3	轨道由槽钢制成，材质为 Q235-A
4	平移机电缆应选用进口耐震软电缆，电缆由拖链固定和保护
5	轨道两端设置聚氨酯挡块，平移机越位时起到缓冲作用
6	端挡器：平移机移动到位后，机械停止器打开，车体才能搬入或搬出，在车体平移过程中，停止器保持关闭状态，机械停止器结构需保证强度足够，不易变形
安全要求	在人员通道旁的移行机需设置安全护栏，在移行机与辊床线对接处、人员通道侧应设置作业入侵及干涉外检测开关，防止人员误入造成事故

6.4.6　移载机

移载机的主要功能就是实现车体在不同的载具中进行转化，主要应用于焊涂转载和涂总转载。数量虽然不多，但其在定位精度方面相对其他机运设备高出很多。其具体要求参照下述说明。移载机如图 6-15 所示，技术要求如表 6-14 所示。

图 6-15　移载机

表 6-14　移载机技术要求

图 6-15 中序号	技术要求
1	基本结构:上部伸缩叉、下部剪式升降台; 伸缩叉承载能力:1000kg; 伸缩叉双向行程:−2000~2000mm
2	伸缩叉最大速度:1.5m/s; 伸缩叉品牌:MIAS; 重复定位精度:±2mm
3	剪式升降台要求:详见本章 6.4.4.1 节
4	侧顶机要求:详见本章 6.4.7 节
安全要求	需设置安全护栏,人员通道侧应设置作业入侵及干涉外检测开关,防止人员误入造成事故

6.4.7　侧顶机

一种转载辅助设备,用来确保转载精度,降低转载故障,在移载、转载设备中负责垂直方向的提升。其具体要求参见下述内容。侧顶机如图 6-16 所示,技术要求如表 6-15 所示。

图 6-16　侧顶机

表 6-15　侧顶机技术要求

图 6-16 中序号	技术要求
1	基本结构:由四柱侧顶臂、链条传动机构、橇体定位机构组成
2	驱动电机品牌:SEW/西门子; 减速器品牌:SEW; 控制:侧顶机使用变频器,运动速度可以调节
3	链条品牌:东华
4	侧顶机托块,带不同 V 形槽适应不同车型定位要求 所有侧顶机托块尺寸、相对车型原点位置必须一致
5	橇体定位机构:气动或电动
安全要求	需设置安全护栏,人员通道侧应设置作业入侵及干涉外检测开关,防止人员误入造成事故

6.4.8　拆（堆）垛机

为了提升涂装车间空间利用率,需要对橇体进行拆（堆）垛处理。拆（堆）垛处理任务由拆（堆）垛机完成。它主要由叉式升降台和旋转臂组成。拆（堆）垛机如图 6-17 所示,技术要求如表 6-16 所示。

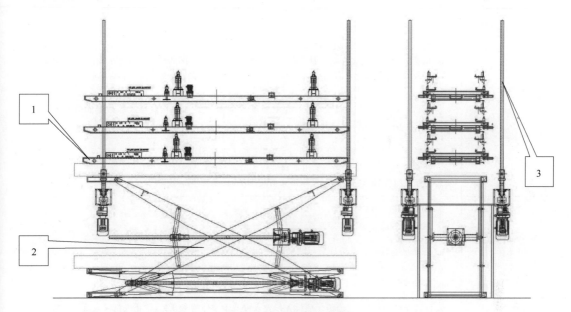

图 6-17　拆（堆）垛机

表 6-16　拆（堆）垛机技术要求

图 6-17 中序号	技术要求
1	a. 基本结构：拆(堆)垛机由皮带辊床、剪式升降台、4 个托臂组成； b. 设置电泳滑橇存储区和喷涂滑橇存储区，用于电泳滑橇和喷涂滑橇的拆(堆)垛； c. 拆(堆)垛层数为 3 层，安装调试阶段需根据现场实际要求更改拆(堆)垛层数
2	剪式升降台要求：详见本章 6.4.4.1 节
3	旋转臂：气动或电动
控制要求	a. 滑橇搬入精确停止在预定位置，升降辊床上升到最高位，托臂打开托住滑橇，升降辊床下降到位，下一个滑橇搬入精确停止在预定位置，升降辊床上升到中间位，托臂收回，完成两层堆垛，升降辊床继续上升到最高位，托臂打开托住滑橇，升降辊床下降到位，以此类推； b. 已堆垛滑橇搬入精确停止在预定位置，升降辊床上升到中间位，托臂打开，升降辊床下降到位，滑橇搬出，完成第一个滑橇拆垛，升降辊床上升到最高位，托臂收回，升降辊床下降到中间位，托臂打开，升降辊床下降到位，滑橇搬出，完成第二个滑橇拆垛，以此类推
安全要求	需设置安全护栏，人员通道侧应设置作业入侵及干涉外检测开关，防止人员误入造成事故

6.4.9　PVC、UBS 托盘输送线

由于其结构的紧凑，PVC 喷涂优先选用该类型机运设备；在满足标准化、模块化和互换性的前提下，还需满足下列要求。密封胶机运如图 6-18 所示，技术要求如表 6-17 所示。

表 6-17　密封胶机运技术要求

图 6-18 中序号	技术要求
1	a. 基本结构：主要由托盘、轨道、升降机组成； b. 用于 UBS、UBC 作业场输送线； c. 在底部密封胶入口(UBC 出口)设置转载位，可通过侧顶机、升降机等设备将车身从滑橇转载至 UBC 托盘上(从 UBC、UBS 托盘转载至滑橇上)； d. 在 UBC 入口位置设置托盘维修区，维修区配置摩擦辊床、电动葫芦、托盘检具，地面配备托盘搬送小车，方便托盘进行拔出、投入、检测、维修

图 6-18 中序号	技术要求
2	a. 托盘设置多组支撑,形式与滑橇形式一致; b. 托盘在线体流动时,通过摩擦轮驱动前进; c. 托盘上预留出安装车身信息载码体的位置,托盘托臂上部的卡板必须保证无法偏移、松动; d. 托盘高速搬入/搬出自动喷涂工位,并在该工位停止等待喷涂作业,吊具与机器人作业不能干涉; e. 托盘返回线、托盘通过线设置在作业场顶部(滑橇是否通过作业场底部具体依据方案而定,原则上电泳车身完成转载后开始进入电泳橇缓存区)
3	a. 托盘驱动电机品牌为 SEW/西门子,减速器品牌为 SEW; b. 主体结构:托盘结构要求采用钢板折弯成型;所有提供的机运轨道部件都是可以在现场螺栓安装的标准组件;模块化组合设计,易于拆装维护,易于替换,不允许焊接制作
4	a. 托盘轨道:材料 Q235; b. 轨道两侧需要设置维修通道
5	a. 升降机的驱动电机设计为一用一备的方案,且能够实现在线切换的功能; b. 驱动单元电机品牌为 SEW/西门子,减速器品牌为 SEW,带手动解报闸; c. 驱动单元安装位置:条件允许的前提下安装在升降机底部
安全要求	需设置安全护栏,人员通道侧应设置作业入侵及干涉外检测开关,防止人员误入造成事故

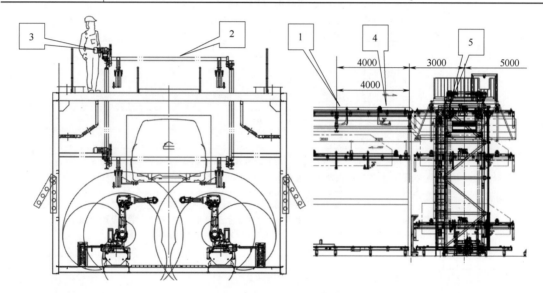

图 6-18　密封胶机运

6.4.10　喷漆室输送线

由于面漆采用水性 B1B2 工艺,对应用于喷房的机运设备着重考虑以下几点:防污能力、防腐能力、维护的便捷性,其他要求参照下列内容。

6.4.10.1　喷漆室双链输送线

喷房双链机运如图 6-19 所示,技术要求如表 6-18 所示。

表 6-18　喷房双链机运技术要求

图 6-19 中序号	技术要求
1	基本结构:机械双链

图 6-19 中序号	技术要求
2	a. 链条选用滚子链,链条型号由厂家设计选型并提供相关说明; b. 链条在垂直面内回转,两条链条由同一根驱动轴上的链轮驱动; c. 张紧单元位于输送线入口,选用弹簧张紧方式; d. 链条轨道应由多个模段组成,组装时要保证整体直线度以及接口处的平滑度; e. 链条速度检测使用编码器,安装在驱动处,选用金属联轴器,保证传动精度,驱动部应多准备一套链条/链轮给机器人厂家,规格与链条同步编码器相同,但链条长度应考虑安装的位置,机器人编码器由机器人厂家提供; f. 输送链左右偏移量精度在±7mm 范围内,紧急停止滑橇滑移量<20mm; g. 每根链条有一套润滑链节的自动润滑器,链条上的油通过自动程序控制的设备精确喷射一滴油到连接轴上,所使用的油必须由化学品供应商认可; h. 链条导轨为钢板制的两块侧板,螺钉连接到方钢上,作为返回链的导轨,包括按一定距离通过螺钉连接的辊子; i. 在链条下面,螺钉连接的螺纹板用于固定支撑腿,支撑腿高度可调,包括相关部件和安装材料
3	a. 驱动单元位于喷漆线出口喷漆室外,通过万向联轴器通往喷漆室内部; b. 驱动单元处设置隔离开关,当隔离开关断开时,驱动电机电源被切断,链条停止运转; c. 驱动单元附件就近设置动力切断开关; d. 驱动部需保证轴、轴承、轴承座、链条等强度足够(必须提交强度计算说明书); e. 驱动机构:带有过载时切断电机电源扭矩轴的滑动齿轮电机; f. 驱动装置均要采用变频控制
4	a. 输送链盖板采用与滑橇相适应的迷宫式结构,避免漆雾污染链条; b. 迷宫式盖板要求容易拆装,便于维护; c. 其设计方案需得到甲方的认可
其他要求	a. 喷漆室内应设置作业停止按钮(防爆规格),检查岗内至少设置 1 个,具体数量及位置在承认图(加工制造前的详细设计图)时确认; b. 喷漆室链条应设计反转功能,便于机器人调试; c. 输送链支架实际尺寸将会存在一定误差,这部分误差由输送链进行调整吸收; d. 用于 CC 喷漆室的双链式输送机,要求采用迷宫式设计(盖板需要便于拆卸),其设计方案需得到甲方的认可; e. 带导轨部件的张紧站的钢结构支撑弹性轴承体,两个张紧轮分别埋入两个垂直的轴承体、两个链条张紧轮,用于弹性轴承体的导轨用螺钉连接到钢结构,张紧杆带导向件和圆台弹簧

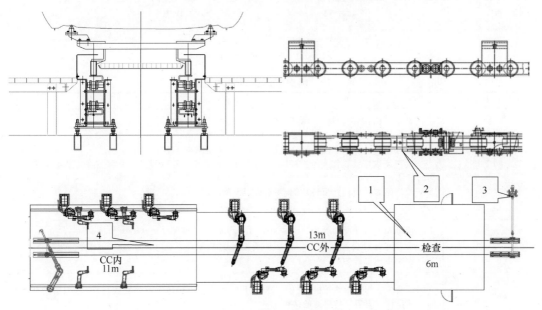

图 6-19 喷房双链机运

6.4.10.2 喷漆室辊床输送线

喷房辊床机运如图 6-20 所示，技术要求如表 6-19 所示。

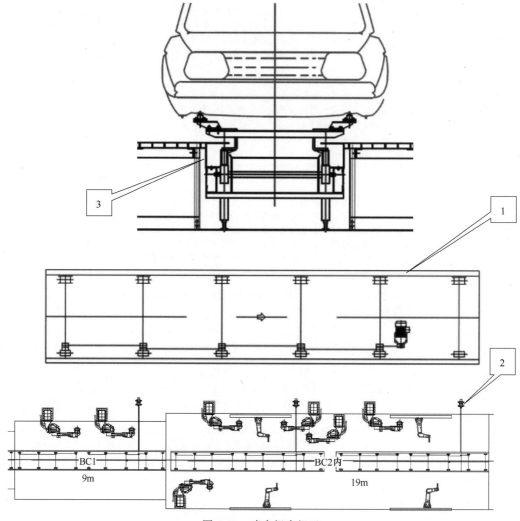

图 6-20　喷房辊床机运

表 6-19　喷房辊床机运技术要求

图 6-20 中序号	技术要求
1	a. 基本结构：辊床输送，主体结构要求参照 6.4.3.1 节辊床设计要求； b. 喷漆室内机运设备的电气要求参见 11.2.10 节； c. 喷漆室内的辊床必须做特殊处理，防止未干的油漆或水滴落到链条上； d. 喷漆室内应设置作业停止按钮(防爆规格)，检查岗内至少设置 1 个，具体数量及位置在承认图时确认； e. 喷漆室辊床应设计反转功能，便于机器人调试； f. 辊床左右偏移量精度在±7mm 范围内，紧急停止滑橇滑移量＜20mm
2	a. 驱动单元位于喷漆线出口喷漆室外，通过万向联轴器通往喷漆室内； b. 驱动单元处设置隔离开关，当隔离开关断开时，驱动电机电源被切断，辊床停止运转； c. 驱动电机品牌为 SEW/西门子，减速器品牌为 SEW
3	用于喷漆室的辊床输送机，盖板要求采用与面漆滑橇相适应的迷宫式设计(盖板需要便于拆卸)，其设计方案需得到甲方的认可

6.4.11 烘干炉输送线

烘干炉内的机运设备需要重点考虑以下几点：运行于烘干炉内零部件的耐高温性能、轨道防尘性能、便捷的维护性能，其他要求参照下文。烘干炉双链如图 6-21 所示，技术要求如表 6-20 所示。

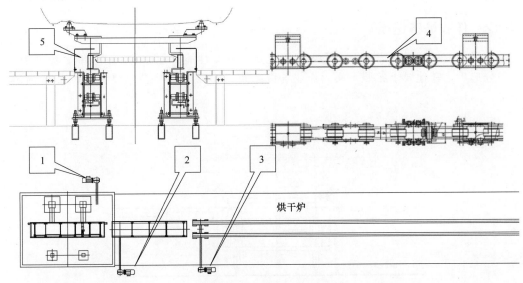

图 6-21　烘干炉双链

表 6-20　烘干炉双链技术要求

图 6-21 中序号	技术要求
1	a. 炉内升降机技术要求参照本章 6.4.4 节； b. 驱动单元外置； c. 就近设置隔离开关，当隔离开关断开时，驱动电机电源被切断，链条停止运转
2	a. 炉内耐高温辊床技术要求参照本章 6.4.3.2 节； b. 驱动单元外置； c. 就近设置隔离开关，当隔离开关断开时，驱动电机电源被切断，链条停止运转
3	a. 驱动单元外置； b. 就近设置隔离开关，当隔离开关断开时，驱动电机电源被切断，链条停止运转
4	a. 机械双链：轨道由型钢焊接而成，材质为 Q235-A。轨道连接处应平滑过渡，接口处预留前后交错的缝隙，在轨道受热伸长的影响；为对应烘干炉内的热胀冷缩，输送线轨道应具有伸缩机能； b. 驱动单元就近设置隔离开关，当隔离开关断开时，驱动电机电源被切断，链条停止运转； c. 驱动部需保证轴、轴承、轴承座、链条等强度足够（必须提交强度计算说明书）； d. 驱动机构：带有过载时切断电机电源的扭矩轴的滑动齿轮电机； e. 驱动装置均要采用变频控制； f. 轨道表面涂高温银粉漆，耐热温度不低于 200℃； g. 驱动链条型号由厂家设计选择，并提供相关的设计说明； h. 轨道小车及链条辊轮的轴承在安装前应加注适量的高温润滑脂； i. 驱动链条采用履带式驱动链驱动； j. 链条张紧采用重物张紧＋弹簧张紧（或油压张紧）相结合的方式，保证活动架上的链条回转轨道位于合适的位置，提供合适的张力（张紧装置设有断链检测开关，此开关与驱动电机联锁）； k. 考虑链条磨损后伸长，张紧单元处应设置调整插入轨，保证链条伸长量在一个节距内时张紧可以起作用； l. 在烘干炉入口转载处应设置操作盒，出现转载异常及抬起异常时必须到现场才能复位； m. 驱动电机处设置隔离开关，当隔离开关断开时，驱动电机电源被切断，链条立即停止运转； n. 驱动张紧部周围设置安全护栏，护栏需设置开门； o. 输送链需设置自动加油装置和链条拉伸测量装置； p. 驱动单元设有机械过载保护和电气过载保护两套装置，并与驱动电机联锁

图 6-21 中序号	技术要求
5	a. 输送链盖板采用与滑橇相适应的迷宫式结构,避免漆雾污染链条; b. 迷宫式盖板要求容易拆装,便于维护; c. 其设计方案需要得到甲方的认可
其他要求	对高处的驱动单元设置维修通道

6.4.12 作业场输送线

作业场内的机运设备需要重点考虑以下几点:安全性能、便捷的维护性能,免维护类型作为加分选项,其他要求参照下文。作业场机运如图 6-22 所示,技术要求如表 6-21 所示。

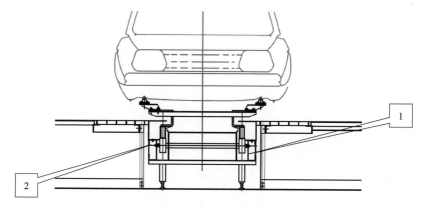

图 6-22　作业场机运

表 6-21　作业场机运技术要求

图 6-22 中序号	技术要求
1	a. 基本结构:参照 6.4.3.1 节辊床; b. 适用范围:包括但不仅限于白车身检查线、电泳打磨线、离线打磨线、密封胶线、检查抛光线、返修线、终检线、WAX 线、贴黑膜线、离线钣金、Audit、大返修、点补间、服务件作业线
2	迷宫式盖板: a. 输送链盖板采用与滑橇相适应的迷宫式结构,避免漆雾污染链条; b. 迷宫式盖板要求容易拆装,便于维护; c. 其设计方案需得到甲方的认可
其他要求	作业场内设置作业停止按钮,具体数量在承认图时确认;安装位置在承认图时确认;按钮及操作盒应符合甲方对电气标准相关要求

6.4.13 滑橇

6.4.13.1 前处理电泳滑橇

滑橇是介于车体和机运设备之间的一种载具,运行于前处理电泳区域,需要重点考虑以下几点:结构强度满足翻转机运设备要求;导电杆、锁紧机构采用标准化和模块化的设计,可以在不同橇体间互换;能满足拆(堆)垛要求;其他要求见下文。电泳滑橇如图 6-23 所示,技术要求如表 6-22 所示。

6.4.13.2 面漆滑橇

面漆滑橇不同于电泳滑橇,结构相对简单,需要重点考虑以下几点:主体结构能够适应机运迷宫式盖板;支撑部件采用标准化和模块化的设计,可以在不同橇体间互换;能满足拆(堆)垛要求;其他要求见下文。面漆滑橇如图 6-24 所示,技术要求如表 6-23 所示。

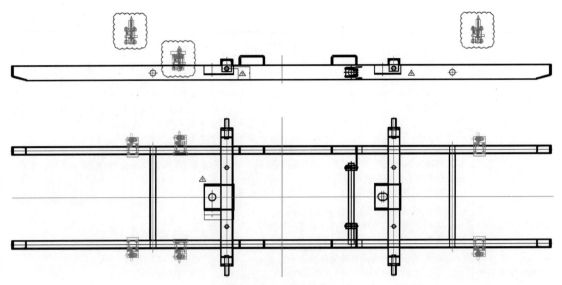

图 6-23　电泳滑橇

表 6-22　电泳滑橇技术要求

项目	技术要求
基本要求	a. 滑橇设计成型钢框架,靠两个行走杆支撑在输送链辊轮上,车身固定在滑橇上,最终的设计必须经甲方批准。 b. 滑橇需采用 CATIA 进行设计,最终的图纸要求交付给甲方。 c. 滑橇的数量需要采用动态模拟软件进行分析后最终确认数量;滑橇数量＝(全部满位所需滑橇数量-连续运行最小滑橇数量)/2＋连续运行最小数量。 d. 轨条在两端约有 100 mm 的长度倾斜约 15°。 e. 滑橇主体采用 Q235-A 槽钢制作,管材禁用,滑橇必须经过热处理。 f. 用结构钢或铸件制作的车身支架用螺栓连接到滑橇主架上。 g. 必须提供一种自动检查装置,每种检查装置的数量均为两套,分别应用于滑橇的在线检测和离线维修后的检测,保证滑橇的精度。 h. 对每一个滑橇的自动转换操作必须有可重复的精度要求,以减少问题的产生和生产的故障率。 i. 滑橇结构及其强度必须满足堆垛/拆垛要求。 j. 滑橇的储存按先进先出的原则。 k. 滑橇维修区域:损坏的滑橇通过升降装置和其他机运设备转移到底层后,由手推小车移动到滑橇维修区域,滑橇离线维修后的检查装置就安排在该区域,以便滑橇通过输送系统回到生产线前被检测
检查与检测	a. 滑橇的以下部分必须被检查:滑橇长度和长度方向的变形和偏差;滑橇宽度及变形和偏差;支撑车身的悬挂位置;车身跟踪系统;夹具与夹紧设备。 b. 一旦有任何损坏或必须进行修理,空滑橇必须从滑橇循环中自动转移出来,进入滑橇校正室,经校正合格后再自动返回到滑橇循环中。 c. 滑橇校正平台位于滑橇维修间内,需要满足如下要求:所有必需的夹具,能满足对滑橇各部位进行夹紧和固定的需要;各部件具有足够的强度和刚性,能耐校正滑橇时所产生的冲击;能够满足对滑橇检查装置所检查出来的滑橇变形进行校正的需要;该滑橇校正平台共两套,其中一套用于前处理电泳滑橇的校正,另一套用于面漆滑橇的校正。 d. 在车身转挂、滑橇检查、堆垛以及其他需要对滑橇进行精确定位的工位,为了保证滑橇的定位和固定,规划了滑橇定位装置。装置主要是由气动控制的停止器组成。停止器和支撑板独立安装在辊轮输送系统上。装置的附件和支撑板的焊接必须在现场完成。通过气缸夹具被激活,夹牢滑橇上的一根横杆,固定滑橇在一个确定的位置。维修部件是供货范围,终点用接近行程开关来控制。该滑橇定位装置也可采用电机驱动的形式,通过齿轮传动的对夹机构来将滑橇固定在一个确定的位置

项目	技术要求
锁紧和解锁	a. 在进入前处理设备前,滑橇和车身必须处于锁紧状态。在电泳完工后,滑橇和车身必须处于解锁状态。锁紧和解锁装置主要包括以下三个部件:滑橇定位装置、滑橇锁紧/自动检查或解锁/自动检查、辊床站。 b. 当滑橇到位后,夹具是被固定安装的装置自动打开或关闭的,从而实现解锁或锁紧功能。 c. 关闭机构主要由带推动器的气动气缸组成。当车身与滑橇锁紧后,关闭机构会退回,对车身与滑橇的锁紧状态进行自动检查后,如锁紧合格,则车身经过辊床进入前处理线,如锁紧不合格,则车身自动进入人工锁紧工位。关闭机构的终止位置由接近程开关控制。 d. 打开机构主要由带推动器的气动气缸组成。当车身与滑橇解锁后,打开机构会退回,对车身与滑橇的解锁状态进行自动检查后,如解锁合格,则空滑橇正常前进,如解锁不合格,则提示进行人工解锁。打开机构的终止位置由接近程开关控制。 e. 采用标准化、模块化设计,该部件可在不同电泳橇之间实现灵活互换
滑橇定位设备	a. 要对滑橇进行定位,应配备正齿轮电机驱动的台架夹头。 b. 该台架夹头应在长度方向上对准一根十字连杆上的台架。 c. 夹头与被夹连杆仿形面接触夹紧
导电杆与导电夹	a. 导电杆与导电夹成仿形面贴合。 b. 导电夹配有压紧弹簧,确保导电杆与导电夹之间的压紧力,避免拉弧。 c. 采用标准化、模块化设计,该部件可在不同电泳橇之间实现灵活互换

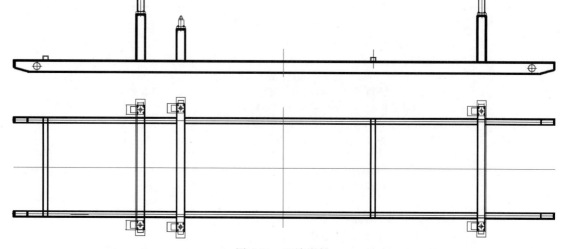

图 6-24　面漆滑橇

表 6-23　面漆滑橇技术要求

项目	技术要求
检查与检测	a. 滑橇的以下部分必须被检查:滑橇长度和长度方向的变形和偏差;滑橇宽度及变形和偏差;支撑车身的悬挂位置;车身跟踪系统;夹具与夹紧设备。 b. 一旦有任何损坏或必须进行修理,空滑橇必须从滑橇循环中自动转移出来,进入滑橇校正室,经校正合格后再自动返回到滑橇循环中。 c. 滑橇校正平台位于滑橇维修间内,需要满足如下要求:所有必需的夹具,能满足对滑橇各部位进行夹紧和固定的需要;各部件具有足够的强度和刚性,能耐校正滑橇时所产生的冲击;能够满足对滑橇检查装置所检查出来的滑橇变形进行校正的需要;该滑橇校正平台共两套,其中一套用于前处理电泳滑橇的校正,另一套用于面漆滑橇的校正。 d. 在车身转挂、滑橇检查、堆垛以及其他需要对滑橇进行精确定位的工位,为了保证滑橇的定位和固定,规划了滑橇定位装置。装置主要是由气动控制的停止器组成。停止器和支撑板独立安装在辊轮输送系统上。装置的附件和支撑板的焊接必须在现场完成。通过气缸夹具被激活,夹牢滑橇上的一根横杆,固定滑橇在一个确定的位置。维修部件是供货范围,终点由接近程开关来控制。该滑橇定位装置也可采用电机驱动的形式,通过齿轮传动的对夹机构来将滑橇固定在一个确定的位置
滑橇定位设备	参考 6.4.13.1 节

6.4.14 柱式举升机

该设备主要应用于 PVC 的 Audit 工位，安全防坠落为重要考量因素，其他要求见下文。举升机如图 6-25 所示，技术要求如表 6-24 所示。

表 6-24 举升机技术要求

项目	技术要求
基本机构	适用范围：UBS 的 Audit 工位；品牌：国产优质
技术参数	举升质量为 1500kg；举升高度为 1.8m；上升时间＜50s；下降时间＜20s
安全要求	a. 设有举升托架防跌落支撑机构、钢丝绳断裂制动保险装置、最大负荷限定装置、极限举升高度控制装置和举升托臂回转角度锁定装置； b. 设有举升托架防跌落支撑机构、钢丝绳断裂制动保险装置、最大负荷限定装置、极限举升高度控制装置和举升托臂回转角度锁定装置。运行平稳，支撑安全

图 6-25 举升机

6.4.15 滑橇搬运小车

该设备主要用于非正常状况下滑橇或者车体的搬运，由于该设备为人工操作，所以需要重点考虑以下几点：轻便且便于水泥地面推行、大轮径、静音包胶胶轮。手推车如图 6-26 所示，其要求如下。

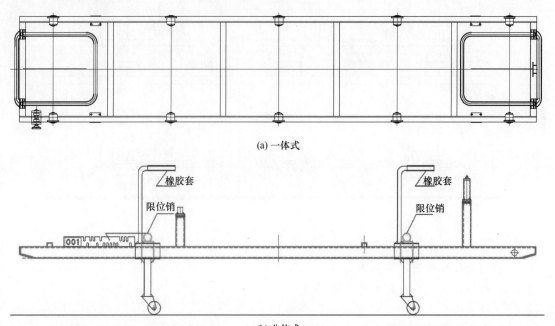

(a) 一体式

(b) 分体式

图 6-26 手推车

① 适用范围：用于前处理电泳滑橇和面漆滑橇的搬运。
② 小车结构：分体式和一体式（具体式样与甲方商议）。
③ 小车车轮采用包胶轮，前轮采用万向轮（带脚刹），后轮采用定向轮。
④ 小车结构紧凑占地面积小。
⑤ 小车轻便但结构强度高。

⑥ 在所有出口辊床处都要布置手推车，用于 KD 备件和其他有离线要求的车身的离线储存。手推车形式采用可移动式的无动力辊床，手推车上要有滑橇锁紧机构和手推车锁紧机构，强度要符合使用要求。手推车的数量为 10 台。

6.4.16　立体缓存线

为了提高涂装车间空间利用率，电泳车缓存、面漆车缓存根据需求采用立体缓存。缓存区如图 6-27 所示，技术要求如下。

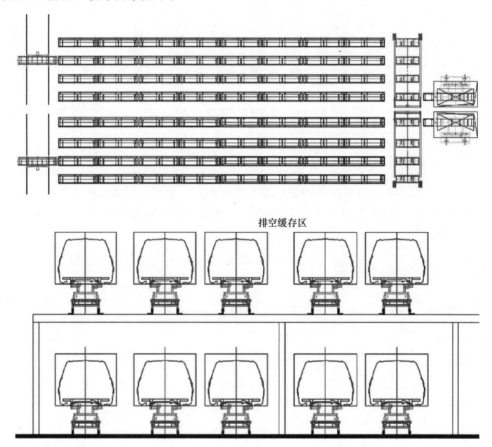

排空缓存区

图 6-27　缓存区

① 辊床技术要求：详见本章 6.4.3.1 节。
② 移行机技术要求：详见本章 6.4.5 节。
③ 升降机技术要求：详见本章 6.4.4 节。
④ 其他要求：
a. 钢结构支撑采用螺栓连接，禁用焊接；
b. 车间规划时需要充分考虑空间利用率，立体库可作为排空区的优先方案；
c. 需设置合适的维护通道，保证维护的便捷性和安全性；
d. 区域内的照明不低于 500lx。

7 涂胶机器人技术要求

7.1 引言

　　焊缝密封线作为涂装车间的重要组成部分，涂胶机器人自动化作业在汽车制造行业越来越普及，涂胶机器人按照程序指令进行作业，将材料涂覆到指定区域后并烘干，形成喷幅、厚度均在要求范围内的胶层，起到隔声、减振、防腐以及装饰等作用。相比传统的人工作业，机器人作业效率更高，成本更低，环保更好，同时产品质量也更加出色。

　　本章介绍的项目为交钥匙项目，项目内容包括为涂装车间新建 UBS 机器人站、UBC 机器人站、裙边机器人站、内腔机器人站和 LASD 机器人站。

　　若本项目作为总包项目内容，公用部分参见总则，机器人部分参见本章。若本项目作为分包项目，相关技术要求和标准参见本章内容。

7.2 分工界面

　　（1）总包分工

　　总包项目的界限分工详情见第 1 章"涂装车间工艺设备技术要求总则"中 1.2 节"分工界面"。

　　（2）分包分工

　　① 能源动力界面划分。

　　设备分工界面如图 7-1 所示。

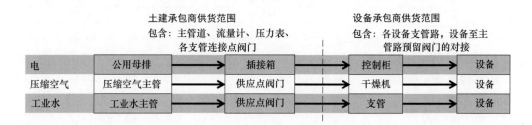

图 7-1　设备分工界面

说明：

　　a. 插接箱至机器人电柜的电联连接由乙方负责；

　　b. 压缩空气支管至主管道预留阀门的对接由乙方负责。

　　② 机器人承载工程界面划分。

　　机器人分工界面如图 7-2 所示。

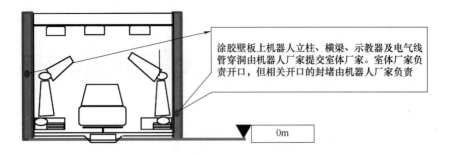

图 7-2　机器人分工界面

> 涂胶壁板上机器人立柱、横梁、示教器及电气线管穿洞由机器人厂家提交室体厂家。室体厂家负责开口，但相关开口的封堵由机器人厂家负责

注：

　　a. 涂胶室体相关需求由机器人设备承包商提供给甲方和室体设备承包商共同确认，安装完成后的密封形式需要得到甲方认可后方可进行施工；

　　b. 乙方及时提报线体对中精度、车身精度、车身位置精度等要求。

7.3　工艺技术要求

7.3.1　概述及前提说明

　　乙方必须遵守项目协议书中所描述的限制条件及甲方相关的技术性能和功能等方面的标准。

7.3.1.1　基础条件说明

　　建设涂胶 1 线和 2 线，总体净产能在 60JPH 以上。UBS、UBC、IBS、LASD、裙边胶均采用机器人喷涂。

7.3.1.2　生产条件说明

　　节拍如表 7-1 所示。

表 7-1　节拍

项目	涂胶 1 线	涂胶 2 线
输送类型	Stop/Go	Stop/Go
节拍	33JPH	33JPH
工件节距	6.6m	6.6m

7.3.1.3　车型信息

　　（1）车型数量和种类

　　乙方负责 4 款基础车型的机器人仿形轨迹调试及品质保证。

　　（2）最大车型尺寸

　　车型信息如表 7-2 所示。

表 7-2　车型信息

名称		设备能力设计车型尺寸
车体尺寸	白车身尺寸	5000mm(长)×1950mm(宽)×1700mm(高)
	含夹具尺寸	5100mm(长)×2200mm(宽)×1700mm(高)
白车身质量		(MAX)650kg/ 台

　　（3）车型最大涂胶要求

　　车型胶量信息如表 7-3 所示。

表 7-3　车型胶量信息

车底焊缝密封胶/UBS	总长度/m	宽度/mm	厚度/mm	材质
	60	25±5	1.5～2.5	PVC 塑溶胶
车底 PVC 防护胶/UBC	涂胶面积/m²		厚度/mm	材质
	6		2(干膜厚度)	PVC 塑溶胶
车身内部粗密封/ISS	总长度/m	宽度/mm	厚度/mm	材质
	40	25±5	1.5～2.5	PVC 塑溶胶
车身内部阻尼胶/LASD	涂胶面积/m²	宽度/mm	厚度/mm	材质
	3	75/90	2/3(干膜厚度)	水性阻尼胶
裙边胶	总长度/m	宽度/mm	厚度/mm	材质
	2(单侧)	150	—	PVC 塑溶胶

喷涂面积及涂胶长度初步按照表 7-3 计算，考虑后期产品设计变更增加涂胶长度及喷涂面积，车身内部及车底焊缝密封胶各预留 40m 涂胶能力，详见车身工程涂胶定义。

（4）涂胶概况（表 7-4）

表 7-4　涂胶概况

工位	示意图	备注
UBS 涂覆位置示意图	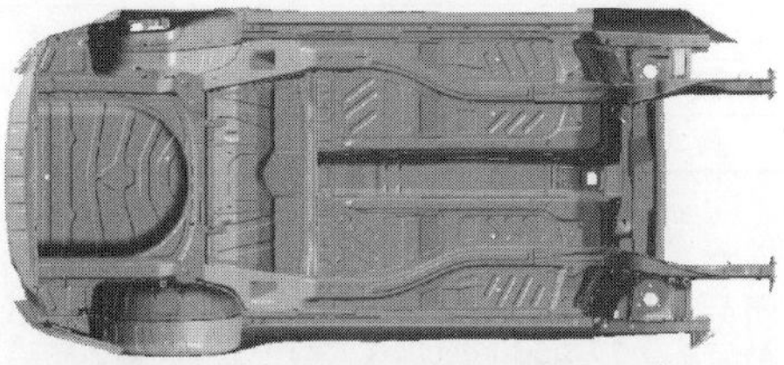	仅供参考
内腔自动站涂覆位置示意图	具体位置信息见技术交流时根据提供的具体产品要求涂胶量设计	仅供参考
UBC 涂覆位置示意图		仅供参考
LASD 涂覆位置示意图	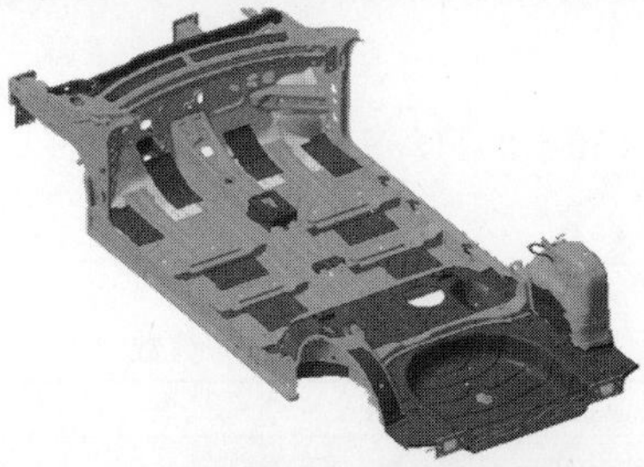	仅供参考
裙边胶涂覆位置示意图		仅供参考

7.3.1.4 涂胶室尺寸及环境要求

（1）室体尺寸和照明

室体参数如表 7-5 所示。

表 7-5　室体参数

工位	长/mm	宽/mm	高/mm	照明度/lx
UBS 段	9000	5500	TBD	500
UBC 段	9000	5500	TBD	500
内腔自动段	9000	5500	TBD	500
LASD 段	9000	6000	TBD	500
裙边胶	9000	5500	TBD	500

（2）涂胶线体工作环境条件

室体温度和风量如表 7-6 所示。

表 7-6　室体温度和风量

工位	温度	送风	排风
车底焊缝密封胶 UBS	夏季≤28℃，冬季≥18℃	$600m^3/(m^2 \cdot h)$	无
车底 PVC 胶 UBC	夏季≤28℃，冬季≥18℃	0.2m/s	有
车内粗密封胶 ISS	夏季≤28℃，冬季≥18℃	$600m^3/(m^2 \cdot h)$	无
车内阻尼胶 LASD	夏季≤28℃，冬季≥18℃	$600m^3/(m^2 \cdot h)$	无
裙边胶	夏季≤28℃，冬季≥18℃	0.2m/s	有

7.3.1.5 涂料参数

涂料详细参数如表 7-7 所示。

表 7-7　涂料参数

项目	焊缝密封胶	底涂胶	水性阻尼胶	裙边胶
施工温度/℃	25±3	25±3	20～35	25±3
施工黏度/(Pa·s)	102～142	30.4～89.2	75～85	14.4～70.2
固含量/%	≥98	≥96	≥75	≥95
膨胀率/%	−2～0	30～45	≤30	−2～0
细度/μm	≤75	≤100	≤200	≤100

因相关涂料未定标，故以上胶体特性参数可能比较宽泛，但乙方投报系统应能满足以上涂料参数范围内的工艺要求。

7.3.1.6 能源动力

（1）供电条件

电压：380（1±10%）V、（50±2）Hz 三相交流电。

（2）压缩空气条件

压缩空气参数如表 7-8 所示。

表 7-8　压缩空气参数

项目	供应值	备注
压力	≥6.5bar	机器人控制柜接口处压力
露点	−20℃	
含油量	≤0.01mg/m³	甲方保证供应压缩空气的质量。乙方在机器人工艺控制柜处单独另外配置空气过滤器
颗粒度	最大颗粒尺寸≤0.1μm；颗粒浓度≤0.1mg/m³	

① 若压缩空气品质不能满足乙方要求及甲方工艺要求，则乙方需提供用于提高压缩空气品质所需的部件。同时提供提高压缩空气品质的部件的更换周期。

② 报价外是甲方负责范围，报价内是乙方负责范围。

7.3.2 技术条件要求

7.3.2.1 安装位置示意图

米粉节室体分布如图 7-3 所示。

| 上遮蔽 | UBS 自动站 | 检查 | UBC 自动站 | 卸遮蔽 | 内腔 自动站 | 焊缝 密封线 | 裙边 自动站 | LASD 自动站 | 检查 |

图 7-3 米粉节室体分布

7.3.2.2 技术方案

机运形式如表 7-9 所示。

表 7-9 机运形式

项目	输送形式	单线机器人数量		
		涂胶机器人	辅助机器人	合计
UBS 段	Stop/Go	4	0	4
UBC 段	Stop/Go	2	0	2
内腔自动段	Stop/Go	4	0	4
LASD 段	Stop/Go	4	1	5
裙边胶	连续式	2	0	2

单线合计机器人数量为 17 台,双线 34 台

注:1. 本次技术方案中,LASD、UBS、内腔涂胶机器人需设计降级功能。乙方可自行投报技术方案,需经甲方同意,并说明投报方案的特点和优点等。

2. 抬起尾盖的机器人抬起钩子需按照涂装车间内现用尾盖工装的结构进行设计,防止抬起时尾盖滑落造成车体碰撞。

7.3.2.3 质量标准

密封胶质量要求如表 7-10 所示。

表 7-10 密封胶质量要求

序号	要求描述	缺陷示意图
1	涂胶连续均匀,覆盖完整,无偏移开裂	
2	非涂胶部位无飞溅、涂胶无流挂、无雾胶现象	

序号	要求描述	缺陷示意图
3	涂胶部位涂胶完整,无漏喷,无掉胶	
4	涂胶的胶形边缘平整,没有毛刺、波浪,特别是在开枪和关枪的位置	
5	必须保证没有明显的堆积、缺口和拉丝等缺陷	

7.4 设备技术要求

7.4.1 概述

乙方必须按本技术要求提供整套机器人涂胶装置,用于车底焊缝及车底防石击涂胶,车内焊缝密封和阻尼胶以及裙边胶工位(所有涂料通过供胶系统送至机器人)。每台机器人涂胶装置应包括完整的硬件及软件,应保证整个自动涂胶系统达到涂装工艺要求。所有涂胶装置应满足涂胶室环境中的设备要求,符合中国国家标准。

7.4.2 主要机器人设备配置

乙方提供的机器人设备必须满足甲方的招标要求。机器人设备配置要求如表7-11所示。

表7-11 机器人设备配置要求

项目	要求	备注
机器人本体	7轴式机器人,外部行走轨道为第7轴,需具备自动润滑功能,投标时提供轨道防护方案,保证无胶污落到轨道上	具备涂胶区域防护等级要求
机器人轴关节	所有的轴均应含有可设定的极限位置,以限制机器人操作超程。另外,第7轴应装有硬性行程限位,在超行程运行可能造成机器人损坏或机器人损坏其他设施的极限位置使轴硬性停止	各轴联动定位误差不得高于0.1mm

项目	要求	备注
重复定位精度	±0.2mm	—
速度性能要求	机器人能在 1.5m/s 以上的速度长时间运行	—
承载能力	额定速度下,不低于喷枪、配管等负重	—
刹车距离	各轴电机在额定全速度和有效负载状态下,急停后的继续运动距离小于 10mm	—
刹车释放装置	安装于机器人系统中,能分别对每一轴释放刹车	具备保护措施,不易造成误动作
机内导线保护	有相关的保护措施,避免导线磨损,能够保证机内导线的工作寿命大于 25000h	机器人动作时,能够避免导线与干涉物的摩擦
伺服电机寿命	保证各轴电机的工作寿命大于 25000h	结合机器人动作,规划安装位置
防漏油	具备良好的密闭性,各用油部位不会漏油	外部观察
原点标识	各轴均配有明确、精准的原点标识,且不易腐蚀	—
清洁度	本体不易沾染污物,且方便清理	—
适用性	能够与照相系统、喷枪系统等装置兼容配合使用	—
线缆	喷枪、照相机用线缆、空气管、涂料管内设置	避免磨损

注:乙方投标时,提供详细的、细化到每一个设备元器件的清单,并详细标明规格型号及数量,全部机器人选用同一品牌,推荐使用 ABB、FANUC、DURR 等知名品牌。

7.4.3 机器人站系统配置

机器人站系统配置如表 7-12 所示。

表 7-12 机器人站系统配置

站名	视觉系统	温控系统	测试平台	清洗马桶
UBS 机器人站		O	O	
UBC 机器人站		O	O	
内腔机器人站	O	O	O	
LASD 机器人站	O	O	O	O
裙边机器人站	O	O	O	

7.4.4 通用要求

① 设备能力应满足工艺技术要求,并保证性能稳定可靠,使用、维护、维修方便,造型美观。

② 设备需严格按现行的设计、制造标准及技术规范要求进行选材、制造。

③ 设备需具有良好的安全性能,且保证异常时能及时停止并报警。

④ 设备的操作和功能上的设计必须保证对操作者、相邻室体、设备及其他相关的人员固有安全。

⑤ 设备的润滑姿态需便于润滑作业,并提供便于润滑作业的工具。

⑥ 设备的润滑加注点需便于润滑作业,并提供便于润滑作业的工具。

⑦ 设备工作中产生的废弃物不得污染车身、环境及危害人身健康。

⑧ 全部供货中不得含有硅酮成分,不得在设备的制造和安装过程中使用任何含有硅酮的材料或润滑剂。

⑨ 所有室体内用于设备上的原材料都必须具有耐腐蚀性,不仅指接触胶材料的内部件,而且包括所有的外部件,包括机械和电气的所有部件及电缆等。

⑩ 乙方安装的所有零件、管路、线缆应有鉴别标牌，标牌应耐溶剂腐蚀，所有阀门需配备常开常闭状态标识，并能牢固地固定在零件、管路、线缆上。所有按钮、指示灯、监视器、操作站、电器柜等都应有白底黑字的标牌。

⑪ 系统所用的碳钢材料在进入现场前，均需完成除锈及涂刷防锈漆工作。

7.4.5　主要部件要求

7.4.5.1　机器人安装及底座基础

分工界面见 7.1.1 部分。

① 机器人的设备搬入、吊装等均由承包商负责；要求承包商负责机器人从集装箱上卸货搬运至甲方指定地点。

② 设备搬入、吊装过程中，对室体等造成损坏的，由厂家负责进行复原，定位精度≤0.5mm。

③ 乙方按各自设备特点及最大动静载荷进行设计、制造并安装，要求结构美观大方，最大载荷运行过程中不得有震感。

④ 室体内部裸露底座需按甲方要求刷涂颜色并设置防护设施，以便于清洁。

⑤ 导轨配备防护罩及自动润滑功能。

7.4.5.2　控制柜和操作柜

机器人控制柜要求安装在室体外侧（1线、2线线间）的平台位置，左右侧机器人的控制柜等电气元件各自放置在平台左右两侧，原则上不集中放置在一侧，大致如图 7-4 所示。

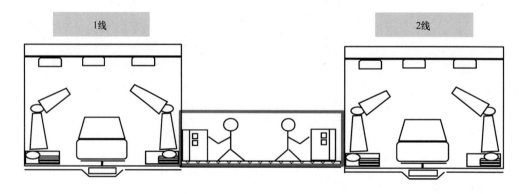

图 7-4　机器人控制柜布置

（1）控制柜要求

① 机器人控制柜的布置位置要求与机器人本体一一对应，要求结合现场位置大小，控制柜布置紧凑。

② 控制柜的设置，要求不能影响周边作业人员的走行，不能妨碍作业人员对室体内所有机器人的监控视野，不能影响控制柜、机器人本体的维护保养。

③ 要求承包商在各个控制柜集中安装区域均设置隔热室体，以对应控制柜的正常作业温度，设置好空调排水。

④ 机器人控制柜需要设置空调，要求空调送风口下方禁止安装任何电气元器件，另外考虑空调冷凝水的处理及冷凝水管设置。

（2）操作柜要求

位置：电柜、操作盘的设置，要求不能影响周边作业人员的走动，不能影响控制柜、机器人本体的维护保养。

温度控制：电源柜与操作盘的工作温度应小于 40℃，操作盘应设置空调，采用无排水规格；电源柜空调应安装在电柜的侧面，不得安装在电柜的顶部；空调的品牌选择需得到甲方认可。

密封性：电柜、操作盘开口处应设置密封条，关闭状态时有良好的防水防尘密封性能；穿入电柜的线缆应集中进入，开口处做好防止割伤线缆的处理，并用密封泥密封。

维修保养：电柜内部设备的布置应考虑维修保养的便利性。

功能：操作者可通过控制台实现系统参数设定、上传、下载、查看、编辑、备份；打印系统相关（包括但不限于程序、系统参数、错误、报警、生产记录）信息；过程控制、过程监控、故障诊断等操作。

等级权限：操作站及示教器需能设置不同权限等级，实现不同权限用户对操作站进行的操作有所限制。

其他：设置自动、半自动、手动等模式，要求实现对各机器人进行各不同模式的切换；电柜与操作盘应设置 220V 插座（两插 & 三插）和内部照明。

（3）控制要求

① 系统需能实现在线编程、监控、模拟，离线编程、模拟、仿真、车型识别等功能。

② 系统需有手动、自动、模拟、清洁、维护等模式。

③ 系统需能实现防撞功能。

④ 系统需实现自动或半自动识别预处理车型，并针对不同车型信息进行不同作业内容。

⑤ 系统需能实现识别进入作业区的是人还是车，当设备处于自动运行状态时，人员进入作业区，设备需立刻停止，并伴有声光报警。

⑥ 系统数据库内需设置空橇或不作业车型信息，并可通过自动或半自动模式自行识别。

（4）示教器要求

① 作为单体与机器人可以实现方便拆卸，并且示教器可以实现互换。

② 电缆长度应能满足示教使用并留有余量，示教盘及管线应统一设置盘挂点，确保美观大方、一致性好。

③ 示教盘及管线均应耐溶剂腐蚀，且便于清洁。

④ 操作简单方便，语言可实现中英文切换。示教器是每台机器人的标准配置。

7.4.5.3 安全装置

机器人区域安全装置示意图如图 7-5 所示，其作用如表 7-13 所示。

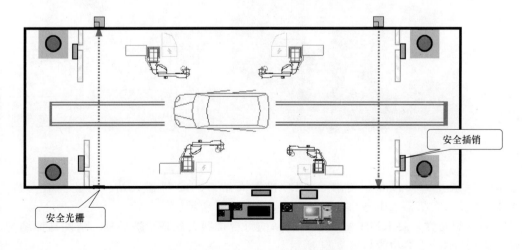

图 7-5　机器人区域安全装置

表 7-13 机器人安全装置的作用

名称	图示	作用
安全插销		为便于进入机器人区域,要求在门上安装门磁开关或者安全插销,该开关或插销要求与机器人系统联锁;当有人进入打开门或拔下插销时,输送链及机器人系统停止作业
急停按钮		要求在机器人出入口的门上、操作台上设置紧急停止按钮
安全光栅		要求在机器人出口处设置人体检测光栅,光栅安装在室体外部,要求固定良好,不易发生偏移,光栅配置屏蔽开关
其他电气元件	—	安装的所有器件需满足涂装安全生产相关规定

7.4.5.4 压缩空气模块

① 根据设备需求,乙方自行提供加热装置与蓄能装置,并在投标时明确具体数量、品牌、规格。

② 根据设备需求,乙方自行提供增压装置,并在投标时明确具体数量、品牌、规格,如需甲方提供能源、安装区域,也需要在投标时进行明确。

③ 各设备用压缩空气需有压力、温度(特殊设备)反馈信号,与设备形成联锁,同时伴有声光报警。

④ 各压缩空气接口及气控柜内不得有泄漏现象。

⑤ 经压缩空气模块过滤后的压缩空气需满足工艺技术要求中对压缩空气的要求。

7.4.5.5 其他附属配置

机器人附属配置如图 7-6 所示。

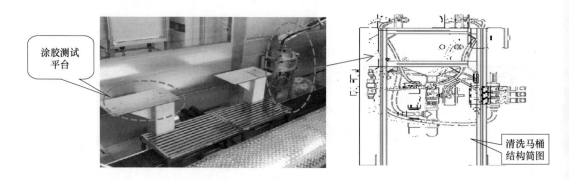

图 7-6 机器人附属配置

① 作为涂胶生产前准备,要求给 UBS 机器人站、UBC 机器人站、内腔机器人站、LASD 机器人站每台机器人配备涂胶测试平台,如图 7-6 所示。

② 根据材料特性,要求给 LASD 机器人站的每台机器人配备清洗马桶,清洗马桶结构简图如图 7-6 所示,基本功能如表 7-14 所示。

表 7-14　清洗马桶基本功能

基本功能项	说明
毛刷	要求马桶底部装有毛刷,清理枪嘴上的残胶
水洗	要求具备水洗功能
压缩空气	要求清洗后马桶具备吹扫功能,吹干枪嘴上残留的水
其他	乙方标准设计

（1）防尘服

要求为每台机器人准备 6 套可重复使用的防尘服。款式设计需方便脱、穿,并且美观大方,材料选择需能耐溶剂腐蚀、不得掉毛、方便清洁等。

（2）维保工具

维保工具如表 7-15 所示。

表 7-15　维保工具

序号	专用工具名称	数量
1	机器人拆装工具	2 套/站
2	零位校准工具	2 套/站
3	TCP 调试工具	2 套/站
4	3D 胶枪拆卸工具	2 套/站

① 要求供应商提供所有计量仪器仪表、工具、设备使用安全参数等使用说明书,由甲方人员确认是否齐全。

② 要求提供本项目涉及的所有设备备件应有的保养频率、更换周期、设备维护保养方法及手册。

7.4.6　控制系统要求

7.4.6.1　视觉系统

UBS 机器人站、内腔机器人站、LASD 机器人站、裙边机器人站采用视觉定位系统,对车身的 3D 空间位置进行精确定位,同时能够对车间现行机运系统的误差做到有效校正。视觉系统规格型号如表 7-16 所示。

表 7-16　视觉系统规格型号

项目	数量	规格型号
视觉相机	4	ISRA、VMT、FANUC iR-version 或同价位类型品牌型号
拍照视野	—	$\geqslant \pm 30.0mm$
相机盖板	4	照相期间打开盖板,其他时间关闭盖板,以防止镜头被污染
定位时间	—	$\leqslant 3s$
误差	—	$\pm 1mm$

① 照相装置采用固定式安装,安装位置应保证在喷涂过程中不与机器人发生干涉。

② 后续甲方有权限自行设置识别其他车型,不能有软件技术封锁,不能有技术收费。

7.4.6.2　喷枪系统

（1）整体规格要求

所有胶枪在指定参数下均能做到良好的胶型或雾化。保证胶型及胶膜平整均匀,满足甲方工艺要求。喷枪配置如表 7-17 所示。

（2）流量控制

流量控制装置至少包括精确计量的流量计和可调节的控制装置,如电控比例阀,能对流量、压力等实现可调可控。流量计带有数字显示和上传功能,可在上位机上显示,同时可在上位机上设定流量值。基本功能如下:

① 流量控制最高精度需保证在 1% 以内。

② 可设定的最大流量不得低于枪站设计最大流量。

表 7-17　喷枪配置

机器人	定量缸数量	喷枪	温度控制/℃	喷幅/mm	定量缸容积
UBS 机器人站	8 台	3D	25±3	20～30	
内腔机器人站	8 台	3D	25±3	20～30	待定（但需满足最大生产节拍和涂胶工艺品质要求）
UBC 机器人站	4 台	高压无气喷枪	25±3	120～150	
LASD 机器人站	8 台	3D	20～35	75/90	
裙边机器人站	4 台	高压无气喷枪	25±3	120～150	

a. 喷枪和定量机具备自动润滑功能，选用品牌需获得甲方同意。

b. UBC 胶枪、裙边胶枪需能保证扇面均匀，扇面两端无明显厚边或虚边现象；UBS、内腔自动站、LASD 胶枪涂胶宽度要求具有一定的调整幅度。

c. UBC 胶枪、LASD 胶枪、裙边胶枪枪嘴型号根据现场实际调试及使用情况进行确定。

d. 涂胶参数（包括压力、流量、扇幅等）均可通过人机界面及示教器进行设置，并采用闭环控制。

e. 系统可以检测和判断在机器人涂胶时，枪嘴是否堵塞。若判断出枪嘴堵塞，车身需自动停留在涂胶工位，显示异常流量报警，故障显示灯报警，提醒操作人员进行干预。此过程中车身车型信息不能丢失，并具备二次涂胶的功能。

注：要求优化管路走向，减少在喷涂过程中对管路的弯折，喷枪的开关阀门应靠近喷枪末端，尽量减小阀门至喷嘴的距离。

③ 所有高压管路（包括硬管、软管及其相关组件）额定耐压需高于枪站设计压力。

④ 乙方投标时明确胶类的流量控制装置品牌、型号和参数。

（3）温度控制

定量机至喷枪之间的涂料管道应具备温度控制装置，并配备温度检测装置。温度控制精度要求±2℃。基本控制原理如图 7-7 所示（图 7-7 为某机器人品牌温度控制示意图，只作为参考）。

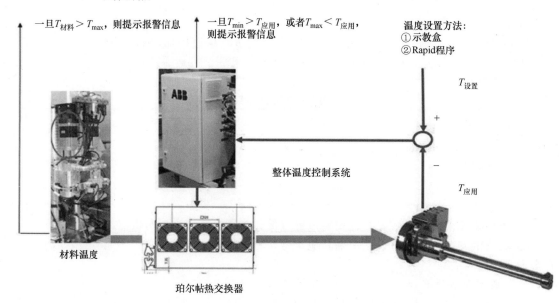

图 7-7　温度控制

7.4.6.3　性能要求

① 乙方应提供与车间控制、工序系统相适应的完全自动化的涂胶系统，涂胶系统需能够达到 98％或更高正常运行时间。在进行常规维护的条件下，其最短使用寿命为 25 年。

② 乙方负责机器人平面布置尺寸设计，确保机器人工作位置尺寸，维护空间尺寸、涂胶面积、涂胶时间等分配最合理，每台机器人涂胶覆盖面最佳。

③ 保证每一款车型均能在规定节拍内完成所有动作，包括涂胶轨迹的运行、回原位，

系统的数据传输等，设计负载小于 90%。

④ 要求每台车身可以分为多个涂胶区域，每个区域里的所有涂胶参数都可以根据不同要求进行改动。

⑤ 裙边胶机器人遮蔽装置保证喷出的胶不能污染非涂胶部位。

⑥ 系统需能实现在线编程、监控、模拟，离线编程、仿真等功能，能进行手动、自动、模拟、维护等模式，系统需能兼容 20 款车型。

⑦ 控制系统需能具有车型信息识别能力，识别系统应具有自动和手动两种工作模式。在自动模式下，工件进入系统之前可以识别工件的车型等信息。在手动状态下，操作者可以人工输入车型信息。如果一个不能被识别的工件进入作业区，控制柜将发出报警信号，此时，系统允许控制台或手动操作台的操作员将正确车型信息输入控制系统。

⑧ 系统可以识别空载的输送设备，并自动调整至非涂胶状态。系统数据库内需设置空吊具或不作业车型信息，并可以通过控制系统自行识别。

⑨ 系统实现自动和手动排胶泄压功能。

⑩ 系统需能实现防撞功能。即当有意外发生时，设备不得与车身或车身与设备相撞。在所有人员安全保护装置上都有醒目的警示标语和标志，机器人站室体的门上，均设有检测装置。当设备处于自动运行状态时，人员进入作业区，设备需立刻停止，并伴有声光报警。

⑪ 系统需能实现突然断电保护功能。即当系统发生突然断电情况下，系统需能保证软件、硬件及数据信息的完好，具有断电后的恢复能力。在无须任何形式重新校正，手动加载程序及数据的情况下，系统应有能力继续其正常功能（提供不采用电池保护的方案）。乙方投标时投报所需的恢复时间。

⑫ 要求机器人带有强大的操作界面，用鼠标即可完成对机器人的操作。操作者可通过控制台实现系统参数设定、上传、下载、查看、编辑、备份，打印程序、系统参数、错误/报警、生产记录等信息，过程控制/监控、故障诊断等操作。

⑬ 操作站及示教器须能设置不同权限等级，实现不同权限用户对操作站进行的操作有所限制。

⑭ 在控制系统里建立一个更改记录本，所有改变涂胶/喷胶结果的数值改动将被自动记录，记录的内容包含操作者，新、老数值，日期，时间以及更改的具体项目，并可长期储存在计算机中，也可将此文件刻录成光盘，从而更好地储存。

⑮ 所有必需的调整装置、调整检具和软件、硬件范围的程序均属于供货范围。

⑯ 各机器人系统具备一键归零功能，且能回到机器人的真实零位。

7.5 调试要求

（1）预调试

① 乙方提供预调试平台。在项目预验收后，由甲方提供调试车和材料，在乙方的实验室进行机器人在线示教及涂胶品质验证，以减少涂胶机器人后期在现场的调试时间，缩短现场周期。

② 乙方在实验室完成新车型的轨迹编程。

③ 乙方在实验室完成涂胶参数和涂胶品质的验证。

④ 预调试完成后出具调试报告一份，调试过程甲方可全程参与。

（2）现场调试

现场调试详细要求见总则。

8 喷漆机器人技术要求

8.1 引言

喷涂是为汽车提供商品性的关键工序，随着涂装品质的要求不断提升，手工喷涂外观效果差、质量波动大等问题日益凸显。此外，目前工人对工作环境越来越挑剔，手工喷涂需要佩戴烦琐的 PPE（个人防护用品），与有毒有害的油漆为伴，造成工人不愿意从事喷漆工作，熟练的工人越来越难招聘。越来越多的新工厂都大量采用自动喷涂机器人，提升自动化率和工艺质量的稳定性。使用喷漆自动化机器人可以采用喷漆室循环风，大大降低喷漆室能耗，节省车间运营成本。

本章中的工程机器人配置包含自动擦净、B1 外喷、B2 内外喷、CC 内外喷，整个生产线应达到（除检查区）无人工参与的自动化生产线；喷漆室按 1 线、2 线设置；工艺采用"免中涂"工艺，色漆涂料均采用水性涂料，清漆采用溶剂型 1K/2K 清漆。喷漆 1 线在清漆前设置在线自动套色喷涂工艺，减少工时、材料、工位设施的投资。

8.2 分工界面

若本项目为总包项目，其分工界面见总则；若本项目为分包项目，其分工界面见下面分包分工界面。

（1）动力及管路界面划分

公用动力界面划分示意如图 8-1 所示。

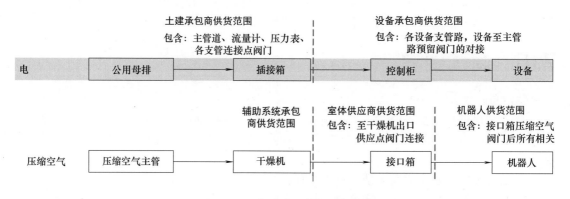

图 8-1　公用动力界面划分示意

（2）机器人与输调漆系统分工

机器人与输调漆系统分工界面如图 8-2 所示。

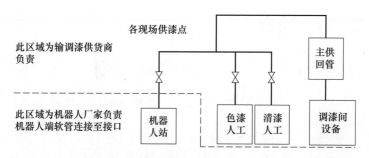

图 8-2　机器人与输调漆系统分工界面

（3）废溶剂回收分工

废溶剂回收分工如图 8-3 所示。

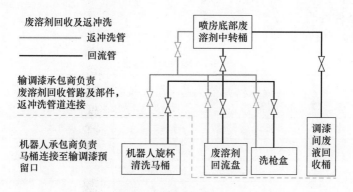

图 8-3　废溶剂回收分工

（4）机器人承载工程界面划分

机器人承载工程界面示意如图 8-4 所示。

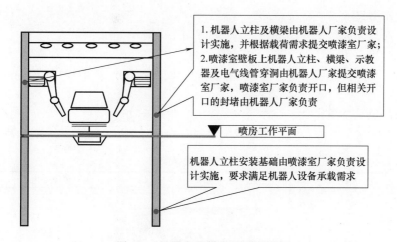

图 8-4　机器人承载工程界面示意

注：a. 喷房相关需求由机器人设备承包商提供给甲方和喷漆室设备承包商共同确认，安装完成后的密封形式需要得到甲方认可后方可进行施工；b. 乙方及时提报线体精度、车身精度、车身位置精度等要求。

8.3 工艺技术要求

8.3.1 概述及前提说明

乙方必须遵守协议书中所描述的限制条件及甲方相关的技术性能和功能等方面的标准。

8.3.1.1 基础条件说明

建设面漆 1、2 双线，总体净产能在 60JPH 以上。

① 采用 B1、B2 免中涂工艺，水性色漆，双组分溶剂型清漆。

② 车身内外表面完全实现机器人自动化喷涂。

③ 色漆、清漆内板喷涂机器人需配备专门开门、开盖机器人。

④ 采用自动擦净剑刷机器人擦拭车身外表面。

⑤ 面涂 1 线采用套色专用机器人完成多种颜色搭配。

8.3.1.2 生产条件说明

以双班计，净产能在 60JPH 以上，表 8-1 为参考参数。

表 8-1 喷房产能信息

项目	面涂 1 线		面涂 2 线	
	色漆段	清漆段	色漆段	清漆段
输送类型	步进式	连续式	步进式	连续式
节拍	40JPH		40JPH	
链速		4.6m/min		4.6m/min
工件节距		6.6m		6.6m

8.3.1.3 车型信息

（1）车型数量和种类

乙方负责 4 款车型的机器人仿形轨迹调试及品质保证。

（2）最大车型尺寸

最大车型净尺寸为：长 5000mm，宽 1950mm，高 1700mm。

（3）最大喷涂面积

最大喷涂面积为：色漆、清漆外喷 14m^2，色漆内喷 10m^2，清漆内喷 10m^2，套色面积待定。

（4）喷涂部位示意图

表 8-2 中为一款车型示意图。外板表面全喷，内板见表 8-2。

表 8-2 喷涂范围要求

序号	位置		色漆	清漆
1	发动机盖内板		○	

序号	位置		色漆	清漆
2	发动机舱	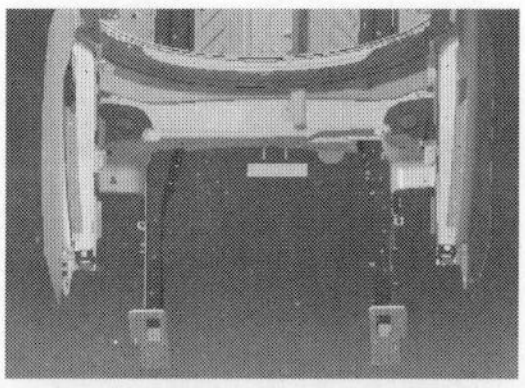	○	
3	后背门内板	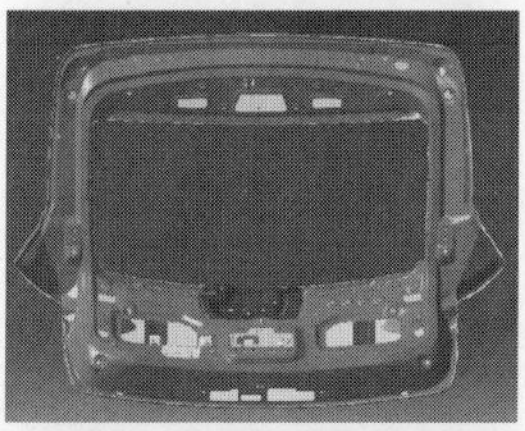	○	○
4	后背门内舱流水槽	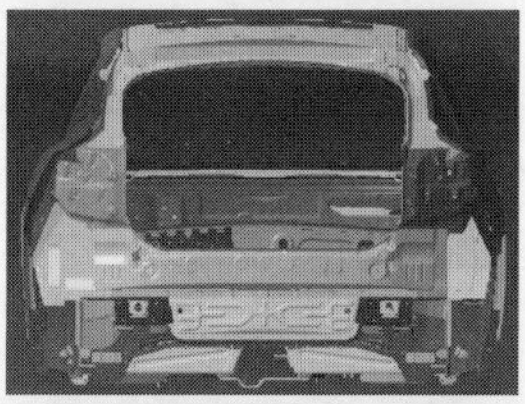	○	○
5	侧围（左、右同）		○	○
6	前门（左、右同）	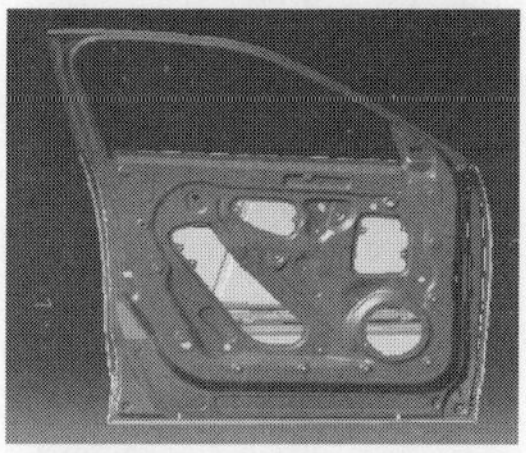	○	○
7	后门（左、右同）	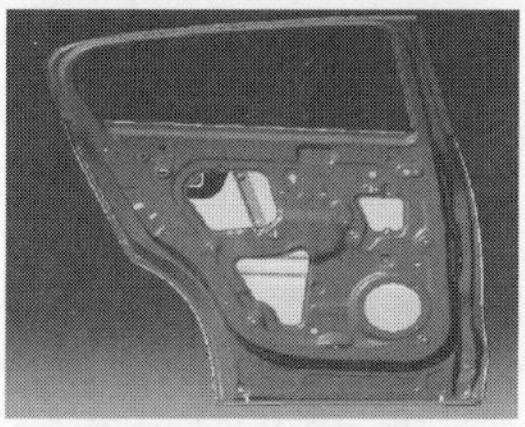	○	○

8.3.1.4　涂装室喷房尺寸及环境要求

（1）室体尺寸和照明（表8-3）

表8-3　喷房信息

区域	长/mm	宽/mm	高/mm	照明度/lx	
				生产时	维修时
自动擦净机器人段	待定	5500	4500	500	800
BC1 外喷段	待定	5500	4500	500	800

区域	长/mm	宽/mm	高/mm	照明度/lx	
				生产时	维修时
BC2 内喷段	待定	5500	4500	500	800
BC2 外喷段	待定	5500	4500	500	800
CC 内喷段	待定	5500	4500	500	800
CC 外喷段	待定	5500	4500	500	800

注：高为格栅到顶部室体的净高。

（2）涂装室工作环境条件（表 8-4）

表 8-4 工作环境参数

线体	夏季/冬季		
	温度/℃	湿度/%	风速/(m/s)
自动擦净	23±2	65±5	0.30±0.05
BC1 外喷	23±2	65±5	0.30±0.05
BC2 内喷	23±2	65±5	0.30±0.05
BC2 外喷	23±2	65±5	0.30±0.05
清漆内喷	23±2	65±5	0.30±0.05
清漆外喷	23±2	65±5	0.30±0.05
套色	23±2	65±5	0.30±0.05
洁净间	23±2		15～20 次/h

8.3.1.5 涂料参数

涂料参数如表 8-5 所示。

表 8-5 涂料参数

涂料参数	BC1	BC2			清漆
		实色漆	金属漆	珠光漆	
施工固体分/%	25～35	25～35	18～25	22～30	45～55
施工密度/(g/mL)	1.1～1.3	0.9～1.2	1.0～1.3	1.1～1.2	0.9～1.2
黏度/旋转黏度/(mPa·s)	100～200				
清洗溶剂	水性清洗溶剂				清漆清洗溶剂

8.3.1.6 能源动力

（1）供电条件

电压：380（1±10%）V、50Hz 三相交流电。

（2）压缩空气条件

压缩空气参数如表 8-6 所示。

表 8-6 压缩空气参数

项目	供应值	备注
压力	≥6.5bar	机器人控制柜接口处压力
露点	−40℃	—
含油量	≤0.01mg/m³	甲方保证供应压缩空气的质量,乙方在机器人工艺控制柜处单独另外配置空气过滤器
颗粒度	最大颗粒尺寸≤0.1μm 颗粒浓度≤0.1mg/m³	

注：若压缩空气品质不能满足乙方要求及甲方工艺要求，则乙方需提供用于提高压缩空气品质所需的部件，同时提供提高压缩空气品质的部件的更换周期。

8.3.2 技术条件要求

本部分为面涂喷漆机器人技术和品质相关要求。机器人安装区域示意如图 8-5 所示。

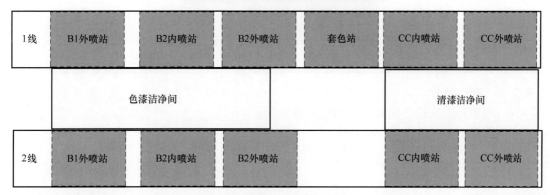

图 8-5　机器人安装区域示意

8.3.2.1　技术方案

喷房机运形式如表 8-7 所示。

表 8-7　喷房机运形式

项目	输送形式	成膜次数	单线机器人数量		
			喷涂机器人	辅助机器人	合计
自动擦净	步进	—	2	0	2
BC1 外喷	步进	1	4	0	4
BC2 内喷	步进	1	6	6	12
BC2 外喷	步进	2	8	0	8
CC 内喷	连续	1	5	5	10
CC 外喷	连续	2	6	0	6
套色线	步进	—	2(1线)	0	2

综上，喷涂 1 线共计 44 台机器人设备，喷涂 2 线共计 42 台机器人设备。

乙方可自行投报技术方案，需经甲方同意，并说明投报方案的特点和优点等。

8.3.2.2　质量标准

（1）膜厚要求

表 8-8 为建议膜厚数据，仅供参考，现场以实际调试效果为准。

表 8-8　涂层膜厚要求

项目	循环方式	油漆类型	膜厚
BC1 外喷	两线循环	水性/不易燃	$>16\mu m$
BC2 内喷	两线循环	水性/不易燃	$>12\mu m$，保证遮盖底色，无虚喷、流漆、针孔等质量问题
BC2 外喷	两线循环	水性/不易燃	$>16\mu m$，两遍总膜厚
CC 内喷	两线循环	油性/易燃	$>20\mu m$，无虚喷、流漆、针孔、桔皮等质量问题
CC 外喷	两线循环	油性/易燃	$>40\mu m$
水性溶剂	主管循环	水性/不易燃	—
油性溶剂	主管循环	油性/易燃	—

（2）外观质量要求

外观质量要求如表 8-9 所示。

表 8-9　外观质量要求

外观质量	光泽(20°)	≥85	
	DOI	≥85(白色),其他颜色≥90	
	R 值	垂直面≥7.5,水平面≥8.5	
色差	素色漆	45°	DEcmc≤1.4
	金属漆	15° 25° 45° 75° 110°	DEcmc≤1.7
	珠光漆	−15° 15° 25° 45° 75° 110°	DEcmc≤1.7

8.3.2.3　其他要求

（1）油漆种类（换色阀数量及颜色调试要求）

涂料管道数量如表 8-10 所示。

表 8-10　涂料管道数量

项目		设计换色阀数量	乙方负责调试颜色数量(需满足 4 款车型)
BC1	色漆颜色	至少 12 种	以配套 BC2 颜色数量为准
	水性清洗溶剂	1 种	
BC2	色漆颜色	至少 24 种	8
	水性清洗溶剂	1 种	
套色	色漆颜色	TBD	至少 1 种
	水性清洗溶剂	1 种	
清漆	清漆种类	至少 6 种	至少 1 种
	油性清洗溶剂	1 种	

（2）供漆系统界面划分

供漆系统界面划分示意如图 8-6 所示。

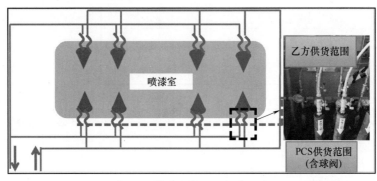

图 8-6　供漆系统界面划分示意

① 乙方根据甲方后期日程安排，做好管路清洗过程中的配合接管工作。

② 乙方负责涂料取出口保护柜的安装（要求封闭，采用玻璃形式）。

8.4　设备技术要求

8.4.1　概述

　　乙方必须按照技术要求提供所有设备，用于喷涂车身内表面、外表面以及车身套色部位。每台机器人（内外板、开关门、开关盖）应包括完整的硬件及软件，确保整个系统满足技术要求。所有机器人喷涂装置应满足喷漆室环境中的应用要求，符合国家标准。

8.4.1.1　主要机器人设备配置明细

乙方提供的设备配置须满足甲方招标要求。

注意：乙方投标时参照 8.3.2.1 节技术方案部分，提供细化到每一个设备元器件的部件清单，并详细标明规格型号及数量。

主要设备清单包括但不限于表 8-11 所示内容。

表 8-11　各段机器人配置

分类	擦净机器人	BC1	BC2 内	BC2 外	套色机器人	CC 内	CC 外
喷涂机器人（含底座、控制柜、示教器等）	○	○	○	○	○	○	○
进出口安全光栅、安装装置等（含车型、设备与消防联动、紧急按钮）	○	○	○	○	○	○	○
辅助机器人（含底座、控制柜、示教器等）				○		○	○
喷涂模块（静电旋杯与内/外置高压发生器、齿轮泵、换色阀、控制模块）		○	○	○	○	○	○
电控系统	○	○	○	○	○	○	○
擦净模块	○						

8.4.1.2　机器人选型

全部机器人选用同一品牌，推荐使用以下品牌：ABB、FANUC、DURR 等。选型参数如表 8-12 所示。

表 8-12　机器人选型参数

分类	内板喷涂机器人	外板喷涂机器人	开门、开盖机器人
防护等级	防护等级高于 IP54	防护等级高于 IP54	防护等级高于 IP54
重复定位精度	≤0.1mm	≤0.1mm	≤0.1mm
动作范围	机器人喷涂状态下旋杯垂直于工件表面，需覆盖最大车体内、外板各喷涂部位		乙方标准设计

其他要求：

① 开门、开盖机器人形式以乙方设计为标准，配置专门开盖器，开盖器设计需考虑防止漆雾附着，保证不因开门、开盖动作污染车体。

② 要求辅助机器人（开盖机）的设计按照车身现搭载夹具进行专门设计制作，每个开门、开盖器配置专门的传感器。

③ 当辅助机器人出现误动作、抓空、干涉时，机器人可实现检测并自动停止动作。

8.4.2　通用要求（机械部分）

① 设备能力应满足工艺技术要求，并保证性能稳定可靠，使用、维护、维修方便，造型美观；设备须具有良好的安全性能，保证异常时能及时停止并报警。

② 设备须严格按现行的设计、制造标准及技术规范要求进行选材、制造。

③ 设备的润滑加注点须便于润滑作业，并提供便于润滑作业的工具，所有轴需润滑的时间都需在操作盘上显示。

④ 全部供货中不得含有硅酮成分，不得在设备的制造和安装过程中使用任何含有硅酮的材料或润滑剂。

⑤ 所有设备上的原材料都必须对所使用的油漆、溶剂、清洗剂、稀释剂具有耐腐蚀性，不仅指接触油漆的内部件，而且包括所有的外部件，包括机械和电气的所有部件及电缆等。

⑥ 所有的电缆束、软管和管路等集成在机器人手臂内。电气和油漆管路的安装，必须相互隔开。各阀组及连接位置须有良好的密封性，保证油漆、溶剂、空气不得泄漏或流窜。

⑦ 色漆机器人油漆管路应选用摩擦因数低、不吸水、耐酸、耐碱、化学稳定性强的

材质。

⑧ 乙方安装的所有零件、管路、线缆应有鉴别标牌，标牌耐溶剂腐蚀，所有阀门须配备常开常闭状态标识，并能牢固地固定在零件、管路、线缆上。所有按钮、指示灯、监视器、操作站、电器柜等都应有白底黑字的标牌。

8.4.3 主要部件要求（机械部分）

8.4.3.1 机器人本体部分要求

机器人本体部分要求如表 8-13 所示。

表 8-13 机器人本体部分要求

序号	参数	标准	备注
1	机器人本体	a. 机器人的手臂必须配备强制通风系统，使机器人本体内持续处于正压，保证体内不受漆雾污染，保证机器人手臂内没有危险气体聚积，满足防爆要求； b. 本体所有表面应光滑洁净，同时能够较容易地进行擦拭或清洗，并保证擦拭或清洗溶剂不会污染或损害内部元件及本体表面油漆	要求结合机器人的作业动作，合理规划机器人的位置
2	机器人轴关节	a. 所有轴关节处均为密封结构，以避免漆雾或擦拭溶剂污染轴关节内部或由此滴出油脂而污染车身； b. 所有的轴均应含有可设定的极限位置，以限制机器人操作超行程； c. 第 7 轴应装有硬性行程限位，在超行程运行可能造成机器人损坏或机器人损害其他设施的极限位置使轴硬性停止	各轴联动定位误差不得高于 0.1mm
3	刹车系统	各轴电机在额定全速度和有效负载状态下，急停后的继续运动距离小于 50mm	—
4	速度性能	机器人能以 1500mm/s 以上的速度长时间运行	数据不代表本工程的机器人喷涂时的工具中心点
5	控制电源	每台机器人的电源都必须单独设立，且具备抗干扰处理、地线等常规功能	—
6	伺服电机寿命	所有轴均应由伺服电机提供动力，这些电机应遵循完全封闭及自冷的原则，其设计应保证不得干扰通信系统信息	能够保证各轴电机的使用寿命大于 25000h
7	防漏油	具备良好的密闭性，本体表面不会漏油	—
8	原点标识	各轴电机均配有明确、精准的原点标识，且不易被油漆、溶剂腐蚀	—
9	清洁度	本体不易沾染漆雾、颗粒，且方便清理	要求乙方针对过往实绩作出改善对策

8.4.3.2 机器人安装及底座基础

分工界面见 8.2 节。

① 喷房室体及钢平台由甲方负责，机器人线缆及电缆在喷房内以及钢平台的开孔及密封复原工事由乙方负责。

② 机器人的设备搬入、吊装等均由乙方负责；要求乙方负责机器人从集装箱上卸货搬运至甲方指定地点。

③ 设备搬入、吊装过程中，对喷房等造成损坏的，由厂家负责进行复原。

④ 乙方按各自设备特点及最大动静载荷进行设计、制造并安装，要求结构美观大方，最大载荷运行过程中不得有震感。

⑤ 喷房内部裸露底座须按甲方要求刷涂颜色并设置防护设施，以便于清洁。

⑥ 机器人本体应设有良好的接地，接地电阻不得高于 1Ω。

8.4.3.3 控制系统元件要求

机器人控制柜、操作柜要求安装在喷房动静压室外侧（1 线、2 线间）的平台位置，左右侧机器人的控制柜等电气元件各自放置在平台左右两侧，原则上不集中放置在一侧，大致如图 8-7 所示。

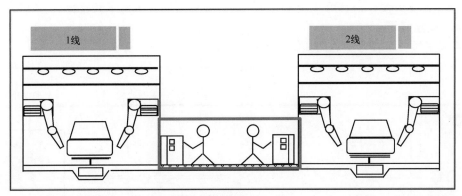

图 8-7　控制柜安装示意

（1）控制柜要求

① 机器人控制柜的布置位置要求与机器人本体一一对应，要求结合现场位置大小，控制柜布置紧凑。

② 控制柜的设置要求不能影响周边作业人员的走行，不能妨碍作业人员对喷房内所有机器人的监控视野，不能影响控制柜、机器人本体的维护保养。

③ 要求承包商在各个控制柜集中安装区域均设置隔热室体，以对应控制柜的正常作业温度，设置好空调排水。

④ 机器人控制柜需要设置空调，要求空调送风口下方禁止安装任何电气元器件，另外考虑空调冷凝水的处理及冷凝水管设置。

（2）操作柜要求（表 8-14）

表 8-14　操作柜要求

项目	具体说明
数量	一个喷涂站配置一个操作台，一个擦净站配置一个操作台
功能性	操作盘结构要求具备防水防尘功能，设置空调系统，空调送风口下方禁止安装任何电气元器件，具体外形尺寸与甲方确认。要求通过操作盘对各机器人进行选择，实现涂料选择、填充、清洗等各种操作
人机界面	a. 操作柜屏幕具备直观的人机界面，人机界面可实现中英文切换； b. 所有与喷涂相关的信息（如链速、车型、车身位置、颜色、油漆流量、喷杯转速、成型空气压力或流量、高压静电值、电流值及机器人运行时间、机器人各轴的运动位置等）都能自动在界面上监控； c. 对于不能识别或错误的车身信息以及有特殊要求的车身，根据需要，可以在上游或在操作者控制面板上对车身信息进行手动修改，如更改车型、颜色、喷涂参数及选择喷与不喷，可以在手动模式下通过控制面板控制机器人实现所有自动模式下的动作； d. 具有参数（轨迹参数＋喷涂参数）的修改、保存、复制、导入、导出等功能，所有车型、颜色等的喷涂轨迹相应编程的集中保存功能，并能实现机器人轨迹参数与喷涂参数的分类管理（如界面分开但相链接、设立更改权限等）； e. 操作柜屏幕须能实现根据需要可以在车身进入机器人喷涂区域前任意位置更改车身的车型、颜色参数； f. 生产管理数据汇总（包括日常的生产台数、各车型台数、各颜色台数、各涂色涂料的使用量等记录等）
故障查询	操作柜屏幕须能显示正在发生的故障及查看历史故障记录，对所有自动监控的信息均能实现故障显示
权限限制	操作站及示教器须能设置不同权限等级，实现不同权限用户对操作站进行的操作有所限制
维修	操作盘内部设置 220V 插座和内部照明工具

（3）示教器要求

① 每台喷涂机器人配备一个示教器，并且示教器可以实现互换。

② 示教器安装紧急停止按钮，按下时机器人设备及喷涂机立即停止。

③ 电缆长度应能满足示教使用并留有至少 20m 余量，同时确保示教器数据流畅，示教盘及管线应耐溶剂腐蚀，便于清洁，且统一设置盘挂点，确保美观大方、一致性好。

④ 操作简单方便，语言可实现中英文切换。投标时明确各站示教器数量。

8.4.3.4 安全装置

机器人区域安全装置示意图如图 8-8 所示，作用如表 8-15 所示。

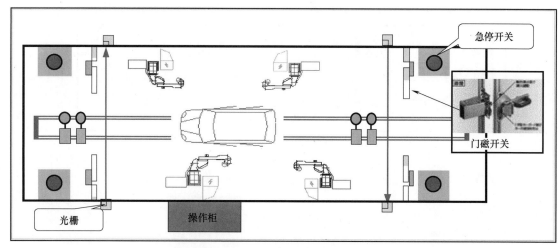

图 8-8　机器人区域安全装置示意图

表 8-15　机器人区域安全装置作用

名称	图示	作用
安全插销		a. 为了便于进入机器人区域,要求在安全栏上配置出入用的门,门上安装门磁开关或者安全插销,该开关或插销要求与机器人系统联锁; b. 当有人进入打开门或拔下插销时,输送链及机器人系统停止作业
急停按钮		a. 要求在机器人站出入口的门上、操作台上设置紧急停止按钮; b. 要求每台机器人控制柜设置急停按钮
安全光栅		a. 要求在机器人出口处配置安全光栅,安装在喷房外部,要求固定良好,不易发生偏移; b. 作业人员有必要进入机器人区域作业时,必须在操作盘上进行模式的切换,如切换到维护模式
其他电气元件选型	—	喷房内安装的所有器件必须满足涂装安全生产相关规定
联锁装置	—	要求机器人设置与输送链、喷房状态的联锁开关
喷房紫外线检测装置	—	与机器人联锁,检测到火花时传输信号给机器人,机器人紧急停止
接地工程	—	所有机器人及涂装相关设备均需接地,甲方在喷房附近提供接地点,机器人承包商负责从接地点到机器人的接地连接,接地电阻≤1Ω

名称	图示	作用
防撞要求	—	出现与被涂物的干涉现象,为了保护涂装机器人,要自动停止机器人的运行以及旋杯喷涂
专用钥匙	—	a. 要求设置维护保养人员专用钥匙,用于进入机器人区域进行维护保养作业; b. 进入机器人区域时,该钥匙开关处于 ON 状态,该钥匙能拔出,作业人员能随身携带; c. 当开关处于 ON 状态时,所有伺服电源处于 OFF 状态,并且与输送链的联锁处于分离状态
其他	安全装置包含但不限于以上内容,所有安全设施必须符合甲方相关安全管理规定	

机器人与输送链、喷房等联锁装置:

① 要求机器人在监控软件中设置与输送链、喷房状态的联锁开关。

② 为应对突发情况(如监控软件故障),要求设置硬件开关,实现输送链、喷房与机器人的联锁操作。

③ 要求显示涂料供给系统状态,并可接入/断开涂料供给状态联锁。

④ 要求显示 RFID 联锁状态,并可接入/断开 RFID 联锁,断开联锁后只取车型检测装置的信息。

⑤ 要求显示车型检测装置联锁状态,并可接入/断开车型检测装置联锁,断开联锁后只取 RFID 的车身信号。

⑥ 要求 RFID 与车型检测必须有一个装置接入联锁。

⑦ 要求显示喷涂系统联锁状态,并可接入/断开喷涂系统联锁。

⑧ 要求显示安全光栅联锁状态,并可接入/断开安全光栅联锁。

⑨ 要求显示加热器联锁状态,并可接入/断开加热器联锁。

8.4.3.5 压缩空气模块

① 根据设备需求,乙方自行提供加热装置,防止压缩空气在涂装机器(雾化器)处出现结露现象,并在投标时明确具体数量、品牌和规格。

② 根据设备需求,乙方自行提供增压装置,并在投标时明确具体数量、品牌和规格,如需甲方提供能源、安装区域的,也需要在投标时进行明确。

③ 各设备用压缩空气须有压力、温度反馈信号,与设备形成联锁,同时伴有声光报警。

④ 各压缩空气接口及气控柜内不得有泄漏现象。

⑤ 经压缩空气模块过滤后的压缩空气须满足工艺技术要求中对压缩空气的要求。

8.4.3.6 其他附属装置

(1)废液回收装置

要求适应干式喷房给每台喷漆机器人配备清洗马桶,马桶结构简图如图 8-9 所示(乙方负责虚线部分以上结构,包括预留球阀)。基本功能项如表 8-16 所示。

(2)防尘服

① 防尘服在使用过程中不得有静电产生,款式设计须方便脱/穿,并且美观大方。防尘服材料须能耐溶剂腐蚀,不得掉毛,方便清洁等。

② 防尘服数量:若为可重复使用的防尘服,每台机器人 6 套;若为一次性的防尘服,每台机器人 100 套;若使用塑料材质壳子防尘服,每台机器人 2 套。

(3)维修保养工具包

维修保养工具包如表 8-17 所示。

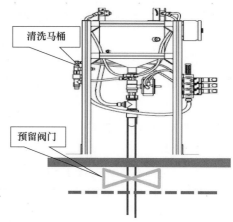

图 8-9　清洗马桶安装示意

表 8-16　基本功能项

基本功能项	说明(换色时间内完成清洗)
雾化器外壁清洗	具备清洗雾化器外壁及旋杯外侧功能
压缩空气吹扫	要求马桶具备吹扫功能,吹干雾化器及旋杯上残留的溶剂
连接软管	使用特氟龙软管,为防止破损要安装支撑、安全保护套
其他	乙方标准设计

表 8-17　维修保养工具包

序号	专用工具名称	数量	序号	专用工具名称	数量
1	涂装机(雾化器)拆装工具	4 套	5	涂料及空气软管接头拆装工具	4 套
2	换色阀拆装工具	4 套	6	计量泵拆装工具	4 套
3	机器人调零工具	2 套	7	涂料供给量测量工具	4 套
4	旋杯拆除及清洗工具	4 套	8	外成型空气罩清洗工具	5 套

注：1. 要求供应商罗列使用的所有计量仪器仪表、设备使用安全参数等使用说明书,由甲方人员确认是否齐全；
2. 要求乙方提供本工程涉及的所有设备备件应有的保养频率、更换周期、设备维护保养方法及手册。

8.4.4　设备性能要求

8.4.4.1　喷涂系统及换色要求

所有旋杯在指定油漆黏度下均能做到良好雾化效果,保证漆膜平整均匀无色差,满足甲方工艺要求。雾化器配置如表 8-18 所示。

表 8-18　雾化器配置

类别	色漆内喷	色漆外喷	清漆内喷	清漆外喷	套色
材料	水性	水性	油性	油性	水性
旋杯直径	35～45mm	60～70mm	35～45mm	60～70mm	目前,DURR 等公司已开发出在线双色工艺,具体细节需技术交流后再定义
旋杯类型	锯齿型	一站锯齿 二站光杯	锯齿型	锯齿型	
旋杯大小和类型由乙方提供具体信息和建议,和甲方技术沟通后再定					
加电方式	内加电	外加电	内加电	内加电	
材质	钛合金(需保证超声波清洗不掉镀漆)				
旋杯转速/(1000r/min)	0～100	0～100	0～100	0～100	
控制精度	±500r/min 以内或±1% 以内				
成型空气/(mL/min)	0～1000	0～1000	0～1000	0～1000	
成型方式	双成型空气	双成型空气	双成型空气	双成型空气	

类别	色漆内喷	色漆外喷	清漆内喷	清漆外喷	套色
有效扇幅/mm	150~500	150~500	150~500	150~500	目前,DURR 等公司已开发出在线双色工艺,具体细节需技术交流后再定义
高压/kV	0~90	0~90	0~90	0~90	
控制精度	控制精度在±2%以内				
吐出量(mL/min)	0~700	0~700	0~700	0~700	
控制精度	保证标定和喷涂时控制精度在±2%以内				
涂装效率	65%以上	80%以上	65%以上	85%以上	100%
换色时间/s	≤15	≤15	≤15	≤15	≤15
换色阀	a. 安装位置需尽最大可能靠近旋杯(一般安装在第 3 轴),以减少每次清洗或换色时所消耗的溶剂及油漆,且需能使每一组颜色的油漆进行连续循环; b. 换色阀需具有模块式结构,允许添加或拆除附加的阀组,并方便操作者对其进行维修或更换。每台机器人安装的模块组数需能满足本机器人所处位置的油漆颜色种类要求				

其他要求如下:

① 保证每一款车型均能在规定节拍内完成所有动作,包括轨迹的运行、回原位,旋杯或喷枪的换色、清洗、填充等,系统的数据传输等。

② 喷涂参数(包括转速、吐出量、高压、成型空气、扇幅)及清洗换色参数均可通过操作柜显示屏及示教器进行控制,其参数给定,可以各自根据车型、喷漆区域、油漆颜色、油漆生产商和雾化装置的不同而进行独立调节,并采用闭环控制。

a. 采用伺服电机带动齿轮泵精确供给油漆,清漆机器人采用双齿轮泵设计,清漆和固化剂自动配比,双组分清漆要求配比范围在 (1:1)~(10:1)(主剂:固化剂)之间可调,配比精度要求小于±1%。

b. 转速控制负载状态最高转速不得低于 50000r/min,若超出设定值±5%,并在 5s 内未能恢复正常,即应产生相应高速或低速报警;若超出设定值±10%,并在 5s 内未能恢复正常,即应产生相应高速或低速故障报警。

c. 高压发生装置在开启、故障、关闭状态下均有指示灯指示。同时,高压控制器带有液晶显示屏,可显示电压、电流、准备状态、各种故障内容,并且正常喷涂时要求有高压开启的联锁信号。高压控制器可以本地控制和远程控制。正常工作时由控制系统进行远程控制,通过人机界面设置参数。

③ 要求机器人具有降级作业功能,当任意一台机器人故障时,其他机器人能替代该故障机器人的喷涂程序。

④ 机器人与旋杯之间应实现快速拆装的功能,保证旋杯维护保养便捷。

⑤ 各阀组及连接位置需有良好的密封性,保证油漆、溶剂、空气不泄漏或流窜。

⑥ 旋杯应设有良好的接地,接地电阻小于 1Ω。

8.4.4.2 双色喷涂系统

① 双色喷涂系统需要定位精度高于普通喷涂机器人系统,全新的喷涂应用组件固定在机器人手臂上。

② 喷涂系统对喷涂区域重复定位精度高,配备传感器的测量系统,提供最大的精度,自动校正车身振动、车身停止位、机器人运行等带来的影响。

③ 喷涂应用组件经过目标区喷涂油漆,油漆正好落在指定的区域,其他区域无过喷现象。

图 8-10　DURR PaintJet 机器人示意

④ 喷涂轨迹开关枪位置无明显锯齿状，喷涂轨迹之间无涂料堆积或缺漆情况出现。

DURR 公司的 PaintJet 机器人示意如图 8-10 所示。

8.4.4.3 车型识别系统

车型信号有两种方式输入（图 8-11）：通过自动识别系统将车型信息读入控制系统；通过手动将车型信息输入控制系统。

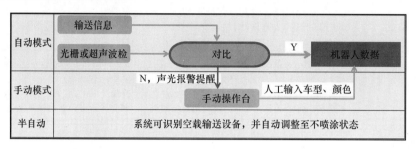

图 8-11 车型识别流程

具体要求如下：

① 系统需能进行手动、自动、模拟、清洁、维护等模式；控制系统需具有车型信息识别能力（含大、小天窗），识别系统应具有自动和手动两种工作模式。

② 仿形轨迹：系统需能实现生产中断，即生产过程中，当输送装置停止时，自动喷涂设备会继续进行喷涂，直至运行到本段轨迹等待点为止。当输送装置再次运转时，喷涂设备将于上次停止的位置恢复工作。

③ 系统可以识别空载的输送设备，并自动调整至非喷涂状态。系统数据库内需设置空橇或不作业车型信息，并可以通过自动或半自动模式自行识别。

④ 系统需能识别进入作业区的是人或车，当设备处于自动运行状态时，人员进入作业区，设备需立刻停止，并伴有声光报警。

⑤ 系统需具有检测橇体滑移功能（连续式方案）。乙方投标时，投报能实现此功能的方案，当橇体在输送链上实际行进距离与机器人计数计算距离超出一定范围时，系统报警并停止作业与输送，以防止产生作业不良或撞车等后果。

8.4.4.4 输送链传感器

在清漆线输送链设置编码器以检测传送机的动作速度、速度变化、转动方向，并能够进行车体同步跟踪的确认，系统能够安全地运作。

① 要求承包商负责相关工程具体划分，如图 8-12 所示。

图 8-12 承包商与输送分工示意

② 要求安装编码器进行与 C/V 链条同步。

③ 要求编码器与电机采用链条/链轮传动。

8.4.4.5 预调试

① 乙方提供预调试平台，由甲方提供调试车和材料，在乙方的实验室进行机器人在线示教及喷涂品质验证。要求在实验室完成离线机器人站的建立和程序的编程，以及初步制定一版所有量产颜色的喷涂工艺参数，包含流量、雾化压力等。缩短项目现场阶段调试时间，提高现场调试面漆质量，提升效率。

② 由甲方提供预调试所需要的车身和涂料。

③ 预调试完成后出具调试报告，甲方可全程参与调试过程。

8.4.4.6 其他控制要求

① 系统需能实现在线编程、监控、模拟，离线编程、模拟、仿真，颜色指示、车型识别等功能，系统需能兼容 20 款车型、18 种颜色。

② 乙方应提供与车间控制、工序系统相适应的完全自动化的喷涂系统，喷涂系统的正常运行时间占比需能够达到 98% 或更高，在进行常规维护的条件下，其最短使用寿命为 10 年，无重大故障时间为 5 万小时。

③ 乙方负责本系统的平面布置设计，确保系统各尺寸满足要求，包括但不限于：喷涂时间、工件尺寸、喷涂区域、喷涂面积、开关门范围、维护空间等分配最合理。

④ 系统需能实现突然断电、断气保护功能，即当系统发生突然断电或断气情况下，系统需能保证软件、硬件及数据信息的完好。

⑤ 控制电源设计成"开/关"式开关，"关"时能实现断开电源功能，且具有 UPS 保护功能（要求至少半小时）。

⑥ 在所有人员安全保护装置上都有醒目的警示标语和标志，在合适的高度上均安装有高压警示灯。

⑦ 系统需设置颜色指示装置，即在人工检查工位及手工喷涂工位分别设置颜色指示装置。

9 供料系统技术要求

9.1 引言

为建设一个高效、节能、现代化的智能车间，在新建涂装车间内配置不同集中供料系统来满足涂装各工序对各种不同材料的供应要求非常必要。集中供料系统不但能够减少设备占地面积，而且可以提高材料的利用率，减少成本浪费。同时，该系统可以实现信息化、智能化管理，控制便捷，大大提高生产效率，避免缺料情况出现。

本章介绍的项目为交钥匙工程，包含涂装车间新增集中供胶系统、集中输调漆系统和集中供蜡系统。其中，集中供胶系统主要供应焊缝密封胶、PVC抗石击胶、液态阻尼胶和裙边胶；集中输调漆系统主要供应油漆、固化剂和溶剂；集中供蜡系统主要供应内腔防腐蜡。乙方需要按照甲方的技术要求，新建的系统既要考虑其实用性，也要兼顾其经济性和可靠性。

若本项目作为总包项目内容，公用部分参见总则，供料系统部分参见本章。若本项目作为分包项目，相关技术要求和标准参见本章内容。

9.2 供胶系统技术要求

9.2.1 分工界面

9.2.1.1 总包项目

总包项目的分工详情见第1章"涂装车间工艺设备技术要求总则"中1.2节"分工界面"。

9.2.1.2 分包项目

（1）工程分工

供胶分工界面如图9-1所示。

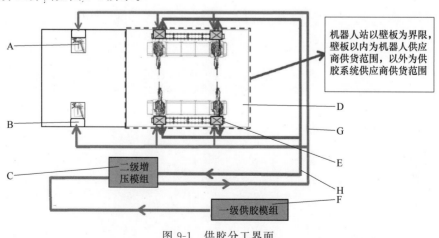

图 9-1　供胶分工界面

图 9-1 中，A 为人工站胶枪组件，包括无气挤胶枪、高压胶管、活接、活接头、Z 字活接等；B 为过滤调压组件，包括高压过滤器、调压器、压力表等；C 为二级增压模组，包括增压泵、输胶管、空气软管、高压单向阀、高压球阀、温度表、压力表、模组支架、控制柜等；D 为机器人工作站，包括机器人系统、PCF/定量机、视觉、控制系统等；E 为站内气动模组，包括气动元件、调压阀、压力表、高压胶管、高压过滤器等；F 为一级供胶模组，包括供胶泵、模组支架、气动元件、输胶管、高压胶管、空气软管、空气球阀、高压球阀、过滤器、法兰、高压排泄阀、高压压力表、控制柜等；G 为供胶管路，包括输胶管、伴热带、保温海绵等；H 为循环管路，包括输胶管、伴热带、保温海绵等。

（2）公用动力分工界面

公用动力界面分工如图 9-2 所示。

图 9-2 公用动力界面分工

（3）其他分工界面

其他分工界面如表 9-1 所示。

表 9-1 其他分工界面

序号	界限内容	责任单位			
		A 方	B 方	C 方	D 方
1	供胶管路清洗（操作）		○		
2	清洗废料处理		○		
3	供胶管路清洗材料		○		
4	工程保险		○		
5	现场接收、搬运、卸货		○		
6	现场 5S 处理		○		
7	与机器人站信息对接		○		○
8	室体辊轮滑架等	○			
9	与室体方信息对接	○	○		

注：A 方指室体承包商或总包商；B 方指供胶系统供应商；C 方指胶材料供应商；D 方指机器人供应商。

所有工作甲方负责参与检查，并给予配合。

9.2.2 供货内容示意图

供货内容如图 9-3 所示。

9.2.3 技术规格

9.2.3.1 基本信息

车间信息如表 9-2 所示。

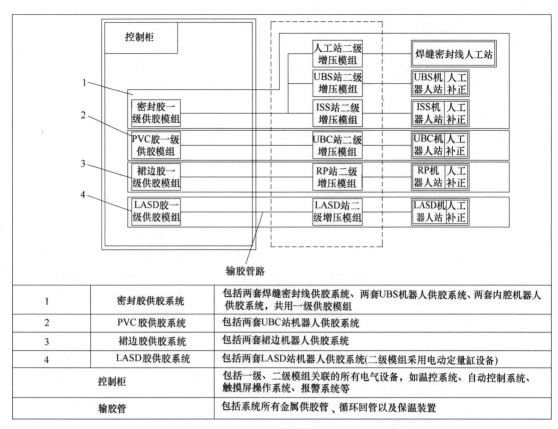

1	密封胶供胶系统	包括两套焊缝密封线供胶系统、两套UBS机器人供胶系统、两套内腔机器人供胶系统，共用一级供胶模组
2	PVC胶供胶系统	包括两套UBC站机器人供胶系统
3	裙边胶供胶系统	包括两套裙边机器人供胶系统
4	LASD胶供胶系统	包括两套LASD站机器人供胶系统(二级模组采用电动定量缸设备)
控制柜		包括一级、二级模组关联的所有电气设备，如温控系统、自动控制系统、触摸屏操作系统、报警系统等
输胶管		包括系统所有金属供胶管、循环回管以及保温装置

图 9-3　供货内容

表 9-2　车间信息

工厂信息			
生产纲领	满足双班 60JPH 连续生产		
净节拍	60JPH	输送形式	地面辊床/空中辊床
车型种类	A 级和 B 级的三厢轿车、SUV 及 MPV		
最大尺寸	5000mm×1950mm×1700mm		
工艺信息			
区域	最大长度/面积	宽度/mm	厚度
人工打胶	30m	20～30/6～8	0.8～1.5mm
UBS 机器人站	60m	20～30	1.5～2.5mm
内腔机器人站	40m	20～30	1.5～2.5mm
UBC 机器人站	6m²	120～150	500～800μm
裙边机器人站	4m	120～150	300～500μm
LASD 机器人站	3m²	75/90	3mm
工位信息(单线数据)			
区域	机器人出口数		人工工位出口数
人工打胶	0		20
UBS 机器人站	4		2
内腔机器人站	4		2

区域	机器人出口数	人工工位出口数
UBC 机器人站	2	2
裙边机器人站	2	2
LASD 机器人站	4	2
合计	16	30

材料信息					
材料名称	供应商	主要成分	黏度/(Pa·s)	密度/(g/cm³)	固体分/%
焊缝密封胶	汉高	聚氯乙烯树脂	170~230	1.40~1.55	≥98
PVC 抗石击胶	汉高	聚氯乙烯树脂	80~120	1.30~1.45	≥96
裙边胶	汉高	PVC 和填料	80 左右	1.0~1.4	≥95
水性 LASD 胶	汉高	丙烯酸乳液	65~100	1.4 左右	≥75

厂区环境	
供胶室体尺寸	见工艺布局图
供胶间温度	5~35℃
冬季厂区最低温度	最低-4℃
夏季厂区最高温度	最高37℃
冬季车间温度	8~18℃
夏季车间温度	26~35℃
平均湿度	50%~60%

注：1. 所有设备和资料计量单位应采用国际标准。

2. 所有材料均用供应商的供料包装桶送入现场。

3. 因相关胶体材料未定标，故以上胶体特性参数可能比较宽泛，但总包方设计系统应能满足以上涂料参数范围内的工艺要求。

9.2.3.2 公用动力

公用动力信息如表 9-3 所示。

表 9-3 公用动力信息

电源	动力电源	三相 AC 380(1±10%)V/50Hz		
	照明电源	单相 AC 220(1±10%)V/50Hz		
	控制电源	单相 AC 220V 50Hz 或 DC 24V		
压缩空气	压力	含油量	含尘量	露点
	0.6MPa	<1mg/Nm³	<0.1mg/m³	-20℃
工业水	1.0~2.0bar(表压)			
冷冻水	7~12℃			
热水	3.0~4.0bar(表压)，70~90℃			

注：1. 输胶系统使用的各种能源，如压缩空气、电源等，到甲方指定位置对接。乙方需对不同的能源提出要求，包括具体使用的各种能源及使用量等。

2. 甲方负责提供（6±0.5）bar 动态压力的压缩空气供气点，从供气点到设备所有使用的管路（材质为不锈钢）、过滤装置等均由乙方自己解决，且过滤装置的选用需得到甲方的认可，并考虑保证正常生产的备用设施。如果乙方对空气压力更高的需求，则由乙方自己解决。

9.2.4 项目供货要求

9.2.4.1 供货内容清单

供货内容清单如表 9-4 所示。

表 9-4 供货内容清单

序号	供货内容	数量	使用涂料	备注
1	焊缝密封线供胶系统	2	焊缝密封胶	
2	UBS 机器人供胶系统	2	焊缝密封胶	共用一级供胶模组
3	内腔机器人供胶系统	2	焊缝密封胶	

序号	供货内容	数量	使用涂料	备注
4	UBC 机器人供胶系统	2	PVC 抗石击胶	
5	裙边机器人供胶系统	2	裙边胶	
6	LASD 机器人供胶系统	2	水性 LASD 胶	使用定量系统
7	温控系统	所有系统	无	电加热
8	控制系统	集中控制	无	
9	生产陪伴	6 个月,详见总则		
10	培训	详见总则		
11	质量保证	24 个月,详见总则		

9.2.4.2 主要设备选型要求

选型配置如表 9-5 所示。

表 9-5 选型配置

(1)机器人站供胶系统设备示意图

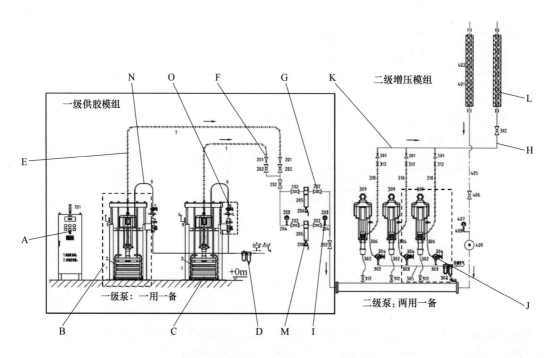

A	集中控制柜	I	压力表
B	供胶泵	J	增压泵
C	加料辊轮	K	二级供胶主管 (带高压软管)
D	气动元件模组	L	保温海绵
E	一级供胶主管 (带高压软管)	M	一级高压过滤器 (带排泄阀)
F	高压单向阀	N	空气软管
G	高压球阀	O	空气调压阀
H	二级循环主管		

（2）人工站增压模组示意图

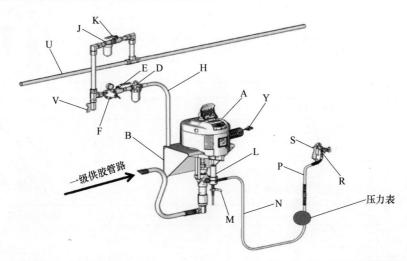

A	增压泵	L	高压过滤器
B	模组支架	M	高压排泄阀
D	油雾过滤器	N	二级供胶管（带保温）
E	主气阀	P	高压软胶管
F	泵空气调节阀	R	枪旋转部件
H	空气软管	S	无气喷枪
J	空气过滤器	U	主空气管
K	空气关闭阀	V	空气排放阀

（3）供胶泵

品牌	GARCO 或同等及以上品牌	
型号	a. 密封胶、LASD 胶系统采用吨桶规格； b. PVC 胶、裙边胶系统采用 250kg 规格	
数量	所有系统均一用一备	
材质	a. 水性 LASD 胶系统采用 316 不锈钢材质泵； b. 其他系统采用普通碳钢材质泵	

（4）增压泵

品牌	GARCO 或同等及以上品牌	
型号	乙方设计决定	
数量	乙方根据临界条件设计决定	
材质	a. 水性 LASD 胶系统采用不锈钢定量系统； b. 其他系统采用普通碳钢材质气动泵	

（5）一级高压过滤器（带进口配套高压滤芯）

品牌	MP filtri 或同等及以上品牌	
型号	待定	
数量	每套系统两个	
材质	a. 水洗 LASD 胶系统采用 316 不锈钢材质泵； b. 其他系统采用普通碳钢材质泵	

（6）气动元件（包括空气过滤器和空气油雾器及相关组件）

品牌	Festo 或同等及以上品牌
型号	项目期间确定
数量	项目期间确定
材质	产品标准

（7）高压球阀

品牌	GARCO 或同等及以上品牌
型号	项目期间确定
数量	项目期间确定
材质	a. 水洗 LASD 胶系统采用 316 不锈钢材质泵； b. 其他系统采用普通碳钢材质泵

（8）单向阀

品牌	GARCO 或同等及以上品牌
型号	项目期间确定
数量	项目期间确定
材质	a. 水洗 LASD 胶系统采用 316 不锈钢材质泵； b. 其他系统采用普通碳钢材质泵

（9）排泄阀

品牌	进口品牌
型号	项目期间确定
数量	项目期间确定
材质	镀锌碳钢

（10）枪站高压过滤器（带高压过滤芯）

品牌	MP filtri 或同等及以上品牌
型号	项目期间确定
数量	每个枪站出口 1 套
材质	a. 水洗 LASD 胶系统采用 316 不锈钢材质泵； b. 其他系统采用普通碳钢材质泵

（11）无气挤胶枪

品牌	GARCO 或同等及以上品牌
型号	项目期间确定（包括定制枪嘴，数量待定）
数量	项目期间确定（预计每个出口一用一备）
材质	a. 水洗 LASD 胶系统采用 316 不锈钢材质泵； b. 其他系统采用普通碳钢材质泵

（12）高压压力表

品牌	合资品牌
型号	项目期间确定
数量	项目期间确定
材质	产品标准

(13)控制柜		
品牌	威图或同等及以上品牌	
型号	项目期间确定	
数量	项目期间确定	
材质	冷轧钢板	

控制柜界面要求示意图

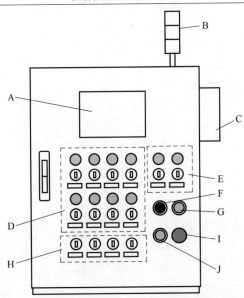

A	触摸显示屏	工艺流程状态监控查询;报警信息查询;操作记录查询;工艺参数设置修改(温度、液位)
B	报警指示灯	故障时红灯指示报警并有蜂鸣,正常工作绿灯常亮
C	空调	控制柜自带散热空调
D	泵开关切换旋钮	控制单个泵的开关状态,仅在手动模式下生效
E	温控系统开关旋钮	分别控制一级和二级系统的加热系统开关
F	供胶系统总开关	可一键关闭一级和二级系统工作,不切断电柜电源,显示屏正常工作
G	复位按钮	故障报警复位按钮
H	模式切换旋钮	模式旋钮可自由切换自动和手动模式,控制对象包括两个密封胶泵、两个PVC胶泵、两个裙边胶泵、两个LASD胶泵,并可通过指示灯辨识
I	急停按钮	需安装防误碰护罩
J	电柜电源开关	可完全切断电柜电源

注:界面布局示意图仅供示意用,具体尺寸布局要求按"电气通则"执行。

9.2.4.3 其他设备选型要求

（1）一级供胶模组

供胶一级系统配置如表9-6所示。

表9-6 供胶一级系统配置

部件名称	密封胶供胶系统				PVC胶供胶系统			
	数量	材质	品牌	型号	数量	材质	品牌	型号
升降模组	待定	碳钢	固瑞克	TBD	待定	碳钢	固瑞克	TBD
空气球阀	待定	铜	进口	TBD	待定	铜	进口	TBD
空气软管	待定	尼龙	国产	TBD	待定	尼龙	国产	TBD
空打保护器	待定	碳钢	固瑞克	TBD	待定	碳钢	固瑞克	TBD

部件名称	密封胶供胶系统				PVC胶供胶系统			
	数量	材质	品牌	型号	数量	材质	品牌	型号
辊轮架	待定	碳钢	国产	TBD	待定	碳钢	国产	TBD
高压涂料管	待定	橡胶	国产	TBD	待定	橡胶	国产	TBD
输胶管	待定	碳钢	国产	TBD	待定	碳钢	国产	TBD
法兰接头	待定	碳钢	国产	TBD	待定	碳钢	国产	TBD

部件名称	裙边供胶系统				LASD胶供胶系统			
	数量	材质	品牌	型号	数量	材质	品牌	型号
升降模组	待定	碳钢	固瑞克	TBD	待定	SUS	固瑞克	TBD
空气球阀	待定	铜	进口	TBD	待定	铜	进口	TBD
空气软管	待定	尼龙	国产	TBD	待定	尼龙	国产	TBD
空打保护器	待定	碳钢	固瑞克	TBD	待定	碳钢	固瑞克	TBD
辊轮架	待定	碳钢	国产	TBD	待定	碳钢	国产	TBD
高压涂料管	待定	橡胶	国产	TBD	待定	橡胶	国产	TBD
输胶管	待定	碳钢	国产	TBD	待定	SUS	国产	TBD
法兰接头	待定	碳钢	国产	TBD	待定	SUS	国产	TBD

（2）二级增压模组

供胶二级增压模组配置如表9-7所示。

表9-7　供胶二级增压模组配置

部件名称	焊缝密封人工线供胶系统				UBS机器人站胶供胶系统			
	数量	材质	品牌	型号	数量	材质	品牌	型号
高压涂料管	待定	橡胶	国产	TBD	待定	橡胶	国产	TBD
输胶管	待定	碳钢	国产	TBD	待定	碳钢	国产	TBD
法兰接头	待定	碳钢	国产	TBD	待定	碳钢	国产	TBD
空气球阀	待定	铜	进口	TBD	待定	铜	进口	TBD
空气软管	待定	尼龙	国产	TBD	待定	尼龙	国产	TBD
温度表	待定	标准	合资	TBD	待定	标准	合资	TBD
模组支架	待定	碳钢	固瑞克	TBD	待定	碳钢	固瑞克	TBD

部件名称	内腔机器人站供胶系统				UBC机器人站胶供胶系统			
	数量	材质	品牌	型号	数量	材质	品牌	型号
高压涂料管	待定	橡胶	国产	TBD	待定	橡胶	国产	TBD
输胶管	待定	碳钢	国产	TBD	待定	碳钢	国产	TBD
法兰接头	待定	碳钢	国产	TBD	待定	碳钢	国产	TBD
空气球阀	待定	铜	进口	TBD	待定	铜	进口	TBD
空气软管	待定	尼龙	国产	TBD	待定	尼龙	国产	TBD
温度表	待定	标准	合资	TBD	待定	标准	合资	TBD
模组支架	待定	碳钢	固瑞克	TBD	待定	碳钢	固瑞克	TBD

部件名称	裙边机器人站供胶系统				LASD机器人站胶供胶系统			
	数量	材质	品牌	型号	数量	材质	品牌	型号
高压涂料管	待定	橡胶	国产	TBD	待定	橡胶	国产	TBD
输胶管	待定	碳钢	国产	TBD	待定	SUS	国产	TBD
法兰接头	待定	碳钢	国产	TBD	待定	SUS	国产	TBD
空气球阀	待定	铜	进口	TBD	待定	铜	进口	TBD
空气软管	待定	尼龙	国产	TBD	待定	尼龙	国产	TBD
温度表	待定	标准	合资	TBD	待定	标准	合资	TBD
模组支架	待定	碳钢	固瑞克	TBD	待定	碳钢	固瑞克	TBD

（3）二级人工枪站配置

供胶二级人工枪站配置如表9-8所示。

表 9-8　供胶二级人工枪站配置

部件名称	焊缝密封人工线供胶系统				UBS 机器人站胶供胶系统			
	数量	材质	品牌	型号	数量	材质	品牌	型号
高压胶管	待定	橡胶	国产	TBD	待定	橡胶	国产	TBD
调压器	待定	碳钢	固瑞克	TBD	待定	碳钢	固瑞克	TBD
活接头	待定	碳钢	国产	TBD	待定	碳钢	国产	TBD
活弯头	待定	碳钢	国产	TBD	待定	碳钢	国产	TBD
Z 字活接	待定	碳钢	固瑞克	TBD	待定	碳钢	固瑞克	TBD
部件名称	内腔机器人站供胶系统				UBC 机器人站胶供胶系统			
	数量	材质	品牌	型号	数量	材质	品牌	型号
高压胶管		橡胶	待定	TBD	待定	橡胶	国产	TBD
调压器	待定	碳钢	固瑞克	TBD	待定	碳钢	固瑞克	TBD
活接头	待定	碳钢	国产	TBD	待定	碳钢	国产	TBD
活弯头	待定	碳钢	国产	TBD	待定	碳钢	国产	TBD
Z 字活接	待定	碳钢	固瑞克	TBD	待定	碳钢	固瑞克	TBD
部件名称	裙边机器人站供胶系统				LASD 机器人站胶供胶系统			
	数量	材质	品牌	型号	数量	材质	品牌	型号
高压胶管	待定	橡胶	国产	TBD	待定	橡胶	国产	TBD
调压器	待定	碳钢	固瑞克	TBD	待定	碳钢	固瑞克	TBD
活接头	待定	碳钢	国产	TBD	待定	碳钢	国产	TBD
活弯头	待定	碳钢	国产	TBD	待定	碳钢	国产	TBD
Z 字活接	待定	碳钢	固瑞克	TBD	待定	碳钢	固瑞克	TBD

注：1. 胶管管径由乙方设计决定。

2. 型号信息和数量由项目期间双方共同确定。

9.2.4.4　其他供货要求

① 要求压力稳定，压力可调，设调压阀，输胶泵采用双泵切换方式，要求可手动和自动两种模式切换。

② 胶泵必须有空打保护功能。

③ 供料泵布置必须考虑到加料区域、操作区域和维护保养区域等因素。

④ 所有配套的管路都必须是高压胶管，LASD 系统中所有设备材质必须采用不锈钢。

⑤ 输胶管路之间采用法兰连接。

⑥ 输胶系统是低压气动柱塞泵，将胶输送到增压泵处，再由增压泵输送到胶枪或机器人。

⑦ 每支喷胶枪设有压力调节器及压力显示元件。

⑧ 高压过滤器在最高压力下滤网不变形，不损坏；要保证滤网的精度，保证不会堵枪。

⑨ 输胶管采用高压无缝冷拔碳钢管（LASD 系统为不锈钢），内表面平整光滑，整体系统耐压要求为 500bar 以上。

⑩ 输胶系统采用两级输送，即为输胶间输送胶，在生产线附近处增压，现场增压泵需做隔声处理。

⑪ 供胶系统的运行状态可在上位机进行监控。

⑫ 系统应接地良好。

⑬ 输胶泵型号设计选定合理可靠。

⑭ 每个自动站入口设置胶过滤器，一备一用。

⑮ 管路管线设备布置需整齐美观，必须考虑到维护维修方便性。

⑯ 手动站的软管都吊挂在软管吊装装置上，软管吊装装置由导轨、滑轮及软管卡子配套构成。软管每隔一段距离固定在软管卡子上，软管可以随胶枪的拖动在导轨上来回滑动。

⑰ 每支喷胶枪设有压力调节器及压力显示元件。

9.2.5 设备技术要求

9.2.5.1 基本性能要求

① 本性能要求包括对供胶设备、电气控制及设备设计的性能要求，包括设备故障诊断、自动切换、温度控制的精准性和稳定性等。

② 系统各处应设置合理的排放点，能够做到完全排净系统残余的液体或胶的能力。

③ 胶供料泵推荐为带背压阀和防空打阀的气动柱塞泵。供应商选用的柱塞泵性能曲线必须满足现场的循环和喷涂的流量和压力。供料泵必须可以在线维修，以避免空气进入和涂料干结。

④ 供应商应提出输胶系统与机器人的对接信号要求，来满足输胶系统的联锁控制，否则造成的机器人供应商配置的变更由材料输送供应商负责。

⑤ 在需要读取或者显示压力读数的地方安装压力表。

⑥ 系统各处应设置合理的排放点，能够做到完全排净系统残余的液体或胶的能力。

⑦ 输胶泵有空桶检测、防空打措施、报警功能。报警信号传到 PLC。

⑧ 输胶系统为主管循环系统。输胶管路主管需伴热带进行加热，并有保温材料包裹。密封胶主管循环量由供应商计算后提供给甲方。

⑨ 当一级输胶泵计算压力不能满足使用点的工艺需求时，可通过二级增加泵输送胶，供应商为甲方提供计算过程和结果。

⑩ 每套模组必须配置胶桶上件平台，带滚轴，方便上料。

⑪ 二级供胶模组附件需要设置急停按钮。

9.2.5.2 安装位置要求

（1）一级供胶模组

一级供胶布置如图 9-4 所示。

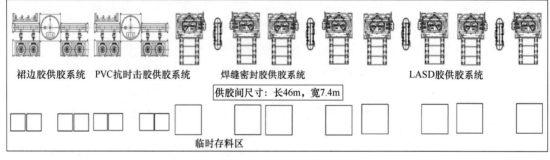

裙边胶供胶系统　　PVC抗时击胶供胶系统　　焊缝密封胶供胶系统　　　　　　　LASD胶供胶系统

供胶间尺寸：长46m，宽7.4m

临时存料区

图 9-4　一级供胶布置

注：实际安装位置和尺寸以设计图纸为准。

（2）二级供胶模组

二级供胶模组均采用线边安装，具体安装位置在项目期间确定。

9.2.5.3 功能配置要求

供胶功能要求如表 9-9 所示。

表 9-9　供胶功能要求

功能模块		一级系统	二级系统/枪站
温控系统	加热方式	电加热，无须制冷	电加热，无须制冷
	安装形式	缠绕式	缠绕式
	加热温度	(22±3)℃	(25±3)℃
	保温方式	橡塑海绵	橡塑海绵
	保温层厚度	25mm	25mm

功能模块		一级系统	二级系统/枪站
温控系统		温控示意图 注:粗实线表示需要保温。	
供胶参数	能动形式	气动	气动
	压缩比	14∶1	55∶1
	额定供胶压力	乙方设计	乙方设计
	泵频	乙方设计	乙方设计
	压损	出口压力完全满足乙方工艺要求	
公用需求	压缩空气	需要	需要
	天然气	不需要	不需要
	工业水	不需要	不需要
	电源	需要	需要
循环方式		盲端(LASD、焊缝密封线为盲端,其他系统均有二级循环)	
过滤精度		60#	60#(枪站)
切换方式		自动切换	自动切换
压力调节器		气动调节器	气动调节器
液位控制器		气动自动切换	无
安装位置		供胶间	室体线边

9.2.5.4 枪站出口参数要求

枪站出口参数要求如表9-10所示。

表9-10 枪站出口参数要求

涂料种类	枪站数/个	出口数/个	最大流量/(mL/min)	最大压力/bar	备注
人工密封	20	20	≥500	≥200	人工补正出口参数要求同人工密封线要求
细密封	4	4	≥3000	≥250	
UBS	4	4	≥3000	≥250	
UBC	2	2	≥3000	≥250	
裙边站	2	2	≥3000	≥250	
LASD	4	4	≥3000	≥60	

注:枪站出口压力和流量要求必须满足配套机器人的要求。乙方根据机器人要求和甲方工艺要求,确定设备型号和数量,并对最终结果负责。

9.2.6 控制系统要求

9.2.6.1 控制逻辑

① 供胶泵启动和切换控制。胶泵运行分自动、手动两种方式,可以通过现场操作箱的转换开关进行选择。在自动方式下,当A胶泵模组低液位时,B泵开始工作,一段时间(可以设定)后,A泵自动停止工作,同时系统进行声光报警,提醒操作换桶;同样,当B胶泵模组低液位时,也按同样的方式切换到A泵。如此反复运行。特殊情况下,若将泵模式打到手动模式,泵运行至低液位发出报警但不会切换。手动模式下,关闭泵开关,将会使

该泵停止运行，并亮红灯提醒。

② 供胶泵胶位检测与指示。胶的液位检测是通过安装在胶泵模组上的行程开关来进行的，液位行程开关必须可调，每个液位行程开关可调范围为±20cm。当到达低位时，现场操作箱上的红色指示灯亮且蜂鸣器报警，状态上传中控室。

③ 在手动方式下，可以随时启动任意的泵，不受胶的液位的控制。

9.2.6.2 报警要求

报警要求如表 9-11 所示。

表 9-11 报警要求

参数	主控制柜	现场控制柜	上位机	中控室	备注
低液位（无料）	蜂鸣、屏显	屏显	屏显	蜂鸣、屏显	
温度异常	蜂鸣、屏显	屏显	屏显	蜂鸣、屏显	
泵空打	蜂鸣、屏显	屏显	屏显	蜂鸣、屏显	
压力异常	蜂鸣、屏显	屏显	屏显	蜂鸣、屏显	
其他故障	屏显			屏显	不影响生产

注：1. 供胶系统发生任何故障或问题，必须有及时有效的报警措施，第一时间通知维修人员或责任人。

2. 有压力异常或泵空打等严重故障，系统必须能自动识别故障等级并自动停止工作。

9.2.6.3 其他要求

其他要求如表 9-12 所示。

表 9-12 其他要求

序号	功能	描述
1	系统流程监控	要求在中控电脑、上位机和控制柜屏幕上可以完整地查看一级和二级供胶系统的运行状态，包括各监控点的压力、温度、流量等信息
2	工艺参数设置	要求在控制柜、上位机和中控电脑上可以设置各工艺参数，包括加热温度、报警液位等
3	远程控制	一级模组和二级模组附近应有泵的气动启停开关，在控制柜和中控室可以远程控制系统的开关以及加热系统的开关，并有预约开关供胶系统和加热系统的功能
4	历史记录查询	要求控制柜屏幕和中控电脑可以查询至少一年以内的报警记录和操作记录，用于追溯问题
5	权限管理	除查看信息外，对系统的任何更改需要登录授权账号，并且登录密码可更改
6	指示灯功能	系统发生故障发出报警时，控制柜指示灯都应起到指示作用，包括急停按钮被触发也应有指示，同时伴有蜂鸣警报

9.2.7 系统要求

9.2.7.1 焊缝密封线

（1）系统组成

① 1000kg 包装原料桶的上件平台，带原料桶定位的辊床。

② 双泵供料系统（一用一备），电动自动切换。

③ GRACO®NXT 14：1/BINKS® B10 14：1 或同等及以上品牌的气动泵模组，带有调节阀、油雾器、压力表等。

④ 要有带压力指示和排泄阀的过滤器。

⑤ 供胶管路/供气管路。

⑥ 温控系统（伴热带、保温层、温控柜）。

⑦ 柱塞增压泵，电动自动切换，泵数量由乙方设计。

⑧ 高压胶管。

⑨ 人工挤胶枪及原装配套零件。

⑩ 控制柜，所有系统共用。

⑪ 其他。

（2）示意图（图 9-5）

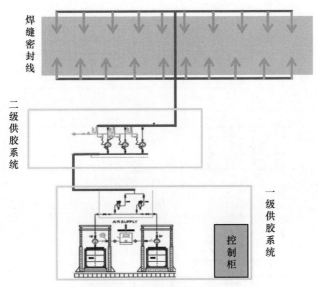

图 9-5　焊缝胶供胶系统

（3）要求

① 人工密封胶供胶系统采用盲端方式，无须设置循环系统。

② 所有供胶管的主管和支管需要加热，并包裹保温棉保温。

③ 供胶泵采用吨桶包装型号。

④ 管路连接采用法兰连接。

9.2.7.2　UBS 机器人站

（1）系统组成

① 1000kg 包装原料桶的上件平台，带原料桶定位的辊床。

② 双泵供料系统（一用一备），电动自动切换。

③ GRACO®NXT 14∶1/BINKS® B10 14∶1 或同等及以上品牌的气动泵模组，带有调节阀、油雾器、压力表等。与人工密封共用。

④ 要有带压力指示和排泄阀的过滤器。

⑤ 供胶管路/供气管路。

⑥ 温控系统（伴热带、保温层、温控柜）。

⑦ 柱塞增压泵，电动自动切换。泵数量由乙方设计。

⑧ 高压胶管，颜色为紫色。

⑨ 人工挤胶枪及原装配套零件。

⑩ 控制柜，与其他系统共用。

⑪ 其他。

（2）示意图（图 9-6）

（3）要求

① UBS 机器人需设置二级循环系统，人工刷胶站采用盲端，无须循环。

② 所有供胶管的主管和支管需要加热，并包裹保温棉保温。

③ 供胶泵采用吨桶包装型号。

④ 管路连接采用法兰连接。

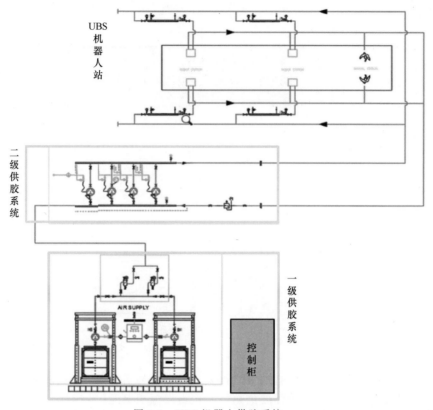

图 9-6　UBS 机器人供胶系统

⑤ 与焊缝密封线共用一级系统。

9.2.7.3　内腔机器人站

（1）系统组成

① 1000kg 包装原料桶的上件平台，带原料桶定位的辊床。

② 双泵供料系统（一用一备），电动自动切换。

③ GRACO®NXT 14∶1/BINKS® B10 14∶1 或同等及以上品牌的气动泵模组，带有调节阀、油雾器、压力表等。与人工密封共用。

④ 要有带压力指示和排泄阀的过滤器。

⑤ 供胶管路/供气管路。

⑥ 柱塞增压泵，电动自动切换。泵数量由乙方设计。

⑦ 高压胶管，颜色为紫色。

⑧ 人工挤胶枪及原装配套零件。

⑨ 控制柜，与其他系统共用。

⑩ 其他。

（2）示意图（图 9-7）

（3）要求

① 内腔机器人需设置二级循环系统，人工刷胶站采用盲端，无须循环。

② 所有供胶管的主管和支管需要加热，并包裹保温棉保温。

③ 供胶泵采用吨桶包装型号。

④ 管路连接采用法兰连接。

⑤ 与焊缝密封线共用一级系统。

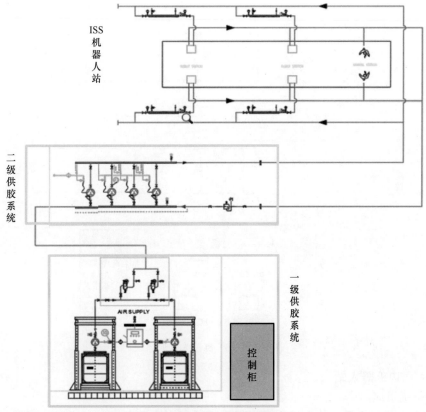

图 9-7 内腔机器人供胶系统

9.2.7.4 UBC 机器人站

（1）系统组成

① 250kg 包装原料桶的上件平台，带原料桶定位的辊床。

② 双泵供料系统（一用一备），电动自动切换。

③ GRACO®NXT 14∶1/BINKS® B10 14∶1 或同等及以上品牌的气动泵模组，带有调节阀、油雾器、压力表等。

④ 要有带压力指示和排泄阀的过滤器。

⑤ 供胶管路/供气管路。

⑥ 温控系统（伴热带、保温层、温控柜）。

⑦ 柱塞增压泵，电动自动切换。泵数量由乙方设计。

⑧ 高压胶管，颜色为紫色。

⑨ 人工挤胶枪及原装配套零件。

⑩ 控制柜，与其他系统共用。

⑪ 其他。

（2）示意图（图 9-8）

（3）要求

① UBC 机器人需设置二级循环系统，人工喷胶站采用盲端，无须循环。

② 所有供胶管的主管和支管需要加热，并包裹保温棉保温。

③ 供胶泵采用 250kg 包装型号。

④ 管路连接采用法兰连接。

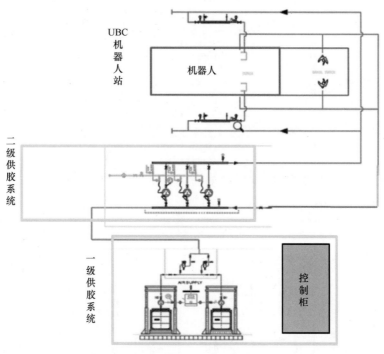

图 9-8　UBC 机器人供胶系统

9.2.7.5　裙边机器人站

（1）系统组成

① 250kg 包装原料桶的上件平台，带原料桶定位的辊床。

② 双泵供料系统（一用一备），电动自动切换。

③ GRACO®NXT 14：1/BINKS® B10 14：1 或同等及以上品牌的气动泵模组，带有调节阀、油雾器、压力表等。

④ 要有带压力指示和排泄阀的过滤器。

⑤ 供胶管路/供气管路。

⑥ 温控系统（伴热带、保温层、温控柜）。

⑦ 柱塞增压泵，电动自动切换。泵数量由乙方设计。

⑧ 高压胶管，颜色为紫色。

⑨ 人工挤胶枪及原装配套零件。

⑩ 控制柜，与其他系统共用。

⑪ 其他。

（2）示意图（图 9-9）

（3）要求

① 裙边机器人需设置二级循环系统，人工喷胶站采用盲端，无须循环。

② 所有供胶管的主管和支管需要加热，并包裹保温棉保温。

③ 供胶泵采用 250kg 包装型号。

④ 管路连接采用法兰连接。

9.2.7.6　LASD 机器人站

（1）系统组成

① 1000kg 包装原料桶的上件平台，带原料桶定位的辊床。

② 双泵供料系统（一用一备），电动自动切换。

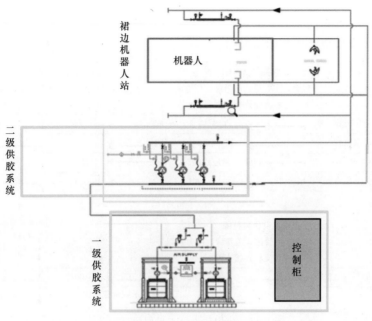

图 9-9　裙边机器人供胶系统

③ GRACO®NXT 14：1/BINKS® B10 14：1 或同等及以上品牌的气动泵模组，带有调节阀、油雾器、压力表等。

④ 要有带压力指示和排泄阀的过滤器。

⑤ 供胶管路/供气管路。

⑥ 温控系统（伴热带、保温层、温控柜）。

⑦ 每台机器人配一套双缸定量缸系统。

⑧ 高压胶管，颜色为紫色。

⑨ 人工挤胶枪及原装配套零件。

⑩ 控制柜，与其他系统共用。

⑪ 其他。

（2）示意图（图 9-10）

（3）要求

① LASD 机器人采用盲端形式，无须设定循环系统。

② 所有供胶管的主管和支管需要加热，并包裹保温棉保温。

③ 供胶泵采用 1000kg 包装型号。

④ 管路连接采用法兰连接。

⑤ 所有管路设备的材质均应使用 316 不锈钢。

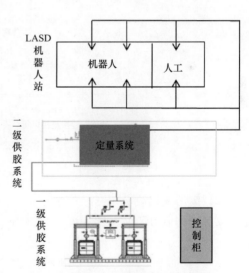

图 9-10　LASD 供胶系统

9.3　输调漆系统技术要求

9.3.1　分工界面

若本项目为总包项目，其施工分界面见总则；若本项目为分包项目，其施工界面见分包分工界面。

(1) 公用动力分工界面

公用动力分工界面示意图如图 9-11 所示。

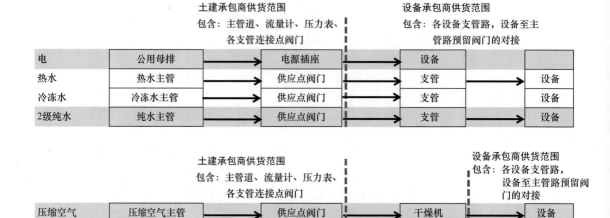

图 9-11　公用动力分工界面示意图

(2) 输调漆管路与机器人分工

输调漆管路与机器人分工示意图如图 9-12 所示。

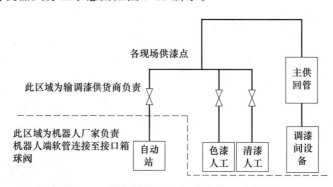

图 9-12　输调漆管路与机器人分工示意图

(3) 废溶剂回收分工

废溶剂回收分工示意图如图 9-13 所示。

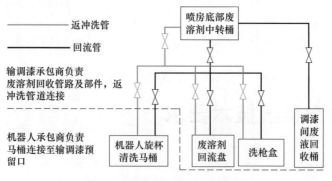

图 9-13　废溶剂回收分工示意图

（4）其他项目

其他项目分工界面如表 9-13 所示。

表 9-13 其他项目分工界面

序号	项目	对接方系统承包商负责内容	输漆系统承包商负责内容
1	接地点	土建承包商负责在调漆间沿围墙四周设置接地符合国家标准的铜牌或地下接地网	模组通过接地线接地连接到接铜牌上或地下接地网，负责提资
2	排水点、排水地坑	主线供应商汇总排水需求并进行排水设计提资，土建负责排水地坑，主线供应商负责地坑上铺设格栅	输调漆供应商提出排水要求，积水盘连接至排水点
3	地坪	土建承包商在设备进场前完成导电排铺设	设备安装过程中对地面进行保护
4	管路清洗	a. 油漆承包商对系统清洁度评价； b. 制定清洗方案； c. 提供清洗材料； d. 完成清洗缩孔检测合格； e. 清洗废液处理	a. 输调漆供应商提供清洗过滤袋，瓶装氮气，清洗导管； b. 输调漆供应商对系统内外进行深度保洁（管道压缩空气吹扫）； c. 输调漆供应商对系统进行保压合格（24h×20bar 无压降）后对水性系统进行钝化处理； d. 钝化废液由承包商处置； e. 配合甲方和油漆厂商清洗，至系统清洗验收合格开始喷漆调试
5	电气联锁	主线供应商负责提供接口	输调漆系统供应商控制柜预留与上位机联锁的网络接口
6	消防接口	消防系统承包商负责将型号送至输调漆系统承包商控制柜，提供双回路干接点信号	控制系统预留消防联锁信号接口
7	防泄漏地坑	主线供应商汇总排水需求并进行排水设计提资，土建负责排水地坑施工，主线供应商负责地坑上铺设格栅	输调漆供应商提出位置要求，提供转移泵并连接到废溶剂系统

9.3.2 工厂基本条件及要求

9.3.2.1 设计节拍

本项目喷漆室设计过车净节拍单线 30JPH，双线 60JPH。

9.3.2.2 应用工艺

面漆为水性 B1、B2 工艺，溶剂型 2K 清漆。B1 外表喷涂，B2 内外表喷涂，色漆闪干，2K 清漆内外表喷涂，其中，1 线使用双色工艺。面漆工艺布局如图 9-14 所示。

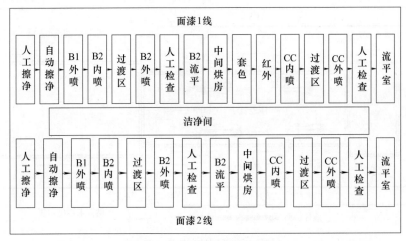

图 9-14　面漆工艺布局示意图

9.3.2.3　涂膜质量要求

涂层膜厚要求如表 9-14 所示。

表 9-14　涂层膜厚要求

序号	涂层	膜厚/μm	备注	序号	涂层	膜厚/μm	备注
1	色漆 B1 外板	12～19		4	2K 清漆内板	＞20	
2	色漆 B2 内板	9～19	无虚喷,无缺漆	5	2K 清漆外板	＞40	
3	色漆 B2 外板	9～19		6	套色材料	待定	

9.3.2.4　涂料参数

涂料参数如表 9-15 所示。

表 9-15　涂料参数

涂料	施工电阻值/MΩ	施工固含量/%	黏度/(Pa·s)	旋转黏度/(MPa·s)
色漆 B1		34～36	40～50	100～120
素色 B2		40	30～50	100～115
金属 B2		18～20	35～50	100～115
清漆	1.2	50	30～35	
套色材料	TBD			

注：以上参数以涂料调试时提供的涂料实际参数为准。

9.3.2.5　供漆要求

供漆要求信息如表 9-16 所示。

表 9-16　供漆要求信息

工艺参数	位置	工艺标准		
		水性涂料	溶剂型涂料	溶剂
温度/℃	管中管出口	23±2	23±2	水性溶剂 40～50 溶剂型常温
压力/bar	自动站 脉动要求小于±0.05MPa	0.7～1.0	0.7～1.0	0.7～1.0
	手工站 脉动要求小于±0.05MPa	0.7～1.0	0.7～1.0	0.7～1.0
	压损	如图 9-15 所示,供管前端出口与末端出口压力差低于 0.05MPa		
流量/(mL/min)	自动站	50～1000	50～1000	1500～2000
	手工站	0～600	0～600	0～2000

液体流向示意图如图 9-15 所示。

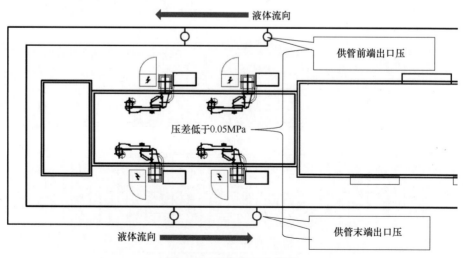

图 9-15　液体流向示意图

9.3.2.6 喷涂设备配置

喷涂枪站信息如表 9-17 所示。

表 9-17 喷涂枪站信息

1线	喷涂设备数量/台			备注
	手工站	机器人站		
		外喷	内喷	
色漆 B1 站	0	4	0	
色漆 B2 站	1	8+2	6	预留套色工位 2 台机器人
CC 站	1	6	5	

2线	喷涂设备数量/台			备注
	手工站	机器人站		
		外喷	内喷	
色漆 B1 站	0	4	0	
色漆 B2 站	1	8	6	
CC 站	1	6	5	

9.3.2.7 供货范围

供漆系统供货范围如表 9-18 所示。

表 9-18 供漆系统供货范围

序号	系统名称	数量	备注
1	色漆 B1	4 套	2 线循环
2	色漆 B2	13 套	2 线循环
3	2K 清漆系统	3 套	2 线循环
4	固化剂系统	3 套	主管循环管
5	水性清洗溶剂系统	1 套	主管循环管
6	清漆清洗溶剂系统	1 套	主管循环管
7	废溶剂回收系统	2 套	
8	色漆 B2 快速换色系统	2 套	
9	管中管油漆温度控制系统	21 套	(B1×4,B2×13,CC×3,水性溶剂×1)
10	纯水管供给系统	1 套	
11	压缩空气供应系统	1 套	
12	氮气供气组件	2 套(一用一备)	按供气要求配置,具备调节功能
13	氮气瓶存放围栏	存放××瓶	
14	预搅拌系统	3 套	用于 50gal[①] 包装油漆搅拌,安装固定位置
15	清洗槽	2 台	
16	可移动式隔膜泵	2 台	气动隔膜泵安装在可以移动的设备上,抽取泄漏至地坑内的油漆或溶剂,品牌型号参照循环系统隔膜泵,配备相应的虹吸管及软管
17	清洗盒	按设计	位于喷房手工区,喷房左右两侧各设置一个
18	防爆工具	3 套	防火花调漆间专用维修工具
19	不锈钢丝软管	10 套	两头带有快接头,用于输调漆系统的液体外排需要

① 1gal=3.785L。

9.3.2.8 系统配置要求

供漆系统配置如表 9-19 所示。

表 9-19 供漆系统配置

序号	系统配置	色漆		2K清漆	固化剂	清洗溶剂		废溶剂收集		BC2快速换色
		BC1	BC2			水性	溶剂型	水性	溶剂型	
1	数量	4套	13套	3套	3套	1套	1套	3套	1套	2套
2	油漆类型	水性型	水性型	溶剂型	溶剂型	水性型	溶剂型	水性型	溶剂型	水性型
3	温度要求/℃	23±2	23±2	23±2		40~50				23±2
4	循环方式	2线	2线	2线	主管	主管	主管			2线
5	喷房数量	2个								
6	调漆间总控制柜	带自蒸发空调								
7	调漆间模组液位显示器及控制箱	国产防爆								
8	调漆桶	304L 不锈钢电解抛光								详见 9.3.3.7 快速换色系统
9	循环桶	304L 不锈钢电解抛光								
10	火焰阻隔器	PROTECTOSEAL		无		PROTECTOSEAL				
11	温度计	转盘式,精创								
12	液位计	Vega®/E+H/Nivelco 超声波式			E+H 静压式液位计					
13	搅拌器	电动低剪切,SEW 防爆电机,变频		无	同BC	无	同BC			
14	搅拌叶片	低剪切, GRACO®/BINKS®		无	同BC	无	同BC	同BC		
15	隔膜泵	气动不锈钢隔膜泵,GRACO								
16	循环泵	智能电动泵,BINKS,GRACO								
17	压力传感器	BINKS								
18	过滤器	供1回1		供1	供1回1		反冲1			
		袋式,GRACO®/BINKS®/ROSEDALE®/FSI®paint filters								
19	背压阀	BINKS、GRACO,低剪切,不锈钢								
20	换热系统	管中管			管中管					
21	管路材质	304L 不锈钢					304 不锈钢			特氟龙
22	主管规格	以详细设计后的数据为准								
23	主管长度	以详细设计后的数据为准								
24	支管规格	以详细设计后的数据为准								
25	支管长度	以详细设计后的数据为准								
26	管路连接	无台阶卡套连接								
27	保温	橡塑棉								主管透明保温
28	管路支架	C 型碳钢								
29	支管路球阀	全包涂料球阀								详见 9.3.3.7 快速换色系统
30	枪站调压器	两线无调压器		GRACO®不锈钢调压器(自动站无)						
31	枪站压力表	BLD 隔膜式压力表 25bar								
32	涂料软管	HOSCO								
33	枪下调压器	HOSCO								
34	枪下快插头	HOSCO								

9.3.3 输调漆技术要求

9.3.3.1 管路布置

色漆 B1B2、清漆采用 2 线循环管,清洗溶剂及固化剂采用主管循环方式,如表 9-20 所示。

表 9-20　涂装供漆系统管线类型

循环线路	管线类型
色漆 B1 2 线循环 （双线）	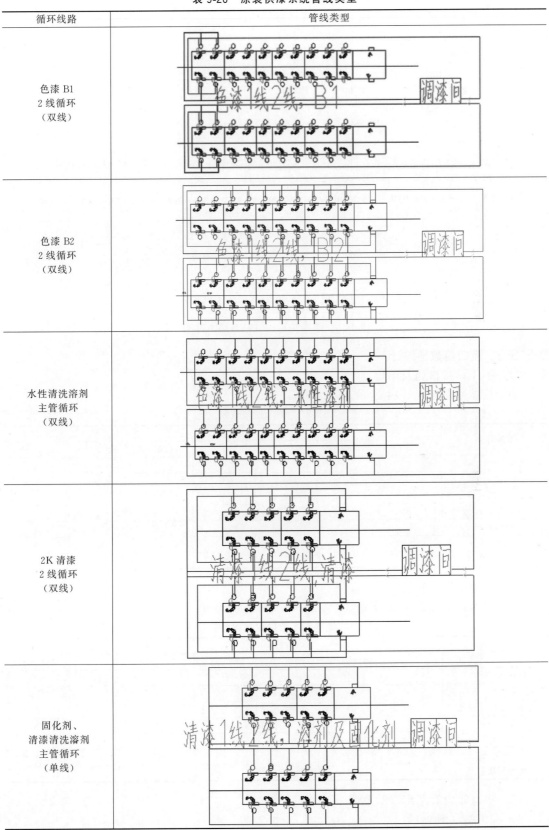
色漆 B2 2 线循环 （双线）	
水性清洗溶剂 主管循环 （双线）	
2K 清漆 2 线循环 （双线）	
固化剂、 清漆清洗溶剂 主管循环 （单线）	

9.3.3.2 涂料取出口

接口箱管路布局示意图如图 9-16～图 9-18 所示。

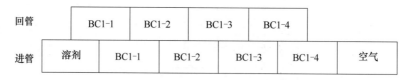

图 9-16 色漆 B1 接口箱管路布局示意图

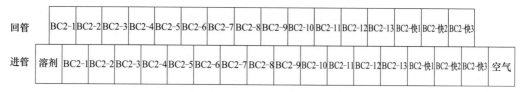

图 9-17 色漆 B2 接口箱管路布局示意图

图 9-18 清漆接口箱管路布局示意图

9.3.3.3 接口箱数量统计

（1）手工站接口箱及出口

手工枪站数量如表 9-21 所示。

表 9-21 手工枪站数量

油漆种类	颜色	1线			2线		
		出口箱/个	枪站/个	出口/个	出口箱/个	枪站/个	出口/个
色漆 B1(1～4)	4	0	0	0	0	0	0
色漆 B2(1～13)	13			26			26
色漆 B2 快速换色	3	2	2	6	2	2	6
水性溶剂	1			2			2
2K 清漆	3			6			6
固化剂	3	2	2	6	2	2	6
清漆清洗溶剂	1			2			2

（2）自动站接口箱及出口

自动枪站数量如表 9-22 所示。

表 9-22 自动枪站数量

油漆种类	颜色	1线			2线		
		出口箱/个	枪站/个	出口/个	出口箱/个	枪站/个	出口/个
色漆 B1(1～4)	4	4	4	16	4	4	16
色漆 B2(1～13)	13		16	208			182
色漆 B2 快速换色	2	16	（套色机器人 2 台）	32	14	14	42
水性溶剂	1			16			14
2K 清漆	3			39	2	13	39
固化剂	1	2	13	8			8
清漆清洗溶剂	1			13			13

（3）接口箱内管路出口示意图

1）人工站（图 9-19）

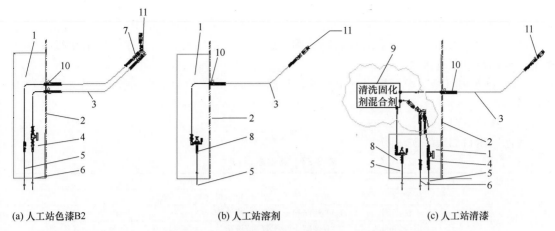

(a) 人工站色漆B2　　　　　　(b) 人工站溶剂　　　　　　(c) 人工站清漆

图 9-19　接口箱内管路出口示意图（人工站）

1—接口箱；2—室体壁板；3—PU 软管；4—压力表；5—供管；6—回管；7—Y 形调压器；
8—涂料调压器（带压力表）；9—2K 清漆固化剂混合器；10—隔壁球阀；11—快插

设计要求：

① 整体涂料供回支管全部安装在喷漆室室体外接口箱内，支管需使用卡件固定在支架上。

② 供管出口安装压力表下配有涂料球阀，供回管出口需要用隔壁球阀固定在喷漆室壁板上，球阀出口配有接头。

③ 手工区溶剂及固化剂支管出口设置 GRACO® 不锈钢调压器。

④ 手工区涂料 HOSCO 软管、Y 形调压器和快插在投标商的供货范围。

⑤ 接口箱内管路需做好标识（耐腐蚀，长期使用，建议使用金属铭牌），压力表做好压力区间标识。

⑥ 手工区的固化剂与清漆需经过混合器再供给手工区，2K 清漆固化剂混合器也在供货范围，建议使用 GRACO。

2）自动站（图 9-20）

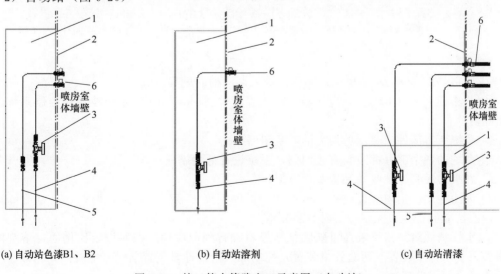

(a) 自动站色漆B1、B2　　　　　(b) 自动站溶剂　　　　　(c) 自动站清漆

图 9-20　接口箱内管路出口示意图（自动站）

1—接口箱；2—室体壁厚；3—压力表；4—供管；5—回管；6—隔壁球阀

设计要求：

① 整体涂料供回支管全部安装在喷漆室室体外出口箱内，支管需使用卡件固定在支架上。

② 供管出口安装压力表下配有涂料球阀，供回管出口需要用隔壁球阀固定在喷漆室壁板上，球阀出口配有接头。

③ 接口箱内管路需做好标识（耐腐蚀，长期使用，建议使用金属铭牌），压力表做好压力区间标识。

（4）其他取出口

其他取出口如表 9-23 所示。

表 9-23　其他取出口

位置	项目	取出口
调漆间	压缩空气	每个系统单元配置(包括搅拌器、清洗槽)
	水性溶剂	水性涂料系统配置,清洗槽
	清漆溶剂	溶剂型系统配置,清洗槽
	纯水	水性系统配置,清洗槽

9.3.3.4　输调漆循环系统

（1）涂料加料系统（图 9-21）

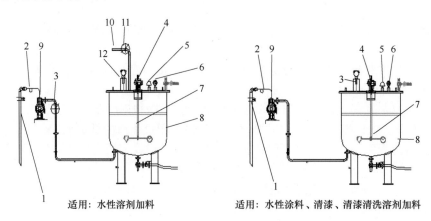

适用：水性溶剂加料　　　　　适用：水性涂料、清漆、清漆清洗溶剂加料

图 9-21　涂料加料系统

1—虹吸管；2—软管（特氟龙钢丝软管）；3—液位计；4—搅拌器；5—火焰阻隔器；6—温度计；
7—搅拌叶轮；8—调漆桶；9—隔膜泵；10—纯水补加管；11—电磁阀；12—流量计

设计要求：

① 加料是由 55gal 原漆桶通过隔膜泵抽入调漆桶的过程。

② 调漆桶上装有电动变频搅拌器、转盘温度计、Flowline®/超声波液位控制系统、火焰阻隔器。

③ 系统所有部件应是低剪切力的，且耐磨。

④ 系统的各个部分都应装有止回阀，系统设置低位排料口。

⑤ 虹吸管配套残液收集装置及放置架。

⑥ 油漆在调漆桶内经过搅拌分散备用，同时温度、液位能够进行监控，异常能够进行报警，液位能够在线边控制箱实时数字显示。

⑦ 水性清洗溶剂浓缩液通过隔膜泵从原料桶打到调漆桶，按照设定比例通过溶剂浓缩液和去离子水计量装置（两套计量装置）控制加入量，计量装置前设有电磁阀，当液位计与计量装置之间误差超过 5% 时，报警并关闭系统。

（2）涂料转料系统（图 9-22）

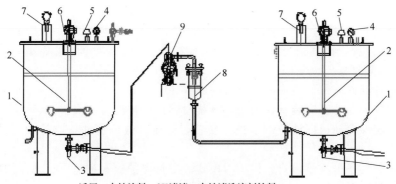

适用：水性涂料、2K清漆、水性清洗溶剂转料

图 9-22　涂料转料系统

1—调漆桶；2—搅拌叶轮；3—底部排污球阀；4—温度计；5—火焰阻隔器；
6—搅拌器；7—液位计；8—回流过滤器；9—隔膜泵

设计要求：

① 把搅拌均匀的油漆由调漆桶转入循环桶的过程。

② 油漆转料时经过循环系统回流过滤器进入循环桶。

③ 调漆桶/循环桶上装有电动变频搅拌器、转盘温度计、Flowline®/E＋H 液位控制系统、火焰阻隔器。

④ 系统所有部件应是低剪切力的，且耐磨。

⑤ 系统的各个部分都应装有止回阀，系统设置低位排料口、取料口。

⑥ 调漆桶/循环桶能够自动根据液位调节搅拌转速，温度、液位也处于监控中，异常报警，液位能够实时数显。

⑦ 涂料由自动加料系统控制的隔膜泵从调漆桶转移到循环桶内，该系统监视循环桶的液位并自动加入少量的所需涂料，添加的少量涂料将维持循环桶液位，使系统的涂料黏度波动最小（手动与自动模式可切换）。

（3）涂料循环系统（图 9-23）

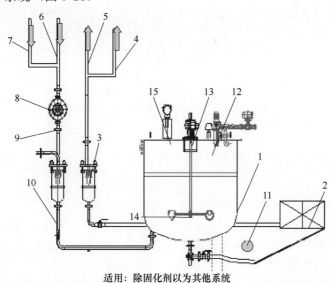

适用：除固化剂以为其他系统

图 9-23　涂料循环系统

1—循环桶；2—电动泵；3—供给过滤器；4,5—喷漆室1、2线油漆供管；6,7—喷漆室1、2线油漆回管；8—回管排污口；9—背压阀；10—回流过滤器；11—压力传感器；12—温度计；13—火焰阻隔器；14—搅拌器；15—液位计

设计要求：

① 循环桶内的油漆经过电动泵、过滤器输送到喷房，再经回管、背压阀、回流过滤器至循环桶的整个过程，循环桶上装有电动变频搅拌器、转盘温度计、Flowline®/E＋H 液位控制系统、火焰阻隔器。

② 系统所有部件应是低剪切力的，且耐磨。

③ 系统的各个部分都应装有止回阀，系统设置低位排料口、取料口。

④ 循环桶能够自动根据液位调节搅拌转速，温度、液位也处于监控中，异常报警，液位够实时数显。

⑤ 电动泵需具备恒流量模式、恒压力模式、空打保护模式和超压自动保护功能。

⑥ 可在不影响循环情况下切换旁路进行滤袋更换。

⑦ 双线管路上必要位置需要设置阀门单独控制。

⑧ 回流主管上设有排污口，能够连接快接接头，废液可直接通过快接接头连接系统旁废溶剂管路至废溶剂缸。

（4）固化剂加料循环系统（图 9-24）

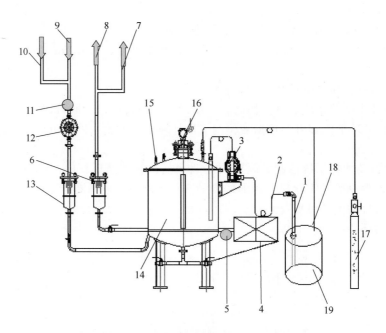

图 9-24　固化剂加料循环系统示意图

1—虹吸管；2—不锈钢软管；3—隔膜泵；4—电动泵；5—压力传感器；6—供给过滤器；
7,8—喷漆室 1、2 线油漆供管；9,10—喷漆室 1、2 线油漆回管；11—回管排污口；12—稳压器；13—回流过滤器；
14—循环缸；15—泄压阀；16—液位计；17—氮气供给装置；18—氮气供管；19—固化剂油漆桶

设计要求：

① 固化剂循环桶是一个密闭系统，需氮气隔绝固化剂与空气接触。

② 循环桶上装有电子液位计，有高液位和低液位报警，带对面式透明视窗显示的液位。

③ 系统的各个部分都应装有止回阀，系统设置低位排料口、取料口。

④ 配备氮气供给系统。

⑤ 加料时使用虹吸管插入 55gal 原漆桶，虹吸管上端结构与原漆桶口有较好密封，连接好氮气接头，利用氮气把固化剂压入系统中，氮气压力为 0.1～0.4bar。

⑥ 设有隔膜泵用于加料完毕对虹吸管进行清洗。

⑦ 其他参照油漆循环系统。

⑧ 固化剂系统氮气密封压力需要有监控，如压力下降超过 0.2bar，需报警。

9.3.3.5 废溶剂回收系统

人工段配置洗枪溶剂盒（不锈钢材质，底部为文丘里式，有金属滤网，可用球阀控制溶剂排放回流废溶剂收集箱），自动站配置 1 个废溶剂回流盘及 1 个预留接口（连接清洁马桶），如图 9-25 所示。

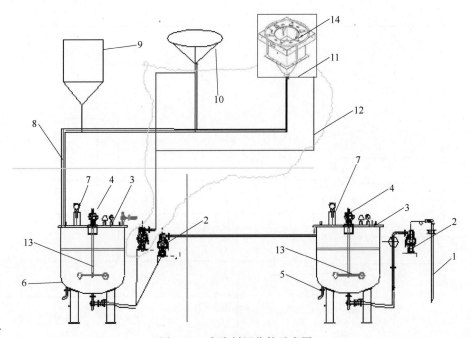

图 9-25　废溶剂回收箱示意图

1—虹吸管；2—隔膜泵；3—火焰阻隔器；4—搅拌器；5—废溶剂收集缸；6—废溶剂中转缸；
7—液位计；8—废溶剂回流主管路；9—洗枪，旋杯浸泡盒；10—废溶剂回流盘；11—清洁马桶预留口；
12—反冲洗管路；13—搅拌器；14—机器人旋杯清洗机

设计要求：

① 通过重力收集自机器人喷涂设备、手工喷涂洗枪槽的废溶剂。

② 重力收集管路每米有 20mm 的落差。

③ 废溶剂通过重力回流至喷漆室下方的废溶剂收集缸。

④ 废溶剂收集缸及调漆间废溶剂存储缸配备电动变频搅拌器、Flowline®/E＋H 液位控制系统、火焰阻隔器。

⑤ 废溶剂收集缸内溶剂达到一定量时通过隔膜泵（一用一备）转移至调漆间废溶剂存储缸。存储缸内废溶剂通过隔膜泵转移至 55gal 原漆桶备处理。

⑥ 洗枪盒设在手工区喷房两侧，不锈钢带盖子底部有不锈钢滤网，尺寸约为 0.3m×0.3m×0.3m，安装在 304 不锈钢的支腿上，废液可排至废溶剂收集点。

⑦ 废溶剂回收主管路可进行定期反冲洗，时间可设置；废溶剂回收支管可进行定期反冲洗，时间、流程可设置。反冲洗位置在图纸会签时确定。

⑧ 废溶剂中转系统需配备 2 台气动隔膜泵，一台用于反冲洗，一台用于转运。

⑨ 溶剂型废溶剂管路具备连续冲洗能力，水性废溶剂系统具备手动开启冲洗的能力。

9.3.3.6 温控系统

输调漆调温系统采用管中管系统，保证喷枪和旋杯的温度得到准确控制，油漆温度控制在（23±2)℃，水性清洗溶剂控制在 40～50℃。漆料温度要求如表 9-24 所示。管中管示意图如图 9-26 所示。

表 9-24　涂料温控要求

项目	数量/套	控制温度要求/℃	精度要求/℃
色漆 B1	4	23±2	±1
色漆 B2	13	23±2	±1
清漆	3	23±2	±1
水性清洗溶剂	1	40～50	±1

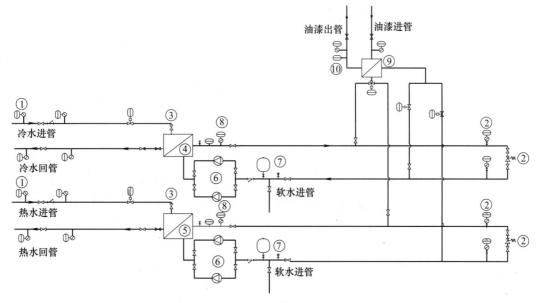

图 9-26　管中管示意图

1—温度计；2—压力表；3—二位三通电磁阀；4—冷水交换器；5—热水交换器；6—冷热水循环泵；
7—膨胀罐；8—温度传感器；9—管中管；10—六通电磁阀

设计要求：

① 冷水由甲方公用动力提供，冷水采用热交换模组，利用一次水通过板式换热器进行热交换，使用二次水对涂料进行换热。

② 考虑双向温度控制，即冷热水同时供给自动调节方式。管中管式自动控温系统，即在每条输漆管路中串入含有媒质流道的管式热交换器，通过冷媒和系统内油漆进行热交换，并由流量控制阀、传感器、控制器等组成负反馈自动温控系统来实现自动温控。

③ 用于油漆热交换的介质要求为：热水温度为 40～50℃；冷水温度为 7～12℃；补加水为一级纯水。

④ 管体采用三重套管形式，最大程度地降低对油漆的剪切，可以耐 21bar 的油漆压力。

⑤ 水的流向与油漆的流向相反，保证最好的热交换效果。

⑥ 每套管中管装有一套六通电动模拟阀或比例阀和自动切换阀，自动控制开启冷热水并自动进行调节。

9.3.3.7　快速换色系统

（1）概述

① 自动快速换色系统是一种能够油漆定量推送、油漆回收、管路快速清洗的系统，具有油漆及清洗溶剂材料消耗低、颜色间切换时间短等优点。

② 系统循环方式需要确保快速换色时间以及换色后管路的彻底清洁，循环方式与接口

设置需要在设计方案中与甲方确认。推荐采用 main pass 结构，如有更能节省成本和投资的方案，供货商可以提出，需得到甲方的认可。

（2）快速换色系统示意图

快速换色系统布局及示意图分别如图 9-27、图 9-28 所示。

图 9-27　快速换色系统布局示意图

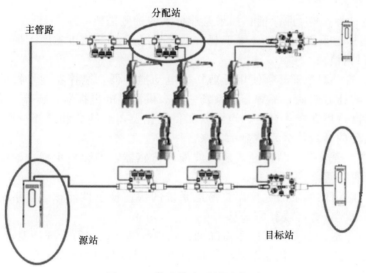

图 9-28　快速换色系统示意图

（3）功能要求

① 采用主管及支管均带有走珠的形式，大大节省油漆浪费及溶剂消耗。要求主管油漆全部回收，支管油漆回收率不低于 80%。

② 整个换色过程的定义为：假设系统已经完全填充色漆 1（包含支管），从决定要开始换色的时间点为 A，然后对系统主管路、机器人支管、手工支管、循环系统（泵、阀门、搅拌器等）进行彻底清洗，达到投入颜色 2 的条件，直至整个系统（包含机器人支管、手工支管）完成颜色 2 的填充，此时时间点设为 B。要求 A 到 B 的时间，包括填充、回收和清洗用时总共不大于 50min，且保证无色差问题。每次从小颜色 A 换至大颜色 C，换色过程不得影响生产节拍。

③ 独立的电气控制系统。主要包括配电柜，所有相关电器的安装，目视化、操作台和接线盒的匹配和安装，软件的匹配和所有硬件/软件的调试。

④ 满足自动站及手工站油漆压力及流量要求。

⑤ 油漆在管路各个阶段的流动速度都要保证不沉淀，并提供设计数据和计算说明书。投料后，承包方要实测各段管路和支管的流速、流量、压力等参数，并向甲方提供实测的计算说明书。在系统正常运行后，如甲方需要检测管路流速、流量、压力等参数，被委托方要提供免费协助。

⑥ 发射站和目标站的安装位置要考虑到维护便利性。

⑦ 旋转换色阀后的回路截止阀要尽量靠近旋转换色阀安装，达到节约油漆的目的。

⑧ 管路安装要尽量避免弯折，支管路安装要从坦克链中穿入，如有更好的安装方式可提出。

⑨ 支管与换色阀之间连接需与机器人承包商充分讨论。

⑩ 和机器人的联锁调试参考普通颜色的信号交互模式，管路中颜色变化信息需要通知机器人和其他设备。

⑪ 旋转换色阀后的回路截止阀要尽量靠近旋转换色阀安装，达到节约油漆的目的。

⑫ 桶要实现油漆长时间不用，提示退漆功能。

⑬ 桶盖能够自动清洗。

（4）快速换色系统主体部分

① 输漆桶/罐。

a. 供漆装置选择 200L 原漆桶，如果是非标准的桶则需要一用一备。

b. 输调漆桶桶盖采用扣盖式，便于观察桶内情况及测量油漆黏度，桶盖密封需采用耐溶剂长寿命的密封材料。

② 搅拌器。输、调漆桶必须使用低剪切力电动搅拌器，搅拌器型号根据桶的容量由承包方选定，并经委托方确认，品牌与主系统一致。供漆罐的搅拌器，搅拌速度根据油漆储量连续可调。能够既可以在操作台上，也可以在目视化上，对转数和搅拌持续时间进行预选，理论转数值及实际的转数值分别被显示出来。

③ 液位控制。要求采用非接触式超声波液位传感器，连续显示桶内油漆存量，并为搅拌速度、加漆等提供可靠的液位参数。

④ 供给泵。隔膜供给泵的选择需要考虑系统的快速换色性能，一套系统采用一用一备形式，由承包方选定，并经委托方确认。

⑤ 压力脉动控制。必须使用稳压器降低泵输出脉动，使之符合喷漆要求。

⑥ 保温。主管路部分加装保温防护，保温防护最好用透明材质。

⑦ 清洗设备。

a. 每一个罐包含一个可以单独清洗的盖，盖的清洗需要一个单独的清洗机，需要完成自动清洗。盖的自动清洗机需要一个能自动举升盖的装置，举升后由人工放置到清洗机中，除此之外，整个清洗过程要达到全自动。管路已经达到清洁状态，为了达到 50min 内完成换色的目的，清洗盖的过程中可以使用备用盖进行加载漆的操作。

b. 系统颜色切换时清洗产生的废溶剂可由清洗罐储存，液位至高液位时，隔膜泵转至调漆间废溶剂桶。

c. 桶盖清洗机产生溶剂可直接转至废溶剂桶。

9.3.3.8　双组分清漆配比系统

① 单线清漆手工枪站配备一台固化剂与清漆的混合装置，每台装置供两侧手工枪站，同时使用。

② 双组分电子配备系统可通过自动与手动配置保证固化剂与清漆精确配比，满足（0.1：1）～（50：1）高精度配比。

③ 自动换色功能，换色、清洗能一键完成。

④ 建议使用 GRACO。

⑤ 可与外部设备通信，实现自动化生产工艺。

双组分清漆配比系统结构示意图如图 9-29 所示。

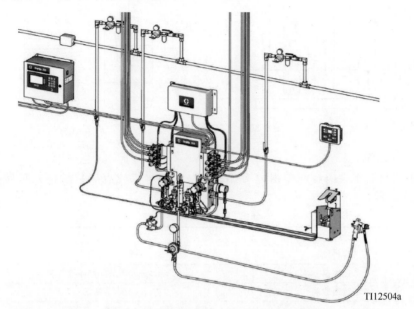

TI12504a

图 9-29　双组分清漆配比系统结构示意图

9.3.3.9　压缩空气系统

主线供应商负责在调漆间附近 3m 处提供一个压缩空气点，输调漆系统承包商负责从主线供应商提供的连接点连接管道，布置至输调漆系统各使用点（详细布置点参照布局图）。配置信息如表 9-25 所示。

表 9-25　配置信息

序号	配置信息	备注
1	一级过滤器	调漆间取气点，安装一个多米尼克双过滤器，过滤到 ISO1 级，过滤器前后配置有压力、阀门及监视系统
2	二级过滤器（颗粒油水过滤装置）	各取气点配置 Festo 空气过滤调压阀
3	管路	依据主管要求
4	快接口	管道各出口配置统一规格的快接口
5	空气软管	
6	外排球阀	管道各盲端和低液位设置外排球阀

9.3.3.10　氮气供应系统

氮气供应系统示意如图 9-30 所示。

① 氮气供应系统由氮气存放栏、氮气瓶与固化剂系统连接管路、压力监控、阀门等构成。

② 氮气气瓶需两瓶同时连接至管路，通过控制开关阀门来保证瓶 1 处于在用状态，瓶 2 备用随时切换至在用。

③ 氮气供应系统压力处于自动监控中，压力低可自动报警提醒员工更换气瓶。

④ 提供氮气瓶运输工具。

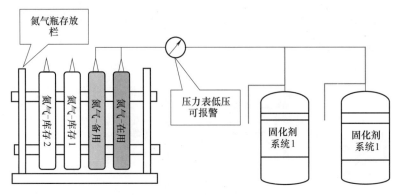

图 9-30　氮气供应系统示意

9.3.3.11　纯水系统

调漆间纯水每套水性漆输漆模组旁均应设置一个纯水供应点（数量详见布局图），配置信息如表 9-26 所示。

表 9-26　配置信息

序号	配置信息	备注
1	管路材质	依据主管要求
2	过滤器	设置进入调漆间纯水主管路
3	不锈钢球阀	304 不锈钢
4	快插接口	配备连接外螺纹钻杆接头的软管,长度>5m
5	外排球阀	管道各盲端和低液位设置外排球阀

9.3.3.12　接地系统

① 输调漆承包商应确保本项目所有设备的良好接地，对螺纹连接、螺栓连接等存在接地不良的连接点使用铜线进行跳接，最后连接到接地铜排上，系统接地电阻≤1Ω。

② 系统加料桶旁原漆桶摆放位置铺设 304 不锈钢钢板并接地（输调漆承包商供货范围），不锈钢钢板尺寸为 1400mm×800mm×5mm，保证长期使用不易变形，铺设效果如图 9-31 所示。存漆间地面不锈钢钢板铺设示意图如图 9-32 所示。

图 9-31　不锈钢钢板铺设效果

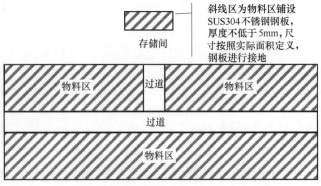

图 9-32　存漆间地面不锈钢钢板铺设示意图

③ 在管路接头处必须是导线相连，确保每段都与大地相连。

9.3.4 设备说明

设备说明如表 9-27 所示。

表 9-27 设备说明

序号	项目	技术要求
1	调漆桶、循环桶、溶剂收集桶	a. 尺寸根据设计确定,高度≤1.2m,方便人工加料。 b. 数量详见 9.2.2.8 节系统配置要求。 c. 材质为 304L 不锈钢,内部电解抛光处理,应具有良好的表面粗糙度和耐腐蚀性。 d. 桶身底部为圆弧形,并有低液位排放口和球阀。 e. 桶盖扁平设计,桶盖可完全拆开方便清洗,桶盖有搅拌器、火焰阻隔器、温度计和液位计等设备开口。 f. 盖子上装有不锈钢快速、无火花锁扣,可以确保盖子处于关闭的位置,桶身、桶盖密封结构具有良好的气密性,能够防止桶内油漆溶剂(包括纯水)的挥发和外部灰尘/颗粒进入,盖桶边缘上有特氟龙衬垫保证盖子与桶缘紧密贴合,避免了涂料的泄漏,桶盖应配一把手。 g. 固化缸设计形式与其他不同,为桶身弧形结构,密闭桶身,有液位计、温度计、泄压阀开口。配置一个玻璃观察窗口,带对面式透明视窗显示的液位
2	电动循环泵	a. 循环系统使用 BINKS 或 GRACO 等同等质量品牌的电动泵,低波动,型号设计确定。 b. 所选择的电动泵性能曲线必须满足循环和喷涂的流量和压力设计要求,同时符合安全防爆、低维护费用的设计要求。 c. 电动循环泵由主控制柜的驱动单元提供动力,循环泵工作状态由控制 PLC 通过智能控制系统对驱动变频器进行速度/压力/流量控制。 d. 动循环泵的驱动电机采用具备热敏保护的防爆电机;热敏保护装置能有效保护电机的过热。电控系统满足防爆区域控制要求;元件选型根据国家防爆标准选型。驱动电机采用隔爆防爆技术,防爆等级和其他性能必须达到国家相关标准要求,所选品牌与车间现有使用品牌一致。 e. 电动泵的流量、压力、报警信号和工作模式等能通过控制 PLC 设置并进行上传。 f. 需具备恒流模式、恒压力模式、空打保护模式和超压自动保护功能。 g. 电动循环泵的工作方式包括工作模式、休眠模式和假期模式。 h. 设备选型要求同时满足电动泵的工作频次小于 30 次/min;小于最大工作频次的 70%,工作时不出现爬行现象。 i. 材质应为 316 不锈钢并电解抛光,适于水性漆和溶剂型漆。 j. 系统装有接油盘,避免污染地面
3	搅拌器	a. 搅拌器采用进口电机(如 SEW 或同等质量品牌)。 b. 调漆罐安装电动搅拌器,采用不锈钢制作,搅拌叶片全部采用低剪切设计。 c. 采用电动防爆搅拌器,油漆的循环罐和搅拌罐均设有搅拌器。搅拌桨叶根据桶的尺寸进行设计,桨叶直径和形式满足涂料要求,具有低剪切性能。 d. 搅拌器转速可调,人工可以设定搅拌器的转速,并与电子液位计配合使用,实现搅拌速度根据油漆液位自动调节。既防止了油漆因搅拌不足引起沉淀,也防止了油漆过搅拌造成的剪切与浪费(采用 SEW 减速器或同等质量品牌)。 e. 升降架上安装气动搅拌器,其余按照调漆罐搅拌器进行设计
4	隔膜泵	涂料补给泵采用 GRACO 公司不锈钢隔膜泵,泵体为不锈钢材质,供给泵根据液位的高低,由涂料搅拌桶向涂料循环桶进行自动补给,各个工位使用型号根据设计定义

序号	项目	技术要求
5	电子式液位传感器	a. 油漆及固化剂系统使用 Flowline 防爆超声波液位计,废溶剂使用防爆静压式液位计。 b. 传感器设有四段液位,即高高、高、低、低低,可以实现以下功能:高高液位报警,高液位停隔膜泵,低液位开启加料泵,低低液位报警并停主泵。 c. 可以采集连续的液位信号输出至控制系统,记录每种涂料系统实时液位。 d. 能够在监控油漆液位的同时控制油漆搅拌器的转速
6	火焰阻隔器	a. 每个桶上装有 PROTECTOSEAL® 火焰阻隔器。 b. 火焰阻隔器应是铝制外壳,不锈钢隔栅结构的。 c. 火焰阻隔器安装用的螺母、螺栓和锁紧垫圈应是不锈钢的,衬垫应是特氟龙材料的
7	涂料过滤器	a. 色漆 B1、色漆 B2、清漆涂料、溶剂设置循环系统、回路(加料系统)均安装快开式袋式过滤器,固化剂供给系统出口安装快开袋式过滤器。 b. 过滤器壳体由 304L (DIN 1.4301)不锈钢制成。过滤器的内部、网篮、压环及盖子都需要钝化或电解抛光。 c. 壳体顶部的 O 形圈应涂覆特氟龙或甲方认可的材料,在顶盖关闭时,通过固定的卡扣使过滤袋固定在一个合适的位置,垂直吊环螺栓要确保壳体顶盖关闭。 d. 过滤器的壳体应按 ASME/DIN 设计和额定耐压 20bar(300psi)。 e. 可实现过滤器的单独维护。 f. 每个过滤器有一个排空阀用于排空,过滤器的两边各安装两个防震压力表
8	背压阀	a. 采用主动式背压阀,在工作状态下能够与普通背压阀一样,调整系统的背压。同时作为智能电动泵循环系统中的一个重要组成部分,通过控制主动式背压阀,对背压进行自动控制。 b. 建议使用 GRACO®/BINKS® 低剪切背压阀。 c. 使用的材料应不会对水性涂料产生影响,并适合溶剂型涂料。 d. 能够更好地响应涂料压力和流量的变化。 e. 低剪切力设计,带压力表 主动式背压阀技术参数 | 背压阀形式	气动低剪切背压阀
材质	316 不锈钢
压力调节范围	0～15bar
隔膜材质	特氟龙
压力控制方式	气控	
9	压力表	a. 安装在过滤器前后、管中管各流体监控点、接口箱涂料供出口等位置。 b. 适用于水性涂料。 c. 所有防脉动压力表,由隔离球阀和隔膜不锈钢密封组成,量程为 25bar。 d. 所有压力表应安装在容易查看的地方,所有压力表上应标注正常操作范围
10	温度计	a. 安装在每个系统的油漆桶上(详细见配置表)。 b. 304L 不锈钢外壳,转盘式温度计。 c. 所有温度计表盘应安装在容易查看的地方,所有温度计上应标注正常操作范围
11	球阀	a. 除非有特别指明,所有涂料溶剂系统球阀是两式球阀。 b. 所有涂料用的球阀应是 304L 不锈钢阀身。 c. 特氟龙阀座应有缝隙填充物以防止积漆。 d. 阀包括可锁定的把手,所提供的阀必须完全不含有任何污染物、油和润滑剂,并且送到施工地点前的阀需要有独立的密封包装。 e. 涂料枪站球阀应是不锈钢阀身,球和阀轴的两片式 HOSCO® 全通径球阀,涂料枪站球阀有必要的接口板用于管路端头组件。 f. 除非有特别指明,所有涂料及溶剂系统球阀应使用卡套连接。 g. 大于或等于 12.5mm 的所有涂料系统的球阀应是适于焊接安装的三片式球阀

序号	项目	技术要求
12	管路	a. 管路使用直径需满足循环和喷涂的流量和压力的设计要求。 b. 管路内、外表面光滑(内表面粗糙度 $Ra \leqslant 0.2\mu m$),呈准确的圆形,弯曲应圆滑无褶皱,弯曲应防止横断面变形。 c. 材质使用 304L 不锈钢,泵与循环管道的连接及上料软管内衬使用特氟龙材料,外面用不锈钢金属网包裹。 d. 在没有特别说明的情况下管道连接采用卡套式连接,内壁平整光滑,卫生级卡套材质需与管道材质一致。 e. 需使用自动氩弧圆周焊接的管路,必须可以拆卸;焊机必须是进口产品,焊接质量保证管路单面焊接双面成型且必须得到甲方认可;焊接必须由有资质的焊工操作。 f. 安装前输调漆系统承包商负责与土建和有关接口设备承包商确认土建预留口和设备对接口的标高和位置,避免对接尺寸偏差。 g. 溶剂型每隔 12m 有活接,水性漆每隔 6m 一个活接,不锈钢管公差为 6m±2cm。 h. 管路间预留足够的并行管路间距,以保证有足够的维修空间。 i. 管路系统的弯路应有统一的最大弯径,在可能的情况下,所有管路的弯曲半径应大于管路直径的 6 倍,为了保持统一的管间隙,在过墙壁和楼板的地方,可以使用更小的转弯半径。 j. 有开口的部件安装后,用压缩空气吹扫或者用不起毛的抹布和溶剂擦拭管道内表面,清洁完成后对开口进行保护。 k. 安装完成时,所有的管道阀门和组件应清洁干净,没有灰尘、切削油、油脂、螺纹密封剂等。 l. 不允许含硅酮的材料或者润滑油以任何方式使用在系统零件上。 m. 水性系统管路安装完需要对管路进行酸性钝化处理。 n. 涂料管路要避免接近热源,如烘房等,还要尽可能避免穿过喷漆室。 o. 所有油漆管路外层采用橡塑棉保温。 p. 调漆间内涂料虹吸组件采用进口优质产品。 q. 设备调试前,所有涂料管路做泄漏测试,测试压力为设计压力的 1.5 倍。 r. 压缩空气及纯水管路跟车间主管路材质一致,氮气供应管路跟压缩空气一致
13	循环水冷热交换器模组	a. 模组由板式热交换器、冷热水循环泵、过滤器、相关管路阀门、接水盘及控制盒监视系统组成。 b. 热交换器在制造商的工厂安装和测试完成后,要排尽所有水并清洁,用合适的材料保护或覆盖所有进口和出口喷嘴的开口处。 c. 由承包商负责联系涂料供应商,并从涂料供应商处获得必要的数据以确定热和冷却设备的正确尺寸。 d. 相关水管、油漆管路需进行保温,材质为橡塑棉。 e. 冷热水循环泵建议品牌:GRUNDFOS®/KSB®/GOULDS®;蝶阀、截止阀建议品牌:EBRO/TOMOE/Gemue;电磁阀建议品牌:EBRO/TOMOE/Gemue
14	涂料加热和冷却模组	a. 模组由三管式热交换器、相关管路阀门、积水盘以及控制盒监视系统构成。 b. 涂料的加热和冷却采用管中管热交换器。 c. 提供的模块应是预装好管路和接线并预先进行过测试。 d. 制热和制冷设施必须考虑诸如泵运转产生的热量的影响。 e. 用于加热涂料的水的温度最高不得超过 66℃。 f. 水管、油漆管路需进行保温,材质为橡塑棉

9.3.5 控制要求

9.3.5.1 概述

① 输调漆系统的电气控制系统由主控制柜(MCP1)、现场操作箱(OPB)、执行机构(OP)及现场传感器(SENSOR)等部分构成。PLC 配置及网络通信:系统采用 PLC 进行中央控制,选用 SIEMENS 品牌(与车间控制选型一致)系列 PLC 及其网络模块(PROFI-BUS 现场总线接口模块),组成集散控制体系。该系统通过 SIEMENS 人机界面,实现工艺环节的监视和系统的基本操作和管理。同时,PLC CPU 提供以太网编程接口,方便移动计算机进行设备管路及维修。

② 系统提供以太网高速主干网接口到车间中控室,给中控室监控系统提供工艺参数数据,如电动泵系统状态、实际工作频率、涂料的实际输出压力等,由中控系统从以太网接口获取信号,通过中控室监控系统的屏幕,实现数据的显示与查询。

③ 油漆循环控制系统的控制单元由主控制盘和安装在模组附近的现场操作箱组成，功能如表 9-28 所示。

表 9-28　控制盘（箱）功能说明

控制盘（箱）	功能说明
主控制盘（MCP）	提供油漆循环系统的相关控制，包含油漆的液位控制、油漆的上料控制、搅拌器控制、溶剂控制、废溶剂回收控制、电动泵运行模式控制、管中管油漆温度控制等，在其他控制盘上的 HMI 能显示整个系统的主要参数，并监控整个 PCS 系统的运行状态
现场操作箱（OPB）	每个功能单元（油漆模组、溶剂模组、废溶剂回收单元）配备一个防爆现场操作箱。操作箱提供功能单元的手动/自动操作方式，操作箱上的指示灯能够显示功能单元的工作状态（运行/停止/故障），现场操作箱上能提供罐内高高和低低液位的报警信息

9.3.5.2　油漆循环控制系统控制说明

油漆循环控制系统控制说明如表 9-29 所示。

表 9-29　油漆循环控制系统控制说明

项目	控制说明	
主控制箱	a. 主控制箱安装在调漆、循环和温控设备附近的非防爆区。主控制箱应监视和控制位于调漆间内的所有相关设备，现场所有硬连接的联锁和硬连接的现场安全设备（击碎停止器）的线路应硬连接到主控制箱，主控制箱有与各个现场控制箱的联锁信号。 b. 主控制箱监视挥发性气体的爆炸极限。当达到爆炸极限时，主控制箱应激活声光报警信号，同时调漆间的涂料混合和循环设备停止。 c. 联锁——所有与消防系统的联锁都是硬连接的，必需的联锁有：来自消防系统、供排风	
现场控制箱	a. 现场控制箱应安装在调漆间内的调漆、循环和温控设备附近。 b. 现场控制箱监视和控制现场相关设备，如涂料混合、废溶剂回收设备。 c. 液位控制系统失效时，可以通过阀的开/关手动控制液位，现场控制箱及主控制箱都能显示。 d. 当油漆车间发出火灾撤离报警时，所有输调漆设备的电源和压缩空气要自动关闭。 e. 当失效或火灾时失去信号/电源时，所有电磁阀和电动开关都有机械失效安全保护	
电搅拌控制	a. 电动搅拌器通过现场操作箱启动/停止搅拌器。 b. 电动搅拌器转速调节通过控制变频器调整（能够手动或自动根据液位调节）。 c. 每个搅拌器的工作状态都可以从现场的操作箱（OPB）指示灯读取到，同时该信息也将送到控制柜的 PLC 中，在其他控制盘上的 HMI 人机界面上显示	
油漆桶液位控制	a. 每个双罐系统的循环罐都配备一个防爆超声波液位计，通过它能得到 4～20mA 的模拟量，以及如下液位点信号： 　HH：高高液位信号； 　H：高液位信号； 　L：低液位信号； 　LL：低低液位信号。 b. 液位信号通过气电继电器采集到可编程逻辑控制器（PLC），当高高液位（HH）或低低液位（LL）时，主控制盘（MCP）上发出声光报警，在 HMI 上显示报警信息，同时在现场气动操作箱（OPB）也有相应的报警指示，同时停止相应的电动泵和搅拌器的工作[低液位（LL）]时，停止相应的隔膜泵的工作[高高液位（HH）]。其中，高液位（H）和低液位（L）信号是用来控制气动逻辑元件和隔膜泵的工作，实现调漆罐到循环罐自动补料的功能。 c. 所有调漆罐上配有一个超声波液位计，当油漆到达设定的低液位（L）时在 HMI 上显示报警信息，同时在现场操作箱（OPB）也有相应的报警指示操作工人添加油漆。 d. 所有桶的液位及参数设置都应显示在人机界面上，涂料加料阀的控制参数和低液位报警应可以由操作工通过人机界面调整。高液位、最高液位报警和泵及搅拌器停止液位不能被操作工调整	
电动泵控制	a. 每个涂料循环管路配有一个涂料循环泵，涂料循环泵应是防爆、可调的，并由主控制箱 PLC 监视。 b. 电动循环泵由主控制柜（MCP）的驱动单元提供动力，循环泵工作状态由控制 PLC 通过智能控制卡对驱动变频器进行压力/流量控制	
	电动循环泵的工作方式包括压力控制模式、休眠模式及调试（非工作）模式	
	压力控制模式	循环泵受系统自动控制，当系统发生压力报警时，系统可以自动切断相应的控制回路，停止电动泵运行保证系统的安全；同时操作员可以通过现场操作箱（OPB）的转换开关，手动启动或停止循环泵；压力控制模式下智能背压阀调整到工艺需要的背压值，电机的转速受电动泵出口的压力传感器控制，通过电动泵智能控制器保证系统的压力稳定。在压力控制模式下，油漆压力脉动不超过±0.5bar，并保持油漆压力恒定

项目		控制说明
电动泵控制	休眠模式	在得到系统给出的休眠信号或者操作员通过人机界面 HMI 可以将电动泵系统切换到休眠模式下低速工作,此时智能背压阀完全打开,系统压力下降,同时电动泵低速运转,从而降低能耗,又保证油漆在循环管路中的流速
	调试(非工作)模式	调试模式仅用于设备调试及维修时使用并只有专业技术人员才能进行此项操作,因为此时系统控制 PLC 及管路的压力保护系统不参与工作,主要用于控制系统全部瘫痪时保证电动泵运行,确保生产
压力报警控制		在油漆管上,安装一个电子压力传感器,实时监视油漆的压力。当系统发生故障引起油漆压力异常增高或者管路发生泄漏引起压力长时间低于预先的设定值时,该信号将给到控制柜的 PLC 中,在其他控制盘的 HMI 触摸屏上给出报警信息,提示操作员处理故障,从而防止系统因超压发生爆裂或者因欠压导致循环泵发生空打,使得系统更加安全。工作人员可以在操作箱上确认,报警信号需要故障排除以后才会消失
油漆自动加料控制		通过现场操作箱(OPB),操作者能选择自动、手动两种加料方式
	自动方式	当循环罐低液位时,气动逻辑元件启动,隔膜泵启动,从调漆罐向循环罐加料,直到循环罐高液位停止
	手动方式	操作员通过现场操作箱(OPB)手动开关控制隔膜泵和气动逻辑元件,把油漆从调漆罐输送到循环罐;手动方式时,隔膜泵和气动逻辑元件人工强制动作,不受液位高低的控制
喷房下废溶剂回收控制		a. 罐体配备一个防爆超声波液位计,通过它能得到 4～20mA 的模拟量及如下液位点信号: HH:高高液位信号; H:高液位信号; L:低液位信号。 b. 液位信号通过气电继电器采集到可编程逻辑控制器(PLC),当高高液位(HH)或低低液位(LL)时,主控制盘(MCP)上发出声光报警,在其他控制盘上的 HMI 上显示报警信息,同时在现场操作箱(OPB)也有相应的报警指示。 c. 通过现场操作箱(OPB),操作者能选择自动、手动两种加料方式。自动方式时,如果罐液位不在高高液位,废溶剂回收阀均处于开启状态,废溶剂能回流到废溶剂罐内。当液位达到高高液位时,废溶剂回收阀关闭,停止回收废溶剂,当液位处于高液位时,隔膜泵自动启动,把废溶剂输送到调漆间废溶剂的收集罐中,当废溶剂罐内液位到达低位(L)时,停止废溶剂的输送,当废溶剂在低液位和高液位之间时,隔膜泵运转,废溶剂将在喷房的废溶剂管路和废溶剂罐内循环。 手动方式时,操作者通过现场操作箱(OPB)手动开关强制控制回收阀和隔膜泵,把废溶剂输送到调漆间,不受液位的控制
调漆间废溶剂回收控制		a. 调漆间配备(尺寸待定)的废溶剂罐,罐上安装一个超声波液位计,检测满桶信号。 b. 液位信号直接传到可编程逻辑控制器(PLC),满桶时主控制盘(MCP)上发出报警,同时在现场操作箱(LCP)也有相应的报警指示
氮气供应系统		氮气二级管路上配置防爆接点压力传感器,当氮气压力过低时,现场控制箱(OPB)发出声光报警,主控制盘(MCP)上发出声光报警,在 HMI 上显示报警信息,提示操作人员切换供气氮气瓶及更换用完的氮气瓶
压缩空气管路系统		在调漆间进口主管路过滤器前设置压力传感器,在主控制盘(MCP)进行监控,在 HMI 上显示,压力低于设置压力会发出声光报警,同时调漆间循环系统关闭
涂料流速		可通过电动泵的工作频次,在 HMI 上显示系统流速

9.3.5.3 油漆温度控制系统控制说明

油漆温度控制系统控制说明如表 9-30 所示。

表 9-30 油漆温度控制系统控制说明

项目	控制说明
管中管温度控制	系统通过安装在管中管换热器上的 Pt100 温度传感器检测油漆的温度,并传送给控制系统,由控制系统产生一个 4～20mA 信号控制管中管的六通阀(电动比例调节阀),调节冷热水的进出比例,从而达到精确控制温度的目的
冷水单元控制	冷水单元用来控制进入温控系统的冷水的温度,即二次侧的水通过循环泵与一次侧厂家提供的循环冷水在板式换热器中进行热交换

项目		控制说明	
冷水单元控制	温度控制	系统通过安装二次侧主管上的 Pt100 温度传感器检测水的温度,并传送给控制系统,控制系统根据温度情况产生相应的信号控制一次侧主管上的控制阀来控制二次侧水到设定温度,另外设一个温度传感器用来监测喷房使用实际温度	
	循环水泵控制	冷水泵一备一用,运转有三种控制方式:自动、手动和非工作	
		自动方式	泵定时切换,轮流交替工作
		手动方式	手动强制启动或停止任何冷水泵
		非工作方式	手动强制启动或停止任何冷水泵,并且不受 PLC 控制
热水单元控制	热水单元用来控制进入温控系统的热水的温度,即二次侧的水通过循环泵与一次侧厂家提供的循环热水在板式换热器中进行热交换		
	温度控制	系统通过安装二次侧主管上的 Pt100 温度传感器检测水的温度,并传送给控制系统,控制系统根据温度情况产生相应的信号控制一次侧主管上的控制阀,控制二次侧水到设定温度	
	循环水泵控制	热水泵一备一用,运转有三种控制方式:自动、手动和非工作	
		自动方式	泵定时切换,轮流交替工作
		手动方式	手动强制启动或停止任何热水泵
		非工作方式	手动强制启动或停止任何热水泵,并且不受 PLC 控制

9.3.5.4 夜班看守模式

夜间看守模式说明如表 9-31 所示。

表 9-31 夜间看守模式说明

项目	说明
油漆桶液位控制	夜间看守模式——在停工时期,操作工可以手动切换到夜间看守模式。当桶的液位降低 5%,这个自动监视模式将停止涂料循环泵。夜间看守的高低液位模式设置点、故障及状态应存储在 PLC 中并显示在人机界面上,且不能被操作工调整
压力报警控制	夜间看守模式——在停工时期,操作工可以手动切换到夜间看守模式。当涂料及溶剂压力下降时,这个自动监视模式将停止涂料循环泵。夜间看守的高低液位模式设置点、故障及状态应存储在 PLC 中并显示在人机界面上,且不能被操作工调整

9.3.5.5 电控设备要求

电控设备要求如表 9-32 所示。

表 9-32 电控设备要求

项目	设备要求
主控制箱	带空调的威图控制柜 顺序启动按钮 停止按钮 SIEMENS 人机界面
现场控制箱	防爆一区控制箱(每个桶) 若干按钮/开关(每个控制箱) 若干报警/状态显示设备(每个控制箱) 两个液位显示
油漆桶液位控制	液位控制系统(每个桶配一套) 高液位控制系统(每个桶配一套)
油漆自动加料控制	涂料自动加料系统(每个桶配一套)
电搅拌控制	搅拌器操作站(每个桶配一套) 涂料搅拌器电机变频控制(每个搅拌器) 搅拌器断路器 操作站可以启停搅拌器 显示搅拌器的运行状态 搅拌器转速控制
压力控制	泵出口低剪切力压力传感器(每个泵),模拟信号输出 涂料管线的过滤器压力表(每个涂料管路上的过滤器配两个)

项目	设备要求
压缩空气管路系统	压缩空气压力传感器,模拟信号输出 压缩空气压力开关,模拟信号输出
温度控制	100Ω铂热电偶远程温度探测器,有集成的电流传感器和模拟信号输出(热交换器和喷房区域——每条涂料管路配两个) 热交换器循环水调节阀的驱动机构(每条涂料管路配一套) 热交换器两位三通阀(每条涂料管路配一套)
喷房下废溶剂回收控制	液位控制系统,模拟信号 电磁阀 压缩空气压力开关
氮气供应系统	压力传感器
压缩空气管路系统	压力传感器

9.3.6 人机工程显示要求

人机界面所显示的信息应采用公制单位。列于报警表中的故障应引起故障声光报警并在人机界面上显示故障信息,模拟和数字信号都传到中控室。"○"表示在报告要求表中报告这个参数,"设定"表示报告的参数可以由操作工设定,"实时"表示报告参数的实时变化趋势,"记录"表示报告的参数留有历史趋势。控制要求如表9-33所示。

表9-33 控制要求

控制项目	参数	主控制箱	现场控制箱	报警	中控室
搅拌控制	电机运转(每个电机)	○			
	电机故障(每个电机)	○	○	○	○
	电机过载(每个电机)	○	○	○	○
液位控制	桶的容量(每个桶)	设定			
	桶的液位(每个桶)	○	○		
	桶最高液位报警点	○			
	桶高液位报警点(每个桶)	○			
	桶加料阀关闭点(每个桶)	设定			
	桶加料阀开启点(每个桶)	设定			
	桶低液位报警点(每个桶)	设定			
	桶低液位泵和搅拌器停止点(每个桶)	○			
	桶高液位报警(每个桶)	○	○	○	○
	桶最高液位报警(每个桶)	○	○	○	○
	桶低液位报警(每个桶)	○	○	○	○
	桶低液位报警搅拌器停止报警(每个桶)	○	○	○	○
	开启加料阀	设定			
	关闭加料阀	设定			
	加料阀开启	○	○		
	加料阀关闭	○	○		
值班看守	夜间看守开启	○	○		记录
	夜间看守关闭	○	○		记录
	夜间看守高液位报警	○	○	○	○
	夜间看守低液位报警	○	○	○	○
	夜间看守泄漏及停泵设定点	○			
	夜间看守泄漏及停泵报警	○	○	○	○
循环控制	泵压力显示(每个泵)	○			
	泵压力异常(每个泵)	○	○	○	○
	压缩空气开启	○			
	压缩空气低压报警设置点	○			

控制项目	参数	主控制箱	现场控制箱	报警	中控室
循环控制	压缩空气低压报警	○		○	○
	涂料回流管路压力(每条涂料管路)	○	○		
	涂料回流管路高压报警点(每条涂料管路)	设定			
	涂料回流管路低压报警点(每条涂料管路)	○			
	涂料回流管路高压报警(每条涂料管路)	○	○	○	○
	涂料回流管路低压报警(每条涂料管路)	○	○	○	○
	回流涂料流速(每条涂料主管)	○			
	回流涂料高流速报警点(每条涂料主管)	设定			
	回流涂料低流速报警点(每条涂料主管)	○			
	回流涂料高流速报警(每条涂料主管)	○	○	○	○
	回流涂料低流速报警(每条涂料主管)	○	○	○	○
管中管温控	涂料热交换器入口温度(每条涂料管路)	○	○		
	涂料热交换器出口温度(每条涂料管路)	○	○		
	涂料热交换器温差(每条涂料管路)	○	○		
	涂料热交换器温差值(每条涂料管路)	设定			
	涂料热交换器出口温度闭环控制比例控制值(每条涂料管路)	设定			
	涂料热交换器出口温度闭环控制积分控制值(每条涂料管路)	设定			
	涂料热交换器出口温度闭环控制微商控制值(每条涂料管路)	设定			
	涂料热交换器出口温度闭环控制低限控制值(每条涂料管路)	设定			
	涂料热交换器出口温度闭环控制高限控制值(每条涂料管路)	设定			
	涂料热交换器出口温度闭环控制偏差控制值(每条涂料管路)	设定			
	涂料热交换器出口温度闭环控制死区控制值(每条涂料管路)	设定			
	涂料热交换器出口温度高温报警点(每条涂料管路)	设定			
	涂料热交换器出口温度低温报警点(每条涂料管路)	设定			
	涂料热交换器出口温度高温报警(每条涂料管路)	○	○	○	○
	涂料热交换器出口温度低温报警(每条涂料管路)	○	○	○	○
	水调节阀位置(每条涂料管路)	○			
	两位三通阀在热水位置(每条涂料管路)	○			
	两位三通阀在冷水位置(每条涂料管路)	○			
废溶剂回收系统	桶液位	○	○		
	桶高液位报警点	○			
	桶高液位报警	○	○	○	○
	泵运行显示	○	○		
	压缩空气开启	○	○		
	压缩空气低压报警	○	○		○
主控制箱	PLC主机板故障状态	○		○	○
	PLC电池状态	○		○	○
	调漆间空压运转	○		○	○
	辅助系统状态及报警	○		○	○
	工厂消防系统报警联锁	○			○

9.3.7 调漆间及储漆间布局

① 承包商根据总平面图以及相关要求设计输调漆间的具体设备和管线布置，需充分考虑物流和维修方便，并经甲方审核确认。

② 在油漆循环系统旁设置地坑，溢流事故发生后的涂料或溶剂流入地坑，使用可移动式隔膜泵进行收集处理。

调漆间平面图如图 9-33 所示。

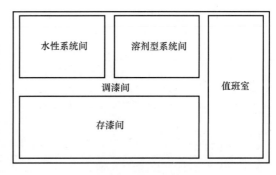

图 9-33　调漆间平面图

9.4　供蜡系统技术要求

注蜡工艺主要用于车身腐蚀比较严重、电泳薄弱的钣金搭接面，用于增加此部位的防腐能力，如底盘、四门等部位。由于不同国家和地区的自然腐蚀等级差异因素不同，不同汽车品牌对于注蜡工艺的要求完全不同，欧洲品牌要求严苛，美国品牌要求较低，自主品牌随着对质量的关注提升注蜡要求也在不断提高。除大众品牌以外的所有品牌都可以参考本节内的注蜡设备规格，喷嘴则可根据注蜡工程设计做具体选择，或复杂或简单。大众品牌注蜡工艺采用独特的浸入式全自动注蜡工艺，系统复杂，投资大，目前只有大众一家采用，不在本节讨论范围内。

9.4.1　分工界面

9.4.1.1　项目形式

若本项目为总包项目，则参照第 1 章"涂装车间工艺设备技术要求总则"；若本项目为分包项目，则参照 9.4.1.2 公用动力分布图。

9.4.1.2　公用动力分布图

公用动力分布图如图 9-34 所示。

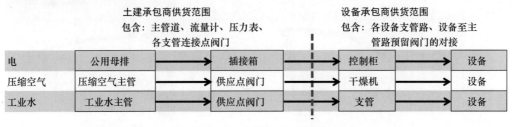

图 9-34　公用动力分布图

9.4.2　基础设计条件

9.4.2.1　蜡的材料特性

蜡材料信息如表 9-34 所示。

表 9-34　蜡材料信息

名称	水性	名称	水性
密度/(g/cm³)	0.8~1.0	固体分/%	40~70
施工温度/℃	15~30	烘烤温度/℃	≥110
施工黏度/(Pa·s)	400~900		

9.4.2.2 注蜡工艺要求

注蜡工艺要求如表 9-35 所示。

表 9-35 注蜡工艺要求

部位	尾门注蜡	四门注蜡	车身底部注蜡
工位布置	高工位	高工位	低工位
注蜡方式	半自动	人工	半自动
施工压力/bar	0～160	0～160	0～160
流量/(mL/min)	600	600	600
室体温度/℃	10～30	10～30	10～30
空气压力/bar	0～6	0～6	0～6
风速/[m³/(m·h)]	750	750	750

9.4.2.3 蜡的喷涂区域及效果

注蜡范围要求如表 9-36 所示。

表 9-36 注蜡范围要求

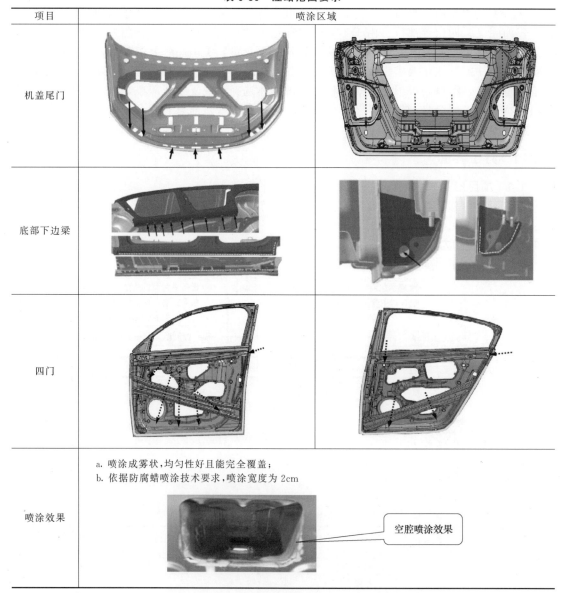

项目	喷涂区域
机盖尾门	
底部下边梁	
四门	
喷涂效果	a. 喷涂成雾状,均匀性好且能完全覆盖; b. 依据防腐蜡喷涂技术要求,喷涂宽度为 2cm 空腔喷涂效果

9.4.2.4 生产条件说明

涂装新建工厂注蜡线采用人工＋半自动模式，以双班产能设计，净产能60JPH，注蜡产能信息如表9-37所示。

表9-37 注蜡产能信息

项目	注蜡一线	注蜡二线
产量	23万辆	
车型信息	紧凑型三厢、两厢SUV，A级轿车	
最大车身尺寸	参考总则	
输送类型	连续式	连续式
输送节距	实际设计	实际设计
生产链速	实际设计	实际设计

9.4.2.5 公用动力要求

公用动力要求如表9-38所示。

表9-38 公用动力要求

项目	压力	含油量	含尘量	露点
压缩空气	>0.65MPa	<0.01mg/Nm³	<0.1mg/m³	−20℃
电源	动力电源	三相AC 380V(1±10%)/50Hz		
	照明电源	单相AC 220V(1±10%)/50Hz		
	控制电源	单相AC 220V/50Hz或DC 24V		

9.4.3 输蜡系统设备技术要求

9.4.3.1 注蜡线体工艺流程

注蜡线体工艺流程如图9-35所示。

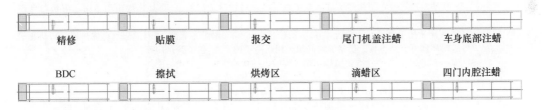

图9-35 注蜡线体工艺流程

9.4.3.2 注蜡线体喷蜡数量

注蜡枪站数量如表9-39所示。

表9-39 注蜡枪站数量

项目	第一站	第二站	第三站
注蜡枪站布局(单线)	2	2	2
注蜡工艺模式	半自动	半自动	人工

9.4.3.3 供蜡循环系统

供蜡循环系统如图9-36所示。

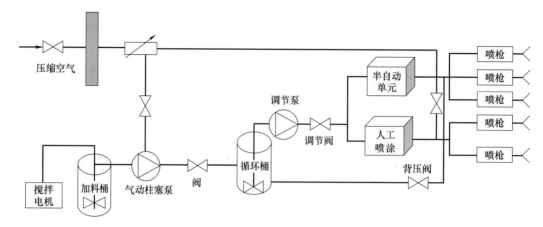

图 9-36　供蜡循环系统

9.4.3.4　供蜡系统设备设计要求

供蜡系统设备设计要求如表 9-40 所示。

表 9-40　供蜡系统设备设计要求

分类	技术要求
供蜡系统	a. 本系统采用人工＋半自动注蜡模式,系统为主管循环方式;通过调节泵及回流管路上背压阀来平衡循环系统。泵、供给及回流管的尺寸应满足所有枪站的规定流量和压力的要求。 b. 主泵采用气动柱塞泵,最大的出口压力和流量应满足各枪站出口的需求。本身配有调压器来调节泵的压力,采用空打保护器保证无料时自动停止泵工作,便于保护泵的缸体损坏(泵采用一备一用模式,能够手动切换功能)。 c. 加蜡之前需要进行预搅拌,能够自动抽到循环桶内,以及预搅拌带有自动升降功能。 d. 搅拌器采用电动模式,选择 1000L 规格的搅拌器并且可以进行调节转速,便于蜡的流动性,防止蜡的沉淀。 e. 现场蜡的循环罐为 1000L 的不锈钢罐,罐体本身配有一个电动搅拌器和静压式液位计指示(高液位与低液位两种模式),能够实时监控蜡量,配有声光报警功能。 f. 供蜡泵的过滤器采用高压过滤器作为泵出口蜡物料杂质的过滤,具体规格大小由乙方进行合理选择,保证杂质过滤的有效性。 g. 管路采用主管循环卡套连接方式,回流过程配有背压阀;主管路采用伴热带(电加热模式),防止蜡在冬季的环境下流动不良。供蜡管路必须采用耐高压的形式,包括管路的连接件。 h. 注蜡供料设备必须有预搅拌功能且虹吸设计要确保 99％的蜡均能加入系统内。 i. 循环罐底部要有接蜡盘,设计时要考虑后期维修、清理方便。 j. 分支管路必须采用耐高压的管道,包括所有必要的接头和连接件。 k. 注蜡循环罐和管路要具有加热功能,温度在 15～30℃之间可控,且带有温度检测和自动调节功能。 l. 输蜡供给循环系统中分支管路设计均可以被球阀切断,方便维修和清洁
注蜡系统	调压阀　高压泵　截止阀　喷枪 过滤器　高压软管 人工喷涂系统图

分类	技术要求
注蜡系统	a. 按照标准设计要求,乙方必须提供给甲方 4 种车型以上的全套注蜡喷嘴,且枪嘴必须具备定位装置,便于与不同的车型配套使用。 b. 注蜡室体的喷嘴支架材质采用碳钢模式,安装在喷蜡室的壁板上,制作喷嘴悬挂的模型,必须能够提供实际使用数量以上的空间位置。 c. 甲方在设计过程中必须考虑在注蜡工作站合适的位置(便于员工作业,省时、省力)提供喷嘴清洗装置,且喷嘴清洗的数量不能少于 15 个。 d. 软管的支架通过导轨和悬挂的滑块实现,导轨的托架安装在注蜡室体的墙壁上,距离室体作业区 1.2m
加热系统	a. 系统中要有加热装置(温度设置为 15～30℃),以保持在管路中蜡的温度,设定的温度必须可调,能实时显示蜡的实际温度。 b. 输蜡管路必须采用保温模式,管路中有加热辅助(电加热)功能。 c. 管路中的温度必须设定上限和下限,当温度超过上下限时能够进行声光报警。 d. 循环桶桶体底部有加热功能,要保证温度在 15～30℃,加热模式由总包方自行设计
定量供给系统	a. 注蜡线高低工位注蜡采用半自动模式,每个工作站必须配有定量供给系统控制,确保每个工作站使用的材料压力、空气压力、流量均能调节。 b. 每个工作站要求使用 PLC 控制,且控制系统中必须具备应急模式;能够进行车型识别,确保每个车型的注蜡量具备定量性。 c. 在电控系统中,可对单个喷嘴的预先/之后的吹扫时间进行独立的调节,安装在一个可锁的柜子内 定量供给单元示意图

9.4.3.5 供蜡系统设备清单

供蜡系统设备清单如表 9-41 所示。

表 9-41 供蜡系统设备清单

分类	设备	材料	国产	进口	备注
供蜡系统	气动柱塞泵/电动泵	304 不锈钢		○	ITW/GARCO
	循环罐	不锈钢	○		1000L
	电动搅拌器	304 不锈钢		○	ITW/GARCO
	气动隔膜泵	304 不锈钢		○	ITW/GARCO
	浮球液位计	304 不锈钢		○	FESTO
	背压阀	304 不锈钢		○	BINLS/GARCO
	高压球阀	304 不锈钢		○	BINKS/GARCO
	高压软管	不锈钢	○		特氟龙波纹管
	调节阀			○	GARCO /FESTO
	高压过滤器	304 不锈钢		○	BINKSFESTO
	虹吸管	304 不锈钢		○	FESTO

分类	设备	材料	国产	进口	备注
预搅拌	桨叶	304 不锈钢	○		国产
	桶盖	304 不锈钢	○		55 加仑
	升降气缸	304 不锈钢	○		国产
	支架与底座	碳钢	○		国产
	调节阀		○		国产
	电机		○		国产
注蜡工作站	软管	尼龙复合	○		国产
	喷枪杆	304 不锈钢	○		实际设计
	高压过滤器	304 不锈钢		○	GARCO/BINKS
	喷嘴支架	碳钢			与枪杆匹配
	高压无气喷枪	304 不锈钢		○	GARCO
	软管支架	碳钢	○		带导轨和吊具
	压力表	不锈钢	○		0～160bar
定量给料单元系统	压力调节器			○	BINKS/GARCO
	压力表	不锈钢	○		0～160bar
	流量计			○	BINKS
	控制阀			○	BINKS
	电磁阀			○	SIEMENS
	球阀	304 不锈钢		○	BINKS
	气动元件			○	FESTO

注：所有材料仅限于但不包括全部，以实际设计为准。

9.4.4 电控单元控制系统

9.4.4.1 控制要求

控制要求如表 9-42 所示。

表 9-42　控制要求

控制盘（箱）	功能说明
主控制盘（MCP）	a. 提供输蜡循环系统的相关控制,包含蜡的液位报警、电动泵的控制等。在其他控制盘上的 HIMI 能显示整个系统的主要参数,并监控整个 PCS 系统的运行状态。 b. 控制柜尺寸非标(满足控制要求)、颜色满足甲方颜色标准、配置电控柜空调、配柱状报警灯,品牌满足甲方品牌要求,控制柜上方如有管路必须增加防水罩,防水罩样式必须经甲方审核后才能使用。 c. 本系统采用 PLC 模式,用来控制整个系统的运行
现场操作箱（OPB）	每个功能单元配备一个现场操作箱,便于操作人员操作。操作箱上可实现液位及压力报警,可对报警进行复位,并可实现主泵电机等元件的操作。当系统有报警时,供蜡间带有声光报警,并配有急停装置,紧急情况可以停机
温度控制	a. 确保蜡的液体温度在 20～40℃之间,误差可在±2℃。 b. 温度控制方式为电加热,总包方也可自行设计

9.4.4.2 主要功能

电控单元控制系统主要功能如表 9-43 所示。

表 9-43　电控单元控制系统主要功能

工作站	流量与体积	最大喷雾时间检测	最小流量控制	开枪次数
2 个编程	实际设计	实际设计	实际设计	实际设计
PLC	西门子 S7-1500 系列			
人机界面	参照电气规格资料			

a. 以上要求必须能在主控柜 HMI 中显示出来,能够实现手动和应急模式。
b. 每个工作站编程和车型必须有足够不同喷嘴的画面显示。
c. 具备图像功能,并且视觉终端安装在控制柜上。
d. 具备定量功能

9.4.4.3 车型识别

车型识别系统分工界面如图 9-37 所示。

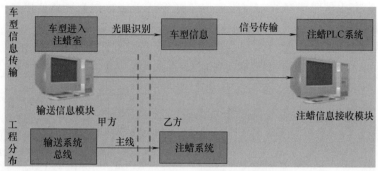

图 9-37　车型识别系统分工界面

9.4.4.4 人机界面

人机界面终端为带有 Profinet 接口的菲尼克斯工位显示屏（参考电气标准），主要显示操作喷嘴的顺序，如图 9-38 所示。

图 9-38　人机界面

界面功能要求：

① 界面终端要显示喷嘴操作提示。

② 显示车身位置，并能够提供需注蜡的空腔数量。

③ 显示一般的故障、喷嘴状态、剂量状态以及喷嘴的编码状态。

备注：室体内要安装 LED 显示屏，所有信息显示出来供现场查看。

9.4.5 其他

9.4.5.1 供蜡间设计要求

① 室体内照明要求≥1000lx。

② 室体内温度为 10～30℃，相对湿度为 25％～60％。

③ 室体内要有防静电、防爆等设施。

④ 室体内配有水洗眼设备、喷淋设备和不锈钢洗手槽，作为紧急使用。

9.4.5.2 枪嘴开发

喷嘴开发要求如表 9-44 所示。

表 9-44 喷嘴开发要求

项目	技术要求
枪嘴开发	甲方将免费提供车壳给乙方，运输由乙方负责。喷嘴研发结束后，车壳可以直接销毁
	本项目包含 4 款不同车型枪嘴开发，枪嘴开发后喷涂测试和枪嘴验收将在乙方实验室内进行，乙方全程指导甲方参加枪嘴开发工作，原型枪嘴将被保留在乙方以备将来作进一步修改或枪嘴的优化
	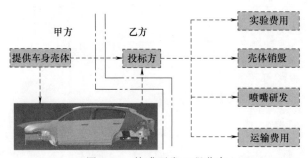 喷嘴设计效果图

工位	机盖/尾门	底部下边梁	四门
枪嘴数量	实际设计	实际设计	实际设计

枪嘴开发工程分布如图 9-39 所示。

图 9-39 枪嘴开发工程分布

9.4.5.3 滴蜡、烘烤及擦拭

① 喷蜡完成后要预留两个车位的空间（2m×5.5m）作为滴蜡，且底部带有接蜡盘，便于清洁。

② 在车体烘烤后，增加人工擦拭区域，确保喷蜡部位表面无残蜡，滴落区域设计应具有振荡功能。

③ 依据材料特性，增加两个车位的烘烤区域，烘烤温度依据蜡的特性合理设计，条件满足下尽量降低烘烤区域温度，如表 9-45 所示。

表 9-45 蜡烘烤要求

设备	烘烤温度	烘烤区域	烘烤部位	方式
烘房	≥110℃	2m×5.5m	底部下边梁 四门 尾门	温度自动调节

注：此数据仅供参考，具体以实际设计为准。

10 空调系统技术要求

10.1 引言

涂装空调系统是汽车生产过程中的必要设备，对整个涂层的质量影响重大，不可忽视。其作用是为车间各工艺段提供适宜的空气环境，确保空气质量的同时，还需保障适宜的作业环境，为高质量的成膜操作奠定基础。

空调系统为新建涂装车间重要组成部分，本章中的项目选用目前主流的空调结构设计，优化设计参数，引入成熟的节能技术，以降低空调器的运行成本，旨在打造一条高效、绿色环保的生产线。

本章介绍的项目为交钥匙项目，主要包括以下内容：项目规划、设计、制造、运输、存储、安装、调试、培训、试生产、陪产售后服务及全过程项目管理等。

本章适用于空调器设备，公用部分参考总则。

10.2 分工界面

10.2.1 空调与室体分工界面

空调与室体分工界面如图 10-1 所示。

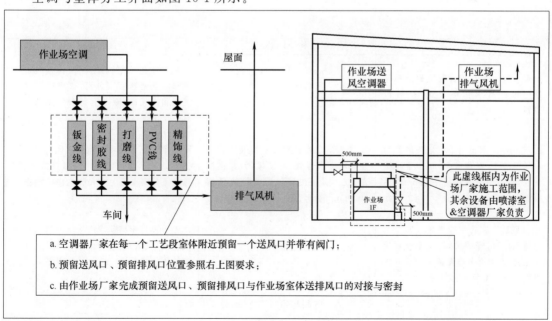

图 10-1

作业场厂家	空调器厂家
a. 作业厂家负责作业场室体(含室体顶部进气风道和底部排气风道);	a. 涂装作业场送风空调及风管、排气风机及风管由空调器厂家负责,接到作业场送气口和排气口(原则上每个作业场只能有一个送气口和排气口);
b. 作业场厂家在投标时应提交作业场风量的需求清单及送排气口位置;	b. 空调器厂家将作业场排气风管引至排气口处,安装风阀,并预留对接法兰。距离地面 500mm 内由作业场厂家负责对接;
c. 空调器厂家将作业场排气风管引至排气口处,安装风阀,并预留对接法兰。距离地面 500mm 内由作业场厂家负责对接	c. 调漆间空调送风、排气系统所有设备都由空调器厂家负责;
	d. 滑橇清洗间送排气系统所有设备由空调器厂家负责

图 10-1　空调与室体分工界面

10.2.2　空调与室体和转轮分工界面

空调与室体和转轮分工界面如图 10-2 所示。

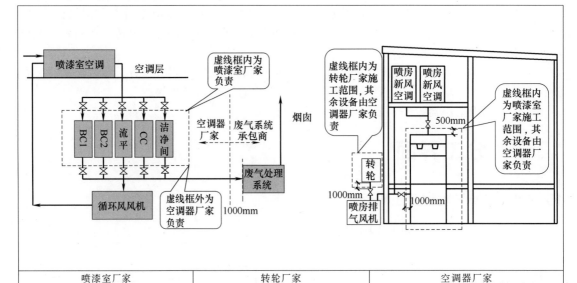

喷漆室厂家	转轮厂家	空调器厂家
a. 喷漆室厂家在投标时应提交转轮处理风量需求清单及送、排风口位置;	a. 转轮厂家在投标时应提交转轮送风口位置;	a. 喷漆室送风空调及风管、排气风机及风管由空调器厂家负责,接到喷漆室送气口和排气口(原则上每个作业场只能有一个送气口和排气口);
b. 空调器厂家将喷漆室送气风管引至送气口处,安装风阀,并预留对接法兰,距离动压室顶板 500mm 内由喷漆室厂家负责对接;	b. 空调器厂家将喷漆室排气风管引至转轮送气口处,安装风阀,并预留对接法兰,距离转轮过滤箱侧壁板 1000mm 内由转轮厂家负责对接	b. 空调器厂家将喷漆室排气风管引至排气口处,安装风阀,并预留对接法兰,距离漆雾分离设备 1000mm 内由喷漆室厂家负责对接;
c. 空调器厂家将喷漆室排气风管引至排气口处,安装风阀,并预留对接法兰,距离漆雾分离设备 1000mm 内由喷漆室厂家负责对接		c. 空调器厂家将喷漆室送气风管引至送气口处,安装风阀,并预留对接法兰,距离动压室顶板 500mm 内由喷漆室厂家负责对接

图 10-2　空调与室体和转轮分工界面

10.2.3 水电气分工界面

公用动力分工界面如图 10-3 所示。

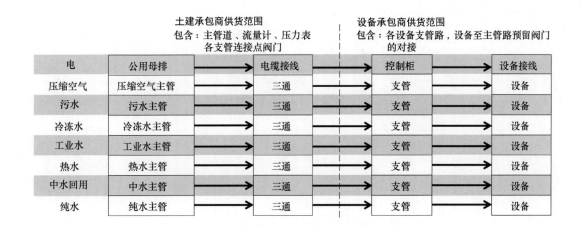

图 10-3 公用动力分工界面

10.3 设计要求

10.3.1 外部条件

外部设计条件如表 10-1 所示。

表 10-1 外部设计条件

项目		温度/℃	湿度(RH)/%
外部空气	夏季	40	85
	冬季	−10	35

10.3.2 送风要求

送风温湿度要求如表 10-2 所示。

表 10-2 送风温湿度要求

空调名称	送风条件(夏季)		送风条件(冬季)		备注
	温度/℃	湿度(RH)/%	温度/℃	湿度(RH)/%	
色漆空调	23±2	65±5	23±2	65±5	测温点静压室
清漆空调	23±2	65±5	23±2	65±5	
调漆间空调	23±2	75±5	23±2	75±5	
作业场空调	26±2	—	18±2	—	
工厂空调	—	—	18±2	—	

10.3.3 空调原理图

（1）喷漆室送排风示意图（图 10-4）

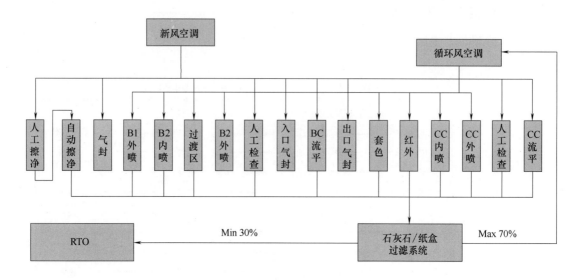

图 10-4　喷漆室送排风示意图

（2）作业场送排风示意图（例）（图 10-5）

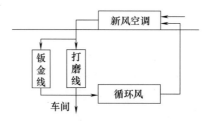

图 10-5　作业场送排风示意图

10.3.4　空调器风量

各工位送风量如表 10-3 所示。

表 10-3　各工位送风量

序号	工位名称	有效尺寸/m			控制风速 （换气量）	风量
		长	宽	高		
1	内板擦净	10	5.5	4.5	0.2m/s	实际计算
2	外板擦净	8	5.5	4.5	0.25m/s	实际计算
3	气封区	5	3.3	4.5	0.3m/s	实际计算
4	BC1 外板	9	4.5	4.5	0.3m/s	实际计算
5	BC2 内板	19	5.5	4.5	0.3m/s	实际计算
6	检查过渡	6	5.5	4.5	0.45m/s	实际计算
7	BC2 外板	17	4.5	4.5	0.3m/s	实际计算
8	检查	6	5.5	4.5	0.45m/s	实际计算
9	流平	7	4	3.5	30 次/h	实际计算
10	闪干入口气封	4	4	3.5	0.3m/s	实际计算
	闪干＋强冷	—	—	—	—	—
	闪干出口气封	5.5	4	3.5	0.3m/s	实际计算

序号	工位名称	有效尺寸/m			控制风速 (换气量)	风量
		长	宽	高		
11	套色 (1#面漆线)	8	5.5	4.5	30 次/h 前期做流平间使用, 后期作为表干实体	实际计算
	红外表干 (1#面漆线)	17	4.5	4.5	30 次/h 前期做流平间使用, 后期作为套色实体	实际计算
12	CC内板	19	5.5	4.5	0.3m/s	实际计算
13	过渡区	5.5	4	3.5	0.11m/s	实际计算
14	CC外板	13	4.5	4.5	0.3m/s	实际计算
15	检查	6	5.5	4.5	0.45m/s	实际计算
16	流平	设计	设计	3.5	30 次/h	实际计算
17	色漆洁净间	设计	设计	4.5	单线运行 15 次/h 双线运行 30 次/h	实际计算
18	清漆洁净间	设计	设计	4.5	单线运行 11 次/h 双线运行 30 次/h	实际计算

10.4 通用要求

通用要求如表 10-4 所示。

表 10-4　通用要求

序号	通用要求
1	a. 喷漆室空调器须采用再循环技术。 b. 循环风利用率≥75%(循环风利用率=喷漆室循环风量/喷漆室总风量)。 c. 工位的排风需考虑回收再利用或者作为车间供风直接进入车间。 d. 喷漆室空调机组设置维护模式,可实现降频送风、不控温的功能。 e. 循环风技术由厂家提供图纸和过往项目业绩资料等交由甲方确认。 f. 联合设计阶段提供风量平衡图供甲方审核
2	a. 空调器应采用窗口控制温湿度。 b. 控制曲线能够在中控室和现场显示屏上显示,显示的参数包括室外温湿度、焓值、含湿量,控制点温湿度、焓值、含湿量。 c. 要求控制曲线在达到控制精度的前提下,平滑、连续,不产生突变点。 d. 所采用的控制逻辑保证在任何工况下不发生三阀同开的情况(冷水、热水或者天然气加热、加湿)。 e. 控制逻辑的联合设计需详细讨论。 f. 温度的控制精度为±1℃,湿度的控制精度为±3%
3	a. 三楼空调器冷冻水管需满足有夏季模式和冬季模式。 b. 冷冻水管在进入空调盘管之前需考虑设计旁通,形成环网,便于冷冻水管清洗
4	a. 风机风口等危险部位设置护栏。 b. 每台空调围房外侧需要设置一个 220V 三防插座,具体安装位置由甲方指定。 c. 所有空调器周围必须设置围堰,高度至少 100mm;采用混凝土围堰,并带排水孔,通过管道排至一楼地沟;围堰表面做防水处理。 d. 工厂换气空调器尽量减少风管设置。 e. 压力表的安装保证能够体现出控制阀前后压差和盘管前后压差。 f. 无论是框梁(骨架)还是保温护板,只要同时接触机组内外空气的连接处均应采取"断冷桥"或"防冷桥"措施,确保空调机组在当地极端工况条件下运行时所有外表面无凝露现象出现;投标书中应说明具体的"断冷桥"或"防冷桥"措施、机组壁板总厚度以及箱体热导率

序号	通用要求
5	a. 各空调器功能段之间要有中间段,中间段为检修作用,通过检修门进入,中间段的宽度应不小于800mm。 b. 各空调器每个功能段设置点检门和观察窗,并设置检修灯,检修灯安装在箱体外部,内部照度至少达到500lx(选用管灯箱)。 c. 每个功能段设置独立的照明开关,开关安装在箱体外侧壁板上,位置靠近每段的检修门;检修门的打开方向必须与受风压方向相反,保证机组内外均可开门
6	a. 空调机组箱体的断面风速应控制在不大于2.5m/s范围内。 b. 盘管的迎面风速应不大于3.0m/s。 c. 承包商提供所有功能段截面的风速和风压的计算说明书,供甲方审批。 d. 风管最大允许风速为10m/s。 e. 空调机组箱体漏风率达到国家标准
7	a. 供应商需提供不同(变)流量(温差)下盘管换热效率的计算说明书、实际换热曲线、设计流量工况点(曲线图表,包含进回水温差)。 b. 盘管的汇管底部需要设置人工排水(阀)装置,保证能将盘管中水排空,最高点需要设置自动排气(阀)装置。 c. 空调箱体外的冷热源供回水管路的最低点设置人工排水(阀)装置,最高点设置排气(阀)装置。 d. 要有冬季盘管防冻的考虑。 e. 在每台空调盘管10m的范围内,提供压缩空气点。 f. 盘管出厂时应逐件进行打压检漏试验,水压试验检漏压力应达到设计压力的1.5倍,保持压力大于或等于5min无渗漏。 g. 盘管安装后随系统进行设计压力1.5倍打压试验,保持压力≥5min无渗漏。 h. 盘管前后的管路需要安装双金属温度计,安装位置需要便于人员查看。 i. 电磁二通阀门采用Honeywell或同等品牌,必须提供相应的选型计算式(体现如何选取阀权度、KVS值、实际可调比)。 j. 电磁二通阀门带反馈功能。 k. 所有电磁二通阀必须通过法兰与管路连接,阀体通径与管道一致。 l. 控制阀安装在回水端(盘管后),安装位置必须保证前10后5管径的原则。 m. 所有的阀门采用执行器控制,开度(反馈值)、压力(如采用数显式)、流量、水泵频率、液位高度需要在中控室的显示屏显示。 n. 冷冻水、热水、纯水及工业水管路阀门以及温度计外罩采用不锈钢材质
8	a. 加湿水泵的选型供应商需提供计算说明书。 b. 水泵出口位置安装不锈钢袋式过滤器(带旁通,进口、出口分别安装压力表),水泵进口需安装止回阀,水泵通过软连接与管道连接。 c. 水泵的前后管路、过滤器的前后管路、旁通管路都需要安装手动蝶阀,采用EBRO或同等配置品牌。 d. 加湿段管路的设计和喷头数量的确认必须提供可证明的计算说明书(水气比),表明不同加湿量下的加湿效率。 e. 加湿段所有管路、接头、弯头、三通均采用不锈钢材质。 f. 喷淋干管上需要安装回流管路,通过手动蝶阀控制,蝶阀需安装在空调机组外部。 g. 加湿段水槽底板应设置一定斜度,在最低处这一端设置溢流口、排水口(高度保证所有水能够排出,箱体外设置手工蝶阀)和水泵吸水口。 h. 加湿段通过静压式液位计检测水槽内液位,能够发出4种控制信号:极低水位(水泵停机液位,防止水泵空打)、低液位(补水液位)、高液位(停止补水液位)、极高液位(防止水槽水在箱体内溢出)。 i. 加湿段水槽采用电磁阀自动控制补水,另设置补水旁通管路带手动蝶阀以便人工快速补水。 j. 在所有的喷淋补水水管上,增设量程合适的水表
9	a. 过滤器框架需要设计合理的夹紧固定装置固定过滤器,要求安装牢固,便于拆卸,不产生任何漏风现象。 b. 框架的开孔尺寸与采用的过滤器匹配。 c. 所有过滤段需安装压差计,测量过滤段前后压差,且压差计具有数显和数据传输功能。 d. 过滤段前(或后)的中间段内应设置平台(带栏杆)和爬梯,方便人员更换过滤器。 e. 每个空调器应提供三套过滤器,调试过程中产生的过滤器损耗由供应商承担

序号	通用要求
10	a. 风机双吸离心风机,风机叶轮采用机翼型叶轮,叶轮动平衡精度等级不低于 G4.0。 b. 风机必须有第三方的等级认证(AMCA)。 c. 风机前有压差开关检测风机运行状态,检测风机前后端压差,通过数字信号上传并显示。 d. 风机的选型、风机的比 A 声功率级 dB(A),投标书中应提供计算说明。 e. 供应商需提供风机选型计算说明书,在允许的情况下按照最高效率点选型。 f. 变频风机的风量调节特性应适应系统风量的变化要求,风机不产生喘振。 g. 提供每台空调风机性能特性曲线、最佳工况点,并绘制相对应的管路特性曲线,对于每台空调标示出最佳工况点以及允许工作范围。 h. 电机必须内置热敏电阻保护装置,在紧急情况下立即停止运行。 i. 电机应有足够绝缘等级防止过热,防护等级为 IP54 及以上。 j. 配置移动龙门架,用于风机、电机的维修更换。 k. 风机应便于维修和保养,要求在不拆开叶轮的情况下可更换轴承。 l. 风机出口与机组送风口之间应采用软连接,软连接材料应具备防水、防腐、防火、韧性好等特点。 m. 风机的设计和规格,应符合 AMCA 测试代码和说明书要求,有固定的金属标签,标签上要标有如下资料: 　　Fan Serial Number:型号 　　Fan Size and Arrangement:规格尺寸 　　Construction:类型 　　Rotor Weight(wheel, shaft, and sheave):轴功率 　　Bearing Make, Style, and Number:轴承的结构、型号、数量 　　Sheave Make and Size(Both Fan and Motor):滑槽的结构类型和大小 　　Belt Make and Size:皮带的结构类型和大小 　　Fan RPM and CFM:风机的 RPM 和 CFM 　　Vibration Limit(in./sec. peak velocity):振动极限(in/sec,最高速率) 　　Motor Information:电机参数
11	a. 减振器应选用带保护套的弹簧减振器。 b. 减振器的选型和设计应满足风机的最大动载荷要求。 c. 减振器布置均匀,保证风机重心不偏离,且减振器变形量一致,其安装方式应确保不损坏任何周边设施(安装区域地面或其他设施)。 d. 减振器弹性支座的固有频率应尽可能小于风机所产生的频率,并提供相应证明
12	a. 所有空调器的送风干管都需设置手动风阀,为铝合金相对式叶片风阀,每个叶片的长度不能超过 1200mm。 b. 风阀采用齿轮操作器进行调节,操作器带刻度,配手轮,并具有自锁功能。 c. 所有穿越防火墙的风管必须安装防火阀,防火阀为熔断式带反馈信号。 d. 风管消防喷淋要求见消防部分(供应商需保证满足当地安全消防要求)
13	a. 所有测量仪器在供货时需要带有第三方检测报告(包含压力表、流量计、温度计、温湿度仪等)。具体仪器的供货范围按照仪器清单配置。 b. 报价中要说明所有测量仪器、仪表的制造商(品牌)、型号

10.4.1　作业场空调送风量

作业场空调送风量如表 10-5 所示。

10.4.2　空调机组结构式样及基本要求

10.4.2.1　喷漆新风空调和循环风空调

喷漆室空调结构如图 10-6 所示。

表 10-5　作业场空调送风量

工序	长度/m	宽度/m	高度/m	控制风速 标准	控制风速 单位	送风量/$(\mathrm{m^3/min})$	排风量/$(\mathrm{m^3/min})$	作业场空调器	需求风量/$(\mathrm{m^3/min})$	排气风机设置	备注
白车身检查	24	5.5	3.6	800	$\mathrm{m^3/m\cdot h}$	19200	—			—	排至车间
上夹具	6.0	5.5	3.6	1000	$\mathrm{m^3/m\cdot h}$	6000	—			—	排至车间
遮蔽	9.5	5.5	实际设计	1000	$\mathrm{m^3/m\cdot h}$	9500	—			—	排至车间
UBS	9.5	5.5	实际设计	600	$\mathrm{m^3/m\cdot h}$	5700	—			—	排至车间
检查补喷	6.0	5.5	实际设计	800	$\mathrm{m^3/m\cdot h}$	4800	—			—	排至车间
UBC	9.0	5.5	实际设计	0.2	m/s	35640	实际设计	1#,2#胶线空调	实际设计	1#,2#胶线—1排气风机	1#,2#胶线空调
去遮蔽	6.0	5.5	实际设计	1000	$\mathrm{m^3/m\cdot h}$	6000	—				排至车间
细密封(自动)	9.0	5.5	3.6	600	$\mathrm{m^3/m\cdot h}$	5400	—				漆雾分离间
检查补喷	9.0	5.5	3.6	800	$\mathrm{m^3/m\cdot h}$	7200	—				排至车间
人工密封	66.0	5.5	3.6	1000	$\mathrm{m^3/m\cdot h}$	66000	—				排至车间
LASD	9.0	5.5	3.6	600	$\mathrm{m^3/m\cdot h}$	5400	—				排至车间
精边涂胶	8.0	5.5	3.6	0.2	m/s	31680	实际设计		实际设计	1#,2#胶线—2排气风机	排至车间
检查补喷	12.0	5.5	3.6	800	$\mathrm{m^3/m\cdot h}$	9600	—				排至车间
胶离线	6.0	5.5	3.6	800	$\mathrm{m^3/m\cdot h}$	4800	—				排至车间
电泳打磨及钣金	42.0	5.5	3.6	2500	$\mathrm{m^3/m\cdot h}$	105000	实际设计	1#,2#打磨完成线空调	实际设计	1#,2#打磨完成排气风机	排气至1#,2#打磨完成空调
离线钣金	6.0	5.5	3.6	600	$\mathrm{m^3/m\cdot h}$	3600	—				排至车间
精饰线	60.0	5.5	3.6	1000	$\mathrm{m^3/m\cdot h}$	60000	—				排至车间
质检报交线	18.0	5.5	3.6	750	$\mathrm{m^3/m\cdot h}$	13500	—				排至车间
注蜡线	24.0	5.5	3.6	1000	$\mathrm{m^3/m\cdot h}$	24000	—			注蜡排风机	供胶间,胶蜡库房
贴黑膜	18.0	5.5	3.6	1000	m/s	18000	—				排至车间
1#点补喷	14.0	6.0	实际设计	0.2	m/s	60480	实际设计	1#点补空调	实际设计	1#点排气风机	排气待定
2#点补喷	14.0	6.0	实际设计	0.2	m/s	60480	实际设计		实际设计		排气待定
3#点补喷	14.0	6.0	实际设计	0.2	m/s	60480	实际设计	3#点补空调	实际设计	3#点排气风机	排气待定
4#点补喷	14.0	6.0	实际设计	0.2	m/s	60480	实际设计		实际设计		排气待定
5#点补喷	14.0	6.0	实际设计	0.2	m/s	60480	实际设计		实际设计		排气待定
6#点补喷	14.0	6.0	3.6	0.2	m/s	60480	实际设计		实际设计		排气待定
胶蜡库房			实际设计	>5	次/h	实际设计	实际设计		实际设计		排至厂外
供胶间			实际设计	>5	次/h	实际设计	实际设计		实际设计		排至车间
漆前编组封闭区			实际设计	2	次/h	实际设计	实际设计	工厂空调	实际设计		排至厂外
调漆间			实际设计	>20	次/h	实际设计	实际设计	调漆间空调	实际设计	调漆间排气风机	排气待定
服务作业线	42.0	5.5	3.6	800	$\mathrm{m^3/m\cdot h}$	33600	—	工厂空调	实际设计		排至车间
电泳滑橇清洗间			实际设计	15	次/h	实际设计	实际设计	换气扇	实际设计	换气扇	排至厂外
面漆滑橇清洗间			实际设计	15	次/h	实际设计	实际设计	换气扇	实际设计	换气扇	排至厂外
电泳/胶 Audit	6.0	5.5	3.6	600	$\mathrm{m^3/m\cdot h}$	3600	—	工厂空调	实际设计		排至车间
面漆 Audit	12.0	5.5	3.6	600	$\mathrm{m^3/m\cdot h}$	7200	—	工厂空调	实际设计		排至车间
电泳水工位	18.0	5.5	3.6	1000	$\mathrm{m^3/m\cdot h}$	实际设计	—	前处理电泳共排风系统提供			排至厂外

密封胶

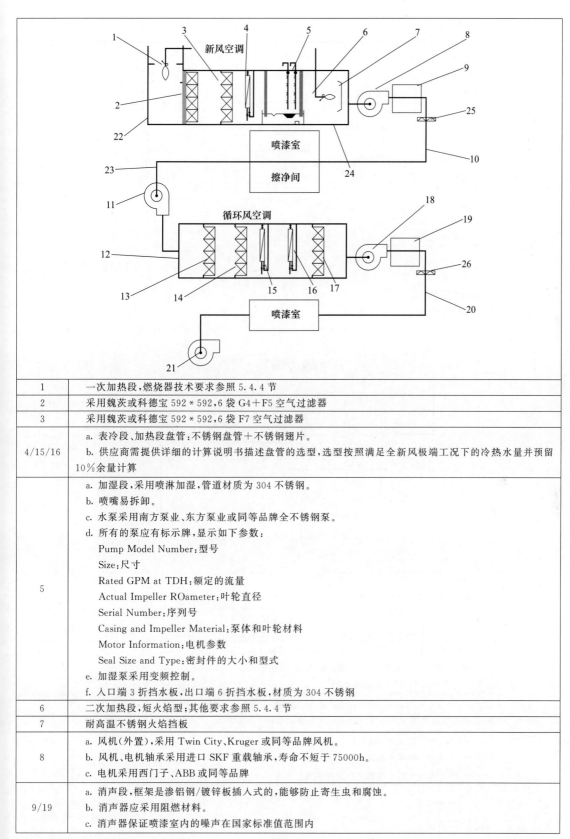

1	一次加热段,燃烧器技术要求参照 5.4.4 节
2	采用魏茨或科德宝 592＊592,6 袋 G4＋F5 空气过滤器
3	采用魏茨或科德宝 592＊592,6 袋 F7 空气过滤器
4/15/16	a. 表冷段、加热段盘管:不锈钢盘管＋不锈钢翅片。 b. 供应商需提供详细的计算说明书描述盘管的选型,选型按照满足全新风极端工况下的冷热水量并预留 10％余量计算
5	a. 加湿段,采用喷淋加湿,管道材质为 304 不锈钢。 b. 喷嘴易拆卸。 c. 水泵采用南方泵业、东方泵业或同等品牌全不锈钢泵。 d. 所有的泵应有标示牌,显示如下参数: Pump Model Number:型号 Size:尺寸 Rated GPM at TDH:额定的流量 Actual Impeller ROameter:叶轮直径 Serial Number:序列号 Casing and Impeller Material:泵体和叶轮材料 Motor Information:电机参数 Seal Size and Type:密封件的大小和型式 e. 加湿泵采用变频控制。 f. 入口端 3 折挡水板,出口端 6 折挡水板,材质为 304 不锈钢
6	二次加热段,短火焰型;其他要求参照 5.4.4 节
7	耐高温不锈钢火焰挡板
8	a. 风机(外置),采用 Twin City、Kruger 或同等品牌风机。 b. 风机、电机轴承采用进口 SKF 重载轴承,寿命不短于 75000h。 c. 电机采用西门子、ABB 或同等品牌
9/19	a. 消声段,框架是渗铝钢/镀锌板插入式的,能够防止寄生虫和腐蚀。 b. 消声器应采用阻燃材料。 c. 消声器保证喷漆室内的噪声在国家标准值范围内

图 10-6

10/20	风管保温,风管材质为 SGC t1.5
11/18/21	a. 防爆风机,采用 Twin City、Kruger 或同等品牌风机。 b. 防爆、防火花元件采用铜合金。 c. 风机、电机轴承采用进口 SKF 重载轴承,寿命不短于 75000h。 d. 电机采用西门子、ABB 或同等品牌。
12	a. 新风、循环风空调内所有可能与空气接触的板材、骨架、支撑框架采用不锈钢材质。 b. 内壁板采用 304 不锈钢 t2 材质;循环风空调外壁板需做保温处理
13	粗效过滤段:采用魏茨或科德宝 592 * 592,6 袋 G4+F5 空气过滤器
14	中效过滤段:采用魏茨或科德宝 592 * 592,6 袋 F7 空气过滤器
17	高效过滤段:采用魏茨或科德宝 592 * 592,6 袋 F9 空气过滤器
22	壁板材质:SGC t2
23/24	材质:风管和空调内壁板采用 304 不锈钢 保温:风管和空调外壁板需做保温处理
25/26	防火阀:防火阀的安装必须满足国家相关规范要求

图 10-6　喷漆室空调结构

10.4.2.2　干循环风空调

干循环风空调结构如图 10-7 所示。

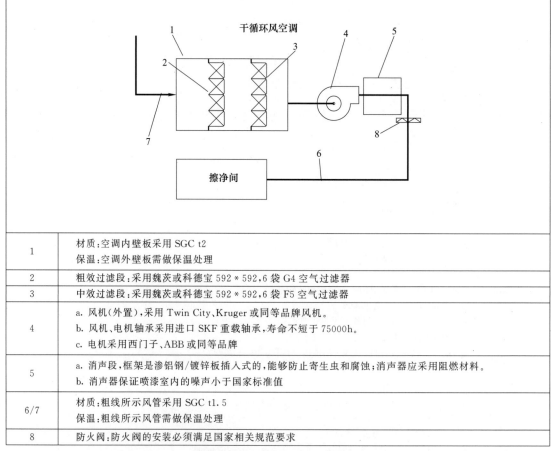

1	材质:空调内壁板采用 SGC t2 保温:空调外壁板需做保温处理
2	粗效过滤段:采用魏茨或科德宝 592 * 592,6 袋 G4 空气过滤器
3	中效过滤段:采用魏茨或科德宝 592 * 592,6 袋 F5 空气过滤器
4	a. 风机(外置),采用 Twin City、Kruger 或同等品牌风机。 b. 风机、电机轴承采用进口 SKF 重载轴承,寿命不短于 75000h。 c. 电机采用西门子、ABB 或同等品牌
5	a. 消声段,框架是渗铝钢/镀锌板插入式的,能够防止寄生虫和腐蚀;消声器应采用阻燃材料。 b. 消声器保证喷漆室内的噪声小于国家标准值
6/7	材质:粗线所示风管采用 SGC t1.5 保温:粗线所示风管需做保温处理
8	防火阀:防火阀的安装必须满足国家相关规范要求

图 10-7　干循环风空调结构

10.4.2.3　调漆间空调

调漆间空调结构如图 10-8 所示。

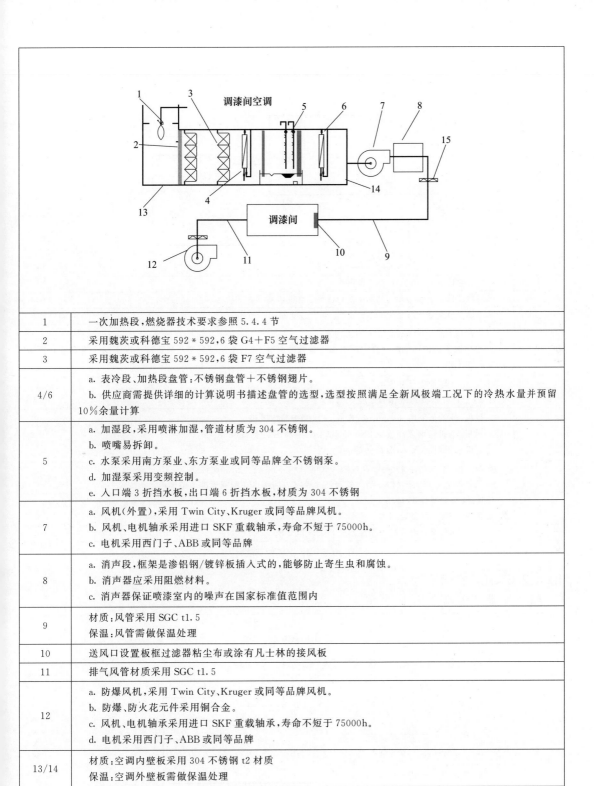

1	一次加热段,燃烧器技术要求参照 5.4.4 节
2	采用魏茨或科德宝 592 * 592,6 袋 G4＋F5 空气过滤器
3	采用魏茨或科德宝 592 * 592,6 袋 F7 空气过滤器
4/6	a. 表冷段、加热段盘管:不锈钢盘管＋不锈钢翅片。 b. 供应商需提供详细的计算说明书描述盘管的选型,选型按照满足全新风极端工况下的冷热水量并预留 10％余量计算
5	a. 加湿段,采用喷淋加湿,管道材质为 304 不锈钢。 b. 喷嘴易拆卸。 c. 水泵采用南方泵业、东方泵业或同等品牌全不锈钢泵。 d. 加湿泵采用变频控制。 e. 入口端 3 折挡水板,出口端 6 折挡水板,材质为 304 不锈钢
7	a. 风机(外置),采用 Twin City、Kruger 或同等品牌风机。 b. 风机、电机轴承采用进口 SKF 重载轴承,寿命不短于 75000h。 c. 电机采用西门子、ABB 或同等品牌
8	a. 消声段,框架是渗铝钢/镀锌板插入式的,能够防止寄生虫和腐蚀。 b. 消声器应采用阻燃材料。 c. 消声器保证喷漆室内的噪声在国家标准值范围内
9	材质:风管采用 SGC t1.5 保温:风管需做保温处理
10	送风口设置板框过滤器粘尘布或涂有凡士林的接风板
11	排气风管材质采用 SGC t1.5
12	a. 防爆风机,采用 Twin City、Kruger 或同等品牌风机。 b. 防爆、防火花元件采用铜合金。 c. 风机、电机轴承采用进口 SKF 重载轴承,寿命不短于 75000h。 d. 电机采用西门子、ABB 或同等品牌
13/14	材质:空调内壁板采用 304 不锈钢 t2 材质 保温:空调外壁板需做保温处理
15	防火阀,防火阀的安装必须满足国家相关规范要求

图 10-8　调漆间空调结构

10.4.2.4　作业场空调

作业场空调结构如图 10-9 所示。

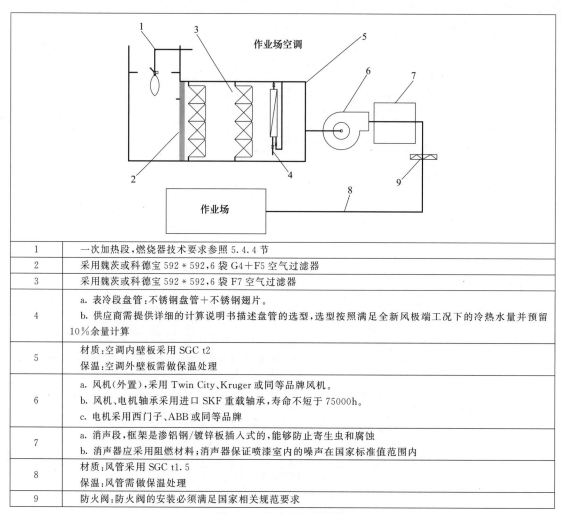

1	一次加热段,燃烧器技术要求参照5.4.4节
2	采用魏茨或科德宝592＊592,6袋 G4＋F5 空气过滤器
3	采用魏茨或科德宝592＊592,6袋 F7 空气过滤器
4	a. 表冷段盘管:不锈钢盘管＋不锈钢翅片。 b. 供应商需提供详细的计算说明书描述盘管的选型,选型按照满足全新风极端工况下的冷热水量并预留10％余量计算
5	材质:空调内壁板采用 SGC t2 保温:空调外壁板需做保温处理
6	a. 风机(外置),采用 Twin City、Kruger 或同等品牌风机。 b. 风机、电机轴承采用进口 SKF 重载轴承,寿命不短于 75000h。 c. 电机采用西门子、ABB 或同等品牌
7	a. 消声段,框架是渗铝钢/镀锌板插入式的,能够防止寄生虫和腐蚀 b. 消声器应采用阻燃材料;消声器保证喷漆室内的噪声在国家标准值范围内
8	材质:风管采用 SGC t1.5 保温:风管需做保温处理
9	防火阀;防火阀的安装必须满足国家相关规范要求

图 10-9 作业场空调结构

10.4.2.5 工厂空调

工厂空调结构如图 10-10 所示。

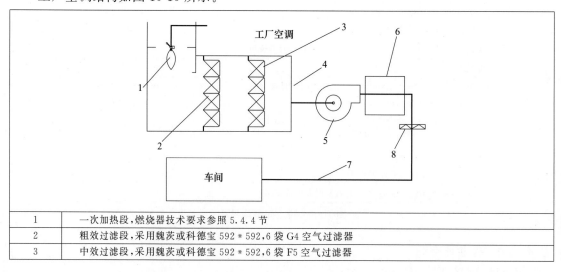

1	一次加热段,燃烧器技术要求参照5.4.4节
2	粗效过滤段,采用魏茨或科德宝592＊592,6袋 G4 空气过滤器
3	中效过滤段,采用魏茨或科德宝592＊592,6袋 F5 空气过滤器

4	材质:空调内壁板采用 SGC t2 保温:空调外壁板需做保温处理
5	a. 风机(外置),采用上海通用、双城或同等品牌风机。 b. 风机电机轴承采用 SKF。 c. 电机采用西门子、ABB 或同等品牌
6	a. 消声段,框架采用渗铝钢/镀锌板插入式,能够防止寄生虫和腐蚀。 b. 消声器采用阻燃材料;消声器保证喷漆室内的噪声在国家标准值范围内
7	材质:风管采用 SGC t1.5 保温:风管需做保温处理
8	防火阀:防火阀的安装必须满足国家相关规范要求

图 10-10　工厂空调结构

10.4.3　空调机组材质

空调机组材料要求如表 10-6 所示。

表 10-6　空调机组材料要求

空调机组			材料
接水盘			304 不锈钢 3.5
挡水板	3-折		SS 0.3
	6-折		SS 0.3
过滤器框架	所有空调		SS
内部支架	冷却/加湿段		SS
	其他段		MS
内部架台	加湿段		SS
	其他段		SS
喷淋槽			SS
喷淋管			SS
喷头			SS
水管	外部		SS
	给水管		SS
	排水管		SGP
冷冻水管			SGP
压缩空气管			SGP
燃气			SGP
给气风管			调漆间空调、作业场空调及工厂换气空调为 SGC,风管骨架及连接法兰为 MS+镀锌;其他空调为 SS,风管骨架及连接法兰为 SS
保温	壁板		RW100K50mmt+t0.8mm 银色镀锌波纹板外包
			新风空调及调漆间空调:喷淋段之后
			干循环风空调:无
			循环风空调:全部
	水槽底部		RW 100mm+外包
	风机		橡塑棉 2mm
	风管		橡塑棉 25mm
	配管	热水	RW+镀锌板外包
		冷冻水	橡塑棉 50mm+锡箔
		给水管	橡塑棉 25mm
		排水管	橡塑棉 25mm

注:MS—碳钢;SS—不锈钢;SGC—镀锌板。

10.4.4 空调规格

10.4.4.1 喷漆室新风空调

喷漆室新风空调规格要求如表 10-7 所示。

表 10-7 喷漆室新风空调规格要求

给气风量/(m/min)		实际计算
尺寸/mm		实际计算
进气		金属网
过滤器	形式	实际设计
	数量	实际计算
预加热段	形式	燃烧器(直接加热)
	加热能力	实际计算
	数量	实际计算
后加热段	形式	燃烧器(直接加热)
	加热能力	实际计算
	数量	实际计算
喷淋段	喷淋管	实际计算
	喷嘴	实际计算
	能力	实际计算
喷淋泵	形式	实际设计
	参数	实际计算
	数量	实际计算
	材质	壳体 MS,叶轮 SS
冷却盘管	形式	盘管 SS+翅片 SS
	制冷能力	实际计算
	数量	实际计算
给气风机	形式	实际设计
	参数	实际计算(带变频器)
	数量	实际计算
	材质	壳体 MS(防腐等级 10 年不锈),叶轮 SS
排气风机	形式	实际设计
	参数	实际计算(带变频器)
	数量	实际计算
	材质	壳体 MS(防腐等级 10 年不锈)
送气风管	数量	实际计算
	材质	SGC
	保温	橡塑棉 t25
消声器	数量	有
照明	形式	实际计算

注：MS—碳钢；SS—不锈钢；SGC—镀锌板。

10.4.4.2 干循环风空调

干循环风空调规格要求如表 10-8 所示。

表 10-8 干循环风空调规格要求

给气风量/(m/min)		实际计算
尺寸/mm		实际计算
进气		从人工擦净区排气风管
过滤器	形式	实际设计
	数量	实际计算

循环风机	形式	实际设计
	参数	实际计算(带变频器)
	数量	实际计算
	材质	壳体 MS,叶轮 SS
进/出风风管	数量	实际计算
	材质	SGC
	保温	橡塑棉 t25
消声器	数量	有
照明	形式	实际计算

注：MS—碳钢；SS—不锈钢；SGC—镀锌板。

10.4.4.3　循环风空调

循环风空调规格要求如表 10-9 所示。

表 10-9　循环风空调规格要求

给气风量/(m/min)		实际计算
尺寸/mm		实际计算
进气		从 A/B 线涂装室(色漆 & 清漆)排气风管
过滤器	形式	实际设计
	数量	实际计算
加热盘管(热水)	形式	盘管 SS+翅片加热 SS
	加热能力	实际计算
	数量	实际计算
冷却盘管	形式	盘管 SS+翅片制冷 SS
	制冷能力	实际计算
	数量	实际计算
循环风机	形式	实际设计
	参数	实际计算(带变频器)
	数量	实际计算
	材质	壳体 MS,叶轮 SS
送气风管	数量	实际计算
	材质	SS
	保温	橡塑棉 t25
排气风管	数量	实际计算
	材质	SS
	保温	橡塑棉 t25
消声器	数量	有
照明	形式	实际计算

注：MS—碳钢；SS—不锈钢。

10.4.4.4　调漆间空调

调漆间空调规格要求如表 10-10 所示。

表 10-10　调漆间空调规格要求

给气风量/(m/min)		实际计算
换气量		20 次/h
尺寸/mm		实际计算
进气		金属网
过滤器	形式	实际设计
	数量	实际计算

	形式	燃烧器(直接加热)
预加热段	加热能力	实际计算
	数量	实际计算
	形式	盘管 SS+翅片 SS
加热盘管(热水)	加热能力	实际计算
	数量	实际计算
	喷淋管	实际计算
喷淋段	喷嘴	实际计算
	能力	实际计算
	形式	实际设计
喷淋泵	参数	实际计算
	数量	实际计算
	材质	壳体 MS,叶轮 SS
	形式	盘管 SS+翅片 SS
冷却盘管	制冷能力	实际计算
	数量	实际计算
	形式	实际设计
给气风机	参数	实际计算(带变频器)
	数量	实际计算
	材质	壳体 MS(防腐等级 10 年不锈),叶轮 SS
	形式	实际设计
排气风机	参数	实际计算(带变频器)
	数量	实际计算
	材质	壳体 MS(防腐等级 10 年不锈)
	数量	实际计算
送/排气风管	材质	SGC
	保温	橡塑棉 t25
消声器	数量	有
照明	形式	实际计算

注：MS—碳钢；SS—不锈钢；SGC—镀锌板。

10.4.4.5　作业场空调

作业场空调规格要求如表 10-11 所示。

表 10-11　作业场空调规格要求

给气风量/(m/min)		实际计算
尺寸/mm		实际计算
进气		金属网
过滤器	形式	实际设计
	数量	实际计算
	形式	燃烧器(直接加热)
预加热段	加热能力	实际计算
	数量	实际计算
	形式	盘管 SS+翅片 SS
冷却盘管	制冷能力	实际计算
	数量	实际计算
	形式	实际设计
给气风机	参数	实际计算(带变频器)
	数量	实际计算
	材质	壳体 MS,叶轮 SS

	形式	实际设计
排气风机	参数	实际计算
	数量	实际计算
	材质	壳体 MS,叶轮 SS
送/排气风管	材质	SGC
	保温	橡塑棉 t25
消声器	数量	无
照明	形式	实际计算

注：MS—碳钢；SS—不锈钢；SGC—镀锌板。

10.4.4.6 工厂空调

工厂空调规格要求如表 10-12 所示。

表 10-12 工厂空调规格要求

给气风量/(m/min)		实际计算
换气量		2 次/h
尺寸/mm		实际计算
进气		金属网
过滤器	形式	实际设计
	数量	实际计算
给气风机	形式	实际设计
	参数	实际计算（带变频器）
	数量	实际计算
	材质	壳体 MS,叶轮 SS
排气风机	形式	实际设计
	参数	实际计算
	数量	实际计算
	材质	MS
送/排气风管	材质	SGC
	保温	橡塑棉 t25
消声器	数量	无
照明	形式	实际计算

注：MS—碳钢；SS—不锈钢；SGC—镀锌板。

11 自动控制系统技术要求

11.1 引言

涂装车间自动化程度的高低，直接影响整车质量的稳定性与生产周期。高度自动化的生产系统，能够实现生产过程中工艺参数实时监控、数据信息实时采集、设备故障实时报警等功能，使整个生产过程透明化、可视化，有利于提高生产效率、缩短生产周期。

本系统为新建涂装车间的重要组成部分，基于 SIEMENS 自动化系列产品平台，可靠性高。系统同时需要考虑满足 A 级和 B 级的三厢、SUV 及 MPV 车型的在线混合生产，旨在打造一条高效、节能、高度自动化、柔性化、智能化的生产车间，实现智慧生产、智能制造。

本章介绍的工程为交钥匙工程，方对工程负全面责任，包括制造、包装、运输、装卸、安装、调试、培训、陪同生产、售后服务等。

11.1.1 分工界面

分工界面技术要求如表 11-1 所示。

表 11-1 分工界面技术要求

序号	区域	技术要求
1	与车身接口	从车身车间至涂装车间移载机开始属于涂装控制范围，设备间总线电缆由车身输送供应商敷设至网桥(网桥涂装供应商提供)，并与车身输送供应商共同完成联锁信号的接入和调试，联锁信号采用网桥实现
2	与总装接口	从涂装车间至总装车间移载机开始属于涂装控制范围，设备间总线电缆由总装输送供应商敷设至网桥(网桥涂装供应商提供)，并与总装输送供应商共同完成联锁信号的接入和调试，联锁信号采用网桥实现
3	与工艺设备接口	与工艺设备联锁信号采用硬线连接，点对点接线、无源触点(容量不小于交流250V、0.5A)，为保证联锁可靠，关键信号使用冗余技术
4	与机器人设备接口	与机器人喷涂设备联锁信号采用网桥(PN/PN coupler)实现，由网桥输送线供应商提供
5	与消防接口	由消防系统连接线缆到 MCP 柜内，且提供无源信号给输送控制系统，同时输送控制系统提供一个信号给消防控制系统
6	与 IT 接口	乙方负责提供柜内工业级交换机，该交换机提供两个 RJ-45 接口与车间以太网相连(作冗余)，乙方负责从车间级交换机敷设网线到柜内交换机并接入。控制系统范围内的以太网线，如柜内交换机至 PLC、维护工作站等，需要布设双网线。交换机不需预留端口，AVI、PMC 等服务器网络接口由乙方负责接入

11.1.2 供货范围

下列清单用于提供本项目的一个总览，本清单并不完全包括所有完成本项目所需要的设备。表 11-2 中的 PLC 为主线至少要求的数量，但不局限于这些范围，乙方应根据需要增加 PLC 数量。

11.1.2.1　输送设备控制系统

包含但不限于表 11-2 中内容。

表 11-2　输送设备控制系统

序号	PLC 型号	控制范围
1	S7-1517F	焊涂 BDC 存储区输送线
2	S7-1517F	前处理电泳输送线
3	S7-1517F	电泳烘干及存储区输送线
4	S7-1517F	胶输送线
5	S7-1517F	胶烘干及存储区输送线
6	S7-1517F	电泳打磨输送线
7	S7-1517F	面漆前分色存储和面漆、预烘干、清漆喷涂线输送
8	S7-1517F	面漆烘干及其存储线输送线
9	S7-1517F	面漆检测修饰、贴膜终检、报交注蜡输送线
10	S7-1517F	喷漆空橇返回输送线
11	S7-1517F	电泳空橇返回输送线
12	S7-1517F	小修及其返修输送线

11.1.2.2　工艺设备控制系统

包含但不限于表 11-3 中内容。

表 11-3　工艺设备控制系统

序号	PLC 型号	控制范围
1	S7-1517	前处理控制系统
2	S7-1517	电泳控制系统
3	S7-1515	电泳直流电源控制系统
4	S7-1517	电泳烘干控制系统
5	S7-1517	胶烘干控制系统
6	S7-1515	预烘干设备控制系统
7	S7-1517	面漆烘干控制系统
8	S7-1517	工艺空调控制系统（2 套）
9	S7-1517	调漆间空调控制系统
10	S7-1515	厂房环境空调控制系统
11	S7-1515	工位空调控制系统
12	S7-1515	纯水设备控制系统
13	S7-1515	超滤设备控制系统
14	S7-1517F	烘干室 TNV 集中供热系统（3 套）
15	S7-1517F	VOCs 处理系统
16	S7-1517	输调漆系统
17	S7-1515	供胶供蜡系统

11.1.2.3　车间生产辅助系统

包括但不限于表 11-4 所示内容。

表 11-4　车间生产辅助系统

序号	系统	控制范围
1	PMC 系统	集成到输送、工艺设备控制系统中，不单独配置 PLC
2	ANDO 系统	集成到输送、工艺设备控制系统中，不单独配置 PLC
3	AVI 系统	集成到输送、工艺设备控制系统中，不单独配置 PLC
4	能源管理系统	集成到输送、工艺设备控制系统中，不单独配置 PLC
5	网络通信	工业以太网

11.1.3 设计原则

① 电气控制系统运行可靠，其总体故障率满足车间设备开动率的要求。

② 电气控制系统能够实现工艺参数控制，包括温度、湿度、压力、液位、酸碱度、电导率等；电气控制系统元件考虑防火、防爆、防潮、高温、防腐等特殊环境的要求；电气元件采用灵敏可靠、质量优异、性价比高的产品；电气元件和材料符合安全、卫生及环保的要求，不使用对人体有害的及含有硅酮的材料；爆炸危险区域内安装的电气元件为本质安全型产品或防爆产品，防爆等级满足国家标准要求。

③ 机械化传输设备、工艺设备、公用设备配置独立的控制系统，各系统之间有必要的联锁和信息传输。

④ 电气设备本身没有火灾和安全隐患；电气设备及元件安全、可靠，便于操作、安装、维修及更换。各种仪器、仪表、检测装置选用型号合理、灵敏可靠、易于辨识的产品。

⑤ 电气控制系统的设计、控制元器件的选择基于节能要求，达到一定的节能效果。

⑥ 电气控制系统满足国家标准和法规要求；设备接地电阻符合国标要求，接地可靠。

11.1.4 系统架构

采用集散控制方式，控制柜安装在设备附近，机械化输送系统、主要涂装设备控制系统间采用数据通信网络连接。辅助涂装设备的控制并入相邻的主要涂装设备控制系统，其工作状态、运行参数、控制参数设定等功能通过主要涂装设备控制系统传送到中央控制室实时监控系统。车间控制系统分为两层，第一层为数据监控及管理层，第二层为现场总线层，各层之间采用工业以太网进行通信连接。

11.1.4.1 网络架构

（1）车间控制系统（图 11-1）

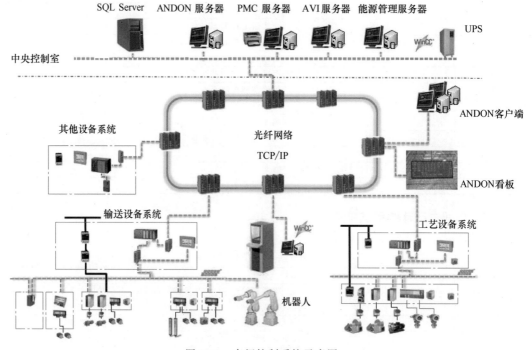

图 11-1 车间控制系统示意图

（2）输送设备控制系统（图 11-2）

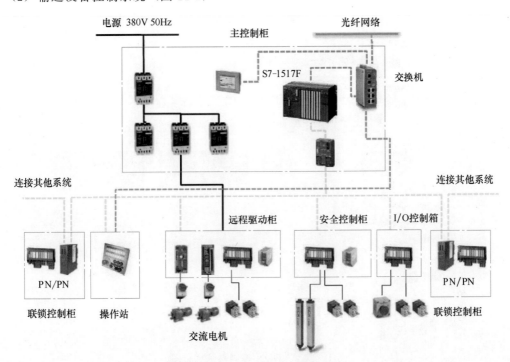

图 11-2　输送设备控制系统示意图

（3）工艺设备控制系统（图 11-3）

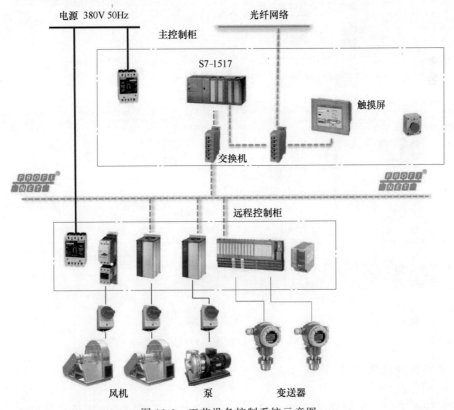

图 11-3　工艺设备控制系统示意图

（4）ANDON 控制系统（图 11-4）

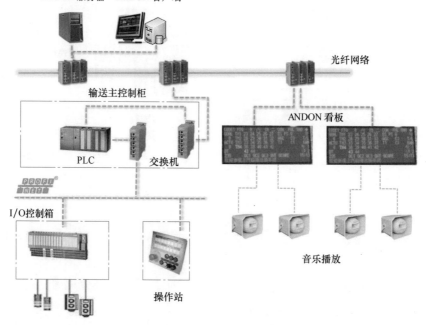

图 11-4　ANDON 控制系统示意图

（5）AVI 信息识别系统（图 11-5）

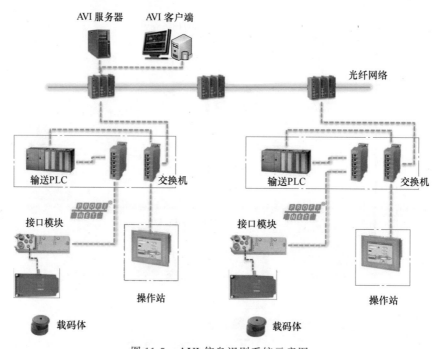

图 11-5　AVI 信息识别系统示意图

（6）能源管理系统（图 11-6）

（7）现场总线

机械化输送系统、主要涂装设备采用工业现场总线，I/O 层通过现场总线控制。

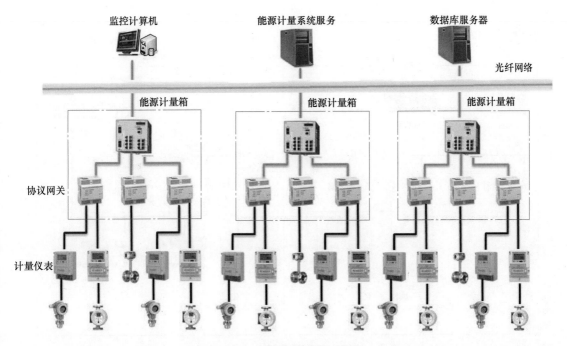

| 监控计算机 | 能源计量系统服务 | 数据库服务器 |

光纤网络

能源计量箱　　　　　　能源计量箱　　　　　　能源计量箱

协议网关

计量仪表

图 11-6　能源管理系统示意图

技术要求：

① 现场可集中的操作和指示电气设备连接到控制箱内的端子式 I/O 模块上，输送系统现场元件通过预铸电缆连接到电子接线盒上，再由电子接线盒通过电缆把信号传输到就近操作站的端子式 I/O 模块上；工艺设备现场传感器直接接入控制柜或操作站，端子式 I/O 模块防护等级为 IP20，电子接线盒防护等级为 IP67。

② 通信电缆按网络协议规定接地，现场总线网络电源使用符合网络协议规定品质的直流电源或专用电源，网络电源容量应满足配置要求并有余量。

③ 所有网络节点通过现场总线网络协议规定的标准插接件连接到控制器，不使用接线端子或其他方式自行接线；现场采用 SIEMENS Profinet 标准电缆与插接件，且需要按网络协议规定的技术指标测试合格。

④ 在主控制柜上设现场总线网络工作状态指示灯，故障状态时指示灯闪烁。

（8）工业以太网

技术要求：

① 设车间级实时监控系统，实时监控系统由中央监控服务器、监控计算机、打印机、不间断电源等组成；实时监控系统软件由开放式实时监控软件、SQL 数据库等功能部件组成；各生产线控制系统的全部控制参数、运行参数送到中央控制室，由运行监控软件的上位监控计算机进行处理、显示、报警、记录、打印等，并可在中央控制室控制生产设备启停及改变控制参数。

② 控制系统安装开放式工业以太网（100M/1000M Ethernet）通信模块，各分系统的 PLC 通过独立的以太网模块 CP1543 连接到车间内部的以太网上，通过以太网把设备的各种信息传送到上位机进行监控。

11.1.4.2　车间设备总览

车间设备总览如图 11-7 所示。

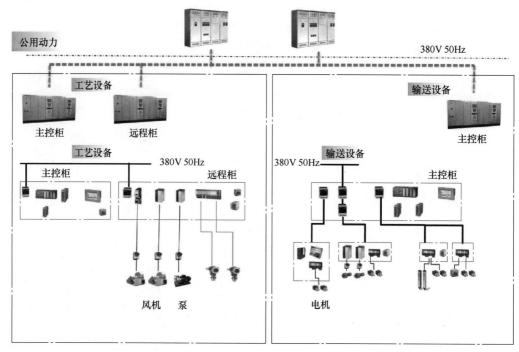

图 11-7　车间设备总览

11.1.4.3　输送设备

输送设备如图 11-8 所示。

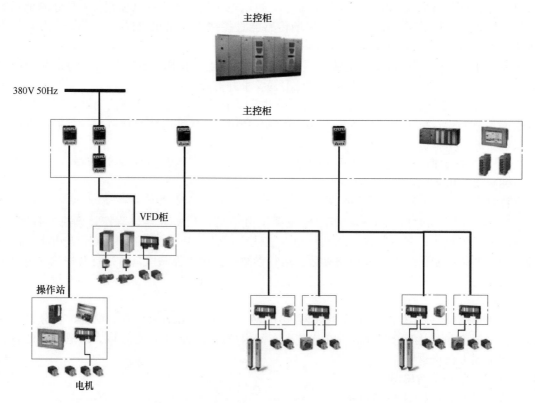

图 11-8　输送设备

11.1.4.4 工艺设备

工艺设备如图 11-9 所示。

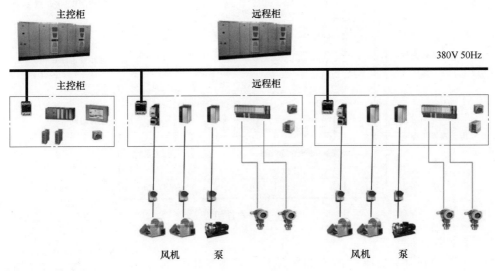

图 11-9　工艺设备

11.1.4.5　动力回路

技术要求：

① 动力电源自带总电源开关；电流超过 400A 的总电源开关为电动操作型，电动操作按钮及工作指示灯安装在柜门上；400A 以下的电源开关采用门联锁机构手动操作。

② 每个控制系统动力电源进线安装电源监控设备，监控数据通过网络传送到实时监控系统，电源监控设备设本地显示元件和显示内容切换操作键。

③ 变频器或软启动控制的电动机的过流、过载等保护通过现场总线送至 PLC，再传送到实时监控系统，所监控的参数包括电压、电流、功率、故障等信息。

④ 软起动器、变频器通过现场总线网络控制，其运行参数、设定参数、工作状态等主要参数通过现场总线网络实现实时监控。

11.1.4.6　控制回路

技术要求：

① 控制电路用隔离变压器与动力电路相隔离，控制电压使用隔离降压变压器，控制变压器初、次级及次级支路设断路器保护；控制电压分为信号灯电压、电磁阀及制动器电压、操作指示电压等。对电磁制动器、专用控制器使用单独的控制变压器提供控制电压；控制变压器铁芯和次级单端接地，控制变压器容量最小为 250W，并有 25％的保留容量。

② 控制机械设备驱动装置、调节装置等的控制电压经主控继电器（MCR）控制，主控继电器为硬接线继电器逻辑电路；在设备维修、调试调整、紧急停止时，主控继电器分断，设备停止运行，但 PLC 的 CPU 输入等仍在运行，便于故障查询调试等操作。

③ 继电器、接触器类产品在设备调试运行后，至少还备用 1 常闭（NO）、1 常开（NC）辅助触点。

④ 各控制系统有单独的信号灯检测电路。

11.1.5　安全标准

11.1.5.1　硬件组态

硬件组态如图 11-10 所示。

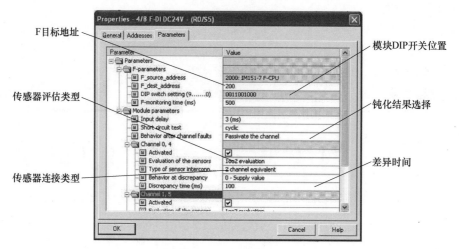

图 11-10　硬件组态

（1）F目标地址

每个安全模板都会有唯一的F目标地址，该地址由系统自动分配并保证其唯一性。模块DIP开关位置设定对应该模板F目标地址（该模板F目标地址的二进制编码），如图11-11所示。

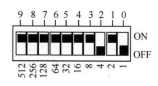

图 11-11　F目标地址

（2）钝化结果选择

当通道出现错误后，选择出错的通道钝化。

钝化的含义：如果F-I/O检测到故障，则将受影响的通道或所有通道切换至安全状态，即该F-I/O的通道被钝化。F-I/O通过从站诊断将检测到的故障报告给CPU。对于具有输入的F-I/O，如果发生钝化，则F系统为安全程序提供的是故障安全值，而不是故障安全输入处未决的过程数据。对于具有输出的I/O，如果发生钝化，则F系统将故障安全值（0）传送给故障安全输出，而不是安全程序提供的输出值。

（3）传感器评估类型

1oo1评估：通过一个通道将一个非冗余传感器连接至F模板。

1oo2评估：两个输入通道由一个双通道传感器或两个单通道传感器占用，在内部比较输入信号是对等还是非对等。

（4）传感器连接类型

传感器连接类型对应的安全等级应满足AK6/SIL3/Kat.4。

（5）差异时间

对于1oo2传感器信号评估，差异时间设置为100～150ms。在设置的差异时间内，如果两个信号不一样，按照设定的替代值输入；如果差异时间已到，两个信号还不一样，输入值变为0。

11.1.5.2　程序结构

S7 Distributed Safety安全程序的结构示意图如图11-12所示。

（1）安全全局确认

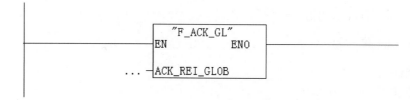

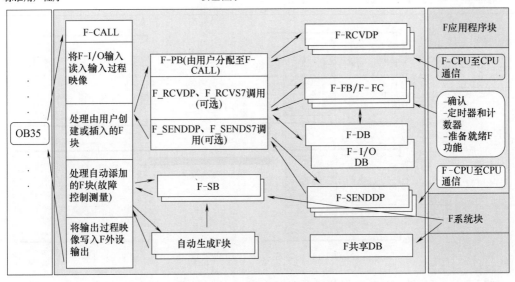

图 11-12　安全程序结构示意图

当通道出现错误后，出错的通道或者整个模块会钝化。该程序块主要用于故障后的去钝化。

（2）急停

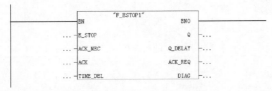

该程序块主要用于急停信号的处理，要求 ACK_NEC＝1，急停信号被触发时需要人工确认，ACK 引脚有上升沿信号。

（3）安全门

该程序块主要用于安全门开关信号的处理，要求 ACK_NEC＝1，安全门开关信号被触发时需要人工确认，ACK 引脚有上升沿信号。

（4）光幕

光幕静音功能示意图如图 11-13 所示。

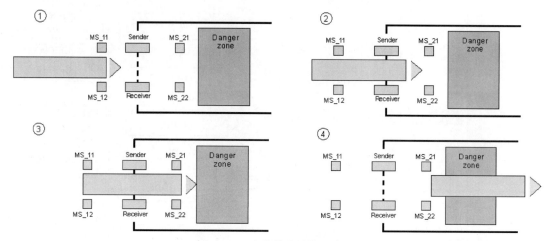

图 11-13　光幕静音功能示意图

该程序块主要用于安全光栅信号的处理，静音是对光幕保护功能的抑制。光幕静音可用于将货物或物体引入光幕监控的危险区域而不引起机器停止。当产品反向通过光幕时也启动静音功能，使静音传感器按反向顺序被激活。在任何时候出现危险的情况，必须能够通过释放确认按钮来中断。

（5）反馈监测

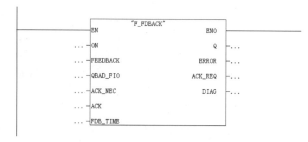

该程序块主要用于信号的反馈监测，要求 ACK_NEC＝1，监测信号被触发时需要人工确认，ACK 引脚有上升沿信号。

未提及的程序块在使用时参照上述要求，信号被触发时需要人工干预。

11.2　硬（软）件要求

硬件的选型以产品质量好、技术性能高、使用安全可靠、通用性强、升级换代方便、备品备件充足、技术服务优良等为原则，选择国内外知名生产厂的优质产品，选用的电气设备及元件的设备噪声不高于 80dBA。

11.2.1　电缆

11.2.1.1　常用类型

电缆按照用途可分低压电力电缆、控制电缆和通信电缆。

低压电力电缆主要用于大负荷设备的供配电，如各种电机、电热等设备。按照使用环境的不同，一般可分为普通电缆、耐高温电缆、高柔性电缆。额定电压一般为 0.6/1kV 及以上，执行 GB/T 12706.1—2020《额定电压 1kV（$U_m＝1.2kV$）到 35kV（$U_m＝40.5kV$）

挤包绝缘电力电缆及附件 第 1 部分：额定电压 1kV（$U_m=1.2kV$）和 3kV（$U_m=3.6kV$）电缆》标准。

控制电缆主要用于控制、保护线路，如控制回路的供配电、数字量与模拟量信号的采集等。控制电缆具有防潮、防腐和防损伤等特点，外膜材料为聚氯乙烯，额定电压一般为 450/750V，执行 GB/T 9330—2020《塑料绝缘控制电缆》标准，阻燃电缆还应符合 IEC337-8 标准的技术条件。

通信电缆主要用于设备间的通信，一般可分为光缆、以太网电缆、现场总线电缆。

11.2.1.2 选型与应用

电缆选型参考电气选型清单，如表 11-5 所示。

表 11-5 选型与应用

序号	类型	应用范围及说明
1	普通低压电力电缆	工艺设备电机电缆,部分传感器和执行机构;机运系统非变频的电机;控制柜、控制盒之间的电源分配;控制柜、控制盒之间的联锁信号
2	耐高温电缆	烘干室内输送控制系统、消防等
3	高柔性电缆	输送控制系统的移动设备:横移机、旋转机、升降机等 工艺设备的加料电动葫芦
4	控制电缆	控制回路 24V DC 供电 现场部分传感器、变送器供电 现场数字量、模拟量信号采集
5	光缆	现场使用多模光缆,主要应用在车间层级的网络通信
6	以太网电缆	超五类非屏蔽双绞线、CM 防火级别,支持 100MHz 传输带宽;工作环境温度为−20～60℃,储运环境温度为−20～80℃;主要应用于各独立系统至车间交换机的网络通信
7	现场总线	采用 Profinet 线缆,主要应用于现场设备层网络通信
8	专用电缆	编码器、专用仪表等

11.2.2 PLC

选用 SIEMENS 公司 PLC，每套 PLC 系统提供一个工业以太网通信口。每个 PLC 控制系统在验收后仍然保证以下预留量：

① 每组 I/O 点输入、输出按实际使用，并预留每组总点数 20%。

② 存储器剩余可编程空间不少于总存储容量的 30%。

③ 所有 PLC 内部资源（如定时器、计数器、过程标志位、数据存储区等）剩余可编程空间不少于总存储容量的 30%，且剩余空间为连续地址空间。

④ 至少预留两个备用插槽空间。

PLC 类型及应用如表 11-6 所示。

表 11-6 PLC 类型及应用

序号	类型	应用范围及说明
1	可编程逻辑控制器(PLC)	S7-1500 系列 安全型:S7-1517F,主要用于运动控制系统、输送线及机器人站。 普通型:S7-1517,主要用于过程控制系统、前处理、电泳、烘干室、工艺空调;S7-1515,主要用于过程控制系统、整流源、预烘干、工位空调、厂房空调、纯水系统等

序号	类型	应用范围及说明
2	可编程逻辑控制器(PLC)	SMART 系列 主要用于自动加油机等小型控制系统
3	以太网模块	CP1543-1 主要用于 PLC 与上位机系统以太网通信
4	交换机(SWITCH)	SCALANCE 主要用于 PLC 与现场设备通信

11.2.3　总线模块

使用 Profinet 现场总线，现场总线通信电缆使用协议规定的专用电缆。现场总线各种网络连接器件、中继器等使用协议规定的专用器件。总线模块类型及应用如表 11-7 所示。

表 11-7　总线模块类型及应用

序号	类型	应用范围及说明
1	现场总线模块	SIMATIC ET200S(安全型与非安全型) 新一代分布式 I/O 系统,防护等级 IP20,支持 Profinet,支持热插拔等;适用于需要电动机启动器和安全装置的远程开关柜
2	ET200S 接口模块	IM151-8 远程从站,带 CPU 处理功能
3	网桥	PN/PN COUPLER 主要应用于各控制系统间的网络通信,用于数据传输

序号	类型	应用范围及说明
4	以太网网关	选择施耐德或者同等品牌的网关,具体选型在详细设计时确定 能源计量仪表与上位机以太网通信,RS485 通信口

11.2.4 人机界面

使用 SIEMENS 公司产品,数据载体信息输入及生产线控制系统使用 TP1200 系列 12in 屏及以上,人机界面采用图形显示。TFT 彩色显示屏的显示区分辨率不低于 640×480。支持触摸操作方式,触摸屏分辨率适中。在线语言采用汉语,配备以太网通信接口和与 PLC 点对点通信的专用接口。设备前面防护等级不低于 IP65,后面防护等级不低于 IP42。

具体使用数量以详细设计为准。人机界面类型及应用如表 11-8 所示。

表 11-8 人机界面类型及应用

序号	类型	应用范围
1	TP1200(12in)	主要用于运动控制系统、车身识别系统、小型过程控制系统
2	TP1500(15in)	主要用于中、大型过程控制系统

11.2.5 成套设备

电气成套设备的电气元件及材料不违反标书中对应章节的规定。控制系统功能和配置不违反标书中总则和通用技术要求的规定。电气成套设备所包含的任何专利或知识产权等不另行收费,需要授权的授权周期需要覆盖设备使用周期。

控制柜要求如表 11-9 所示。

表 11-9 控制柜要求

序号	类型	技术要求
1	控制柜外表颜色	喷塑工艺处理,颜色为浅灰色 RAL7035
2	控制柜内表颜色	RAL2000
3	防护等级	IP54
4	标准配置	前门、背板、安装板、柜体、密封条、门锁、侧板
5	控制柜尺寸/mm	2200(2000 高+200 底座)×600/800(宽)×600(深)
6	控制柜厚度/mm	外部门板、中间门板、柜门:2.5
7	控制柜制冷	所有安装 PLC 的控制柜需安装制冷空调,含有变频器的控制柜(变频器总功率超过 45kW)需配置制冷空调;其余控制柜根据实际情况配置散热风扇和轴流风机(下进上出);制冷空调采用自蒸发形式,不允许在控制柜内产生冷凝水
8	控制柜照明	照明系统主要是为控制柜提供照明,门开则通,门关则断,允许的工作电压是 AC 220V;照明设备和电源插座是单独由电路自动断路器进行保护的,电源来自主电源开关的进线端(上端)

控制柜及附件选型说明如表 11-10 所示。

表 11-10 控制柜及附件选型说明

序号	类型	应用范围及说明	序号	类型	应用范围及说明
1	柜体及附件	TS8 系列 控制系统中的 MCP、PDP、VFD、RCP；空调带温度显示和设定，温度报警信息输入 PLC	3	控制台	TP 系类 HMI、按钮操作站
2	计算机控制机柜	PC 系列 中控室服务器及现场客户机柜体	4	总线箱	BG 系列 以太网通信、总线通信
			5	控制箱	EB/KL 系列 接线盒、光幕和安全门等控制箱等

11.2.6 低压电器

低压电器和其他电气设备选择同一公司、同一系列产品。同一类电气设备有新旧系列时，选择新系列产品。常见的低压电器有开关、熔断器、接触器、漏电保护器和继电器等。

（1）设备选型要求

低压配电设计所选用的电器，应符合国家现行的有关标准。

技术要求：

① 电器的额定电压应与所在回路标称电压相适应。

② 电器的额定电流不应小于所在回路的计算电流。

③ 电器的额定频率应与所在回路的频率相适应。

④ 电器应适应所在场所的环境条件。

⑤ 电器应满足短路条件下的动稳定与热稳定要求；用于断开短路电流的电器，应满足短路条件下的通断能力。

（2）断路器类型及应用

验算电器在短路条件下的通断能力，应采用安装处预期短路电流周期分量的有效值，当短路点附近所接电动机额定电流之和超过短路电流的 1% 时，应计入电动机反馈电流的影响。

以施耐德品牌举例说明，如表 11-11 所示。

表 11-11 施耐德品牌断路器及其应用

序号	类型	应用范围及说明	序号	类型	应用范围及说明
1	断路器	施耐德 NSX 系列 	2	断路器	施耐德 C65 系列

序号	类型	应用范围及说明	序号	类型	应用范围及说明
3	断路器	施耐德 GV2、GV3 系列	9	隔离变压器	施耐德 ABL6 系列
4	断路器	施耐德 CVS 系列	10	电源滤波器	施耐德 AccuSine 系列
5	接触器	施耐德 LC 系列	11	固态继电器	施耐德 ABS 系列
6	热继电器	施耐德 LRD 系列	12	行程开关	XCK 系列
7	中间继电器	施耐德 RXM 系列	13	选择开关	XB2 系列
8	时间继电器	施耐德 RE 系列	14	控制按钮	XB2 系列

11.2.7　数字量传感器

传感器使用控制电压为直流 24V、三线、PNP 输出的产品。高温和防爆区域使用符合环境要求的产品。传感器使用标准插接件连接。

技术要求：

① 工艺设备的传感器不采用插接件。

② 行程开关不采用插接件。

③ 防爆区传感器的插接件在详细设计时确定。

④ 其余传感器均使用插接件。

数字量传感器选型参照电气选型清单。

11.2.8　模拟量传感器

模拟量传感器发出的是连续信号，用电压、电流、电阻等表示被测参数的大小。现场使用的模拟量传感器主要包括液位计、压力变送器、温湿度变送器、电磁流量计、电导率仪等。

仪表传输信号采用 4～20mA，联络信号采用 1～5VDC，即采用电流传输、电压接收的信号系统。电流信号一般采用两线制，电压信号一般采用三线制。

检测精度分析类［如酸碱度（pH 值）、电导率等］不大于 1%，其他类（如液位计）不大于 0.1%。热电偶的分度号统一，采用补偿导线接线，检测精度不大于 1℃。热电阻采用屏蔽电缆三线制接线，检测精度不大于 0.5℃。

模拟量传感器选型参照电气选型清单。

11.2.9　计量仪器仪表

计量仪器仪表指专门用来测量水、气、电、油的压力、流量、温度等的精密设备，如表 11-12 所示。计量仪器仪表的数量、位置参考能源管理系统。

表 11-12　计量仪器仪表类型及应用

序号	类型	应用范围及说明
1	电流表	国产优质品牌 设备的动力配电柜及 15kW 以上电机需要配置电流表
2	电压表	国产优质品牌 设备的动力配电柜需要安装电压表
3	计量仪表—水	国产优质品牌 RS485 通信口，具体选型在详细设计阶段确定
4	计量仪表—电	国产优质品牌 RS485 通信口，具体选型在详细设计阶段确定
5	计量仪表—天然气	国产优质品牌 RS485 通信口，具体选型在详细设计阶段确定
6	计量仪表—热能	国产优质品牌 RS485 通信口，具体选型在详细设计阶段确定

11.2.10　电机

电机的选型必须满足特殊工艺要求，如防尘、防爆、防水、耐高温等，具体参考电机级数、防护等级、绝缘等级，如表 11-13 所示。防爆区域需要选用相对应的防爆型电机。

表 11-13　电机选型要求

序号	应用区域	类型与说明
1	前处理系统风机	三相异步电动机，普通接线方式，无须快接插头，防护等级 IP55
2	前处理系统水泵	三相异步电动机，普通接线方式，无须快接插头，防护等级 IP55
3	电泳系统风机	三相异步电动机，普通接线方式，无须快接插头，防护等级 IP55
4	电泳系统水泵	三相异步电动机，普通接线方式，无须快接插头，防护等级 IP55
5	空调系统风机	三相异步电动机，普通接线方式，无须快接插头，防护等级 IP55
6	空调系统水泵	三相异步电动机，普通接线方式，无须快接插头，防护等级 IP55
7	烘干强冷区风机	三相异步电动机，普通接线方式，无须快接插头，防护等级 IP55
8	烘干强冷区水泵	三相异步电动机，普通接线方式，无须快接插头，防护等级 IP55
9	烘干室循环风机、新风风机、废气风机	三相异步电动机，普通接线方式，无须快接插头，防护等级 IP55，绝缘等级 H
10	普通辊床电机	减速电机，快接插头，防护等级 IP54
11	防爆区域电机（调漆间、喷漆间、储漆间、点修补、大返修、供蜡间、注蜡室等）	减速电机，快接插头，防护等级 IP55，绝缘等级 F，防爆要求符合 GB/T 3836.1—2021 标准
12	普通双链电机	减速电机，快接插头，防护等级 IP54
13	烘干双链电机	减速电机，快接插头，防护等级 IP54
14	升降电机	减速电机，快接插头，防护等级 IP54
15	其他	应用符合相关标准要求

启动方式要求如表 11-14 所示。

表 11-14　启动方式要求

序号	电机功率	启动方式	序号	电机功率	启动方式
1	15kW 以下	直接启动	3	30kW 以上	软启动器启动
2	15kW（含）～30kW（含）	星-三角形启动	4	工艺要求需要调速	变频器启动

设备软启动器启动与变频器启动举例说明（以实际设计为准）如表 11-15 所示。

表 11-15　设备软启动器启动与变频器启动

序号	设备名称	启动方式	序号	设备名称	启动方式
1	镉化循环泵	软启动器	22	烘房新风风机	变频器
2	镉化加热泵	软启动器	23	烘房强冷区送风机	变频器
3	镉化喷淋泵	软启动器	24	烘房强冷区排风机	软启动器/变频器
4	镉化除渣泵	变频器	25	存储区辊床	软启动器
5	电泳循环泵	变频器	26	交接辊床（存储区出入口、转节点等）	变频器
6	电泳热交换泵	变频器			
7	RO 泵	变频器			
8	UF 泵	变频器	27	升降辊床	变频器
9	厂房空调送风机	变频器	28	工艺段辊床/双链	变频器
10	厂房空调排风机	软启动器/变频器	29	移行机	变频器
11	喷房空调送风机	变频器	30	旋转机	变频器
12	喷房空调排风机	变频器	31	高温升降机	变频器
13	调漆间空调送风机	变频器	32	普通升降机	变频器
14	调漆间空调排风机	软启动器/变频器	33	普通辅助升降台	变频器
15	工作区空调送风机	变频器	34	移载机	变频器
16	工作区空调排风机	软启动器/变频器	35	堆垛机	变频器
17	点补间空调送风机	变频器	36	拆垛机	变频器
18	点补间空调排风机	软启动器/变频器	37	锁紧装置	软启动器
19	空调系统加湿泵	变频器	38	摆杆双链	变频器
20	烘房循环风机	软启动器	39	喷漆双链	变频器
21	烘房排废气风机	变频器	40	烘干双链	变频器

11.2.11　变频器与软启动器

根据安装要求，现场变频器选型大致分为两类：分布式变频器、柜装变频器，如表 11-16 所示。

表 11-16　变频器与软启动器类型及应用

序号	类型	应用范围及说明	序号	类型	应用范围及说明
1	变频器（工艺设备）	SIEMENS G120 系列 主要用于前处理、电泳、空调、烘干等工艺设备有变频要求的电机,具体选型在详细设计阶段确定	3	变频器（输送设备）	SEW MOVIFIT 系列（分布式） 主要用于辊床、横移、转台、交接辊床等输送设备
2	变频器（输送设备）	SEW MOVIDRIVE-B 系列（柜装） 主要用于升降机、移载机等输送设备	4	软启动器	SIEMENS 3RW 系列 主要用于有软启动要求的电机,如烘房循环风机、强冷区排风机等

11.2.12 电缆桥架

电缆桥架由支架、托臂和安装附件等组成，全部零件均需进行镀锌处理。工作区域邻近海边，则材质必须防腐、耐潮气、附着力好、耐冲击强度高。

11.2.12.1 厚度要求

厚度要求如表 11-17 所示（参考 CECS 31—2017）。

表 11-17　厚度要求

序号	范围	技术要求
1	电缆桥架宽度＜100mm	厚度为 1mm
2	100mm≤电缆桥架宽度＜150mm	厚度为 1.2mm
3	150mm≤电缆桥架宽度＜400mm	厚度为 1.5mm
4	400mm≤电缆桥架宽度＜800mm	厚度为 2mm
5	电缆桥架宽度＜800mm	厚度为 2.5mm

11.2.12.2 单件几何尺寸允许偏差

单件几何尺寸允许偏差如表 11-18 所示（参考 GB/T 1804—2000）。

表 11-18　单件几何尺寸允许偏差

序号	范围	允许偏差
1	30mm＜电缆桥架宽度≤120mm	±0.8mm
2	120mm＜电缆桥架宽度≤400mm	±1.2mm
3	400mm＜电缆桥架宽度≤1000mm	±2.0mm
4	1000mm＜电缆桥架宽度≤2000mm	±3.0mm
5	2000mm＜电缆桥架宽度≤4000mm	±4.0mm

11.2.13 接线端子

接线端子如表 11-19 所示。

表 11-19　接线端子

序号	应用范围及说明	形式	序号	应用范围及说明	形式
1	控制柜外部元件：极限开关、电磁铁、电机电源等 控制柜内部元件：电磁铁开关、无熔丝开关（NFB）、接地等	R2	2	控制柜内部的控制元件	R2

11.2.14 载码体及读写控制器

11.2.14.1 载码体

技术要求：

① 工作环境温度 0～200℃，要求载码体耐温 250℃，耐高温持续时间 2h 以上。

② 写入次数不少于 10 万次。

③ 存储器采用 FRAM 型。

④ 安装在滑橇上，防护等级要求为 IP67。

⑤ 存储容量不低于 128B。

11.2.14.2 读写控制器

技术要求：

① 防护等级不低于 IP66。

② 集成网络模块。

③ 内置天线。

11.2.15 安全型硬件

使用到的安全控制的设备主要有急停按钮、安全门开关、安全继电器、安全隔离栅、安全光栅、安全型 PLC、安全型耦合器、安全地毯，如表 11-20 所示。

表 11-20 安全型硬件种类及应用范围

硬件种类	应用范围	备注项
安全型 PLC	输送线控制系统 机器人控制系统	
安全型耦合器	配合安全型 PLC 使用	
急停按钮	自动区进出口 缓存区沿线边布置 人工操作区域线体内布置	双通道接入控制系统
安全门开关	自动区出入门 移动设备防护门	切断动力回路进行保护
安全继电器	非安全型 PLC 控制系统	安全信号双回路接入元器件
安全隔离栅	防爆区域传感器接入	电信号放大
安全光栅	升降/移动设备防护区 自动区出入口	身体等级防护
安全地毯	输送线	横向贯穿输送线的场合

11.2.15.1 急停按钮

（1）输送控制系统

① 每套系统主控柜配置急停按钮。

② 现场操作站配置急停按钮。

③ 线体方向，缓存区每隔 20m 至少一个急停按钮。

④ 人工工位，每个工位左右交叉配置一个急停按钮。

⑤ 急停按钮经双通道接入安全模块。

（2）前处理电泳、空调等工艺设备

① 主控柜配置急停按钮。

② 同一系统，设备跨楼层时，每层都需配置急停按钮，可就近设置到远程柜等相应的控制柜处。

③ 急停按钮以双回路形式经安全继电器接入 PLC 系统。

（3）整流电源等小系统

① 主控柜配置急停按钮。

② 有操作柜的系统，每个操作柜都需配置急停按钮。

（4）各机器人系统

① 操作柜配置急停按钮。

② 机器人自动区，各出入门、左右侧布置急停按钮。

③ 机器人标配的示教器，自含急停按钮。

注意事项：

a. 人工通道、物流通道等的急停按钮，都需配置半环形防护罩。

b. 急停按钮无论是接入安全模块还是接入安全继电器，都需以双通道形式接入。

急停按钮示意图如图 11-14 所示。

11.2.15.2 安全继电器

① 输送、机器人已配置安全型 PLC，安全信号可直接接入安全 PLC。

② 前处理电泳等工艺设备系统为非安全型 PLC 系统，其安全信号需以双回路形式接入安全继电器。

③ 安全继电器采用按钮复位形式排除故障。

图 11-14 急停按钮示意图

11.2.15.3 安全隔离栅

调漆间、喷漆间、小修室体等是涂装车间的防爆区，控制系统中安装有接近开关、压力传感器、液位传感器等，这些传感器都必须是本质安全形式，接入安全隔离栅，信号经放大后引入 PLC 系统。

11.2.15.4 安全信号

（1）安全输入信号

双通道急停信号、急停复位信号、双通道安全门开关信号、安全门开关复位信号、双通道安全光栅信号、安全光栅复位信号、双通道安全光栅屏蔽信号、双通道安全地毯信号、安全地毯复位信号等。

（2）安全输出信号

交流段电源输出信号、双通道光栅屏蔽输出信号、升降机变频器允许运行信号、升降电机制动器允许释放信号等。

安全门开关、安全光栅、安全地毯参照总则 1.5.2 节。

11.2.16　编程软件

各种编程软件、组态软件、调试软件等应用软件使用对应产品供应商的标准软件的最新版本。供应商自行开发的各类软件在本项目中应用，保证在设备质保期内的免费维护和升级等工作，并免费提供开发应用程序和软件源代码，软件不使用任何密码锁。

11.3　输送设备控制系统

机械化输送系统运行、转接、识别实现完全自动化。各生产线设有自动、手动转换功能，手动方式能够进行运行、调整、维修、检测及临时分线或调出等操作。

PLC 通过总线连接远程控制柜和操作站的输入/输出模块，实现控制功能。输送系统各控制区域将采用高性能 CPU 以满足输送设备高速运行和定位的要求，并确保监视程序的实时性。合理划分 PLC 的控制区域，以避免不同性质的工艺段混合并且保证足够短的 PLC 扫描周期。

11.3.1　系统构成

输送控制系统根据工艺平面布置图，分为 12 个控制区域，每个区域包含一套独立的主控柜、远程控制柜、操作站、沿线分布的急停按钮盒以及生产停止按钮盒等。控制特点为：标准化单元设备＋标准化配置＋模块化程序结构。控制系统具备以下功能：

① 能够实现对该设备本身的独立控制（升降机每个升降层面均需设有操作站），并满足工艺动作要求。

② PLC 控制柜与操作站安装触摸屏，可以集中监视控制系统设备的各种数据（如运行状况、故障信息等）。

③ 操作站的数量以达到全线机械化输送系统操作、故障查找方便为准，需要按实际数量配置到位，满足使用功能要求。

④ 输送控制系统各 PLC 间通过总线网桥连接，实现输送系统不同控制区域的信息传递和数据共享。

⑤ 输送控制系统存储区编程遵循先入先出原则，系统报警信息需要分级处理。

11.3.2 操作模式

所有输送控制设备操作分为自动、手动、维护三种操作模式，由钥匙开关切换。

① 自动模式，全线在程序控制下自动运行。

② 手动模式，操作人员在现场进行单台设备的操作，实现启动、停止功能，在主控柜上设置有顺序启动和停止按钮，用于控制区域的总启和总停。

③ 维护模式，设备的启动没有联锁条件限制，设备的控制方式为点动方式，主要是为了方便维护人员对设备的验证、位置的临时调整。

11.3.3 典型设备控制

典型设备控制方式如表 11-21 所示。

表 11-21　典型设备控制方式

序号	名称	控制方式	传感器	备注
1	普通单速辊床	启动器，Profinet 总线	普通接近开关	完成一般传递功能
2	普通变速辊床	变频器，Profinet 总线	普通接近开关	工艺辊床、快慢交接辊床、摆杆进出口辊床等
3	防爆辊床	变频器，Profinet 总线	本安型接近开关	位于喷漆室内配隔离栅
4	移行机	变频器，Profinet 总线	辊床采用普通接近开关，移行机采用激光测距	
5	旋转机	变频器，Profinet 总线	普通接近开关	
6	旋转移行机	变频器，Profinet 总线	辊床、转台采用普通接近开关，移行机采用激光测距	
7	带式移行机	变频器，Profinet 总线	辊床采用普通接近开关，移行机采用激光测距	
8	升降辊床	变频器，Profinet 总线矢量控制	普通接近开关	配合带式或链式移行机应用
9	工艺皮带和链条	变频器，Profinet 总线	普通接近开关	摆杆、其他工艺段内的皮带和链条
10	防爆双链	变频器，Profinet 总线	本安型接近开关	位于喷漆室内配隔离栅
11	普通垂直升降机	变频器，Profinet 总线矢量控制	辊床采用普通接近开关，升降机采用激光测距	带编码器，配置安全光幕屏蔽功能
12	高温升降机	变频器，Profinet 总线矢量控制	高温接近开关	带编码器，非高温位配置安全光幕屏蔽功能

对于输送系统中辊床、移行、旋转、伸缩、工艺皮带、双链的变频控制将采用通用型变频器，输送系统中辅助举升机构、剪式升降机构、移载机的变频控制将采用高性能变频器。

对于升降机的控制，为保证升降机的安全可靠运行，对升降机的运行将采用编码器矢量速度闭环的控制方式，同时在升降的检测上设置断带、断链、安全销、过位等的一系列安全保护检测。高温升降机的变频器功率大于电机一个功率等级，接近开关需要冗余，烘干室内元器件满足 250℃ 高温要求。

驱动电机以操作站为单元划分，动力电缆由控制柜直接接入电机；控制电缆与通信电缆由控制柜接入操作站，由操作站再接入现场控制器。对于需要主备切换的设备，在备用电机与主电机之间采用快速转换接插装置。所有电机安装维修隔离开关。

11.3.4　系统要求

自动控制滑橇输送系统运行，工件的旋转、转运、储存自动完成。

① 急停开关接入安全 I/O，控制驱动设备的安全保护。急停按钮分布除在转挂工位、操作站和其他危险场合设置外，还应沿生产线均匀分布，间距不超过 20m。

② 移行机、旋转辊床、垂直升降机的定位控制均设超行程保护开关，并接入安全 I/O 实现安全保护。

③ 所有升降机防护区应设门安全保护开关，门安全保护开关动作时，升降机所有驱动电源切断，并有声光报警。烘干室升降机控制系统设完善的掉件保护措施。

④ 移动设备（如移行机等）处围栏门必须安装安全开关，人员进入时关断设备。

⑤ 升降机配重低位处要有围栏防护，防止人员误触。

⑥ 输送区间交接必须为平面交接，一定不能存在高低位差的 2 台设备间交接。

⑦ 每台驱动电机设本地维修隔离开关，隔离开关能在关断"OFF"位置锁定，其辅助触点接入可编程逻辑控制器（PLC）控制系统监控。

⑧ 控制驱动电机的变频器通过现场总线网络执行控制命令，变频器工作状态传送至可编程逻辑控制器（PLC）与中控室（CCR）实时监控系统。

⑨ 输送设备每组控制柜上设现场运行状态指示柱形报警灯和声响报警单元。

⑩ 控制柜门面上，设本控制系统控制的所有机械化传输设备的工艺布置图，包含设备编号，设备编号应与设备本身上的编号相符。

⑪ 现场总线系统设计原则符合标书相关要求，每个现场总线网络在主控制柜上设故障指示灯，故障时，指示灯应闪烁。

⑫ 出现故障的机械化传输区域在不影响其他区域的安全运行时，使停机范围限定在故障区域，其他区域的设备按程序正常工作。如对其他区域的机械化传输设备有安全危险时，相应区域也停止工作。

⑬ 底漆滑橇、面漆滑橇分别加橇体状态自动检测工位，自动控制不合格橇体离线，并发出声光报警信号。

⑭ 机械化传输设备与机器人喷漆设备的控制系统联锁采用网桥完成。联锁信号使用单独的受监控的控制电源，对急停和故障信号使用冗余，喷漆设备故障时，相应的机械化传输设备自动停止，喷漆设备恢复正常工作时，相应机械化传输设备自动恢复运行。

⑮ 通过硬件配置和可编程逻辑控制器（PLC）程序设计的合理结合，使控制系统所有可通过逻辑和时序关系等确定的故障被自动诊断出来，并在控制柜的人机交互界面上显示故障点、故障原因、建议更正措施、维修步骤等信息。

⑯ 通过检测元件的合理设置、可编程逻辑控制器（PLC）程序的精心设计，保证设备闲置时驱动停机，达到最佳的节能效果。

11.3.5　自动润滑装置

技术要求：
① 需设有独立的控制器，信息接入相对应的主控制系统。
② 需设有油位检测及润滑油报警系统。

11.4 工艺设备控制系统

11.4.1 前处理控制系统

前处理线主要包括洪流水洗、预脱脂、脱脂、锆化、纯水洗、沥水等工序。

11.4.1.1 主要控制对象

① 风机、水泵的自动控制。

② 槽液温度、液位的自动控制。

③ 加料的自动控制。

④ 车身喷淋的自动控制。

11.4.1.2 主要控制要求

① 前处理工艺设备控制系统通过现场总线由一套可编程逻辑控制器（PLC）完成；在可编程逻辑控制器（PLC）控制柜门上设置人机界面，显示工艺流程方式、设备参数、设备状态、故障报警。

② 前处理具备车身位置跟踪功能，能实时显示车身所处工艺段的位置。

③ 洪流清洗、预脱脂，脱脂温度自动控制在设定值±2℃。

④ 槽液温度、液位等超过控制范围时，前处理控制系统声光报警，并能在人机界面和中央控制室显示报警信号和故障信息。

⑤ 自动加料系统，能根据车身通过的数量，自动定额、定量加料（空吊具通过不计数），以保证槽液工艺参数自动控制在要求范围内；加料系统具备手动、自动模式。

⑥ 当车身通过时，根据工艺要求，在喷淋区对车身进行自动喷淋（空吊具通过不喷淋）。喷淋信号由输送系统提供，自动喷淋的位置和数量按工艺要求确定；喷淋系统具有手动、自动模式。

⑦ 车身离开时，自动停止喷淋，且喷淋起止点可通过人机界面设定；喷淋信号由输送系统提供。

⑧ 废水先排入废水收集装置中，然后废水排放泵根据液位传感器，自动向废水处理站储槽中输送。

⑨ 前处理各工艺槽的液位自动控制，并以百分数显示，超过设定范围时，前处理控制系统发出相应声光报警，并能在人机界面和中央控制室发出报警信号和故障显示。

⑩ 泵出口安装压差开关，监控水泵的出口压力。

⑪ 风机、泵均设现场手动控制按钮，风机与泵均需要安装保护开关。

⑫ 前处理室体内和平台下设有照明，分段控制。

11.4.2 电泳控制系统

电泳线包括电泳，UF 喷、浸洗，纯水循环浸洗，纯水喷浸洗，沥水等工序。

11.4.2.1 主要控制对象

① 风机、水泵的自动控制。

② 槽液温度、液位的自动控制。

③ 加料的自动控制。

④ 车身喷淋的自动控制。

⑤ 电泳电压、电流自动控制。

⑥ 相关槽液 pH 值自动显示，电导率等工艺参数的自动识别。

11.4.2.2　主要控制要求

① 电泳漆温度设定值±0.5℃，自动控制并数字显示，冷热水出、入口设温度显示，可在人机界面及中控室监视。

② 电泳循环泵、换热泵采用变频控制，分生产和非生产两个状态。

③ 电泳线入口设置车型识别装置并负责将车型信号传递给整流设备。

④ 电泳具备车身位置跟踪功能，能实时显示车身所处工艺段的位置。

⑤ 电泳槽、电泳备用槽的液位探头采用超声波液位计，安装在电泳槽和电泳备用槽的辅槽内。备用槽和其他工艺槽均采用静压式液位计。

⑥ 当车身通过时，根据工艺要求，在喷淋区对车身进行自动喷淋（空吊具通过不喷淋）；喷淋信号由输送系统提供，自动喷淋的位置和数量按工艺要求确定；喷淋系统具有手动、自动模式。

⑦ 车身离开时，自动停止喷淋，且喷淋起止点可通过人机界面设定；喷淋信号由输送系统提供。

⑧ 以下部分设计为双路电源：电泳控制系统、电泳部分照明、电泳漆液循环泵、电泳漆换热泵、超滤供给泵、轴封泵、超滤系统、EDRO泵。

⑨ 废水先排入废水收集装置中，然后通过污水回收系统重新利用，同时废水排放泵根据液位传感器可以自动向废水处理站储槽中输送，污水的走向能够根据液位自动判定。

⑩ 电泳各工艺槽的液位自动控制，并以百分数显示，超过设定范围时，电泳控制系统发出相应声光报警，并能在人机界面和中央控制室发出报警信号和故障显示。

⑪ 泵出口安装压差开关，监控水泵的出口压力。

⑫ 风机、泵均设现场手动控制按钮。

⑬ 电泳室体内和平台下设有照明，分段控制。

11.4.2.3　整流源系统

（1）电气结构说明

整流电源为全控型IGBT模块整流，并预留20%余量。阴极电泳的整流器有出槽时去除车身静电回路。每个接回路连接一个整流单元，车身电泳方案采用阳极分段方式。整流电源输出应为12相（脉冲）直流电压，手动切换控制柜放置在整流间。电泳整流电源由整流变压器柜、整流柜、PLC控制柜（含远程操作台）、手动切换控制柜、备品备件等组成。

① 整流电源进线来自车间交流三相10kV车间配电主干网。

② 独立的树脂封装干式变压器提供相移匹配和电势分离，变压器次级带无功率补偿的接头。

③ 低压电通过自动开关提供。

④ 使用全控型IGBT模块整流。

⑤ 有用于每个整流器输出的滤波电抗器。

⑥ 测量、监控单元和分离支路电流检测。

（2）功能技术要求

① 电泳整流电源自带总电源开关，总电源开关为电动操作型，电动操作按钮及分断指示灯安装在柜门上；设电源监控设备或三相电压、电流、功率、电度指示仪表；控制柜设置人机界面，可以显示电流值以及相关参数。

② 进线电源为：交流10kV三相五线50Hz，产品满足供电电压波动-15%～+10%，频率波动±5%，三相不平衡度10%以内稳定工作。

③ 电泳整流电源对电网的影响不超出供电规范允许范围；有抑制高次谐波措施，标有电磁兼容性指标并采取有效的措施；产品不影响敏感电子设备及数据通信网络的正常、可靠工作。

④ 直流输出电压在 0～100％额定输出电压范围内无级连续可调。

⑤ 电泳整流电源能够在额定输出电压、额定输出电流情况下连续稳定运行，且此时柜体内温度≤55℃（含车间内最高环境温度季节时），制冷装置可靠且有后备能力。制冷系统设失效检测元件，制冷失效时自动停机并报警。

⑥ 稳压精度：直流输出电压在 50％～100％额定电压，稳压精度不低于 1％。

⑦ 纹波系数：直流输出电压在 70％额定电压，电流在 20％额定电流时，纹波系数≤2％。

⑧ 直流输出电压的起始值、工作值、升压时间、降压时间等可设定，电压值设定精度不低于 2V，在额定输出电压的 0～100％范围内；时间值设定精度为 1s；直流输出设保护电压，当输送系统故障时电泳整流电源自动降至保护电压，保护电压设定范围为 50V。

⑨ 产品控制系统具有可编程性，使用工控机或可编程逻辑控制器（PLC）智能控制；有充分的自动检测、自动诊断功能和详细的故障指示功能；控制系统有工业以太网接口。

⑩ 产品有短路保护、缺相保护、过压保护、过流保护、逆序保护等功能，并对上述故障自动诊断和报警；电泳整流电源故障时通过联锁信号控制阴极电泳和机械化传输设备，使其相应动作；过流保护在首次过流时自动关断整流电源输出一个短暂时间后自动恢复输出（重试 1 次），如仍过流则自动停止并报警，同时停止输送设备。

⑪ 直流侧设输出电压、输出电流指示仪表；该仪表直接从直流输出母线获得测量信号；每个整流单元需配置电能表。

⑫ 直流输出连接器为铜质母线排，母线排的额定载流量≥额定输出电流的 1.2 倍，母线长度≥800mm，有效接线长度≥500mm。

⑬ 直流输出电压、电流无突变；电压、电流变化率受到监视和控制（≤功率器件产品说明书规定值的 80％）。

⑭ 电泳整流电源供电区段间工件过渡无火花产生。

⑮ 电泳整流电源的单元结构为模块化，便于损坏模块的迅速整体更换；控制信号接线一律使用标准工业插接件。

⑯ 提供完善的设备及人身安全保护措施、警示标志等；运行噪声≤80dBA。

⑰ 整流电源的所有参数、设备状态、故障、报警等，如电压、电流，应能够全部通过网络传送给中控室，并储存在数据库中，在上位机显示出来。

（3）系统联锁

数字联锁信号为无源触点，容量不小于交流 250V/0.5A（阻性负载），模拟联锁信号为 2 线 4～20mA（负载阻抗不大于 500Ω）。控制系统输入/输出信号如表 11-22 所示。

表 11-22　控制系统输入/输出信号

序号	电泳整流电源控制系统输入信号	电泳整流电源控制系统输出信号
1	输送链运行信号	运行信号
2	输送链故障信号	故障信号
3	工件入槽开始信号	过渡区控制过程信号
4	工件入槽过程结束信号	入槽控制信号
5	工件进入过渡区信号	升压信号
6	工件脱离过渡区信号	输送链紧急停止控制信号
7	电泳整流电源紧急停止信号	降压信号
8	电泳整流电源程序控制停止信号	直流输出电流(4～20mA 模拟信号)
9	输送链高速/低速信号	直流输出电流(4～20mA 模拟信号)
10	备用	备用
11	备用	备用
12	备用	备用
13	备用	备用
14	备用	备用
15	备用	备用

（4）技术参数（表 11-23）

表 11-23　技术参数

序号	类型	参数
1	变压器	树脂封装干式
2	输入电压	交流 380V/50Hz,三相五线
3	输出	0～400V 直流
4	额定电流	直流,满足工艺要求
5	控制电压	交流 220V/50Hz,直流 24V
6	照明电压	交流 220V
7	特性	电压波动±1%

11.4.2.4　阳极液系统

技术要求：

① 阳极液设有自动检测浊度控制仪，超出要求则自动报警。

② 阳极液系统接地良好，阳极液泵一用一备可定期自动切换。

③ 对阳极液系统的液位，电导率实行自动控制并数字显示，能通过控制电磁阀门自动加水或排水，并能自动报警提醒操作人员补充调整介质。

11.4.2.5　超滤系统

技术要求：

① 能够实现全自动运行，具有手动清洗功能。

② UF 液设有浊度仪及电导率仪，自动检测 UF 液浊度、电导率，超出要求则自动报警，提醒操作人员处理。

③ 新鲜 UF 槽设液位计，液位和新鲜超滤喷淋联锁。低液位自动报警并停止喷淋。

④ 自动清洗有温控系统，超温时自动停止清洗。

⑤ 密封泵出口设置压力传感器，监控密封泵运行状态，并与其他双机械密封泵联锁。

11.4.2.6　纯水系统

技术要求：

① 纯水来自 RO 系统，制取纯水过程全自动运行，要求电导率、送出泵的流量和压力要满足工艺要求。

② 整个系统能够全自动运行，各参数在线自动检测；流程图、温度、液位、电导率、流量等参数和表格能在工控机的显示屏上动态显示；生产信息、故障、报警都能够显示、记录在控制系统内，供查阅。

③ 控制系统包含故障报警和系统高低压保护功能，所有系统信息均可在显示屏中显示，并可储存和打印，系统采用工控计算机进行控制、显示及操作，显示屏为液晶显示器。

④ 系统运行可进行自动和手动两种控制模式，并可相互切换。

⑤ 系统具备自动反清洗功能。

⑥ 系统具备自动定额、定量加料功能。

11.4.3　烘干室控制系统

烘干室控制系统含烘干室、强冷室工艺设备的控制系统。

技术要求：

① 整个烘干室应采用 PLC 全自动化控制，并与机械化、热工、消防设备通过网络或硬件进行信号交接；烘干室需要设置节能模式与快速降温模式。

② 主控制柜的 PLC 作为烘干室的控制核心，并通过现场网络与各个工艺段的智能控制单元进行总线通信，形成集中显示和分散控制相结合的方式。

③ 设置计算机 PC 监控器，对整个系统的信号、参数、设备状态、故障、报警、各种参数的实时曲线、趋势以及工艺流程图进行显示和记录。

④ 对烘干室的参数如温度、风机压差进行自动控制，对出现的故障进行自动处理和报警，并能够显示换热器进出口温度及排烟温度等，并通过网络在 PC 监控器显示，同时传输给中央控制室的数据系统和上位机，进行显示和记录。

⑤ 对燃烧装置的天然气也具有数字式计量装置，并将其流量信号的瞬时量通过 PLC 和网络传送给中控室，进行显示和记录；而现场具有累积流量显示表。

⑥ 对每个加热区，保温区设置维修电源的插座（单相和三相，单相容量为 10A，三相容量为 16A）。

⑦ 对各个工艺段的检修门，应设置安全防护开关与维修照明灯。

⑧ 所有风机均设置转速传感器，以监测风机的运行状态；对每套烘干炉天然气用量进行自动计量，并上传至中控室。

⑨ 烘干室入出口卷帘门自动控制，喷漆室消防系统触发时，如门口滑橇不占位则关闭卷帘门，如门口滑橇占位则自动控制机械化传输系统将滑橇排空，然后自动关闭卷帘门。

⑩ 在烘干室通道前 1/3 长度上设自动消防灭火装置。

⑪ 烘干室废气要求完全焚烧，达到国家标准后排放，排气温度低于 140℃。

⑫ 烘干室紧急停机时如内有工件，控制系统自动记录已完成加工时间，恢复运行时，烘干室必须达到工作温度才能启动机械化传输系统。

⑬ 烘干室升温时间不得超过 100min，应具备快速降温、节能等功能。

11.4.4　VOCs 控制系统

VOCs 控制系统示意图如图 11-15 所示。

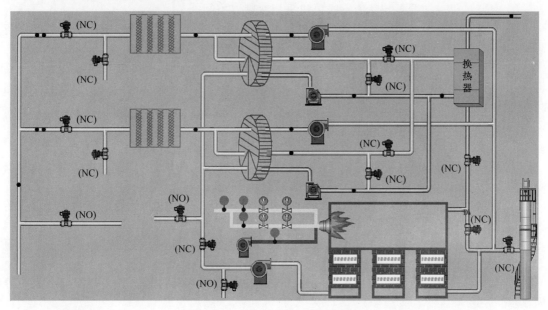

图 11-15　VOCs 控制系统示意图

技术要求：

① 系统使用可编程逻辑控制器（PLC）全自动化控制，配触摸屏、电动调节阀、变送器，有完整的自动警报程序等；安全控制必须通过带安全 I/O 的安全 PLC 或安全总线实现紧急停止功能。

② 废气低浓度前提下，系统具备节能模式，具体方案在设计阶段讨论。

③ 配置 UPS 电源，市电切断后保持设备运行时间不低于 1h。

④ 主电源开关带操作手柄，操作手柄安装在控制柜门上。

⑤ 燃烧机工作状态、工作参数显示、控制参数设定由人机界面（HMI）完成；主要参数有风机、电机运转状态、风机压差值（ON/OFF）、设备运转状态与进出口压差值、各点温度、RTO 入口温度、氧化温度、电磁阀状况（开/关）、报警信息。

⑥ 中控室需要具有对设备监控、操作、数据记录等功能。

⑦ 天然气泄漏自动检测、自动报警、自动关机，并可在上位计算机上显示报警；燃烧机带有整套的天然气自动检测、自动控制、自动点火、自动调节温度、安全保护等控制组件。

⑧ 燃烧室温度过高时自动调节天然气燃烧量；燃烧机与新鲜风机、排废气风机需联锁。

⑨ 必须设自动/手动工作方式。

⑩ 对天然气压力低、压力高、燃烧室过温，应设单独的故障复位按钮。

⑪ 燃烧机、RTO 测温热电偶应使用双支热电偶。

⑫ 所有现场设备，包括仪器和阀门，必须提供合格证标签。

⑬ 系统具备在线检测功能，实时检测出入口 VOC 含量。

⑭ 预留通信接口，可以接到政府相关部门的系统内，能够实时传输数据。

11.4.5 空调控制系统

技术要求：

① 每套空调作为系统主 PLC 的一个远程分站设置一组控制柜（包括动力柜），完成整个空调的供电和自动控制；过滤袋处设置差压检测，空调入口设置电动风门，出口设消防阀。

② 空调风机、加湿泵与喷漆室排风机采用变频器控制。

③ 电气设计上，应使各喷漆室的供风与其相应的排风相互联锁，按照一定的顺序进行起停，喷漆室微正压启动和停止，以保证喷漆室内的清洁。

④ 空调启动时，先启动送风，一定时间后再启动排风；停机时先停排风，一定时间后再停送风；若供排风系统，某单元故障停机后造成风量严重不平衡，应立即报警，延时适当时间后停止供排风系统运行。

⑤ 空调系统与喷漆室排风机、消防系统等联锁。

⑥ 所有风机均设置转速传感器，以监测风机的运行状态。

⑦ 空调出口设温度传感器，能自动控制温度。温度检测精度为 0.5℃；温湿度传感器安装在静压室，每个温湿度控制段设两个传感器。

⑧ 湿度变送器检测精度为 1%RH，变送器应带现场表头，检测信号送控制器处理并传送至实时监控系统。

⑨ 进风口设防冻检测，并有声光报警装置和自锁功能，能在上位监控计算机上显示报警；出口设风压检测压力变送器，压力检测精度为 10Pa。

⑩ 空调系统能够监测入口空气温湿度、出口空气温湿度及过程参数，并能够在人机界面显示。

⑪ 差压信号、温度信号、湿度信号等信号传递到实时监控系统记录、统计、分析。

⑫ 温湿度控制，超调量不高于 20%；调节时间不超过 20min。

11.4.6 喷漆室控制系统

喷漆室系统含擦净室、喷漆室、晾干室等。

技术要求：

① 每个过滤功能段设差压检测，检测精度为 2Pa，超限自动报警。

② 设温度检测，检测精度为 0.5℃，自动喷涂区和手工喷涂区各设两个，在人机界面上显示。

③ 排风机排风管设风压检测，排风机设转速监控。

④ 与自动消防系统联锁可靠，发生火灾时控制系统按程序使设备停止。

⑤ 设湿度检测，自动喷涂区和手工喷涂区各设两个，在人机界面上显示。

⑥ 喷漆室内电气元件为防爆型。

⑦ 风机电机设手动控制按钮站，按钮站含工作状态选择（自动/手动）钥匙开关、启动按钮、停止按钮。如果风机控制柜在风机附近，则可将操作和指示元件安装在控制柜上。

⑧ 与自动喷涂机联锁信号可靠，关键信号使用冗余技术。

⑨ 检修门、人员通道门设安全开关，门开时有声光显示，自动喷涂区的门安全开关还与自动喷涂机联锁控制。门上方设应急照明灯。

⑩ 输送设备与擦净、喷涂设备联锁，输送设备与卷帘门联锁，输送设备与工艺设备联锁。

⑪ 擦净室入出口、手工喷涂段入口卷帘门自动控制，喷漆室消防系统触发时，如门口滑橇不占位则关闭卷帘门；门口滑橇占位则自动控制机运系统将滑橇排空，然后自动关闭卷帘门。

⑫ 排风机电机使用变频器或软启动器控制，变频器以及软启动器连接到现场总线网络，运行参数上传到可编程逻辑控制器（PLC）并传送到实时监控系统。

⑬ 使用一台人机界面（HMI）实现工作状态、运行参数显示、参数控制、参数设定、设备控制等功能。

⑭ 喷漆室系统故障时相关机械化传输设备自动停止运行，喷漆室恢复正常工作状态后，机械化传输系统自动恢复运行。

⑮ 设压缩空气压力检测元件，超差时自动报警。

11.4.7 输调漆系统

机器人安装区域示意图如图 11-16 所示。

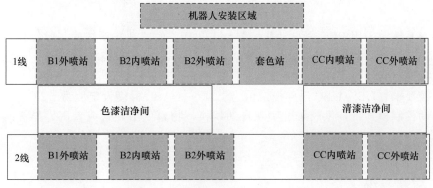

图 11-16 机器人安装区域示意图

技术要求：

① 整套系统应采用 PLC 全自动化控制，工艺环节的监视与系统的基本操作通过人机界面完成，状态参数与故障报警需上传至中控室。

② 温控要求：油漆温度设定值为±2℃；水性清洗溶剂控制在40～50℃；在靠近喷漆室位置处需要安装温控装置，温控模组可单独控制每一条涂料管线。

③ 与消防、空调供排风系统的联锁信号通过硬接线连接；出现火灾报警时需要切断输调漆系统电源。

④ 电动泵控制：压力控制模式、休眠模式、调试模式。

⑤ 液位与加料为自动控制，当控制异常时可手动模式操作。

⑥ 泵设现场手动控制按钮，需要安装保护开关。

⑦ 双电源：输调漆循环的电泵及其调温系统。

11.4.8 供胶系统

供胶系统示意图如图11-17所示。

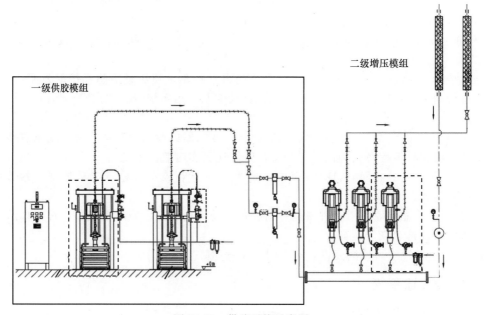

图11-17 供胶系统示意图

技术要求：

① 整套系统应采用PLC全自动化控制，工艺环节的监视与系统的基本操作通过人机界面完成，状态参数与故障报警需上传至中控室。

② 供胶泵有自动与手动两种模式，通过现场操作箱进行选择。

③ 温控要求：UBS/UBC温度设定值为±3℃；LASD温度设定值为±2℃。

④ 自动控制模式下，供胶泵可实现自动切换，物料供给异常或者压力异常时声光报警并停止工作。

具体硬件参考供胶系统技术要求。

11.4.9 供蜡系统

技术要求：

① 整套系统应采用PLC全自动化控制，工艺环节的监视与系统的基本操作通过人机界面完成，状态参数与故障报警需上传至中控室。

② 温控要求：20～40℃；温控系统具备自动调节与温度监测功能。

③ 材料压力、空气压力、流量等可自动调节。

④ 工作站有手动和应急模式（没有计量功能），能实现开枪次数、蜡流量和体积、喷雾最大时间检测、最小材料流量控制。

⑤ 工作站有车型识别系统，可实现自动识别车型。

具体硬件参考供蜡系统技术要求。

11.5 中控室辅助系统

11.5.1 PMC中央监控系统

系统通过网络监视设备的运行情况、运行参数、故障信息等，并进行统计分析。中控室内配置服务器、客户机、交换机、打印机等。

系统网络将基于符合IEEE802.3u的快速以太网技术来创建，布局将结合环/星形结构。车间交换机间用光纤连接形成环形光纤网络，并以星形方式通过双绞线连接至每个PLC柜内交换机。交换机使用基于TCP/IP网络协议的RJ45接口。主交换机与分布交换机间用光纤进行连接。分布交换机与网络组件（PLC、PC等）间用铜芯网络线连接。

11.5.1.1 系统概述

中央监控系统为SERVER/CLIENT架构，设置数据采集服务器、历史数据存储服务器和客户端监控站。服务器和客户端之间的连接通过以太网实现，系统采用标准的OPC接口软件以实现数据采集与网络连接。

11.5.1.2 系统配置

（1）中央监控服务器

涂装车间的中央监控系统共设置两台中央监控服务器，监控系统互为冗余。现场共设置15台监控站作为CLIENT端（包含Andon与AVI），从中央监控服务器获取监控数据。独立设置一台数据库服务器（Web服务器），提供历史数据存储、查询、Web报表查看功能。中央监控服务器和数据库服务器技术要求如表11-24所示。

表11-24　中央监控服务器和数据库服务器技术要求

序号	类型	技术要求
1	中央监控服务器	数量两台,使用硬盘阵列,硬盘数据有镜像功能,中央监控系统做冗余配置 服务器配置:项目实施阶段确认 操作系统:项目实施阶段确认 组态软件:项目实施阶段确认
2	数据库服务器	数量一台,使用硬盘阵列,硬盘数据有镜像功能,服务器将安装在中央控制室内 服务器配置:项目实施阶段确认 操作系统:项目实施阶段确认 数据库软件:项目实施阶段确认

（2）监控计算机和外围设备（表11-25）

表11-25　监控计算机和外围设备技术要求

序号	类型	技术要求
1	监控计算机	数量15台,安装在主要控制区域和靠近办公区域,规划和提供适当的网络连接 硬件配置:项目实施阶段确认 操作系统:项目实施阶段确认 监控软件:项目实施阶段确认

序号	类型	技术要求
2	外围设备	2 台 A4 幅面激光打印机 2 台 A3 幅面喷墨打印机 提供至少 30min 电气储备的不间断电源(UPS) 6 台编程用笔记本电脑

11.5.1.3 软件功能

监控控制系统技术要求：

① 前处理和电泳、喷漆室、烘干室、送排风装置等主要涂装设备。

② 整个输送系统的过程监控。

③ 辅助涂装设备和消耗材料供应设备的配套设备。

④ 自动喷涂等成套设备。

⑤ 与网络连接的内部控制系统。

监控软件功能技术要求：

① 以丰富的文字、形象的图形显示各生产设备及控制系统的运行状态、运行参数。

② 运行参数应显示参数名称、额定值、单位、当前值、正常值范围、允许超界范围。

③ 记录各生产设备的运行参数，可按事件记录及历史记录查询。

④ 自动弹出故障报警画面，记录故障点，调出相关的控制程序及列出相关的电控图纸，并可在维修部门的远程终端上自动弹出报警信息（包括故障点、故障原因、故障时间等）。

⑤ 生产信息的自动记录、统计管理；为便于数据管理、加工和共享及数据交换，所有数据库由 SQL 管理，各种管理报表可保存为 Microsoft Excel 格式。

⑥ 监控各可编程逻辑控制器（PLC）节点的工作状态。

⑦ 记录各设备的运行状态、运行参数，查询数据的刷新周期不超过 3s。

⑧ 记录机械化传输设备运行状况、占位情况、运行速度等和每台设备的故障信息。

⑨ 记录工作参数如温度、湿度、浊度、电导率、压力、酸碱度（pH 值）等过程参数。

⑩ 故障统计分析包含按时间（班、日、周、月、年），按生产线或工艺区段、故障类型、停台时间、故障频次、单次故障时间长短等分析数据。

⑪ 支持 ODBC、OPC、DDE 等标准应用程序接口协议，支持 VBA 或 C＋＋等开发软件。

⑫ 自行开发的软件接口或驱动程序提供源代码。

⑬ 使用 Web 服务器，供远程计算机（各管理部门、维修部门）通过 IE 浏览器监控各生产线的工作状态，并提供文件存储空间（可存储电控图纸、使用说明书、软件备份等技术资料）。

11.5.1.4 网络通信

技术要求：

① 基于 TCP/IP 网络协议，PLC 与油漆车间的 PC 被集成于一个网络系统内。

② 在控制室中提供主网络交换机，车间中的分布交换机安装于特殊的机柜中，但是要均匀地分布在厂房内，以满足通信对距离和速度的要求。

③ 主交换机与分布交换机间用光纤进行连接；分布交换机关与网络组件（PLC、PC 等）间用铜芯网络线连接。

11.5.1.5 PMC 信息

PMC 信息包括车间设备的流程图、工作状态、故障报警信息统计，人员登录和操作权限管理。整个涂装车间平面、机械化输送系统、非标设备及其辅助设备、喷涂系统、空调送排风系统、集中输调漆系统、消防系统、机器人系统、纯水系统等可分别监控。监控的内容包括工艺流程图、设定参数、运行参数、参数趋势图、故障报警、故障诊断、故障地址等。

具体监控内容包含但不局限于表 11-26 所示信息（乙方投标时可根据实际情况进行增加）。

表 11-26 具体监控内容

项目	技术要求
前处理	所有工艺槽、补液槽、辅助设备槽的液位；洪流清洗、预脱脂、脱脂、表调、锆化温控阀开度；所有电机的运行状态；≥22kW 电机的电流监视，电流上传至中控室；所有工艺泵出口压力状态监视；配套辅助设备的运行状态（全自动磁性过滤器、油水分离器、除渣机等）；自动阀的状态、变频器的频率等
电泳	所有工艺槽、辅助设备槽的液位；电泳槽温度、温控阀开度；所有电机的运行状态；≥22kW 电机的电流监视，电流上传至中控室；所有工艺泵出口压力状态监视；配套辅助设备的运行状态（超滤设备、阳极设备）；整流电源运行状态、电流、电压等，整流电源电压可在中控界面设置；自动阀的状态、变频器的频率等
电泳烘干强冷室	各风机电机电流；风机运行状态及风机出口风压监视；各个段的温度、新风温度及排烟温度等；焚烧炉的运行状态、故障信息、各个温控阀的开度等；变频器的频率等
工位与室体	风机的运行状态、电流
面漆喷漆	喷房温湿度（监测信号从相应的空调送风机系统中获取）；动、静压室压差监视；排风机的运行状态、电流、风压压差监视；变频器频率等
面漆烘干强冷室	各风机电机电流；风机运行状态及风机出口风压监视；各个段的温度、新风温度及排烟温度等；焚烧炉的运行状态、故障信息、各个温控阀的开度等；变频器的频率等
空调机组	进风温湿度监视；空调风机电机运行状态、电流、风压压差监视；防火阀状态；加湿系统的运行状态、故障信息、加湿泵的频率；制冷段的温控阀开度；加热段燃烧机的运行状态、故障信息等；变频器的频率等
制冷机组	制冷机组运行状态、电流；冷冻水泵的运行状态、冷却水泵运行状态；冷冻水进回水温度；冷却水进回水温度；冷冻水压力；变频器频率等
废漆处理	所有工艺水泵运行状态、电流；工艺槽液、加料槽的液位；加料泵的运行状态
输调漆，供胶、供蜡系统	各个模组的温度、液位；各个输送泵的运行状态、出口压力；液压站的温度、液位；液压油泵状态、电流、压力；各个模组搅拌器的运行状态，变频器频率等；冷却系统的冷热介质温度、冷却泵的运行状态；送排风机运行状态；供胶、供蜡系统运行状态
机器人系统	机器人控制系统的运行状态、故障信息等
RO 设备	各个水泵的运行状态；高压泵的压力监视；各个自动阀的状态监视；各个水槽的液位监视；各段电导率、pH 值、温度、流量监视
前处理电泳摆杆	摆杆系统（驱动站、转挂、张紧、同步等）的运行状态
电泳车身存储	存储段的车身数量显示
PVC 烘干存储	存储段的车身数量显示
颜色编组区	各个颜色的存储数量
地面输送系统	各个系统的运行状态，车身的位置
监控画面	可存储信息一个月，并可以形成报表打印；能在监控画面实现一键启动停止车间设备的运行状态，并进行分级分权限管理
硬件设施	共放置两台 PC，可以实现设备状态监测及 PLC 程序的控制，每台 PC 包括监控画面、程序
动能	各个主要设备的动能消耗情况，历史记录及报表
消防系统	消防系统的运行状态
软硬件	服务器、监控 PC、打印机、组态软件、系统软件等配置，乙方投标时提供详细信息

注：运行状态包括运行、停止、故障信息、故障地址、运行参数等。

11.5.2 Andon 系统

Andon 系统是一个视觉和听觉线性通信系统，用于显示当前生产线状态。作为个人工具在其特定的工作区域呼叫小组成员、小组领导、维修和管理人员。Andon 系统的质量功能防止次品流入下道工序，能够停止生产线以及跟踪和报告生产能力。

11.5.2.1　系统概述

Andon 系统允许操作员在问题发生时请求帮助。当一个操作员请求帮助时，此操作员需要拉下"拉杆"。Andon 拉杆触发 Andon 系统，操作员工位指示灯点亮，Andon 板上显示请求帮助，同时播放音乐吸引注意，每个工段都有其特定的音乐。小组领导响应质量请求，识别是否需要特定的人员来解决问题。当问题被解决了，拉杆需再拉一次复位系统到正常的运转状态。如果问题在车身到达 FPS 点前没有解决，输送线将停线。如果问题在车身到达 FPS 点前就已解决，系统将恢复到正常运转并且输送线继续运行无须停线。

11.5.2.2　主要功能要求

① 操作员在其工作的区域任何位置请求帮助时到达拉杆的距离应该合理，不能太远。

② 每一个操作工位都有一个显示灯显示其需要帮助。

③ 请求显示在 Andon 板上车间规定的区域中。

④ 每个小组播放特定的音乐在其区域内以吸引注意。

⑤ 车身在到达设定点前问题还没有解决，则输送线就停在设定点；音乐将转换成输送线停线音乐，其在 Andon 板上对应的区域显示为红色，输送线和设定点的联动必须是硬线连线。

⑥ 系统在输送线启动前播放数秒音乐，并且在下列情况下启动也播放数秒音乐（换班，休息后，午饭后）；相关的信息设置通过手工在人机界面或其他用户界面上设置。

⑦ 输送线在下班前、集体休息前、午饭前播放音乐，输送线运行到 FPS 点时停线；Andon 系统确保输送线停在设定点。

⑧ 每条线（Andon 板）的换班/休息的时间音乐可以设定，每条线（Andon 板）可以有不同的换班/休息时间。

⑨ 系统提供质量拉杆地址的配置、关联的 Andon 单元位置、关联的音乐配置方法。

⑩ 显示计数，如目标产量、当前产量、完成百分比和停线时间。

⑪ 提供测试灯按钮，此按钮处于地面高的水平靠近测试的 Andon 板；一个测试按钮在指定的数秒内点亮 Andon 板上所有的灯。

⑫ Andon 板可检测到 Andon 板上的坏灯泡，并且发出一个请求报告。

⑬ 当发生多个 Andon 拉杆被拉时，导致多个音乐曲子要求被播放，系统播放所有被请求播放的音乐曲子，直到所有的请求被复位。

⑭ Andon 系统可以统计所有的 Andon 呼叫、停线的次数和由于 Andon 停线导致的停线时间总和。

11.5.2.3　过程描述

（1）功能描述

① 工位旁有 Andon 拉杆和紧急停止按钮，出现质量/设备问题，工人拉 Andon 拉杆，车间显示屏和车间主控室 PMC 上显示故障工位，同时响起预先所设定好的音乐；相关人员处理后拉拉杆故障解除，否则输送线经过设定点限位后停止；出现紧急质量问题，可按紧急停止按钮停止输送线；作为 Andon 系统接收工人 Andon 信号，处理后通知输送线停止/启动，因此要考虑 Andon 系统和输送系统联锁接口，输送线和 FPS 的联动必须是硬线连线。

② 车间内的大屏幕 LED 显示屏不仅可以汇报产量，而且可以显示质量故障工位。

③ 可设定作息时间，通知输送线停线并音乐提示，将每个班次的工作、休息、用餐时间输入系统，每次系统提前（2min）播放音乐提示，并且每条线（Andon 板）可以有不同

的换班/休息时间。

④ 系统提供质量拉杆地址的配置、关联的 Andon 单元位置、关联的音乐曲子配置方法。

⑤ 提供测试灯按钮，此按钮处于地面高的水平靠近测试的 Andon 板；一个测试按钮在指定的数秒内点亮 Andon 板上所有的灯。

⑥ Andon 板可检测到 Andon 板上的坏灯泡，并且发出一个请求报告。

⑦ 主控系统要有记录、打印和统计分析功能。

⑧ 所有间歇式的工段，如果拉了 Andon 拉杆，在到达工艺时间前 Andon 拉杆信号没复位车身需停在原位，并且记录停线时间（从工艺时间后开始算停线时间）。

⑨ 在整理报交等工段有多个工位；如果前后两个连续工位都出现质量问题，前一工位拉了 Andon 拉杆而后一工位等到前一工位 Andon 拉杆复位后才拉 Andon 拉杆，此时已过了工艺时间，这时也能记录后一工位的停线时间（从工艺时间后开始计停线时间）。

（2）质量 Andon

① Andon 板最终结构外形的设计描述在最后的工程设计阶段决定。

② Andon 板的数量乙方报价时具体讨论。

③ 每块 Andon 板都有 LED 时钟显示系统当前时间。

④ 所有的 Andon 板和其他安装的设备/组件应该集中从一中心场所供电（中心控制台或者一般次要的控制台），所有设备必须安装带锁的维修开关来保证维修安装。

⑤ 系统和关键部分必须设计有自诊断功能来缩短查找和维修问题的时间。

⑥ 油漆喷漆室、调漆间等有消防要求的地方要用防爆产品。

⑦ 系统设计时必须考虑支持以后的调整、扩展（软件和硬件），人机界面必须能够提供系统的配置和调整。

⑧ 和上层系统通信通过以太网（车间级），必须有监视系统来报告发生的情况和，下层系统必须和上层系统保持时间同步。

（3）Andon 板显示内容

显示故障点、停机时间、日产量、班产量、日计划、班计划产量、DOK、FTP、空撬数量、存储区 BUFF 数量、绿十字、动态信息显示栏等。该显示屏还显示生产质量信息。

11.5.2.4　质量 Andon 报告

① 换班、节拍、播放音乐区域、输送互锁等，分析研究质量 Andon 被激活的情况。

② 时间、描述、音乐区域、输送互锁、报警时间和停线时间（这个时间不包含休息、用餐、换班前后）的报警信息报告。

③ 分类收集数据：总的停线时间、总的报警时间、停线发生次数、长时间报警、长时间停线。生成信息报告：总的报警和停线时间、发生次数，长时间报警和停线，情况描述。

11.5.2.5　拉绳盒与 Andon 看板

人工工位采用拉绳盒，防爆区采用防爆按钮盒＋外置警灯，设置拉绳盒或防爆按钮盒的室体为：UBS 区、密封胶、电泳打磨、面漆区、检查精修、报交区等。Andon 板的安装位置如下（包含但不限于）：

① 前处理 2m×1m 双面双基色 LED。

② 电泳 2m×1m 双面双基色 LED。

③ 电泳打磨 2m×1m 双面双基色 LED。

④ UBS 2m×1m 双面双基色 LED。

⑤ 密封胶工作区 2m×1m 双面双基色 LED。

⑥ 面涂区域 2m×1m 双面双基色 LED。

⑦ 面涂检查 2m×1m 双面双基色 LED。

⑧ 小修 2m×1m 双面双基色 LED。

⑨ 报交 2m×1m 双面双基色 LED。

⑩ 综合屏车间入口 2.5m×1.5m 双面双基色 LED。

⑪ 车间办公区安装 55 英寸 LED 显示屏。

⑫ 车间中控室安装 55 英寸 LED 显示屏。

注：现场区域有双线的要分别布置。

11.5.2.6 制图和图表

质量 Andon 系统应该提供管理表 11-27 所示的图表发展趋势的功能。

表 11-27 制图和图表

类型	技术要求
条形图	条形图基于用户搜索所有报告信息；X 轴包含各种报警描述，Y 轴可从下列总的停线时间中选择：总的报警时间、发生次数、长时间报警时间、长时间停线次数、总的时间请求行、总时间在应答行、长时间请求行、长时间应答行
柱状图	软件有能力产生上述信息的柱状图
饼图	软件有能力产生上述信息的饼图
折线图	软件有能力产生上述信息的折线图

11.5.3 AVI 信息识别系统

AVI 系统单独设置服务器，现场 AVI 设备通过现场总线相连，完成载码体和条码等的读写操作；AVI 操作站、服务器和数据库等通过以太网与 PLC 通信。

11.5.3.1 系统概述

（1）内部接口

AVI 系统的内部接口用来实现系统的主要功能，包括 PLC—服务器和 PLC—操作站。

① PLC—服务器，如表 11-28 所示。

表 11-28 PLC—服务器

序号	类型	技术要求
1	报警信息	包括 PLC 程序错误、识别设备读写失败和网络故障报警等
2	过车信息	包括橇体和车体信息，如橇号、车号、车型和颜色等
3	质量信息	在质量输入站点(如涂装质检站等)，PLC 需将输入的质量信息发送到服务器，供监控画面查询与生成报表
4	站点状态	包括当前 AVI 站点的操作模式和各站识别设备的读写成功率等
5	操作模式设定	服务器和工作站画面上可以更改各个 AVI 站点的操作模式

② PLC—操作站，如表 11-29 所示。

表 11-29 PLC—操作站

序号	类型	技术要求
1	报警信息	包括 PLC 程序错误、识别设备读写失败和网络故障报警等
2	过车信息	包括橇体和车体信息，如橇体号、车号、车型和颜色
3	站点状态	包括当前 AVI 站点的操作模式和各站识别设备的读写成功率等
4	总线节点状态	现场总线节点是否启用以及是否存在节点故障
5	操作模式设定	操作站触摸屏画面上可以更改各个 AVI 站点的操作模式
6	手动操作指令	在一些特殊情况下，如发生识别设备读写失败后，允许现场操作员通过人机界面进行手动操作
7	质量信息输入	在质量输入站点(如涂装质检站等)，现场操作员可以在人机界面上输入当前车辆的质量信息

（2）外部接口

AVI 系统的外部接口用来实现 AVI 系统和其他系统的数据通信，包括 AVI—输送接口和 AVI—中控系统。

① AVI—输送接口，如表 11-30 所示。

表 11-30 AVI—输送接口

序号	类型	技术要求
1	过车信息	包括橇体和车体信息，如橇体号、车号、车型和颜色等
2	站点操作模式	AVI 系统需告知输送当前所处的操作模式
3	放车信号	AVI 系统完成所有操作后向输送发送放车信号
4	路由信息	在一些处于输送分流、合流位置的 AVI 站点，AVI 需要按照设定的路由规则，计算出道次，发送给输送
5	车体到站信号	车体到达 AVI 站时，输送需向 AVI 系统发送车体到站信号，触发识别设备的读写
6	车体离站信号	车体离开 AVI 站时，输送需向 AVI 系统发送车体离站信号，结束流程，复位相关信息

② AVI—中控系统，AVI 系统需将站点的报警信息发送中控系统服务器，供运行维护画面显示。

11.5.3.2 主要功能需求

① 车体跟踪。

② 路由决定。

③ 质量信息的输入和记录。

④ 为其他系统提供车体信息。

⑤ 实现与 MES 系统接口。

⑥ 生产信息和质量信息的追溯。

11.5.3.3 过程描述

① 所有必需的生产数据存储在条形码上，这个条形码将在进涂装工序前被贴在车身上；AVI 系统首先读出条形码上数据，然后把生产信息数据传递到 RF 数据存储器中，以后的生产操作直接读取这个 RF 数据存储器中的数据。

② 当自动扫描或者 RF 存储器出错时，可以手工读取条形码中的信息。

③ 本地需安装条形码手工读取的扫描枪，安装地点应该在安全并且容易到达的地方。

④ 车间供应商需提供单独的读/写站和数据显示器来跟踪车辆信息（包括点补、小修和大修等），执行车间的操作和更新车身的历史数据。

11.5.3.4 读写站编号及配置

载码体里车身信息读写操作通过射频识别（RFID）天线读写单元完成，系统用到 32 个 RFID 读写站，每个 RFID 读写站都包括一套读写器天线，读写站通过总线网络连接到识别系统 PLC，如表 11-31 所示。对于自动识别系统，乙方在投标过程中需要提供详细的方案。

表 11-31 读写站编号及配置

编号	站点	配置	功能描述
1	焊涂交转（前处理入口）	RFID＋自动扫描枪＋手动扫描枪＋人机界面操作站	上线车辆信息写入，橇号和车体信息进行绑定，车体过点信息记录并上传上层 MES
2	电泳入口	RFID＋人机界面操作站	车辆跟踪，过线记录。给整流源发送车型数据，供其校验和比对。记录工艺参数
3	电泳烘干入口	RFID	车辆跟踪，过线记录，记录工艺参数
4	电泳烘干出口	RFID	车辆跟踪，过线记录
5	电泳烘干存储区入口	RFID	车辆跟踪，过线记录
6	电泳打磨入口	RFID	车辆跟踪，过线记录

编号	站点	配置	功能描述
7	电泳打磨出口	RFID	车辆跟踪,过线记录,路由判断
8	电泳离线打磨入口	RFID	车辆跟踪,过线记录,路由判断
9	底涂入口	RFID＋自动扫描枪＋手动扫描枪＋人机界面操作站	车辆跟踪,过线记录,给底涂机器人发送车身数据
10	电泳橇返回入口	RFID	车辆跟踪,过线记录,清除 TAG 信息
11	底涂出口	RFID＋自动扫描枪＋手动扫描枪＋人机界面操作站	车辆信息写入,橇号和车体信息进行绑定
12	密封胶一期入口	RFID	车辆跟踪,过线记录
13	密封胶二期入口	RFID	车辆跟踪,过线记录
14	裙边胶二期入口	RFID＋人机界面操作站	车辆跟踪,过线记录,记录工艺参数
15	胶烘干入口	RFID	车辆跟踪,过线记录
16	胶烘干出口	RFID	车辆跟踪,过线记录
17	颜色编组入口	RFID＋人机界面操作站	车辆跟踪,过线记录,路由判断
18	面涂入口	RFID	车辆跟踪,过线记录,路由判断
19	面涂一期入口	RFID＋手动扫描枪＋人机界面操作站	车辆跟踪,过线记录,为机器人提供数据供其进行车型校验;过点信息记录并上传上层 MES
20	面涂二期入口	RFID＋手动扫描枪＋人机界面操作站	车辆跟踪,过线记录,为机器人提供数据供其进行车型校验。过点信息记录并上传上层 MES
21	面涂烘干一期出口	RFID	车辆跟踪,过线记录
22	面涂烘干二期出口	RFID	车辆跟踪,过线记录
23	面涂烘干一期存储入口	RFID	车辆跟踪,过线记录
24	面涂烘干二期存储入口	RFID	车辆跟踪,过线记录
25	检查精修入口	RFID	车辆跟踪,过线记录
26	检查精修出口	RFID＋人机界面操作站	车辆跟踪,过线记录,写入路由信息,路由判断
27	小修区 1	RFID	车辆跟踪,过线记录,路由判断
28	小修区 2	RFID	车辆跟踪,过线记录,路由判断
29	大返修出口	RFID	车辆跟踪,过线记录
30	小修存储区	RFID	车辆跟踪,过线记录
31	报交出口	RFID	车辆跟踪,过线记录
32	涂总出口	RFID	车辆跟踪,过线记录,清除 TAG 信息,过点信息记录并上传上层 MES

11.5.4　能源管理系统

能源计量系统数据传输基于车间工业以太网,通过能源计量网关模块连接位于各个系统的计量仪表,采集能源计量数据,并上传数据至中控计算机,实现各类统计和分析功能。

11.5.4.1　系统概述

能源管理系统单独设置服务器,对涂装车间天然气、工业水、纯水、废水、高温热水、冷水、压缩空气、用电等数据进行记录。实时监控系统管理和存档相应数据,并让操作人员根据需要将数据显示成表格或图表,如每天的消耗、涂装每小时的消耗以及全部消耗等。

11.5.4.2　能源计量点

表 11-32 所示是车间内纳入计量系统的各类能源点(包含但不限于),仪表的数量、位置、通信接口等在详细设计阶段由双方共同讨论决定。

11.5.4.3　系统功能

① 生成能源报表,分别按日、周、月、年统计出能源的消耗量,便于管理人员做出结算。

② 所有类型的表格均定时转换成 Excel 报表格式并保存出来,方便用户进行数据查找和系统维护。用户可以通过输入查询时间来查询检测点的历史数值。

表 11-32　计量系统要求数量

工位	计量点要求						
	工业水	纯水	压缩空气	燃气	热水	冷水	电
前处理、电泳线	O	O	O		O	O	O
色漆喷漆线(含空调机组)	O	O	O	O	O	O	O
清漆喷漆线(含空调机组)	O	O	O	O	O	O	O
工作区空调机组	O			O	O	O	O
车间空调机组	O	O		O	O	O	O
电泳烘干室				O		O	O
PVC 烘干室				O		O	O
面漆烘干室				O		O	O
闪干室							
输送线各区							O
车间入户处	O		O	O	O	O	O

③ 对于任何能耗非正常的状态可以监控并进行报警，提供以下信息：报警时间、系统与信息点的描述及报警状态等。

④ 所有监控层网络能源计量控制器信息都会存入磁盘，以便任何时候都可显示出来，或在操作员所选择的打印机打印出来。同时，也可按日期、时间或地点将报警信息进行分类。

11.6　照明系统

依据作业环境所需要的照明进行科学的设计，保证工人的舒适度和安全性，提高工作效率和产品质量。同时，照明节能是一种低成本的途径，也是一种发展趋势和社会责任，因此要引入高效的照明灯具节能降耗。具体照度参照工艺要求。照明系统各区域选型如表 11-33 所示。

表 11-33　照明系统各区域选型

序号	区域		选型要求
1	工位区域照明		LED 灯
2	设备区域照明		日光灯或 LED 灯
3	车间普通照明		日光灯或 LED 灯
4	车间应急照明	照明型	日光灯或 LED 灯
		标识型	LED 灯

工位区域照明设有独立的控制柜，通过 Profinet 通信接入就近的输送控制系统。操作模式分为远程与本地，远程模式在上位机开启与关闭设备，本地模式在控制柜直接操作。

12 设备消防系统技术要求

12.1 引言

涂装车间使用多种化学品，是整个工厂的重点防火防爆车间，但车间生产工艺复杂，不同工序的火灾危险性差别比较大。火灾危险性较大的区域包括输调漆间、油漆临时存储间、喷漆室、烘干室、烟道及烟囱、点修补室等。车间消防系统的作用是要确保车间人员、设备等的安全。

消防系统主要包括火灾自动报警系统、自动灭火系统、机械排烟系统、联动控制系统以及其他辅助系统。消防系统的设计、制造、供货、安装、调试、培训等要严格遵守行业消防要求，符合中国法律、法规及相关安全防火规范要求。

本章介绍的消防系统按照中国及地方安全防火法律、法规规定的程序进行设计、审核、会签，确保通过消防部门的验收。该消防系统为交钥匙工程，整个车间设备安全消防区域的消防系统一次性规划、设计和施工。

12.1.1 供货范围

此项目为设备消防系统，包含 CO_2 灭火系统、自动喷水灭火系统和高压细水雾灭火系统。整个消防控制系统的选型、控制功能等要满足消防区域的安全要求。

12.1.1.1 CO_2 灭火系统

CO_2 灭火系统示意图如图 12-1 所示。主要布置区域为调漆间、临时漆库、供蜡间。

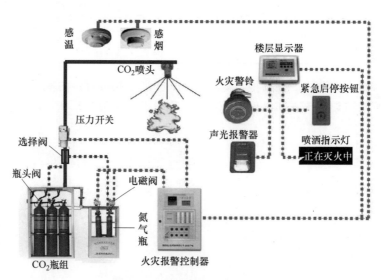

图 12-1 CO_2 灭火系统示意图

12.1.1.2 自动喷水灭火系统

自动喷水灭火系统如图 12-2 所示。主要布置区域包括：面漆闪干室、所有的洁净间、点修补室体、电泳打磨室体、喷蜡室。

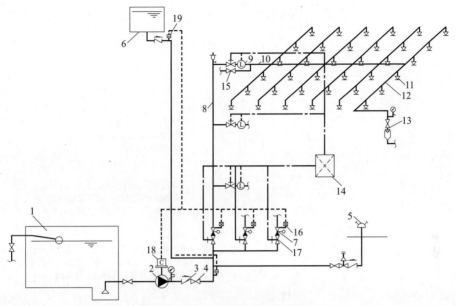

图 12-2　自动喷水灭火系统示意图

1—消防水池；2—消防水泵；3—止回阀；4—闸阀；5—消防水泵接合器；6—高位消防水箱；7—湿式报警阀组；
8—配水干管；9—水流指示器；10—配水管；11—闭式洒水喷头；12—配水支管；13—末端试水装置；
14—报警控制器；15—泄水阀；16—压力开关；17—信号阀；18—水泵控制柜；19—流量开关

12.1.1.3 高压细水雾灭火系统

高压细水雾灭火系统如图 12-3 所示。主要布置区域包括：

① 色漆线：手工喷涂区，机器人喷涂区；

② 清漆线：手工喷涂区，机器人喷涂区；

③ 流平区。

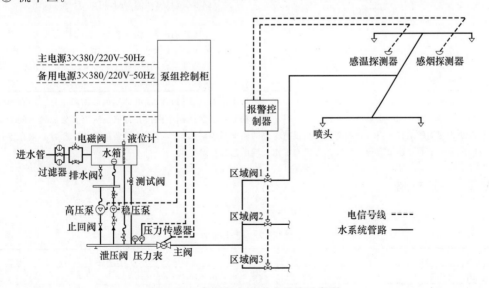

图 12-3　高压细水雾灭火系统示意图

12.1.2 分工界面

工程界面示意图如图 12-4 所示。各区域消防布置如表 12-1 所示。

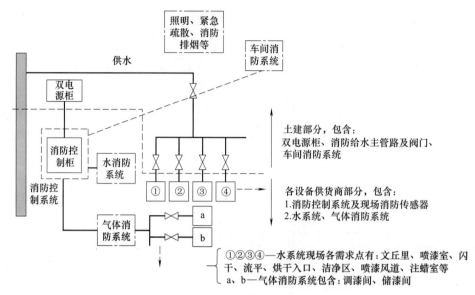

图 12-4　工程界面示意图

表 12-1　各区域消防布置

序号	区域	设备消防	车间消防
1	调漆间、临时漆库、供蜡间	输入模块、总线控制模块、气体喷洒压力信号器、气体喷洒启动电磁阀、气体喷洒指示灯、声光报警器(本安型)、气体灭火现场控制盘(配置紧急启动、停止按钮,手自动转换开关)等	短路隔离器、齐纳安全栅、智能型光电感烟探测器(本安型)、智能型感温探测器(本安型)、可燃气体探测器(带隔离功能)、可燃气体报警控制器(带隔离功能,配备用电源)等
2	喷漆室、注蜡室、小修室	输入模块、总线控制模块、声光报警器(本安型)、报警控制器、闭式洒水喷头、报警阀组等	可燃气体探测器(带隔离功能)、可燃气体报警控制器(带隔离功能,配备用电源)等
3	其他区域		短路隔离器、输入模块、总线控制模块、多线控制模块、声光报警器(本安型)、手动报警按钮(本安型)、红外火焰探测器(隔爆型)、齐纳安全栅、预作用系统排气电磁阀等

　　注：消防系统到甲方指定的变电间取电源；消防联锁信号由消防系统到相应的电控柜内取相应信号；雨淋消防系统由乙方到甲方指定的消防水供水处取水；设备消防系统设有独立的报警控制系统，并且该系统需要集成到车间消防系统内。消防系统为交钥匙工程，甲方在技术协议里没有提到的而又是消防系统所必需的设备或部件，乙方必须在签订商务合同之前向甲方提出并且由甲方补上，若乙方没有提出，则由乙方免费提供。

12.1.3 设计标准

设计标准如表 12-2 所示。

表 12-2　设计标准

序号	类别	名称
1	GB 50016—2014	《建筑设计防火规范(2018 年版)》
2	GB 50140—2005	《建筑灭火器配置设计规范》

序号	类别	名称
3	GB 50444—2008	《建筑灭火器配置验收及检查规范》
4	GB 50084—2017	《自动喷水灭火系统设计规范》
5	GB 50261—2017	《自动喷水灭火系统施工及验收规范》
6	GB/T 50193—1993	《二氧化碳灭火系统设计规范(2010年版)》
7	GB 50974—2014	《消防给水及消火栓系统技术规范》
8	GB 50116—2013	《火灾自动报警系统设计规范》
9	GB 50898—2013	《细水雾灭火系统技术规范》
10	GB/T 26785—2011	《细水雾灭火系统及部件通用技术条件》
11	其他项	国家现行有关消防设计规范及规程

12.2 硬件要求

12.2.1 CO_2 灭火系统

12.2.1.1 储存装置

储存装置如图12-5所示。

① 高压系统的储存装置应由储存容器、容器阀、单向阀、灭火剂泄漏检测装置和集流管等组成，并应符合下列规定：

a. 储存容器的工作压力不应小于15MPa，储存容器或容器阀上应设泄压装置，其泄压动作压力应为19MPa±0.95MPa；

b. 储存容器中二氧化碳的充装系数应按国家现行《气瓶安全监察规程》执行；

c. 储存装置的环境温度应为0～49℃。

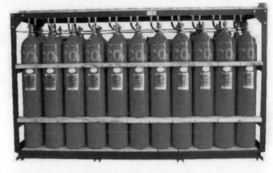

图12-5 储存装置

② 低压系统的储存装置应由储存容器、容器阀、安全泄压装置、压力表、压力报警装置和制冷装置等组成，并应符合下列规定：

a. 储存容器的设计压力不应小于2.5MPa，并应采取良好的绝热措施；储存容器上至少应设置两套安全泄压装置，其泄压动作压力应为2.38MPa±0.12MPa；

b. 储存装置的高压报警压力设定值应为2.2MPa，低压报警压力设定值应为1.8MPa；

c. 储存容器中二氧化碳的装置系数应按国家现行《固定式压力容器安全技术监察规程》执行；

d. 容器阀应能在喷出要求的二氧化碳量后自动关闭；

e. 储存装置应远离热源，其位置应便于再充装，其环境温度宜为−23～49℃。

③ 储存装置应具有灭火剂泄漏检测功能，当储存容器中充装的二氧化碳损失量达到其初始充装量的10%时，应能发出声光报警信号并及时补充。

④ 储存装置的布置应方便检查和维护，并应避免阳光直射。

⑤ 储存装置宜设在专用的储存容器间内。局部应用灭火系统的储存装置可设置在固定的安全围栏内。专用的储存容器间的设置应符合下列规定：

a. 应靠近防护区，出口应直接通向室外或疏散走道；

b. 耐火等级不应低于二级；

c. 室内应保持干燥和良好通风；

d. 不具备自然通风条件的储存容器间，应设机械排风装置，排风口距储存容器间地面高度不宜大于 0.5m，排出口应直接通向室外，正常排风量宜按换气次数≥4 次/h 确定，事故排风量应按换气次数≥8 次/h 确定。

12.2.1.2 选择阀与喷头

① 在组合分配系统中，每个防护区或保护对象应设一个选择阀；选择阀应设置在储存容器间内，并应便于手动操作，方便检查维护；选择阀上应设有标明防护区的铭牌。

② 选择阀可采用电动、气动或机械操作方式。选择阀的工作压力：高压系统不应小于 12MPa，低压系统不应小于 2.5MPa。

③ 系统在启动时，选择阀应在二氧化碳储存容器的容器阀动作之前或同时打开；采用灭火剂自身作为启动气源打开的选择阀，可不受此限制。

④ 全淹没灭火系统的喷头布置应使防护区内二氧化碳分布均匀，喷头应接近天花板或屋顶安装。

⑤ 设置在有粉尘或喷漆作业等场所的喷头，应增设不影响喷射效果的防尘罩。

12.2.1.3 管道及其附件

① 高压系统管道及其附件应能承受最高环境温度下二氧化碳的储存压力，低压系统管道及其附件应能承受 4.0MPa 的压力，并应符合下列规定：

a. 管道应采用符合现行国家标准 GB/T 8163—2018《输送流体用无缝钢管》的规定，并应进行内外表面镀锌防腐处理；

b. 对镀锌层有腐蚀的环境，管道可采用不锈钢管、铜管或其他抗腐蚀的材料；

c. 挠性连接的软管必须能承受系统的工作压力和温度，并宜采用不锈钢软管。

② 低压系统的管网中应采取防膨胀收缩措施。

③ 在可能产生爆炸的场所，管网应吊挂安装并采取防晃措施。

④ 管道可采用螺纹连接、法兰连接或焊接；公称直径等于或小于 80mm 的管道，宜采用螺纹连接；公称直径大于 80mm 的管道，宜采用法兰连接。

⑤ 二氧化碳灭火剂输送管网不应采用四通管件分流。

⑥ 管网中阀门之间的封闭管段应设置泄压装置，其泄压动作压力：高压系统应为 15MPa±0.75MPa，低压系统应为 2.38MPa±0.12MPa。

12.2.2 自动喷水灭火系统

12.2.2.1 喷头

喷头如图 12-6 所示。

① 湿式系统的洒水喷头选型应符合下列规定：

a. 不做吊顶的场所，当配水支管布置在梁下时，应采用直立型洒水喷头；

b. 吊顶下布置的洒水喷头，应采用下垂型洒水喷头或吊顶型洒水喷头；

c. 顶板为水平面的轻危险级、中危险级Ⅰ级，可采用边墙型洒水喷头；

d. 易受碰撞的部位，应采用带保护罩的洒水喷头或吊顶型洒水喷头；

e. 顶板为水平面，且无梁、通风管道等障碍物影

(a) 闭式喷头　　　　(b) 开式喷头

图 12-6　喷头

响喷头洒水的场所，可采用扩大覆盖面积洒水喷头；

f. 不宜选用隐蔽式洒水喷头；确需采用时，应仅适用于轻危险级和中危险级Ⅰ级场所。

② 水幕系统的喷头选型应符合下列规定：

a. 防火分隔水幕应采用开式洒水喷头或水幕喷头；

b. 防护冷却水幕应采用水幕喷头。

③ 自动喷水防护冷却系统可采用边墙型洒水喷头。

④ 雨淋系统的防护区内应采用相同的洒水喷头。

⑤ 预作用系统应采用直立型洒水喷头或干式下垂型洒水喷头。

⑥ 自动喷水灭火系统应有备用洒水洒头，其数量不应少于总数的1%，且每种型号均不得少于10只。

12.2.2.2 报警阀组

① 自动喷水灭火系统应设报警阀组，保护室内钢屋架等建筑构件的闭式系统，应设独立的报警阀组，水幕系统应设独立的报警阀组或感温雨淋报警阀。

② 串联接入湿式系统配水干管的其他自动喷水灭火系统，应分别设置独立的报警阀组，其控制的洒水喷头数计入湿式报警阀组控制的洒水喷头总数。

③ 一个报警阀组控制的洒水喷头数应符合下列规定：

a. 湿式系统、预作用系统不宜超过800只；

b. 当配水支管同时设置保护吊顶下方和上方空间的洒水喷头时，应只将数量较多一侧的洒水喷头计入报警阀组控制的洒水喷头总数。

④ 每个报警阀组供水的最高与最低位置洒水喷头，其高程差不宜大于50m。

⑤ 雨淋报警阀组的电磁阀，其入口应设过滤器。并联设置雨淋报警阀组的雨淋系统，其雨淋报警阀控制腔的入口应设止回阀。

⑥ 报警阀组宜设在安全及易于操作的地点，报警阀距地面的高度宜为1.2m。设置报警阀组的部位应设有排水设施。

⑦ 连接报警阀进出口的控制阀应采用信号阀。当不采用信号阀时，控制阀应设锁定阀位的锁具。

⑧ 水力警铃的工作压力不应小于0.05MPa，并应符合下列规定：

a. 应设在有人值班的地点附近或公共通道的外墙上；

b. 与报警阀连接的管道，其管径应为20mm，总长不宜大于20m。

12.2.2.3 水流指示器

① 除报警阀组控制的洒水喷头只保护不超过防火分区面积的同层场所外，每个防火分区、每个楼层均应设水流指示器。

② 仓库内顶板下洒水喷头与货架内置洒水喷头应分别设置水流指示器。

③ 当水流指示器入口前设置控制阀时，应采用信号阀。

12.2.2.4 压力开关

① 雨淋系统和防火分隔水幕，其水流报警装置应采用压力开关。

② 自动喷水灭火系统应采用压力开关控制稳压泵，并应能调节启停压力。

12.2.2.5 末端试水装置

① 每个报警阀组控制的最不利点洒水喷头处应设末端试水装置，其他防火分区、楼层均应设直径为25mm的试水阀。

② 末端试水装置应由试水阀、压力表以及试水接头组成；试水接头出水口的流量系数，应等同于同楼层或防火分区内的最小流量系数洒水喷头；末端试水装置的出水，应采取孔口

出流的方式排入排水管道，排水立管宜设伸顶通气管，且管径不应小于 75mm。

③ 末端试水装置和试水阀应有标识，距地面的高度宜为 1.5m，并应采取不被他用的措施。

12.2.3 高压细水雾灭火系统

12.2.3.1 喷头

喷头形式选用开式，布置应能保证细水雾喷放均匀并完全覆盖保护区域，并应符合下列规定：

① 喷头与其他遮挡物的距离应保证遮挡物不影响喷头正常喷放细水雾；当无法避免时，应采取补偿措施。

② 对于电缆隧道或夹层，喷头宜布置在电缆隧道或夹层的上部，并应能使细水雾完全覆盖整个电缆或电缆桥架。

12.2.3.2 系统组件和管道

① 系统的主要组件宜设置在能避免机械碰撞等损伤的位置，当不能避免时，应采取防止机械碰撞等损伤的措施；系统组件应具有耐腐蚀性能，当系统组件处于重度腐蚀环境中时，应采取防腐蚀的保护措施。

② 开式系统应按防护区设置分区控制阀，每个分区控制阀上或阀后邻近位置，宜设置泄放试验阀。

③ 分区控制阀宜靠近防护区设置，并应设置在防护区外便于操作、检查和维护的位置；分区控制阀上宜设置系统动作信号反馈装置，当分区控制阀上无系统动作信号反馈装置时，应在分区控制阀后的配水干管上设置系统动作信号反馈装置。

④ 采用全淹没应用方式的开式系统，其管网宜均衡布置。

⑤ 系统管网的最低点处应设置泄水阀。

⑥ 系统管道连接件的材质应与管道相同，系统管道宜采用专用接头或法兰连接，也可采用氩弧焊焊接。

⑦ 系统管道应采用冷拔法制造的奥氏体不锈钢钢管，或其他耐腐蚀和耐压性能相当的金属管道；管道的材质和性能应符合现行国家标准《流体输送用不锈钢无缝钢管》（GB/T 14976—2012）和《流体输送用不锈钢焊接钢管》（GB/T 12771—2019）的有关规定。

12.3 系统设计规范

通用技术要求：

① 系统的动力电源为 AC 380V、50Hz 或 AC 220V、50Hz，控制电源为 DC 24V。

② 消防管路在与其他公用管路有干涉时，应与公用管路协商后确定管路的走向，原则上消防管路避让公用管路；CO_2 消防管路的外表面按照安全规范要求涂红色漆。

③ 确保消防系统动作灵敏、可靠，若发生火情，因该套消防系统不能发挥正常作用而造成的损失由乙方负责。

④ 消防控制系统具有二次灭火能力，如果一次不能扑灭，操作人员可以手动进行二次灭火。

⑤ 所有在现场安装的报警开关、控制箱、接线点和接线盒等要远离水源，并要求防水防湿，防止短路、误报警和误喷淋事故的发生；每组控制箱面板上设有控制分组显示，各种状态时间记录，设有手动、自动、复位、消声等旋钮，各种功能显示，并配标示牌。

⑥ 乙方负责将车间的消防报警信号送至公司消防中心控制室和车间的消防控制室，信号包括：CO_2 报警、出错和释放等信号；水喷淋和水幕系统的报警、出错和释放等信号；各防火区域报警控制柜的出错报警信号等。

⑦ 自动灭火系统要杜绝误喷淋现象。

12.3.1 自动报警系统

12.3.1.1 通用技术要求

① 自动报警系统采用双报警回路，要杜绝误报警，确保报警信息准确、可靠。

② 对于各防火分区可单独保护，局部区域发生火灾，火灾报警控制器可以单独对此区域进行灭火，不会对其他区域产生影响。

③ 任一台火灾报警控制器所连接的火灾探测器、手动火灾报警按钮和模块等设备总数和地址总数，均不应超过 3200 点，其中每一总线回路连接设备的总数不宜超过 200 点，且应留有不少于额定容量 10% 的余量；任一台消防联动控制器地址总数或火灾报警控制器（联动型）所控制的各类模块总数不应超过 1600 点，其中每一联动总线回路连接设备的总数不宜超过 100 点，且应留有不少于额定容量 10% 的余量。

④ 系统总线上应设置总线短路隔离器，每只总线短路隔离器保护的火灾探测器、手动火灾报警按钮和模块等消防设备的总数不应超过 32 点；总线穿越防火分区时，应在穿越处设置总线短路隔离器。

⑤ 自动报警系统应设有自动和手动两种触发装置。

⑥ 水泵控制柜、风机控制柜等消防电气控制装置不应采用变频启动方式。

⑦ 消防水泵、防烟和排烟风机的控制设备，除应采用联动控制方式外，还应在消防控制室设置手动直接控制装置。

⑧ 消防联动控制器的电压控制输出应采用直流 24V，其电源容量应满足受控消防设备同时启动且维持工作的控制容量要求。

⑨ 需要火灾自动报警系统联动控制的消防设备，其联动触发信号应采用两个独立的报警触发装置报警信号的"与"逻辑组合。

火灾探测器的选择应符合下列规定：

① 对火灾初期有阴燃阶段，产生大量的烟和少量的热，很少或没有火焰辐射的场所，应选择感烟火灾探测器。

② 对火灾发展迅速，可产生大量热、烟和火焰辐射的场所，可选择感温火灾探测器、感烟火灾探测器、火焰探测器或其组合。

③ 对火灾发展迅速，有强烈的火焰辐射和少量烟、热的场所，应选择火焰探测器。

④ 对使用、生产可燃气体或可燃蒸气的场所，应选择可燃气体探测器。

⑤ 应根据保护场所可能发生火灾的部位和燃烧材料的分析，以及火灾探测器的类型、灵敏度和响应时间等选择相应的火灾探测器，对火灾形成特征不可预料的场所，可根据模拟试验的结果选择火灾探测器。

⑥ 同一探测区域内设置多个火灾探测器时，可选择具有复合判断火灾功能的火灾探测器和火灾报警控制器。

12.3.1.2 系统供电

系统供电示意图如图 12-7 所示。

（1）一般规定

① 火灾自动报警系统应设置交流电源和蓄电池备用电源。

② 火灾自动报警系统的交流电源应采用消防电源，备用电源可采用火灾报警控制器和

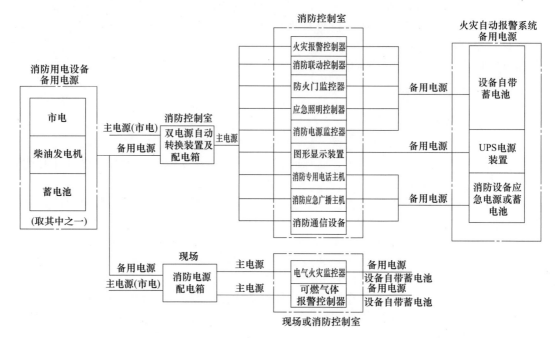

图 12-7　系统供电示意图

消防联动控制器自带的蓄电池电源或消防设备应急电源；当备用电源采用消防设备应急电源时，火灾报警控制器和消防联动控制器应采用单独的供电回路，并应保证在系统处于最大负载状态下不影响火灾报警控制器和消防联动控制器的正常工作。

③ 消防控制室图形显示装置、消防通信设备等的电源，宜由 UPS 电源装置或消防设备应急电源供电。

④ 火灾自动报警系统主电源不应设置剩余电流动作保护和过负荷保护装置。

⑤ 消防设备应急电源输出功率应大于火灾自动报警及联动控制系统全负荷功率的120%，蓄电池组的容量应保证火灾自动报警及联动控制系统在火灾状态同时工作负荷条件下连续工作 3h 以上。

⑥ 消防用电设备应采用专用的供电回路，其配电设备应设有明显标志；其配电线路和控制回路宜按防火分区划分。

（2）系统接地技术要求

① 火灾自动报警系统接地装置的接地电阻值应符合下列规定：

a. 采用共用接地装置时，接地电阻值不应大于 1Ω；

b. 采用专用接地装置时，接地电阻值不应大于 4Ω。

② 消防控制室内的电气和电子设备的金属外壳、机柜、机架和金属管、槽等，应采用等电位连接。

③ 由消防控制室接地板引至各消防电子设备的专用接地线应选用铜芯绝缘导线，其线芯截面面积不应小于 $4mm^2$。

④ 消防控制室接地板与建筑接地体之间，应采用线芯截面面积不小于 $25mm^2$ 的铜芯绝缘导线连接。

12.3.1.3　联锁触发和控制信号

联锁触发和控制信号如表 12-3 所示。

表 12-3　联锁触发和控制信号

系统名称		联锁触发信号	联锁控制信号
自动喷水 灭火系统	湿式系统	压力开关动作信号	启动喷淋泵
	预作用系统		
	雨淋系统		
	水幕系统		
消火栓系统		系统出水干管上的低压压力开关,高位消防水箱出水管上的流量开关,报警阀压力开关的动作信号	启动消火栓泵
排烟系统		排烟风机入口处总管上设置的280℃排烟防火阀动作信号	关闭排烟风机

12.3.2　广播系统

广播系统包括功放、录放、扬声器、麦克风、消防报警、通信等。广播系统覆盖区域包括各防火区及消防控制室等区域。技术要求如下：

① 广播系统的扬声器（安装位置、数量和选型）、录放等与甲方协商后方可确定。

② 广播控制系统（如功放等）和火灾报警控制器安装在消防控制室内；在发生火灾时，消防控制室的警铃、声光报警器以及火灾报警控制器发出报警，消防控制室值班人员可以播放事先录制好的消防报警录音带；该防护区域设置的警铃、声光报警器发出报警，通知该防护区的工作人员迅速撤离。

③ 广播系统在正常生产时可以播放背景音乐，要求提供一台可以播放 mp3 等多种格式音频的播放器。

12.3.3　CO_2 灭火系统

12.3.3.1　通用技术要求

① 消防控制室内设有两套人员随身配带的供氧系统，要求每套系统配有简单方便、装氧气瓶的背带，轻体氧气瓶，流量调节阀呼吸面具等装备；要求易于携带，以便于发生火灾时人可以进入 CO_2 喷淋后的区域。

② 在 CO_2 的各个防火保护区域的门外设置手动控制盒，控制盒内设有紧急启动和紧急停止按钮，控制盒设有安全保护罩以防止误操作，具体的安装位置与甲方商定后方可确定。

③ 灭火系统瓶组应设置框架，保证设计尺寸，操作观察方便。

④ 喷嘴、管路系统在现场安装，管路采用螺纹连接，管材采用无缝钢管，应符合 GB/T 3639—2021 和 GB/T 8163—2018 的要求，无缝钢管必须内外镀锌，管道安装后应进行水压（气压）强度试验；管道支架采用导向支架，允许有少量轴向移动，不允许有横向移动，同时设置部分支架，支管支架安装最大间距不超过 1.2m，主水平管路不超过 1.5m；如与消防规范不一致，按照相应的消防规范来做。

⑤ 管道系统安装完毕后，应进行气密性试验，试验介质为氮气或压缩空气；试验压力为 10MPa，在无气源补充的情况下，持续 3min 压力下降不得超过试验压力的 10%。

⑥ 在保护区附近，设置警告牌；在 CO_2 储存瓶组及自动报警控制面板处，也应该有相应警示标志。

⑦ 对于 CO_2 储存瓶组，设有自动称重装置，当泄漏超过规定允许值时，应有声光报警，可人工复位、消声；启动瓶组采用氮气，为了确保启动的可靠性，启动瓶组必须采用主/备的结构，每站配备自备备用电源，确保停电时 CO_2 消防系统能够正常工作；CO_2 瓶组应以满足车间最大消防防护区域的需求来设置，即以调漆间区域和临时油漆库的区域设置 CO_2 瓶组。

⑧ CO_2 自动灭火系统采用双电源供电，还应设有免维护的充电电池，用于在发生火灾、没有外部电源或外部电源切断时，也能够启动消防系统，通过 CO_2 消防管路和相应防护区设有的喷嘴，达到灭火目的。

⑨ 在消防控制室中设有火灾报警控制器，用来监控探测器、CO_2 钢瓶及备用电源和报警设备；整套系统具有自动、电气手动和机械手动三种工作状态；探测器和一般火警控制板安装在一起，每个探测头都被监控，为了能进行手工喷淋，在每个区域主要的门上安装有报警和开、关按钮。

⑩ 当 CO_2 自动灭火设备在自动和手动状态下检测出现火险或火警时，系统自动给出声、光报警和警铃报警；如果在自动位置时，30s 后 CO_2 自动喷出进行自动灭火；同时将喷漆室的供风机和排风机立即关闭，控制供风管和排风管上的防火风阀立即关闭，切断供、排风；关闭调漆间风源，立即关闭空调，立刻关闭风管上的防火阀，切断供、排风；切断调漆间的电源，关闭输调漆设备和照明电源，开启应急照明，切断供蜡间的供、排风等。

⑪ 在 CO_2 自动灭火系统的控制系统中，当温度、浓度传感器（防爆型）因某种原因产生误报警时，在防火区门口处设有紧急启动和停止器，用于切断驱动 CO_2 喷出的阀门电源和气源，防止误喷；要求该紧急启动和停止器开关必须设有自锁，防止离开按钮时 CO_2 又喷出的不必要损失。

⑫ CO_2 自动灭火系统设有火势大小分组或集中喷出的功能；CO_2 自动灭火系统控制盘、面盘上的开关或按钮设有功能标识（标牌）；CO_2 自动灭火系统设计和安装要符合国家安全、防火有关法律和规范的要求。

12.3.3.2 系统控制方式

系统控制方式如表 12-4 所示。

表 12-4 系统控制方式

序号	类别	技术要求
1	自动控制	采用温度和浓度传感器,在额定的控制条件下发出信号,并在进行差定比较后控制 CO_2 消防设备,达到自动灭火的目的
2	手动控制	当控制开关打到手动位置时,所有的检测、控制元件均在自动状态下发出信号和报警,并按要求控制 CO_2 消防设备动作,只是 CO_2 不能喷出,需人工将现场的 CO_2 消防启动按钮或火灾报警控制器开关打开,CO_2 立即喷出达到灭火的目的;手动控制主要是为了防止误喷
3	机械手动	在所有电气系统失灵或其他异常情况下,可以通过手动开关阀门和切换管路实施灭火操作

12.3.3.3 设计基本参数要求

① 当保护对象为可燃液体时，液面至容器缘口的距离不得小于 150mm。

② 组合分配系统的二氧化碳储存量，不应小于所需储存量最大的一个防护区或保护对象的储存量；当组合分配系统保护 5 个及以上的防护区或保护对象时，或者在 48h 内不能恢复时，二氧化碳应有备用量，备用量不应小于系统设计的储存量；对于高压系统和单独设置备用量储存容器的低压系统，备用量的储存容器应与系统管网相连，应能与主储存容器切换使用。

③ 二氧化碳设计浓度不应小于灭火浓度的 1.7 倍，并不得低于 34%；当防护区内存有两种及两种以上可燃物时，防护区的二氧化碳设计浓度应采用可燃物中最大的二氧化碳设计浓度。

④ 当防护区的环境温度超过 100℃时，二氧化碳的设计用量应每超过 5℃增加 2%；当防护区的环境温度低于 −20℃时，二氧化碳的设计用量应每降低 1℃增加 2%。

⑤ 全淹没灭火系统二氧化碳的喷放时间不应大于 1min；当扑救固体深位火灾时，喷放

时间不应大于 7min，并应在前 2min 内使二氧化碳的浓度达到 30%。

⑥ 局部应用灭火系统的二氧化碳喷射时间不应小于 0.5min；对于燃点温度低于沸点温度的液体和可熔化固体的火灾，二氧化碳的喷射时间不应小于 1.5min。

⑦ 喷头的布置与数量应使喷射的二氧化碳分布均匀，并满足单位体积的喷射率和设计用量的要求。

12.3.4 自动喷水灭火系统

12.3.4.1 通用技术要求

① 集中排风烟囱的自动水喷淋喷嘴高为 2000mm（具体的高度由乙方确定，要保证消防的可靠性及更换喷嘴、检修等维修工作的方便性），烟囱外部的消防管道设有阀门，从而便于更换喷嘴；要求每个喷漆室的排风通道都有自动水喷淋系统。

② 乙方必须根据消防区域的不同，选择不同类型和熔点的消防喷嘴或探测器。

③ 静压室与其他区域的消防水密度按消防设计规范进行；喷淋传感器极限温度按消防规定设计，消防灭火区域需按水全覆盖布置喷淋器。

④ 自动喷淋系统保护的区域都设有隔离阀和流量开关。

⑤ 隔离阀必须保持打开状态并用紧固夹、垫片锁上；若有火警，一个或多个喷淋头会自动打开并喷水；流量开关会提供警告信号并关闭喷漆室的动力供应，与供排风系统、机器人、输送系统等联锁；喷淋阀站也能提供警告信号。

⑥ 灭火后隔离阀必须关闭，打开的喷淋头必须更换为新的，更换喷淋头后，必须打开隔离阀并锁上；也可通过打开 1/2in 测试阀来测试流量开关的功能和动力供应是否正常。这个阀也必须用紧固夹和垫片锁上。

⑦ 喷淋灭火装置中的自动和手动控制系统及其喷淋元器件、阀必须满足及时、快速灭火的要求，可靠性要高，没有误动作（误喷淋）。

⑧ 水消防管路采用镀锌钢管，要求每 10m 设有一个红色色环标识（10cm 宽）及水流方向指示，该色环标识要清晰。

⑨ 消防区域所使用的雨淋、水喷淋、水幕等全套系统由乙方负责。

12.3.4.2 系统设计原则

自动喷水灭火系统的设计原则应符合下列规定：

① 闭式洒水喷头或启动系统的火灾探测器，应能有效探测初期火灾。

② 湿式系统应在开放一个洒水喷头后自动启动，预作用系统、雨淋系统和水幕系统应根据其类型由火灾探测器、闭式洒水喷头作为探测元件，报警后自动启动。

③ 作用面积内开放的洒水喷头，应在规定时间内按设计选定的喷水强度持续喷水。

④ 喷头洒水时，应均匀分布，且不应受阻挡。

12.3.4.3 设计基本参数要求

① 喷头的最大净空高度（m）、喷水强度 $[L/(min \cdot m^2)]$、喷头间距（m）、持续喷水时间（h）应符合规定。

② 喷头设置高度不应超过 8m；当设置高度为 4～8m 时，应采用快速响应洒水喷头；喷头设置高度不超过 4m 时，喷水强度不应小于 0.5L/(s·m)；当超过 4m 时，每增加 1m，喷水强度应增加 0.1L/(s·m)。

③ 喷头的设置应确保喷洒到被保护对象后布水均匀，喷头间距应为 1.8～2.4m；喷头溅水盘与防火分隔设施的水平距离不应大于 0.3m，与顶板的距离应符合规定。

④ 预作用系统，配水管道内的气压值不宜小于 0.03MPa，且不宜大于 0.05MPa。

⑤ 管道内的水流速度宜采用经济流速，必要时可超过 5m/s，但不应大于 10m/s。

⑥ 采用临时高压给水系统的自动喷水灭火系统，宜设置独立的消防水泵，并应按一用一备或二用一备，将最大一台消防水泵的工作性能设置为备用泵；当与消火栓系统合用消防水泵时，系统管道应在报警阀前分开。

⑦ 每组消防水泵的吸水管不应少于 2 根，报警阀入口前设置环状管道的系统，每组消防水泵的出水管不应少于 2 根；消防水泵的吸水管应设控制阀和压力表；出水管应设控制阀、止回阀和压力表，出水管上还应设置流量和压力检测装置或预留可供连接流量和压力检测装置的接口；必要时应采取控制消防水泵出口压力的措施。

12.3.5 高压细水雾灭火系统

技术要求如下：

① 喷头与墙壁的距离不应大于喷头最大布置间距的 1/2，喷头的安装间距不大于 4m，距墙不大于 2m，喷头最低设计工作压力不低于 5.0MPa。

② 最低工作压力为 10MPa；细水雾雾滴直径为 0.0078～0.0637mm；设计持续喷雾时间为 30min；测试间温度范围为 -10～50℃；环境湿度≤85% RH。

③ 采用全淹没应用方式的开式系统，其防护区数量不应大于 3 个；单个防护区的容积，对于泵组系统不宜超过 3000m³，对于瓶组系统不宜超过 260m³。

④ 采用局部应用方式的开式系统，当保护具有可燃液体火灾危险的场所时，系统的设计参数应根据产品认证检验时，国家授权的认证检验机构根据现行国家标准《细水雾灭火系统及部件通用技术条件》（GB/T 26785—2011）认证检验时获得的试验数据确定，且不应超出试验限定的条件。

⑤ 系统的设计响应时间不应大于 30s，采用全淹没应用方式的开式系统，当采用瓶组系统且在同一防护区内使用多组瓶组时，各瓶组应能同时启动，其动作响应时差不应大于 2s。

12.3.6 系统联锁

为保证灭火的可靠和效果，将火灾损失降到最低，必须保证联动的可靠性。若探测器检测到火警信号时，通过总线发送至火灾报警控制器，并由火灾报警控制器发出灭火指令和联动指令，切断发生火灾的设备电源、关闭该区域内的所有相关设备，如表 12-5 所示。

表 12-5　系统联锁设备及要求

序号	设备名称	技术要求
1	车间排烟窗	正常状态常闭,发生火灾时自动打开
2	色漆线:机器人站,输送系统,喷漆室的供、排风系统,烘干炉	输送链停止运行,同时喷漆室供、排风也停止,机器人移动至"原始位置",油漆输送系统停止油漆循环,烘干炉的卷帘门关闭,供、排风的防火风阀要关闭
3	清漆线:机器人站,喷漆室的供、排风系统,烘干炉	输送链停止运行,同时喷漆室供、排风也停止,机器人移动至"原始位置",油漆输送系统停止油漆循环,烘干炉的卷帘门关闭,供、排风的防火风阀要关闭
4	喷蜡室线:喷蜡室供、排风系统和输送系统	输送链停止运行,同时供蜡室、供排风也停止,蜡输送系统停止供蜡循环,供、排风的防火风阀要关闭
5	调漆间:调漆间供、排风系统和输调漆系统	发生火灾时,调漆间空调供、排风系统和整个输调漆系统要停止工作,供、排风的防火风阀要关闭
6	厂房、工位空调	发生火灾时关闭厂房、工位空调

12.3.7 布线

12.3.7.1 一般规定

① 火灾自动报警系统的传输线路和 50V 以下供电的控制线路，应采用电压等级不低于

交流 300V/500V 的铜芯绝缘导线或铜芯电缆；采用交流 220V/380V 的供电和控制线路，应采用电压等级不低于交流 450V/750V 的铜芯绝缘导线或铜芯电缆。

② 火灾自动报警系统传输线路的线芯截面选择，除应满足自动报警装置技术条件的要求外，还应满足机械强度的要求；铜芯绝缘导线和铜芯电缆线芯的最小截面面积不应小于相关规定。

③ 火灾自动报警系统的供电线路和传输线路设置在室外时，应埋地敷设。

④ 火灾自动报警系统的供电线路和传输线路设置在地（水）下隧道或湿度大于 90% 的场所时，线路及接线处应做防水处理。

⑤ 采用无线通信方式的系统设计，应符合下列规定：无线通信模块的设置间距不应大于额定通信距离的 75%；无线通信模块应设置在明显部位，且应有明显标识。

12.3.7.2 室内布线

技术要求如下：

① 火灾自动报警系统的传输线路应采用金属管、可挠（金属）电气导管、B1 级以上的刚性塑料管或封闭式线槽保护。

② 火灾自动报警系统的供电线路、消防联动控制线路应采用耐火铜芯电线电缆，报警总线、消防应急广播和消防专用电话等传输线路应采用阻燃或阻燃耐火电线电缆。

③ 线路暗敷设时，应采用金属管、可挠（金属）电气导管或 B1 级以上的刚性塑料管保护，并应敷设在不燃烧体的结构层内，且保护层厚度不宜小于 30mm；线路明敷设时，应采用金属管、可挠（金属）电气导管或金属封闭线槽保护，矿物绝缘类不燃性电缆可直接明敷。

④ 火灾自动报警系统用的电缆竖井，宜与电力、照明用的低压配电线路电缆竖井分别设置。受条件限制必须合用时，应将火灾自动报警系统用的电缆和电力、照明用的低压配电线路电缆分别布置在竖井的两侧。

⑤ 不同电压等级的线缆不应穿入同一根保护管内，当合用同一线槽时，线槽内应有隔板分隔。

⑥ 采用穿管水平敷设时，除报警总线外，不同防火分区的线路不应穿入同一根管内。

⑦ 从接线盒、线槽等处引到探测器底座盒、控制设备盒、扬声器箱的线路，均应加金属保护管保护。

⑧ 火灾探测器的传输线路，宜选择不同颜色的绝缘导线或电缆；正极"＋"线应为红色，负极"－"线应为蓝色或黑色；同一工程中相同用途导线的颜色应一致，接线端子应有标号。

12.4 系统验收规范

12.4.1 CO₂ 灭火系统

验收标准参照《气体灭火系统施工及验收规范》（GB 50263—2007）。

12.4.1.1 防护区或保护对象与储存装置间

① 防护区或保护对象的位置、用途、划分、几何尺寸、开口、通风、环境温度、可燃物的种类，防护区围护结构的耐压、耐火极限及门、窗可自行关闭装置应符合设计要求。

② 防护区安全设施的设置应符合设计要求。

a. 防护区的疏散通道、疏散指示标志和应急照明装置；

b. 防护区内和入口处的声光报警装置、气体喷放指示灯、入口处的安全标志；

c. 无窗或固定窗扇的地上防护区和地下防护区的排气装置；

d. 门窗设有密封条的防护区的泄压装置；

e. 专用的空气呼吸器或氧气呼吸器。

③ 储存装置间的位置、通道、耐火等级、应急照明装置、火灾报警控制装置、地下储存装置及机械排风装置应符合设计要求。

④ 火灾报警控制装置及联动设备应符合设计要求。

12.4.1.2　设备和灭火剂输送管道

① 灭火剂储存容器的数量、型号和规格，位置与固定方式，油漆和标志，以及灭火剂储存容器的安装质量应符合设计要求。

② 储存容器内的灭火剂充装量和储存压力应符合设计要求。检查数量：称重检查按储存容器全数（不足 5 个的按 5 个计）的 20％检查；储存压力检查按储存容器全数检查；低压二氧化碳储存容器按全数检查。检查方法：称重、液位计或压力计测量。

③ 集流管的材料、规格、连接方式、布置及其泄压装置的泄压方向应符合设计要求和有关规定。

④ 选择阀及信号反馈装置的数量、型号、规格、位置、标志及其安装质量，应符合设计要求和有关规定。

⑤ 阀驱动装置的数量、型号、规格和标志，安装位置，气动驱动装置中驱动气瓶的介质名称和充装压力，以及气动驱动装置管道的规格、布置和连接方式，应符合设计要求和有关规定。

⑥ 驱动气瓶和选择阀的机械应急手动操作处，均应有标明对应防护区或保护对象名称的永久标志；驱动气瓶的机械应急操作装置均应设安全销并加铅封，现场手动启动按钮应有防护罩。

⑦ 灭火剂输送管道的布置与连接方式、支架和吊架的位置及间距、穿过建筑构件及其变形缝的处理、各管段和附件的型号规格以及防腐处理和涂刷油漆颜色，应符合设计要求和有关规定。

⑧ 喷嘴的数量、型号、规格、安装位置和方向，应符合设计要求和有关规定。

12.4.1.3　系统模拟灭火功能试验

① 系统功能验收时，应进行模拟启动试验，并合格。检查数量：按防护区或保护对象总数（不足 5 个按 5 个计）的 20％检查。检查方法：按模拟启动试验的规定执行。

② 系统功能验收时，应进行模拟喷气试验，并合格。检查数量：组合分配系统不应少于一个防护区或保护对象，柜式气体灭火装置、热气溶胶灭火装置等预制灭火系统应各取一套。检查方法：按模拟喷气试验或按产品标准中有关联动试验的规定执行。

③ 系统功能验收时，应对设有灭火剂备用量的系统进行模拟切换操作试验，并合格。检查数量：全数检查。检查方法：按模拟切换操作试验的规定执行。

④ 系统功能验收时，应对主用、备用电源进行切换试验，并合格。检查方法：将系统切换到备用电源，按模拟启动试验的规定执行。

12.4.2　自动喷水灭火系统

验收标准参照《自动喷水灭火系统施工及验收规范》（GB 50261—2017）。

12.4.2.1　系统资料

① 竣工验收申请报告、设计变更通知书、竣工图。

② 工程质量事故处理报告。

③ 施工现场质量管理检查记录。

④ 自动喷水灭火系统施工过程质量管理检查记录。

⑤ 自动喷水灭火系统质量控制检查资料。

⑥ 系统试压、冲洗记录。

⑦ 系统调试记录。

12.4.2.2 消防水泵

① 工作泵、备用泵、吸水管、出水管及出水管上的阀门、仪表的规格、型号、数量，应符合设计要求；吸水管、出水管上的控制阀应锁定在常开位置，并有明显标记。

② 消防水泵应采用自灌式引水或其他可靠的引水措施。

③ 分别开启系统中的每一个末端试水装置和试水阀，水流指示器、压力开关等信号装置的功能应均符合设计要求；湿式自动喷水灭火系统的最不利点做末端放水试验时，自放水开始至水泵启动时间不应超过 5min。

④ 打开消防水泵出水管上试水阀，当采用主电源启动消防水泵时，消防水泵应启动正常；关掉主电源，主、备电源应能正常切换；备用电源切换时，消防水泵应在 1min 或 2min 内投入正常运行。自动或手动启动消防泵时应在 55s 内投入正常运行。

⑤ 消防水泵停泵时，水锤消除设施后的压力不应超过水泵出口额定压力的 1.3～1.5 倍。

⑥ 对消防气压给水设备，当系统气压下降到设计最低压力时，通过压力变化信号应能启动稳压泵。

⑦ 消防水泵启动控制应置于自动启动挡，消防水泵应互为备用。

12.4.2.3 报警阀组

① 报警阀组的各组件应符合产品标准要求。

② 打开系统流量压力检测装置放水阀，测试的流量、压力应符合设计要求。

③ 水力警铃的设置位置应正确。测试时，水力警铃喷嘴处压力不应小于 0.05MPa，且距水力警铃 3m 远处警铃声声强不应小于 70dBA。

④ 打开手动试水阀或电磁阀时，雨淋阀组动作应可靠。

⑤ 控制阀均应锁定在常开位置。

⑥ 空气压缩机或水灾自动报警系统的联动控制应符合设计要求。

⑦ 打开末端试（放）水装置，当流量达到报警阀动作流量时，湿式报警阀和压力开关应及时动作，带延迟器的报警阀应在 90s 内压力开关动作，不带延迟器的报警阀应在 15s 内压力开关动作；雨淋报警阀动作后 15s 内压力开关动作。

12.4.2.4 管网

① 管道的材质、管径、接头、连接方式及采取的防腐、防冻措施，应符合设计规范及设计要求。

② 管网排水坡度及辅助排水设施应符合本规范的规定。

③ 系统中的末端试水装置、试水阀、排气阀应符合设计要求。

④ 管网不同部位安装的报警阀组、闸阀、止回阀、电磁阀、信号阀、水流指示器、减压孔板、节流管、减压阀、柔性接头、排水管、排气阀、泄压阀等，均应符合设计要求。检查数量：报警阀组、压力开关、止回阀、减压阀、泄压阀、电磁阀全数检查，合格率应为 100%；闸阀、信号阀、水流指示器、减压孔板、节流管、柔性接头、排气阀等抽查设计数量的 30%，数量均不少于 5 个，合格率应为 100%。

⑤ 雨淋系统和仅由水灾自动报警系统联动开启预作用装置的预作用系统，其配水管道充水时间不宜大于 2min。

12.4.2.5 喷头

① 喷头设置场所、规格、型号、公称动作温度、响应时间指数（RTI）应符合设计要

求。检查数量：抽查设计喷头数量10％，总数不少于40个，合格率应为100％。

② 喷头安装间距，喷头与楼板、墙、梁等障碍物的距离应符合设计要求。检查数量：抽查设计喷头数量5％，总数不少于20个，距离偏差±15mm，合格率不小于95％时为合格。

③ 有腐蚀性气体的环境和有冰冻危险场所安装的喷头，应采取防护措施。

④ 有碰撞危险场所安装的喷头应加设防护罩。

⑤ 各种不同规格的喷头均应有一定数量的备用品，其数量不应小于安装总数的1％，且每种备用喷头不应少于10个。

12.4.2.6 系统模拟灭火功能试验

① 报警阀动作，水力警铃应鸣响。

② 水流指示器动作，应有反馈信号显示。

③ 压力开关动作，应启动消防水泵及与其联动的相关设备，并应有反馈信号显示。

④ 电磁阀打开，雨淋阀应开启，并应有反馈信号显示。

⑤ 消防水泵启动后，应有反馈信号显示。

⑥ 加速器动作后，应有反馈信号显示。

⑦ 其他消防联动控制设备启动后，应有反馈信号显示。

12.4.3 高压细水雾灭火系统

12.4.3.1 系统资料

① 验收申请报告、设计施工图、设计变更文件、竣工图。

② 主要系统组件、符合国家标准的产品出厂合格证。

③ 系统及其主要组件的安装使用和维护说明书。

④ 施工单位的有效资质文件和施工现场质量管理检查记录。

⑤ 系统施工过程质量检查记录、施工事故处理报告。

⑥ 系统试压记录、管网冲洗记录和隐蔽工程验收记录。

12.4.3.2 泵组

① 工作泵、备用泵、吸水管、出水管，出水管上的安全阀、止回阀、信号阀等的规格、型号、数量应符合设计要求；吸水管、出水管上的检修阀应锁定在常开位置，并应有明显标记。

② 水泵的引水方式应符合设计要求。

③ 水泵的压力和流量应满足设计要求。

④ 泵组在主电源下应能在规定时间内正常启动。

⑤ 当系统管网中的水压下降到设计最低压力时，稳压泵应能自动启动。

⑥ 泵组应能自动启动和手动启动。

⑦ 控制柜的规格、型号、数量应符合设计要求；控制柜的图纸塑封后应牢固粘贴于柜门内侧。

12.4.3.3 储气瓶组和储水瓶组

① 瓶组的数量、型号、规格、安装位置、固定方式和标志，应符合设计要求。

② 储水容器内水的充装量和储气容器内氮气或压缩空气的储存压力应符合设计要求。

③ 瓶组的机械应急操作处的标志应符合设计要求，应急操作装置应有铅封的安全销或保护罩。

12.4.3.4 控制阀

① 控制阀的型号、规格、安装位置、固定方式和启闭标识等，应符合设计要求。

② 分区控制阀组应能采用手动和自动方式可靠动作。

③ 分区控制阀前后的阀门均应处于常开位置。

12.4.3.5 管网

① 管道的材质与规格、管径、连接方式、安装位置及采取的防冻措施，应符合设计要求。

② 管网上的控制阀、动作信号反馈装置、止回阀、试水阀、安全阀、排气阀等，其规格和安装位置均应符合设计要求。

③ 管道固定支、吊架的固定方式、间距及其与管道间的防电化学腐蚀措施，应符合设计要求。

12.4.3.6 喷头

① 喷头的数量、规格、型号应符合设计要求。

② 喷头的安装位置、安装高度、间距，与墙体、梁等障碍物的距离，应符合设计要求。

③ 不同型号规格喷头的备用量不应小于其实际安装总数的 1%，且每种备用喷头数不应少于 5 只。

12.4.3.7 系统模拟灭火功能试验

① 动作信号反馈装置应能正常动作，并应能在动作后启动泵组或开启瓶组及与其联动的相关设备，可正确发出反馈信号。

② 系统的分区控制阀应能正常开启，并可正确发出反馈信号。

③ 系统的流量、压力均应符合设计要求。

④ 泵组或瓶组及其他消防联动控制设备应能正常启动，并应有反馈信号显示。

⑤ 主、备电源应能在规定时间内正常切换。

⑥ 系统应进行冷喷试验，其响应时间应符合设计要求。

12.4.4 火灾自动报警系统

验收标准参照《火灾自动报警系统施工及验收标准》（GB 50166—2019）。

12.4.4.1 火灾报警控制器

① 灾报警控制器的安装应满足本规范要求。

② 火灾报警控制器的规格、型号、容量、数量应符合设计要求。

③ 火灾报警控制器的功能验收应按本规范要求进行检查，检查结果应符合《火灾报警控制器》（GB 4717—2005）和产品使用说明书的有关要求。

12.4.4.2 手动火灾报警按钮

① 手动火灾报警按钮的安装应满足本规范的要求。

② 手动火灾报警按钮的规格、型号、数量应符合设计要求。

③ 施加适当推力或模拟动作时，手动火灾报警按钮应能发出火灾报警信号。

12.4.4.3 消防联动控制器

① 消防联动控制器的安装应满足本规范的要求。

② 消防联动控制器的规格、型号、数量应符合设计要求。

③ 消防联动控制器的功能验收应按规范逐项检查，结果应符合要求。

④ 消防联动控制器处丁自动状态时，其功能应满足《火灾自动报警系统设计规范》（GB 50116—2013）和设计的联动逻辑关系要求。检验方法：按设计的联动逻辑关系，使相应的火灾探测器发出火灾报警信号，检查消防联动控制器接收火灾报警信号情况、发出联动信号情况、模块动作情况、消防电气控制装置的动作情况、现场设备动作情况、接收反馈信号（对于启动后不能恢复的受控现场设备，可模拟现场设备启动反馈信号）及各种显示情

况；检查手动插入优先功能。

⑤ 消防联动控制器处于手动状态时，其功能应满足《火灾自动报警系统设计规范》（GB 50116—2013）和设计的联动逻辑关系要求。检验方法：使消防联动控制器的工作状态处于手动状态，参照《消防联动控制系统》（GB 16806—2006）和设计的联动逻辑关系依次启动相应的受控设备，检查消防联动控制器发出联动信号情况、模块动作情况、消防电气控制装置的动作情况、现场设备动作情况、接收反馈信号（对于启动后不能恢复的受控现场设备，可模拟现场设备启动反馈信号）及各种显示情况。

12.4.4.4 消防电气控制装置

① 消防电气控制装置的安装应满足本规范的要求。

② 消防电气控制装置的规格、型号、数量应符合设计要求。

③ 消防电气控制装置的控制、显示功能应满足《消防联动控制系统》（GB 16806—2006）的有关要求。检验方法：依据《消防联动控制系统》（GB 16806—2006）的有关要求进行检查。

12.5 技术文件

① 报警及灭火设备、通信设备及与消防指挥中心联网点的布置图（包括探测器和喷头等的位置）；CO_2 系统布置和安装施工图。

② 消防设备（包括报警设备、灭火设备、广播系统等）工作原理图、安装施工图、调试手册、控制电路图、使用说明书或手册、维修使用说明书和管理手册等。

③ 消防设备配置计算文件。

④ 控制单元施工图。

⑤ 消防设备与工艺设备互锁控制安装施工图。

⑥ CO_2 灭火设备设计说明书。

⑦ CO_2 灭火设备与工艺设备互锁控制安装施工图（含管路和电气自动控制系统图纸）。

⑧ 培训手册。

⑨ 乙方必须提供 CO_2 灭火系统中所有使用配套产品、部件及材料的生产许可证，材质说明书，检验合格证的原件一份，复印件以及试验原始记录表三份。

⑩ 如果乙方没有提供甲方需要的全部资料，甲方将对此消防系统不予验收。

12.6 培训与服务

12.6.1 培训

培训内容如表 12-6 所示。

表 12-6 培训内容

序号	类别	要求
1	培训目标	使全体操作人员增强安全意识,熟练掌握提高消防设备的相关知识及技能,以最大限度地预防火灾发生,减少企业损失;被培训人员掌握自动消防设备构成,消防区域及各种控制元器件功能;被培训人员要会使用、会操作、对各种紧急情况会处理;掌握安装使用消防设备的规范和要求;掌握消防设备的维护、维修以及处理一些比较重大的故障方法和技术
2	培训对象	车间内主要防火区工位人员;车间安全负责人;车间消防控制中心管理人员;车间员工和全体管理人员;安全管理部门人员

序号	类别	要求
3	培训服务	工程施工验收合格后一年内免费进行二次专题培训
4	培训内容及课时	a. 厂区(车间)消防系统概述和消防系统设备标识及定位(1课时); b. 主设备专业术语及中英文对照(1课时); c. 消防主设备手动与自动使用,如何更换主要备件(1课时); d. 火灾报警灭火系统和 CO_2 灭火系统(2课时); e. 消防电气控制系统及其探测、执行元件简介(3课时); f. 灭火器材(1课时); g. 水喷淋灭火系统(2课时)
5	时间安排	设备制造安装时开始进入培训,在设备调试前两周理论培训结束,调试过程中在现场进行培训
6	培训教材	培训教材资料要求在调试前两周提供,内容涵盖上述相关内容

12.6.2 服务

为了更好地生产,乙方应提供易损件喷淋头,按照现场使用量的 10% 提供,乙方在工程中如果使用编址模块等其他专用工具,应免费提供一套地址编码工具和一套专用工具给甲方,此备件和工具均包含在设备总价中。

乙方负责组织,确保系统通过消防部门的验收。设备及元器件在质保期内无人为损坏均由供应商负责更换。在质保期内设备出现故障,乙方负责及时到现场解决。

13　涂装车间辅助系统技术要求

13.1　引言

　　整个涂装车间的运营不仅需要生产设备，与生产设备配套的辅助系统也必不可少，辅助系统为涂装车间的稳定、高效和高质量运营提供了坚实保障。

　　本项目涂装车间主要的辅助系统具体如下。纯水系统承担着整个涂装车间生产耗水需求，对涂装生产线 PT&ED 段车身质量的影响比例高。目前，采用主流 ED-RO 反渗透技术，能有效保证纯水质量且循环使用的利用率高，降低整个涂装车间能源消耗。本着绿色环保的理念，本项目引进多数主流 OEM 技术配套成熟的废气燃烧系统（RTO），采用新进工艺蓄热燃烧＋浓缩转轮＋余热回收模式来处理涂装车间生产制造的废气。余热回收系统是当前乃至未来发展的走向，经过系统转换后不仅回收的热量可用于预脱附和车间内部加热，并且能有效降低涂装工程成本消耗。越来越多的汽车生产制造对涂装工程车身性能要求更高，而涂装性能质量指标的测量工具是涂装检验手段必不可少的。测量工具要本着经济环保、精度高、灵敏度高、技术成熟且设备先进的理念去选择。在涂装车间自动化程度较高的环境下，涂装车身承载工装的要求也随之增加。承载工装（滑橇）洁净度要求不能对生产设备信号产生干涉而造成车身信息无法识别。考虑人工成本的因素，本项目采用半自动化清理，输送系统采用滑橇自动识别、自动进出技术。因此，涂装车间辅助系统的持续开发更能有效地为涂装车间整个生产制造系统保驾护航。

　　本章还包含维修间、备件间、发电机房等生产相关辅房，办公类辅房不在本章范围内。

13.2　纯水系统技术要求

13.2.1　分工界面

　　（1）公用动力部分设计施工界面

　　公用动力施工界面示意图如图 13-1 所示。

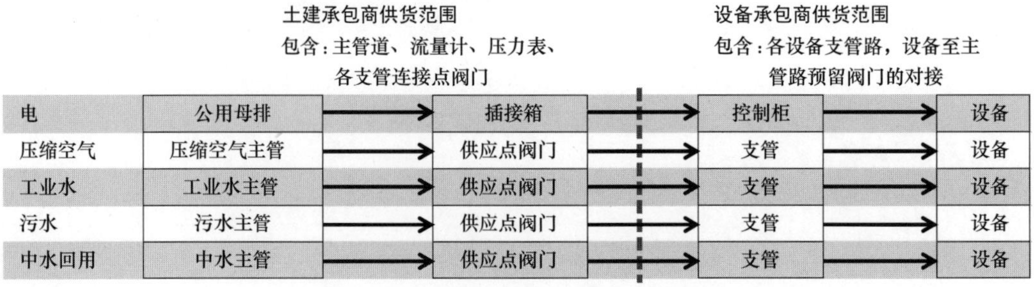

	土建承包商供货范围 包含：主管道、流量计、压力表、 各支管连接点阀门		设备承包商供货范围 包含：各设备支管路，设备至主 管路预留阀门的对接	
电	公用母排 →	插接箱 →	控制柜 →	设备
压缩空气	压缩空气主管 →	供应点阀门 →	支管 →	设备
工业水	工业水主管 →	供应点阀门 →	支管 →	设备
污水	污水主管 →	供应点阀门 →	支管 →	设备
中水回用	中水主管 →	供应点阀门 →	支管 →	设备

图 13-1　公用动力施工界面示意图

（2）纯水站设备施工界面

纯水站设备施工界面示意图如图 13-2 所示。

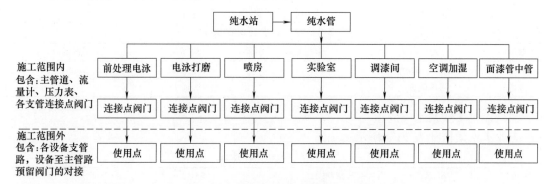

图 13-2　纯水站设备施工界面示意图

13.2.2　纯水站设计基础

（1）纯水站位置

纯水站设置在涂装车间内，尽量靠近前处理电泳区域，专供涂装车间使用。

（2）涂装车间工艺流程

涂装车间主体工艺流程如图 13-3 所示。其中，纯水使用量如表 13-1 所示。

图 13-3　涂装车间主体工艺流程示意图

表 13-1　涂装车间纯水使用量

序号	工段	使用量	备注
1	前处理电泳	$1.1m^3$/单元	
2	电泳打磨	$0.001m^3$/单元	水性中面漆 B1、B2
3	色漆喷房	$0.1m^3$/天	水性中面漆 B1、B2
4	实验室	$1m^3$/天	
5	调漆间	$3m^3$/天	
6	空调加湿	$6m^3$/时	一级纯水
7	面漆管中管	$1m^3$/月	一级纯水
8	LASD	$0.05m^3$/天	

（3）纯水设备基本要求

① 技术路线采用预处理＋RO 反渗透纯化水，RO 装置的水回收率保证达到 60％以上。

② 保证 RO 系统运转的连续性，产水为 $80m^3$/h（冬天最低产水量），储备水槽不小于 $160m^3$（涂装车间 2h 使用量）。

③ 整个系统具有连续运转的能力，要求为全自动无人值守。设计寿命为 25 年，且只要进行最少量的维修，常规的维修和修理不要求高技术人员来服务。

④ 整个纯水间地面需要有环形地沟应急排污，地沟直通雨水排放系统。纯水站设备要有围堰隔离，围堰区的容积不低于 $160m^3$。

（4）设备调试与培训

承包方还需要负责设备调试、培训等工作。系统安装完成后必须对预处理系统预先清洗。预处理清洗合格后再清洗 RO 膜元件。

（5）首次耗材提供

承包商必须提供首次使用的耗材，具体明细如表 13-2 所示。

表 13-2　纯水首次耗材提供量

项目	滤芯	絮凝剂	活性炭还原剂	阻垢剂
规格	5μs 聚丙烯熔喷	25kg 包装	25kg 包装	25kg 包装
数量	两用两备	2 桶	2 桶	2 桶

（6）提供工业水水质的值

工业水水质值如表 13-3 所示。

表 13-3　工业水水质值

项目	pH 值	高锰酸盐指数	总磷	SS	COD	BOD5
Ⅲ类	6～9	6	0.2	30	20	4
项目	石油类	挥发酚	DO	锌	氨氮	氟化物
Ⅲ类	0.05	0.005	5	1.0	1.0	1.0

13.2.3　工艺技术

13.2.3.1　工艺流程

纯水系统工艺流程如图 13-4 所示。

图 13-4　纯水系统工艺流程示意图

纯水系统工艺示意图如图 13-5 所示。

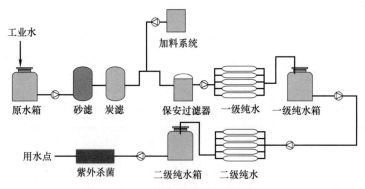

图 13-5　纯水系统工艺示意图

13.2.3.2　预处理过程技术要求

预处理过程技术要求如表 13-4 所示。

表 13-4　预处理过程技术要求

项目		参数要求
原水箱	容量	150m³
	材质	316 不锈钢
	结构	组装式

项目		参数要求
原水箱	液位控制	低位报警液位 进水液位 止水液位 高高报警液位
	低点排污	有最低点排污
	进水口	工业水 中水回用
多介质过滤器	材质	不锈钢
	填充物	多介质
	填充窗口	
	反清洗	具备反清洗功能 反清洗排水雨水排放系统
进水泵	设计压力	>0.6MPa
	立式离心泵	304不锈钢 要求一备一用
活性炭过滤器	材质	不锈钢
	填充物	净水专用果壳活性炭
	填充窗口	
	反清洗	具备反清洗功能 反清洗排水至雨水排放系统
	设计压力	>0.6MPa
阻垢剂加料装置	计量泵	10L/min 和进水泵互锁
	加料罐	PP材质 200L 液位计,和加料泵互锁
絮凝剂加料装置	计量泵	10L/min 和进水泵互锁
	加料罐	PP材质 200L 液位计,和加料泵互锁
活性炭还原剂加料装置	计量泵	10L/min 和进水泵互锁
	加料罐	PP材质 200L 液位计,和加料泵互锁
保安过滤器	材质 滤芯	304不锈钢 5μs聚丙烯熔喷过滤芯

13.2.3.3 反渗透过程技术要求

反渗透过程技术要求如表13-5所示。

表13-5 反渗透过程技术要求

项目		参数要求
高压泵	立式	304不锈钢,要求一备一用
	互锁	a. 高压泵与原水泵相联锁,通过主控制系统控制,分为手动、自动状态; b. 无论是手动还是自动,高压泵在进水压力达到设定值的前提下才能运行; c. 高压泵的出口同样设有高压开关,当高压泵输出压力超过高压开关设定值时,高压泵停止运行
一级反渗透	膜	卷式
	反渗透主体	304不锈钢支架

项目		参数要求
一级反渗透	清洗	具备反清洗、冲洗功能
	浓水排放	浓水直接排至雨水系统
一级纯水箱	容量	150m³
	材质	316 不锈钢
	结构	组装式
	液位控制	低位报警液位 进水液位 止水液位 高高液位
	低点排污	有最低点排污
	一级纯水供水泵	接入空调,管中管用水点
二级反渗透	膜	卷式
	反渗透主体	304 不锈钢支架
	清洗	具备反清洗、冲洗功能
	浓水排放	浓水排放到原水箱
二级纯水水箱	材质	316 不锈钢
	结构	组装式
	液位控制	低位报警液位 进水液位 止水液位 高高液位
	低点排污	有最低点排污
	纯水供水泵	304 不锈钢,要求一备一用
反清洗	排放点	直接排放到雨水系统
	系统设计	一级纯水膜组和二级纯水膜组共用一套反清洗系统
	液位控制	低位报警液位 进水液位 止水液位 高高液位
	反清洗储水箱	5m³,PP 材质
反清洗过滤器	材质	304 不锈钢,并经过内外抛光处理
	滤芯	5μs,聚丙烯熔喷过滤芯
	要求	a. 过滤器的开盖方式宜采用快开式,如流量大无法采用,则应采用法兰盘式,确保密封效果; b. 过滤器顶部设置有排气阀,底部设置有排放阀; c. 进出口应安装不锈钢压力表,压力表量程应符合正常运行时压力指示在压力表量程的 1/3～2/3 之间; d. 过滤器公称压力≥6bar
反清洗泵		304 不锈钢,要求一备一用

13.2.3.4　纯水供水系统参数要求

纯水供水系统参数如表 13-6 所示。

表 13-6　纯水供水系统参数

项目		参数要求
紫外杀菌	全流量	a. 灯管进口,使用寿命＞9000h; b. 紫外线杀菌器流量应大于等于单台纯水泵的流量; c. 紫外线杀菌器应具备紫外线强度检测、报警功能; d. 紫外线杀菌器应具备旁路功能,进出口及旁路安装手动蝶阀; e. 紫外线杀菌器采用短波紫外线杀菌; f. 紫外线杀菌器外壳采用 304 不锈钢材质,并进行内外抛光处理; g. 紫外线杀菌器公称压力≥6bar

项目	参数要求
高压泵　立式	a. 高压变频泵； b. 304 不锈钢,要求一备一用； c. 前处理电泳终端用水压力不低于 2bar

13.2.3.5　反渗透进水水质要求

反渗透进水水质要求如表 13-7 所示。

表 13-7　反渗透进水水质要求

项目	要求	项目	要求
水温	15～30℃	残余氯	＜0.1mg/L
进水量	130m³/h	pH 值	5～10
水压	0.25～0.40MPa	CODMn	＜2mg/L
DI 值	≤4	Fe(总)	＜0.05mg/L

13.2.3.6　反渗透出水水质要求

反渗透出水水质要求如表 13-8 所示。

表 13-8　反渗透出水水质要求

项目		要求	项目		要求
一级反渗透	电导率	＜10μS/cm	二级反渗透	电导率	＜5μS/cm
	pH 值	5～7		pH 值	5～7
	除盐率	＞97%		除盐率	＞97%

13.2.3.7　设备材质要求

设备品牌参照附录 15.5 涂装机械选型清单,品牌配置如表 13-9 所示。

表 13-9　品牌配置清单

序号	外购件名称	型号/规格	材质
(1)预处理系统			
1	原水箱	有效容积 V=150m³,设有维护用扶梯	厚 5mm 不锈钢
2	原水液位控制	静压式液位计	
3	进水阀门	气动蝶阀	碳钢
4	原水泵	立式离心泵	不锈钢
5	反冲洗泵	立式离心泵	不锈钢
6	多介质过滤器	含滤料,配套 TOME 的气动阀门组、压差控制器	厚 5mm 不锈钢
7	活性炭过滤器	含活性炭滤料,配套 TOME 的气动阀门组、压差控制器	厚 5mm 不锈钢
8	絮凝剂加料系统	加料泵	工程塑料
		加料箱	PE
9	活性炭还原剂加料系统	加料泵	工程塑料
		加料箱	PE
10	阻垢剂加料系统	加料泵	工程塑料
		加料箱	PE
(2)反渗透系统			
1	5μm 过滤器	不锈钢外壳,含滤芯	不锈钢
2	反渗透膜组	8in 抗污染膜	进口
3	一级高压泵		不锈钢
4	二级高压泵		不锈钢
5	二级供水泵		不锈钢
6	膜壳		玻璃钢

序号	外购件名称	型号/规格	材质
7	仪表	流量计	
		在线电导仪	
		高低压力开关	
		压力表（面板安装）	
		pH 计	
8	主机支架及管道阀门	不锈钢	
9	清洗水箱		PE
10	清洗水泵		不锈钢
11	5μm 过滤器	不锈钢外壳	不锈钢
12	pH 调节加料系统	加料泵	
		加料箱	PE
（3）纯水输送部分			
1	一级纯水箱	有效容积 $V=40m^3$,不锈钢组焊式(满足 1h 用)	304 不锈钢
2	原水液位控制	静压式液位计	
3	二级纯水箱	有效容积 $V=80m^3$,不锈钢组焊式(满足 4h 用)	304 不锈钢
4	原水液位控制	静压式液位计	
5	一级纯水输送泵		不锈钢
6	二级纯水输送泵		不锈钢
7	紫外线杀菌器	$Q=70m^3/h$,安装于二级纯水出水处	
8	系统管道阀门	304 不锈钢	
（4）电控系统		按 QOROS 电控要求	
（5）现场用料		桥架、电缆、管路等	

13.2.3.8　围堰

围堰技术要求如表 13-10 所示。

表 13-10　围堰技术要求

名称	说明	材料
技术要求	a. 设备必须在围堰内； b. 围堰内设置排水沟,且地沟排水直接连接雨水系统； c. 地沟上铺防滑玻璃钢网格板； d. 纯水设备的浓水系统直接排放到地沟	混凝土＋环氧防水地坪

13.2.4　仪器仪表

仪器仪表要求如表 13-11 所示。

表 13-11　仪器仪表要求

项目	要求
通用技术条件	a. 设备配备的仪器仪表的量程和精度应满足设备性能的需要,符合有关规定,接口不得有任何泄漏； b. 自动化控制灵敏,遇故障应立即制动,具有自动安全保护功能； c. 电气控制柜应符合国家及相关行业规定,安装应便于操作,符合设计要求； d. 各类电器接插件的安装应接触良好,操作盘、柜、机、泵及相关设备均应有安全保护措施,保证电气安全； e. PLC 应具有以太网接口,将数据传送至中控室上位机显示,并存储； f. 电气技术要求见 15.2 节
运行参数点检	a. 各级给水、产品水和浓水的流量； b. 各段给水、浓水、产品水、过滤器进出口、水泵出口的压力； c. 各级给水、产品水的温度； d. 各级给水、产品水的 pH 值； e. 各级给水、产品水的电导率在线监测

13.3 滑橇清洗间技术要求

13.3.1 分工界面

13.3.1.1 项目形式

若本项目为总包项目，则参照第 1 章"涂装车间工艺设备技术要求总则"；若本项目为分包项目，则参照下面公用动力分布图。

13.3.1.2 公用动力分布图

公用动力分布如图 13-6 所示。

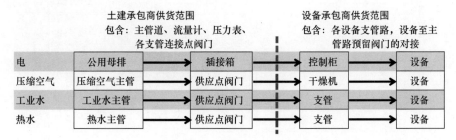

图 13-6 公用动力分布图

13.3.2 基础设计条件

13.3.2.1 滑橇清洗间工艺要求

滑橇清洗间工艺规格如表 13-12 所示。

表 13-12 滑橇清洗间工艺规格

项目	电泳滑橇清洗间	面漆滑橇清洗间
温度	冬季：18℃ 夏季：30℃	冬季：18℃ 夏季：30℃
照度	≥1000lx	≥1000lx
送风	根据室体大小设计	根据室体大小设计
排风	换气次数≥100 次/h	换气次数≥100 次/h

13.3.2.2 漆渣特性

漆渣特性如表 13-13 所示。

表 13-13 漆渣特性

名称	表面物质来源	物质特性	备注
滑橇	电泳、面漆	油性、水性	此数据仅供参考，但必须满足以上要求
格栅	面漆	油性、水性	
治具	电泳、面漆	油性、水性	

13.3.2.3 公用动力要求

公用动力规格如表 13-14 所示。

表 13-14 公用动力规格

项目	动力参数
压缩空气	压力>0.65MPa；含油量<0.1mg/Nm³；含尘量<0.1mg/m³；露点温度为−20℃
自来水	0.2~0.4bar
热水	3.0~4.0bar(表压)
连接点压力	0.3MPa

项目		动力参数
电源	动力电源	三相 AC 380V(1±10%)/50Hz
	照明电源	单相 AC 220V(1±10%)/50Hz
	控制电源	单相 AC 220V(1±10%)/50Hz

13.3.3 技术要求

13.3.3.1 滑橇清洗间室体

（1）面漆滑橇清洗间内部布局图（仅供参考）（图13-7）

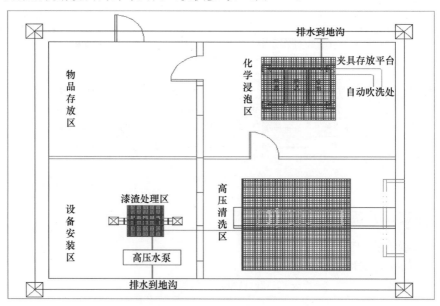

图 13-7 面漆滑橇清洗间内部布局图

（2）电泳滑橇清洗间内部布局图（仅供参考）（图13-8）

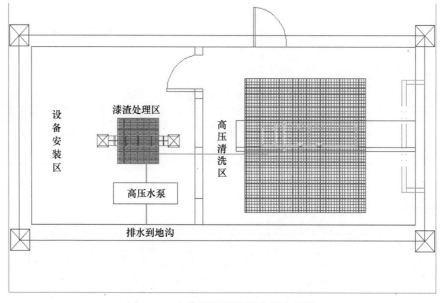

图 13-8 电泳滑橇清洗间内部布局图

室体技术要求如下：

① 滑橇清洗间的照明灯布置在室体顶部，灯管材质由供应商提供，但必须满足光照度要求。

② 滑橇清洗间的送风量为工作区空调送风，并且具备排风系统，送排风采用上抽下送方式，要求换气次数≥100次/h；要保证高压雾化水雾可以及时被排风抽出，保证操作人员视野不受影响。室体内的气体直接排到车间外。

③ 排风口处加过滤装置，且送风形式为下送上排。送排风开启具备启动保护联锁，先开排风再开送风，排风不启动时，送风也无法启动；送风不关闭，整个送排风系统就无法关闭。送排风系统可以统一由空调器厂家负责。

④ 滑橇清洗间的入口安装卷帘门，控制开关放在室体内但必须增加防水装置，卷帘门能够实现自动启停功能，当滑橇到达入口时，卷帘门自动开启，进入滑橇清洗间内自动关闭。

⑤ 所有作业区域内地面采用格栅304不锈钢，厚度为3mm。

⑥ 室体内部要有洗手盆作为人工清洗使用，洗手盆采用不锈钢制作，废水直接排到地沟。

⑦ 室体内要有高压水枪和吹扫枪悬挂支架，采用不锈钢材质。

⑧ 室体内要有夹具格栅存放平台，用气动葫芦吊起夹具和格栅放在清洗平台，且起重质量必须≥1t；清洗平台周围布置吹干喷嘴，用来吹干清洗后的夹具和格栅。

13.3.3.2 高压清洗设备

高压清洗设备如表13-15所示。

表13-15 高压清洗设备

项目	参数要求	项目	参数要求
压力(滑橇)	≥2000bar	材质	不锈钢
压力(夹具)	≥500bar	结构形式	立式柱塞泵
流量	≥20L/min	密封装置	迷宫式
运行模式	气缸活塞运动		

注：总包方设计应满足以上高压清洗设备参数范围内的性能要求。

高压清洗设备技术要求如下：

① 在设计时高压清洗设备底座支撑具备防振作用。

② 所有密封连接件和连接头必须具有高压功能。

③ 高压清洗设备必须确保与安全门和卷帘门联锁，泵启动时，卷帘门与门是关闭到位状态；泵关闭时，卷帘门或门是开启状态。

④ 滑橇清洗设备属于高压设备，压力要有高低压限制功能，设计时要有声光报警功能，作为提醒操作人员的警示。

⑤ 滑橇清洗间采用人工高压水枪对电泳和面漆滑橇清洗，除渣率达到98%。

⑥ 高压清洗机进水压力、压力差必须能够进行监控。

⑦ 高压清洗机必须有气动控制旁通装置和调节阀，用来调控高压水的流速。

⑧ 所有电气控制元件必须安装在无水雾、湿度低区域，避免设备损坏。

⑨ 高压清洗装置的所有和介质接触的部分禁止含有硅酮成分。

⑩ 高压清洗设备的显示屏为HIM触摸屏，能够显示压力、流量、温度等。

⑪ 在设计时要考虑高压清洗泵能够轻松移动，便于操作人员使用。

⑫ 高压泵本体要安装过滤器且带有压力分辨传感器，识别过滤器的状态。

⑬ 与高压清洗设备供水时要单独安装一个水箱，确保高压抽水时没有断水的存在，能够有效保证缸体不损坏。

13.3.3.3 滑橇清洗间自动辊床

自动辊床示意图如图 13-9 所示。

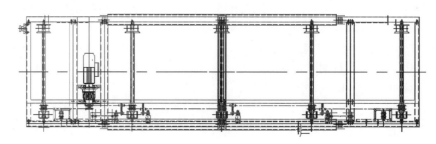

图 13-9　自动辊床示意图

自动辊床技术要求：

① 自动辊床必须具备防水功能，清洗间的自动辊床电机等级≥IP57；同时做好电机表面防水保护。

② 自动辊床的辊轮采用金属材料，必须满足防腐和防锈功能，确保不能出现锈蚀现象。辊床上其他部件采用不锈钢材质。

③ 自动辊床的电机维修开关柜必须是不锈钢且具备防水功能，安装在辊床两边，便于人员操作。

④ 滑橇清洗间的辊床具备自动转运功能，辊床具备正反运行模式。

⑤ 在滑橇清洗间内设计一个简易的操作装置，具备启动、停止、维护等功能。

13.3.3.4 人工吹扫

滑橇清洗后手动吹干滑橇表面的水珠（人工吹扫），减少对周边环境和设备形成的滴水，具体要求如表 13-16 所示。

表 13-16　人工吹扫要求

名称	压力	品牌	材质	备注
吹扫枪	≥6bar	思万特	尼龙树脂	在 3～5min 内吹干 95％以上的滑橇水珠
支架	—	国产	不锈钢	
软管接头	—	国产	不锈钢	

注：压缩空气吹扫枪工作区域必须≥10cm，直至出滑橇清洗间不会形成连续滴水现象。

吹扫技术要求：

① 压缩空气接口与吹扫枪的接口为软管连接。

② 支架设计必须与压缩空气枪匹配。

③ 软管使用长度依据现场实际情况衡量，由总包方设计。

13.3.3.5 格栅、夹具浸泡槽

① 格栅和夹具表面漆渣量较高，需要定期进行化学浸泡处理。

② 化学浸泡槽的大小要能满足格栅和夹具每天清洗的数量要求，且隔板之间可以上下抽取。

格栅夹具浸泡槽如图 13-10 所示。

（1）浸泡槽规格要求

浸泡槽规格如表 13-17 所示。

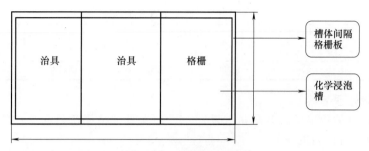

图 13-10　格栅夹具浸泡槽

表 13-17　浸泡槽规格

名称	尺寸/mm	厚度 d/mm	材质	备注
槽体	实际设计	实际设计	304 不锈钢	此数据仅供参考，具体根据材料确定后进行考虑
格栅板	实际设计	实际设计	304 不锈钢	
浸泡篮	实际设计	实际设计	304 不锈钢	
快速锁紧装置	实际设计	实际设计	304 不锈钢	
浸泡槽技术要求	a. 浸泡槽必须附有密封分开的盖板，确保化学药剂的气味 100％密封；盖板大小依据槽体尺寸合理设计，要能完全覆盖并且密封良好； b. 设计方必须根据格栅的尺寸规格，在格栅上区域设计快速固定格栅装置，能够承受 2000bar 以上的高压清洗； c. 槽体底部需要方形双层脚架支撑，材质为 316L 不锈钢，支撑高度由总包方设计； d. 夹具浸泡篮必须保证一备一用，能够有足够的时间进行浸泡篮清理； e. 槽体底部要有加热装置，采用热水加热模式，热水交换开关装置必须具备防水，有恒温、加热、温度显示等功能			

（2）浸泡槽废水排放

浸泡槽结构如图 13-11 所示。

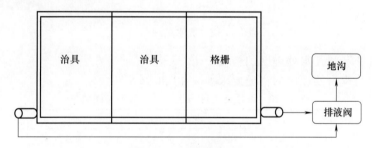

图 13-11　浸泡槽结构

注：排液阀必须安装在槽体的最低点，确保槽液能够 100％排空。

（3）供热系统

① 加热要求。为确保槽液冬、夏季温度的稳定性，特在槽体底部增加加热装置，要求如表 13-18 所示。

表 13-18　冬、夏季加热要求

名称	槽液温度/℃	温度可控范围/℃	升温时间/min	备注
冬季	30	20～40(±2)	2	此数据仅供参考
夏季	30	20～40(±2)	2	

② 供热水管要求如表 13-19 所示。

表 13-19　供热水管要求

名称	热水温度/℃	室内材质	室外材质	备注
供热水管	≥85	镀锌	镀锌	此数据仅供参考
保温层	—	RW50mm＋镀锌板外包	RW50mm＋镀锌板外包	

13.3.3.6　漆渣处理装置

① 漆渣处理时采用单臂式升降机气动葫芦，把夹具和格栅起吊起来；然后起升机吊起过滤篮达到漆渣处理的目的。

② 浸泡槽与滑橇的漆渣处理采用过滤篮方式，采用举升机提起过滤篮达到漆渣处理。

③ 漆渣过滤等级为三级，确保漆渣与水98％分离，达到除渣效果。

④ 过滤缆绳与辅助支架采用316L不锈钢材质。

⑤ 配备相应的举升机装置，要求能够提升1t质量的漆渣，提升高度大于1.5m。

⑥ 过滤篮应有举升机直接提升的吊环装置，应制作两套。

13.3.3.7　滑橇清洗的废水处理

（1）滑橇清洗的废水处理布局

废水处理布局如图13-12所示。

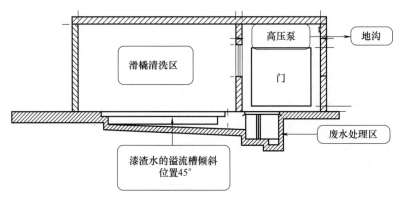

图 13-12　废水处理布局

（2）滑橇清洗区与废水处理区的格栅要求

滑橇清洗区与废水处理区的格栅要求如表13-20所示。

表 13-20　滑橇清洗区与废水处理区的格栅要求

名称	格栅尺寸(单块)	材质	特性条件	备注
格栅	实际设计	镀膜厚度≥100μm 热镀锌网格	在恶劣环境下防腐时间≥10年	此数据仅供参考，以实际设计为准
格栅支撑结构	实际设计	304不锈钢	密度≥500kg/m³	
设计要求	a. 格栅设置时必须能够满足长期在水中的条件下，带有格栅锁紧装置确保格栅不会移动。 b. 滑橇清水区漆渣溢流槽区域要处于倾斜45°，便于漆渣流向废水处理区。 c. 废水处理区必须带有过滤装置，等级为三级以上；确保漆渣与清水98％分离，达到此要求才可把处理后的污水排到地沟。 d. 废水池水采用高压泵抽取，且排水泵必须有过滤装置，防止堵塞造成电机故障；排水泵采用立式泵并且泵本身带有锁链，泵损坏时便于提取维修。 e. 废水池中安装超声波液位计，根据液位的高度自动抽取水并排到地沟，且具备反清洗装置。 f. 设计废水池时底部4个角为圆弧，便于清理			

13.3.3.8　漆渣运送小车

漆渣运送小车如图13-13所示。小车结构要求如表13-21所示。

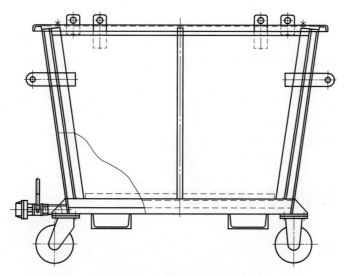

图 13-13　漆渣运送小车

表 13-21　漆渣运送小车结构要求

名称	接触面材质	外部结构架	功能	备注
小车	304 不锈钢	镀锌	必须带有滤水功能，能够直接排到地沟	此数据仅供参考，以实际设计为准

13.3.3.9　滑橇清洗间设备清单

滑橇清洗间设备清单如表 13-22 所示。

表 13-22　滑橇清洗间设备清单

分类	序号	设备	材料	国产	进口	备注
滑橇清洗间	1	高压清洗机	304 不锈钢		○	哈默尔曼
	2	电机			○	西门子、IP57
	3	变频器			○	西门子
	4	软启动器			○	
	5	高压过滤器	304 不锈钢	○		
	6	水温表	不锈钢	○		
	7	水压表	不锈钢	○		
	8	高压软管			○	特氟龙波纹管
	9	高压泵	304 不锈钢		○	
	10	调节阀	304 不锈钢		○	FESTO
	11	高压垫圈环	不锈钢	○		
	12	自动辊床	304 不锈钢	○		实际设计
	13	辊床传感器			○	倍加福具备防水
	14	辊床辊轮	金属	○		防腐和防锈功能
	15	支架	不锈钢	○		实际设计
	16	吹扫枪		○		思万特
	17	过滤篮	316L 不锈钢	○		
	18	升降气动葫芦		○		单臂式
	19	漆渣运送小车	304 不锈钢＋镀锌	○		实际设计
	20	排水泵	304 不锈钢	○		具备过滤

注：所有材料以实际设计为准。

13.3.4　安全要求

滑橇清洗间安全要求如下：

① 提供两套全身安全防护装备（包含头盔、夹克、长裤右手/胳膊保护，左手保护，安全鞋），适用压力大于 2000bar，要有法规认证，进口品牌。

② 滑橇清洗间要设置声光报警功能，报警声音应大于 75dB，保证操作人员可以清楚听到报警声音。

③ 在滑橇清洗间门口设置工作状态的指示灯，便于提醒人员滑橇清洗间是否在工作状态，指示灯分两种状态，亮起是工作状态，灯灭为停止工作状态。

④ 所有管路与设备之间的连接必须有承载支撑，布局要合理化，不能存在干涉问题。

⑤ 所有设备要有单独的维修开关。

13.4 空压辅助系统及车身工装

13.4.1 夹具工装

（1）夹具规格

根据新工厂规划双班产能设计，夹具规格如表 13-23 所示。

表 13-23 工装夹具规格

项目	工装	长/mm	宽/mm	高/mm	数量/套
电泳	四门限位夹具	实际设计	实际设计	实际设计	实际设计
	前盖限位夹具	实际设计	实际设计	实际设计	实际设计
	后盖限位夹具	实际设计	实际设计	实际设计	实际设计
	油箱门夹具	实际设计	实际设计	实际设计	实际设计
面漆	四门锁紧夹具	实际设计	实际设计	实际设计	实际设计
	前盖支撑夹具	实际设计	实际设计	实际设计	实际设计
	后盖支撑夹具	实际设计	实际设计	实际设计	实际设计
	前盖撑杆	实际设计	实际设计	实际设计	实际设计
	后盖撑杆	实际设计	实际设计	实际设计	实际设计
其他	魔术带	实际设计	实际设计	实际设计	实际设计
	海绵防撞块	实际设计	实际设计	实际设计	—
设计要求	a. 以上夹具开发根据车型定位大小进行设计； b. 总包方开发治具时要包含 4 种车型，工装数量由总包方实际设定，最终由甲方确认； c. 所涉及的工装要满足工艺设计的要求，确保符合所有工艺相关的技术关键指标				

（2）涂装车间夹具特性要求

夹具材料规格如表 13-24 所示。

表 13-24 夹具材料规格

项目	工装	材质	耐温/℃	性能	抗变形量
电泳	四门限位夹具	碳钢	≥200	防腐、防锈	实际设计
	前盖限位夹具	碳钢	≥200	防腐、防锈	实际设计
	后盖限位夹具	碳钢	≥200	防腐、防锈	实际设计
	油箱门夹具	碳钢	≥200	防腐、防锈	实际设计
面漆	四门锁紧夹具	不锈钢	≥200	防腐、防锈	实际设计
	前盖支撑夹具	不锈钢	≥200	防腐、防锈	实际设计
	后盖支撑夹具	不锈钢	≥200	防腐、防锈	实际设计
	前盖撑杆	不锈钢	—	—	实际设计
	后盖撑杆	不锈钢	—	—	实际设计
其他	魔术带	—	—	—	—
	海绵防撞块	—	—	—	—

（3）涂装车身夹具安装位置

夹具安装位置如表 13-25 所示。

表 13-25　夹具安装位置

项目	工装	夹具安装位置示意图
电泳	前门限位夹具	
	后门限位夹具	
	前盖限位夹具	
	后盖限位夹具	
	油箱门夹具	
面漆	前门锁紧夹具	
	后门锁紧夹具	
	前盖撑杆	

项目	工装	夹具安装位置示意图
面漆	后盖撑杆	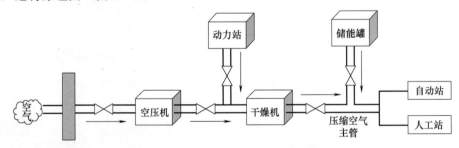
	前盖抬举	
	后盖抬举	

13.4.2 干燥机和空压机

喷房机器人喷涂对于压缩空气的要求要比其他工位高很多，所以为了降低首次投资和运营成本，一般会在面漆压缩空气支管上安装干燥机，以便提高喷涂用压缩空气的露点，避免质量问题。同时机器人需要不间断地使用压缩空气来防爆吹扫，这样在非生产时也需要消耗压缩空气，在面漆压缩空气支管上安装一台空压机，用于非生产机器人，可以大大节约相比开启工厂联合站房大的螺杆空压机的成本。

（1）运行原理图（图 13-14）

图 13-14　干燥机与空压机运行原理

（2）工程分布图（图 13-15）

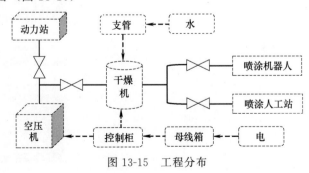

图 13-15　工程分布

（3）设备要求（表 13-26）

表 13-26　空压机、干燥机要求

分类	空压机	干燥机
露点温度/℃	-40	$-40/-20$
环境温度/℃	$-10\sim50$	$-10\sim50$
品牌	阿特拉斯	英格索兰
含油量	无油	无油
含尘量	无尘	无尘
噪声/dB	$\leqslant65$	$\leqslant45$
固体含颗粒/μm	最大直径$\leqslant0.01$	2级过滤，$\leqslant0.01$
相对湿度/%	75	75
排气量/(m³/min)	$\geqslant2$	
空气处理量/(m³/min)		$\geqslant20$
工作方式	水冷	冷冻式
压力损失/MPa		$\leqslant0.02$
供电方式	380(1±10%)V、三相五线制	380(1±10%)V、三相五线制
储能罐(不锈钢)	压力	体积
	1MPa	4m³
过滤器精度/μm	粗过滤器	精过滤器
	<1	<0.01
技术要求	a. 设备底部带有支撑脚架及起吊孔,材质为碳钢且防锈,并且能够具备强烈振动的性能; b. 设备必须具备防爆、防水功能; c. 空压机作为车间临时备用,选型大小由设计方进行考虑,满足我方压缩空气使用量需求; d. 制造、干燥压缩空气量,由乙方依据现场实际用量来设计; e. 所需的水、电等能源的接入口均设立在设备最近点,所有的设备都要预留接入口; f. 车间空压机与干燥机之间的管路需使用三通的转接口来接入工厂动力站的压缩空气,空压机不使用时为关闭状态; g. 按照无人值班进行规划设计,并且空压机、干燥机进行设备联锁; h. 空压机与干燥机控制信号必须有运行信号、停机信号(电气故障)、报警信号(过滤堵塞)、故障信号; i. 过滤器与缓冲罐都能设有自动排液或排污装置; j. 空压机具有油水分离及润滑的循环装置,输出的压缩空气不含油; k. 空压机入口装有高效率的空气滤清器,确保压缩空气经过后无尘; l. 空压机的负荷调节在60%～100%范围内能够用阀门进行无级调节,并维持运行压力稳定,在低于10%时,可空载运行; m. 干燥机采用冷冻式,设备上必须有压力露点温度、进气温度、排气温度、制冷剂蒸发压力显示、制冷剂冷凝压力显示; n. 干燥机具备排水器调时功能,含周期、时长; o. 装置应有可靠接地点及防止触电保护措施; p. 制冷循环设计时要有自动控制解决压缩机吸气低压的回路

13.5　实验车投入/拔出线

13.5.1　概述

实验车投入/拔出线主要服务于实验车、调试车、外厂车等非产线量产车型进出涂装车间。

13.5.1.1　基本能力要求

① 设计节拍 5JPH。

② 手动/自动数据录入。

13.5.1.2 车身数据

车身数据如表 13-27 所示。

表 13-27　车身数据

名称		设备能力设计车型尺寸
车体尺寸	不含夹具尺寸	5000mm(长)×1950mm(宽)×1700mm(高)
	含夹具尺寸	5100mm(长)×2200mm(宽)×1700mm(高)
白车身质量		(MAX)650kg/台

13.5.2　分工界面

公用动力部分设计施工界面如图 13-16 所示。

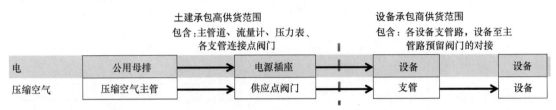

图 13-16　公用动力部分设计施工界面示意图

13.5.3　设计要求

（1）布局示意图

布局示意图如图 13-17 所示。

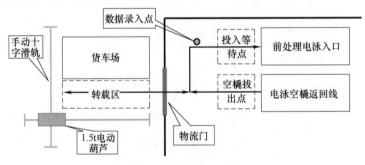

图 13-17　布局示意图

（2）流程说明

① 空橇手动进入拔出点。

② 电泳空橇通过辊床进入转载区。

③ 作业人员通过十字滑轨上的葫芦将货车场上货车中的白车身转载到转载区的空电泳橇上。

④ 转载完成后，辊床将载有车体的滑橇输送到前处理入口。

⑤ 在数据录入点完成数据录入后，载有车体的滑橇自动进入投入等待位，并自动完成最后的车体投入。

13.5.4　技术要求

车辆进出工位技术要求如表 13-28 所示。

表 13-28　车辆进出工位技术要求

项目	技术要求
空橇拔出点	a. 空橇拔出可实现手动、半自动操作; b. 手动状态下,空橇一步一步进入空橇拔出点,并在手动操作下将空橇输送至转载区; c. 半自动状态下,空橇依据 HMI 屏输入的指令,完成指定数量橇体的拔出,并自动将指定数量的空橇输送到转载区
转载区	a. 转载区辊床为常规辊床; b. 辊床要求参照 6.4.3 节; c. 原则上转载辊床位于焊涂连廊下,两侧防雨措施必须考虑,若无法处于连廊下,需做防雨室体; d. 现场设有操作盒,可实现输送设备的手动/自动操作
滑轨	a. 十字滑轨活动操作轻便、灵活、无卡阻; b. 十字滑轨适宜户外环境的使用; c. 满足设计承重要求; d. 配置二次保护装置
葫芦	a. 品牌:德马格或同等品牌; b. 载荷:1.5t; c. 配置车体吊装夹具; d. 配置二次保护装置
数据录入点	a. 十字滑轨活动操作轻便、灵活、无卡阻; b. 十字滑轨适宜户外环境的使用; c. 满足设计承重要求; d. 数据录入点采用人工手动操作; e. 完成数据录入后,操作人员在操作盒上选择投入按钮,车体自动投入等待点
投入等待点	a. 投入等待点为自动操作区域; b. 投入等待点需有安全护栏
信号联锁	物流门与该线机运设备联锁,防止碰撞

13.6　化验室

13.6.1　概述

化验室是每个涂装车间必不可少支持稳定生产的一部分。乙方负责涂装车间化验室总体室内规划设计,检测仪器及设备制作采购、运输、安装(包括现场安装,设备与五相三线交流电源、自来水、纯水、压缩空气连接,电控、排风等)、调试、培训及售后服务等所有内容。化验室能够进行前处理、电泳、面漆材料参数(pH 值、酸度、碱度、锆化膜厚、固体分、灰分等)的化验,以及对电泳、面漆涂膜的烘烤及相关性能(膜厚、附着力、耐冲击、柔韧性等)的检测实验。

13.6.2　分工界面

公用动力分布如图 13-18 所示。

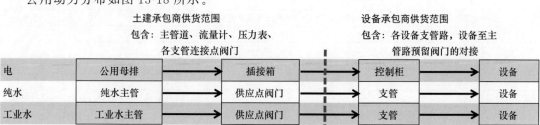

图 13-18　公用动力分布图

13.6.3 设计原则

《投标方提供资料及基础建筑图纸》

《科研建筑设计标准》（JGJ 91—2019）

《工业建筑供暖通风与空气调节设计规范》（GB 50019—2015）

《排风柜》JB/T 6412—1999

《化验室排风柜》（SEFA Desk Reference 2006）

《化验室排风柜测试标准》（ANSI/ASHRAE 110—1995）

《化验室通风标准》（ANSI-Standard Z9.5）

《化学化验室防火标准》（NFPA-♯45 6.1—6.14）

《建筑材料表面阻燃标准》（ASTM-E84）

《化验室防护罩和安全柜》（UL 1805—2006）

《通风与空调工程施工质量验收规范》（GB 50243—2016）

《建筑工程施工现场供用电安全规范》（GB 50194—2014）

《环境空气质量标准》（GB 3095—2012）

13.6.4 化验室布局图

化验室布局如图 13-19 所示。

（1）化验室非标设备清单

化验室非标设备清单如表 13-29 所示。

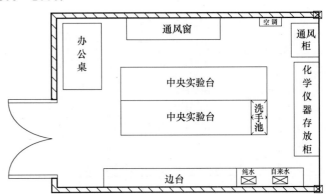

图 13-19　化验室布局图

表 13-29　化验室非标设备清单

序号	名称	规格(参考值)	说明	数量
1	通风柜	1500mm(长)×800mm(宽)×2350mm(高)		1套
2	中央实验台	6000mm(长)×1500mm(宽)×800mm(高)		1套
3	试剂架	6000mm(长)×400mm(宽)×1200mm(高)	全钢结构,试剂柱上带有 6 个 220V 五孔插座(施耐德奇胜及同等品牌)	2套
4	水槽	500mm(长)×400mm(宽)×335mm(高)	304L 不锈钢水池	2套
	纯水龙头		博朗品牌或同等品牌	1套
	自来水水龙头		博朗品牌或同等品牌	1套
5	水盆台	1300mm(长)×750mm(宽)×800mm(高)		1套
6	转角台	1000mm(长)×1000mm(宽)×800mm(高)	全钢结构,12.7mm 厚实芯理化板	1套
7	边台	6500mm(长)×750mm(宽)×800mm(高)	全钢柜,20mm 厚工业陶瓷台面 全钢柜;5 组 900mm 双门双抽下柜, 1 组 450 单门单抽下柜	1套
8	药品柜	900mm(长)×450mm(宽)×1800mm(高)		1套
	玻璃器皿柜	900mm(长)×450mm(宽)×1800mm(高)		1套
9	仪器柜	900mm(长)×450mm(宽)×1800mm(高)		2套
10	资料柜	900mm(长)×450mm(宽)×1800mm(高)		2套
11	烘箱底座			1套
12	岛型插座		钢制喷塑,五眼插座(施耐德奇胜)	设计时定

（2）非标设备要求

① 室体内配有空调确保环境温度为（26±2）℃。

② 室体内地面铺有环氧漆，且设计时必须考虑防爆作用。

③ 室体内照明灯布置在室体顶部，灯管材质由供应商提供，但必须满足光照度要求≥1000lx。

④ 具备送排风系统，排风口安放在室体外侧，要求换气次数≥5 次/h；室体内的气体直接排到车间外。

⑤ 所需的水、电等能源的接口均设立在设备最近点，所有设备都要预留接口。

⑥ 室体内部要有洗手盆，采用不锈钢材质制作，废水直接排到地沟。

⑦ 化验室整体布局应合理，相关实验互不干扰，便于实验员进行实验。

⑧ 化验室相关布局需满足化验室功能和安全环保等要求。

（3）试剂架（钢玻材质）

试剂架要求如表 13-30 所示。

表 13-30　试剂架要求

工艺要求	①试剂架立柱：1.5mm 优质冷轧钢板折弯、冲孔，表面经酸洗、磷化并经环氧树脂喷涂，化学防锈处理，可耐酸碱，每 10mm 有一调节孔位，立柱两端配有专用塑料堵头。 ②试剂架层板及相关附件：采用 12mm 单面安全玻璃，四周车边处理，光滑、不伤手，玻璃上配 1.5mm 厚的白色 PVC 作衬垫。玻璃托板及钢板折弯挂钩，整体采用 1.5mm 厚冷轧钢板，经专用模具一次性冲裁制作而成，可根据舒适要求自由调整高度，边缘配直径为 12mm 的不锈钢管，以防止试剂瓶跌落。试剂架横梁处安装有三角多功能插座，平均每米安装有 2 个插口，外形设计美观大方、实用
技术要求	外形尺寸误差值：长、宽、高≤3mm；对角线或框架对角线≤1400mm；邻边垂直度允许误差值≤3mm

（4）试剂柜

试剂柜要求如表 13-31 所示。

表 13-31　试剂柜要求

工艺要求	柜体及门板整体采用 1.2mm 优质冷轧钢板，经专用机床裁剪、冲压、折弯、气体保护焊接制作而成，表面经除油、酸洗、磷化等防锈工艺处理，再经环氧树脂喷塑工艺处理，具有耐强酸碱、耐腐蚀、耐冲击、韧性强等特点。钢材表面平整光滑，不允许有明显焊疤、鼓泡、凹陷、压痕、划痕、裂痕、麻点、崩角和刃口等缺陷。钻孔位置由模具定位。切割、钻孔和倒角应去毛刺。其中门板采用拼接形式制作，内部镶嵌 5mm 厚安全玻璃，线条优美，外形美观。层板采用相同材料及工艺制作，采用防腐支撑，可灵活调整高度
技术要求	全钢工艺制作，线条柔和，承重性好，组合灵活，利于维修，便于安装运输，外形设计美观大方。外形尺寸误差值：长、宽、高≤3mm；柜体对角线或框架对角线≤1000mm；邻边垂直度允许误差值≤3mm

（5）通风柜

通风柜要求如表 13-32 所示。

表 13-32　通风柜要求

工艺要求	①台面：采用化验室专用 11.7mm 厚实芯理化板制作而成，四周加边至 25.4mm；耐腐蚀、耐各种强酸碱和有机溶剂的侵蚀，有韧性、耐冲击、耐高温 200℃、防水、抗细菌生长、不含任何有毒物质、无辐射、健康环保防静电。 ②衬板及导流板：采用进口通风柜专用耐酸碱导流板，厚 6mm 白色表面涂敷固体酚醛树脂复合涂层。安装位置与角度需使排气分布均匀，无死角，在标准状况下，导流板上方与中、下方出风口排风量比例各为 50(1±10%)，以确保不同比例的气体均能有效排除，另具有手动可调排风量比例设计，可提高中、下方出风口排风量比例至 80%以上，以适应不同实验的需求。 ③视窗：框架采用铝合金材料制作，内部采用 5mm 厚钢化玻璃，视窗采用无间断平衡、隐蔽式结构设计。视窗配重平衡，保证视窗的平稳开关，视窗上下滑动自如，可停留在任意位置，在通风柜视窗与通风柜工作台面垂直闭合处，设计留有防止气体外溢的气流栅，用以防止因温差而产生的对流气体外溢，保证当视窗关闭风机仍工作时，柜体内工作区不会产生负压。 ④窗口把手：采用环氧树脂粉末喷涂烤漆钢制拉手，外形美观、大方。 ⑤悬吊钢索：采用直径 5mmPVC 包覆钢索，具有防绕、承重能力强、抗锈、耐腐蚀等特点。 ⑥通风柜外壳、箱体：整体采用 1.0mm 优质冷轧钢板经专用机床裁剪、冲压、折弯、气体保护焊接制作而成，表面经除油、酸洗、磷化等防锈工艺处理，再经环氧树脂喷塑工艺处理，具有耐强酸碱、耐腐蚀、耐冲击、韧性强等特点。钢材表面平整光滑，不允许有明显焊疤、鼓泡、凹陷、压痕、划痕、裂痕、麻点、崩角和刃口等缺陷。

工艺要求	⑦背板：为了配合水、电、气的安装及日常维护，下柜体背板设计为可拆卸背板。 ⑧通风柜控制器：采用微电脑集成液晶触摸面式开关控制，外形美观、大方，便于维护及更换。 ⑨插座：采用多功能防水三孔插座，并配置过载保护开关。 ⑩照明：采用日光灯照明，保证工作面不低于 450lx 的亮度标准，不与柜内气体接触，易更换。 ⑪水龙头：采用台湾台雄单口、双口或三口白色水龙头，冷热水可调，出水嘴为铜质尖嘴型，高头、单口 360° 旋转，便于多用途使用，可拆卸清洗。每台标准型通风柜均预留水阀的安装位置（可根据客户要求另外选配）。 ⑫水槽：采用台湾台雄或同等品牌，PP 材质，模具成型，耐酸碱腐蚀，台下托底式安装（可根据客户要求另外选配）。 ⑬气阀：采用铜制外表经环氧树脂喷涂工艺处理，耐高压、耐酸碱、耐热材质，单口隔离操作式。每台标准型通风柜均预留气体快接的安装位置（可根据客户要求另外选配）。 ⑭铰链：采用香港樱花或同等品牌，铰链，开启次数达到 10 万次以上。 ⑮配电箱：采用内嵌方式设计，固定于通风柜下箱体背板上，其中包含空气开关、过载保护器、接触器。 ⑯柜门及拉手：采用一体式设计，拉手为一字型隐蔽型，柜门设计有通风百叶窗，可防止柜体内部由于溶剂挥发所产生的腐蚀
技术要求	不锈钢工艺制作，线条柔和，承重性好，组合灵活，利于维修，便于安装运输，外形设计美观、大方。 外形尺寸误差值：长、宽、高≤3mm；柜体对角线或框架对角线≤1000mm，邻边垂直度允许误差值≤3mm。 外形及内腔尺寸：1500mm×800mm×2350mm；通风柜操作面净空间≥1230mm×690mm×1150mm

13.6.5 涂装测量设备

基本要求：

① 乙方提供的仪器必须是全新的产品。

② 所有检测仪器需检测合格且有检测合格证书和出厂证书。

③ 所有检测仪器对人的安全、防护等劳动保护条款符合非标制造及国家和行业相关标准。

④ 所有仪器中不得含有硅酮及硅油成分。

⑤ 所有检测仪器中需要使用电池的，需含充电电池。

⑥ 所有检测仪器中，需要与电脑连接进行数据传输的仪器，均需配备安装软件、数据接口和数据线。

⑦ 计量类仪器表面刻度精确、清晰、耐磨，方便读数。

⑧ 制造检测仪器所选用的材料不得对人体的健康产生有害影响。

⑨ 活动部件应根据其使用频繁程度的特点，选用高强度、高耐磨的材质。

⑩ 所有材料及附件应符合国家及行业标准。

⑪ 检测仪器应具有可靠、耐用的结构，以保证在不同作业条件下能正常工作。

（1）恒温设备

恒温水浴锅技术参数如表 13-33 所示。

表 13-33 恒温水浴锅技术参数

项目	主要参数	项目	主要参数
温控装置	具备温度预选功能，温度一次定点到位	温度均匀性	±0.3℃
内外材质	不锈钢	温控精度	±0.1℃
温度显示器	LED	工作槽容积	20L
功能键	触摸软键	工作槽尺寸	500mm×300mm×150mm
温度范围	室温～100℃		

恒温水浴锅配置清单如表 13-34 所示。

表 13-34 恒温水浴锅配置清单

设备清单	数量	设备清单	数量
主机	2台	操作说明书	2
电源线	2		

（2）称重设备

分析天平技术参数如表 13-35 所示。

表 13-35　分析天平技术参数

项目	主要参数	项目	主要参数
最大称量范围	210g	重复性	0.0001g
称量精度	0.0001g	外部砝码校准	200g
线性	±0.0003g		

分析天平配置清单如表 13-36 所示。

表 13-36　分析天平配置清单

配置名称	数量	备注
天平主机	1	
砝码	1	标准质量
说明书	1	中文

电子台秤技术参数如表 13-37 所示。

表 13-37　电子台秤技术参数

项目	主要参数	项目	主要参数
最大称量范围	15kg	显示	数显
称量精度	0.1kg	材质	ABS 塑料，不锈钢托盘
去皮范围	0～15kg	产品功能	置零、去皮、累计、计重、计数、检重等
台面尺寸	200mm×280mm		

电子台秤配置清单如表 13-38 所示。

表 13-38　电子台秤配置清单

配置名称	数量	备注
主机	1	包括电源线
说明书	1	

（3）整流设备

直流电整流系统技术参数如表 13-39 所示。

表 13-39　直流电整流系统技术参数

项目	主要参数	项目	主要参数
电压范围	0～400V	直流输出电压波纹系数	1%
电流	10A	电流限幅精度	±0.1%
输出电压可调范围	额定直流输出电压连续可调整	输出直流软启动时间	0～99s 可调
直流输出电压稳压精度	±0.1%	工作时间	0～1800s 可调

直流电整流系统配置清单如表 13-40 所示。

表 13-40　直流电整流系统配置清单

配置名称	数量	备注
主机	1	
操作说明书	1	

（4）黏度测量

旋转黏度计（测 PVC 胶、裙边胶）设备参数如表 13-41 所示。

旋转黏度计（测 PVC 胶、裙边胶）配置清单如表 13-42 所示。

表 13-41　旋转黏度计设备参数

项目	主要参数	项目	主要参数
精度	±1%	转子	No. 1：0.2～375 poise[①]
重现性	±0.2%		No. 7：0.78～625 poise
显示	数字显示	RPM 转速	5～1000
温度控制	实时监控样品温度		

① poise，黏度单位，简写为 P，1P＝1/10Pa・s。

表 13-42　旋转黏度计配置清单

设备清单	数量	设备清单	数量
主机	1	便携箱	1
转子	3♯和7♯	操作说明书	1
软件	1		

水性漆黏度计如表 13-43 所示。

表 13-43　水性漆黏度计

项目	主要参数
高扭矩范围	181000mN/m
低扭矩范围	7970mN/m
两种内置温度选择	H(高温)系列：50～235℃； L(低温)系列：5～75℃
测量精度	±1% 重现性：±0.2%
数据显示方式	数字显示输出(显示：黏度 cP 或者 mPa・s，扭矩%，转速/转子号，温度，等待时间/测试时间)
转速	5～1000r/min

漆膜冲击仪技术参数如表 13-44 所示。

表 13-44　漆膜冲击仪技术参数

项目	主要参数
下落重物	1kg 和 2kg
最大冲击力	100kg/cm 和 200kg/cm
冲头尺寸	15.9mm，圆形
导管高度	1m
模座内径	16.3mm
符合标准	ASTM D2794、ASTM D3029、ASTM D4226、ASTM D5420、ISO 6272-2

漆膜冲击仪配置清单如表 13-45 所示。

表 13-45　漆膜冲击仪配置清单

配置名称	数量	配置名称	数量
基座	1	冲头	1
带轴圈的导管	1	说明书	1
下落重物	1		

（5）外观测量

桔皮仪（DOI 功能）技术参数如表 13-46 所示。

表 13-46　桔皮仪技术参数

项目	主要参数	项目	主要参数
高光泽表面	Du＜65，线性范围	重现性	Du＜40：6%或＞0.6 Du＞40：8%或＞0.8
结构光谱	Du＜0.1mm Wa：0.1～0.3mm Wb：0.3～1mm Wc：1～3mm Wd：3～10mm We：10～30mm	工作曲线	半径＞500mm
		最小样品尺寸	35mm×150mm
		扫描范围	5/10/20cm
		分辨率	375 点/cm
重复性	Du＜40：4%或＞0.4 Du＞40：6%或＞0.6	温度范围	操作温度 10～40℃

桔皮仪（DOI功能）配置清单如表 13-47 所示。

表 13-47　桔皮仪配置清单

配置名称	数量	配置名称	数量
主机	1	自动生成图表软件	1
带证书的标准板	1	充电底座	1
1.5V 小电池（碱性）	3	便携箱	1
充电连接线	2	操作说明书	1
数据传输线	1		

色差仪技术参数如表 13-48 所示。

表 13-48　色差仪技术参数

项目	主要参数
测量角度	45°照明，−15°/15°/25°/45°/75°/110°逆镜向反射观察
光谱范围	400～700nm，10nm 分辨率
测量范围	反射率 0～400%
重复性	0.02ΔE（在白板上连续测量 10 次）
重现性	0.20ΔE（在 12 块 BCRAII 板上测量的平均值）
颜色标尺	ΔE；ΔECMC；ΔE94；ΔE2000；ΔE99；ΔE DIN6175
照明光源	A；C；D50；D65；F2；F7；F11；F12
观察视角	2°；10°
测量角度	15°/45°/75°和散射光照射，垂直观察
测量时间	＜6s
内存	1000 个标准样品

色差仪配置清单如表 13-49 所示。

表 13-49　色差仪配置清单

配置名称	数量	配置名称	数量
主机	1	遮光盖	2
黑色校准标准板	1	Auto-chart 软件	1
白色校准标准板带证书	1	带 USB 线缆的充电底座	1
青色和效果检查用标准版	1	用于在线传输的数据线	1
保护盖	1	可充电锂电池	2 节
底部清洁组件	1	操作说明书	1

光泽度仪技术参数如表 13-50 所示。

表 13-50　光泽度仪技术参数

项目	主要参数	项目	主要参数
角度	20°，60°，85°	重复性	±0.2GU，±0.2%
应用	任何光泽	重现性	±0.5GU，±0.5%
测量面积	10mm×10mm，9mm×15mm，5mm×38mm	光谱敏感度	用于 CIE-C 光源的观察器，符合 CIE1931 标准
测量范围	1～100GU，100～2000GU		

光泽度仪配置清单如表 13-51 所示。

表 13-51　光泽度仪配置清单

配置名称	数量	配置名称	数量
主机	1	USB 线缆	1
内置校标，标准板底座	1	电池	1组
可追溯的证书	1	便携箱	1
软件 easy-link	1	操作说明书	1

粗糙度仪技术参数如下：

① 传感器：带寻头的电感式传感器，测尖 $2\mu m$（$80\mu in$），测力约为 0.7mN，PHTR 100。

② 24 种测量参数（自定义公差带范围）：Ra、Rq、Rz 等值于 Ry（JIS）、Rz（JIS）、R_{max}、Rp、Rp（ASME）、Rpm（ASME）、Rpk、Rk、Rvk、Mr1、Mr2、A1、A2、Vo、Rt、R3z、RPc、Rmr 等值于 tp（JIS，ASME）、RSm、R、Ar、Rx。

③ 测量范围：$350\mu m$、$180\mu m$、$90\mu m$（自动选择）。

④ 轮廓分辨率：32nm、16nm、8nm（自动选择）。

⑤ 滤波器类型为符合 GB/T 18777—2009 要求的相位修正轮廓滤波器（高斯滤波器），符合 DIN EN ISO 13565-1 标准的专用滤波器和符合 DIN EN ISO 3274 标准的 ls 滤波器（于程序中能设置其禁用）。

⑥ 截止波长：0.25mm、0.8mm、2.5mm（0.010in、0.030in、0.100in）。

⑦ 测量长度：1.75mm、5.6mm、17.5mm（0.069in、0.22in、0.69in）。

⑧ 测量长度（按照 MOTIF 标准）：1mm、2mm、4mm、8mm、12mm、16mm（0.040in、0.080in、0.160in、0.320in、0.480in、0.640in）。

⑨ 评定长度：1.25mm、4.0mm、12.50mm（0.050in、0.15in、0.50in）。

粗糙度仪配置清单如表 13-52 所示。

表 13-52　粗糙度仪配置清单

配置名称	数量	配置名称	数量
主机	1	工具箱	1 套
探测器(4nm 测量力,$5\mu m$ 尖端半径标准型触针)	1	DP-1VR 驱动装置和电缆	1
		高度倾斜调整单元	1
直流适配器	1	存储卡	1
硬笔	1	电池	1 套
保护工作表	1	便携箱	1
换镜旋转盘	1	操作说明书	1

（6）温度、湿度、风速测量

炉温跟踪仪（12 点）技术参数如表 13-53 所示。

表 13-53　炉温跟踪仪技术参数

项目	主要参数	项目	主要参数
精度	$\pm0.5℃$	测量触发	时间或温度,即插即用
分辨率	0.1℃	测量范围	$-150\sim1370℃$
通道	12	电池	镍氢可充电电池
采样	1.0s	电池寿命	每次完整充电可连续测量 50h
内存	3300 点	充电时间	1h 经由电脑接口
工作温度	70℃		

炉温跟踪仪（12 点）配置清单如表 13-54 所示。

表 13-54　炉温跟踪仪配置清单

设备清单	数量	设备清单	数量
主机	1	空气磁性测头（长 3m）	1
相关软件	1	PA09743 工件磁性测头（长 3m）	3
数据记忆块 XL2 型	1	PA2051 热电偶 ID 标签(8 件装)	2
八测头接口 XL2 型	2	隔热箱(标准型)	1
扩充接口	1	操作说明书	1
PA0054 工件磁性测头(长 3m)	12		

风速仪技术参数如表 13-55 所示。

表 13-55　风速仪技术参数

项目	主要参数	项目	主要参数
温度范围	0～50℃	风速范围	0～20m/s
温度分辨率	0.01℃	风速分辨率	0.001m/s
温度精度	±0.5℃	风速精度	±(0.03m/s+5%测量值)

风速仪配置清单如表 13-56 所示。

表 13-56　风速仪配置清单

配置名称	数量	备注
主机	1	
电池	1	9V 电池
说明书	1	
保护套	1	

红外测温枪技术参数如表 13-57 所示。

表 13-57　红外测温枪技术参数

项目	主要参数	项目	主要参数
测量范围	−32～600℃	光学分辨率	30∶1
激光类型	单线激光	精度	±1%或±1℃
显示保持	7s	重复精度	±0.5%或±1℃
数据记录	12 个点	反应时间	0.5s
LCD 背景	是	光谱灵敏度	8～14μm

红外测温枪配置清单如表 13-58 所示。

表 13-58　红外测温枪配置清单

配置名称	数量	配置名称	数量
主机	1	便携箱	1
电池	1 套	操作说明书	1

（7）观察装置

显微镜技术参数如表 13-59 所示。

表 13-59　显微镜技术参数

项目	主要参数
放大倍数,带有照相功能持续 LED 照明、实时预览、自动对焦、图像处理	60X、100X、150X
观测区域	16mm×12mm,9mm×6.5mm,5.7mm×4.5mm
照明	8 个白色 LED
LED 寿命	10000h
电池使用时间	5h
最大尺寸	150(300×lens①)×108(宽)×65(高)
操作环境	0～40℃

① 300×lens 表示 300 倍的镜头。

显微镜配置清单如表 13-60 所示。

表 13-60　显微镜配置清单

配置名称	数量	配置名称	数量
Canon IXUS 115 照相机	1	充电电池、充电器	1
4G DS 卡	1	密封仪器箱	1
G20 模块	1	图像处理软件	1
60、150、300 倍镜头	1		

便携式数码显微镜及数码相机技术参数如表 13-61 所示。

表 13-61　便携式数码显微镜及数码相机技术参数

项目	主要参数	项目	主要参数
放大倍数	$60\times$、$150\times$、$300\times$，且带有照相功能	照明要求	持续照明，LED灯8个
观测区域	$8mm\times10.5mm$，$4mm\times3mm$，$2mm\times1.5mm$	显微模组	质量$<660g$(包含数码相机)

便携式数码显微镜及数码相机配置清单如表 13-62 所示。

表 13-62　便携式数码显微镜及数码相机配置清单

配置名称	数量	配置名称	数量
Canon IXUS115	1 台	300 倍镜头	1 个
4G DS 卡	1 张	充电电池	1 套
G20 module 模块	1 个	充电器	1 套
60 倍镜头	1 个	仪器箱	1 套
150 倍镜头	1 个	图像处理软件	1 套

（8）膜厚测量仪器

湿膜膜厚仪（含探头）技术参数如表 13-63 所示。

湿膜膜厚仪（含探头）配置清单如表 13-64 所示。

表 13-63　湿膜膜厚仪（含探头）技术参数

项目	主要参数
测量范围	$25\sim2000\mu m$
分辨率	$25\sim300\mu m$：$25\mu m$ $300\sim1000\mu m$：$50\mu m$ $1000\sim2000\mu m$：$100\mu m$
材料	不锈钢

表 13-64　湿膜膜厚仪（含探头）配置清单

配置名称	数量
主机	1
便携箱	1
操作说明书	1

漆膜膜厚仪（测量干膜厚度）技术参数如表 13-65 所示。

表 13-65　漆膜膜厚仪技术参数

项目	主要参数
量程	$0\sim1500\mu m$(NF/Fe)，$0\sim1200\mu m$(ISO/NF)
精度	$\pm1\mu m(0\sim50\mu m)$，$\pm2\%(50\sim1000\mu m)$，$\pm3\%(1000\sim2000\mu m)$
功能	带微处理芯片的智慧型插入式磁感应和涡流探头 显示测量值、最大值、最小值、平均值、标准偏差、次数及操作模式
Probe ED10	NF/Fe $0\sim1100\mu m$

漆膜膜厚仪（测量干膜厚度）配置清单如表 13-66 所示。

表 13-66　漆膜膜厚仪配置清单

配置名称	数量	配置名称	数量
主机	1	连接电缆 FMP/PC	1
FD10 测量探头 FD10	1	驱动光盘	1
标准板	2	电池	1组
铁基体	1	便携箱	1
铝基体	1	操作说明书	1
数据导入电脑线	1		

（9）距离测量装置

激光测距仪设备参数如表 13-67 所示。

表 13-67　激光测距仪设备参数

项目	主要参数	项目	主要参数
测量范围	0.05～100m	储存环境	−25～70℃
精度	1.5mm	工作环境	油漆工程;清洁环保
测量方式	激光	防护等级	IP54
激光等级	2级安全激光	产品尺寸	116mm×44mm×26mm
最大测量次数	每组电池达10000次测量	产品净重	100g(含电池)

激光测距仪配置清单如表 13-68 所示。

表 13-68　激光测距仪配置清单

配置名称	数量	配置名称	数量
主机	1	数据线	1
电池	2节	说明书	1

便携式压差计技术参数如表 13-69 所示。

表 13-69　便携式压差计技术参数

项目	主要参数	项目	主要参数
存储温度	−10～70℃	材质	ABS
操作温度	0～60℃	量程	0～2HPA
电池	9V电池	精度	0.5%测量值
质量	300g		

便携式压差计配置清单如表 13-70 所示。

表 13-70　便携式压差计配置清单

配置名称	数量	备注	配置名称	数量	备注
主机	1		说明书	1	中文
测头	1		电池	1	9V

（10）附着力测量

附着力划格刀技术参数如表 13-71 所示。

表 13-71　附着力划格刀技术参数

项目	主要参数	项目	主要参数
刀齿数	6	刀面数	1
刀头材质	不锈钢	刀齿间距分两种	2mm;1mm

附着力划格刀配置清单如表 13-72 所示。

表 13-72　附着力划格刀配置清单

配置名称	数量	配置名称	数量
主机	1	符合相关标准的胶带	1
刀头	1	便携箱	1
更换刀头用的六角扳手	1	操作说明书	1
小型放大镜	1		

磁力搅拌器技术参数如表 13-73 所示。

表 13-73　磁力搅拌器技术参数

项目	主要参数	项目	主要参数
最大搅拌量	10L	加热速度	5K/min
速度范围	100～1500r/min	加热温度范围	50～500℃
转子最大长度	80mm	温度控制	LED
加热功率	1000W	温度控制精度	±10K

项目	主要参数	项目	主要参数
速度控制	LED	传感器控制精度	±3K
固定安全温度回路	550℃	介质温度稳定性	±3K
外接温度传感器接口	ETS-D 4 fuzzy 模糊式	托盘材料	陶瓷

磁力搅拌器配置清单如表 13-74 所示。

表 13-74　磁力搅拌器配置清单

设备清单	数量	设备清单	数量
主机	1 套	磁力搅拌子	1 个
固定支杆	1 个	温度计	1 个
夹头	1 个	支杆	1 个

（11）烘干装置

马弗炉技术参数如表 13-75 所示。

表 13-75　马弗炉技术参数

项目	主要参数	项目	主要参数
电压	208/240V,50/60Hz	质量	25kg
功率	1800	温度范围	100～1100℃
内部尺寸	101.6mm×203.2mm×101.6mm	容量	1.99L
外部尺寸	444.5mm×508mm×381mm		

马弗炉配置清单如表 13-76 所示。

表 13-76　马弗炉配置清单

配置名称	数量	配置名称	数量	配置名称	数量
主机	1	控制器	1	操作说明书	1

鼓风干燥箱技术参数如表 13-77 所示。

表 13-77　鼓风干燥箱技术参数

项目	主要参数	项目	主要参数
额定功率	2900	排气管直径	100mm
额定电压	230V	室温范围	5～300℃
箱门密封条温度要求	Max250℃	外观尺寸(宽×高×深)	834mm×800mm×685mm
内腔容积	115L	内部尺寸(宽×高×深)	600mm×435mm×435mm

鼓风干燥箱配置清单如表 13-78 所示。

表 13-78　鼓风干燥箱配置清单

配置名称	数量	配置名称	数量	配置名称	数量
主机	1	控制器	1	操作说明书	1

（12）pH 值和电导率测量

pH 计（包含便携式）技术参数如表 13-79 所示。

表 13-79　pH 计技术参数

项目	主要参数	项目	主要参数
产品描述	常规的测量仪和 MV/ORP pH 值	mV 分辨率	0.1/1
		mV 相对精度	±0.4
pH 范围	0～14	温度范围	−5～105℃
pH 分辨率	0.001/0.01	温度分辨率	0.1℃
pH 相对精度	±0.004	温度相对精度	±0.5℃
mV 范围	−1999～1999	校准设置	缓冲器

pH 计（包含便携式）配置清单如表 13-80 所示。

表 13-80　pH 计配置清单

配置名称	数量	配置名称	数量
主机	1	标定溶液	1 套
实验室用电极	2 支	操作说明书	1

电导率仪（包含便携式）技术参数如表 13-81 所示。

表 13-81　电导率仪技术参数

项目	主要参数	项目	主要参数
产品描述	常规的测量仪和 mV/ORP pH 值	mV 分辨率	0.1/1
		mV 相对精度	±0.4
pH 范围	0～14	温度范围	−5～105℃
pH 分辨率	0.001/0.01	温度分辨率	0.1℃
pH 相对精度	±0.004	温度相对精度	±0.5℃
mV 范围	−1999～1999	校准设置	缓冲器

电导率仪（包含便携式）配置清单如表 13-82 所示。

表 13-82　电导率仪配置清单

配置名称	数量	配置名称	数量
主机	1	标定溶液	1 套
实验室用电极	2 支	操作说明书	1

氟离子测定仪技术参数如表 13-83 所示。

表 13-83　氟离子测定仪技术参数

项目	主要参数	项目	主要参数
pH 测量范围	−1.000～20.000	离子浓度测量范围	0～19999
pH 分辨率	0.1,0.01,0.001	温度分辨率	最多三位有效数字
pH 相对精度	±0.001	温度相对精度	±0.1mV
MV/RV 范围	±2000.0mV	校准点	最多 5 点
MV/RV 分辨率	0.1	显示器	LCD
MV 相对精度	±0.1mV	温度范围	−5～105℃
EHORP 模式	有		

氟离子测定仪配置清单如表 13-84 所示。

表 13-84　氟离子测定仪配置清单

配置名称	数量	配置名称	数量
主机	1	氟离子标准液 1ppm	使用前配置
pH 电极	2	氟离子标准液 2ppm	使用前配置
氟离子电极	2	氟离子标准液 10ppm	使用前配置
温度探头	2		

13.6.6　培训

在仪器到货验收后，乙方在现场负责对甲方工艺技术人员进行技术培训；如需外出培训，费用（不含差旅费）由乙方负责，并提供培训资料。

培训内容：

① 仪器的运行原理和运行方式；仪器的基本组成和结构；故障或偏差的判断和调整；维护保养的有关知识、技术；仪器安全使用的注意事项。

② 仪器的校正；仪器测量示范；仪器软件操作。

③ 水帘喷房和通风柜的使用。

④ 使甲方技术人员和操作人员能自行操作和合理维护；理论及现场培训时间不少于 3 个工作日。

13.6.7　技术资料

① 乙方需提供技术资料明细、设备附件及数量，否则甲方有权拒绝预验收。

② 所有仪器合格证。

③ 所有仪器操作手册和说明书，中文版；进口仪器需提供中英双文版的操作手册和说明书。

④ 所有仪器需具有国家计量认证中心认可的第三方校验（标定）证书。

⑤ 乙方提供一份维持此化验室及其设备正常运行的辅料清单。

13.6.8　验收

（1）预验收

① 所有仪器送达甲方现场，并经开箱检验合格，预验收的仪器应配置详细的说明书、出厂合格证等相关文件，并随仪器提供给甲方，如不合格，乙方负责在 5 个工作日内更换产品并再次预验收。

② 检验不合格的仪器由乙方负责更换，直至检验合格。

③ 化验室所有非标设备能正常运行 1 周后。

（2）终验收

① 需要检定设备由乙方委托计量检定单位进行计量检定，检定合格后设备（包含非标设备）正常运转 3 个月并确认合格后给予终验收。

② 终验收由乙方提出书面的终验收申请，双方成立验收小组对实验仪器进行终验收。终验收标准包括以下内容：非标设备与实验仪器完全符合双方签订的技术协议、技术要求及项目推进过程中双方签署的会议纪要中的所有条款。

③ 需验收的仪器应包括详细的配置说明书、出厂合格证、送检合格的相关文件。

13.6.9　质保和售后服务

① 总体质保期为终验收合格后 12 个月。在 12 个月之内，如有关键部件损坏或程序故障造成设备停止使用，则质保期应从设备再次开始正常使用开始计时；质保期内因乙方的责任造成质量问题，由乙方无偿予以更换和维修，若由于甲方操作造成问题，则甲方承担维修的成本费用。

② 在质保期内，故障时间累计超过 30 日，质保期按故障时间 3 倍顺延，如故障时间累计超过 90 日甲方保留进一步索赔的权利。

③ 在质保期内，仪器出现故障时，乙方应在接到甲方通知后 8h 内响应，24h 之内到达现场。

13.7　生产辅房

13.7.1　设备维修间及备件库

13.7.1.1　设备维修间

维修间是设备维护保养过程中不可或缺的场所，在其间需要对机械件或电气件进行维护保养，同时还要对部分控制器件进行测试。因此，在涂装车间的项目建设阶段，要做好维修间的规划工作，分配大小合适的工作空间，配置相对完善的工作器件，布置相应的动力能源管线。另外，根据维修作业的不同，应将维修间分为机械维修间和电气维修间。

（1）机械维修间

机械维修间设备配置如表13-85所示。

表13-85　机械维修间设备配置

需求类别	内容描述	数量
能源动力	工业水供给点	1
	工业用电供给点（220V、三相电）	各2个
	压缩空气供给点	1
通信	以太网端口（连接设备环网）	2
室温控制	配置空调	1
工具	切割机（固定安装）	1
	小型钻床	1
	钳台（板面10mm以上的钢板）	1
	台虎钳	2
	防爆柜	1
	4层、宽1.5m左右的重型货架	4
通风	排风机	1
设备	0.8t电动葫芦（含轨道）	1
	工频焊机	1
	氩弧焊机	1
办公用品	办公桌椅	1
	看板	1
	办公电脑	1

机械维修间布置示意图如图13-20所示。

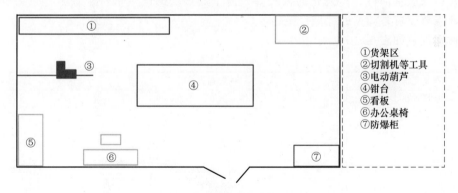

①货架区
②切割机等工具
③电动葫芦
④钳台
⑤看板
⑥办公桌椅
⑦防爆柜

图13-20　机械维修间布置示意图

（2）电气维修间

电气维修间配置如表13-86所示。

表13-86　电气维修间配置

需求类别	内容描述	数量
能源动力	工业水供给点	1
	工业用电供给点（220V、三相电）	各2个
	压缩空气供给点	1
通信	以太网端口（连接设备环网）	2
室温控制	配置空调	1

需求类别	内容描述	数量
附件	固定式实验台	1
	移动式实验架	1
	4 层、宽 1.5m 左右的轻型货架	4
通风	排风机	1
办公用品	办公桌椅	1
	文件柜	1
	办公电脑	1

电气维修间布置示意图如图 13-21 所示。

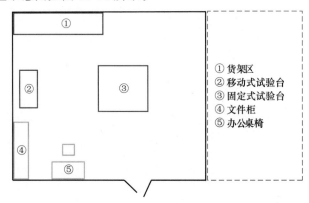

① 货架区
② 移动式试验台
③ 固定式试验台
④ 文件柜
⑤ 办公桌椅

图 13-21　电气维修间布置示意图

13.7.1.2　设备备件库

设备备件库是用于存放工艺设备备件的场所，备件种类包含易生锈的金属件、易变形的轴类部件、大质量部件、易老化的橡胶件、需干燥环境的电气部件及板卡、较为贵重的部件，因此需要配置各类型的存储设施。

备件库配置如表 13-87 所示。

表 13-87　备件库配置

需求类别	内容描述	数量
能源动力	工业用电供给点(220V)	2
通信	以太网端口(连接办公网)	1
室温控制	温湿度要求：(23±5)℃ 相对湿度＜60％	—
存储架	重型货架	按需设计
	轻型货架	按需设计
	轴类吊架	按需设计
	带锁的存储箱	按需设计
通风	排风机	1
面积	大于 250m²	
隔离	隔离件	1
办公用品	办公桌椅	1
	打印机	1
	文件柜	1
	办公电脑	1

备件库布置示意图如图 13-22 所示。

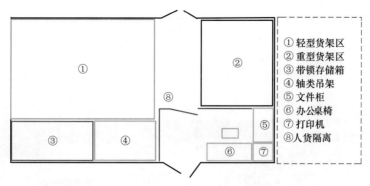

图 13-22　备件库布置示意图

①轻型货架区
②重型货架区
③带锁存储箱
④轴类吊架
⑤文件柜
⑥办公桌椅
⑦打印机
⑧人货隔离

13.7.2　漆雾收集物料间

13.7.2.1　石灰间

石灰间作为涂装干式喷漆室-石灰石漆雾收集系统的辅助空间,石灰间内由新鲜石灰石加注设备、废石灰石收集设备、举升机、物料存放区及相连管道等组成。室体是一个密闭空间,避免石灰石粉尘向外扩散,出入口设置卷帘门方便叉车进入。由于石灰石的材质特性容易吸收潮气结块影响使用,并增加设备维护难度,故室内需安装必要的除湿装置,保证石灰石的使用不受外界高湿环境的影响。石灰间内部布局示意图如图 13-23 所示。

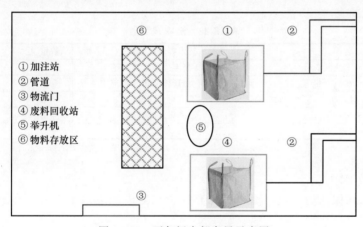

①加注站
②管道
③物流门
④废料回收站
⑤举升机
⑥物料存放区

图 13-23　石灰间内部布局示意图

13.7.2.2　漆雾收集纸盒仓库

漆雾收集纸盒仓库为涂装干式喷房纸盒漆雾收集系统中过滤纸盒设置的存放空间,可以设置在离设备使用区较近的车间空地或设备之间区域,仓库设置照明,需要对仓库区域进行围挡并可以挂锁。漆雾收集纸盒存放周围环境干燥,保证纸盒长时间存放不会吸潮。仓库存放纸盒能力需保证按设备更换一次使用量。图 13-24 为纸盒存储仓库示意图。

13.7.3　洗衣房

（1）洗衣房功能

涂装车间洗衣房的作用主要是清洗员工

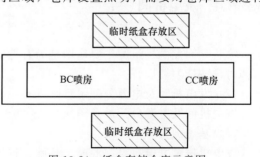

临时纸盒存放区

BC喷房　　　CC喷房

临时纸盒存放区

图 13-24　纸盒存储仓库示意图

防静电服、机器人衣服等物件，保证员工每天生产前可以穿上舒适、干净、整洁的防静电服，同时可以避免不干净的防静电服污染车身以及车间环境等。

（2）洗衣房安装布局

洗衣房布局示意图如图 13-25 所示。

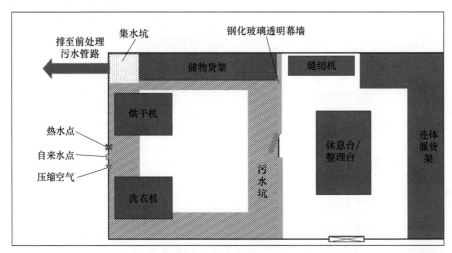

图 13-25　洗衣房布局示意图

（3）基本配置

洗衣房配置如表 13-88 所示。

表 13-88　洗衣房配置

序号	名称	技术要求	数量/个	备注
1	全自动工业洗衣机	满足 1 天 300 套连体服清洗的能力	1	推荐电加热
2	全自动烘干机	满足 1 天 300 套连体服烘干的能力	1	推荐电加热
3	缝纫机	乙方设计	1	
4	储物货架	乙方设计	1	
5	连体服货架	乙方设计	1	

（4）基本要求

① 污水排放要求：

a. 根据相关环保法规规定，洗衣房排弃的含有氮磷的废水由潜水泵排放至前处理的污水排放管。

b. 若废液中含有溶剂，不得直接排放至洗衣房污水坑中，需要按照危废品进行处理。

② 温湿度要求：洗衣房的洗烘区域需要配置换气扇，连体服存放区域需要配置空调，保证该区域温度满足冬季≥18℃，夏季≤30℃。

13.7.4　发电机间

（1）发电机间功能

涂装车间发电机组的主要作用是为有特殊需求的工艺设备提供应急电源，当主电源出现故障时设备能继续运行。

（2）发电机间及电源分配示意图

发电机间及电源分配示意图如图 13-26 所示。

（3）基本配置

发电机房：发电机组、混凝土基础、进风百叶窗、排风百叶窗、排烟口、排烟消声器、

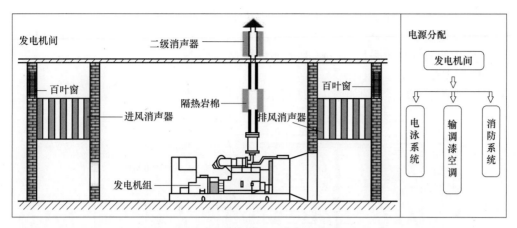

图 13-26 发电机间及电源分配示意图

消防器、防震膨胀排气接管等。

控制室：观察窗、控制屏、配电屏等。

储油间：防火墙、甲级防火门、油箱及液位计、油管、辅助燃油供给系统（800kV·A以上机型）。

（4）基本要求

① 发电机房与储油间耐火等级为一级，火灾危险性类别为丙类；控制室耐火等级为一级，火灾危险性类别为戊类。

② 排烟管道架空设在机组的上部，离地至少2.2m；油管道或水管道设在机组两侧地沟内，一般深0.5～0.8m；机房高度不低于4.5m，机房的底部与机组的顶部距离不少于2m。

③ 发电机房采用耐火极限不低于2h的隔墙和1.5h的楼板与其他部位隔开。

④ 机房顶部预留2～3个起重吊钩，方便维修和安装。

⑤ 发电机间照度标准150lx，控制室照度标准500lx，值班室照度标准250lx，储油间照度标准50lx；应急照明满足维持正常照明的100%，且连续供电时间≥1h。

⑥ 发电机组功率满足实际需求，具体参照设计标准。

⑦ 储油间采用防火墙与发电机间隔开，储油量不超过8h的需要量。

13.7.5 生产辅房

（1）辅房功能

涂装车间辅房用来存放生产线低值易耗品、日常消耗品、生产劳保用品等，提高物料的使用性，使人员对物料的管理更快捷。

（2）基本配置

生产辅房配置如表13-89所示。

表 13-89 生产辅房配置

序号	类型	名称	数量/个
1	物品架	三层货架	4
2	办公用品	电脑（国内主流品牌）	1
3		办公桌椅（360°旋转）	1
4		办公桌	1
5	温度控制	空调	1

（3）基本要求

① 辅房的货架采用标准货架模式，在结构设计时参照图13-27进行生产辅料辅房布局；

货架宽 2m，为三层隔窗式，且具备承重能力中等、使用寿命长的特点。

②　辅房室内温度要求夏季≤30℃，冬季≥18℃，采用空调（电控）模式控制辅房温度。

③　室体内照明灯材质采用 LED，且光照度要求≥800lx。

（4）辅房布局

生产辅料辅房布局示意图如图 13-27 所示。

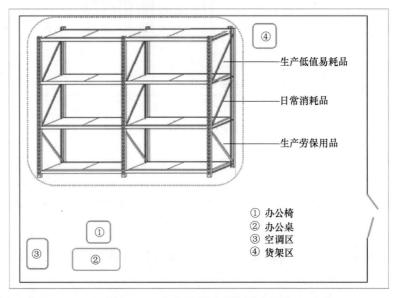

图 13-27　生产辅料辅房布局示意图

14 涂装车间"三废"处理与职业健康

14

14.1 引言

在涂装的各项加工工艺过程中，用到的各类直接材料和间接材料基本都是化学品，于是就产生了或多或少形态各异的化学品废物，主要有废气、废水、废渣三个类别，统称"三废"，这些化学品废物对环境伤害大小不一，处理方法也不尽相同。随着国家经济的发展，对环境要求日益提高，各项国家和地方性法规都对涂装行业中产生的"三废"处理要求越来越高。如何在满足法规要求的前提下做到经济有效地处理"三废"已经成为涂装行业重要的课题。本章主要介绍新建汽车涂装车间"三废"处理工艺和设备。

本章介绍的项目为交钥匙项目，主要包括以下内容：项目规划、设计、制造、运输、存储、安装、调试、培训、试生产、陪产售后服务及全过程项目管理等工作内容。

本章适用于污水处理站的建设，公用部分参考总则。

14.2 涂装车间污水处理系统技术要求

14.2.1 污水处理站概述

在汽车生产环节，必不可少地会产生废水，主要来源是涂装。依照国家环保法规的要求，须对这些废水做无毒无害处理，以保护环境。在一些地方，为了修复或保护重点区域的环境，对污水处理提出更高的要求。如江苏省为保护太湖环境而制定《江苏省太湖水污染防治条例》，其明确要求氮、磷零排放，在上述法规文件的指导下，新建汽车厂污水处理站一般采用污水分水分质处理、增加双膜深度处理以满足上述要求。

在涂装车间内，不同的工艺段使用的材料不同导致废水水质不用。如前处理段产生的废水主要含氮、磷、锆、铜等离子，电泳段废水主要是 COD 较高。在有些地区对氮、磷排放要求不高，前处理废水则可以和电泳废水混合处理，经过生化处理后排入市政污水管网即可，可以节约污水投资及运营成本。在环太湖流域则需要分开处理，并增加深度处理＋三效蒸发器以期实现氮、磷的"零"排放。工艺路线的选择取决于各地环保要求。

近年来，随着人们对环保认识的提升，环保监察处理执行力度加大，环保已经成为工业生产上面的一根红线。除国家对环保的统筹规划管理外，各地方针对本地的环境要求及工业分布特点提出地方环保要求，因此在对待污水处理、排放等具体要求上存在技术路线的差异。为保证项目的环评及后续建设运营的顺利进行，在落实工厂污水处理站规划建设上，应事先和企业所在地的环保部门做充分沟通，理解当地法规的具体要求。建议聘请熟悉当地法规要求、在当地有成功项目经验的公司承包项目，确保项目的顺利落地和验收。

14.2.2　分工界面

（1）公用动力部分设计施工分工界面

公用动力部分设计施工分工界面如图 14-1 所示。

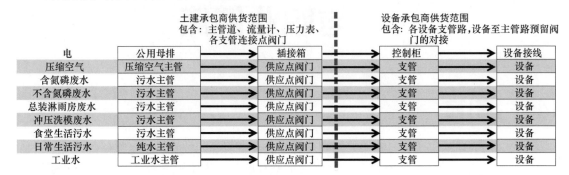

图 14-1　公用动力部分设计施工分工界面

（2）污水站设备施工分工界面

污水站设备施工分工界面如图 14-2 所示。

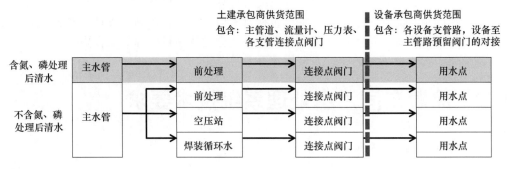

图 14-2　污水站设备施工分工界面

14.2.3　基础设计条件

14.2.3.1　涂装车间污水

（1）废水供应量计算依据

污水量计算基础数据如表 14-1 所示。

表 14-1　污水量计算基础数据

项目	前处理废水量	电泳废水量	涂装节拍	最大车型面积
参数	$<0.8m^3$/单元	$<0.08m^3$/单元	60JPH	$140m^2$

（2）废水水质状况

废水水质如表 14-2 所示。

表 14-2　废水水质

废（污）水类别		排放方式	产生水质/(mg/L,pH 值除外)									
			pH 值	SS	COD	BOD_5	油类	Zn	TP	F^-	NH_3-N	TN
涂装车间	脱脂冲洗废水	连续	<9.5	<50	1500	200～300	<6	<5	<50	—	—	—
	脱脂清槽废水	间歇	10～12	2000	2000	700～1000	<600	500	1000～5000	—	—	—

废(污)水类别		排放方式	产生水质/(mg/L,pH 值除外)									
			pH 值	SS	COD	BOD$_5$	油类	Zn	TP	F$^-$	NH$_3$-N	TN
涂装车间	锆化冲洗废水	连续	4～6	＜50	500	200～300	—	＜8	—	5	—	＜20
	锆化清槽废水	间歇	3～5	＜50	500	500	—	＜800	—	80	—	＜2000
	电泳冲洗废水	连续	5～7	150	1500	450	—	—	—	—	—	—
	电泳清槽废水	定期	5～7	2000	7500	2000	—	—	—	—	—	—
	纯水制备装置排污水	连续	6～8	150	20	—	—	—	—	—	—	—
其他污水		间歇	6～9	200～600	200～800	—	10	—	—	—	—	—

14.2.3.2 处理要求

① 基本处理路线为：物化处理＋生化处理＋深度处理。

② 项目要求含氮、磷废水实现零排放。因此需经单独处理后，达到《城市污水再生利用 工业用水水质》(GB/T 19923—2005)后用于涂装车间。浓水通过三效蒸发器蒸发，蒸发冷凝水亦能达到上述回用水质标准，回用于涂装车间；蒸馏残渣委托第三方专业危废公司处置，实现含氮、磷废水零排放。

③ 不含氮、磷生产废水经膜处理后，清水达到《工业循环冷却水处理设计规范》(GB/T 50050—2017) 规定的用水水质后回用作空压站、焊装车间及涂装车间循环水系统补充水；浓水排入市政污水处理管网。

城市污水再生利用工业用水水质标准如表 14-3 所示。

表 14-3　城市污水再生利用工业用水水质标准

项目	洗涤用水	锅炉补给水	工艺与产品用水
浊度/NTU	—	≤5	≤5
pH 值	6.5～9.0	6.5～8.5	6.5～8.5
SS/(mg/L)	≤30	—	—
色度/度	≤30	≤30	≤30
总铁/(mg/L)	≤0.3	≤0.3	≤0.3
COD$_{Cr}$/(mg/L)	—	≤60	≤60
锰/(mg/L)	≤0.1	≤0.1	≤0.1
氯离子/(mg/L)	≤250	≤250	≤250
二氧化硅/(mg/L)	—	≤30	≤30
总硬度/(mg/L)	≤450	≤450	≤450
总碱度/(mg/L)	≤350	≤350	≤350
硫酸盐/(mg/L)	≤250	≤250	≤250
氨氮/(mg/L)	—	≤25	≤25
总磷/(mg/L)	—	≤1	≤1
溶解性总固体/(mg/L)	≤1000	≤1000	≤1000
石油类/(mg/L)	—	≤1	≤1
阴离子表面活性剂/(mg/L)	—	≤0.5	≤0.5
粪大肠菌群/个	≤2000	≤2000	≤2000

工业循环冷却水处理设计规范如表 14-4 所示。

表 14-4　工业循环冷却水处理设计规范

项目	要求或使用条件	许用值
浊度/NTU	根据生产工艺要求确定	≤20
pH 值		6.8～9.5
钙硬度＋甲基橙碱度/(mg/L)		≤1100
总铁/(mg/L)		≤1.0
Cu^{2+}/(mg/L)		≤0.1
Cl^-/(mg/L)		≤1000
$SO_4^{2-}+Cl^-$/(mg/L)		≤2500
游离氯/(mg/L)	循环回水总管处	0.2～1.0
NH_3-N		≤10
石油类		≤5
COD_{Cr}		≤100

14.2.3.3　工艺方案

工艺方案的选择主要取决于污水的水质及环保法规要求，如根据国家综合污水排放标准的规定，第一类、第二类污染物必须分开单独处理，不能混合处理。因前处理高浓度废水中含有一类污染物 Ni，故前处理高浓度废水应分开单独处理。在环太湖流域，含氮、磷废水和不含氮、磷废水要求分开处理，最后通过双膜深度处理＋三效蒸发器以期实现氮、磷的"零"排放。另外，定期排放的高浓度废槽液对废水处理造成水质冲击，一般设计建有高浓度废液池，并单独收集后有针对性地进行预处理。实际规划时应该充分考虑地方性法规要求及投资运营成本合理化。废水典型处理流程如图 14-3 所示。

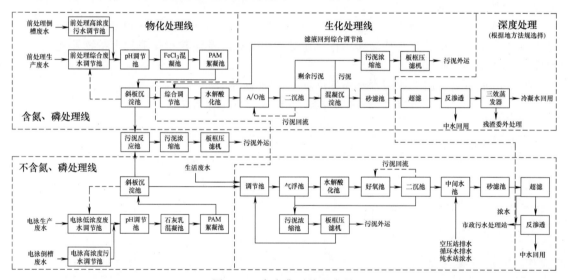

图 14-3　废水典型处理流程

14.2.3.4　物化系统

① 分质分流：前处理主槽定期排放的脱脂废液、锆化废液排入含氮、磷浓液调节池；生产废水排入含氮、磷综合废液调节池。电泳主槽定期排放的废液排入不含氮、磷浓液调节池；生产废液排入不含氮、磷综合调节池。

② 前处理无论是浓液还是生产废水，由于来水的不均匀，这种变化对后续处理系统正常发挥及稳定运行都十分不利，因此必须设置足够池容积的调节池对水质水量进行有效的均匀。为保证水质水量的充分均衡，避免池内固体颗粒的沉积，池内设耐腐蚀穿孔空气管进行混合搅拌，空气由厂区压缩空气经过降压后定量提供。采用加料反应、沉淀及气浮等工艺进行处理，沉淀系统反应池采用三级机械搅拌：

第一级：投加 NaOH、H_2SO_4 进行 pH 值预调整，经加料反应的废水进入第二级搅拌池，池内 pH 值的调整由自动 pH 仪控制。

第二级：投加石灰乳、混凝剂，进行 pH 值精调整及混凝反应，经加料反应的废水进入第三级搅拌池，池内 pH 值的调整由自动 pH 仪控制。

第三级：投加阴离子型絮凝剂 PAM（一），进行混合反应形成矾花絮体后进入斜管沉淀池。为保证处理效果，如二级沉淀仍不合格，出水排至前处理综合废水池，与其他性质的水再进行处理。

③ 综合废水经投药反应，废水中形成了大量的胶絮状物体，流入斜管沉淀池中进行固液分离。斜管沉淀池是利用浅层沉淀的原理，加大过水湿周，同时减小水力半径，大大降低雷诺数 Re，从而减少水的紊动，促进沉淀效果。特别对分散性颗粒的去除效果更为明显。沉淀的污泥采用电动排泥阀进行排泥，由 PLC 自动控制。

④ 电泳废水和前处理类似，分开处理。

⑤ 经过物化处理的清水去生化处理系统，污泥经过管道汇集在污泥反应槽中，投加石灰乳进行污泥浓缩反应，反应后的污泥进入污泥浓缩槽，然后到板框除渣机进行脱水处理。

14.2.3.5　生化系统

① 厂区的生活污水和经过预处理的生产废水，经过管道汇集进入生化无氮、磷处理系统。生活污水进入经过机械格栅隔除比较大的悬浮物后，经泵提升会同经过预处理的生产废水进入混合调节池。混合调节池设机械搅拌和曝气设施，使污水在调节池充分混合，同时也防止悬浮物沉积和产生厌氧臭气。

② 混合调节池出水经泵提升进入水解酸化池。水解酸化池是将厌氧发酵过程控制在水解与酸化阶段，利用水解和产酸菌的反应，将不溶性有机物水解成溶解性有机物、将大分子物质分解成小分子物质，提高污水的可生化性；水解酸化池代替初沉池，实现对 SS 的大量去除；一沉池污泥也可回流至水解酸化池，通过厌氧工艺，实现对磷酸盐的去除。同时，水解酸化池设曝气设施，避免产生厌氧臭气。

③ 水解酸化池出水进入接触氧化池，该生化工艺采用二段式接触氧化法。接触氧化法属生物膜法，借助附着在弹性填料上的生物膜，污水在上下贯通的弹性填料内流动，与生物膜广泛接触，在有氧的条件与生物膜上微生物新陈代谢功能的作用下，去除污水中有机污染物，使污水得到净化。采用二段式接触氧化法，可以使水质的冲击对后续生化处理的影响达到最小，同时具有稳定去除氨氮的效果。生物接触氧化池池底设曝气设施，为好氧生物提供必需的氧分。一沉池污泥可回流至水解酸化池，增加去除总磷的效果。经过生化处理的污水进入二沉池，投加石灰、絮凝剂和凝聚剂，进一步去除废水中的污染物，达到排放标准。

14.2.3.6　深度工艺选择

目前，污水深度处理工艺可分为两大类：物化处理和生化处理。物化处理有混凝加料（气浮或沉淀）、氧化、吸附、膜分离等；生化处理有生物活性炭、膜生物反应器、曝气生物滤池等。由于不含氮、磷废水深度处理主要是进一步去除废水中的悬浮物、少量的难降解有机物和盐分，满足中水回用的要求，从投资和运行成本、操作维护管理等方面综合考虑，结合国内外工程经验，不含氮、磷废水深度处理采用"砂滤｜超滤｜反渗透"的处理工艺。由于含氮、磷废水中磷含量比较高，生化处理很难达到处理要求，需用化学法进一步处理，因此含氮、磷废水深度处理采用"混凝沉淀＋砂滤＋超滤＋反渗透＋三效蒸发器"的处理工艺。三效蒸发器如图 14-4 所示。

图 14-4　三效蒸发器

14.2.3.7 污泥脱水工艺选择

废水预处理产生的污泥为危险固废，须委托第三方有危废处理资质的专业公司处理。生化系统产生的污泥量也较大，须脱水后进行处置；污泥采用板框压滤机作为脱水工艺。

14.2.3.8 系统参数及材质要求

① 废水处理站所有非标工艺槽体侧板厚度为 8mm，锥斗和底板使用 10mm 制作，并按强度要求设置加强筋。

② 所有工艺设备按要求进行防腐。

③ 物化处理线设备清单如表 14-5 所示。

表 14-5 物化处理线设备清单

项目	数量	材质	要求说明
前处理高浓度调节池	1	碳钢＋玻璃钢	
前处理综合废水调节池	1	碳钢＋玻璃钢	
电泳高浓度调节池	1	碳钢＋玻璃钢	
电泳综合废水调节池	1	碳钢＋玻璃钢	
pH 调节槽	2	碳钢＋玻璃钢	前处理和电泳分开设置
混凝池	2	碳钢＋玻璃钢	前处理和电泳分开设置
絮凝池	2	碳钢＋玻璃钢	前处理和电泳分开设置
斜板沉淀池	2	碳钢＋玻璃钢	前处理和电泳分开设置
综合调节池	2	碳钢＋玻璃钢	前处理和电泳分开设置
加料罐 1	5	PE	硫酸、氢氧化钠、PAM、三氯化铁
加料罐 2	1	碳钢＋碳钢环氧防腐	适用于石灰乳
加料泵		PP	
加料管道		PP	
工艺泵		过流部分 304 不锈钢	
管道		PP/PE	

④ 生化处理线设备清单如表 14-6 所示。

表 14-6 生化处理线设备清单

区域	项目	材质	要求说明
不含氮、磷处理线	气浮池	钢筋混凝土	去除废水中的细小悬浮物质以及少量的油；先投加破乳剂进行破乳，再投加 PAC、PAM，产生的浮渣排至污泥池
	水解酸化池	钢筋混凝土	采用水解酸化作用将废水中难降解有机物分解为易降解有机物，同时去除废水中的 COD，提高出水 B/C
	好氧池	钢筋混凝土	降低废水中的有机物，视废水处理情况投加粉末活性炭，投加量为 30mg/L
	二沉淀	钢筋混凝土	进行泥水分离，采用竖式沉淀池；设计表面负荷为 $q = 0.54\text{m}^3/(\text{m}^2 \cdot \text{h})$；污泥回流比为 50%～100%，剩余污泥排放至污泥浓缩池
	中间水池 1	钢筋混凝土	均衡二沉池出水与冷却循环水排水，空压站排水
	砂滤	钢筋混凝土	进一步去除废水中的悬浮物等
	中间水池 2	钢筋混凝土	收集砂滤出水
	污泥浓缩池	钢筋混凝土	对物化污泥和生化剩余污泥进行重力浓缩，确保污泥一定的含固率，以便进行后续处理，污泥采用板框压滤机脱水
	板框压滤机		成套设备
含氮、磷处理线	综合调节池	钢筋混凝土	调节水量，均匀水质
	水解酸化池	钢筋混凝土	采用水解酸化作用将废水中难降解有机物分解为易降解有机物，同时去除废水中的 COD，提高出水 B/C
	A/O 池	钢筋混凝土	降低废水中的有机物的同时起到脱氮的作用，内回流比取 200%～400%
	二沉淀	钢筋混凝土	进一步去除废水中的悬浮物、磷和有机物等
	中间水池	钢筋混凝土	水均衡作用
	污泥浓缩池	钢筋混凝土	对物化污泥和生化剩余污泥进行重力浓缩，确保污泥一定的含固率，以便进行后续处理，污泥采用板框压滤机脱水
	板框压滤机		成套设备

区域	项目	材质	要求说明
其他	加料系统	PE	
	加料泵	PP	
	加料管道	PP	
	工艺泵	碳钢	
	污泥泵	碳钢	
	管道	PP	

⑤ 深度处理线设备清单如表 14-7 所示。

表 14-7　深度处理线设备清单

区域	项目	要求说明	区域	项目	要求说明
不含氮、磷处理线	超滤系统	成套设备	含氮、磷处理线	超滤系统	成套设备
	RO 系统	成套设备		RO 系统	成套设备

⑥ 三效蒸发器，要求成套设备。

14.2.3.9　电控要求

电控要求如表 14-8 所示。

表 14-8　电控要求

序号	项目	要求
1	控制	a. 第一级是中心控制室管理计算机人机界面功能的远程控制(远控)； b. 第二级是 PLC 控制器根据控制程序和现场状况,实现自动控制,无须人为干预(自控)； c. 第三级是就地手动控制,即在机旁控制柜或机旁操作箱上的操作控制(手动)
2	数据采集	a. 场各种数据通过 PLC 采集,并通过高速总线传送到中心控制室,进行集中监控和管理； b. 中心控制室主机的控制命令也通过上述高速总线传送到 PLC,实施各单元的分散控制； c. 手动通过在机旁控制柜或机旁操作箱的转换开关切换,有最高优先级
3	手/自切换功能	需要实现手动/自动功能的设备,必须在设备控制电气回路中具有相应的自控接口,电气控制柜能够提供下列内容的无源触点信号给自控系统,并接收控制系统的控制信号:自动/手动状态信号、运行状态及位置信号、保护或联锁报警信号、机械故障及电气故障信号、自动运行或状态控制命令
4	防雷及防过电压	在 PLC 柜内电源进线处设有过压保护器,在网络电缆进出 PLC 端设有信息线路保护器。系统接地采用与供电系统共用接地的方式,接地电阻不大于 4Ω
5	防水防渣	a. 废水处理系统所有维修开关、电控设备、线路接口等电气设备用电安装位置必须防水防渣,方便维护； b. 电缆不允许穿管理地； c. 废水处理系统所有户外设备需设置防雨装置,室外的所有电机加防雨罩

14.2.3.10　通用技术要求

通用技术要求如表 14-9 所示。

表 14-9　通用技术要求

序号	项目	要求
1	泥饼含水率	污泥处理系统处理后泥饼含水率达到 70%~85%
2	噪声	整体运行噪声小于 85dB
3	可靠性及耐久性	a. 设备无故障时间不少于 10000h； b. 整机使用不少于年限 20 年； c. 设备每年检修一次,气动元件、电气元件使用年限为 5 年,轴承使用寿命不短于 3 年,减速器使用寿命不短于 10 年。重要部件使用年限不短于 10 年,电气装置使用寿命不短于 3 年,涂层使用寿命不短于 3 年； d. 运输安装过程中涂层破损,严格按涂装工艺进行修复,其质量水平不低于原涂层的质量水平

序号	项目	要求
4	管道阀门	a. 电泳废水池出水管道或其他容易堵塞管道必须在合适间距处安装法兰,方便拆卸清理堵塞管道; b. 生活污水池出口管路为两路,防止管路堵塞; c. 曝气池需配备备用气源压缩空气接口; d. 管路设计中尽可能少使用止回阀,尽量采用手动阀代替,以避免管路堵塞情况。废水管道优先考虑采用空中走管,所有地下管道设计线路必须考虑尽量少使用弯头,1.5m 范围内不允许使用两个弯头,施工阶段所有地下管道处需留照片实物; e. 站房供水管路管径必须与设备需求量最大值匹配; f. 管路存水弯根据情况设计排水口加管路接到指定点; g. 清水池考虑反冲洗泵到渣车清洗点管路,循环回用冲洗
5	加料系统	a. 加料系统采用计量泵,容量满足工艺需求; b. 所有加料系统管路阀门接口采用活接,方便更换; c. 加料系统旁边必须设计洗眼器; d. 浓硫酸罐位置需考虑落差,保证车载满足容积的量能够通过重力自动完成加料,罐体口最高不允许高出地面 500mm,地坑设防护栏
6	泵	a. 所有水泵和搅拌器必须考虑有维修吊点和维修平台; b. 潜水泵使用自偶式装置; c. 所有潜水泵进口前根据工艺处理需求设置可拆卸滤网; d. 所有水泵要求有备用,且要求为热备用
7	用水点	a. 需在现场配备维修用电点及工业用水点; b. 格栅机房要求设置有工业用水点
8	光照度	污水处理系统中的照明设备安装必须考虑方便维修更换,光照度不小于 500lx
9	鼓风机	a. 鼓风机房根据需要安装排风扇,降低设备工作环境温度; b. 鼓风机房根据噪声情况安装隔声设施; c. 鼓风机使用油要求提供两桶备用; d. 要求系统安装后 3 个月内完成系统所有设备第一次保养换油
10	安全	a. 所有设备必须设置操作维护平台或通道或爬梯; b. 所有地沟或地坑需设置盖板,主物流通道盖板需加固; c. 废水处理系统所有户外设备需设置防雨装置,室外的所有电机加防雨罩
11	污泥小车	a. 每台压滤机配置两台污泥小车,外板材质为碳钢,做防腐处理,内网为不锈钢,板厚 2.5mm,每个轮子动载荷 1t; b. 需考虑现场漆渣运送小车的物流路线方便运输,尽量减少阶梯和上下坡

14.3 涂装车间废气处理系统技术要求

14.3.1 分工界面

14.3.1.1 项目形式

若项目为总包项目,则参照第 1 章"涂装车间工艺设备技术要求总则";若项目为分包项目,则参照下面公用动力分布图。

14.3.1.2 公用动力分布图

公用动力分布如图 14-5 所示。

14.3.2 基础设计条件

14.3.2.1 废气处理系统基础数据要求

基础数据要求如表 14-10 所示。

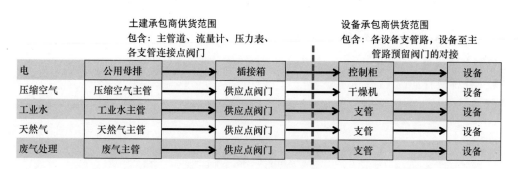

图 14-5　公用动力分布

表 14-10　基础数据要求

名称	技术要求
VOC 去除率	≥98％
废气热回收效率	≥95％
处理风量	具体风量由乙方设计确定
进气温度	具体温度由乙方设计确定
氧化温度	760℃
停留时间	≥1.0s
天然气热值	设计方依据实际设计
空混气热值	设计方依据实际设计
排放废气温度	≤150℃
环境温度	20℃
TVOC 浓度	20mg/m³
排放标准	a. 遵循《大气污染物综合排放标准》(GB 16297—1996)，符合一级标准； b. 遵循地方标准《表面涂装（汽车制造业）挥发性有机物 排放标准》(DB32/2862—2016)
VOC 浓度	具体浓度由乙方设计确定，废气来源示意图如图 14-6 所示，不含全部类型

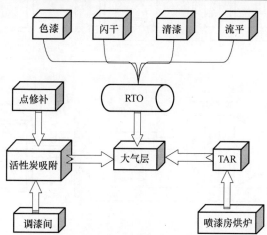

图 14-6　涂装主要废气来源示意图

14.3.2.2　公用动力要求

公用动力数据要求如表 14-11 所示。

表 14-11　公用动力数据要求

项目	参数	项目	参数
动力电源	三相 AC 380V(1±10％)/50Hz	燃气压力	设计方依据实际设计
控制电源	单相 AC 220V(1±10％)/50Hz	压缩空气压力	>0.65MPa
照明电源	单相 AC 220V(1±10％)/50Hz	自来水压力	0.2～0.4MPa(所在地)

14.3.3 废气处理系统材料与设备要求

14.3.3.1 废气处理流程

废气处理流程如图 14-7 所示。

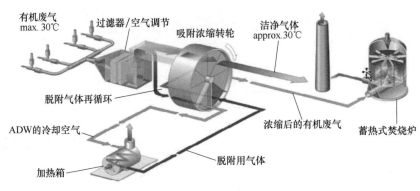

图 14-7 废气处理流程

14.3.3.2 活性炭吸附原理

活性炭吸附原理如图 14-8 所示。

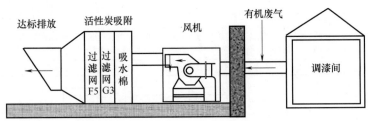

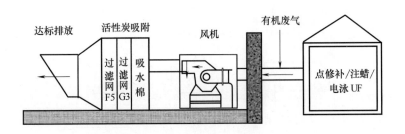

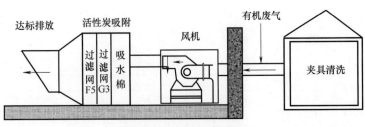

图 14-8 活性炭吸附原理

活性炭吸附结构要求如表 14-12 所示。

表 14-12　活性炭吸附结构要求

项目	技术要求	
活性炭过滤网	a. 蜂窝状活性炭滤网是在聚氨酯泡棉上载附粉状活性炭制成,其含碳量在 35%～50%; b. 活性炭过滤网要具有 100% 表面吸附能力,且具备两级过滤; c. 过滤网材质要求不锈钢材质,整体框架具备防腐防锈能力 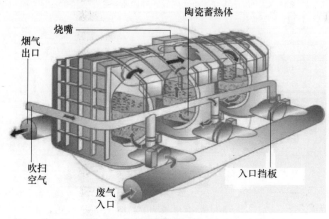 蜂窝状	
活性炭吸附结构	工艺流程	有机废气→风机→活性炭吸附→达标排放
	结构要求	a. 活性炭箱体外壳材质采用镀锌材质,内部采用不锈钢; b. 活性炭吸附中有大量水汽产生,采用吸水棉进行处理,因此要有排水孔做引流; c. 活性炭过滤网能够自动抽取,蜂窝状滤网面积是一般平面滤网的 5 倍多; d. 在设计时要考虑阻力小、寿命长、可冲洗,更方便、经济、耐用; e. 活性炭过滤网使用周期频次为 1 年/次更换

14.3.3.3　蓄热式高温氧化焚烧炉原理

氧化焚烧原理如图 14-9 所示。

图 14-9　氧化焚烧原理

氧化焚烧炉主要结构及设计要求如表 14-13 所示。

表 14-13　氧化焚烧炉主要结构及设计要求

结构组成	蓄热室	燃烧室	切换阀组
数量	3	1	实际设计
设计要求	a. 蓄热室和燃烧室外部应设加强筋,壳体确保密封性良好。 b. 蓄热室应设有炉栅(304l ss),炉栅上布置蓄热床。蓄热床上下布置陶瓷鞍,并应使进入蓄热床及从蓄热床进入燃烧室的气流分布均匀,蓄热床下布置陶瓷鞍为挂篮式结构,易于拆卸及更换		

蓄热室结构如图 14-10 所示。

RTO 壳体内外要求如表 14-14 所示。

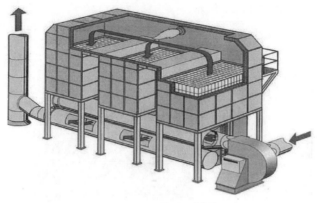

图 14-10 蓄热室结构

表 14-14 RTO 壳体内外要求

名称	保温层	材料	表面温度
壳体内	耐火,厚度≥220mm	硅酸铝耐火纤维	
壳体外	镀锌板	镀锌/铝合金	≤60℃

14.3.3.4 陶瓷蓄热体与燃烧系统组成

RTO 规格要求如表 14-15 所示。

表 14-15 RTO 规格要求

名称	表面与体积的比值	热容量	耐温
陶瓷蓄热体	≥680m²/m³	≥0.22BTU/lb″F	1200℃
	耐酸度	吸水率	压碎力
	99.5%	<0.5%	>4kgf/cm²
	热胀系数	性能要求	
	≤4.7×10⁻⁸/℃	具有良好的抗裂性能,寿命长	
风向切换阀	切换阀	泄漏量	寿命
	进口气动蝶阀	≤0.1%	>100 万次
燃烧系统组成	燃烧器	助燃风机	高压点火变压器
		比例调节阀	UV 火焰探测器
	燃气管路	稳压阀	燃料自动切断阀
		具有高低压力保护作用	
	点火管路	稳压阀	电磁阀
		点火过程受火焰安全继电器控制和监测	
	UV 火焰探测器	能适应天然气、液化石油气和空混气的燃烧探测,紫外光电管可拆卸,带自检功能	

14.3.3.5 风管、过滤器设计要求

风管、过滤器设计要求如表 14-16 所示。

表 14-16 风管、过滤器设计要求

名称	技术要求
风管	a. 室内要求:不锈钢板,主风管、混风箱板材厚度不低于 1.5mm; b. 室外要求:304 不锈钢,主风管板材厚度不低于 1.5mm; c. 设计时带有相应操作及维修平台; d. 温度超过 50℃的风管必须采取隔热防护,采用防火的硅酸铝棉或岩棉加镀锌钢板覆盖层; e. 风管设置凝结水的排放口; f. 脱附废气预热系统至废气焚烧系统间的风管耐温≥300℃,废气焚烧系统出口至余热回收系统间的风管耐温≥800℃; g. 长度较长的高温管路需要设置金属膨胀节; h. 凡是现场焊接的风管或其他有密封要求的部件,必须经过现场试漏

名称	技术要求
管路	管径及高度应满足工艺及环保等法规要求
过滤器	a. 耐高温,温度≥300℃; b. 过滤器效率为中效,结构设计易于拆卸维修

保温规格			
名称	保温材料	厚度	外部包裹
风管	岩棉	75mm	0.6mm+镀锌板

14.3.3.6　风机

设计要求如下:

① 所有风机均为变频风机,变频电机的额定频率为50Hz。

② 风机安装在设备的基础框架结构上,含减振系统。

③ 所有风机均为喉口防爆型离心风机(防火花型)。

④ 风机进、出口需要设置软连接,风机与风管间的连接部,在安装前遮蔽物不能拆除,防止粉尘进入风管内部;安装完成后,应对其内部进行吸尘处理。

14.3.3.7　废气过滤系统

废气过滤系统示意如图14-11所示。

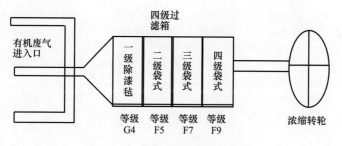

图14-11　废气过滤系统示意图

设计要求如下:

① 废气过滤装置的箱体内部采用304不锈钢制作。

② 应保证过滤器室体良好的气密性。

③ 废气过滤系统前端预留废气取样口,取样口设置必须考虑人机工程,方便取样操作。

④ 每级过滤器两侧必须设置压差表和压差开关,压差超限时报警,提醒更换过滤器。

⑤ 每级过滤器均设置检修门和观察窗,便于设备检修及更换过滤器。

⑥ 废气过滤系统采用四级过滤,乙方须提供两个批次的过滤器,一备一用。

⑦ 过滤器框架应保证足够的强度,过滤器夹紧固定装置设计合理。

⑧ 在废气进入转轮之前要安装温湿度调节系统;每套温湿度调节系统安装温湿度监测装置,并且连接至PLC。

⑨ 过滤器框架与过滤箱体的密封以及安装需保证安装后能与箱体有良好的气密性。

14.3.3.8　沸石转轮系统

设计要求如下:

① 沸石转轮为全进口,具有超高温脱附功能(承受温度>180℃)。

② 沸石转轮系统中沸石填充为模块化沸石填充,设计时需要考虑更换空间,当局部出现故障时,可对局部沸石模块进行更换。

③ 沸石转轮系统设置温度在线监测(包括浓缩前废气温度、解吸附温度、最终排烟温度)。

④ 沸石转轮系统设置压力在线和转速在线监测。

⑤ 乙方预留沸石转轮浓缩前和浓缩后浓度检测的预留口。

⑥ 沸石转轮箱体需要设置检修口，方便各组件的检查和维修，包括浓缩转轮、密封条、驱动电机以及轴承等。

⑦ 浓缩后的气体，从经过 LEL 检测仪开始到进入 RTO 焚烧前的时间要大于检测仪 LEL 的反应时间（1s）。

14.3.3.9 余热回收系统

余热回收系统如图 14-12 所示。

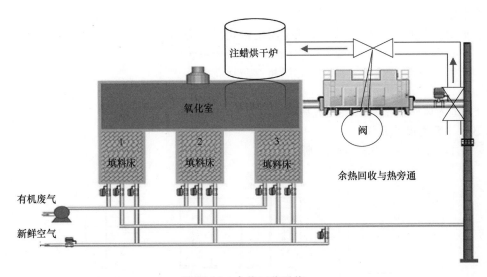

图 14-12　余热回收系统

设计要求如下：

① 余热回收系统出口预留废气取样口，取样口设置必须考虑人机工程，方便取样操作，并且满足相关法规、标准要求。

② 余热回收系统设置空气和热水的温度在线监测。

③ 当热水温度超过规定的危险值时，立即发出报警信号，自动打开蒸气泄压阀，同时切换为旁通模式，热气不再进入热交换器。

④ 余热回收系统必须采取隔热防护，采用岩棉加镀锌钢板覆盖层。

⑤ 焚烧炉净化后的气体，在最终排向烟囱之前，需要设置余热利用系统，一部分用于废气和解吸附空气的预热，一部分用于注蜡烘干炉加热。

⑥ 余热回收装置由耐高温材料制成，焊接结构。

14.3.3.10 脱附废气预热系统

设计要求如下：

① 脱附废气预热装置由耐高温材料制成，焊接结构，具有热膨胀自由度。

② 外部壳体带有清洁气体入口、清洁气体出口、脱附风入口、脱附风出口。

③ 预热系统必须采取隔热防护，采用防火的硅酸铝棉加镀锌钢板覆盖层。

④ 热交换器设计为列管式热交换器。

14.3.3.11 VOC 在线监控系统

（1）系统基础设计

FID 在线检测如表 14-17 所示。

表 14-17　FID 在线检测

项目	技术要求	
	机柜式在线式色谱 FID 原理	壁挂式在线式 PID 原理
测量原理	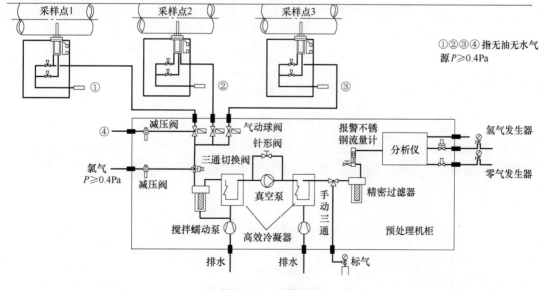	
运行数据采集率	≥95%	
采集形式	直接抽取加热采样形式	
检测系统组成	采样单元＋预处理单元＋分析单元＋数据采集单元	
系统传输速度	4～20mA DC	
VOC 在线采集点	RTO	烘干炉 TAR/RTO
	3	2

（2）采样装置

采样装置结构技术要求如下：

① 电伴热式自动控温采样探头＋反吹柜＋电伴热式自动控温式采样管。

② 探头要带有 $2\mu m$ 过滤器，可以过滤大量的尘埃，探头恒温控制（根据烟道温度设定），确保被采样气体不会产生冷凝。

③ 加热管道使其温度不低于探头加热温度，防止气体产生冷凝。

④ 反吹柜自带储气罐，保证反吹的压力，采用内外两级脉冲吹扫。

（3）系统原理

系统原理如图 14-13 所示。

图 14-13　系统原理

（4）预处理

FID 检测流程如表 14-18 所示。

表 14-18　FID 检测流程

项目	技术要求
预处理单元	气动球阀、压缩机式冷凝器、耐腐抽气泵、精密过滤器、反吹单元、校准单元
预处理过滤精度	精度≥0.1μm，从而确保分析仪器的分析准确性和长期可靠性
预处理过程	
探头滤芯	2μm（采样时间 50min，0.6MPa 空压气进行脉冲式反吹，周期 2min）
机柜内二级过滤	过滤等级分别为 1μm 和 0.5μn，能够保证样气的纯净度

（5）控制单元

控制单元如图 14-14 所示。

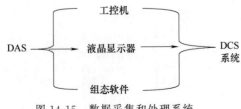

图 14-14　控制单元

（6）数据采集和处理系统（DAS）

数据采集和处理系统如图 14-15 所示，技术要求如表 14-19 所示。

DAS → 工控机 / 液晶显示器 / 组态软件 → DCS 系统

图 14-15　数据采集和处理系统

表 14-19　数据采集和处理系统技术要求

功能	技术要求	
数据采集	根据需要定时采集各个通道的模拟量/数字量的数据	
数据处理	根据采集到的数据,可以计算得到各种测量项的分析结果及相关的数据统计,提供气体成分即时值(各时间段内的平均值和指定时间段的排放量,并且可以识别无效的数据)	
数据保存	系统可以保存原始采样数据和统计数,即单位时间内气体浓度平均值,小时、日、月、年内气体浓度平均值	
数据显示	数值显示	显示各通道各种烟气的测量值。每个数据伴随着显示正常范围和超限报警值
	条形图显示	每个通道的采样数据在一个条形图上显示,条形图有浓度标尺、正常范围值和超限报警值。在图上以不同的颜色显示,每采样一次刷新图形一次并显示条形图数值
数据传输	每个月可定时把每个时间段的相关报告和检测数据传送到外界终端	
数据打印	根据需要可以打印报表、显示内容、校正记录	
适应性	系统具有自适应性,只要修改系统设置和测试模板,系统可自行适应新的测量仪表	
数据的安全和保密	进入系统必须经过安全认证,避免误操作和确保系统数据的保密性,提供数据备份功能	

14.3.3.12　废气处理控制系统

设计要求如下:

① 采用 PLC＋HMI 方式,能在触摸屏上对部分参数进行更改。

② PLC 系统具备设备工况监视、流程画面显示、参数显示、报警显示、自动联锁保护、接收数据软件、数据显示、数据传输、数据储存等功能。

③ 对废气过滤系统各级过滤压差进行监测,能实现压差过载时自动报警。

④ 沸石浓缩转轮转速、废气吸附及脱附前后温度自动监测;转轮转速过载、温度过载时自动报警,能对转速、温度显示和记录。

⑤ 沸石转轮系统至焚烧系统进口 VOC 浓度自动监测,当 VOC 浓度超出限值时自动报警,其信号要求进入主控柜的 PLC。

⑥ 燃烧器天然气管路和压缩空气管路的自动阀门进行控制,保证安全、稳定运行。

⑦ 在线监控的参数均需传入自身控制室,同时也需传入涂装车间中控室并存储,可查一年之内的数据。

⑧ 废气处理系统安装电能表、天然气流量表,并能将数据上传到涂装车间中控室,统一接入能源管理系统。

⑨ 每套控制柜顶部设旋转警示灯和报警器各 1 个。

⑩ 为了保持柜内温度低于各元件允许的最高温度,要提供强制的通风,特别是有发热元件(变频器等)的控制柜或操作柜,在侧面安装变频空调。

⑪ 当车间进行中午休息、喷漆室中途长时间未喷涂作业等情况下,废气处理系统必须处于低能耗模式,但当生产线恢复生产时,废气系统联锁恢复正常生产模式,焚烧炉必须在最短时间内升至设定温度,确保焚烧炉出口 VOCs 浓度稳定性。

⑫ 当喷漆室送风系统停止供风或部分供风,仅有少部分废气进入废气处理系统或暂无废气进入废气处理系统时,整个废气处理系统必须处于低能耗模式,但当生产线恢复生产时,废气系统联锁恢复正常生产模式,焚烧炉必须在最短时间内升至设定温度,确保焚烧炉出口 VOCs 浓度稳定性。

14.3.4　废气处理系统设备清单

废气处理系统设备清单如表 14-20 所示。

表 14-20　废气处理系统设备清单

序号	设备名称	材料	国产	进口	备注
1	燃烧器			○	Maxon/Eclipse
2	燃烧室	碳酸铝纤维	○	○	
3	蓄热体	陶瓷	○		
4	风机			○	变频控制，≥315℃
5	风机变频器			○	西门子
6	气动切换阀			○	WK
7	手动切换阀	渗铝		○	WK
8	排风管	304 不锈钢	○		耐高温
9	过滤器	耐高温	○		飞亚特
10	过滤器箱体	304 不锈钢	○		接触废气处
11	火焰探测器			○	Honeywell
12	浓缩转轮防护罩	碳钢喷漆	○		乙方设计
13	VOC 浓缩转轮				西部技研、霓佳斯
14	浓缩转轮电机			○	西部技研、霓佳斯
15	浓缩转轮电机变频器			○	SIEMENS
16	余热回收设备（汽水热交换器）		○	○	NET/WK
17	吸附气体预热器			○	WK
18	维修平台栏杆斜梯	碳钢刷漆	○		乙方设计
19	压缩空气管道	镀锌管	○		乙方设计
20	天然气管道	无缝碳钢	○		乙方设计
21	机柜		○		威图
22	精密过滤器	不锈钢	○		上海速越
23	三通手动阀		○		上海速越
24	气动阀	不锈钢		○	法比亚
25	三通切换阀	6013-T		○	德国宝帝
26	流量计	不锈钢	○		上海速越
27	减压阀	SY-7245	○		不锈钢管及接头
28	减压过滤器	SY-4000	○		上海速越
29	上位数据采集	DAS	○		上海速越

注：所有材料以实际设计为准。

14.4　固体废弃物处理技术要求

　　由于涂装车间使用的物料涉及大量的化学品，由此产生的废弃物根据国家法规及环保要求定义为危险废弃物，因危险废弃物带来的严重污染和潜在的严重影响，在危险废弃物管理、存储、运输、处置时必须按照国家法规及环保执行。汽车制造工厂 90% 的危险品都产生于涂装车间（图 14-16），涂装车间危险废弃物管理尤为重要，需对危险废弃物与其他垃圾分类放置，集中存放管理，委托有资质供应商处理等，如表 14-21 所示。产生的其他一般工业垃圾，根据国家法规及环保要求可交由第三方处理，详见图 14-17、表 14-22 所示。

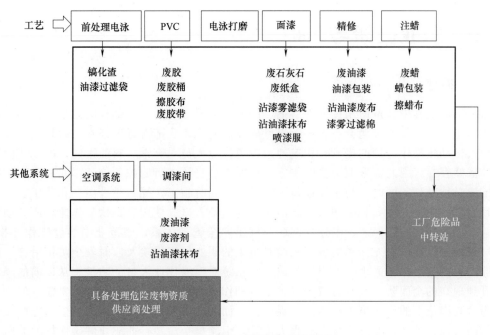

图 14-16　危险品废弃物来源示意

表 14-21　废弃物处理方式

类别	废漆渣	废石灰粉	废漆雾收集纸盒	废有机溶剂	材料包装物	材料沾染物
来源	油漆废渣、前处理废渣	面漆漆雾收集	面漆漆雾收集	水性清洗溶剂、清漆清洗溶剂	油漆包装物	油漆系统滤袋、沾染油漆等擦拭布
处理方式	委托有资质供应商处理					

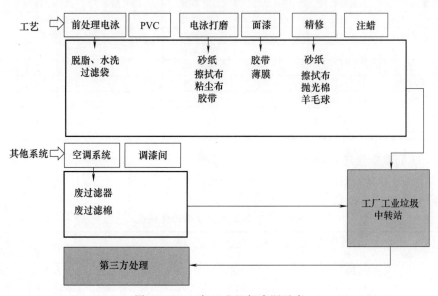

图 14-17　一般工业垃圾来源示意

表 14-22　一般工业垃圾处理方式

类别	擦拭抹布	砂纸	抛光棉	空气过滤材料	废弃包装物
处理方式	第三方处理				

14.5 职业健康与防护

14.5.1 概述

涂装生产过程中大量使用挥发性溶剂、助剂、漆料等材料，局部打磨抛光工位还会产生粉尘，作业人员若长期接触会有各种急慢性职业病的隐患。随着近年来水性涂料的普及使用及机器人自动化操作比例的提升，相应地减少了作业人员对有毒材料的接触，但职业健康的危害性依然存在，因此需采取必要的措施对作业人员身体进行防护。涂装车间的职业防护设备和措施必须做到三同时，与主体设备同时设计，同时施工，同时投入生产和使用。

目前以《中华人民共和国职业病防治法》为基础，以《使用有毒物品作业场所劳动保护条例》等相关法规为指导，逐渐建立起职业健康安全管理体系，规范业内的健康作业指导。在工厂规划建设，同时充分考虑各工艺段对员工的职业危害风险及应对安全防护措施，以满足作业人员的健康保护需求。如引用集成呼吸系统对喷漆作业人员的防护，从以前的局部保护提升到现在的全面防护。其有效隔绝了油漆和作业人员直接接触，呼吸外界输入的新鲜空气，为涂装岗位上的作业员工身体健康提供了全面的安全保护，极大地降低了罹患职业病的危害。同时该系统在作业舒适度上有很大提升，引领整个涂装行业职业健康保护的方向。

14.5.2 涂装职业健康危险分析

14.5.2.1 涂装各工艺段化工原材料

涂装各工段使用原料如表 14-23 所示。

表 14-23 涂装各工段使用原料

工段	前处理电泳	密封线	电泳打磨	面漆	精修	点修补	注蜡
材料	脱脂剂	底板密封胶	修补底漆	BC1 底漆	抛光蜡	点补色漆	蜡
	锆化原材料	裙边胶		BC2 色漆		修补底漆	
	防锈剂	密封胶		清漆		固化剂	
	锆化中和剂			清洗溶剂		修补清漆	
	树脂			稀释剂			
	色浆			固化剂			
	溶剂						
	杀菌剂						
	中和剂						

14.5.2.2 非面漆安全应对措施

（1）非面漆接触区域原材料主要成分及理化性能

各工段化学品理化性能如表 14-24 所示。

表 14-24 各工段化学品理化性能

材料	主要成分	形态	pH 值	闪点	健康危害
脱脂剂	KOH	液态	>13	不适用	接触皮肤腐蚀
锆化剂	H_2ZrO_3,Gu^{2+}	液态	<3	不适用	接触皮肤腐蚀重金属
防锈剂	$NaNO_2$	液态	6~8	不适用	接触皮肤刺激
调节剂	混合物	液态	5~6	不适用	接触皮肤刺激
树脂	混合物	乳浊液	6.0~6.6	>93.3℃	吞咽中毒轻微挥发
色浆	二丁基氧化锡等混合物	黏稠态	6.0~7.5	>93.3℃	接触皮肤轻微刺激吞咽中毒
溶剂	乙二醇丁醚	液态	不适用	>68℃	吸入有害接触皮肤有害
酸	乳酸	液态	2~3	不适用	接触皮肤刺激腐蚀

材料	主要成分	形态	pH 值	闪点	健康危害
杀菌剂	混合物	液态	3～4	不适用	接触皮肤腐蚀,急性毒性
PVC 抗石击胶	邻苯二甲酸二乙基己酯 苯 氧化锌等	黏稠态	不适用	不适用	吸入危害眼部危害
裙边胶	邻苯二甲酸二乙基己酯 异链烷烃 氧化锌等	黏稠态	不适用	不适用	吸入危害眼部危害
焊缝密封胶	邻苯二甲酸二乙基己酯 苯 氧化锌等	黏稠态	不适用	不适用	吸入危害眼部危害
拇指胶	三羟甲基丙烷三甲基丙烯酸酯 氧化性	黏稠态	不适用	不适用	吸入危害
修补底漆	树脂 甲苯等溶剂	液态	不适用	>20℃	疼痛刺激 恶心呕吐 骨骼畸形
蜡	石油磺酸盐 石油烷烃 微晶蜡等混合物	黏稠态	不适用	>35℃	对皮肤、眼睛、呼吸道 有轻微刺激

（2）一般常见的防护工具

防护工具是避免职业健康的一个重要手段，对于不同的作业环境和工作有对应的防护工具做保护，汽车涂装车间非面漆工作区域的工作常见防护工具如表 14-25 所示。

表 14-25　常见防护工具清单

部位	防护工具	图片	材质	使用条件
手	防化学品手套	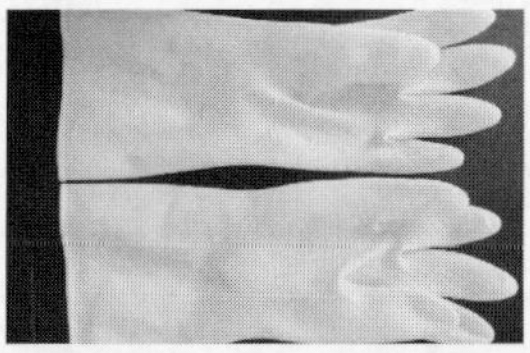	丁基橡胶	化油品处理 油漆及油漆工作场所的工作
	乳胶手套	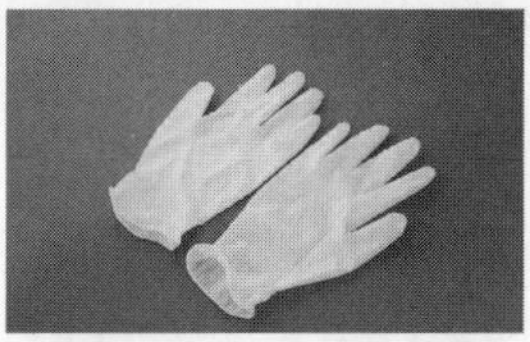	丁腈橡胶	化学品环境 对工作质量有精细要求
眼睛	护目镜	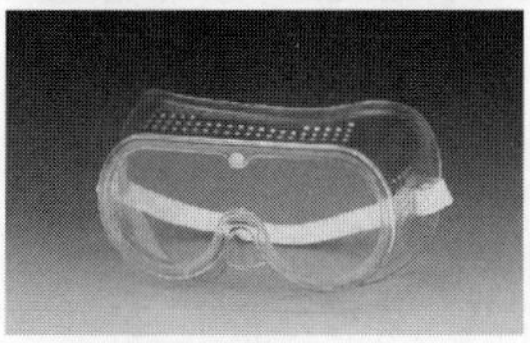	PVC	防御有刺激或腐蚀性的 溶液对眼睛的化学损伤
呼吸系统	防毒半面罩		活性炭 过滤棉	各种有毒、有害的作业环境

部位	防护工具	图片	材质	使用条件
呼吸系统	防尘口罩		活性炭纤维 无纺布 静电纤维	低浓度有害气体和蒸气的作业环境以及会产生粉尘的作业环境
面部保护	面屏轻质安全帽		ABS PVC	易产生飞溅作业环境 滴落的环境
耳部保护	耳塞		海绵	有噪声的环境

（3）非面漆工作区域的防护措施要求

各工作区域内的作业特点及防护配套要求如表 14-26 所示。

表 14-26　非面漆工作区域作业防护要求

工作区	作业内容	防化学品手套	乳胶手套	护目镜	防毒半面罩	防尘口罩	面屏轻质安全帽	耳塞
前处理	1. 加料作业 2. 倒槽清洗	○		○				
电泳	1. 加料作业 2. 倒槽清洗	○		○	○			
UBS	1. 更换物料 2. 密封操作	○					○	
细密封	1. 更换物料 2. 密封操作	○						
电泳打磨	修补底漆		○		○			
精修	打磨抛光					○		○
注蜡	1. 注蜡操作 2. 更换物料	○			○			

14.5.2.3　面漆及点修补应对措施

（1）面漆及点修补的主要污染

面漆及点修补危害形式如表 14-27 所示。

表 14-27　面漆及点修补危害形式

材料	主要成分	形态	pH 值	闪点/℃	健康危害
中涂	树脂 滑石 2-乙基己醇等溶剂混合物	液态	8.5	62	皮肤刺激 眼睛充血 生殖危害
色漆	树脂 滑石 2-乙基己醇等溶剂混合物	液态	8.5	62	皮肤刺激 眼睛充血 生殖危害

材料	主要成分	形态	pH 值	闪点/℃	健康危害
清漆	树脂 三甲苯 乙酸-2-丁基乙酯	液态	不适用	30	皮肤刺激 严重刺激眼睛 呼吸道刺激生殖危害
清漆稀释剂	乙酸酯	液态	不适用	40	皮肤、眼睛严重刺激 呼吸道刺激
清洗溶剂	乙酸正丁酯 正丁醇	液态	不适用	28	皮肤、眼睛严重刺激 呼吸道刺激
修补漆	树脂 甲苯、二甲苯等混合溶剂	液态	不适用	16	皮肤、眼睛严重刺激 呼吸道刺激

（2）操作过程中的防护措施

面漆喷涂手工作业及点修补是长期接触油漆使用的岗位，一直以来是职业卫生健康防护的重点区域，目前对作业人员的防护主要是连体服＋防毒半面罩＋乳胶手套，漆雾会漂浮到作业人员脸上，常见作业人员脸上有明显的油漆印迹，是直接的安全隐患。同时，长期佩戴防毒面罩，会在脸上留下压痕，舒适感很差。

目前随着喷房循环风使用越来越普遍，要充分考虑进行机器人维护和维修时对维修人员的安全防护，应当在机器人段配备相应的防护设备和设施。

根据以上问题，业内逐渐发展出来使用一体式呼吸系统来全面保护作业人员，如 EHS 个体工程安全防护系统，该系统全面隔绝作业人员与油漆材料的接触，通过换气系统取代呼吸面罩，不仅可以呼吸新鲜空气，还可以降低温度，提升作业舒适性，逐渐得到涂装行业作业人员及甲方的认可，建议使用。

EHS 个体工程安全防护系统由空气加湿器、安全面罩及空调服管道及辅助设施组成。压缩空气经过智能空气加湿器系统的处理成为安全、洁净、舒适、新鲜的呼吸空气，通过不锈钢管道输送到各呼吸面罩。

① 呼吸系统安装位置和数量如表 14-28 所示，示意图如图 14-18～图 14-21 所示。

表 14-28　呼吸系统安装位置和数量

数量	BC1&BC2 机器人段	BC2 检查站	CC 机器人段	CC 检查	点修补
1#线	1	1	1	1	3
2#线	1	1	1	1	

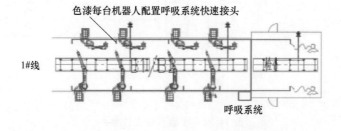

色漆每台机器人配置呼吸系统快速接头

1#线　呼吸系统

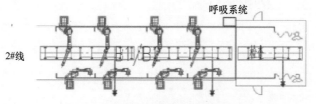

呼吸系统

2#线

图 14-18　色漆检查站呼吸系统示意图

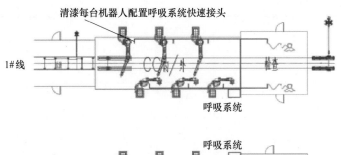

图 14-19　清漆检查站呼吸系统示意图

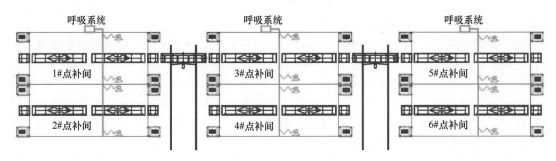

图 14-20　点修补呼吸系统示意图

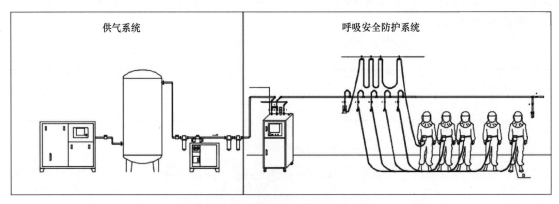

图 14-21　呼吸安全防护系统示意图

② 工作参数如表 14-29 所示。

表 14-29　呼吸系统工作参数

工况	项目	技术要求
环境条件	环境温度	−10～60℃
	相对湿度	0～65％
	环境	无尘埃、腐蚀性气体、可燃性气体、油雾或盐分等
工作参数	工作温度	20～35℃
	相对湿度	0～50％（非冷凝）
	电源输入直流	24V
	电源输入交流	220V

工况	项目	技术要求
工作参数	系统可靠接地	需接地,正负极不可接反
	系统功耗	<1000
	入口最高气压	0.7MPa
	调节板压力可调节范围	$0\sim1.0$MPa
	最大空气流量	在105psi压力下50CFM(1800L/min)

③ 设备技术要求如表14-30所示。

表14-30　设备技术要求

项目	技术要求
控制面板/控制系统	a. 控制面板上要有系统流程图; b. 可显示各项技术参数,包括温度、湿度、CO浓度、液位等数据,并可手动修改; c. 系统可以查看记录系统故障报警,并可在显示屏上手动操作; d. 系统具备一键启动功能; e. 可以手动/自动模式切换
加湿系统	a. 系统具备自动识别液位,并可根据液位判断自动补水,且具备手动/自动两种模式; b. 加湿模式为常开状态,当罐体出现故障或者单独使用过滤模式时为关闭状态; c. 加湿系统具备自动辅助加热功能,配置温度传感器监测系统温度,当温度高于设置上限时自动关闭加热功能; d. 加湿器配置CO传感器,监测CO浓度,当浓度超过10ppm报警滚动条上显示CO报警,气源不切断; e. 加湿器具备自动管道清洗功能
过滤器	a. 双节过滤器; b. 可调节进气压力; c. 纤维棉滤芯;过滤直径0.01μm以上的颗粒物; d. 活性炭滤芯;吸附压缩空气中的油蒸气及有机异味; e. 在过滤器底部可自动排水
全面罩	a. 大视野,不压抑,微正压; b. 密封好,不闷热,不起雾; c. 面罩框架式结构,防止面部或头部碰撞; d. 肌肤接触卫生部件方便快速更换; e. 保持个人清洁卫生,同时降低使用成本

全面罩样式如图14-22所示。

图14-22　全面罩样式

15 附　　录

　　为了便于新规划工厂设备的使用、维修及管理，保证设备电气、机械系统的规范一致，充分利用电气、机械元件资源，降低采购及生产维护成本，制定系统通用技术要求，作为涂装车间所有设备采购的统一技术要求。

　　除此之外，本附录起到前述各章未尽说明事项的补充说明作用，同时还是项目验收的重要依据，需严格遵守。其中，设备选型、工具、仪器和辅材清单只是作为参考，具体选型大家可以根据自身需求和使用习惯做判断。

15.1　涂装机械通用技术要求

15.1.1　适用范围、设计准则

15.1.1.1　适用范围

　　本技术要求适用于涂装车间的机械设备（非标准设备要求可参照本技术条件但不局限，需说明确认）；要求所适用的时间范围包括项目实施过程中的设计、安装、调试、验收等阶段，以及生产过程中的维护、协作、新品改造等阶段。

15.1.1.2　设计准则

　　① 甲方现在及将来机械设备系统的最高设计准则是安全可靠，维修方便，环保节能。机械设备系统还应遵循降低工人劳动强度，又不引起过高投入和运行成本的原则。设备制造乙方应按甲方提供总图进行详细设计，经甲方会签后再安装现场。

　　② 设备在设计和制造过程中，除技术协议中另有规定外，均应按以上要求执行，特殊情况必须与甲方协商，并经书面认可。

　　③ 设备制造与配套、安装、调试所需的各种原材料、配件及进口配套装置均由供应商负责。

　　④ 设备及其配套装置、配件生产供应必须符合国家（或国际）现行技术标准的规定，并有产品合格证件。有冲突之处，必须报甲方批准。

　　⑤ 工程的设计与施工安装中应依据相关的现有甲方要求及设计思路和标准。但是这并不限制承包人提出提高项目效率或降低项目投资但不降低设计规范的设计方案、材料或设备，供甲方考虑。

　　⑥ 设备验收时，本技术条件所涉及的内容属于设备验收内容的一部分。

　　⑦ 供应商在投入制造前，必须经甲方图纸确认签字后进行；仅表示在原则上的检查，除非是供应商特别提出的内容，签字不包含细节部分的确认，设备的验收按技术合同规定的内容进行。

15.1.2　通用要求

15.1.2.1　设计、制造、安装、验收执行标准

　　设计标准、制造标准、安装标准依据中国国家标准及相关的国际标准。供应商公司标准

须事先（投标）提出获得甲方确定认可（确认原则应当是等同或高于中国国家标准及相关的国际标准）。

下列文件中的条款通过标准（但不限于列表中的标准）引用而成为本标准的条款。

凡是注日期的引用文件，其随后所有的修改单（不包括勘误的内容）或修订版均不适用于本标准，然而，鼓励根据本标准达成协议的各方研究是否可使用这些文件的最新版本。凡是不注日期的引用文件，其最新版本适用于本标准。

《输送设备安装工程施工及验收规范》（GB 50270—2010）

《固定式钢梯及平台安全要求　第 1 部分：钢直梯》（GB 4053.1—2009）

《固定式钢梯及平台安全要求　第 3 部分：工业防护栏杆及钢平台》（GB 4053.3—2009）

《机械安全　接近机械的固定设施　第 1 部分：固定设施的选择及接近的一般要求》（GB/T 17888.1—2020）

《钢结构工程施工质量验收标准》（GB 50205—2020）

《机械制造企业安全质量标准化工作指南》

《工业安装工程施工质量验收统一标准》（GB/T 50252—2018）

《钢结构工程施工质量验收标准》（GB 50205—2020）

《钢结构焊接规范》（GB 50661—2011）

《固定式钢梯及平台安全要求　第 3 部分：工业防护栏杆及钢平台》（GB 4053.3—2009）

《安全色》（GB 2893—2008）

《工业金属管道工程施工规范》（GB 50235—2010）

15.1.2.2　机械设备安全要求

机械设备安全要求如表 15-1 所示。

表 15-1　机械设备安全要求

序号	安全要求	图示
1	设备应当满足在操作者的身体部位容易出现在设备工作危险区域的情况下(如一些压力、拧紧、装夹工位等的特殊操作)保证操作者安全的措施,如需采用双手操作方式,设计危险区域的检测保护等方式	
2	所有控制按钮及控制阀等元件的安装位置,必须避免产生因操作者身体不小心触及而造成设备误动作的情况	
3	设备自动循环启动时,应有闪灯和声音的警示信号	

序号	安全要求	图示
4	皮带、外露齿轮、联轴器、链条等容易产生人身危险的设备位置和有转动、摆动的部位,在设计中一定要有安全防护装置,除其他特殊规定材料或者甲方允许外,防护装置一般要由金属制成,非金属制作应先获得甲方确认,而且在无须拆除其他机械元件的情况下,便于拆卸或移动	
5	设备的噪声一般不应高于70dBA,特殊情况在设备技术协议内规定	
6	设备所有有零件升降的安全防护区域必须在地面和防护区标明十字交叉的黄黑色记号。所有部件、装置和其他线体都应清楚并适当地贴上标签,首选方法是电脑不干胶粘贴标签或用塑料捆扎打印标签	
7	靠近危险区保护装置(安全栅等)的高度至少为2.0m,根据环境条件可用整体钢板、透明挡板或40mm×40mm网眼栅栏制作,危险区域的防护装置高度应至少1200mm安全护栏,护栏每隔200mm安装纵向栅;并设有脚踢板(100mm高);人员进入有防护的危险区域应需采用工具拆卸或开关联锁控制	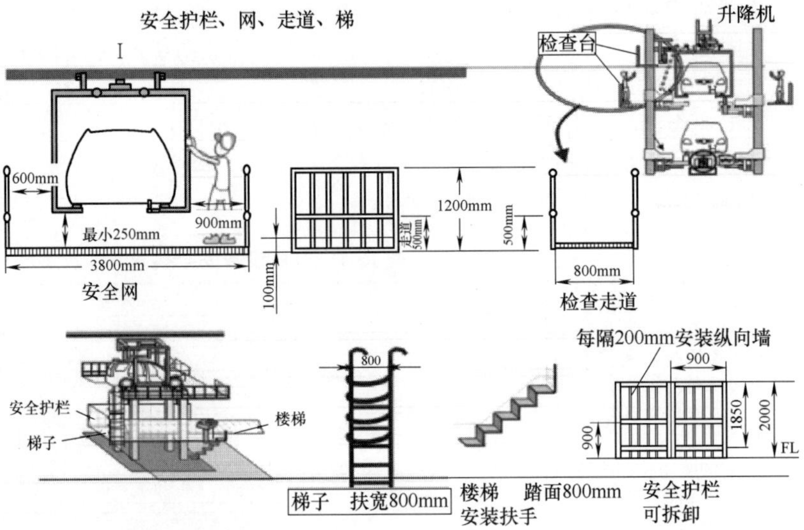
8	设备在平面图布置设计满足的工厂物流要求:主通道宽度4m,辅助通道宽度3m,消防主通道高度4.5m,物流通道高度3.5m	
9	所有装有易燃、易爆气体的设备或容器,不论气体是否用于燃烧或其他用途,设备厂家需要提供国家安全部门出具的生产许可和安全证明	
10	在两条输送设备配合动作或者转接时,必须有可靠的接口信号及安全检测,确保输送设备的安全以及动作顺利	
11	在运动场合(如升降级)内,如存在人工操作,该区域必须有安全区域扫描或者光栅等进行保护,确认人员安全。同时对于该运动场合,相关的入口处,同样要求有人员进入检测保护装置	
12	在控制柜周围、各安全护栏的拐角及其他设备需防护的位置设置安全立柱,立柱采用镀锌管,管径在80mm以上,涂安全色(黄黑条纹)	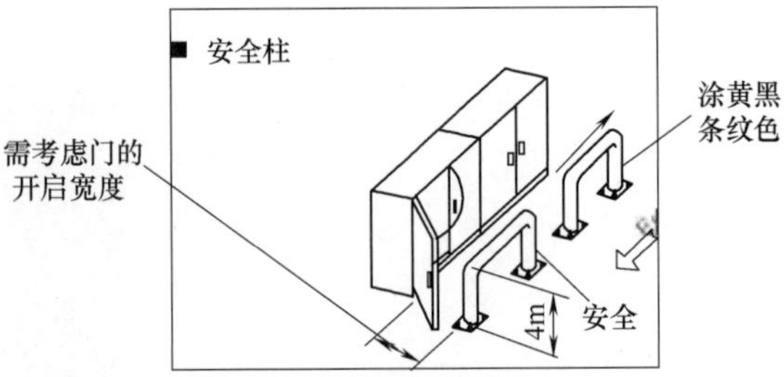

序号	安全要求	图示
13	在设备所有开口(洞口)处出入口及上部要求安装红色挂帘提示,同时对设备开口处尽量设置活动安全网进行关闭开口;有条件的情况下在开口处前方设置危险提示踏板,以便人员进入前进行提示危险状况	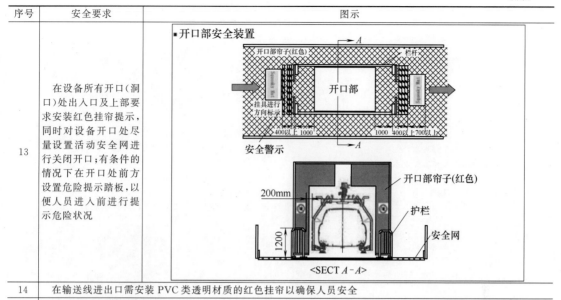
14	在输送线进出口需安装 PVC 类透明材质的红色挂帘以确保人员安全	
15	所有装有易燃、易爆气体的设备或容器,不论气体是否用于燃烧或其他用途,设备供应商需要提供国家安全部门出具的生产许可和安全证明	
16	a. 任何高度超过 300mm,存在跌落风险的设备、设施、维修平台,必须设置安全护栏; b. 当距离基准面高度小于 2m 时,防护栏杆高度不得低于 900mm; c. 在距离基准面高度大于 2m 且小于 20m 的平台、通道及作业场所,防护栏杆高度不得低于 1050mm; d. 在距离基准面高度不小于 20m 高的平台、通道及作业场所,防护栏杆高度不得低于 1200mm	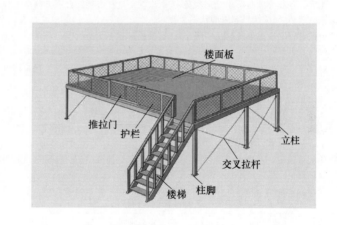

15.1.2.3 机械设备通用要求

机械设备通用要求如表 15-2 所示。

表 15-2 机械设备通用要求

序号	通用要求	图示
1	轴材质:一般选择 45 钢,重要部分选择 35CrMo 或 42CrMo,轴的设计符合机械设计手册要求,禁止轴焊接,禁止设计多段轴	
2	电机:选型时需留有 10% 以上的余量,输送速度在设计值基础上预留 10% 以上的余量,负载在水平方向需留有 30% 的余量,垂直方向需留有 40% 的余量;摩擦因数根据应用场合不同选择不同的因数,如升降机考虑 0.1 的摩擦因数,滑板线考虑 0.07 的摩擦因数,辊道线考虑 0.03 摩擦因数;机械效率按 95% 考虑	
3	轴承:优先考虑免润滑轴承,使用寿命在 100 万转以上,或者额定载荷下寿命不短于 75000h;二者标准中取其高者	

序号	通用要求	图示
4	联轴器： 联轴器优先选择顺序：盘式联轴器＞齿式联轴器＞链条联轴器； 传递扭矩：一般电机额定为 200%；伺服电机额定为 300%	
5	链条：需从屈服载荷及最大容许负载等方面考虑，使用寿命界限：拉升不得超过 2%	
6	a. 齿轮：材质为 S45C 或 SCM435； b. 齿面加工：磨齿为基本原则； c. 热处理基准：高频热处理； d. 硬度最小基准：S45C，HRC55；SCM435，HRC55；附检查报告； e. 齿轮安全因子：最小 6 倍（特殊供应商 4 倍）；齿轮宽度、速度比等设计基准以机械设计手册为准实施	
7	整个系统的各个专机设备均设有手/自动转换开关，方便操作和以后的系统维护；为了保证生产的安全，适当位置安装紧急停止按钮	
8	线体及动力机构必须满足结构紧凑，质量可靠，便于维修、保养，外形美观，运行平稳、安全的条件	
9	所有设备和设施的设计、制造、安装、调试等全过程必须符合甲方制造工程规范和 ME 要求，对所有设备进行安全风险评估，还需提供相关的技术文件	
10	为保证一个令人满意的现场验收效果，供应商需提交所有与已安装设备有关的文件，作为此项目的一项内容。因验收要求改动引起的一切图纸更改，已提交的技术资料需由供应商修改至最新状态	
11	设计和安装阶段期间，供应商都有义务去改进工艺和系统以提高设备的可靠性并延长保修期	
12	供应商要保证所有更换零件时间都不超过 30min。 注：更换零件计时从开始分析零件故障到生产重新启动为止	
13	满足甲方的技术要求，保证甲方使用效果优良，符合甲方色标标准。油漆涂装工艺不得少于 1 底 2 面，漆前经过喷砂处理	
14	甲方认为对执行服务计划负完全责任是完成一个令人满意的验收的一部分。服务计划包括：设备维修说明、外购件的使用说明及维护说明、重要零件的说明及维护说明、总体维护计划、易损件清单和备件清单，零件号及供应商地址目录	
15	设备故障、停机和质量问题要用甲方问题及纠正措施报告格式进行报告。报告由供应商和甲方工程师进行分析。被认为属于保修范围的问题要得到免费纠正	
16	进行模段（块）化生产制造，设备零部件需表面清除锈蚀、油污并涂防锈涂层或表面贴膜后运抵甲方安装现场拼装、调试	
17	会签后，乙方在设备制造、安装过程中发现设计不妥或需偏离图纸施工时，应向甲方提出书面修改建议或偏离图纸施工报告，经甲方签字确认后方可执行	
18	所有的非金属材料中不得含有机硅	

15.1.2.4 气动系统

气动系统要求如表 15-3 所示。

表 15-3 气动系统要求

序号	要求	图示
1	所有关键的气动元器件，如电磁换向阀、气缸、气动三联件、压力开关、真空发生器、真空吸盘、真空压力开关、真空减压阀、真空过滤器以及气动附件等必须采用指定供应商的产品。具体见涂装车间电气选型清单和机械选型清单	
2	压缩空气供给压力为 0.7MPa	

序号	要求	图　示
3	压缩空气在给设备供气时,需安装气动二联件,确保供给设备的压缩空气为干燥、洁净的,压缩空气过滤装置推荐采用过滤器＋调压器＋排水阀＋空气切断阀＋压力传感器的组合方式	
4	各气动单元设置位置必须安装压力开关	
5	所有压缩空气管路应刷指定色油漆以区别于其他管路	
6	所有气动元器件应装有指示铭牌,标明规格、型号和用途	
7	压力表、压力开关等需用标志或其他方法指明正常工作范围	
8	多个气路组成的软管束,每个管路应加标号注明,以便于维修时管路查找	
9	所有气路排往大气的管路末端加装消声器	
10	所有的截止阀应用铝标牌指明"常开"(NORMALLY-OPEN)或"常闭"(NORMALLY-CLOSE)	
11	气动元器件及管路应安装在不妨碍设备的使用及维修的位置,且应便于维修	
12	气管在铺设过程中折弯90°的,在折弯处设置分气块或快速接头过渡,严禁强行折弯	

序号	要 求	图 示
13	气动系统的设计及制造应符合 ISO 标准或有关国家标准。各用气点有气动三联件,软管连接采用快换接头,系统无任何泄漏,潮湿部位采用不锈钢管,气管接头不许直接焊接	
14	气缸使用要求;气缸的动作确认感应开关要直接安装在气缸的前进、后退端,要尽可能使用行程开关,气缸的规格选型需达到运作负荷的 2 倍之上;气缸布置时使作用在气缸推杆上的力正确地沿轴方向分布(不得已的情况下使用浮动接头以防止偏心);气缸调速器采用节流方式	

15.1.2.5　液压系统

液压系统如图 15-1 所示。

技术要求:

① 所有的重要液压元器件,如齿轮泵、叶片泵、柱塞泵、电磁换向阀、液压油缸、压力开关、调压阀等必须采用指定供应商的产品。

② 液压系统的设计与制造应符合 ISO 标准或有关国家标准。对于液压泵压力、电机功率和油箱容积必须有 25% 以上的储备量,管道设有压力测量点,油箱有液位显示器,系统无任何泄漏,液压系统应设置相关标牌,以便于使用、维护;管路应用牢固的方法标明油液流向。

③ 所有液压油管路应刷指定色油漆以区别于其他管路,管路应用牢固的方法标明油液流向。

图 15-1　液压系统

④ 油箱超过 200L 的液压系统应加设预热回路,以减少准备时间。

⑤ 液压系统油温应保持 50℃ 及以下（在环境温度低于 -5℃ 的工厂,油箱应设置自动加热装置）。

⑥ 设备的液压站油箱内需设有用于吸附铁屑的磁铁;油箱的侧面要留有维护门以便于定期清擦油箱及更换过滤网;油箱的上方应设有通气口以防箱内产生负压;油箱上应标明油箱的容积及所用油的型号。

⑦ 液位计能精确确认油面状态,安装在通道侧,从而在加注的同时也可以确认液面,安装位置最好离加注口 500mm 以内。

⑧ 所有液压系统应至少设有三级过滤装置（注油过滤、吸油过滤、回油过滤）,所有过滤器的过滤能力应为流量的 2 倍,过滤器应在显眼位置用铝标牌标明过滤精度等主要技术参数。

⑨ 备件中必须提供一件吸油过滤器和三件回油过滤器。

⑩ 所有的液压元器件应装有铭牌并标明规格、型号、用途。

⑪ 所有压力表、压力开关等需用标环或其他方法标明正常工作范围，压力表必须用法定计量单位。

⑫ 管路应排列整齐并紧固以免振动。

⑬ 液压管路不能采用焊接的形式连接（冲压部分管路用焊接接头）。

⑭ 管路系统应设有可加装压力检测的压力表接口，且应配备一套带软管的压力检测表。

⑮ 带有储能器的系统应配备一套充氮气的工具。

⑯ 所有的截止阀应用标牌标明"常开"（NORMALLY-OPEN）或"常闭"（NORMALLY-CLOSE）。

⑰ 液压站噪声应达到国家有关技术标准要求。

⑱ 压力回路中不得有泄漏。

15.1.2.6 润滑系统

润滑系统如图 15-2 所示。

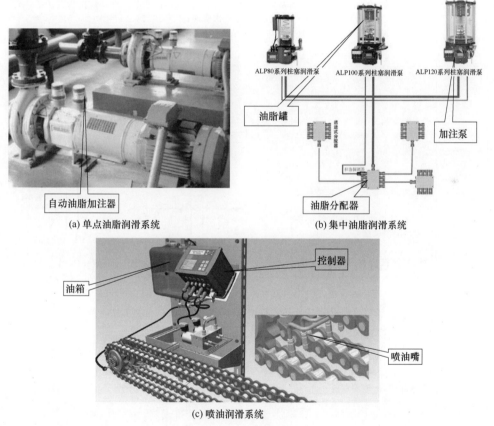

(a) 单点油脂润滑系统　　　　(b) 集中油脂润滑系统

(c) 喷油润滑系统

图 15-2　润滑系统

技术要求：

① 自动润滑系统需设有油位检测及润滑油报警系统，加油频次可调。

② 润滑油箱应标明容积及加油型号。

③ 所有设备的润滑系统必须在设备上装有用铝板制作的润滑系统图标明型号、润滑点及加油频率。

④ 过滤系统要求设有三级过滤装置（注油过滤、吸油过滤、回油过滤），所有过滤器的过滤能力应为流量的 2 倍。

15.1.3 设备的安装、调试和验收

15.1.3.1 设备的安装

设备制造后表面处理须符合国家关于涂装设备及钢结构涂装技术规范。在制造厂家制成的构件，应在制造地进行预装配，确保安装配合无误后方可运至安装现场。安装所用自攻螺钉、螺栓、螺母、垫片必须采用镀锌件（如图纸与此不符，按本要求执行）。设备安装要求如表 15-4 所示。

表 15-4　设备安装要求

序号	项目	要求及图示
1	安装基准	a. 设备标高应以车间地坪高为基准,地坪基准只允许有一个,若测量实在困难,可设置辅助基准; b. 设备位置应以车间柱网为基准
2	设备基础	a. 设备基础必须符合工艺安装图和设备总图的要求,才能进行安装; b. 设备基础位置标高不符合设计要求时,必须进行处理后方可进行设备安装; c. 对于安装在车间地坪或设备基础上的风机、水泵等外购件,在电机功率小于 4kW 的条件下,允许用膨胀螺栓固定;对于大于 4kW 的电机,应采用二次浇灌; d. 立柱脚底板面与基础间的空隙,应用砂浆浇注密实
3	地脚螺栓及安装	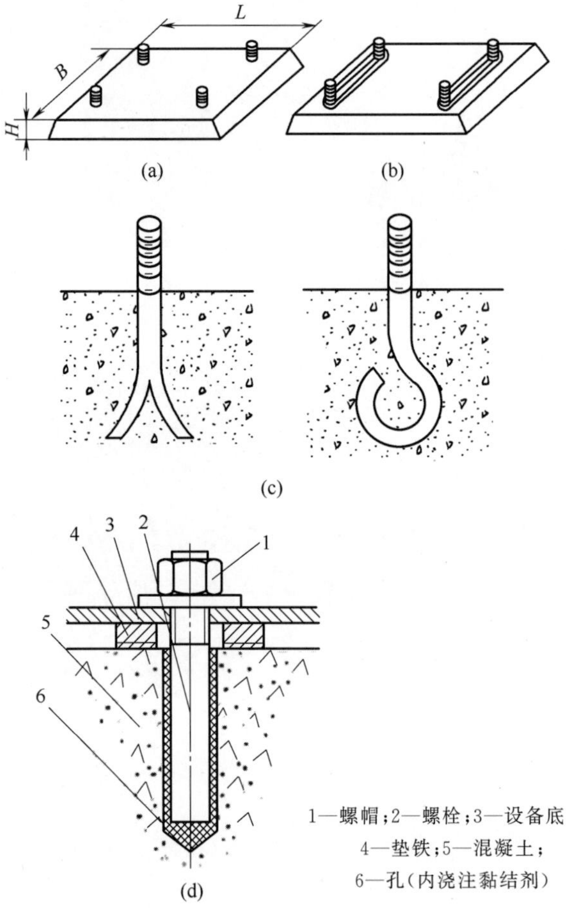 a. 地脚螺栓的垂直度允差为 1/100; b. 螺母与垫圈、垫圈与设备底座均应接触良好; c. 需二次浇灌的地脚螺栓,浇灌前应把浇灌孔清理干净。浇灌的砂浆料应选用比原基础高一级的水泥砂浆,灌浆时应捣固密实,地脚螺栓不允许歪斜,并控制间距尺寸; d. 在所浇灌混凝土达到规定强度的 75% 之后,才允许拧紧地脚螺栓的螺母; e. 对于振动负荷设备(如风机、水泵等)的地脚螺栓,应带有垫片和防松螺母进行锁紧 1—螺帽;2—螺栓;3—设备底座; 4—垫铁;5—混凝土; 6—孔(内浇注黏结剂)

序号	项目	要求及图示
4	管道安装	a. 管子、管件及阀门经检验合格，按设计要求校对无误后，才可安装； b. 用法兰连接的管道应采用二次安装，即将法兰与管道焊接后，再拆卸、校正和清理，重新进行安装； c. 水管和蒸气管在安装前必须对管内壁用煤油清洗，不允许有灰尘； d. 管道应设支架固定，特别是有柔性接头的管道和不允许承重的管道，应另加支架固定； e. 水平管道支撑间距如下：DN25～50mm 间距2.5～3.0m，DN50～125mm 间距4～5m，DN125～200mm 间距5～7m，大于 DN200mm 间距8～12m。各蒸气管、压缩空气管、上下水管、油管及其阀门和管件等在安装完成后，必须按 GB 50235—2010 规定进行压力试验 
5	设备主体的安装	a. 设备主体包括前处理设备的室体，主要水槽，电泳设备的电泳槽、转移槽，电泳后各水洗槽，烘干设备的室体，加热系统，喷漆室的室体及通风设备，各类操作室，各类平台等。 b. 设备主体安装前应校对设备基础的标高及基础相对坐标尺寸。 c. 设备主体安装后应根据设计单位提供的工艺安装图进行标高和相对坐标的尺寸校对，确定无误后，再进行其他部件的安装。 d. 各槽体的标高尺寸误差如下：槽体标高小于800mm，允差为±1.5mm；800～1500mm，允差为±3mm；1500～2500mm，允差为±4mm；大于2500mm，允差为±5mm。 e. 室体、平台高度允差为±3mm，全长允差为±5mm。 f. 栏杆、扶手、梯子，相对于平台的垂直度全长不大于5mm，立柱直线度每米不大于3mm，垂直度不大于1/1000。 g. 设备主体的立柱设计为焊接在预埋基础的钢板上时，必须校对坐标尺寸无误后再进行焊接。 h. 有玻璃钢涂层衬里的设备，在涂覆玻璃钢时必须按施工工艺进行，先对表面喷丸除锈，并彻底清理干净被涂表面，涂层中不得有气泡、杂物，各涂层必须粘接牢固，固化彻底。电泳槽耐压达2万V
6	水泵和风机的安装	a. 水泵和风机的安装位置应符合设计要求，叶轮的旋向应符合产品要求； b. 叶轮与外壳的间隙应符合产品说明书的要求； c. 离心风机轴承座与底座应紧密结合，其纵向水平度不大于1/1000，横向水平度不大于1.5/1000，用水平仪测量； d. 轴流风机水平安装的水平度不超过1/1000，用水平仪在轮毂上测量； e. 水平安装的轴流风机不允许垂直安装； f. 水泵安装轴线水平度不大于0.5/1000，测量时以加工面为基准； g. 6♯以上的离心风机应采用弹簧减震器，6♯以下的采用橡胶减震器； h. 风机进出口应设有柔性接头 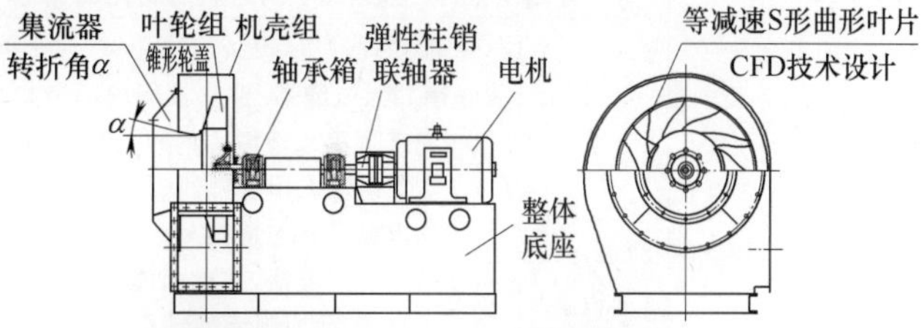   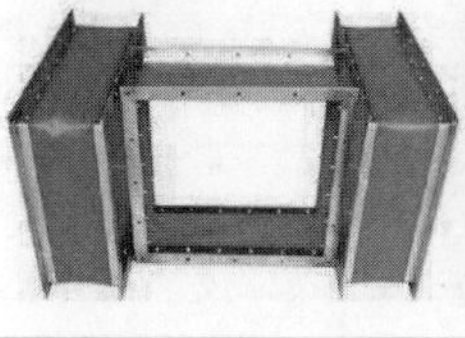 

15.1.3.2 设备的调试

设备的调试按照单机调试、联动调试、冷调试、热调试、工艺调试和生产调试的步骤进行。设备的调试验收是指针对上述调试过程的验收。

调试前，设备的制造、安装单位必须制订调试计划，并经过设计和使用单位认可后方可进行调试。各阶段调试结束后，应填写阶段调试验收单。

设备的调试必须在该设备所在生产线完成全线制造安装验收（包括热工设备、电气设备、机械运输设备，公用设施）的前提下进行。设备调试要求如表15-5所示。

表 15-5　设备调试要求

序号	项目	要　　求	
1	单机调试	a. 单机调试前,安装单位应彻底清除设备附近的建筑生活垃圾,确保设备内外无灰尘、异物,确保设备内部的洁净; b. 设备安装、连接牢固可靠,密封良好; c. 开机、停机方式正确灵敏,电机运转方向正确; d. 通风设备风速、风压、噪声符合设计要求,连续无故障运转时间不少于4h; e. 与设备相关的电气设备元件安装准确无误,安全可靠; f. 电动、气动元件动作正确灵活; g. 设计、制造、安装和使用单位有关技术人员均必须在调试现场,并对调试中出现的问题进行记录,确定整改方案和期限; h. 对整改后的设备重新调试,直至合格	
2	联机调试	a. 联机调试必须在所有单机设备空运转调试合格后方可进行; b. 热工设备与热工设备之间,热工设备与电气设备之间,热工设备与机械化运输设备之间,电气设备与机械化运输设备之间,电气设备与电气设备之间,机械化运输设备与机械化运输设备之间的各种联动、联锁、定位、同步等均达到设计要求; c. 机械化运输设备要做负荷运转,其通过性达到工艺要求,同热工设备之间无干涉碰撞,负荷与机械化运输设备的定位锁紧准确可靠; d. 联机调试全线无故障运行时间不小于8h,负荷运转不小于16h; e. 调试期间设计、制造、安装、使用单位的各专业有关技术人员均必须在调试现场,并作好调试记录,确定问题整改方案和期限; f. 整改后重新进行联机调试,直至合格	
3	冷调试	必须在全线联机空运转、负荷运转合格之后进行	
		前处理电泳设备	a. 前处理、电泳设备的冷调试(注水调试)前处理、电泳设备进行冷调试之前,必须彻底清除槽、管、过滤器、换热器等内部杂物; b. 先进行单机冷调,合格后再进行联机冷调; c. 整个系统无跑、冒、滴、漏现象; d. 槽内循环状态达到设计要求,喷嘴无堵塞,喷射方向达到设计要求; e. 阀门动作灵活,并确保能完全关闭,仪表显示灵敏正确; f. 电动、气动控制元件动作正确、灵敏、可靠; g. 机械化负荷运动应达到设计要求; h. 联机冷调试无故障运行时间不小于16h; i. 喷涂设备的冷调试喷漆室漆雾洗涤槽、废漆处理槽、管线等内部杂物必须彻底清除,确保洁净
		喷漆设备	a. 漆雾洗涤室、废漆处理槽内槽液循环状态达到设计要求; b. 擦净室、喷漆室、晾干室、中涂打磨室顶部加过滤无纺布后负荷运行,喷漆室内风速达到设计要求,气流均匀,无紊乱,室内保持微正压; c. 无各种跑、冒、滴、漏现象; d. 连续无故障运行时间不小于8h; e. 设备进行冷调试阶段,设计、制造、安装、使用单位有关技术人员均必须在调试现场,做好调试记录,确定整改方案和期限,完成整改后重新进行冷调试,直至合格

续表

序号	项目	要求
4	设备热调试	a. 设备的热调试前，必须用清洗剂将所有槽、管、过滤器等彻底清洗，除去所有油污，烘干室内外必须彻底清洗干净，确保洁净。设备热调试应先进行单机热调试，合格后再进行联机热调试； b. 各种槽、管、泵、阀、过滤器、换热器等无跑、冒、滴、漏现象； c. 加热系统升温曲线达到设计要求； d. 各种电气控温系统元件、仪表动作正确、灵敏； e. 各种联锁、联动系统正确可靠； f. 机械化运输系统负荷运行，设备结构变形符合要求； g. 设备热调试无故障运行时间不少于16h； h. 调试过程中，设计、制造、安装、使用单位各有关技术人员均必须在调试现场，做好调试记录，确定整改方案和期限； i. 完成整改的设备要重新进行热调试，直至合格
5	设备工艺调试	a. 工艺调试由甲方组织实施，乙方必须无条件认真配合，并按甲方要求进行设备改进，直到出合格件为止； b. 生产调试由甲方完成，但如遇到设备问题，乙方仍有责任解决或改进

15.1.3.3 油漆

参见涂装车间设备设施色标和国家标准《涂装设备及钢结构涂装技术规范》。

15.1.4 非标设备制作与安装

15.1.4.1 材料

材料技术要求如表15-6所示。

表15-6 材料技术要求

序号	项目	要求
1	材料要求	a. 设备制作所有使用材料的品种、材质、性能及断面尺寸应符合甲方要求； b. 钢材选用武钢、攀钢、鞍钢、重钢、宝钢、太钢或进口钢，如超出以上厂家范围，需书面取得甲方同意； c. 大量使用的材料应附有质量保证书，材料进入现场验收应符合设计图纸要求； d. 所有钢材不得有明显锈蚀、划痕、凹陷、裂纹、砂眼、夹渣等缺陷； e. 碳素结构钢质量应符合GB/T 700—2006的规定；不锈钢、耐热钢质量应符合GB/T 1220—2007、GB/T 1221—2007的规定；低合金结构应符合GB/T 1591—2018的规定；非金属材料应符合国标或不低于国标的企业标准，且所有的非金属材料中不得含有机硅； f. 弯曲变形的型材应校直后使用，允许偏差为长度的1/1000； g. 钢管表面不允许有压偏、凹痕等缺陷，不锈钢管无痕、锈斑； h. 制造设备所选用材料不允许含有硅硐成分
2	材料允差	a. 热轧圆钢和方钢的直径和边长允差应符合GB/T 702—2017规定； b. 不锈钢棒材尺寸允差应符合GB/T 4226—2009规定； c. 热轧钢板厚度允差应符合GB/T 709—2019规定； d. 冷轧钢板的厚度应符合GB/T 708—2019规定 e. 无缝钢管尺寸允差应符合YB231—70规定； f. 不锈钢无缝钢管尺寸允差应符合GB/T 14976—2012规定； g. 所有材料投入使用前必须校直或校平，型钢弯曲允差不大于长度的1/1000。但全长不大于5mm，钢板、扁钢的不平度1m范围内不大于1.5mm
3	材料验收	所有制造材料必须有材质检验报告，确定符合国家标准和设计图纸要求后方可投入使用
4	材料代用	a. 当材料来源受到限制，需要采用代用材料时，要与设备使用单位协商； b. 代用材料性能应不低于设计图纸中要求的性能

序号	项目	要 求
5	下料	a. 板材下料应采用剪切,型材下料应采用砂轮切割或锯切,并打磨清除毛刺; b. 原则上不采用气割,若必须采用气割,应对切口重新加工磨平; c. 切割表面与钢材表面不垂直度应不大于钢板厚度的 1/10,且不得大于 1mm; d. 下料后的钢板应校平,不平度每平方米不大于 1mm; e. 下料后的型材应校直,直线度允差每米长度不大于 0.5 mm; f. 管料下料后端面与轴线垂直度允差不大于 1°,且不得大于 2mm	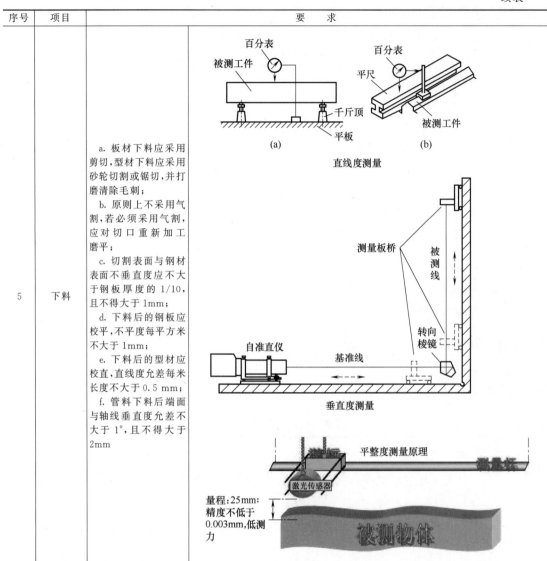

15.1.4.2 焊接

（1）基本焊接要求

基本焊接要求如表 15-7 所示。

表 15-7 基本焊接要求

焊接	前处理、电泳		烘干炉		安全网、钢平台	空调器底板
	槽体	室体	内壁板	内风管		
点焊					O	
满焊	O	O	O	O		O
氩弧焊	O					O
电焊					O	
二氧化碳保护焊			O		O	

（2）构件的焊接及验收要求

构件焊接及验收要求如表 15-8 所示。

表 15-8　构件焊接及验收要求

序号	项目	要求
1	构件的焊接	a. 所有热轧钢材或其制成的构件均必须经过喷砂处理，露出材料金属光泽，并按要求涂漆。详见《涂装设备及钢结构涂装技术规范》； b. 从事焊接工作的人员必须经验丰富，且持有行业认可的资质证书； c. 焊接时原则上所有可焊接的部位全部焊接； d. 焊接、制作、施工时采取防止变形的措施，保证焊接所产生的变形最小化； e. 使用焊接夹具防止变形，尤其是尺寸管理要求高部位必须适用焊接夹具来确保精度； f. 消除焊接后残余应力(退火等)； g. 危险或重要部位的焊接点要通过非破坏方式进行焊接质量确认(限在详细技术要求中提到的部分)； h. 各焊接部位不应有未填满、气孔、烧穿等质量缺陷； i. 焊后清理，焊渣必须去掉，焊缝磨平，焊后补漆； j. 焊接前各构件要求再次校正后方可焊接； k. 一般碳素结构钢中，如平台、骨架、槽体等可采用手工电弧焊； l. 薄钢板，如室体等应采用惰性气体保护焊(金属板氩弧焊)，小于 0.8mm 的板件宜采用 CO_2 气体保护焊； m. 对不锈钢构件的焊接，以及不锈钢与碳钢之间的焊接，应采用惰性气体保护焊，焊接后应对焊缝、焊点进行酸洗，不锈钢表面的回火色应用化学或机械方法除去； n. 焊条的选用必须与基体材料适应，碳钢焊条应符合 GB/T 5117—2012，不锈钢焊条应符合 GB/T 983—2012 规定； o. 焊缝尺寸符合 GB/T 985.1—2008 规定，厚度大于 8mm 板材对焊时应开坡口，对焊焊缝的允差为(1.5±1.0)mm。焊缝凹陷允差不大于 0.5mm。焊缝错边不得大于厚度的 1/10，角焊缝的高度为构件厚度的 3/4，在板厚不等的条件下，角焊缝高度为薄板厚度，角焊缝高度不大于 6mm 时允差为+1.5mm，大于 6mm 时为+3.0mm，钢管对接焊缝咬边深度不得大于 0.5mm。每道焊缝咬边长度不得大于焊缝全长的 1/10
2	构件的验收	a. 焊接后的构件上的焊渣必须彻底清除干净，包括管道内部； b. 焊缝宽度要求平直，无毛刺，相对误差不大于 1mm； c. 焊缝不得有裂纹、烧穿、弧坑、夹渣等缺陷； d. 要求衬里的槽体内焊缝必须打磨平整光滑； e. 影响外观的焊缝必须打磨光滑平整； f. 对于槽体、管道在清理焊缝后，必须煤油试漏，不允许有渗油现象，不锈钢槽体、管道必须在清理焊缝后对焊缝用磷酸或硝酸腐蚀，再进行煤油试漏； g. 前处理设备、室体内平台等应满焊，不得漏水	 裂纹　焊瘤　烧穿　弧坑　气孔 夹渣　绞边　未熔合　未焊透 不合格焊接式样 合格焊接式样

焊接机构件几何尺寸允差如表 15-9 所示。

表 15-9　焊接机构件几何尺寸允差

公称尺寸	允差(±)		公称尺寸	允差(±)	
	外形尺寸	各部分之间		外形尺寸	各部分之间
≤100	2	1	>2500~4000	7	4
>100~250	3	1.5	>4000~6500	8	5
>250~650	3.5	2	>6500~7000	9	6
>650~1000	4	2.5	>7000~16000	11	7
>1000~1600	5	3	>16000~25000	13	8
>1600~2500	6	3.5	>25000~40000	15	9

注：1. 表 15-9 焊接结构外形尺寸允差指该件的长、宽、高允差，如水槽的长、宽、高，各类室体的长、宽、高，通风平台的长、宽、高等的允差。

2. 表 15-9 焊接结构各部分之间的允差指该件矩形断面对角线，平面的相对不平度等的允差。

3. 对于由焊接组成的装配式机构件，如喷漆室的壁板、烘干室的保温壁板等应按装配要求检查机构件的几何尺寸允差。

4. 设计图纸中未注明的焊缝结构几何尺寸允差按表 15-9 执行。

15.1.4.3　钣金件制作

钣金件制作要求如表 15-10 所示。

表 15-10　钣金件制作要求

序号	要　求	图　示
1	钣金件等薄板件包括送排风管、室体壁板、烘干室绝热壁板、烘干用设备绝热层外壁板。以上钣金中原则上均采用镀锌板，如果设计图纸中与此不符，按本规定执行	合格保温式样
2	壁板小于 1.5mm 的各类风管应采用咬边机折边组装，风管与风管法兰用拉铆连接，风管法兰采用镀锌件	
3	壁厚大于或等于 2mm 的风管可采用氩弧焊焊接，焊接前应将镀锌层去掉	
4	烘干室、强冷室、晾干室内风道、风管连接采用铜焊，风道、风管与上述室体内板连接时也采用铜焊	
5	壁厚小于或等于 4mm 的室体壁板和装配式壁板，应用折边机加工成型，不允许用手工成型	
6	设备壁板用拉铆、自攻螺钉或螺栓固定连接，不得用点焊连接	
7	风管、风罩、烘干室绝热壁板尺寸允差按国家规范执行	
8	绝热壁板的制造要求外观平整，不得有凹凸现象；表面不得有划伤，镀锌层不得有脱落、水蚀等现象，且表面不得涂漆	
9	绝热壁板内部填充岩棉要求平整、均匀、干燥、致密，不得有空隙	
10	装配式室体壁板尺寸允差按 GB 1184—1996 规定的 D 级处理	

15.1.4.4　钢结构

钢结构要求如表 15-11 所示。

表 15-11　钢结构要求

序号	项目	要求	图　　示
1	通用技术要求	a. 所使用材料必须符合设计书的要求和国家标准的规定,材料和型号代用需经设计单位同意。 b. 焊接应按照图纸要求的焊接要求进行。焊接表面不允许有明显的锤疤、伤痕,其表面飞溅物、焊渣、切割边缘、棱边、毛刺等必须打磨和清理。焊缝不允许有裂纹、未焊透和严重缺陷。严禁使用药皮脱落或焊芯生锈的焊条、受潮结块或已熔烧过的焊剂。 c. 连接材料(焊条、焊丝、焊剂、高强度螺栓、精制螺栓、普通螺栓及螺钉等)和涂料(底漆及面漆等)均应附有质量证明书,并符合设计书的要求和国家标准的规定。 d. 变形的原材料必须经过矫正后方可投入使用。 e. 漆前表面除锈质量达到 S13 级,零件、焊接件非加工表面涂防锈底漆两道。设备面漆在制造厂家喷涂两遍,到现场安装完毕后补喷一遍。色标由甲方定。 f. 整个系统在启动和正常运行中的噪声应符合《工业企业卫生标准》TJ 36—1997 的有关规定。 g. 包括辅梁在内的所有设备安装用钢结构(空中、地面)原则上要用螺栓/螺母方式装配(包括地坑盖板),但结构上判断有必要的部位要追加加强焊接。 h. 输送线轨道及设备安装用平台在调整水平结构也要用螺栓/螺母结构,包括梁、接头、支撑、斜撑等。 i. 螺栓要设置在拉力方向固定,避免切力方向。 j. 所有斜撑类原则上以花篮螺栓方式使用达到防松目的。 k. 钢结构施工应具备钢结构设计、制造和安装的有关资质	钢结构连接式样 侧面连接 H钢翼缘板　　腹板　　连接板 中心支撑结点(1)　　中心支撑结点(2)

序号	项目	要 求	图 示
2	放样号料切割	a. 放样和号料,根据工艺要求预留焊接收缩余量及切割、刨边和铣平等的加工余量。零件的切割线与号料线的允许偏差为 1.5mm。 b. 采用剪板机、锯切等下料方式对钢板和型钢下料,下料切口表面粗糙度为 $12.5\mu m$,并清除毛刺。 c. 切割前,将钢材表面切割区的铁锈、油污等清除干净。 d. 切割后断口上不得有裂纹和大于 1mm 的缺棱,并清除边缘上的熔留和飞溅物等。 e. 切割截面与钢材表面垂直度不大于钢材厚度的 10%,且不大于 2.0mm	
3	矫正弯曲边缘加工	a. 钢板、扁钢的局部挠曲矢高 f 不大于 1.0mm(在 1m 范围内),角钢、槽钢、工字钢的挠曲矢高 f 不大于 5.0mm。 b. 允许加热矫正,其加热温度严禁超过正火温度(900℃),加热矫正后缓慢冷却。 c. 刨边的零件,其刨边线与号料的允许偏差为 1.0mm;刨边线的弯曲矢高不应超过弦长的 1/3000,且不大于 2.0mm;铣平面的表面粗糙度不大于 $6.3\mu m$	
4	焊接	a. 施焊焊工均有资格证书。 b. 严格按照图纸上的焊缝要求施工。所有要求坡口等强度连接的均设引弧板,施工完后将引弧板割掉。 c. 焊接采用手工半自动焊,焊接结构件尺寸公差符合 JB/T 5943—2018 中的相关精度要求。 d. 焊接质量检验等级,主要构件为二级,其余次要构件为三级。 e. 焊接结构件表面不允许有明显疤痕,其表面飞溅物、焊渣、切割边缘、棱边、毛刺等必须打磨和清理。 f. 焊缝不允许有裂纹、未焊透和严重缺陷;如达不到标准要求,通过碳弧气刨等方法,铲除清理干净后重焊或修磨	合格焊接纹: (a) 平焊位置F　　(b) 横焊位置H (c) 立焊位置V　　(d) 仰焊位置O 板材角接试件焊接位置 1—板 45°放置,焊缝轴水平;2,4—板平放,焊缝轴水平;3—板竖立,焊缝轴垂直 不合格焊接: (a) 焊缝增高过强　(b) 焊缝过凹 (c) 焊缝的咬边　(d) 焊瘤　(e) 烧穿 类似裂纹的焊接缺陷: 焊接裂纹　气孔　错边　咬边 咬边—焊趾、焊缝根部或焊道间的沟槽状缺陷 焊道间未熔合　焊缝金属与坡口面未熔合　熔深不足　焊瘤 未焊透 未焊透—焊缝金属与母材(坡口面)之间或各层焊缝金属之间的交界面未能熔透的缺陷

序号	项目	要求	图　示
5	外购件	a. 为保证质量,钢材应选用国产的优质产品。 b. 对于承重结构的钢材,均保证抗拉强度、伸长率、屈服点和冷弯试验等性能	
6	标准件	采用图纸要求的螺栓、垫圈、螺母,符合 GB/T 1228—2006、GB/T 1229—2006、GB/T 1230—2006	
7	材料	a. 结构件(包括拉杆、梁)所使用材料为 Q235-A 化学成分与力学性能符合《碳素结构钢》GB/T 700—2006 的规定。 b. 手工焊时,采用 E4301 或 E4303 焊条符合 GB/T 5117—2012 的要求,自动焊接或半自动焊接时采用的焊丝和焊剂,与主体金属的强度匹配,焊丝符合现行标准《焊接用钢丝》的规定	

15.1.4.5　螺栓、螺母

(1) 螺栓、螺母基本要求

① 所有螺栓的长度在拧紧后确保有 3 个以上有效螺纹。

② 所有螺栓类要设置适用符合功能要求的垫圈。

③ 六角头螺栓打孔深度要确保为螺栓直径的 2~3 倍。

④ 动作部位的螺栓螺纹必须采用防松结构,螺栓/螺母防松结构建议从以下方法中选择(适用方法:双螺母、防松垫圈、开口销、防松螺母、防转片等)。

⑤ 弹垫禁止在高旋转/高振动部位间重复使用。

⑥ 具有防松功能的垫圈及螺母类变形后禁止重复使用。

⑦ 螺栓/螺母禁止为防松而进行焊接,而应使用防转片。

⑧ 受切力的地方,要使用螺栓安装方钢或钢板。

⑨ 所有螺栓/螺母类拧紧需要进行扭矩检查确认,扭矩确认后进行"I"标记(扭矩不重要时小于 M6 的除外)。

(2) 常用紧固方式及适用范围

常用紧固方式及适用范围如表 15-12 所示。

表 15-12　常用紧固方式及适用范围

序号	常用紧固方式	适用范围
1		用来保护被连接件的表面不受螺母擦伤,分散螺母对被连接件的压力
2		弹簧垫圈在一般机械产品的承力和非承力结构中应用广泛,其特点是成本低廉、安装方便,适用于装拆频繁的部位
3		a. 用于易振动环境下的连接; b. 用于不需要拆装维护的连接

序号	常用紧固方式	适用范围
4		振动大且无维护拆装需求的连接
5		a. 钢结构的连接; b. 振动较大且有拆装维护需求的连接
6		对压紧力要求不高且振动较大的连接

15.1.4.6 台阶、梯子、维修吊装设施

（1）台阶、斜梯

台阶、斜梯式样如图 15-3 所示。

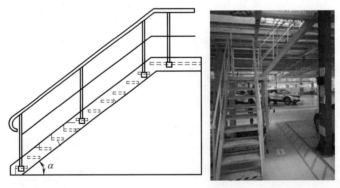

图 15-3 台阶、斜梯式样

技术要求：

① 通向地坑及上部安全网的方式以台阶或斜梯为主，迫不得已时才采用直梯。

② 台阶或斜梯倾斜角度要在 30°～60°以内。

③ 台阶、梯子规格遵守中国的安全法规；梯宽、扶手、立柱高度、间距尺寸均符合相关标准规定。

④ 扶手、立柱高于 900mm 时，间距小于 1000mm。扶手应采用外径为 30～50mm，壁厚不小于 2.5mm 的管材。立柱宜采用截面不小于 40mm×40mm×4mm 的角钢或外径为 30～50mm 的管材。

⑤ 梯宽宜为 80mm，最大不宜大于 1100mm，最小不得小于 600mm。

⑥ 楼梯台面采用花纹钢板或格栅板形式，采用花纹钢板时喷涂油漆（依据甲方色标要求）。

（2）直梯

直梯式样如图 15-4 所示。

图 15-4　直梯式样

技术要求：

① 直梯梯段高度超过 3000mm 时应设护笼。

② 护笼下端距基准面 2000～2400mm。

③ 护笼上端高出基准面应与 GB 4053.3 中规定的栏杆高度一致。

④ 护笼直径应为 700mm，其圆心距踏棍中心线为 350mm，水平圈采用不小于 40×4mm 的扁钢，间距为 450～750mm；在水平圈内侧均布焊接 5 根不小于 25×4mm 扁钢垂直条。

（3）维修吊装设施

维修吊装设施如表 15-13 所示。

表 15-13　维修吊装设施

序号	要求	适用范围	图　示
1	a. 所有上置驱动升降机、风机钢平台，需设置维修用选装吊装臂； b. 水平手臂需配置可移动小车，小车结构需满足手动葫芦吊挂要求； c. 旋转臂结构强度按最大组件质量核算设计	适用但不限于：升降机、风机钢平台	

序号	要求	适用范围	图　　示
2	a. 同一平台区域的空调风机平台需配置一台可移动龙门架； b. 龙门架上需配置一台电动葫芦和一台手动葫芦； c. 龙门架结构强度和葫芦能力,按最大部件质量核算设计	适用但不限于：空调平台	
3	a. 小型可移动吊架配置 3～4台； b. 吊架结构强度按 1.5t 核算设计	适用但不限于：前处理电泳,地面机运设施	 TL9400移动吊架

15.1.4.7　一般安装精度

一般安装精度如表 15-14 所示。

表 15-14　一般安装精度

序号	精度	图　　示
1	水平方向：±2mm 以内	
2	断差方向： 上下方向：±1mm 内 左右方向：±1mm 内	
3	升降机立柱垂直度：0.5mm以内	
4	未明确的精度根据设备特点由双方确认	

15.1.4.8 安装示意图

安装示意图如图 15-5 所示。

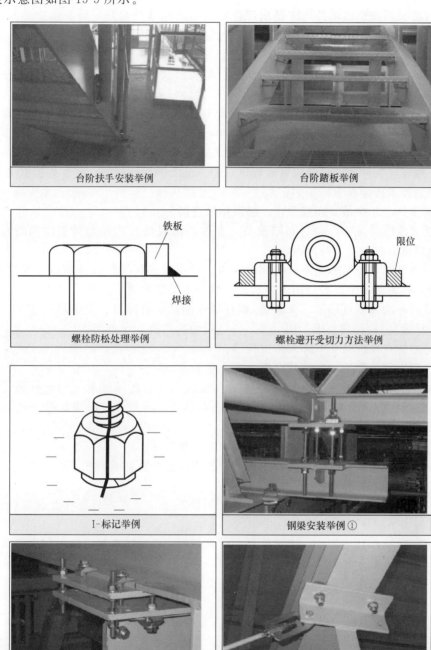

图 15-5 安装示意图

15.1.4.9 机运设备

（1）通用要求

① 所有关键的元器件如电机、轴承、皮带、链条等必须采用指定供应商的产品。选定

厂家见甲方涂装车间电气选型清单和机械选型清单。供应商自选品牌原则上按照进口件标准，由甲方确认。

② 所有机械系统组成部件均应是出厂合格成品或标准外购品，设备供应商到达现场应当是制造完成品。无产品标签、无包装的零件或材料都将可能被 SMPV 拒绝进入。原则上甲方仅提供成品的堆放场地。

③ 关键的机械系统，必须在厂家内部进行组装以及通电测试，确保设备的可靠，避免现场修改。

④ 工件转接、转挂、锁定等自动装置要求具备入孔及到位检查纠错功能并确认。

⑤ 机运设备钢结构全部采用螺栓连接设计，如考虑平台等下沉的可能性，允许点焊加固；平台不允许现场焊接制作。材料必须经过夹具框架焊接、振动去应力、喷丸、一底两面的油漆等处理。焊接件关键焊缝位置需要进行超声波无损探伤检测，确保焊接强度。超声波无损探伤检测要求按标准 NB/T 47013.3—2015 要求执行。

⑥ 一次吊具、二次吊具连接方式：必须螺栓连接。

⑦ 搬迁或改造项目中，如对利旧设备（本体或组成件）的性能可靠性判断有隐患时，要求供应商提供第三方质量检测报告。

⑧ 元件选型时，应尽可能使用免润滑元件。如需加油润滑，设备加油口的位置应可见并易于加油，在说明书中应进行图表表示并说明加油周期与油品要求。

⑨ 主要的驱动或重点环节（如悬链/摆杆链主驱动、升降机、上下坡动力驱动、烘房/喷房驱动、移载叉），必须要求一用一备，并且可快速切换。

⑩ 机运系统在设计时要考虑人体工程学。

⑪ 提供动力部分和传动部分的完整计算说明书。

⑫ 传输系统各个设备之间应设计必要的互锁装置保证传输顺利进行。在关键设备处，为了保证系统的可靠运行和精确定位，需采用变频器以实现精确控制的要求。

⑬ 设备设计要防止产品生产零件受损。

⑭ 导向机构（滑动机构等）必须有防止沾上污物设计。

⑮ 所有驱动器都需要容易进入以便维护。驱动器装在高处或装在不容易进入的地方时，要装个单独的移动或举升机构。

⑯ 所有升降机在水平输送位置上必须使用辅助的定位装置，只有在此装置处于锁定位置时升降机的水平输送过程方能开始进行。

⑰ 如果传送动作自动停止，那么重启动时驱动器应以步进速度沿原方向继续动作。

⑱ 设备的急停命令装置应和所有设备互锁以保证所有设备完全静止。

⑲ 任何驱动器或活动元件，如果可能靠自重移动，一定要装有手工锁销。

⑳ 在所有输送设备的行程终端都需安装相应的机械死挡，以阻挡因控制异常时被输送物品超行程运动造成事故。在机械死挡之前需安装必要的缓冲阻尼装置，减小设备的机械冲击。当设备设计最高速度大于 100m/min 时，该缓冲阻尼装置有且仅有标准缓冲器形式。

㉑ 电动机前必须安装安全隔离开关，且安全隔离开关的辅助信号必须接入控制系统。

㉒ 输送机系统应符合国家对输送机设备的要求。

㉓ 输送机各部件要求。

a. 链条采用标准模锻可拆牵引链条，材质 16Mn，破断载荷，许用拉力应完全符合 GB/T 1243—2006；

b. 停止器应能有效地使小车定位停止；

c. 停止应无冲击，应设置到位检测；

d. 高温和喷淋区域链条应设置油雾自动润滑装置；

e. 轨道应具有较高的承载能力和刚度，轨道应保证踏面平直光滑。

㉔ 输送机运行应平稳，不应该有爬行现象出现。

㉕ 输送机应设置驱动超载、气压不足、停止器位置检测等检测信号措施，在系统出现故障情况下及时用声音和灯光报警停机并在操作面板上显示故障类型。

㉖ 输送机电控应具备以下功能：

a. 在操作面板上应设置手动和自动切换按钮。在手动状态下，各动力单元均能独立操作。

b. 各动力单元均设有点动和连续运行的按钮。

c. 在上下件区域、喷房及有人工操作处在输送机开始运行前，均应先用声音和灯光提示；延时10s后启动，声音设备分设在各转接工位。

d. 输送机的电控系统设计应该满足工艺要求。

（2）选型准则

机运设备供应商在乙方案设计选型时，要充分满足车间内的工艺要求，即必须考虑工件在工位间的合理传输方法，首先按主标书规定的机运设备选型，也可以在回标时提出其他传输方式和机运设备，说明选择此类型的原因。机运设备除以上功能要求，在选型使用时还应该满足下列要求：

① 往复杆输送、台车形式输送、雪橇输送、电小车输送、链式输送、环链葫芦作为机运标准设备选型，要求是供应商无技术争议产品。其设备操作、节拍时间、运转等细节要求满足项目工艺需要。

② 供应商的标识牌必须小于150mm×100mm，否则将被拆除。

③ 传送系统类型（如采用EMS电小车需考虑电压、变速使用频率）、传送速度/输送能力、负载能力、系统长度、运送数量、上下件方法（自动/手动）、维护保养，要求90%以上的运行效率。

④ 为确保产品免受不必要的碰撞，紧急停止必须分区设计。

⑤ 所有有工件升降或移动的安全防护区域必须在地面和防护区标明十字交叉的黄黑色记号。

⑥ 需要承载检测的地方，提供安全工作负荷认证。像电机、齿轮箱这样的重要部件，应该安排在地面或平台上合适的地方。

⑦ 维修人员有进入安全防护维修通道的优先权。楼梯、扶手和防滑装置必须在每一个传送的地方提供。

⑧ 在重要区域，每个入口的顶部必须有"被授权人才允许进入"标记，以防止参观者或合作者的偶然无意进入发生危险。

⑨ 维修段下必须有实心的钢板，以防止工具落下。维护检修线段应设计活动门，并设计装置具备降至地面、方便更换吊具等功能。

⑩ 如果设备操作超过了人机工程，那么就需要使用助动装置。当这种情况发生时，供应商应该设计并提供包括传送装置和助动装置的转换装置。

⑪ 机运设备，未特别说明的输送驱动均采用变频驱动。

（3）往复杆（Shuttle）

往复杆如图15 6所示。

技术要求：

① Shuttle建议采用模块化设计方式。

② 采用电动驱动形式，变频调速。

③ 轨道建议采用封闭轨（轨道材料采用进口）。

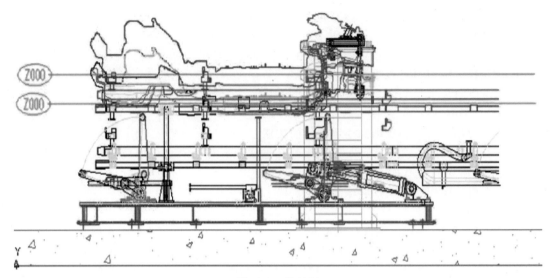

图 15-6　往复杆

④ 升降装置是采用电机带动曲柄旋转，从而带动输送线本体实现输送线抬起、落下。

⑤ 水平输送是电机驱动齿轮、齿条做往复运动。

⑥ 适用于自动化程度高的生产线。

⑦ 系统必须具备 X 向、Y 向、Z 向三个方向的导向单元。

⑧ 升降部分采用摆杆形式，轨道采用封闭轨。

（4）雪橇输送系统（SKID）

雪橇输送系统如图 15-7 所示。

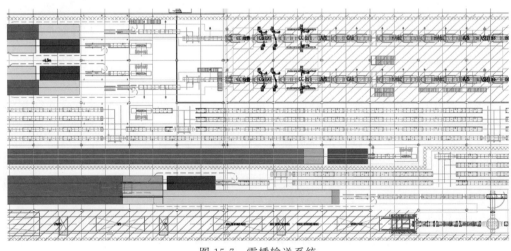

图 15-7　雪橇输送系统

技术要求：

① 雪橇输送系统主要包括雪橇、辊床、升降装置、旋转装置、横移装置、转接装置、锁紧/解锁装置、堆垛/解剁装置和相应的电气检测及控制系统。

② 辊床一般有固定和旋转两种形式，可单独使用，也可与升降机、移行机、升降台、凸轮装置等设备配合使用。

③ 动力传送方式有皮带式、链条式和摩擦轮。

④ 辊床驱动采用变频控制，辊子间距为建议 800mm，所有辊轮包括进出口应使用 PU 包裹的轮子或 Vulkolan。

⑤ 升降高度和辊床长度根据工艺要求进行确定。

⑥ 在烘房的出口端辊床、升降机辊床、横移装置辊床等端部，要求配置活动机械端挡，防止车身或雪橇冲出轨道。主焊接线的辊床应有机械锁紧装置。

⑦ 超行程的锁紧装置——通过齿轮电机和安装在举升架上的锁紧机构，电动控制锁紧到相应的输送系统，当举升架到达停止位置时，锁紧装置启动。

⑧ 维修时的锁紧装置——在维修时，举升驱动必须被锁紧，锁紧装置必须通过手动机械方式打开和关闭。

⑨ 维修平台——为了维修上部皮带转弯处，需提供维修平台，包括护栏、踢脚板，通过金属楼梯到达，支撑在钢/混凝土平台上。

（5）台车形式输送线（Trolley）

台车形式输送线如图 15-8 所示。

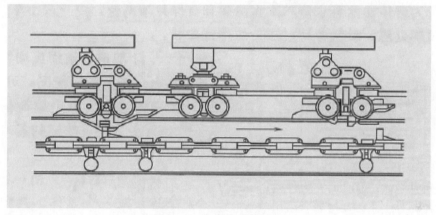

图 15-8　台车形式输送线

技术要求如下：

① 台车走轮要求采用滚针轴承或双球轴承设计，其他要求同雪橇输送系统。

② 采用摩擦输送的台车输送线，所有摩擦轮应使用 PU 包裹的轮子或（Vulkolan）。摩擦驱动应做成整体框架结构，采用弹簧压紧，可手动调整摩擦轮与滑板之间的压力。

③ 采用反向积放链输送的台车线，链条品牌为椿本。张紧装置采用配重＋阻尼气缸双阻尼。

（6）自动单轨小车（EMS）

自动单轨小车如图 15-9 所示。

图 15-9　自动单轨小车

技术要求：

① EMS 自动单轨小车输送线由轨道、驱动、小车、控制器和吊具等组成。

② 每个本身应带有驱动装置和控制器，EMS 小车的控制通过半波发生器提供控制指令给小车控制器，通过小车控制器来实现对其控制，控制器要求使用 LENZE DETO。

③ 自动小车双取电方式、变频调速驱动单元、防撞传感器被认为是 EMS 输送线的标准配置。

④ EMS 小车电排供电通过安全继电器进行控制，EMS 滑线要求分段供电。

⑤ 系统上需要具备空车识别、车型识别功能。

⑥ 控制系统需要具备自动控制道岔功能，保证小车运行路径正确。

（7）环链葫芦（HOIST）

环链葫芦如图 15-10 所示。

图 15-10　环链葫芦

技术要求如下：

① 环链葫芦水平移动时，大件采用电动方式，小件由人手动牵引。

② 葫芦吊件上下运动时要求采用电动形式。

③ 葫芦导电轨建议为 Ω 形，导电方式为嵌入式。

④ 葫芦运行操作按钮控制电压应为安全电压。

⑤ 导电轨接头处应有支撑，接头保持光滑、平整。

（8）滑板输送（Skillet）

滑板输送如图 15-11 所示。

图 15-11　滑板输送

技术要求：

① 采用摩擦轮驱动形式，可变频调速。

② 滑板框架焊接制作要在夹具上进行，焊接完的框架要进行振动失效处理。

③ 摩擦驱动应做成整体框架结构，采用弹簧压紧，可手动调整摩擦轮与滑板之间的压力。

④ 在各转接点滑板采用缩紧装置进行可靠定位。

（9）链条输送（Chain）

链条输送如图 15-12 所示。

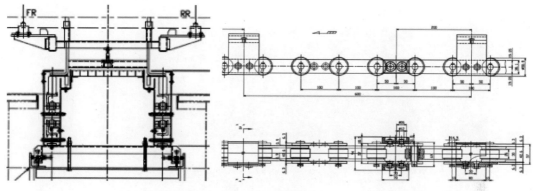

图 15-12　链条输送

技术要求：

① 如果使用链条系统，每一个输送链条回路都应该包含自动润滑单元。

② 所有单元的链条及回转还应该按考虑和满足润滑的需要设计。

③ 因为输送运行的停止及积放特点会产生冲击和降低设备可靠性，所以必须采用缓冲连接设计。

④ 链条应采用静音设计，吊具与吊具之间同样要采取静音措施。

（10）摩擦驱动（FDS）

摩擦驱动如图 15-13 所示。

图 15-13　摩擦驱动

技术要求：

① 采用摩擦轮驱动形式，可变频调速。

② 一次吊具摩擦杆采用整体型材制作，保证摩擦力的均匀可靠。

③ 摩擦驱动应做成整体框架结构，采用弹簧压紧，可手动调整摩擦轮与摩擦杆之间的压力。

④ 在进行较大的线体高度变化时，需要采用辅链驱动的上下坡或者升降机形式进行高度变化。

（11）摆杆链输送系统（Pendulum chain）

摆杆链输送系统如图 15-14 所示。

图 15-14　摆杆链输送系统

技术要求：

① 摆杆链输送系统主要由出口塔（驱动）、入口塔（张紧）、轨道、摆杆、链条、自动润滑装置、电泳导电装置、入口/出口转接辊床、沥水装置、雪橇锁紧/解锁装置等组成。

② 摆杆链输送系统出槽、入槽角度可达到 45°。

③ 电泳区域导电需求，吊具用碳钢，并涂环氧树脂涂层，电泳摆杆系统中摆杆与链条通过塑料材料绝缘。

④ 在电泳摆杆的回路上要安装清洗水池，用水泥＋涂层制作，里面放置化学品清洗液。

（12）积放链输送系统（P&F）

积放链输送系统如图 15-15 所示。

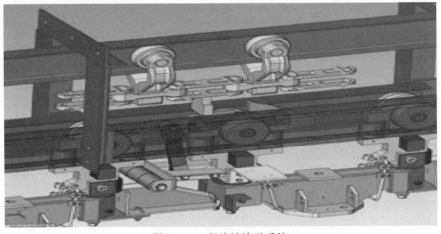

图 15-15　积放链输送系统

技术要求：

① 积放链输送系统主要由牵引链、轨道、小车、回转装置（光轮及滚子排）、道岔、驱动、张紧、停止器、止退器、捕捉器、自动润滑装置、接油盘等组成。

② 牵引链条主要由内外链片、链销、推杆及链支撑小车等组成，规格包括 3in、4in 和 6in，制作形式包括模锻链、冲压链等。

15.1.4.10　风管设计与安装

（1）风管设计基本原则

① 基本设计原则。

a. 空调机的位置应尽量靠近负荷，还应规划合理的风管线路。

b. 制定通常的风管规划时，按推荐范围的风速加以设计。

c. 弯曲部分尽量采用大曲率半径。

d. 扩大、缩小风管时减缓变化角度。

e. 风管截面的纵横比应尽量小于 6，尤其不得大于 10。

f. 从弯曲处的内曲面到直线部分，在风管宽度约 8 倍（导流叶片时约 4 倍）以下的位置上设置分支或者喷出口时，风量会不足（极端情况下不出风）。要尽可能延长直线距离，或在弯曲处适当设置导流叶片，或在弯曲处做一个静压箱，若再有可能产生风量不足时，可并接分离风门。

g. 风管的断面变化时，要避免急剧变化，扩大部分要在 20°以内，扩大部分要在 45°以内。不得已要超过这个值时，务必要使用导流叶片。

h. 风机压出口至弯头的最小距离为 $L=1.5B\sim2.5B$，B 为风机出口的长边尺寸。

i. 室外排风口或外气吸入口则需为防水型的固定百叶，使用材料除另有规定外，以建筑采用的发色铝挤形为准。

j. 防火阀门：凡风管穿越不同楼层楼板或同一层楼的防火区划隔间处，均需装设防火闸门，闸门附近的风管并需附装检修孔，隔火时效应配合防火区划。

k. 气压风门：对于气压平衡需求的处所，应依合约规定的规格尺寸，安装气压风门。

l. 逆止风门：当风管接于共同的管道或风管时，因操作时间或压力不同时需加装逆止风门，以防止气流倒流或管路气流功能。

m. 参考式样，如图 15-16 所示。

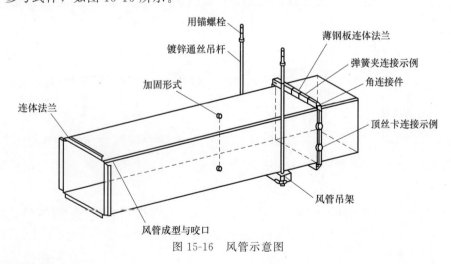

图 15-16　风管示意图

② 风管加固原则。

a. 圆形风管由于本身刚度比矩形风管较强，而且风管两端法兰起到一定的加固作用，一般不作加固处理。当圆形风管直径不小于 800mm，且管段长度大于 250mm，或总表面积大于 4m² 时，应采取加固措施。可每隔 500mm 加设一个扁钢加固圈，并用铆钉固定在风管上。为了防止咬口在运输或吊装过程中裂开，圆形风管的直径大于 500mm 的，其纵向咬口两端可用铆钉或点焊固定。

b. 矩形风管和圆形风管相比，易于变形。对边长大于 630mm、保温风管边长大于 800mm，并且管段长度大于 250mm，或低压风管单边平面积大于 1.2m²，中、高压风管大于 1.0m² 的应采取加固措施。

③ 风管风速的限制。送风管的主管风速不大于 10m/s；送风管的支管风速不大于 8m/s；回风管的主管风速取 8～10m/s；回风管的支管风速不大于 6～10m/s；空调箱盘管面风速不大于 2.5m/s；集尘、排气风管的风速为大于或等于 12m/s。

④ 弯曲半径设计原则，如图 15-17 所示。

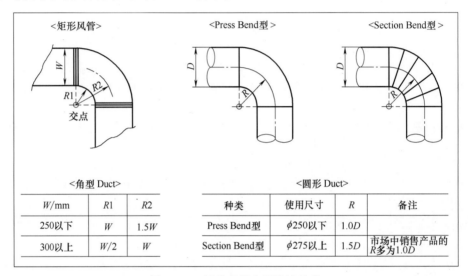

图 15-17　风管弯曲半径设计示意

⑤ 风管变径设计原则，如图 15-18 所示。

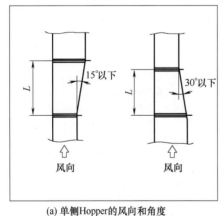

图 15-18　风管变径设计示意

⑥ 送风口，如表 15-15 所示。

⑦ 风管保温施工依据 SGBZ0805 执行，保温类型及要求如表 15-16 所示。

表 15-15　送风口

项　目	图　示	要　求
四面吹风散流型（方形散流器）	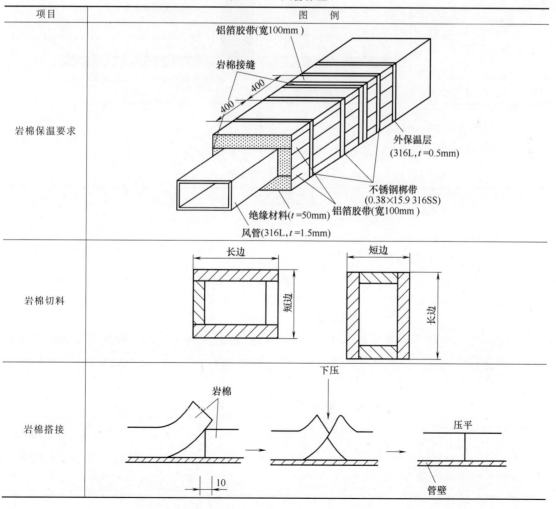	气流为贴附型（平送型），适用于吊顶送风系统，按性能确定颈部的风速，还需考虑安装的高度及场合，中间叶片芯可拆卸，便于安装、调试
格栅型		由横向格子（风窗）吹出的气流可作上下方面的调整，纵向格子吹出的气流可作左右方向的调整。并且格子后面还附有调整风量用的风口，称为风道
旋流风口		具有送出旋转射流，诱导比大，风速衰减快等特点，在通风空调系统中可做大风量大温差送风以减少风口数量，可用于 3m 的低空间送风，也可用于 10m 高的大面积空间送风

表 15-16　风管保温

项　目	图　例
岩棉保温要求	铝箔胶带(宽100mm)　岩棉接缝　400　400　外保温层(316L，t=0.5mm)　不锈钢郴带(0.38×15.9 316SS)　铝箔胶带(宽100mm)　绝缘材料(t=50mm)　风管(316L，t=1.5mm)
岩棉切料	长边　短边　短边　长边
岩棉搭接	岩棉　下压　压平　10　管壁

项目	图　例
岩棉搭接	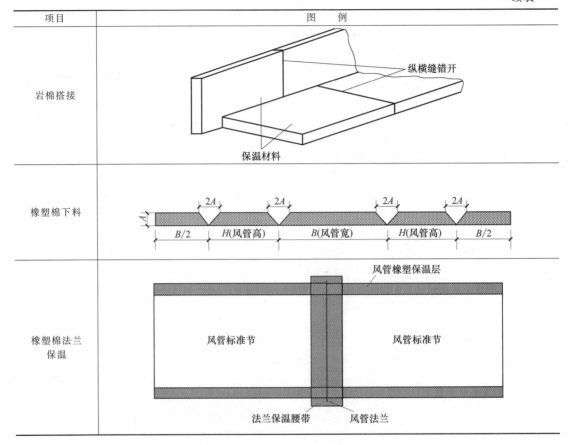
橡塑棉下料	
橡塑棉法兰保温	

（2）风管安装基本原则

① 安装偏差参考表 15-17 所示。

表 15-17　安装偏差

风口安装允许偏差	位置和标高	不应大于 10mm
	水平度	不应大于 3/1000
	垂直度	不应大于 2/1000

② 风管及吊支架的安装。

a. 风管吊架：风管吊架或支架的基础螺栓，应于结构建筑时，配合埋置于混凝土内，或可使用核定的钢质膨胀螺栓。而吊杆要平直，不可弯曲；对于弯曲等风管，其吊杆位置要位于法兰附近，才不会产生振动或漏风。

b. 风管应依据施工图标示的长度、位置、高度施工，但为配合现场，如交会冲突等必须更改时，应经工程师核定后方可施工。

c. 风管吊架间距，如表 15-18 所示。

表 15-18　风管吊架间距

圆形风管直径或矩形风管长边尺寸/mm	水平风管间距/m	垂直风管间距/m	最小吊架数/副
<400	不大于 4	不大于 4	2
400~1000	不大于 3	不大于 3.5	2
>1000	不大于 2	不大于 2	2

③ 法兰连接及密封，如表 15-19 所示。

表 15-19　法兰连接及密封

应用系统	输送介质	垫料材质及厚度	备注
一般空调系统及送排风系统	温度低于70℃的洁净空气或含尘含温气体	8510密封胶带 $\delta=3mm$	软橡胶板 $\delta=3mm$
高温系统	温度高于70℃的空气或烟气	石棉橡胶板 $\delta=3mm$	
洁净系统	有净化等级要求的洁净空气	橡胶板 $\delta=4\sim5mm$	闭孔海绵橡胶板 $\delta=3mm$
塑料风道	有腐蚀性气体	软聚乙烯板 $\delta=3\sim6mm$	

④ 设备、风管或送风系统接头的变换角度应不超过与气流平行线起 30°，变换若在合理的限制内，应装设适当的顺风片，渐近角度地增加以配合空间条件。

⑤ 所有连接件，如钣金螺钉、机器螺钉或铆钉，应加以镀锌。

⑥ 防火风门安装：防火风门必须安装在一个风管贯穿有防火等级的墙壁/地板，安装应注意其方向性；但横式防火风门可替换同尺寸直式防火风门，而直式则否。

⑦ 风口安装：所有风口安装前，需将样品，包含颜色送请甲方或指定的工程师检定，经检验合格后方可安装。所有出风口、排风口、回风口等均需有可调整风量的调节器，以利于系统平衡时用，事实无须调整者除外。

⑧ 风管工程不得靠在屋顶平台上，风管要安装在独立的吊架，托架或辅助构造上，不可在其他托架支撑或其他风管上挂吊风管。

⑨ 吊架安装采用固定用螺栓或固定件，应采用送审核后的产品，非经审核认可产品不得使用。风管吊架的吊杆不得以击钉处理。

⑩ 穿过屋顶或墙壁的风管应密接且以硅胶涂抹加强防水。

⑪ 角铁吊杆及铁件除另有规定外，均应采用镀锌品。

⑫ 在安装期间，需保护风管，附件及开口免于灰尘及外来物的进入。

（3）风管材质选用基本原则

风管材质选用基本原则如表 15-20 所示。

表 15-20　风管材质选用基本原则

风管材质	适用条件	适用区域
SUS	a. 通过的介质中含有腐蚀性气体； b. 通过的介质中含有高温高湿气体水蒸气； c. 处于高温、高湿区域的风管； d. 处于腐蚀性环境的风管； e. 处于露天环境且防腐要求大于 10 年的风管	前处理、电泳排气、烘干炉烟气排放、滑橇夹具清洗间排气等
镀锌板	a. 通过的介质为常温、常湿空气，且处于非腐蚀性环境的风管； b. 通过的介质为常温、常湿空气，且防腐要求低于 5 年的风管	作业场排气、调漆间排气、供胶供蜡间排气等

15.1.5　标准设备

15.1.5.1　水泵

水泵如图 15-19 所示。

技术要求：

① 要求在所提供产品规格书中，详细标明提供水泵整机及主要部件（轴承、轴封、电机等）产地，以保证所提供产品满足招标要求。

② 所有水泵在装配后均应进行动平衡测试，并在每台水泵上附有由计算机打印出的振动频谱分析图表。

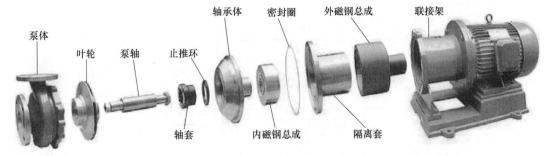

图 15-19　水泵

③ 水泵运行的噪声指标：电机功率小于 18.5kW 的水泵应控制在 65dB 以内，大于或等于 18.5kW 应控制在 75dB 以内。

④ 因所有水泵安装在钢托盘上，按照设计要求，所有水泵在泵底座上提供可以安装减振垫的水平基面。

⑤ 乙方供货的离心泵所配的电动机为 B 级绝缘，防护等级为 IP44。所有水泵电机配装热敏开关。

⑥ 各供货厂商在提供产品规格书时需明确供货范围并注明所带配件，凡为双机械密封需接外冲洗水的水泵，机械密封要求为硬对硬＋硬对软配置。油杯采用外装式。

⑦ 所有水泵与介质接触部分以及所使用的润滑油中禁止含有硅酮成分。

⑧ 要求随泵附产品样本、说明书和合格证。

⑨ 水泵电机采用 ABB、SIEMENS，轴承采用 SKF 的产品。

⑩ 水泵振动速度有效值≤2.8mm/s。

⑪ 水泵和风机的安装位置应符合设计要求，叶轮的旋向应符合产品要求。

⑫ 叶轮与外壳的间隙应符合产品说明书的要求。

⑬ 水泵安装轴线水平度不大于 0.5/1000，测量时以加工面为基准。

15.1.5.2　风机

离心式通风机如图 15-20 所示。

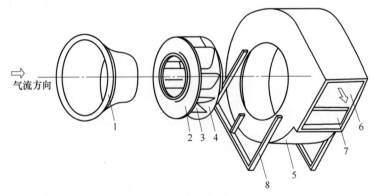

图 15-20　离心式通风机

1—吸气口；2—叶轮前盘；3—叶片；4—叶轮后盘；5—机壳；6—排气口；7—节流板（风舌）；8—支架

技术要求：

① 所有风机供货范围应包含电机、带轮、皮带、支架、减振器和进出口软接头，并注明进出口软接头长度。

② 所有风机在装配后均应进行整机动平衡测试，并在每台风机上附有由计算机打印出

的振动频谱分析图表。

③ 噪声特性应符合国家相关标准。

④ 在风机的涡轮处增加检修门，以便于对叶轮的清扫。

⑤ 前处理设备排风机必须采用不锈钢满焊结构，并有排水孔。

⑥ 防爆风机应注明所采取的防爆措施，并提供所达到的防爆级别证书。

⑦ 电机防护等级不低于 IP54，绝缘等级不低于 F 级；轴承选用 SKF 以上产品；皮带采用日本三星或德国欧皮特。

⑧ 要求电机绕组中预埋三相热敏电开关，进行电机热保护。

⑨ 风机电机应全部配置锂基脂加油口。

⑩ 变频电机要求配置强制冷却风扇，投标书中需详细列出各电机强制冷却风扇的功率。

⑪ 要求电机和风扇的接线盒及出线孔的位置和朝向应方便现场接线，具体位置和朝向在图纸会签时由乙方提供，甲方确认。

⑫ 电机接线盒内要求为六接线柱形式，并配有可拆卸的短接片。

⑬ 接线盒需配置电缆锁紧头，应以便对电缆进行固定。安装时锁紧头螺纹口端部应超出接线盒螺纹孔端部，以避免电缆的磨损；锁紧头材质为 PVC，尺寸、数量须依据甲方提供的电缆线径和电缆数量配置，以满足使用要求。

⑭ 要求随风机附产品样本、说明书、合格证和产地证明。

⑮ 电机采用 ABB、SIEMENS，轴承采用 FAG、SKF 的产品，每台风机皮带需备用一套。

⑯ 风机振动速度有效值≤4.5mm/s。

⑰ 离心风机轴承座与底座应紧密结合，其纵向水平度不大于 1/1000，横向水平度不大于 1.5/1000，用水平仪测量。

⑱ 轴流风机水平安装的水平度不超过 1/1000，用水平仪在轮毂上测量。

⑲ 水平安装的轴流风机不允许垂直安装。

⑳ 6♯ 以上的离心风机应采用弹簧减振器，6♯ 以下的采用橡胶减振器。

㉑ 风机进出口应设有柔性接头。

（1）空气过滤器

空气过滤器如图 15-21 所示。

技术要求：

① 过滤器进出口形式均为侧进侧出形式，且在底部设有排放口并配阀门、快接插头，法兰连接标准应能与 GB/T 9124.1—2019（压力为 10bar）系列法兰的连接螺栓孔相配合。

② 所有过滤器的耐压要求不低于 10bar，并能满足相应行业技术标准的要求，出厂前按国标进行耐压试验。

③ 单袋和四袋过滤器顶盖法兰为快开式结构（摇臂手轮机构），保证更换滤袋时间低于 1h。4 袋以上（不含 4 袋）的袋式过滤器端盖采用蚌壳快开结构。

④ 所有过滤器表面要求采用亚光效果处理（不允许采用喷漆处理）。

⑤ 过滤器要求密封可靠，无泄漏，同时过滤器内部滤袋与支撑体的密封也应有可靠手段保证无泄漏。

⑥ 要求过滤器中所有接触过流介质部分（过滤器本体、滤篮、框架、管道、法兰等）的材质为不锈钢。

⑦ 过滤器所有和介质接触部分之中禁止含有硅酮成分。

⑧ 乙方供货时每台过滤器随机提供两套滤袋（含备品备件一套）、密封圈，1″不锈钢排气阀一个，YPF-60（0～6bar）不锈钢膜片压力表两个。

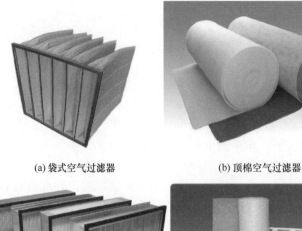

(a) 袋式空气过滤器　　　　　　　　(b) 顶棉空气过滤器

(c) 耐高温空气过滤器　　　　　　　(d) 漆雾毡空气过滤器

图 15-21　空气过滤器

⑨ 所有滤袋采用进口产品（上海科德堡/巍茨）。

（2）空气过滤器框架

空气过滤器框架如图 15-22、图 15-23 所示。

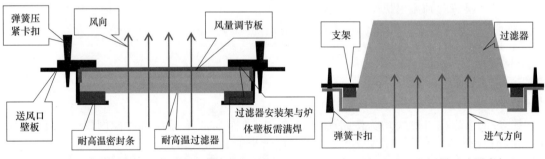

图 15-22　烘干炉、闪干炉送风口过滤器支架　　　　　图 15-23　空调器过滤器支架

（3）液体过滤器

液体过滤器如表 15-21 所示。

表 15-21　液体过滤器

序号	类型	要求	适用范围	图　示
1	助力臂袋式过滤器	采用 4 袋或 6 袋；采用快开结构（20S内）；采用 304 不锈钢、316 不锈钢材质；压力表易于观察；辅助平衡开启结构；过滤器盖配有压缩空气阀和接口；排污阀	适用：前处理电泳全线	

序号	类型	要求	适用范围	图　示
2	反冲洗磁性过滤	流体温度为120℃；磁性强度＞1.2T；过滤精度≤2mm；大流量处理能力，能过滤高含量杂质；全自动过滤分离铁磁性颗粒；全自动排渣确保去除所有杂质；全自动排气和液位控制系统；支持在线连续工作；支持现场随时调整控制参数。精密液压系统控制平稳操作；声光报警系统防止误动作导致事故的可能	适用：脱脂预脱脂	
3	纸带过滤器（纸滤机）	纸滤机主要由冷却箱、无纺布、传动机构、液位发信机构、减速电机及供液泵等组成。纸滤机工作时，携带杂质的液体浇到无纺布上，细微的杂质被吸附在无纺布上；当无纺布堵塞后，纺布上的液面上升，液位发信机构发信号，减速电机带动链条、丝网及无纺布向前运动将污物及废无纺布排入废纸箱；无纺布更新后液面下降，减速电机停止工作，纸滤机自动进入下一个工作循环。当液体中的铁磁性杂质较多时，可在纸滤机上加装磁性分离机，实行两级过滤。即先由磁性分离机分离出大部分铁磁性杂质，再由无纺布进行净化，可以有效地降低无纺布的消耗量	适用：前处理二级过滤	
4	旋液分离器	2μm等级的固体物也可达到70%的分离效果；排出污物的含水率小于80%； 可以并联使用，也可串联使用，能满足不同的水质要求和流量； 材质选用不锈钢； 最大工作温度不低于70℃	适用：洪流洗预脱脂脱脂	
5	磁辊过滤器	过滤精度小于5～10μm； 电源电压220V； 传动系统与箱体分离，清洁保养方便； 产生的磁场大于12000T； 不锈钢磁辊吸附面积大于0.5m²	适用：前处理二级过滤	

序号	类型	要求	适用范围	图　示
6	密封胶、油漆过滤器	最大工作压力 5000psi（35MPa，350bar）；密封良好，不漏胶；内部结构无死角；下部带排胶口、排漆和阀门	适用：UBS、UBC、Lasd、输油漆	
7	品牌参见前处理电泳技术要求			

15.1.5.3　风淋室

风淋室如图 15-24 所示，技术要求如表 15-22 所示。

图 15-24　风淋室

表 15-22　风淋室技术要求

序号	技术要求
1	室体要求制作精细、美观大方。采用拼装式室体结构，接缝处要求加垫密封条并涂以不含硅密封胶密封。整体安装完毕，在运行过程中，不应有漏风现象
2	箱体为彩钢夹心板，内壁贴镜面不锈钢，底板采用不锈钢发泡复合板
3	进出门为不锈钢结构，配优质闭门器。门与门框结合平整、牢固，密封性能良好
4	双门设置电动联锁，实行强制喷淋
5	车间大门风淋室为镜面不锈钢喷球
6	采用光感应控制，实现自动喷淋，喷淋时间 0～99s 可调
7	风淋门配备操作面板
8	所有风淋室的喷嘴采用镜面不锈钢材质，风口调节灵活，定位准确，出风口风速＞25m/s
9	室内配有足够的日光灯照明装置，日光灯选用正宗飞利浦公司产品
10	选用低噪声多叶风机，风机应运转平稳
11	采用初效、高效两级过滤，保证喷淋区域洁净
12	过滤效率≥99.99%
13	风淋门室体内部底部全满焊结构，内可装水，制作为接水盘
14	过滤器安装必须平整、牢固，过滤器与框架以及框架与壁板之间无漏缝
15	车间大门风淋室有冬季热风功能

序号		技术要求	
16	洁净室入口风淋室控制要求		从非洁净区进入: 外门打开,内门自动闭锁,如果人员或货物进入风淋室,同时进到风淋中心,经过红外探头风机将自动工作一定时间,此时内外门均闭锁,风机停止工作后,蜂鸣响一声内门即可开,人员或货物出风淋室,内门关闭,整个过程结束
17			从洁净区退出: 内门打开,外门自动闭锁,人员或货物进入风淋室,内门关闭,人员或货物经过红外探头则蜂鸣响一声外门即可打开,人员或货物出风淋室,外门关闭,整个过程结束
18			风淋室风机必须具有时间自动调节功能
19			风淋室具有自动保护功能
20	控制要求		当风淋室中有一扇门或门机有故障无法闭合时,系统在经过一定时间后自动退出联锁功能,二门关闭后系统自动恢复联锁功能
21		车间大门风淋室控制要求	从非洁净区进入:外门打开,内门自动闭锁,如果人员或货物进入风淋室,同时进到风淋中心,经过红外探头风机将自动工作一定时间,此时内外门均闭锁,风机停止工作后,蜂鸣响一声内门即可开,人员或货物出风淋室,内门关闭,整个过程结束
22			从洁净区退出:内门打开,外门自动闭锁,人员或货物进入风淋室,内门关闭,人员或货物经过红外探头则蜂鸣响一声外门即可打开,人员或货物出风淋室,外门关闭,整个过程结束
23			风淋室风机必须具有时间自动调节功能
24			风淋室自动保护功能:当风淋室中有一扇门或门机有故障无法闭合时,系统在经过一定时间后自动退出联锁功能,二门关闭后系统自动恢复联锁功能
25			能够与门禁系统配合使用

15.1.5.4 灯箱

灯箱技术要求如表 15-23 所示。

表 15-23 灯箱技术要求

序号		技 术 要 求
1	材质要求	灯箱外壳采用 Q235-A 冷轧薄板,厚度不小于 1.5mm
2		灯箱内壳采用 Q235-A 冷轧薄板,厚度不小于 0.6mm
3		反光板采用进口镜面铝板或镜面不锈钢板,厚度不小于 0.4mm
4		带灯罩灯箱的面罩板为有机玻璃,应具有良好的透光性
5		所有灯箱表面要求喷塑处理,灯体为全密封、防潮、防尘
6		防爆灯箱必须达到防爆要求
7	制作要求	灯箱外形平整美观,整体式反光罩设计合理,照明效果好
8		灯箱结构应牢固,灯管更换应方便
9		灯箱电器配件如镇流器、灯管等全部采用正宗飞利浦电子元件,灯管采用节能灯管,性能稳定,使用寿命长
10		带灯罩灯箱的灯罩应拆装方便
11		不带灯罩的灯箱要求贴于玻璃窗一面嵌有橡胶密封条,安装后能与玻璃密切贴合
12	灯箱颜色	灯箱喷塑 RAL7032
13	安装及连接方式	不带灯罩的整体式灯箱均为设备外挂式安装,要求所有灯箱灯管均应更换方便
14		连接件与玻璃窗上方的室体骨架间采用螺栓连接,不允许焊接

15.1.5.5 隔膜泵

隔膜泵如图 15-25 所示。

扬程:0~50m;

温度:-15~150℃;

自吸高度:大于 3m;

压力:0.1~0.7MPa;

气动隔膜泵膜片使用寿命超过 30000000 次以上；

材质：不锈钢。

15.1.5.6 风阀、风口

风阀、风口技术要求如表 15-24 所示。

15.1.5.7 流体阀类

流体阀类如图 15-26 所示。

技术要求：

① 阀门关闭状况下的任何一侧应能承受 1.1 倍阀门工压值，而不渗漏。

阀门开启状况下，阀体应能承受 2 倍阀门工压的要求。

② 阀体材质：详见各工艺技术要求。

③ 阀杆衬套材质，其硬度与强度均应不大于阀杆，且在水浸泡状况下与阀杆、阀体不形成电化学腐蚀。

④ 用于流量调节的蝶阀、球阀必须具备开度指示功能。

⑤ 选型：参见各工艺具体要求和甲方选型清单。

图 15-25　隔膜泵

表 15-24　风阀、风口技术要求

序号	技术要求	图　示
1	多叶调节阀为对开多叶调节阀，要求结构简单合理，摩擦力矩小，运转灵活，叶片刚性好，耐腐蚀等。在风道风速 12m/s 、1600Pa 左右风压下，不变形，无响动，定位可靠，调节时动作运转灵活，调节机构为蜗轮蜗杆	 风阀
2	镀锌的风量调节阀外框采用镀锌钢板，叶片采用硬铝合金一次拉制成型，传动件为粉末冶金工艺制成的浸油轴承	
3	风阀尺寸及安装连接尺寸均应根据甲方的要求制作	
4	所有风阀在风管制作时，与风管法兰配作螺栓孔	
5	所有风阀在轴固定位置做加强，以防止在运行一段时间后出现松动	
6	所有风阀应有明显的开关方向标识	防火排烟阀
7	具体材质、形式根据图纸确定	
8	所有电动风阀执行器应采用进口品牌	
9	风口要为双层百叶可调风口，其每层一体可调，有调节手柄，方便调节	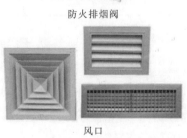
10	防火阀产品为具有国家消防安全资质的产品，符合国家安全标准，平时常开，当烟气达到 70℃ 时自动关闭，起隔断风管、阻止火势作用。防火阀关闭时，输出无源干接点反馈信号	
11	防火阀为 FH-WSDC DC24V 0.7A/组执行器，手动复位	风口

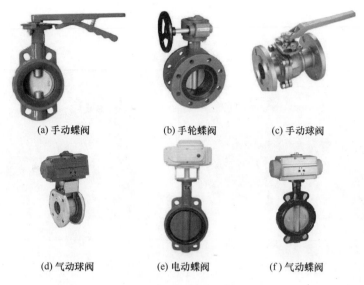

| (a) 手动蝶阀 | (b) 手轮蝶阀 | (c) 手动球阀 |
| (d) 气动球阀 | (e) 电动蝶阀 | (f) 气动蝶阀 |

图 15-26　流体阀类

适用范围：蝶阀适用于前处理、电泳系统、污水管道、大口径管道；球阀适用于纯水管道、软水管道、工业水管道、冷热水管道、天然气管道、小口径管道。

15.1.5.8　葫芦

葫芦类型及技术要求如表 15-25 所示。

表 15-25　葫芦类型及技术要求

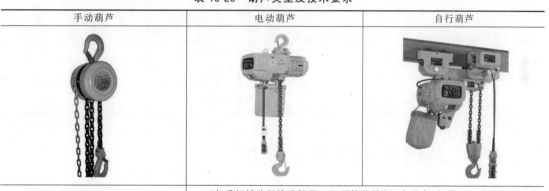

手动葫芦	电动葫芦	自行葫芦
a. 静载特性：等于和小于 3.2t 的 Z 级手动葫芦必须能支持住 5 倍额定起重量的静拉伸载荷。 b. 无载动作：手动葫芦在无负载动作各机构运转灵活，没有卡阻或时松时紧现象。 c. 动载特性：动载特性试验时应能承受规定的试验载荷，并在试验起升高度内起升和下降一次，且必须达到下列各项要求： i. 起重链条和起重链轮，手拉链条与手链齿轮啮合应良好； ii. 齿轮副应运转平稳，无异常现象； iii. 制动器动作可靠； iv. 起升和下降过程中起重链条无扭转和卡链现象	a.《起重机械监督检验规程》(以下简称检规)中要求：起重机上总电源应有失压保护，当供电电源中断时，必须能够自动断开。 b. 总电源回路，恢复供电时，不经手动操作，总电源回路不能自行接通。 c. 检验方法为：人为断开供电电源重新接通电源后，未经手动操作相应开关，起重机上总电源回路应不能自行恢复接通。 d. GB/T 3811—2008《起重机设计规范》7.4.5 规定：当起重机供电电源中断后，凡涉及安全或不宜自动开启的用电设备均应处于断电状态，避免恢复供电后用电设备自动运行。GB/T 6067.1—2010《起重机械安全规程 第 1 部分：总则》规定：起重机必须设失压保护和零位保护。此外，在 JB/T 9008.1—2014《钢丝绳电动葫芦 第 1 部分：型式与基本参数、技术条件》5.4.1.1 中规定：电控设备应设置上升和下降极限位置限位器，且能保证当吊钩升起和下降到极限位置时自动切断动力电源。 e. 控制方案的构成必须包括下列必要的保护环节：紧急断电装置；限位保护；失压保护；控制电动机正反转的接触器应有电气联锁和机械联锁，必要时机械联锁也可加在按钮上	
国产优质		进口
适用：维修、前处理电泳	适用：维修、机运、吊装口	适用：机运
配置：1T、1.5T、2T、3T	配置：2～5T	配置：具体设计

15.1.5.9 保温材料

保温材料如表 15-26 所示。

表 15-26　保温材料

性能	类　型	
图示	 橡塑棉	 岩棉
阻燃性	燃烧性能 B1 级 氧指数≥32.0% 燃烧时间≤30s 燃烧高度≤250mm 烟密度等级≤75	燃烧性能 A 级
导热性	热导率(平均温度 0℃)≤0.038	热导率小于 0.04W/(m·K)
密度	密度应不大于 60kg/m³	岩棉板容重不小于 140kg/m³ 岩棉带容重不小于 100kg/m³
吸水性	真空吸水率≤10% 透湿系数≤4.4×10⁻¹⁰	憎水率≥98.0%
其他		纤维平均直径≤7.0 抗拉强度≥7.5～15.2kPa 压缩强度(10%变形)≥40～77.6kPa 酸度系数≥1.8(真正的最优酸度系数)～2.0
使用范围	涂装车间冷冻水管 涂料输送管 密封胶输送管 风管 烘干炉强冷单元及强冷室体	烘干炉 闪干炉保温 涂装车间热水管道保温 空调器保温

15.2　涂装电气通用技术要求

本技术要求适用于新项目采购的所有设备（专用设备及特种设备除外），本技术要求仅为设备电气系统通用标准。

15.2.1　电气系统技术规范

电气系统设计、制造应依据国家相关电气标准、法规及环保等要求及相关的国际标准；施工及安装应依据国内及国际有关电气装置安装工程规范进行。

15.2.1.1　电源

（1）主电源

技术要求：

① 三相五线式，AC380V，50Hz。

② 总开关必须具有过电流保护功能。

③ 控制柜内设置接线铜排，用于三相五线制的电源进线。

④ 柜内裸露的主电源铜排需设置透明的绝缘防护罩，避免操作人员触电。

（2）回路电压

回路电压技术要求如表 15-27 所示。

表 15-27　回路电压技术要求

序号	类型	技术要求
1	动力回路	AC380V 三相 50Hz
2	控制回路	AC220V 或 DC24V
3	阀体回路	AC220V 或 DC24V
4	照明回路	AC220V
5	燃烧机器回路	AC220V 或 DC24V
6	指示回路	DC24V

注：中控室需要提供 UPS 电源系统。

（3）电源回路

电源回路示意如图 15-27 所示。

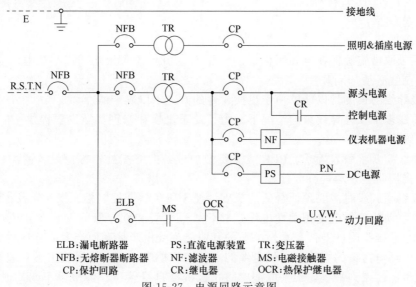

ELB:漏电断路器　　　PS:直流电源装置　　TR:变压器
NFB:无熔断器断路器　NF:滤波器　　　　　MS:电磁接触器
CP:保护回路　　　　　CR:继电器　　　　　OCR:热保护继电器

图 15-27　电源回路示意图

15.2.1.2　电缆

（1）通用技术要求

① 电源电路和控制电路的电缆必须符合国家标准、设计及安全规范，导线颜色规范。

② 电缆可以使用多芯导线但需对每根导线进行编号。

③ 电缆必须具有足够的长度而且能够使元件间快速进行交换且工作不受影响。

④ 对于容量为 5.5kW 或以上的变频器，变频器输出与电机之间的电缆采用屏蔽电缆。

⑤ 需要走外的导线或柔性电缆必须走保护软管或电缆桥架，不能外露。

⑥ 所有的电线电缆均不能有中间接头；强弱电源线需分离布置，同一线槽必须用隔板隔开。

⑦ 所有的元件必须以便于维护的方式进行连接。

⑧ 在应用于操作且需要移动的场合，外露的电缆必须具有适宜的柔韧性与适当的余量以便承受过分的弯曲和拖拽。

⑨ 电缆使用标准：导线的横截面积必须符合国家标准，必须满足设备和电气元件正常稳定运转。

（2）控制柜内部的电缆

技术要求：

① PLC 的备用 I/O 点必须用导线从接线端子连接到相应的 PLC 模块上。

② 在控制柜内使用的电缆槽必须具有 20％的额外空间用于备用。

③ 电气元件布置有规律，导线必须走行线槽，使柜内整齐。

④ 在控制柜内使用的通信电缆需要预制接头。

（3）控制柜外部的电缆

技术要求：

① 使用插头型接头或中继线盒以便能够容易地更换硬开关（极限开关、接近开关、摄像开关等）的电缆（距开关 1.5m）。

② 电源导线和电机电缆必须用波纹管予以保护。

③ 由控制柜到设备各部位的控制电缆必须布置在电缆槽内。

④ 控制柜外部通信光纤采用多模，产品符合 YD/T 908—2020、GB/T 9771.3—2020、GB/T 12357.1—2015 等标准。

（4）电缆布置

技术要求：

① 必须采取措施确保在电缆间传输的电压不会引起任何相互干扰，在电气布线管道中电源线和控制线必须分隔开。

② 连接导线的长度是以能够便于更换元件的方式予以确定的。

③ 在导线多于 5 股导线束的情况下，为了便于更换和修理，至少要提供 20％的备用导线（动力电缆不在此列）。

④ 备用线缆要求引入端子、PLC 或需要增加设备的终端处，方便设备后期替换、改造和完善，并采用明显表示进行区分。

⑤ 每根线缆放线时需要预留合适的长度，便于避免后期控制柜、操作箱及控制盒调整。

⑥ 频繁移动的部件应使用柔性电缆连接，柔性电缆和软导管的安装应避免过度弯曲和绷紧，尤其是在接头附件部位；柔性电缆护套应能耐受由于移动而产生的可预料到的正常磨损，并能经受环境污染的影响；柔性电缆的安装和防护应使得电缆因使用不合理等因素引起外部损坏的可能性减到最小，柔性电缆应防止被机械自身碾压、被搬运车或其他机械碾压、运动过程中与机械的构件接触、电缆收集器过度摩擦。

（5）最小允许弯曲半径

最小允许弯曲半径如表 15-28 所示。

表 15-28　最小允许弯曲半径

序号	种类	最小允许弯曲半径（D 为电缆外径）
1	无铅包钢铠护套的橡皮绝缘电力电缆	$10D$
2	有钢铠护套的橡皮绝缘电力电缆	$20D$
3	聚氯乙烯绝缘电力电缆	$10D$
4	交联聚氯乙烯绝缘电力电缆	$15D$
5	多芯控制电缆	$10D$

15.2.1.3　元件标识

技术要求：

① 所有的电气元件必须做出永久标记，用中文或英语字母书写，并与电路图中标记一致；导线和接线端子上的线号必须与电路图上的线号一致，各种按钮、开关、指示灯、声光报警器的颜色必须符合要求。

② 标记符号不可以安装在元件上，并且在更换元件时符号不能被覆盖或丢失。

③ 所有的电控柜外部的传感器和执行元件（如接近开关、光电开关、电磁阀、电机等）应用永久标牌标明控制功能及图纸标号，必须以镶嵌的方式铆接到能明确标识该元件的位置（注意不能镶嵌到元件上），便于维修查找。

④ 标识需满足相应的标准，方便维修查找，具体规则需经过甲方认可。

（1）元器件编号规则

元器件编号＝图纸页号＋元器件代号，元器件代号规则根据 GB/T 5094.2—2018/IEC 81346-2—2009 确定，如表 15-29 所示。

表 15-29　元器件代号

序号	代号	元器件名称
1	A	触屏
2	B	气体继电器、检波器、火灾探测器、气体探测器、测量元件、测量继电器、测量分路器、测量变换器、话筒、运动探测器、光电池、监控开关、位置开关、接近开关、接近传感器、保护继电器、传感器、烟雾传感器、测速发电机、温度传感器、热过载继电器、视频摄像机
3	C	缓冲器(存储)、缓冲器电池、电容器、事件记录器(主要存储)、硬盘、存储器、RAM、蓄电池、磁带机(主要存储)、录像机(主要存储)、电压记录器(主要存储)
4	D	为将来标准化备用
5	E	锅炉、荧光灯、电热器、灯、灯泡、激光器、发光设备、微波辐射器、辐射器
6	F	阴极保护阳极、法拉第罩、熔断器、小型断路器、浪涌保护器、热过载释放器
7	G	干电池组、电机、燃料电池、发生器、发电机、旋转发电机、信号发生器、太阳能电池、波发生器
8	H	为将来标准化备用
9	I	不用
10	J	为将来标准化备用
11	K	有或无继电器、模拟集成电路、自动并联装置、数字集成电路、接触器、继电器、CPU、延迟元件、延迟线、电子阀、电子管、反馈控制器、滤波器、感应搅拌器、微处理器、过程计算机、可编程控制器、同步装置、时间继电器、晶体管
12	KA	继电器
13	KM	接触器
14	L	为将来标准化备用
15	M	执行器、励磁线圈、电动机、直线电动机
16	N	为将来标准化备用
17	O	不用
18	P	音响信号装置、安培表、铃、钟、连续性记录器、显示器、机电指示器、事件计数器、盖氏计数器、LED(发光二极管)、扬声器、光信号装置、打印机、记录式伏特表、信号灯、信号振动器、同步示波器、伏特表、瓦特表、瓦时表
19	PA	电流表
20	PV	电压表
21	Q	断路器、接触器(电力)、隔离开关、熔断器开关、熔断体隔离器式开关、电动机启动器、功率晶体管、滑环短路器、开关(电力)、晶闸管
22	QS	隔离开关
23	R	二极管、电感器、限定器、电阻器
24	S	控制开关、差值开关、键盘、光笔、鼠标器、按钮开关、选择开关、设定点调节器
25	T	AC/DC 变换器、放大器、天线、解调器、变频器、测量变换器、测量发射机、调制器、电力变压器、整流器、整流站、信号变换器、信号传变器、电话机、变换器
26	U	绝缘子
27	V	过滤器
28	W	汇流排、电缆、导体、信息总线、光纤、穿墙套管、波导
29	X	连接器、插头、端子、端子板、端子排
30	XP	插头
31	XS	插座
32	Y	为将来标准化备用
33	Z	为将来标准化备用

（2）线缆编号规则

线缆编号应与程序中点位相对应，如图15-28所示。

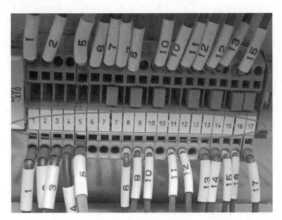

图15-28　线缆编号规则示意图

（3）中断点编号规则

中断点编号＝中断点前元器件号＋电位定义点，电位定义点编号如表15-30所示。

表15-30　电位定义点编号

序号	L1, L2, L3	主回路 230VAC/400VAC
1	L	230VAC
2	N	0VAC
3	P	24VDC
4	M	0VDC
5	PE	接地
6	R	备用

15.2.1.4　操作面板开关

技术要求：

① 电源通/断（ON/OFF）开关采用钥匙开关。

② 使用的各开关直径尺寸是 $\phi22$。

③ 在各级操作面板上分别单独安装指示灯检验开关。

④ 每个开关和按钮处有动作内容标牌，开关的铭牌必须是由铝板制成，标牌文字字母用白底黑字塑料制成可更换铭牌。

⑤ 每一操作面板事先准备多于 3 个的备用开关安装孔，并且用塑料盖封闭。

⑥ 面板上应装有急停和复位按钮，急停按钮须是带蘑菇头的急停自锁按钮，统一布置在操作面板的左下方且加装防护罩。

⑦ 设备状态应有指示灯或采用带灯按钮。

⑧ 外部检测信号和手动操作按钮的数量应能确保设备具有完善的保护和自诊断功能，确保设备操作方便及运行可靠，不可以为了降低造价而减少必要的检测信号。

⑨ 控制柜、操作站、操作盒及操作箱体设备状态指示灯布置在相应操作按钮上方。

⑩ 控制电源接通采用自复位钥匙开关，断电采用按钮方式。

15.2.1.5　控制指示元件

控制和指示元件不允许开关装置串联排布。

（1）内容描述

内容描述如表15-31所示。

表 15-31　内容描述

序号	类别	内容描述
1	按钮开关	合闸、分闸、启动、复位/消声、停止、选择开关、紧急停止、暂停、验灯等
2	指示开关	总电源通、处理器电源、通信直流电源、总线直流电源、控制电源、自动指示、手动指示、启动（运行）、停止、暂停、急停、维护、故障、到位指示、消防、防火阀、季节模式、远程本地模式、全部原始状态、原始位置、警告（电池电压低等）等

（2）柱状警示灯

柱状警示灯如表 15-32 所示。

表 15-32　柱状警示灯

序号	规格及配置要求
1	主控柜、远控柜与操作站采用三色（红色、黄色、绿色）柱状灯，并带声音报警功能（报警声音应≥120dB）
2	所有柱状灯均采用超亮发光二极管型

15.2.1.6　接线端子

技术要求：

① 所有接线端子与其导线的连接必须使用压线钳，不允许焊接连接。

② 在带有螺钉夹紧的元件，为保护导线，不允许元件上的接点和导线直接接触，必须采用端子接线的形式。

③ 在端子排的每一侧，每个端子接头只可以连接一根导线。

④ 给端子排端子加以编号，从左到右递增。

⑤ 在电子槽内不可以布置端子接头或进行任何导线连接。

⑥ 生产线设备上所使用的接线端子盒防护等级为 IP54，且开口盖必须铰接。

⑦ 接线端子必须设置绝缘罩进行保护。

⑧ 端子连接使用压线钳，不许电气元件接点和导线直接连接，须用端子形式连接。

⑨ 端子板预留 20％的空间。

15.2.1.7　接地

技术要求：

① 控制柜侧板、顶板、安装板、门板均要求接地；PLC 与变频器需单独接地。

② 电机、变压器、电热设备的金属外壳（含制动电阻保护罩）及其他用电设备的金属底座和外壳。

③ 一台设备只有一个接地时不同部件之间需有电缆连接（妥善的等电位连接）。

④ 每个电缆走线槽间的连接［桥架接地采用 5 方类型的铜网接地排（$L=350\text{mm}$）连接，并进行可靠接地］。

⑤ 接地用柔性电缆是专用电缆，应具有适应接地电流的能力。

⑥ 所有电气控制柜、操纵台、金属电线管和线槽必须可靠接地，所有电气装置在正常情况下不带电的金属外壳均应可靠接地，接地线采用专用电缆或导线。

15.2.1.8　电气控制

技术要求：

① 设计必须充分考虑电磁干扰等特殊环境的要求，确保控制系统软、硬件运行稳定。

② 操作系统和应用软件必须是中文界面，报警文本必须包含中文，报警信息需要分级处理。

③ 系统具有掉电、欠压、互锁等保护功能。

④ 电机具有断电、过电、过热及过载保护功能；电机回路配有低压断路器（带热脱扣、电磁脱扣功能，有反馈触点接入 PLC），对电机进行相应保护和切断控制；电机运行、故障均

需控制柜设置指示灯进行指示，并在触摸屏上显示，故障时声光报警；15kW 以上电机配置电流表（指针式）显示工作电流；主进线柜（15kW 以上）需安装电能仪表（RS485 接口）。

⑤ 一般情况下在电气接口上遵循谁需要信号谁布线的原则。

⑥ 主断路器上下接线端头配置绝缘隔板。

⑦ 关键设备（升降、双链等）电机需要一主一备，并配备快接插头。

⑧ 控制程序应设计合理、互锁严密、安全可靠、逻辑清晰，确保产品顺序率。

15.2.1.9 电气安全保护

（1）掉电保护措施

技术要求：

① 电气控制系统及元件能够适应工厂电网上正常的电压偏差、波动、闪变、谐波和脉冲干扰。

② 在电压干扰和掉电之后，被中断的程序必须能够重新启动运行。

③ 电源系统的单相或两相掉电时，所有设备电源必须随之自动断开。

④ 在电源断电或设备急停时，为了避免设备损坏或人身伤害，不允许设备的运动执行部件还有任何运动。

⑤ 电压下降到定值时，设备将自动停止运转，以免在有电压干扰的情况下引起继电器释放造成失控而损坏设备。

（2）过载保护措施

技术要求：

① 必须采用过载保护装置，而且在其发生作用后不允许其自动再次接通。

② 三相电机电流过载保护装置必须分别安装在三相线路上。

（3）防护装置的电气保护

技术要求：

① 用于防止人不小心进入设备危险区域的可移动式防护装置（防护罩、挡板、防护门），必须采用机械开关进行联锁控制。

② 如果打开防护装置，那么整个设备或危险区域（生产线比较长时）必须紧急停止。

③ 在开启情况下，当打开防护设施时如果会出现可能损坏设备的情况，那么防护装置必须进行机械、电气联锁。

④ 当操作者发生误操作时，存在前后动作逻辑关系的各机构具有可靠的互锁关系，设备不允许产生误动作，以免产生危险。

⑤ 设有光栅保护的自动运行区域，屏蔽功能需要配置独立的硬件。

15.2.2 常用部件说明

15.2.2.1 电机

（1）控制

① 直接启动。

单接触器启动控制：主要用于输送线存储区非变频要求的电机（根据实际设计方案决定），如图 15-29 所示。

双接触器启动控制：主要用于工艺设备小功率（15kW 以下）非变频要求的电机，如图 15-30 所示。

② 星-三角形启动，如图 15-31 所示。

③ 软启动器启动，如图 15-32 所示。

④ 变频器启动，如图 15-33 所示。

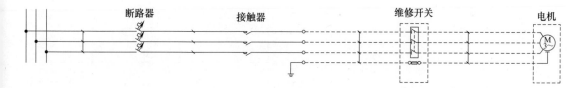

图 15-29　单接触器启动示意图

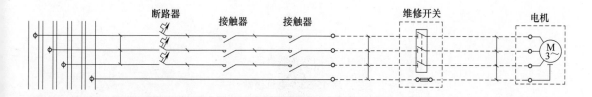

图 15-30　双接触器启动示意图

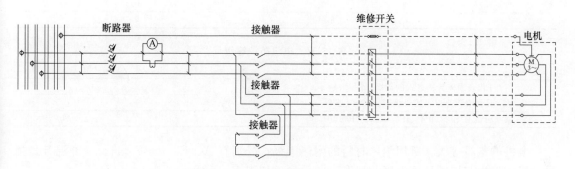

图 15-31　星-三角形启动示意图

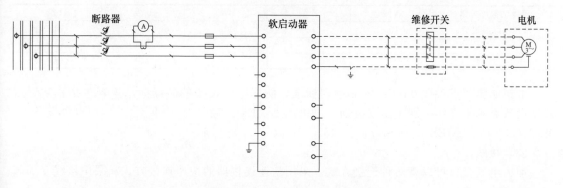

图 15-32　软启动器启动示意图

（2）选型

电机的选型必须满足特殊工艺要求，如防尘、防爆、防水、耐高温等。具体参考电机级数、防护等级、绝缘等级。防爆区域需要选用相对应的防爆型电机。

电机级数：电机的转速，如表 15-33 所示。

电机的防护等级：将电机防尘防湿气的特性加以分级，如表 15-34 所示。

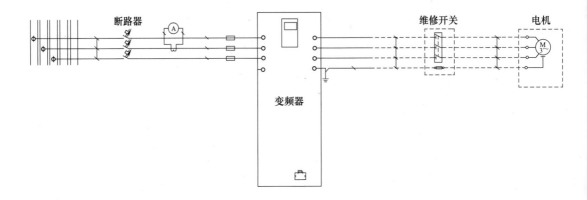

图 15-33　变频器启动示意图

表 15-33　电机级数

序号	级数	转速/(r/min)
1	2 级	3000
2	4 级	1500
3	6 级	1000
4	8 级	750

表 15-34　电机防护等级

序号	描　述
1	I 代表固体异物进入的等级,最高级别是 6
2	P 代表防止进水的等级,最高级别是 8
3	分别有 IP23、IP44、IP54、IP55、IP56、IP65

电机的绝缘等级：所用绝缘材料的耐热等级，分别有 A、E、B、F、H。允许温升是指电动机的温度与周围环境温度相比升高的限度，如表 15-35 所示。

表 15-35　电机绝缘等级

绝缘的温度等级	A 级	E 级	B 级	F 级	H 级
最高允许温度/℃	105	120	130	155	180
绕组温升限值/K	60	7	80	100	125
性能参考温度/℃	80	95	100	120	145

电机防爆要求参照 GB/T 3836 系列标准，防爆电气设备的防爆标志内容包括：防爆型式＋设备类别＋气体组别＋温度组别。电机选型：Ex d(隔爆型)＋Ⅱ类(工厂用电气设备)＋Ⅱ B（0.5mm＜MESG＜0.9mm，0.45≤MICR≤0.8)＋T4。

（3）接线

动力电气接口可以有两种连接方式：采用快速连接器的快速连接方式和采用接线盒的固定连接方式。

① 快速连接方式。采用快速连接器的方式时，插座为母头，以法兰方式安装在控制器或电机的外壳上；插头为公头，连接至动力电缆。

② 固定连接方式。采用接线盒的固定连接方式时，应采用螺栓端子或接片端子的连接方式。

（4）电气防爆

涂装作业爆炸危险环境的电气设施必须符合整体防爆要求，即电机、电器、照明、线路、开关、接头等都必须符合防爆安全要求，严禁乱接临时电线，如表 15-36 所示。

表 15-36　防爆环境区域划分

序号	区域划分
1	各烘干室：电泳烘干、密封胶烘干、闪干、面漆烘干
2	调漆间、喷漆间、储漆间、点修补、大返修、供蜡间、注蜡室
3	临时油漆仓库
4	现场临时危险品存放区

15.2.2.2　变频器

根据安装要求，现场变频器选型大致分为两类：分布式变频器、柜装变频器。根据控制需求，柜装变频器又分为输送设备与工艺设备。以 SEW 变频器举例说明。

（1）分布式变频器

① EMC 要求，如图 15-34 所示。

PE-接地和防 EMC 电磁干扰的措施（等电位连接）：

a. 设备和安装板之间的平整导电连接。

b. 电源线中的 PE 导体。

c. 分离接线端子上的 PE 导体。

d. 符合 EMC 的等电位连接，如通过接地线（高频叫绞合线）。

② 安装，如图 15-35 所示。

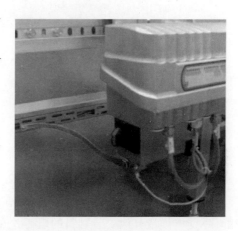

图 15-34　分布式变频器 EMC 要求示意图

(a) 立式安装

(b) 倾斜安装

(c) 水平安装

图 15-35　分布式变频器安装示意图

（2）柜装变频器

① EMC 要求，如图 15-36 所示。

a. 除了电源以外的所有电缆都必须屏蔽。

b. 当使用屏蔽电机电缆，必须使屏蔽层到变频器端子之间的非屏蔽导线尽可能短。

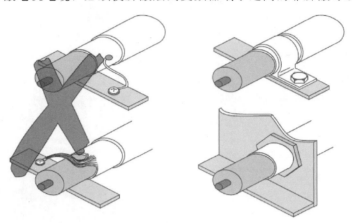

图 15-36　柜装变频器 EMC 要求示意图

② 安装。

a. 在变频器顶部和底部要留出 100mm 间隙，以便良好地冷却。一定要使间隙内的空气循环不受电缆或其他安装材料的阻碍。在变频器顶部 300mm 范围内不要安装任何对高温敏感的部件。

b. 变频器只能垂直安装，不得把变频器呈水平、倾斜或颠倒安装。

变频器控制方式示意如图 15-37 所示。

VFC

用于一般驱动应用泵、风扇、输送带、往复驱动和升降机……

VFC带编码器

用于多种不同需要的驱动控制(可选择位置控制)升降机、立体仓储设备和挤压机……

CFC带编码器

用于更高要求的驱动控制。例如需要考虑控制质量和动态特征，也需进行转矩控制(可选择位置控制)
纸、线的张力调整等，卷筒驱动……

图 15-37　变频器控制方式示意图

15.2.2.3　风机

根据气体流动方向现场风机类型为离心式。按照使用材料，现场风机类型分为铁壳风机、不锈钢风机。

（1）通用要求

① 风机供货范围应包含电机、带轮、皮带、支架、减振器和进出口软接头，并注明进出口软接头长度。

② 风机在装配后均应进行整机动平衡测试，并在每台风机上附有由计算机打印出的振动频谱分析图表；噪声特性应符合国家相关标准。

③ 在风机的涡轮处增加检修门，以便于对叶轮的清扫；前处理设备排风机必须采用不锈钢满焊结构，并有排水孔。

④ 高温风机需防爆，注明所采取的防爆措施，并提供所达到的防爆级别证书；高温风机需带有轴冷却和保护装置、轴密封装置、散热风轮和高温油脂润滑轴承。

⑤ 机防护等级不低于 IP54，绝缘等级不低于 F 级；轴承选用 NSK 或 SKF 以上产品；皮带采用日本三星或德国欧皮特。

⑥ 要求电机绕组中预埋三相热敏开关，进行电机热保护；电机应全部配置锂基脂加油口。

⑦ 变频电机要求配置强制冷却风扇，投标书中需详细列出各电机强制冷却风扇的功率。

⑧ 要求电机和风扇的接线盒及出线孔的位置和朝向应方便现场接线，具体位置和朝向在图纸会签时由乙方提供，甲方确认。

⑨ 要求随风机附产品样本、说明书、合格证和产地证明。

⑩ 电机采用 SIEMENS，轴承采用 NSK、SKF 的产品，风机皮带需备用一套。

（2）安装

① 风机落地（水平）安装，如图 15-38 所示。首先应校正基础水平，然后将风机吊装至基础上与地脚螺栓就位对正，校正（校平）后将地脚螺栓紧固。为减振、降噪，可在风机机座下选配落地式橡胶阻尼（或落地式弹簧）减振器隔振，在确保基础水平和重心对称的情况下，减振器与地面基础无须采用地脚螺栓固定。

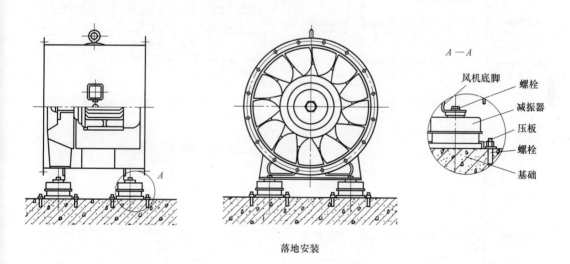

落地安装

图 15-38　风机落地（水平）安装示意图

② 风机吊式（垂直、水平）安装，如图 15-39 所示。首先将安装支架用螺栓固定（或焊接）在楼板预埋件上，然后起吊风机就位安装在支架上，校正（校平）后用螺栓将风机机座与安装支架紧固。为减振、降噪，可选配吊式弹簧减振器隔振。

③ 风机屋顶式安装，如图 15-40 所示。首先应校正基础水平，然后将风机吊装就位至基础上（严禁使用吊钩钩住风帽边缘起吊），调整风机，保证风机与基础的结合面自然吻合，然后用膨胀螺栓将屋顶风机基座与基础固定（在风机基座垂直边朝向水平向紧固）。如地脚螺栓预埋在基础的垂直平面上，与风机基座固定，对外露在风机基座平面上的地脚螺栓必须

采用玻璃胶密封,避免雨水渗入风机内。

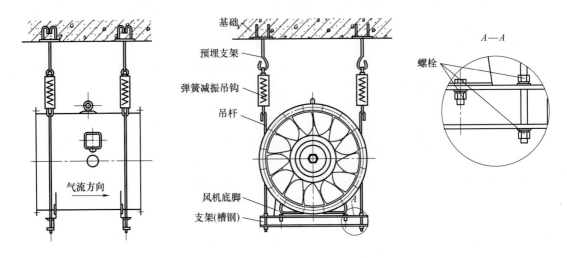

图 15-39　风机吊式安装示意图

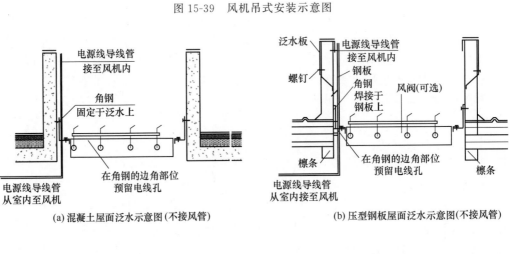

(a) 混凝土屋面泛水示意图(不接风管)　　　(b) 压型钢板屋面泛水示意图(不接风管)

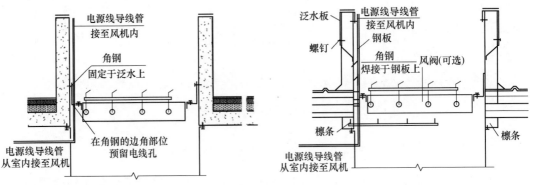

(c) 混凝土屋面泛水示意图(接风管)　　　(d) 压型钢板屋面泛水示意图(接风管)

图 15-40　风机屋顶式安装示意图

15.2.2.4　泵

(1) 通用技术

① 要求在所提供产品规格书中,详细标明提供水泵整机及主要部件(轴承、轴封、电机等)产地,以保证所提供产品满足招标要求。

② 水泵在装配后均应进行动平衡测试，并在每台水泵上附有由计算机打印出的振动频谱分析图表。

③ 水泵运行的噪声指标：电机功率小于 18.5kW 的水泵应控制在 65dBA 以内，大于或等于 18.5kW 应控制在 75dBA 以内。

④ 按照设计要求，所有水泵在泵底座上提供可以安装减振垫的水平基面。

⑤ 乙方供货的离心泵所配的电动机为 B 级绝缘，防护等级为 IP44；所有水泵电机配装热敏开关。

⑥ 提供产品规格书需要明确供货范围并注明所带配件，凡为双机械密封需接外冲洗水的水泵，机械密封要求为硬对硬＋硬对软配置，油杯采用外装式。

⑦ 所有水泵与介质接触部分以及所使用的润滑油中禁止含有硅酮成分。

⑧ 要求随泵附带产品样本、说明书、合格证。

⑨ 水泵电机采用 SIEMENS，轴承采用日本 NSK、SKF 的产品。

（2）安装

① 基础部尺寸，如表 15-37 所示。

表 15-37　基础部尺寸

序号	项目		允许偏差/mm
1	坐标位置		20
2	不同平面的标高		0 −20
3	平面外形尺寸		±20
4	凸台上平面外形尺寸		0 −20
5	平面的水平度		每米小于 5，且全长小于 10
6	垂直度		每米小于 5，且全长小于 10
7	预埋地脚螺栓孔	中心位置	10
		深度	+20 0
		孔壁铅垂度	10
8	预埋活动地脚螺栓锚板	标高	+20 0
		中心位置	5
		带槽的锚板与混凝土面的平整度	5
		带螺纹孔的锚板与混凝土面的平整度	2

② 安装注意事项。与泵连接的管道，除应符合相关标准外，还应符合下列要求：

a. 管子内部和管端清洗洁净，清除杂物，密封面不应损伤。

b. 吸入管道和输出管道应有各自的支架，泵不得承受管道的重量。

c. 相互连接的结合端面应平行。

d. 管道与泵连接后，应复检泵的精度，当发现管道连接引起偏差时，应调整管道。

e. 当管道与泵连接后，不应在其口焊接或气割处，当需焊接和气割时，应拆下管道或采取必要的措施，并应防止焊渣进入泵内。

泵安装示意图如图 15-41 所示。

15.2.2.5　控制柜

控制柜类型及技术要求如表 15-38 所示。

（1）安装形式

控制柜安装示意如图 15-42 所示。

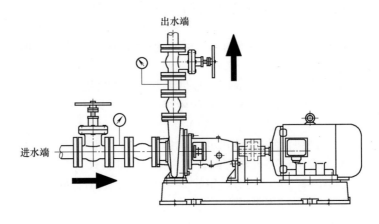

图 15-41 泵安装示意图

表 15-38 控制柜类型及技术要求

序号	类型	技术要求
1	控制柜外表颜色	喷塑工艺处理,颜色为浅灰色 RAL7035
2	控制柜内表颜色	RAL2000
3	防护等级	IP54(GB/T 4205—2010)
4	标准配置	前门、背板、安装板、柜体、密封条、门锁、侧板
5	控制柜尺寸/mm	2200(2000 高+200 底座)×600/800(宽)×600(深)
6	控制柜厚度/mm	外部门板、中间门板:2.5;柜门:2.5

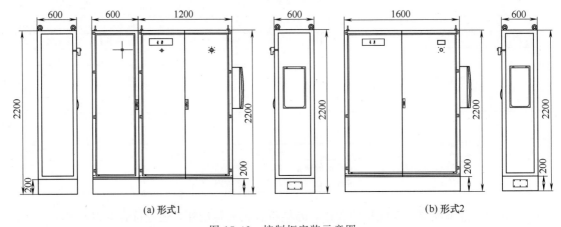

(a) 形式1　　　　　　　　　　　　　(b) 形式2

图 15-42 控制柜安装示意图

备注说明:

① 根据所需电气元件安装空间可选择形式 1 或形式 2。

② 控制柜必须标注所控制设备名称,以及控制柜编号。

③ 主控制柜必须安装调试用笔记本支架。

④ 其他附带安装的控制箱要符合安全操作要求规定,具体选型需甲方确认。

(2) 技术要求

① 柜门必须用拉杆同时锁住门的上下两端,控制柜上必须安装吊环螺栓,便于搬运。

② 每套控制柜配置金属图纸盒,用来保存设备文件。

③ 主开关柜柜门:在主开关位置设置机械锁扣装置,在主开关合上时门不能打开,若强制打开主开关将断开,但是若用螺丝刀在外面转动锁扣装置,主开关合上时仍能打开

柜门。

④ 控制柜主开关装在左侧柜门上，柜门为右侧边压左侧边。

⑤ 在主柜门上部便于观察的明显位置，用永久标识方式（铝制、铆接）标注电控柜所控制设备名称。

⑥ 在每个控制柜的柜门上部标注该控制柜内安装的主要元器件，如 PLC、低压配电柜、变频器等。

⑦ 不能清楚表明其中装有会引起电击风险的电气设备的外壳，都应标记： ⚡ 。

⑧ 控制柜供电线采用下进线方式进入到控制柜内；每套控制柜需留有 20％的空间。

⑨ 在每个控制柜内需安装有漏掉保护功能的 AC 220V 插座；三孔电源插座、二孔电源插座各一个。

⑩ 主要用来给维修设备供电的通用插座，其馈电电路应有过电流保护，这些插座的每个馈电电路的未接地带电导线上均应设置过电流保护器件。

⑪ 在控制柜内连接电压高于 36V 元件的接点必须用绝缘防护盖板进行保护，防止被接触，防护盖需要用专业工具拆卸。

⑫ 设备的动力配电柜门上部需安装电源指示灯、电压表、电流表。

⑬ 控制柜上需装有报警和状态指示，采用三色柱状指示。

⑭ 警告标识符号必须配属在电气柜（含接线端子盒）上。

（3）制冷、散热装置

技术要求：

① 所有安装 PLC 的控制柜需安装制冷空调，含有变频器的控制柜（变频器总功率超过 45kW）需配置制冷空调。其余控制柜根据实际情况配置散热风扇和轴流风机（下进上出）。

② 冷却空调温度可调，并能显示控制柜内温度（冷却空调能确保柜内温度保持在 40℃ 或以下）。

③ 制冷空调采用自蒸发形式，不允许在控制柜内产生冷凝水。

（4）照明装置

照明装置技术要求如表 15-39 所示。

表 15-39　照明装置技术要求

类型	技　术　要　求
连接	a. 照明系统主要是为控制柜提供照明，门开则通，门关则断； b. 照明设备和控制柜内插座的接线是从设备照明电路里连接； c. 允许的工作电压是 AC 220V
保护	照明设备和电源插座是单独由电路自动断路器进行保护的，电源来自主电源开关的进线端（上端）

（5）电气元件布局

技术要求：

① 控制柜内电源元件和控制元件要分开布置，380V 电源和 24V 元件中间必须加装屏蔽；元件安装后需要预留适量的空间，方便拆卸与散热。

② 10kW 以上变频器必须单独设立电源柜，10kW 以下变频器供电电源与其他设备的供电电源相互独立，或在变频器和其他用电设备的输入侧安装隔离变压器；同时变频器输出电源应尽量远离控制电缆敷设（不小于 50mm 间距），必须靠近敷设时尽量以正交角度跨越，必须平行敷设时尽量缩短平行段长度（不超过 1mm），如一个系统中 10kV 以下变频器超过 3 个的也必须单独设立电源柜。

③ 柜内元器件布置，一般是从上到下，从左向右，便于操作与维护，经常操作或维护

的元器件应安装在较容易触及的位置。从高度上讲，尽量安装在离地面400～1800mm的高度范围内；如果元器件较多，可考虑将不常操作的元器件（如直流电源）安装在柜体高度2000mm左右的位置上，底部元件安装位置不能低于离地面200mm，否则现场无法接线；布置时避免线在线槽内反复绕，注意节约成本。

电气元件布局如图15-43所示。

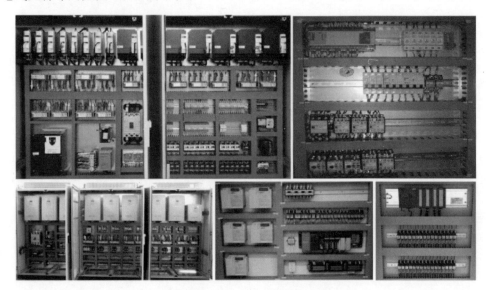

图15-43　电气元件布局

稳压电源的布置要求：

① 稳压电源不需要经常维护，且是发热器件，布置在柜内最上部，便于散热。

② 稳压电源边缘与线槽之间的净距是30mm左右。

PLC及各单元的布置要求：

① 与CPU单元相邻的单元，最好是特殊单元和输入单元等干扰产生少的单元；外部电路的电磁接触器及继电器类，其线圈及接点即干扰发生源，因此应与PLC分开配置（大致在100mm以上）。

② 模块是PLC系统的主要部件，需经常进行调试维护，应安装在方便操作的位置；安装模块时自左向右排布，便于扩展；信号线较多，通常选用80mm宽的线槽，机架上端与线槽的净距在30mm左右，机架下端与线槽的净距在80mm左右。

断路器的布置要求：

① 安装高度以方便操作为宜，周围不要有妨碍操作的器件。

② 通常选用60mm宽的线槽，断路器的上下边缘与线槽的净距在40mm左右；安装时自左侧开始排布，便于扩展。

行线槽的布置要求：

① 线槽要布局合理美观，布放按"目"字排列，选用型号合适的线槽（常用的线槽宽度为25mm、40mm、60mm、80mm、100mm），可根据端子排的数量而定。

② 行线槽深度统一为80mm，颜色首选灰色；行线槽距顶板间距与大功率器件接线不小于100mm。

③ 行线槽距排列安装的电气元件最外侧面间距不小于50 mm，接线端则不小于60mm。

④ 经过行线槽的线的体积之和（含绝缘层）不大于线槽容量的80%，剩余的空间便于线的散热。

继电器、端子排的布置要求：

① 继电器和端子排一般布置在柜前下部，端子排优先采用纵向排列，内部线和外部线的线槽要尽量分开。

② 考虑到接线习惯（左手持线，右手拿工具），一般端子左侧的线槽留给客户，便于外部线接入，右侧的线槽用于内部线管理。

③ 线槽的宽度根据继电器和端子的数量合理选择，对于外部线，由于现场的进线一般含有备用芯、屏蔽层等，线径较粗，外部走线槽要选得尽量大。

交换机和光纤盒的布置要求：交换机和光纤盒一般布置在柜体下部，预留的走线空间，应充分考虑网线和光纤的打弯半径，尽量大些，方便现场网线和光纤的接入。

15.2.2.6 PLC 与总线模块

（1）通用要求

通用要求如表 15-40 所示。

表 15-40　PLC 和总线模块通用要求

序号	类别	通用要求
1	PLC	PLC 选型采用 SIEMENS S7-1500 系列，其中运动控制需要选用安全型 PLC，使用 SMC 型存储卡
2		PLC 输出模块接感性负载，必须配置浪涌电阻或泄流回路，抑制反向电动势对模块的损伤
3		PLC 系统最小的储备空间：存储器 30%，输入/输出点 20%
4		至少预留 2 个备用插槽空间
5	总线模块	现场总线通信协议为：Profinet；现场总线模块选型参考电气选型标准清单
6		距离较长的总线需要分段，采用接头的形式连接，便于维修和扩展

（2）安装

可编程控制器与总线模块，如图 15-44 所示。

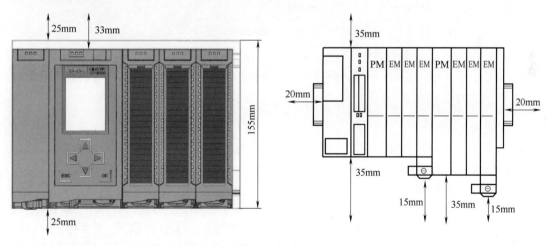

图 15-44　控制器与总线模块布局示意图

有 5 种长度的安装导轨可用：160mm、482.6mm、530mm、830mm、2000mm。

运行参考电位接地时 S7-1500，电气连接示意如图 15-45 所示。

运行参考电位接地时 ET200S，电气连接示意如图 15-46 所示。

15.2.2.7 数字量开关

现场使用数字量开关主要包括接近开关、限位开关、压力开关、压差开关等。

（1）接近开关

常见接近开关有无源接近开关、涡流式接近开关（电感式）、电容式接近开关、霍尔接近开关、光电式接近开关等。现场使用多为电感式接近开关与光电式接近开关。接近开关安

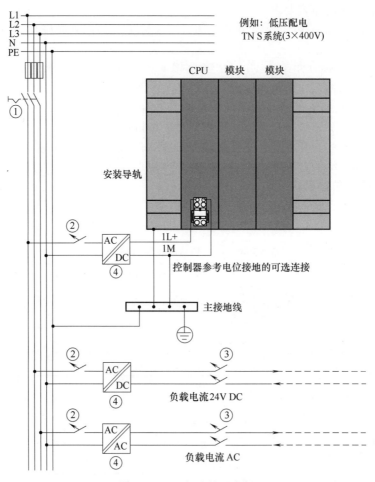

图 15-45　电气连接示意图

①—主开关；②—主站端的短路和过载保护；③—辅助站端的短路和过载保护；④—负载电流电源（电气隔离）

装示意如图 15-47 所示。电气连接如图 15-48 所示。

（2）限位开关

内置微动开关驱动机构，驱动机构按照结构分为柱塞型、铰链摆杆型、旋转摆杆型。限位开关示意如图 15-49 所示。

（3）压力开关

压力开关主要类别包括常开式和常闭式，有隔爆型、机械型与电子型。注意事项如下：

① 安装压力开关时要注意连接导管的铺设；连接导管的水平段应有一定的斜度，以利于排除冷凝液体或气体；当被测介质为气体时，导管应向取压口方向低倾；当被测介质为液体时，导管则应向测压仪表方向倾斜；当被测参数为较小的差压值时，倾斜度可再稍大一点。此外，如导管在上下拐弯处，则应根据导管中的介质情况，在最低点安置排泄冷凝液体装置或在最高处安置排气装置，以保证测量的准确度。

② 仪表应垂直于水平面安装，仪表测定点与仪表安装处在同一水平位置；仪表安装处与测定点之间的距离应尽量短，以免指示迟缓；保证密封性，不应有泄漏现象出现，尤其是易燃易爆气体介质和有毒有害介质等。

③ 取压口的位置选择一定要正确，要避免处于管路弯曲、分叉及流束形成涡流的区域；当管路中有突出物体（如测温组件）时，取压口应取在其前面。当必须在调节阀门附近取压

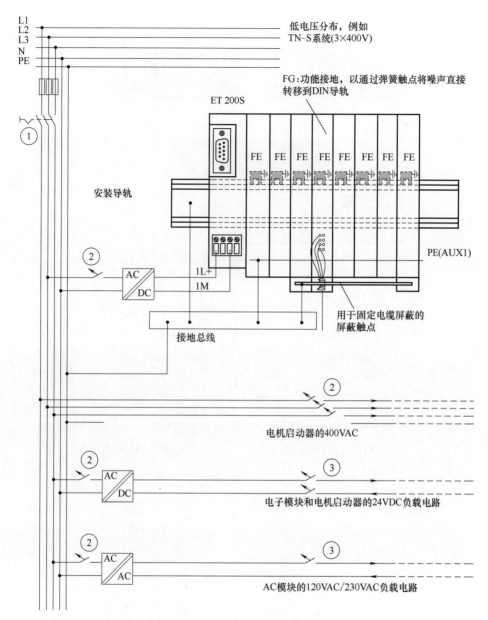

图 15-46　电气连接示意图
①—主开关；②③—短路和过载保护

时，若取压口在其前，则与阀门距离应不小于 2 倍管径。若取压口在其后，则与阀门距离应不小于 3 倍管径。对于宽广容器，取压口应处于流体流动平稳和无涡流的区域。

压力开关接线示意如图 15-50 所示。

（4）压差开关

压差开关是依据相互部件间的压力差值并依靠电信号进行信息传递控制开关闭合或打开的一类开关。常用类型为水管型压差开关、风压压差开关。

水管型压差开关的安装注意事项：

① 取压段大于管道口径的 2/3 时可安装在管道的顶部，取压段小于管道口径的 2/3 时应安装在管道的侧面或底部。

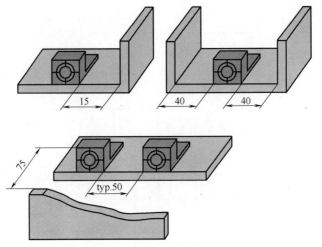

图 15-47 接近开关安装示意图

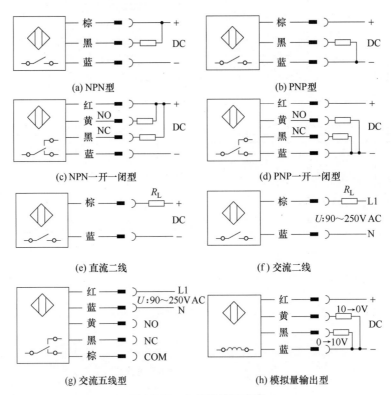

(a) NPN型

(b) PNP型

(c) NPN一开一闭型

(d) PNP一开一闭型

(e) 直流二线

(f) 交流二线

(g) 交流五线型

(h) 模拟量输出型

图 15-48 电气连接示意图

② 安装位置应选在水流束稳定的地方，不宜选在阀门等阻力部件的附近和水流流束呈死角处以及振动较大的地方。

③ 不宜安装在管道焊缝及其边缘上，开孔及焊接处，应安装在温湿度传感器的上游侧。

风压压差开关的安装注意事项：

① 应安装在风管的直管段，如不能安装在直管段，则应避开风管内通风死角和蒸气放空口的位置。

② 工艺管道预制和安装同时进行，开孔与焊接工作必须在工艺管道的防腐、衬里吹扫和压力试验前进行。

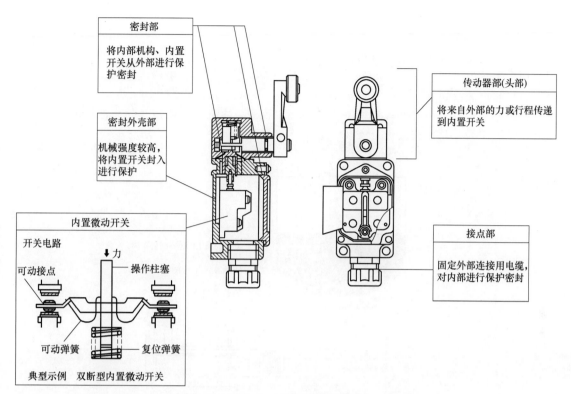

图 15-49　限位开关示意图

③ 不宜安装在管道焊缝及其边缘上，开孔及焊接处。

④ 直压段大于管道口径的 2/3 时可安装在管道顶部，小于管道口径 2/3 时可安装在侧面或底部和水流流束稳定的位置，不宜选在阀门等阻力部件的附近、水流流束死角和振动较大的位置。

⑤ 安装离地高度不应小于 0.5m，开关内薄膜处于垂直于平面的位置。

⑥ 线路应通过软管与压差开关连接，应避开蒸气放空口。

压差开关连接示意图如图 15-51 所示。

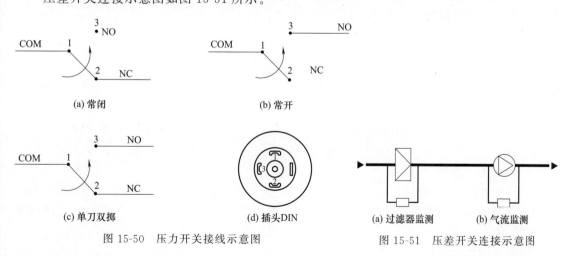

图 15-50　压力开关接线示意图　　　　图 15-51　压差开关连接示意图

检测过滤器时，压差开关"＋"端气管连接到过滤器进风侧，"－"端气管连接到过滤器出风侧。检测风机两端压差时，"－"端气管连接到风机前端负压侧，"＋"端气管连接到风机后端正压侧。

15.2.2.8 模拟量传感器

模拟量传感器发出的是连续信号，用电压、电流、电阻等表示被测参数的大小。现场使用模拟量传感器主要包括液位计、压力变送器、温湿度变送器、电磁流量计、电导率仪等。

（1）超声波液位计

超声波液位计是由微处理器控制的数字液位仪表，由三部分组成：超声波换能器、处理单元、输出单元。超声波液位计安装与电气连接示意图如图 15-52 所示。

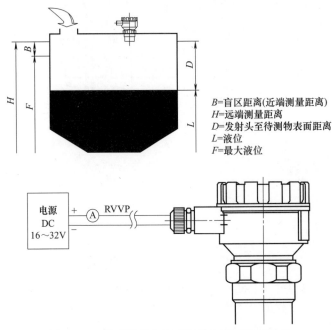

B=盲区距离(近端测量距离)
H=远端测量距离
D=发射头至待测物表面距离
L=液位
F=最大液位

图 15-52　超声波液位计安装与电气连接示意图

（2）静压式液位计

静压式液位计是基于所测液体静压与该液体的高度成比例的原理，采用隔离型扩散硅敏感元件或陶瓷电容压力敏感传感器，将静压转换为电信号，再经过温度补偿和线性修正，转化成标准电信号。静压式液位计电气连接示意图如图 15-53 所示。

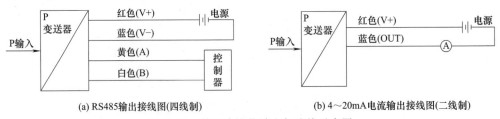

(a) RS485输出接线图(四线制)　　　　　(b) 4～20mA电流输出接线图(二线制)

图 15-53　静压式液位计电气连接示意图

（3）压力变送器

压力变速器是能感受压力信号，并能按照一定的规律将压力信号转换成可用输出的电信号的器件或装置，通常由压力敏感元件和信号处理单元组成。压力变速器安装示意图如图 15-54 所示。

（4）温湿度变送器

温湿度变送器多以温湿度一体式的探头作为测温元件，将温度和湿度信号采集出来，经过稳压滤波、运算放大、非线性校正、V/I 转换、恒流及反向保护等电路处理后，转换成与温度和湿度呈线性关系的电流信号或电压信号输出。每个温区设两个以上的采温点，以 E＋E 变送器举例说明，如图 15-55、表 15-41 所示。

（5）电磁流量计

电磁流量计是应用电磁感应原理，根据导电流体通过外加磁场时感生的电动势来测量导电流体流量的一种仪器，主要由磁路系统、测量导管、电极、外壳、衬里和转换器等部分组成。

安装环境温度为 5～55℃，安装要选择无强磁场辐射的场所，避开如电动机、变压器、变频器等一些容易引起电磁干扰的设备。流量计的测量原理基于法拉第电磁感应定律，它产生的原始信号非常弱，不足毫伏。如果附近有强电磁场辐射，会影响测量精度。

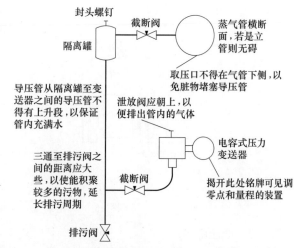

图 15-54　压力变送器安装示意图

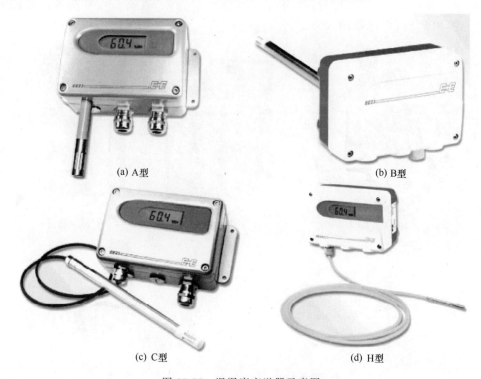

(a) A型

(b) B型

(c) C型

(d) H型

图 15-55　温湿度变送器示意图

表 15-41　安装方式

序号	类别	安 装 方 式
1	A 型	墙面安装方式
2	B 型	管道安装方式
3	C 型	分体安装方式，探头温度工作范围可达－40～120℃
4	H 型	微型探头分体安装方式，适用于有隐蔽安装要求和狭小空间的测量

管道本身接地良好时接地线可省略，但必须通过流量计所配的接地线使壳体和液体相通。

电磁流量计接地示意图如图 15-56 所示。

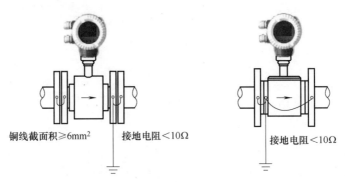

铜线截面积≥6mm²   接地电阻＜10Ω   接地电阻＜10Ω

图 15-56　电磁流量计接地示意图

15.2.2.9　低压电器

低压电器是一种能根据外界的信号和要求，手动或自动地接通、断开电路，以实现对电路或非电对象的切换、控制、保护、检测、变换和调节的元件或设备。按种类可分为刀开关、刀形转换开关、熔断器、低压断路器、接触器、继电器、主令电器和自动开关等，如图 15-57 所示。控制电器按其工作电压的高低，以交流 1200V、直流 1500V 为界，可划分为高压控制电器和低压控制电器两大类。

(a) 刀开关　　　　　　　(b) 接触器　　　　　　　(c) 断路器

(d) 熔断器　　　　　　　(e) 继电器

图 15-57　低压电器示意图

（1）设备选型

低压配电设计所选用的电器，应符合国家现行的有关标准（GB/T 14048 系列），技术要求：

　　① 电器的额定电压应与所在回路标称电压相适应。

　　② 电器的额定电流不应小于所在回路的计算电流。

　　③ 电器的额定频率应与所在回路的频率相适应。

④ 电器应适应所在场所的环境条件。

⑤ 电器应满足短路条件下的动稳定与热稳定要求。用于断开短路电流的电器，应满足短路条件下的通断能力。

验算电器在短路条件下的通断能力，应采用安装处预期短路电流周期分量的有效值，当短路点附近所接电动机额定电流之和超过短路电流的 1% 时，应计入电动机反馈电流的影响。

（2）安装使用

低压电器安装如图 15-58 所示，技术要求如下：

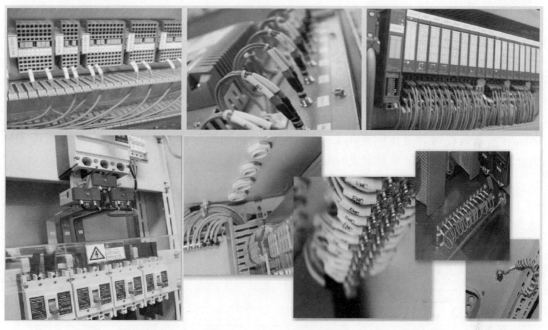

图 15-58　低压电器安装

① 低压电器应垂直安装，特别是对油浸减压起动器；为防止绝缘油溢出油箱，倾斜不得超过 5°，应使用螺栓固定在支持物上而不应采用焊接，安装位置应便于操作，而手柄与周围建筑物之间要保持一定距离，不易被碰坏。

② 低压电器应安装在没有剧烈振动的场所，距地面要有适当的高度。刀开关、负荷开关等电源线必须接在固定触头上。严禁在刀开关上挂接电源线。

③ 低压电器的金属外壳或金属支架必须接地（或接零）；电器的裸露部分应加防护罩，双投刀开关的分闸位置应有防止自行合闸的装置。

④ 在有易燃、易爆气体或粉尘的厂房，电器应密封安装在室外，且有防雨措施，对有爆炸危险的场所必须使用防爆电器。

⑤ 使用时应保持电器触头表面的清洁、光滑、接触良好，触头应有足够的压力，各相触头的动作应一致，灭弧装置应保持完整。

⑥ 使用前应清除各接触面上的保护油层，投入运行前应先操作几次，检查动作情况。低压电器的静触头应接电源，动触头接负荷。

⑦ 单极开关必须接在相线上，落地安装的低压电器，其底部应高出地面 100mm，在安装低压电器的盘面上，标明安装设备的名称及回路编号或路别。

15.2.2.10 桥架

电缆桥架分为槽式、托盘式、梯架式、网格式等结构，由支架、托臂和安装附件等组成，全部零件均需进行镀锌处理。在邻近海边或属于腐蚀区，则材质必须具有防腐、耐潮气、附着力好、耐冲击强度高的物性特点。本节以下内容适用于电压为 10kV 及以下新建、扩建的一般工业建筑电缆、桥架安装和桥架内电缆敷设。

技术要求：

① 行线槽基本上是顶置型安装，架空布线；信号电缆和电力电缆必须分隔开布置。

② 外部走线槽采用镀锌桥架，桥架大小选择根据走线电缆的数量决定，但必须具有 20% 的额外空间。

③ 材料应符合相关标准，钢制桥架采用优质冷轧钢板，表面必须经过良好的防腐处理。

④ 桥架应平整，无扭曲变形，内壁无毛刺，各种附件齐全。

⑤ 桥架进行交叉、转弯、丁字连接时，应采用直通、二通、三通、四通或平面二通、平面三通等进行变通连接。

⑥ 所有桥架及金属管线的接地要良好、可靠。

⑦ 桥架安装设置支架，支架设计应具有足够的支撑能力。水平敷设时，支撑跨距一般为 2m；垂直敷设时，支撑间距不宜大于 2m。两相邻桥架支架之间水平高度差不应大于 10mm，两相邻桥架支架垂直中线的垂直偏差不应大于 20mm。

（1）厚度要求

厚度要求如表 15-42 所示。

表 15-42　厚度要求

序号	范围	技术要求
1	电缆桥架宽度＜100mm	厚度为 1mm
2	100mm≤电缆桥架宽度＜150mm	厚度为 1.2mm
3	150mm≤电缆桥架宽度＜400mm	厚度为 1.5mm
4	400mm≤电缆桥架宽度＜800mm	厚度为 2mm
5	电缆桥架宽度≤800mm	厚度为 2.5mm

（2）单件几何尺寸允许偏差

单件几何尺寸允许偏差如表 15-43 所示。

表 15-43　单件几何尺寸允许偏差

序号	范围	允许偏差
1	30mm＜电缆桥架宽度≤120mm	±0.8mm
2	120mm＜电缆桥架宽度≤400mm	±1.2mm
3	400mm＜电缆桥架宽度≤1000mm	±2.0mm
4	1000mm＜电缆桥架宽度≤2000mm	±3.0mm
5	2000mm＜电缆桥架宽度≤4000mm	±4.0mm

（3）承载性

电缆桥架应具有一定的承载能力，在额定的均布载荷和支吊跨距下的挠度值如表 15-44 所示。

表 15-44　电缆桥架承载能力

高度/mm	额定均布载荷/(N/m)	支吊跨距/m	挠度值(≤)/mm
60 75	1000	1.5	4.0

高度/mm	额定均布载荷/(N/m)	支吊跨距/m	挠度值(≤)/mm
100	2000	1.5	4.0
	1500	3.0	8.0
	500	4.5	22.5
150	2500	1.5	4.0
	1500	3.0	8.0
	750	4.5	22.5
200	3000	1.5	4.0
	2000	3.0	8.0
	1000	4.5	22.5

注：其他支吊跨距的额定均布载荷由制造厂在技术文件中给出或由供需双方协议约定。

（4）与管道最小净距

与管道最小净距如表 15-45 所示。

表 15-45　与管道最小净距

管道类别		平行净距/mm	交叉净距/mm
一般工艺管道		400	300
易燃易爆气体管道		500	500
热力管道	无保温层	1000	1000
	有保温层	500	500

（5）安装

① 桥架吊装，如图 15-59 所示。

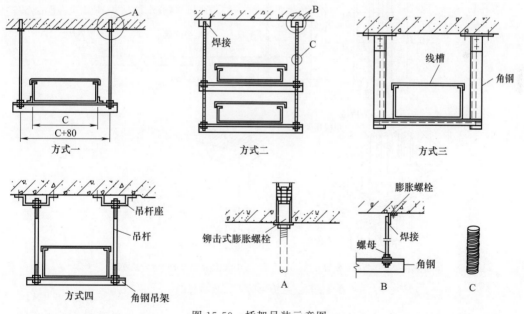

图 15-59　桥架吊装示意图

② 桥架落地安装，如图 15-60 所示。

③ 防火安装，如图 15-61 所示。

④ 电缆敷设及线槽跨接地，如图 15-62 所示。

15.2.2.11　照明灯具

所有灯具应符合 GB 7000 系列国家标准和 3C 认证或欧盟 ROHS 认证，若在设计和制

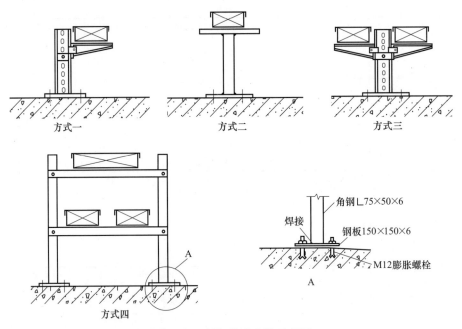

图 15-60　桥架落地安装示意图

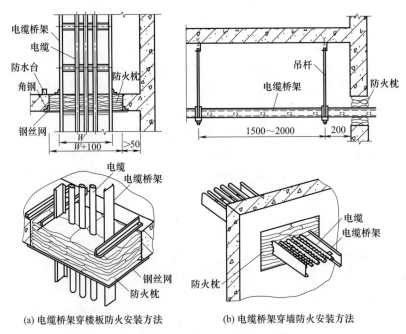

(a) 电缆桥架穿楼板防火安装方法　　(b) 电缆桥架穿墙防火安装方法

图 15-61　电桥架防火安装示意图

造中应用的某项标准或规范在本技术要求中没有规定，则投标人应详细说明其所采用的标准和规范，并提供该标准或规范的完整中文原件给招标人。只有当其采用的标准和规范是国家公认的、惯用的，且等于或优于本技术要求时才能为招标人所接受。LED 灯具芯片使用美国原装科锐 Cree 或普瑞 BridgeLux、三星芯片。

灯具光学性能要求：

① 整体光衰：5000h 不超过 3%。

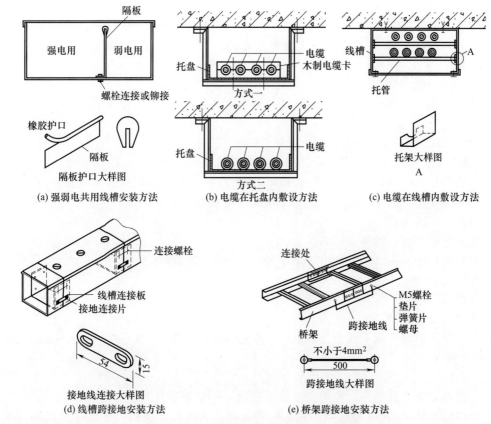

图 15-62　电缆敷设及线槽跨接地示意图

② 显色指数不低于 85（$Ra \geqslant 85$）。

以使用寿命：≥ 100000h（不含驱动电源，其寿命另行规定），即 50000h 光衰不超过 25％（光输出维持达 75％以上）。

注意：光通量低于初装时的 70％视为使用寿命结束。

（1）工位照明

灯具要求：

① 光效≥105lm/W。

② 光源使用：Cree、Bridgelux 和三星。

导光板材质：进口 PC 厚度≥2.0mm，灯壳铝合金厚度≥1.2mm。

③ 灯具尺寸：$\phi 26 \times 1200$mm/300mm×1200mm，质量≤0.4kg，散热板厚度≥2mm，铝基板厚度≥1.2mm。

④ 功率：18W×2/40W。

⑤ 显色指数≥85，色温 6000K。

⑥ 寿命≥100000h，即 50000h 光衰不超过 25％（光输出维持达 75％以上）。

⑦ 质保≥3 年。

⑧ 光衰≤2％/年，≤25％/5 年。

⑨ 防护等级：IP50。

⑩ 工位照明一般不低于 500lx，照明功率密度不低于 5W/m²，工位照明无故障工作时间≥30000h。

安装要求：

① 工位照明角度可调，线槽布置在灯具上方，使用工业快插连接，可单个断电快速更换。

② 线槽为不低于 2mm 冷轧钢，表面喷塑处理；含吊耳、快插件一套、连接件、抱箍、螺钉配件等。

(2) 厂房照明

灯具要求：

① 光效≥100lm/W。

② 光源使用：Cree、Bridgelux 和三星。

导光板材质：进口 PC 厚度≥1.5mm，灯壳铝合金厚度≥1.2mm。

③ 灯具尺寸：(宽)90mm×(高)75mm×(长)900mm/(宽)90mm×(高)75mm×(长)1200mm，质量≤2.8kg，散热板厚度≥1.5mm，铝基板厚度≥1.2mm。

④ 功率：40W/80W。

⑤ 显色指数≥85，色温 4000K。

⑥ 寿命≥100000h，即 50000h 光衰不超过 25%（光输出维持达 75%以上）。

⑦ 质保期≥5 年。

⑧ 光衰≤2%/年，≤25%/5 年。

⑨ 防护等级：IP50。

⑩ 车间厂房照明一般不低于 200lx，照明功率密度不低于 $5W/m^2$，厂房照明无故障工作时间≥30000h。

安装要求：

① 线槽布置在灯具上方，使用工业快插连接，可单个断电快速更换。

② 线槽为不低于 2mm 冷轧钢，表面喷塑处理；含吊耳、快插件一套、连接件、抱箍、螺钉配件等。

(3) 三防灯

技术要求：

① 光效≥95lm/W。

② 光源使用：封装形式 2835 贴片式灯珠、LED 日光灯管，灯具角度 120°（具体灯具形式提供给甲方选型）。

③ 电源：飞利浦、MW 或同等品质产品，85～265VAC 交流输入，功率因子≥0.975，IP65 防护等级可用于户外与室内使用，电源需内置于壳体内（具体选型甲方审核认可后方可执行）。

④ 灯体材质：全阻燃 PC 材质，耐腐蚀，抗冲击，牢固耐用。

灯罩材质：全阻燃 PC 材质，耐腐蚀材料。

⑤ 三防要求：防尘、防水、防潮、防灯管爆裂、防腐蚀、防雾、防虫及防雷。

⑥ 外观要求：灯体为圆形，设计美观合理，优化散热，并且能够灵活安装（悬吊式/壁装），适应不同环境需要。

⑦ 晶片结温≤85℃，散热器表面温度均匀性在±2℃以内。

⑧ 灯具尺寸：300/600/1200/1500mm×125mm×45mm（尺寸仅供参考），质量≤2kg。

⑨ 显色指数≥85，色温 3000K/4500K/6000K。

⑩ 灯具寿命≥100000h，电源寿命≥500000h。

⑪ 质保期≥5 年。

⑫ 光衰≤3%/年，≤25%/5 年。

15.2.3 技术文件

技术要求：

① 电气图包含原理图、配线图、布局图，必须提供 EPLAN 版本；在安装设备的同时为了维修工作，由原始制造商制造的专用元件的内部电气图纸也必须提供。

② 提供设定地址变量说明清单；提供所有联锁信号清单。

③ 采用 LAD 语言编写（有特殊要求的除外，需甲方确认），需保留源程序。

④ 所有 I/O 地址、过程标志位等加地址注释，说明该地址的作用；控制程序段加注释，注释语言为汉语。

15.3 涂装车间深度清洁标准

15.3.1 定义及目标

涂装车间的深度清洁是指在设备安装之后、喷涂作业之前进行的清洁作业。去除建筑墙体、公用设施、工艺设备等表面及内部可能导致油漆质量缺陷、过滤器早期沾染或影响产品外观的所有"脏污"，为喷涂作业提供清洁的生产环境。

15.3.2 深度清洁概述

15.3.2.1 清洁标准

（1）洁净区划分

高度洁净区：喷漆室、烘干炉、闪干、调漆间、储漆间。

一般洁净区：前处理电泳线、密封线、底涂线、打磨线、报交线、小修室、AUDITT室等。

（2）设备设施清洁标准

① 乙方负责所有过滤器的首次更换工作（材料由总包方提供），包括空气过滤器、液体过滤器、喷漆室顶棉等。

② 配电间、电气部件清洁时，必须在甲方认可且监督下实施。

③ 做好设备防护工作（包含但不限于表 15-46 内容）。

表 15-46 设备防护工作内容

序号	清洁范围	清洁对象	质量要求
建筑设施	厂房内部的顶棚、内墙、梁、构架、柱子、车间屋顶、门窗	表面灰尘	用白手套抹后无灰尘污迹
	各类辅房、配电井的地面及墙体		
	车间内所有裸露地面、平台、楼梯		
	各钢筋混凝平台、钢平台、楼梯、扶手、栏杆等		
	各类风道、地坑、地沟		
公用设备设施	灯光设备、风扇、电缆、电机水泵（停止运转时）	表面灰尘	用白手套抹后无灰尘污迹
	各类管路、桥架外表面		
	各类电气柜体外表面,如配电柜、照明柜、消防供电柜等		
	配电间设备外表面		
消防	消火栓、灭火器	表面灰尘	用白手套抹后无灰尘污迹
	控制柜、各类现场部件		
前处理线	室体内外表面(含灯箱等)、内部走道及平台	灰尘、各类污迹	用白手套抹后无灰尘污迹
	槽体(含置换槽)、网格板、管道、喷嘴		
	风机、水泵、设备围堰等,过滤器内外表面		

序号	清洁范围		清洁对象	质量要求
前处理线	辅助设施(除油、除渣、加料、换热等)、成套系统(板框压滤机、纯水等)		灰尘、各类污迹	用白手套抹后无灰尘污迹
	输送系统(含吊具)、轨道、支撑			用白手套抹后无灰尘污迹无外溢油污、脏污
电泳线	室体内外表面(含灯箱等)、内部走道及平台		灰尘、各类污迹	用白手套抹后无灰尘污迹
	槽体(含置换槽)、网格板、管道、喷嘴			
	风机、水泵、设备围堰等、过滤器内外表面			
	辅助设施(加料、换热、阳极、UF、RO、制冷、超滤、整流电源等)			
	输送系统(含吊具)、轨道、支撑			用白手套抹后无灰尘污迹无外溢油污、脏污
工位室体	室体内外表面(含灯箱等)、顶棚、积水盘		灰尘、各类污迹	用白手套抹后无灰尘污迹
	器具、工具架、柜体、踏台			
	输送设备(输送机、护罩、传感器)			
	管线、水池等			
	辅助设施(Andon器件、插座、工位风扇、现场加湿器件)			
喷漆室	喷房内外表面(含照明等)、网格板		灰尘、各类污迹	用白手套抹后无灰尘污迹
	动、静压室(室体、均风部件、过滤器架、送风支管等)			
	洁净间、各类柜体(电气柜、机器人控制柜、枪站箱)			
	机器人装置(擦净机器人、喷涂机器人、辅助机器人)			
	漆雾处理系统(处理室内外表面、外部设备设施)			
	室内输送线(输送机、骨架、护罩)			
烘房	烘房区域周边环境可及处(流平段)		灰尘、各类污迹(含电泳、涂胶、面漆及热闪干)	用白手套抹后无灰尘污迹
	烘房室体、风管风道的内外壁,出入口电动卷帘门			
	加热系统内外表面(室体、换热器、燃烧器外表面)			
	强冷室(室体壁板、过滤器、冷热水设备)			
	循环风机、送排风机、排废气风机			
废气处理装置	各类风机(引风机、排风机、脱附风机等)		灰尘、各类污迹	用白手套抹后无灰尘污迹
	各室体内外表面(氧化室、废气过滤器室等)			
	燃烧系统(新风过滤器、燃烧器外表面)			
输调漆	输调漆系统各元器件的外表面		灰尘、各类污迹	用白手套抹后无灰尘污迹
供胶供蜡	供胶供蜡系统各元器件的外表面		灰尘、各类污迹	用白手套抹后无灰尘污迹
空调机组	空调机组室体内外表面、室体地板、顶部		灰尘、各类污迹	用白手套抹后无灰尘污迹
	各部件、元器件(燃烧器、加湿系统、冷热水系统、风阀、送排风机)			
输送系统	各类辊床、输送机、升降机构、轨道、支撑、驱动、张紧、夹紧		灰尘、各类污迹	用白手套抹后无灰尘污迹
	滑橇、吊具、输送小车、托盘类载体、各类自动加油机			
	围栏、护栏、直梯、扶梯、检修平台、防护罩			
控制系统	中控室墙面、地面		灰尘、各类污迹	用白手套抹后无灰尘污迹
	中控室设备(服务器、客户端、柜体等)			
	车间各类柜体外表面			
	车间各类桥架外表面			
风管类	风管内外表面 风阀、送排风口、检修门		灰尘、各类污迹	用白手套抹后无灰尘污迹

15.3.2.2 材料及器材

① 乙方提供所有的清洁材料、设备、人工和服务,以完成清洁计划中所示的工作项目。

② 乙方提供清洁工作所需的一切设备、工具和供给品,包括但不限于刮板、铲子、安全带、扫帚、漆工铲、脚手架、人员升降机和清扫机。

③ 所有的清洁材料必须是崭新的，且其类型适用于清洁所涉及的环境要求。

④ 涂漆车间内部的一切动力清洁设备都只能是电动或气动的，任何汽油或柴油设备需经现场认可方能在涂漆车间内使用，并标示于清洁计划中。

⑤ 用于清洁的所有布料、抹布和擦拭材料都必须是不起毛的，不会将纤维带入油漆，也不会造成空气悬浮或表面沾染。

⑥ 严禁使用含硅酮或硅酮类物质的材料。

15.3.2.3 清洁方法

（1）清洁方法

手工擦拭、真空除尘、化学清洁、清扫、拖布擦、动力刮擦、溶剂擦拭和压力清洗等，以及各方法之间的合理组合。

真空清洁：采用真空吸尘器进行的清洁作业。

动力清洁：使用动力工具协助清洁的作业方式。

化学清洁：利用化学方法及化学药剂达到清洗设备的目的。

（2）清洁方式

① 自外而内的方式——系统外侧应在内侧之前加以清洁。

② 自上而下的方式——工作应从顶部或顶棚开始并逐步向下进行。

③ 自外而内和自上而下的方式用于通风系统，提供有效的空气密封，以保持系统内部清洁。

（3）参考流程

① 初步清洁：清扫、掸灰、刷净和吸净车间内部及其所有设施表面较重的废弃物、碎片和其他污渍物。

② 第二步清洁：用清洁剂清洁车间内部及其所有设施表面的颗粒、灰尘、油渍和其他污渍物，不留死角。

③ 第三步清洁：用软布清除车间内部及其所有设施（带电器的部分用干的软布）表面残留的溶液、细小的灰尘、颗粒和亚麻物。

④ 第四步清洁：用干净软布擦净车间内部及其所有设施表面，确保所有表面无灰尘和亚麻物。

⑤ 最终清洁：用最终用户认可的壁板清洁保护剂来清洁保护壁板及喷漆室、烘干室内部等洁净区，洁净度要求特别高的区域，用自粘清洁布彻底清洁。

当清洁外壳和罩子时，对系统的所有部件都必须加以检查，看有无因清洁而造成的损伤或泄漏，并按要求加以修复。

15.3.2.4 安全相关

① 在整个清洁作业过程中，所有工作必须遵循甲方安全作业规程。

② 乙方必须配备指定的安全人员，负责深度清洁的安全工作。

③ 清洁作业中，乙方必须配置相应的安全防护装备。

④ 在进行地坑作业、登高作业等特殊区域的作业时，做好相应的施工申请工作。

15.3.3 深度清洁内容

15.3.3.1 前处理电泳设备

（1）清洁内容

① 室体内外表面、顶部内表面、内部平台、照明。

② 槽体内外表面、管路及喷嘴、过滤器内外表面。

③ 水泵、送排风机、送排风管。

④ 成套系统：纯水、超滤、阳极系统、板框压滤机等。

（2）清洁注意项

① 真空清洗、手工擦拭：室体外部、顶部内表面、管道、水泵、支撑结构、溢流堰和护网等；花纹板和/或格栅步道，输送机轨道、叉臂、链条等部件。

② 动力清洗、真空清洁和手工擦拭：槽体内部、设备沟槽等。

③ 作业前对一切电气元件及部件做好防护工作。

15.3.3.2 工位室体

（1）清洁内容

① 金属壁板、室体骨架、玻璃、照明灯具、送排风口、室体内部管线。

② 格栅、高低工位平台、器具导轨、电气插座、工具、积水盘。

（2）清洁注意项

① 真空清洁、手工擦拭：外金属壁板、顶板、照明灯具、管道、公用设施、窗户等。

② 作业前对一切电气元件及部件做好防护工作。

15.3.3.3 喷漆室

（1）清洁内容

① 室体部分：喷漆室、动静压室、喷漆内外表面、洁净间、送排风管。

② 漆雾处理系统。

③ 各类机器人：擦净机器人、喷涂机器人、辅助机器人。

④ 各类柜体：配电柜、PLC柜、机器人控制柜、工艺柜。

⑤ 附件：照明器件、管线桥架、网格板。

（2）清洁注意项

① 真空清洁、手工擦拭：喷房外部风管、格栅、输送系统、漆雾处理系统。

② 真空清洁、动力擦洗、手工擦拭：室体内表面、洁净区。

③ 作业前对一切电气元件及部件做好防护工作。

④ 不锈钢表面应该用不起毛的抹布和适合于不锈钢的清洁剂加以清洁。

（3）喷房外部

通过真空清洁、手工擦拭处理整个喷房外部的墙壁、玻璃和门，除去一切灰尘、残留油漆、污泥、斑点等，手工擦拭一切管道、面板和各种设备，以除去灰尘、脏污和残留油漆。

（4）喷房内

① 室体内表面、室体内部设备设施处理步序：真空清洁、动力清洁、手工擦拭、干燥。

② 彻底清除喷房内部安装残留的密封胶、胶黏剂、油类污迹，各类纤维、颗粒，清洁设备底座下部间隙、桥架安装夹缝等可操作的隐藏区域。

③ 各类柜体、桥架、管线、防护层等内部区域，必须通过真空清洁等方式，彻底清除残留的灰尘、颗粒类杂物。

④ 化学擦拭照明灯玻璃、室体的玻璃面。

（5）洁净间

① 在清洁过程中，洁净间应在最后加以清洁。

② 清洁洁净间通风设备的附件，送排风口、过滤器框架。

③ 真空和手工黏性清洁内部墙壁、顶板、地面等。

④ 用经认可的清洁溶液从地面和甲板表面去除残留的清洁污渍。

⑤ 对所有的电气面板应进行手工擦拭，电气设备只清洁外表面。

15.3.3.4 烘房

（1）清洁内容

① 烘干炉主体、强冷、风机等外表面。

② 烘干炉、强冷室、加热箱内部。

③ 送风管、循环风管、废气风管内部，风机叶片、换热器外表面。

④ 燃烧器、各类风机、输送设备（燃烧器清洁外表面）。

（2）清洁注意项

① 烘房主体内部表面及内部部件外表面：用化学清洁除去松散的或锈蚀沉积物以及油类或清漆类残留物，确保烘干炉区域内的任何软钢都不会在清洁后发生锈蚀。

② 使用不起毛的抹布或擦拭材料擦去任何残留物，用抹布或毛巾擦干。在烘干炉内部深度清洁之后，对烘干炉的进口和出口进行密封（塑料薄膜）。

③ 真空清洁、手工擦拭所有的管道、支架、烘干炉和冷却室体、加热器和焚烧炉、排气风机、加热箱、风管等的外部。

15.3.3.5 废气处理装置

（1）清洁内容

① 各类室体（过滤器室、氧化室）内外表面。

② 各类风机（新风机、引风机、排风机等）外表面。

③ 燃烧器及其附件。

（2）清洁注意项

真空清洁、手工擦拭：各设备设施的内外表面。

15.3.3.6 输调漆

（1）清洁内容

调漆间、储漆间的各类设备设施，管线桥架。

（2）清洁注意项

① 真空清洁、动力清洁、黏性擦拭：所有输调漆设备的外表面都必须深度清洁。

② 真空清洁和黏性擦拭：管路、通风管道、照明灯、泵、各类支架、搅拌器。

③ 作业前对一切电气元件及部件做好防护工作。

④ 所有工具都必是防爆工具。

15.3.3.7 供胶供蜡

（1）清洁内容

供胶供蜡系统中各设备设施、控制柜、管道等外表面。

（2）清洁注意项

真空清洁、手工擦拭：所有供胶供蜡设备的外表面。

15.3.3.8 空调机组

（1）清洁内容

① 空调机组主室体，加热、制冷、除湿等功能模块。

② 送排风机、送排风管道、各类柜体。

（2）清洁注意项

① 真空清洁、动力清洁、黏性擦拭：空调机组内表面、内部各部件。

② 对内壁板表面进行化学擦拭，由顶部向下进行手工擦拭，然后用黏性清洁去除一切残留的物料，表面应无斑纹。

③ 检查、拆卸、存放、重新安装和重新检查过滤器，擦拭和黏性清洁过滤器框架，去除灰尘和脏污。

④ 空调送风室：

a. 真空清洁、清洗、黏性清洁和擦拭空调送风室，包括空气进口、进口阀门、过滤器和过滤器框架、加湿器、蒸气盘管、冷却水盘管等；

b. 真空清洁所有风管（可到达部分），真空清洁和湿式擦拭风管、柔性接头、阀门和风管的外部。

⑤ 风机：

a. 用湿式和干式清洁方法的适当组合彻底清洁供气和再循环风机的内外部。真空清洁和湿式擦拭所有的风机、底座、柔性接头、风扇护罩。清洁风机叶片、风机内室、叶轮、保护性外罩等。必须除去轴承上多余的油脂，并用适当的去油脂材料擦拭表面。

b. 彻底清洁供气风机的内外部，凡要求手工擦拭之处，要使用不起毛的抹布。真空清洁和湿式擦拭所有的风机、底座、柔性接头的外部。

15.3.3.9 输送系统

（1）清洁内容

输送线的所有设备设施、支撑支架、基础连接面、各类附属部件等。

（2）清洁注意项

① 采用真空清洁、手工擦拭的方式除去输送设备的表面灰尘和脏污。

② 清洁所有的输送机护栏、平台、防护装置、支架支撑。

③ 确保输送设备在清洁后不会发生锈蚀。

15.3.3.10 各类管道

① 各类设备管道，清洁前必须经过压缩空气吹扫，经甲方认可后，方可进行下一步清洁工作。

② 水系统管道，需注水并循环清洗，循环24h后，拆解过滤器除渣，反复两次后，方可进行下一步清洁工作。

③ 干式真空清洁、溶剂擦拭或压力清洗所有管子的外部，包括气体管组和公用设施。真空清洁一切缝隙，并清洁一切结构件。

15.3.3.11 风管类

（1）清洁内容

① 风管内外表面。

② 风阀、送排风口、检修门。

（2）清洁注意项

① 真空清洁、手工擦拭：风管内外表面、风阀、检修门、送排风口。

② 风管内部清洁方案（供参考）：乙方使用自有或自制的专用工具进行清洁；乙方采用拆卸清洁的方式进行作业。

15.3.4 其他

15.3.4.1 计划管控

① 乙方必须为涂装车间项目制定并履行"深度清洁"的完整计划，每天检查现场的所有清洁作业，以确保计划的顺利执行。指定一名负责人，从事深度清洁项目的质量控制和清洁检验，贯彻上述计划。

② 涂装车间深度清洁的所有工作，乙方须在45天内完成，同时乙方必须为清洁作业提供充足的人员。

15.3.4.2 废弃物处理

乙方对废弃物及清洁垃圾（本书统称废弃物）做好分类工作，一般废弃物可转运至甲方设定的垃圾存放点，由甲方处理；收集的危险废弃物，由乙方自行处理。另外，普通废水可倾倒至雨污水沟，油类、清洗剂类废液，由乙方统一存放并处理。

① 一般废弃物：木屑、未被化学品污染过的抹布、无毒无害杂物、塑料包装制品、废纸皮等。

② 危险废弃物：油漆桶、清洗剂桶、化学清洗过的抹布、粘油的抹布、灯管类废弃物、粘有化学药剂的废弃物等。

15.3.4.3 验收标准

各区域验收标准如表 15-47 所示。

表 15-47 各区域验收标准

区域	设备系统	洁净度要求	验收方法及标准
高度洁净区设备清洁验收要求	喷漆室 烘干炉 闪干 空调系统 调漆间 储漆间	≥0.5μm 尘粒的最大允许数为 5000 每立方米； ≥3μm 尘粒的最大允许数为 100 每立方米； ≥5μm 尘粒的最大允许数为 0 每立方米	a. 用白手套抹后无灰尘污迹； b. 颗粒计数器检测区域内空气状态
一般洁净区设备清洁验收要求	前处理电泳线 涂胶线 打磨线 报交线 小修返修 Audit 室 供胶供蜡、纯水等小系统	≥0.5μm 尘粒的最大允许数为 3500000 每立方米； ≥5μm 尘粒的最大允许数为 20000 每立方米	a. 用白手套抹后无灰尘污迹； b. 颗粒计数器检测区域内空气状态

15.4 涂装车间设备设施色标

15.4.1 总体说明

15.4.1.1 概述

① 本色标包含了涂装车间设备板块的所有颜色标准，包括管道、设备、平台、槽体、安全设施等。

② 各设备供应商，必须严格安装此色标执行。在使用色标的过程中，如果发现不合理或漏项时，请及时通知甲方，经讨论后，修改颜色标准并实施。

15.4.1.2 参照标准

《工业管道的基本识别色、识别符号和安全标识》（GB 7231—2003）

《安全色》（GB 2893—2008）

《消防安全标志 第 1 部分：标志》（GB 13495.1—2015）

《化学品分类和危险性公示 通则》（GB 13690—2009）

15.4.1.3 颜色的选用

① 颜色的选用参照 RAL 国际色卡。

② GB 7231—2003、GSB 05-1426—2001 等标准中的颜色转换为对应的 RAL 色卡号。

15.4.1.4 施工说明

① 室外、潮湿、腐蚀性流体等环境中的设备管线，必须使用防腐漆；腐蚀性环境中的管线内部也必须采用防腐涂层或防腐工艺进行处理。

② 高温区、防爆区必须采用耐高温的油漆材料。

③ 油漆涂层分为两道漆，浅灰色底漆，以及光滑的末道漆。

④ 镀锌材料、不锈钢或铝制材料的设备元器件不涂漆。

⑤ 设备管线在运输、安装及调试过程中，漆面损坏时，设备供货商必须及时修复。

15.4.1.5 管道色标说明

① GB 7231—2003 中管道识别色对应的 RAL 色卡号，如表 15-48 所示。

表 15-48　管道颜色标准

物质种类	基本识别色	颜色标准编号	RAL 色卡号
水	艳绿	G03	RAL6018
水蒸气	大红	R03	RAL3020
空气	淡灰	B03	RAL7046
气体	中黄	Y07	RAL1003
酸或碱	紫	P02	RAL4008
可燃液体	棕	YR05	RAL8024
其他液体	黑		RAL9011
氧	淡蓝	PB06	RAL5015

② 管道识别的色环及物质流向说明，如表 15-49 所示。

表 15-49　管道标识

外径(有保温层时,以保温层外径计算)/mm	色环要求/mm	色环间距/m	物质流向箭头要求/mm	字体要求	字体高/mm
＜60	宽:50		50(宽)×250(长)	汉字:宋体 其他:arail	40
0≤φ≤160	宽:100	10<L<10	100(宽)×500(长)		80
＞160	宽:150		150(宽)×750(长)		130

示例如图 15-63 所示。

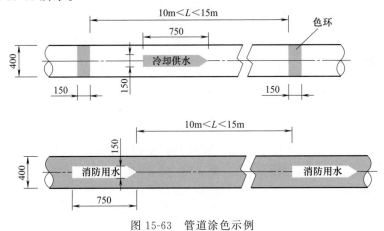

图 15-63　管道涂色示例

15.4.2　安全色

安全色如表 15-50 所示。

表 15-50　安全色

序号	设备设施名称	颜色名称	颜色代码	备注
1	移动部件	交通黄	RAL1023	
2	生产区域安全围栏(网格、框架)	交通黄	RAL1023	采用铝合金框架的,保持本色
3	扶梯/斜梯扶手	交通黄	RAL1023	
4	扶梯/斜梯台阶	交通黄	RAL1023	
5	防护罩	灰白色	RAL9002	
6	消防设备	红色	RAL3020	
7	防撞杆	黄黑警示条		
8	移动设备覆盖区域	黄黑警示条		

15.4.3 管道颜色

管道颜色如表 15-51 所示。

表 15-51 管道颜色

介质名称	标记颜色代码	箭头颜色代码	字体颜色代码	示例
冷冻水	RAL6018	RAL6018	RAL9010	冷冻水
冷却水	RAL6018	RAL6018	RAL9010	冷却水
冷凝水	RAL6018	RAL6018	RAL9010	冷凝水
工业水	RAL6018	RAL6018	RAL9010	形式同上
纯水	RAL6018	RAL6018	RAL9010	形式同上
废水	RAL6018	RAL6018	RAL9010	形式同上
热水	RAL3003	RAL3003	RAL9010	形式同上
水蒸气	RAL3020	RAL3020	RAL9010	形式同上
油漆/溶剂	RAL8024	RAL8024	RAL9010	形式同上
酸或碱	RAL4008	RAL4008	RAL9010	形式同上
天然气	RAL1003	RAL6018	RAL1003	天然气
压缩空气	RAL5022	RAL9010	RAL5022	压缩空气
CO_2	RAL3020	RAL9010	RAL3020	二氧化碳
消防水	RAL3020	RAL9010	RAL3020	消防水

15.4.4 钢结构、平台颜色

钢结构、平台颜色如表 15-52 所示。

表 15-52 钢结构、平台颜色

序号	设备设施名称	颜色名称	颜色代码	备注
1	金属板材墙	白色	RAL9010	
2	钢结构	白色	RAL9010	
3	悬挂结构	白色	RAL9010	
钢结构平台				
4	平台正面	白金灰	RAL7036	
5	平台反面	白色	RAL9010	
6	支架	白色	RAL9010	
7	保温材料	黑色	RAL9005	橡塑棉无铝皮包裹时
8	保温材料	材料本色		铝皮

15.4.5 工艺设备颜色

工艺设备颜色如表 15-53 所示。

15.4.6 电气控制系统颜色

电气控制系统颜色如表 15-54 所示。

表 15-53　工艺设备颜色

序号	设备设施名称	颜色名称	颜色代码	备注
1	槽体及支撑结构	灰白色	RAL9002	
2	UF 箱体	蓝色	RAL5012	
3	通风机	蓝色	RAL5012	
4	水泵机组	蓝色	RAL5012	
5	机器人喷涂机			参照设备本色
6	工作区	材料本色		镀锌板

表 15-54　电气控制系统颜色

序号	设备设施名称	颜色名称	颜色代码	备注
	电气管线			
1	电缆桥架	材料本色		镀锌桥架或不锈钢桥架本色
2	通信电缆桥架	材料本色		镀锌桥架或不锈钢桥架本色
3	各类电缆	电缆护套层本色		
4	电缆管道	浅灰	RAL7035	
	柜体类			
5	各类配电柜	浅灰色	RAL7035	
	配电柜警戒色			
6	底色	黄色	RAL1018	
		红色	RAL3000	
	字体色	黑色	RAL9005	
7	开关箱	浅灰色	RAL7035	
8	控制台	浅灰色	RAL7035	
9	控制箱	浅灰色	RAL7035	
	按钮开关类			
10	急停按钮	红色	RAL3001	蘑菇头型按钮
11	复位按钮	蓝色	RAL5012	按钮上有灯
12	操作准备(液压启动，润滑启动)	橙色	RAL2004	按钮上有灯
13	自动启动	绿色	RAL6018	按钮上有灯
14	停止或结束	红色	RAL3001	按钮开关
15	选择开关	黑色	RAL9005	
16	双向开关	黑色	RAL9005	按钮开关
17	声音关闭开关	黄色	RAL1018	按钮开关
18	操作钮	黑色	RAL9005	工位控制按钮
19	确认钮	绿色	RAL6018	
20	暂停钮	黄色	RAL1018	
21	验灯按钮	白色	RAL9010	
	指示类			
22	电源接通、PLC 运转、自动、手动	白色	RAL9010	(LED)发光二极管
23	紧急停止、手动控制、故障等信号	红色	RAL3001	(LED)发光二极管
24	作业停止信号	黄色	RAL1023	
25	全部原始状态信号	绿色	RAL6018	(LED)发光二极管
26	警告(电池等)	黄色	RAL1023	(LED)发光二极管
27	运转、程序执行	橙色	RAL2004	(LED)发光二极管
28	设备运转的所有故障信号	红色	RAL3001	巡视灯
29	空负荷、器具寿命警告、电量不足等信息	橙色	RAL2004	巡视灯

序号	设备设施名称	颜色名称	颜色代码	备注
		控制线类		
30	接地	黄绿色	RAL1023 RAL6018	
31	零线	浅蓝	RAL5012	
32	380V 交流供电（三相）	黄色（R 相）	RAL1023	
		绿色（S 相）	RAL6018	
		红色（T 相）	RAL3000	
33	220V 交流供电	浅蓝	RAL5012	
		红色	RAL3000	
34	AC 控制（火线/零线）	黑色	RAL9005	色环白色 RAL9010
35	AC 控制中性线	白色	RAL9010	
36	24V 直流供电	深蓝色	RAL5005	
37	DC 控制（＋/－）	棕色＋	RAL8024	
		蓝色－	RAL5015	
38	DC 控制中性线	蓝色	RAL5015	
39	安全继电器输入线	棕色	RAL8024	
40	控制锁定	黄色	RAL1023	
41	PLC I/O	黄色	RAL1023	
42	临时跳线	紫色	RAL4008	
43	多头电缆	橙色	RAL2004	

15.5　涂装机械选型清单

涂装机械选型清单如表 15-55 所示。

表 15-55　涂装机械选型清单（产品系类详见规格要求）

序号	外购件材料名称	进口	合资	国产	推荐品牌	图例	备注说明
1					机运系统		
1.1	油脂润滑器	√			Lincoln/VOGEL		适用于：水泵、风机轴承润滑
1.2	润滑油润滑器	√			Lincoln/VOGEL/REBS		适用于：烘干炉、前处理电泳输送链条
1.3	减速器	√	√		SEW		适用于：输送驱动单元
1.4	拖链		√	√	Igus		适用于：移行机、常温升降机

序号	外购件材料名称	进口	合资	国产	推荐品牌	图例	备注说明
1.5	皮带（升降机或带式移行机）	√			CONTITECH/Gate		适用于：常温升降机
1.6	皮带（辊床齿型带）			√	慈溪汇鑫		适用于：带式辊床、随行机构、剪式升降机等
1.7	轴承	√			SKF		适用于：水泵、风机、电机
1.8	链条（摆杆链）	√			杭州 wolf		适用于：前处理、电泳
1.9	平板型网带（组合式输送带）	√					适用于：移行机、作业场、缓存线等区域
1.10	积放链	√			日本椿本		适用于：水泵、风机、电机
1.11	链条（传动 RS 链条）（烘干炉升降机）	√			日本椿本		安全系数：10 以上
1.12	链条（主线 RF 链条）（烘干炉、喷漆室）	√			日本椿本		安全系数：7 以上
1.13	链条（传动 RS 链条）（链式辊床）			√	杭州东华、浙江诸暨		适用于：1.11 之外的区域
1.14	直线导轨	√	√		NSK、THK		适用于：辅助定向移动机构
1.15	油封	√	√		日本 NOK		适用于：端面外漏轴承
1.16	防尘挡圈	√	√		日本 NOK		适用于：端面外漏轴承

序号	外购件材料名称	进口	合资	国产	推荐品牌	图例	备注说明
1.17	O 形圈	√	√		日本 NOK、HYDAC		适用于:机械密封等
1.18	安全离合器	√	√	√	HerionOrtlinghaus		适用于:烘干炉、喷房输送链驱动
1.19	油泵	√	√	√	唯冠、力世乐、ATOS		适用于:液压单元
1.20	油缸	√	√	√	Berg		适用于:执行机构
1.21	过滤器	√	√	√	黎明液压、Park		适用于:液压单元
1.22	电动葫芦		√	√	斯太尔/德马格		适用于:检修
1.23	伸缩叉	√	√		Mias		适用于:焊涂、涂总橇体转换
1.24	剪式升降台	√	√		PRO-HUB、GRUNDEI、Flexlift		适用于:夹层输送设备
2	仪器仪表						
2.1	压力表		√	√	上海、济南压力表厂、SMC		
2.2	浮子流量计		√	√	上海、济南压力表厂		
3	气动系统						
3.1	逻辑控制元件	√			FESTO		适用于:气控回路
3.2	气动执行元件	√			FESTO		适用于:气动执行机构

序号	外购件材料名称	进口	合资	国产	推荐品牌	图例	备注说明
3.3	压缩空气软管			√	国产优质		
4	高压系统						
4.1	高压油管	√	√		Park		适用于:密封胶、PVC等高黏度输送系统
4.2	压力开关	√	√		Park		适用于:密封胶、PVC等高黏度输送系统
4.3	管件	√	√		Park		适用于:密封胶、PVC等高黏度输送系统
5	前处理电泳						
5.1	磷化除渣机	√			三进/Sankyo/ALSI		适用于:前处理、电泳
5.2	电动调节阀		√	√	Ebro/KSB/RTK		适用于:前处理、电泳
5.3	电磁阀		√	√	EBRO/KSB		适用于:前处理、电泳
5.4	气动调节阀		√	√	EBRO/KSB/Gemue		适用于:前处理、电泳
5.5	气动蝶阀		√	√	EBRO/KSB/Gemue		适用于:前处理、电泳
5.6	气动隔膜阀		√	√	SED/Gemue		适用于:前处理、电泳
5.7	手动蝶阀		√	√	上阀五厂/QuKo/EBRO/KITZ		适用于:前处理、电泳
5.8	隔膜阀		√	√	上阀五厂/QuKo/EBRO/KITZ		适用于:前处理、电泳

序号	外购件材料名称	进口	合资	国产	推荐品牌	图例	备注说明
5.9	球阀		√	√	上阀五厂/QuKo/EBRO/KITZ		适用于:前处理、电泳
5.10	止回阀		√	√	上阀五厂/QuKo/EBRO/KITZ		适用于:前处理、电泳
5.11	离心泵	√	√		EBARA/ABD/KSB/Grundfos		适用于:前处理、电泳
5.12	高压立式泵	√	√		Grundfos		适用于:纯水系统
5.13	水泵电机	√	√		ABB/SIEMENS		适用于:前处理、电泳
5.14	隔膜泵	√	√		GRACO/英格索兰		适用于:前处理、电泳加料系统
5.15	计量泵	√	√		milton roy		适用于:前处理、电泳加料系统
5.16	机械密封	√	√		Burgmann		适用于:水泵机封
5.17	电泳循环泵	√	√		KSB		适用于:电泳
5.18	磷化循环泵	√	√		KSB		适用于:前处理
5.19	电泳超滤泵	√	√		KSB		适用于:电泳
5.20	板式换热器		√	√	GEA/Aifa Laval/GEA		适用于:前处理、电泳

序号	外购件材料名称	进口	合资	国产	推荐品牌	图例	备注说明
5.21	袋式过滤器		√	√	强工/伊顿/FSI/飞潮		适用于:前处理、电泳
5.22	旋液分离器	√	√		WOLF/LAKOS		适用于:前处理
5.23	磁性分离器	√	√		MHD		适用于:前处理
5.24	纸袋过滤器		√	√	飞潮/强工		适用于:前处理
5.25	镐化压滤机	√	√		迪芬巴赫/安德里兹/MSE		适用于:前处理、电泳
5.26	超滤除油装置	√	√		Hydrotech/安科德		适用于:前处理、电泳
5.27	电泳超滤装置	√	√		Hydrotech/安科德		适用于:电泳
5.28	RO膜	√			陶氏/海德能		适用于:前处理、电泳
5.29	UF膜	√			PTI/Parker/KOCH		适用于:电泳
5.30	热水锅炉		√	√	广州迪森/特富锅炉或同等水平		适用于:前处理、电泳
5.31	整流器	√	√		西门子/保定莱特		适用于:电泳
5.32	电泳阳极管	√			Areclo/海德科		适用于:电泳

序号	外购件材料名称	进口	合资	国产	推荐品牌	图例	备注说明
5.33	冷冻机	√	√		特灵/约克/开利		适用于:电泳
5.34	冷却塔		√	√	良机		适用于:电泳冷冻机
6					空调系统及喷漆室		
6.1	空调加湿泵		√	√	南方泵业、上海东方		适用于:空调器加湿系统
6.2	空调机组		√	√	天成、大连华立、苏净/科佳		适用于:作业场及喷房供风
6.3	空调加湿器		√	√	格林爱尔/思探得		适用于:具有湿度控制要求的空调器
6.4	风机(防爆)	√	√		双城/上海通用/EVG		适用于:含有挥发性气体的排风和循环风
6.5	风机(常温)	√	√		双城/上海通用/EVG		适用于:新风供给
6.6	电机	√	√		ABB/SIEMENS		适用于:各风机
6.7	皮带	√	√		三星/盖茨		
6.8	风机轴承	√			FAG、SKF		适用于:风机、电机
6.9	燃烧器	√			Eclipse/Maxon		适用于:具有温度控制要求的空调器
6.10	燃气泄漏检测仪	√			Riken 或同等水平		
6.11	空调过滤袋		√	√	科德堡/魏茨		适用于:空调器及动静压室

序号	外购件材料名称	进口	合资	国产	推荐品牌	图例	备注说明
6.12	喷漆室顶棉		√	√	科德堡/魏茨		适用于:喷漆室
6.13	板式过滤器		√	√	科德堡/魏茨		适用于:作业场供排风口
6.14	防火阀、排烟阀		√	√	天工/显隆/新立达/上海威士文		适用于:穿越防火墙的风管
6.15	风量调节阀		√	√	天工/显隆/新立达/上海威士文		适用于:
6.16	废气浓缩转轮		√	√	WK/西部技研		适用于:VOC处理系统
6.17	纸箱(喷房干式过滤)		√	√	科德宝/苏州岱创		适用于:干式漆雾分离系统
6.18	刮渣机浮子泵(浮渣泵)		√	√	Schott		适用于:湿式漆雾分离系统
7					干燥炉		
7.1	烘干室换热箱		√	√	琼花、恒通		
7.2	TNV/TAR		√	√	WK/DURR 或同档次/恒通		适用于:TNV、TAR废气处理系统
7.3	风机(防爆、高温)	√	√		双城/上海通用/EVG		适用于:烘干炉风管回路
7.4	风量调节阀(高温)		√	√	天工/显隆/新立达/上海威士文		适用于:烘干炉风管系统
7.5	皮带	√	√		三星/盖茨		

序号	外购件材料名称	进口	合资	国产	推荐品牌	图例	备注说明
7.6	过滤材料		√	√	科德堡/魏茨		适用于:烘干炉热风过滤
8					涂料循环系统		
8.1	高黏度涂料循环泵	√			ITW / Graco		适用于:密封胶、PVC、涂料等高黏度输送系统
8.2	涂料循环系统电动泵	√			ITW / Graco		适用于:密封胶、PVC、涂料等高黏度输送系统
8.3	油漆过滤芯/袋	√			PALL/伊顿		适用于:密封胶、PVC、涂料等高黏度输送系统
9					辅助		
9.1	压缩空气干燥机	√	√		英格索兰		规格能够显示露点、压力、含油量
9.2	灯箱			√	上海富士达/无锡东晖		
9.3	灯管			√	飞利浦		
9.4	LED 照明灯			√	欧普照/佛山照明/三雄极光		
9.5	风淋室			√	苏净/科佳		适用于:涂装车间入口,洁净间入口
9.6	卷帘门			√	金秋竹		适用于:喷房出入口,烘房出入口
9.7	高压水清洗机	√	√		HAMMELMANN		适用于:夹具、格栅等清洗
9.8	烤灯	√	√		TRISK/BGK 奎柯(BGK 灯管)		适用于:涂装、总装点补间
9.9	双柱升降机		√	√	高昌		适用于:密封胶 Audit 工位

15.6　涂装电气选型清单

涂装电气选型清单如表 15-56 所示。

表 15-56　涂装电气选型清单

序号	外购件材料名称	进口	合资	国产	推荐品牌	产品系列	图例	备注说明
1	服务器及软件							
1.1	数据库服务器		√		IBM/HP/DELL	主流配置产品		机架式服务器,数据存储
1.2	工程服务器		√		IBM/HP/DELL	主流配置产品		PMC、ANDON、AVI、能源计量系统服务器
1.3	工程客户机		√		IBM/HP/DELL	主流配置产品		PMC、ANDON、AVI、能源计量系统现场客户机
1.4	UPS 电源		√		APC 或同等品牌	主流配置产品		服务器不间断电源
1.5	编程软件	√			SIEMENS TIA PORTAL	主流系列产品		PLC 程序与 HMI 编程
1.6	上位机组态软件	√			WINCC/CIMPLICITY/INTOUCH	主流系列产品		上位机监控软件
1.7	电气设计软件	√			EPLAN P8	主流系列产品		电气图纸软件
1.8	数据库软件	√			Microsoft SQL Server	主流系列产品		历史数据存储
2	柜体及附件							
2.1	电控柜体及附件		√		RITTAL 或同等品牌	TS8 系列		控制系统中的 MCP、PDP、VFD、RCP;空调带温度显示和设定,温度报警信息输入 PLC,自蒸发式
2.2	计算机控制机柜		√		RITTAL 或同等品牌	PC 系列		现场客户机柜体
2.3	控制台		√		RITTAL 或同等品牌	TP 系列		HMI,按钮操作站

序号	外购件材料名称	进口	合资	国产	推荐品牌	产品系列	图例	备注说明
2.4	总线箱		√		RITTAL 或同等品牌	BG 系列		总线通信
2.5	控制箱		√		RITTAL 或同等品牌	EB/KL 系列		接线盒、光幕和安全门等控制箱
3	控制器及附件							
3.1	可编程逻辑控制器(PLC)	√			SIEMENS	S7-1500 系列		安全型：S7-1517F，主要用于运动控制系统、输送线及机器人站
3.2	可编程逻辑控制器(PLC)	√			SIEMENS	S7-1500 系列		普通型：S7-1517，主要用于过程控制系统、前处理、电泳、烘干室、工艺空调等
3.3	可编程逻辑控制器(PLC)	√			SIEMENS	S7-1500 系列		普通型：S7-1515，主要用于过程控制系统、整流源、预烘干、工位空调、厂房空调、纯水系统等
3.4	可编程逻辑控制器(PLC)	√			SIEMENS	SMART 系列		主要用于自动加油机等小型控制系统
3.5	以太网模块	√			SIEMENS	CP1543-1		PLC 与上位机系统以太网通信
3.6	交换 SWITCH	√			SIEMENS	SCALANCE		PLC 与现场设备通信
3.7	现场总线模块	√			SIEMENS	ET200S 分布式 I/O		防护等级 IP20，支持 PROFINET，支持热插拔等；适用于需要电动机启动器和安全装置的远程开关柜
3.8	ET200S 接口模块	√			SIEMENS	IM151-8		远程从站，带 CPU 处理功能
3.9	网桥	√			SIEMENS	PN/PN COUPLER		PLC 系统之间的数据传递

序号	外购件材料名称	进口	合资	国产	推荐品牌	产品系列	图例	备注说明
4	以太网通信							
4.1	以太网交换机 SWITCH	√			HIRSCHMANN 或同等品牌	RS20 系列		PLC 与上位机系统以太网通信
4.2	以太网网关		√	√	SCHNEIDER 或同等品牌	Link150		能源计量仪表与上位机以太网通信
5	低压电器							
5.1	断路器		√		SCHNEIDER 或同等品牌	NSX 系列		施耐德 Compact NSX 系列配电保护塑壳断路器、配电保护漏电塑壳断路器、电动机保护塑壳断路器
5.2	断路器		√		SCHNEIDER 或同等品牌	C65 系列		施耐德 C65 系列
5.3	断路器		√		SCHNEIDER 或同等品牌	GV2、GV3 系列		施耐德 GV2/3 系列
5.4	断路器		√		SCHNEIDER 或同等品牌	CVS 系列		施耐德 CVS 系列
5.5	接触器		√		SCHNEIDER 或同等品牌	LC 系列		施耐德 LC 系列
5.6	中间继电器		√		SCHNEIDER 或同等品牌	RXM 系列		施耐德 RXM 系列
5.7	时间继电器		√		SCHNEIDER 或同等品牌	RE 系列		施耐德 RE 系列
5.8	热继电器		√		SCHNEIDER 或同等品牌	LRD 系列		施耐德 LRD 系列
5.9	直流电源		√		SIEMENS 或同等品牌	SITOP 系列		总线直流电源
5.10	选择开关		√		SCHNEIDER 或同等品牌	XB2 系列		施耐德 XB2 系列

序号	外购件材料名称	进口	合资	国产	推荐品牌	产品系列	图例	备注说明
5.11	控制按钮		√		SCHNEIDER 或同等品牌	XB2 系列		施耐德 XB2 系列
5.12	信号灯		√		SCHNEIDER 或同等品牌	XB2 系列		施耐德 XB2 系列
5.13	警示灯		√		SCHNEIDER 或同等品牌	XVGB2/3/4 系列		施耐德 XVGB2/3/4 系列信号灯柱,带蜂鸣器
5.14	激光测距	√	√		SICK 或同等品牌	DL100 系列		移动设备精确定位,如升降机、横移机
5.15	RFID	√			SICK 或同等品牌	RF620/630		RFID 控制盒:CDB620-001S02;RFID 本体:RFU630-13105;SD 存储卡:512 MB;连接电缆:M12 17-pin
5.16	维修开关	√	√		MOELLER 或同等品牌	T0、P1、P3 系列		安装在负载前端,用于设备维修
5.17	编码器	√	√		SIEMENS 或同等品牌	6FX2001 系列		电机测速、直线位移测量等
5.18	照明灯		√	√	PHILIPS 或同等品牌	TLD 系列/MASTER LEDtube GA		非人工位区域照明:日光灯;人工位照明:LED 灯;特殊区域:四防灯(防尘、防水、防爆、防腐蚀等)
5.19	电磁阀	√	√		FESTO 或同等品牌	VUVY-F		主要用于气动控制
5.20	浪涌保护器	√	√		OBO 或同等品牌	V 系列		控制柜内,防护电子设备、仪器仪表、通信线路
5.21	隔离变压器	√	√		SCHNEIDER 或同等品牌	ABL6 系列		柜内控制变压器
5.22	电源滤波器	√	√		SCHNEIDER 或同等品牌	AccuSine 系列		净化电源

序号	外购件材料名称	进口	合资	国产	推荐品牌	产品系列	图例	备注说明
5.23	固态继电器	√	√		SCHNEIDER 或同等品牌	ABS 系列		多用于需要频繁快速切换的电路
5.24	续流二极管			√	国产优质品牌	主流配置产品		配合电感性负载使用,保护电路其他元件
5.25	电抗器			√	国产优质品牌	主流配置产品		7.5kW 及以上变频器需配置
5.26	电动执行器	√			ARIS 或同等品牌	CL 系列		烘干室高温排烟管道换热
5.27	互感器			√	国产优质品牌	主流配置产品		用于量测或保护系统
6	数字量开关							
6.1	行程开关		√		SCHNEIDER/OMRON	XCK 系列(SCHNEIDER)		输送设备的过行程保护以及空调进风口极限位检测
6.2	普通接近开关		√		TURCK/P+F	NBN、NBB系列(P+F) NI、BI 系列(TURCK)		输送控制的工件检测
6.3	防爆型接近开关		√		TURCK/P+F	NBN、NBB系列(P+F) NI、BI 系列(TURCK)		输送控制的工件检测
6.4	高温接近开关	√	√		CONTRINEX/P+F	DW-HD 系列(CONTRINEX) NCN 系列(P+F)		烘干室内输送设备,选型需考虑温度范围影响
6.5	压差开关	√	√		JOHNSON	P233 系列		所有送排风系统,感应范围可调
6.6	压力开关	√	√		SCHNEIDER	OsiSense XM 系列		泵出口检测压力,感应范围可调
6.7	温度开关	√	√		JOHNSON	TE 系列		工艺设备温度检测与保护

序号	外购件材料名称	进口	合资	国产	推荐品牌	产品系列	图例	备注说明
6.8	浮子液位开关	√	√		P+F	LFL 系列		液位检测
6.9	光电开关	√	√		SICK/P+F	WL 系列（SICK）ML100 系列（P+F）		输送控制的工件检测,具体型号详细设计时确认
7	模拟量开关							
7.1	电磁流量计	√	√		E+H 或同等品牌	主流配置产品		前处理、电泳、污水站管道
7.2	静压式液位计	√	√		E+H 或同等品牌	主流配置产品		静压式液位计用于前处理、电泳、漆渣处理、污水处理,多点液位控制的槽体
7.3	超声波液位计	√	√		E+H 或同等品牌	主流配置产品		超声波液位计用于前处理、电泳、漆渣处理、污水处理,多点液位控制的槽体
7.4	电极式液位计	√	√		E+H 或同等品牌	主流配置产品		电极式液位计用于前处理、电泳、漆渣处理、污水处理,只有极低液位保护的槽体
7.5	温湿度传感器	√			E+E 或同等品牌	EE23 系列		空调系统温湿度控制
7.6	pH 计	√	√		E+H 或同等品牌	CPS11 系列		前处理、电泳、污水站
7.7	电导率仪	√	√		E+H 或同等品牌	CLM253 系列		前处理、电泳、污水站
7.8	浊度分析仪	√	√		E+H 或同等品牌	CUM223/253 系列		前处理、电泳、污水站
7.9	热电偶		√	√	JUMO 或同等品牌	拧入式热电偶（901020 等）		前处理、电泳、烘干室、空调等温度监测
7.10	热电阻		√	√	JUMO 或同等品牌	拧入式热电阻（902020 等）		前处理、电泳、烘干室、空调等温度监测

序号	外购件材料名称	进口	合资	国产	推荐品牌	产品系列	图例	备注说明
8	安全低压电器							
8.1	隔离栅	✓	✓		TURCK/P+F	IM 系列（TURCK）KF 系列（P+F）		本安防爆系统，主要用于喷漆机器人系统
8.2	安全光栅	✓	✓		SICK/PILZ	M4000 系列（SICK）PSENopt 系列（PILZ）		升降机等危险区域光电安全保护装置
8.3	安全门	✓	✓		SICK/PILZ	I 系列（SICK）PSEN 系列（PILZ）		升降机等危险区域光电安全保护装置
8.4	安全地毯	✓	✓		SCHMERSAL 或同等品牌	SMS 系列（SCHMERSAL）		踏台等区域光电安全保护装置
8.5	安全继电器	✓	✓		SIEMENS/PLIZ	PNOZ 系列（PLIZ）Sirius 3 系列（SIEMENS）		双通道信号型，两个通道信号都正常时，安全继电器才能正常工作，保护暴露于不同等级危险性的机械操作人员
9	线缆及附件							
9.1	高温电缆		✓		Lapp/Igus/Helu	0091 311、0091 316（LAPP）		烘干室内输送控制系统
9.2	高柔性拖链电缆		✓		Lapp/Igus/Helu	OLFLEX-FD CLASSIC 810 系列		输送控制系统的移动设备以及工艺设备的加料电动葫芦
9.3	普通电线电缆			✓	远东/江南 或同等品牌	VVR、VVRP、RVV、RVVP		工艺设备电机电缆，部分传感器和执行机构；机运系统非变频的电机；控制柜、控制盒之间的电源分配；控制柜、控制盒之间的联锁信号
9.4	以太网电缆		✓	✓	AMP 或同等品牌	主流配置产品		AMP 安普超五类非屏蔽双绞线、CM 防火级别，支持 100MHz 传输带宽；工作环境温度 −20~60℃，储运环境温度 −20~80℃
9.5	以太网电缆接头		✓	✓	AMP 或同等品牌	主流配置产品		超五类屏蔽
9.6	总线电缆		✓	✓	SIEMENS	PROFINET 电缆		设备层网络通信

序号	外购件材料名称	进口	合资	国产	推荐品牌	产品系列	图例	备注说明
9.7	快速连接器	√	√		HARTING	Han 工业连接器系列		动力、控制电源、联锁信号等
9.8	接线端子		√		PHEONIX/WAGO	弹簧端子系列（WAGO）弹簧端子系列（PHEONIX）		控制柜内电气连接
9.9	电缆桥架			√	国产优质品牌	主流配置产品		镀锌桥架，带隔板（面板带锁扣）
10						显示屏		
10.1	人机界面	√			SIEMENS	TP1200 Comfort		HMI，人机操作界面
10.2	液晶显示屏		√	√	LG/SAMSUNG/SHARP	主流配置产品		选型为主流配置，最新产品
10.3	ANDON 看板			√	彩色 LED 显示	主流配置产品		选型为主流配置，最新产品
11						仪器仪表		
11.1	电流表			√	国产优质品牌	主流配置产品		选型为最新产品
11.2	电压表			√	国产优质品牌	主流配置产品		选型为最新产品
11.3	计量仪表-水			√	国产优质品牌	主流配置产品		RS485 通信口，具体选型详细设计阶段确定
11.4	计量仪表-电			√	国产优质品牌	主流配置产品		RS485 通信口，具体选型详细设计阶段确定
11.5	计量仪表-天然气			√	国产优质品牌	主流配置产品		RS485 通信口，具体选型详细设计阶段确定
11.6	计量仪表-热能			√	国产优质品牌	主流配置产品		RS485 通信口，具体选型详细设计阶段确定

序号	外购件材料名称	进口	合资	国产	推荐品牌	产品系列	图例	备注说明
12						燃烧器		
12.1	程控器	√			HONEYWELL/SIEMENS	EC7890/LGK 16.335		燃烧器逻辑控制
12.2	温控器	√			HONEYWELL或同等品牌	DC1000系列		燃烧器温度控制
12.3	伺服阀	√			HONEYWELL或同等品牌	M7284C1000		燃烧器管路开度控制
12.4	点火变压器	√			HONEYWELL或同等品牌	ET401/4T402		提供满足条件的点火电压
12.5	点火棒	√			HONEYWELL/DRESS	主流配置产品		点火装置
12.6	火焰探测器	√			HONEYWELL/SIEMENS	C7061A/QRA55		探测火焰信号,并反馈至控制器
12.7	双电磁阀	√			HONEYWELL/DUNGS	DMV		燃烧器管路控制阀,第一个是安全阀,第二个是操作阀
12.8	泄漏检测	√			SIEMENS或同等品牌	LDU		燃烧器泄漏检测装置
12.9	执行器	√			HONEYWELL或同等品牌	主流配置产品		阀门开度执行装置
13						驱动		
13.1	变频器(工艺设备)	√	√		SIEMENS	G120系列		前处理、电泳、空调、烘干等工艺设备有变频要求的电机,具体选型详细设计阶段确定
13.2	变频器(输送设备)	√	√		SEW	MOVIDRIVE-B系列(柜装)MOVIFIT系列(分布式)		MOVIDRIVE-B系列:升降、移载等输送设备;MOVIFIT系列:辊床、横移、转台等输送设备;具体选型详细设计阶段确定
13.3	电机星-三角启动器	√	√		SCHNEIDER/SIEMENS	LC系列(SCHNEIDER)3RA系列(SIEMENS)		星-三角启动电机

序号	外购件材料名称	进口	合资	国产	推荐品牌	产品系列	图例	备注说明
13.4	软启动器	√	√		SIEMENS	3RW 系列		软启动电机
13.5	电机（工艺设备）	√	√		SIEMENS	1LE0001 系列		低压交流三相异步电动机，选型需满足工艺与安装环境要求
13.6	减速电机（输送设备-含防爆）	√	√		SEW	DRS/DRE 系列		普通电机防护等级：满足工艺与安装环境要求；防爆电机防护等级：气体环境中采用 IP54 及更高防护等级，粉尘环境中采用 IP65 或 IP55 防护等级
14	其他项							
14.1	整流源系统		√	√	保定莱特或同等品牌	10kV 进线电泳整流器 380V 进线电泳整流器		容量：直流电流为 10～7500A，直流电压为 50～500V；采用双三相桥式并联、十二相整流线路带平波电抗器；高精度稳压和低纹波性能（额定输出时纹波系数＜1%）

15.7 涂装辅助工具清单

涂装辅助仪器/工具清单如表 15-57～表 15-60 所示。

表 15-57 涂装辅助仪器/工具清单

序号	名称	型号	推荐品牌	数量	配置	图片
1	恒温水浴锅	HH-6 六孔排水、定时	lichen	1	主机 2 电源线 2 操作说明书 2 合格检测报告	
2	微量天平	XSE204	METTLER	1	主机 1 操作说明书 1 合格检测报告	
3	电子台秤 15kg	AWM	平丰	4	主机 1,包括电源线 说明书 1 操作说明书 合格检测报告	

序号	名称	型号	推荐品牌	数量	配置	图片
4	直流电整流系统	KYA56-10A/400V-BT	莱特	1	主机 电源线 电泳实验接电装置 操作说明书 合格检测报告	
5	电泳实验槽	非标制作		1		
6	水性漆黏度计	CAP2000＋H	BROOKFIELD（博勒飞）	1	主机 扭矩范围选择： — 高扭矩（ICI 规格标准）181000mN/m — 低扭 7970mN/m 一支用户选定的锥形转子 便携箱 操作说明书	
7	旋转黏度计	DVS＋旋转黏度计	BROOKFIELD（博勒飞）	1	主机 1 转子 3♯和 7♯ 软件 1 便携箱 1 操作说明书 1 合格检测报告	
8	涂 4 杯	DIN53211（4mm）	BYK	1	涂 4 杯 操作说明书 合格检测报告	
9	秒表	HS-80TW-1DF	卡西欧	1	秒表主机 带子 电池 操作说明书 合格检测报告	
10	标准光源箱	TC-T60	国产	1	标准光源箱 光源灯管 操作说明书 合格检测报告	
11	漆膜冲击仪	5545	BYK	1	带轴圈的导管 1 下落重物 1 冲头 1 操作说明书 1 合格检测报告	

序号	名称	型号	推荐品牌	数量	配置	图片
12	橘皮仪	AW-4840	BYK	1	主机 带证书的标准板 1.5V 小电池(碱性) 充电连接线 2 数据传输线 1 自动生成图表软件 1 充电底座 1 便携箱 1 操作说明书 1 格检测报告	
13	色差仪	mac-7030	BYK	1	主机 1 校准标准板 1 白色校准标准板带证书 1 青色和效果检查用标准版 保护盖 1 底部清洁组件 1 遮光盖 2 Auto-chart 软件 1 带 USB 线缆的充电底座 1 用于在线传输的数据线 1 可充电锂电池 2 操作说明书 1 合格检测报告	
14	光泽度仪	AG-4563	BYK	1	主机 1 内置校标,标准板底座 1 可追溯的证书 1 软件 easy-link1 USB 线缆 1 电池 1 组便携箱 1 操作说明书 1	
15	粗糙度仪	PS1	Mahr	1	探测器(4nm 测量力,5μm 尖端半径标准型触针)直流适 配器 1 硬笔 1 保护工作表 1 换镜旋转盘 1 工具箱 1 DP-1VR 驱动装置和电缆 高度倾斜调整单元 1 存储卡 1 印刷纸 1 电池 1 便携箱 1 操作说明书 1 合格检测报告	
16	炉温跟踪仪/ 12 点	XL2	DATAPAQ	1	主机 1 相关软件 1 数据记忆块 XL2 型 1 八测头接口 XL2 型 2 扩充接口 1 PA0054 3 工件磁性测头, 长 3m 12 空气磁性测头,长 3m 1 PA09743 工件磁性测头, 长 3m 3 隔热箱(标准型)1 操作说明书 1	

序号	名称	型号	推荐品牌	数量	配置	图片
17	风速仪	417	德图	1	主机 1 电池 1 说明书 1 保护套 1	
18	红外测温枪	ST60	雷泰	1	主机 1 电池 1 便携箱 1 观察装置 操作说明书 合格检测报告	
19	内窥镜	VJ-ADV6.3/1.5	RF	1	主机 电池 便携箱 操作说明书 合格检测报告	
20	显微镜	HW-500C	上海昊微光电	1	Canon IXUS 115 照相机 1 4G DS 卡 1 G20 模块 1 60、150、300 倍镜头 1 充电电池、充电器 1 密封仪器箱 1 图像处理软件 1	
21	便携式数码显微镜及数码相机	2008-100X	PEAK	1	Canon IXUS115 1 4G DS 卡 1 G20 module 模块 1 60 倍镜头、150 倍镜头、300 倍镜头 充电电池 1 充电器仪器箱 1 图像处理软件 1	
22	噪声计	HS5633	Grows/高致精密	1	主机 风罩 钟表起子 便携包 校准器 电池 操作说明书 合格检测报告	

序号	名称	型号	推荐品牌	数量	配置	图片
23	湿膜膜厚仪	ZND 2050	BYK	1	主机 1 便携箱 1 操作说明书 1 合格检测报告	
24	膜厚仪	FMP40	Fischer	2	主机 1 标准板 1 铁基体 1 铝基体 1 电池 LR6. AA 1.5V 2 便携箱 1 操作说明书 1 合格检测报告	
25	激光测距仪	DISTOD2	Leica/徕卡	3	主机 1 电池 2 数据线 1 操作说明书 1 合格检测报告	
26	照度仪	540	testo	1	主机 1 探头 1 操作说明书 1 合格检测报告	
27	便携式压差计	MP110	KIMO/凯茂	1	主机 1 测头 1 电池 1 操作说明书 1 合格检测报告	
28	附着力划格刀	PE-5124	BYK	1	主机 1 刀头 1 更换刀头用的六角扳手 1 小型放大镜 1 符合相关标准的胶带 1 便携箱 1 操作说明书 1 合格检测报告	
29	磁力搅拌器	KMS-181E	上海精凿	1	主机 1 固定支杆 1 夹头 1 磁力搅拌子 1 温度计 1 支杆 1 操作说明书 1 合格检测报告	

序号	名称	型号	推荐品牌	数量	配置	图片
30	硬度计	PH-5800、PH-5801	BYK	1	主机 1 探针 PH-5800、PH-5801 1 便携箱 1 操作说明书 1 合格检测报告	
31	马弗炉	BF51894C-1	Thermo Scientific	1	主机 1 控制器 1 操作说明书 1 合格检测报告	
32	鼓风干燥箱	FDL115	Binder	2	主机 1 控制器 1 操作说明书 1 合格检测报告	
33	pH 计	S210K	METTLER	1	主机 1 实验室用电极 2 标定溶液 1 操作说明书 1 合格检测报告	
34	便携式 pH 计	S2-Field Kit	METTLER	1	主机 电极夹 腕带 快速指南 pH 缓冲液启动套装 uGo 便携箱 操作说明书 合格检测报告	
35	电导率仪	S30K	METTLER	1	主机 1 实验室用电极 2 标定溶液 1 操作说明书 1 合格检测报告	
36	便携式电导率仪	S3-Field Kit	METTLER	1	主机、电极夹、腕带 快速指南、1413μS/cm 和 12.88mS/cm 标准袋 uGo 便携箱 操作说明书 合格检测报告	

序号	名称	型号	推荐品牌	数量	配置	图片
37	电阻仪	LC2(PW-1722/PW-1710)	BYK	1	主机 1 电池 操作说明书 合格检测报告	
38	氟离子测定仪	410P-13A	Orion	1	主机 1 pH 电极 2 氟离子电极 2 温度探头 2 氟离子标准液 1ppm 氟离子标准液 2ppm 氟离子标准液 10ppm 操作说明书 合格检测报告	
39	分光光度计	DR6000	HACH	1	主机、保护罩、遮光罩 A 型适配器、B 型适配器、C型适配器、通用电源适配器、铜离子试剂:0.04~5mg/L;0.1~8mg/L;2~210μg/L 合格检测报告	
40	浊度计	TSS portable	HACH	1	主机 可充电电池 测定仪 传感器 带 4 个转接器的充电器 便携箱 操作说明书 合格检测报告	
41	四枚盒	非标制作	国产	1	操作说明书	
42	防爆温湿度计	NA51-BBXa-Di	国产	20	主机 电池(7 号)1 操作说明书 合格检测报告	

序号	名称	型号	推荐品牌	数量	配置	图片
43	游标卡尺	0～300mm	STANLEY	2	游标卡尺、便携箱 操作说明书 合格检测报告	
44	杯突仪	BEVS1606	BEVS	1	主机 USB线 便携箱 充电线 操作说明书 合格检测报告	
45	空气粒子计数器	Fluke 985	Fluke	1	充电器、便捷的 USB 和以太网通信件 ENET CATSE 7in 电缆 USB-A 至 MINI-B 6in 电缆 12V 直流电源 零计数入口-过滤器 过滤器接头 样本入口保护盖 便携箱 入门手册和用户使用手册CD	
46	超声波流量计	FD-Q20C	基恩士	1	主机 安装架 操作说明书 合格检测报告	
47	便携式多功能膜厚仪	PMP10	Phascope	1	主机 探头支架 标准片 操作说明书 合格检测报告	
48	天然气检测仪	XP-3160	新宇宙 日本	1	皮革外套 5 号碱性电池 4 节 气体导入软管（1m）过滤管、过滤片、吸气金属管 吸气管用橡胶头 主机 数据下载线 操作说明书 合格检测报告	

序号	名称	型号	推荐品牌	数量	配置	图片
49	压缩空气检测仪Aerotest 5000		德尔格	1	主机 带快插接口的连接管 墙充100～240V 6节5号碱性电池 U盘,含软件 开管器 触摸笔 废旧检测管回收 操作说明书 合格检测报告	

表 15-58　涂装辅助工具清单（1）

序号	名称	型号	品牌	数量	技术参数	配置	图片
1	玻璃液体温度计(酒精)	100℃ 50℃	国产	5 5	产品类型:酒精玻璃棒式温度计 分度值:0.5℃ 结构形式:棒式 包装:10只/盒 测量范围:0～50℃ 长度:温度计长度为50cm	10支组套装 纸筒包装 操作说明书 合格检测报告	
2	移液管(带分度计)	2mL 5mL 10mL 50ml	国产	10 20 20 10	产品类型:玻璃高硼硅 分度范围:2mL、5mL、10mL、50mL 长度为32cm 精度范围:0.1 结构方式:吹出式/流出式(慢流速) 刻度清晰,防腐 移液管支架与移液管型号匹配	移液管本体 移液管支架 操作说明书 合格检测报告	
3	滴定管(酸式)	50mL	国产	10	产品材质:玻璃 允许误差:0.05～0.1mL 测量范围:10～50mL、刻度清晰,防腐	滴定管本体 活塞 操作说明书 合格检测报告	
4	滴定管(碱式)	50mL	国产	10	具备酸碱两用,活塞为具四氟活塞,能够进行旋转 颜滴定管颜色为棕色		
5	量筒	10mL 50mL 100mL 1000mL	国产	20 10 10 10	产品材质:玻璃 允许误差:0.1mL 测量范围:10mL、50mL、100mL、1000mL 刻度分度值:1mL 刻度清晰 液体温度20℃ 高度:127mm、185mm、245mm、430mm 筒口内径:12.5mm、22mm、27mm、61mm	量筒本体 量筒固定底座 操作说明书 合格检测报告	
6	容量瓶	1000mL 500mL 250mL 100mL 50mL	国产	10	产品材质:玻璃 允许误差:0.4mL、0.25mL、0.15mL、0.1mL、0.05mL、0.03mL 测量范围:1000mL、500mL、250mL、100mL、50mL、25mL 刻度清晰 液体温度:20℃ 等级:A级	容量瓶本体 活塞 操作说明书 合格检测报告	

序号	名称	型号	品牌	数量	技术参数	配置	图片
7	量杯	2000mL	国产	10	产品材质:玻璃 允许误差:1mL 测量范围:2000mL 刻度清晰 液体温度:20℃ 等级:A级	量杯本体 操作说明书 合格检测报告	
8	锥形瓶	250mL	国产	20	产品材质:玻璃 高硼锥丝口 测量范围:250mL	锥形瓶本体 操作说明书 合格检测报告	
9	广口瓶	1000mL	国产	10	产品材质:玻璃 测量范围:1000mL 允许误差:10mL 磨砂瓶塞	广口瓶棕色、白色 磨砂瓶塞 操作说明书 合格检测报告	
10	细口瓶	1000mL	国产	10	产品材质:玻璃 测量范围:1000mL 允许误差:5mL 磨砂瓶塞	细口瓶棕色、白色 磨砂瓶塞 操作说明书 合格检测报告	
11	烧杯	100mL 250mL 500mL 1000mL	国产	20 30 20 10	产品材质:高硼硅玻璃烧杯 测量范围:100mL、250mL、500mL、1000mL 允许误差:3mL 外径:50mm、70mm、85mm、105mm 高度:70mm、100mm、120mm、160mm	烧杯本体 操作说明书 合格检测报告	
12	漏斗	10cm 直径	国产	10	产品材质:不锈钢三角漏斗 最大外径:10cm 最大高度:11.5cm 引流口宽度:1.5cm 内有过滤装置,且漏斗带有手柄	漏斗 过滤网 操作说明书 合格检测报告	
13	表面皿	10cm 直径	国产	10	产品材质:高硼硅玻璃 测量范围:250mL 底部外径:100mm 盖外径:107mm 皿高:20mm	表面皿、皿盖 操作说明书 合格检测报告	
14	试剂瓶	125mL	国产	10	产品材质:耐高温棕色瓶 测量范围:125mL	试剂瓶 操作说明书 合格检测报告	
15	坩埚	25mL	国产	10	产品材质:陶瓷 测量范围:25mL 带盖圆头	坩埚、圆头盖子 操作说明书 合格检测报告	
16	坩埚钳	50cm	国产	10	产品材质:45钢 手柄材质:PVC手套 测量范围:50cm 样式:美式	坩埚钳 PVC手套 操作说明书 合格检测报告	
17	试管	15mm 25mm 150mm 200mm	国产	20	产品材质:高硼硅玻璃 可以直接加热,圆底试管 试管口带有瓶塞,硅胶 测量范围 15mm、25mm、150mm、200mm 试管架型号与试管型号匹配	试管 试管架 瓶塞 操作说明书 合格检测报告	

序号	名称	型号	品牌	数量	技术参数	配置	图片
18	滤纸	9cm	国产	10	产品特征：中速 滤纸孔径：90mm 滤速：35～70s 灰分：≤0.15% 定量：(80±4)g/m²	圆形滤纸 包装100张 操作说明书 合格检测报告	
19	药勺	20cm	国产	20	产品材质：不锈钢 产品特点：一头勺一头铲 测量范围：200mm	药勺 操作说明书 合格检测报告	
20	干燥器/ 干燥皿	450mm	国产	4	产品材质：玻璃及真空 测量范围：450mm 干燥器盖子：磨砂口 带有多孔的瓷板	干燥器 磨砂口的盖子 操作说明书 合格检测报告	
21	玻璃 搅拌棒	100mm 200mm	国产	20	产品材质：高硼硅玻璃 测量范围：100mm、200mm 底部外径：4～5mm、5～6mm	玻璃搅拌棒 操作说明书 合格检测报告	
22	吸耳球	60mL （中）	国产	10	产品材质：乳胶 产品尺寸：60mL 安全环保无异味	吸耳球 操作说明书 合格检测报告	
23	镊子	平头 10cm	国产	5	产品材质：不锈钢 产品功能：防静电、耐酸、耐腐蚀 镊子长度：110mm、平头镊子	镊子 操作说明书 合格检测报告	
24	pH试纸	pH-1-14	国产	30	测量范围：pH1～14 中性pH溶液值为7 颜色艳丽、识别简单	pH试纸 操作说明书 合格检测报告	
25	胶头滴管	14cm	国产	30	产品材质：橡胶、玻璃 规格尺寸：玻璃部分长14cm 滴管管径：7mm左右 胶头：橡胶	胶头滴管 操作说明书 合格检测报告	
26	带盖 称量瓶	50×30	国产	20	产品材质：高硼硅玻璃 测量误差：5mL 产品尺寸：50×30扁形	称量瓶 操作说明书 合格检测报告	
27	洗瓶	250mL 500mL	国产	10	产品材质：高压聚乙烯（LDEP）并带有刻度 产品规格：250mL、500mL 允许误差：2mL 洗瓶直径：60mm、69mm 洗瓶高度：132mm、162mm 产品特点：耐酸耐碱，无味，耐热	洗瓶 操作说明书 合格检测报告	
28	滴定瓶	50mL 250mL	国产	6	产品材质：高硼硅玻璃 产品规格：50mL、250mL 采用胶头滴管替代瓶盖 耐热、耐酸、耐碱	滴定瓶 配套的胶头滴管盖子 操作说明书 合格检测报告	
29	安煜信 干燥剂	蓝色硅 胶10kg	国产	10	产品规格：2～4mm 产品粒度：2～4目 耐温性：800℃ 脱色率：2% 含水率：2%	干燥剂 操作说明书 合格检测报告	

序号	名称	型号	品牌	数量	技术参数	配置	图片
30	安全罐	金属	国产	5	产品材质:不锈钢金属 产品类型:阻燃 I 型 尺寸规格:241×279	安全罐 操作说明书 合格检测报告	
31	托盘	32cm× 22cm× 2cm	国产	10	产品材质:不锈钢 带磁浅盘,方形	托盘 操作说明书 合格检测报告	
32	巴氏吸管	3mL	国产	100	产品材质:PE 聚乙烯 允许误差:0.1mL 测量容量:3mL	巴氏吸管 100/ 包 操作说明书 合格检测报告	
33	塑料杯子	100 只/ 包	国产	100	产品材质:pp 百折胶 产品类型:圆形 杯身高度:7.2cm 上杯口外直径:6.8cm 上杯口内直径:6.2cm 杯底外直径:4.3cm	塑料杯子 100/ 包 操作说明书 合格检测报告	
34	氯化钾 分析纯	500g	国产	5	产品级别:分析纯 AP 含量:95% 产品规格:500g	氯化钾分析纯 AP 操作说明书 合格检测报告	
35	缓冲液	250mL	国产	20	产品类型:ORP 缓冲液 测量精度:±0.01 含量:20% 测量范围:4.00、6.86、9.18	pH 缓冲液 操作说明书 合格检测报告	
36	异丙醇	250mL	国产	5		异丙醇 操作说明书 合格检测报告	
37	二甲苯	250mL	国产	5		二甲苯 操作说明书 合格检测报告	
38	甲基异 丁基酮	250mL	国产	5		甲基异丁基酮 操作说明书 合格检测报告	
39	浓硝酸	250mL	国产	5		浓硝酸 操作说明书 合格检测报告	
40	正庚烷	250mL	国产	5		正庚烷 操作说明书 合格检测报告	
41	无水乙醇	500mL	国产	5		无水乙醇 操作说明书 合格检测报告	
42	氨基磺酸	500g	国产	5		氨基磺酸 操作说明书 合格检测报告	

表 15-59　涂装辅助工具清单（2）

序号	名称	型号	品牌	数量	技术参数	配置	图片
1	偏心振动打磨机	20317 不吸尘 5in	3M	10	规格:5in 类型:不吸尘 自由转速:12000r/min 底盘规格:5″125mm 工作耗气量:4CFM 气压:6.2kgf/cm^2 进气口尺寸:1/4	5in 不吸尘打磨机 操作说明书 合格检测报告	
2	偏心振动打磨机	3in 28494	3M	10	规格:3in 类型:不吸尘,背绒打磨机 自由转速:10000r/min 底盘盘径:75in 工作耗气量:0.4 偏心率:2,5mm（%） 进气口尺寸:1/4	3in 不吸尘打磨机 操作说明书 合格检测报告	
3	吸尘打磨机套装	20319 自吸尘 5in	3M	10	规格:5in 吸尘 类型:自吸尘打磨机 自由转速:10000r/min 底盘规格:5～125mm 工作耗气量:4CFM 气压:6.2kgf/cm^2 进气口尺寸:1/4	5in 吸尘打磨机 操作说明书 合格检测报告	
4	开桶器	350mm	国产	10	材质:铜合金 规格:350mm	开通器 操作说明书 合格检测报告	
5	钢丝软管	200m	国产	1	材质:PVC 工作压力:0.5mPa 壁厚:2～10mm 程度:200mm 公称外径:8～110mm 耐高温 160℃、耐腐蚀、耐酸碱	软管 合格检测报告	
6	气动隔膜泵	Husky 1590	GRACO	2	最大工作流体压力:120psi 最大自由流量:22.74m^3/h 最大往复速度:200cpm 每往复流量:0.5gal 最大输送固体颗粒:4.8mm 最大自吸高度干抽:6.1m 工作空气压力范围:20～120psi 最大空气消耗量:3.5m^3/min 空气进口尺寸:1/2in.npt 流体进口尺寸:1-1/2in.npt（铝和不锈钢） 流体出口尺寸 1-1/2in.npt（铝和不锈钢） 质量:铝和泵 15.2kg 不锈钢泵:38.6kg 噪声级别:77dBA	主机 操作说明书 合格检测报告	
7	铲刀	3寸	克里斯汀	25	材质:碳钢 50♯ 规格:3in 全长:220mm 手柄材质:木质	铲刀 合格检测报告	

序号	名称	型号	品牌	数量	技术参数	配置	图片
8	吹尘枪	97222	SATA	30	吹长枪长度:250mm 工作气压:5~8kg/cm^2 黄铜管接头尺寸:1/4npt 气流量:1/4″内径气管 350L/min 3/8″内径气管 430L/min	吹尘枪 操作说明书 合格检测报告	
9	打磨托盘	20353	3M	50	产品类型:砂光盘垫 圆盘直径:5in 等级:粗糙 速度(max):12000r/min 颜色:黑红 主要颜色:黑红 附件类型:Hookit 应用:平砂 包装数量:10CA	打磨托盘 操作说明书 合格检测报告	
10	打磨块	10cm× 5cm×3cm	3M	50	材质:金刚石 粒度:粗、中、细	打磨块 操作说明书 合格检测报告	
11	吸尘器	JN202S- 20L	杰诺	5	额定电压:220V 额定功率:1600W 额定频率:50W 电源线长度:5m 吸尘器功能:干湿两用 操作方式:机械式 吸尘器款式:立式 特殊吸嘴:圆头形状	吸尘器 操作说明书 合格检测报告	
12	工作台	1200× 600× 1000 一侧 带4个 抽屉	国产	20	桌面长度:1200mm 桌面宽度:600mm 桌面高度:1000mm 桌面材质:台面覆盖层采用2mm厚度优质防静电胶皮,散光率>95%。内部为网状结构电阻分布均匀,体积电阻≤107Ω·cm,静电泄放时间<0.5s 桌面面板:厚度50mm的高压成型纤维耐磨板,手工防撞pvc敲边 承重:1t 桌子桌架:加厚1.5mm的C型钢,钢管横截面尺寸为100mm×50mm。经酸洗磷化、静电喷涂、高温烘烤,达到工业级防锈耐腐蚀标准 抽屉承重:100kg	工作台 操作说明书 合格检测报告	
13	工具柜	600× 400× 1200	国产	20	材质:冷轧钢板 拉手:不锈钢 层板承重:120kg 抽屉拉开方式:钢珠滑轨 底部带滑轮便于移动	工具柜 操作说明书 合格检测报告	

序号	名称	型号	品牌	数量	技术参数	配置	图片
14	防爆柜	45 GAL	国产	15	材质:冷轧钢板 特性:要具备防火钢板构造,双层钢板之间内填充特殊防火材料 柜子设计:内要有防漏液槽并带有双通风口设计,可用调风阀控制风量大小 柜内涂环氧树脂漆、带有防静电接地导线	防爆柜 操作说明书 合格检测报告	
15	毛刷	2~3cm	得力	100	材质:尼龙毛+实木杆 总长度:30cm 毛长:3cm 毛宽:2.5cm	毛刷 操作说明书 合格检测报告	
16	PVC软管(紫)	1/4 口径	国产	1	材质:PVC 颜色:紫色 管壁上有字样 壁厚:6mm 工作压力:0.8~1mPa 长度:180mm 适用温度:-10~65℃ 特性:四季柔软,无毒,无味,耐压,抗拉伸,耐腐蚀,耐老化,耐酸碱,内外壁光滑,外形美观,柔软轻便;三层结构钩编软管更加防扭曲,抗拉伸	软管 操作说明书 合格检测报告	
17	刮胶板	80mm×40mm×20mm	国产	50	材质:聚氨酯 长度:80mm 宽度:40mm 厚度:20mm	刮胶板 合格检测报告	
18	胶管(蓝)	240~793	GRACO	1	材质:耐高温硅胶管 颜色:蓝色 口径:1-5/16in 温度:-54~100℃ 耐高压、耐腐蚀	压力表 带胶管连接头 合格检测报告 操作说明书	
19	空气喷枪	jet 3000 K HVLP	SATA	15	耗气量:560L/min(19.8cfm) 建议进气气压:2.5bar(36.3psi) 最高操作温度:50℃ 最大操作过压:2.5~3.0bar(36.3psi) 空气进气口:G 1/4 a 尺寸:0.8~2.0	喷枪 维修工具包 喷嘴套装 操作说明书 合格检测报告	
20	空气软管	PUN-6X1-BL	FESTO	10	材质:聚氨酯 壁厚:1mm 外径:6mm 抗静电、耐高温	空气软管 合格检测报告	
21	锋利小刀	2011	得力	10	材质:高碳钢 长度:11cm 厚度:110mm	刀片 合格检测报告	

序号	名称	型号	品牌	数量	技术参数	配置	图片
22	枪站压力表	0～350bar	国产	10	材质:壳体不锈钢 量程:0～350bar 耐震,不可选用硅油填充,真空 公称直径:60mm 精度等级:2.5 环境温度:-40～70℃ 连接方式:螺纹连接	压力表 操作说明书 合格检测报告	
23	红外线烘烤灯	短波红外2000W	AMH	16	灯管:IRA 红外线短波加热管 反射板:进口 304 不锈钢材料反射板 两边堵头:压铸铝一次压铸成型 适用电源:220～240V 开机功率:2000W 温度可调:30～200℃ 设定时间:0～60min 可调 全自动电脑控制,有脉冲功能,液压升降器,灯体可 360° 旋转,能独立控制每一组灯,可在烤漆房内全方位移动工作,灯体升降由气弹簧全程助力	烤灯 轨道悬架 操作说明书 合格检测报告	
24	手动烘烤枪	GHG 630 DCE	BOSCH	5	额定输入功率:1600W 第一挡:温度 300℃,空气流量 240L/min 第二挡:温度 500℃,空气流量 450L/min 温度过载保护:有 额定电压:220V	烘烤枪 维修工具包 操作说明书 合格检测报告	
25	上壶罐枪	198150	SATA	20	材质:铝合金锻造镀镍枪身 涂料供给方式:压送式 耗气量:120NL/min(7.2标立方) 建议进气气压:0.5～2.0bar(7～29psi) 最高操作温度:50℃ 最大操作过压:10bar(145psi) 空气进气口:G 1/4 尺寸:0.3～1.4(0.8SR～1.4SR) 喷涂距离:24cm	上壶罐枪 喷枪修理包 操作说明书 合格检测报告	
26	下壶罐枪	17400	SATA	20	材质:铝合金锻造镀镍枪身 涂料供给方式:吸上式 喷嘴口径:1.7mm 最佳喷涂气压:4bar 耗气量:约 380L/min 喷涂距离:18～23cm 喷幅大小:约 25cm 铝合金锻造镀镍枪身结构坚固,重心稳定 雾化精细,喷涂效果好	下壶罐枪 喷枪修理包 操作说明书 合格检测报告	

序号	名称	型号	品牌	数量	技术参数	配置	图片
27	喷嘴	201343	SATA	10	材质:铝合金 规格大小:跟上下罐枪口径保持一致	喷嘴 操作说明书 合格检测报告	
28	研磨机	3125A 偏心轨道	3M	20	转速:7500r/min 托盘直径:30mm(1in) 振动偏移量:3mm 机器质量:0.48kg 空压机压力:4~6.5kg	研磨机 操作说明书 合格检测报告	
29	蜡影机	7125	3M	10	转速:7500r/min 抛光轮:3in海绵托盘 偏心率:5mm(%) 耗气量:380L/min 空气压力:0.8~1.0mPa	蜡影机 操作说明书 合格检测报告	
30	抛光机	7403 3寸	3M	20	盘径:3in 抛光轮:76mm 空载转速:2500r/min 马达:201马力 工作气压:90psi 气流速度:340L/min	抛光机 操作说明书 合格检测报告	
31	点漆笔	大毛笔	国产	100	材质:毛竹 毛质:普通羊毛 规格:全长18.5cm,毛头长约2.2cm	点漆笔 合格检测报告	
32	电动抱桶器	DTF300-1	创力/国产任一品牌	2	产品型号:DTF300-1 额定载荷:300kg 净重:249kg 提升速度:80mm/s 脚轮规格(前/后): φ150mm×50mm/ φ125mm×50mm 转弯半径:1590mm 泵站功率:0.8kW/h 电池参数:12/100V/Ah 精度范围:±3%	电动抱桶器 充电线 操作说明书 合格检测报告	
33	液压式抱桶器	液压式-400	国产	2	额定负载:400kg 净重:170kg 液压升高 手动翻转 前轮规格(尼龙轮): φ150mm×50mm 后轮规格(尼龙轮): φ150mm×50mm 前支腿内外、宽:630mm、810mm 前支腿长度:770mm 整车(长×宽×高):1500mm×950mm×2060mm 智能充电器:12V 最大提升高度:1450mm	抱桶器 操作说明书 合格检测报告	
34	高压吹扫枪	007-S	SILVENT	5	材质:不锈钢 吹扫力:2.8N 声级水平:81dB(A) 喷射空气形式:集中 连接:G 1/4″ 连接形式:内螺纹 最高工作温度:70℃ 最高工作压力:0.7MPa	高压吹扫枪 操作说明书 合格检测报告	

序号	名称	型号	品牌	数量	技术参数	配置	图片
35	平板推车	150kg	国产	10	材质:不锈钢+pp料; 自身尺寸:90cm×60cm×80cm 轮子:橡胶材质且是静音设计 能够进行折叠	平板推车(单层) 操作说明书 合格检测报告	
36	手动液压车	5t	NOBLE LIFT/诺力	5	材质:不锈钢 载重:5000kg 货叉长度:1.2m 货叉最低高度:85mm 货叉最高高度:200mm 货叉尺寸:180mm×60mm 脚轮材质:加强尼龙	手动液压车 操作说明书 合格检测报告	
37	洗衣机	10~30kg	国产	2	洗涤容量:30kg 滚筒直径:800mm 洗涤/脱水转速:40/750r/min 额定电压:380V 电机功率:4kW 能够进行变频驱动 空气压力:0.45~0.6MPa 内胆材质:不锈钢 驱动方式:全自动	全自动洗衣机 操作说明书 合格检测报告	
38	冰柜	999L	捷胜	10	制冷控制系统:机械温控 冰柜类型:家用冷柜 冰柜温区:单温柜 高度:858mm 规格:999L 显示方式:无冷冻能力8kg/24h(含)~15kg/24h(含) 面板类型:喷粉面板 箱门结构:双门式 最大容积:999L 开门方式:顶开式 电压/频率:220V/50Hz 总容积:999L 运转音:39dB(A) 定频/变频:变频 堆码层数极限:3层 是否无霜:直冷有霜 电源线长:1.8m 附加功能:断电保护 产品尺寸:2252mm×800mm×858mm	冰柜 操作说明书 合格检测报告	
39	台车	非标	国产	10	材质:镀锌且涂抹防腐漆 承重设计:800kg 采用钻辘移动,且可以卸载时 轮子设计要轻便,无噪声	台车 合格检测报告	

序号	名称	型号	品牌	数量	技术参数	配置	图片
40	台车支腿	(与台车型号相同)	国产	20	轮子外层材质:橡胶 轮子设计要轻便,无噪声	台车支腿 合格检测报告	
41	漆渣运送小车	非标	国产	2	材质:内部不锈钢,外部镀锌涂漆防护 结构设计:底部有过滤网,且边缘有沥水口可以引流 承重能力:500kg 可以进行自锁功能,带有把手(足够长)	漆渣运送小车 操作说明书 合格检测报告	
42	超声波清洗机	GT SONIC-L30	GTSONIC(可选)	1	超声波频率:具备三档可调 清洗温度:0~65℃ 功率:500 内部容积:30L 槽数:1	超声波清洗机 操作说明书 合格检测报告	
43	登高自动升降机	GTJZ08HD(可选择)	国产	2	整机质量:2400kg 额定载荷:300kg 最低高度:1810mm 最大宽度:1730mm 电动功率:3.0kW 材质:钢材 电源电压:380V 台面尺寸:2812mm×1530mm 最高高度:14m 底座尺寸:2470mm×132mm 提升高度:8m 起升时间:90s	登高自动升降机 操作说明书 合格检测报告	
44	夹具转运车	非标	国产	5	材质:镀锌防锈 载重:100kg 轮子是橡胶,无噪声设计	夹具转运车 合格检测报告	
45	防爆插座	AC-10A	国产	20	材质:铝合金 工作电压:220V/380V 具备防爆:国标5孔 防护等级:IP65	防爆插座 合格检测报告	
46	高压无气喷蜡枪	Silver银枪	GARCO	4	材质:锻铝制造 涂料吐出量:340mL/s 涂料供给方式:压送式 最大输出压力:3000psi 喷涂距离:300mm	高压无气喷蜡枪 操作说明书 合格检测报告	

表 15-60　涂装辅助工具清单（3）

序号	名称	型号	品牌	数量	技术参数	配置	图片
1	通用工具套筒套装	9516	STANLEY	10	产品材质:铬钒钢 产品制式:公制 产品组件:58 件 扳手:1 件 10mm 棘轮扳手:11 件标准两用扳手 8mm,10mm,12mm,13mm,14mm,15mm,16mm,17mm,18mm,19mm,1 件 8″活动扳手;9 件公制长球内六角扳手:1.5mm,2mm,2.5mm,3mm,4mm,5mm,6mm,8mm,10mm 螺丝批:3 件一字彩条柄螺丝批 3×75mm,5×150mm,6.5×40mm,4 件十字螺丝批 ♯0×75mm,♯1×150mm,♯2×45mm,♯3×150mm 钳类工具:1 件钢丝钳 8″;1 件尖嘴钳 6″;1 件换头挡圈钳 6″(配 4 种挡圈钳头) 钳工工具:1 件圆头锤 16oz 测量工具:1 件公制卷尺 3m,1 件不锈钢直尺 150mm,13 件公制塞尺 0.05~1mm 剪切工具:1 件割刀 电子电工类工具:1 件 LED 手电筒 其他工具:14 件 10mm 6 角套筒:6mm,7mm,8mm,9mm,10mm,11mm,12mm,13mm,14mm,15mm,16mm,17mm,18mm,19mm 1 件磁性捡拾器,1 件 10mm 系列接杆 3″	扳手 螺丝批 钳类工具 钳工工具 测量工具 剪切工具 LED 手电筒 六角套筒 14 磁性捡拾器 合格检测报告	
2	电动电钻套装	5152	STANLEY	20	产品材质:合金钢 卷尺:5m 十字螺丝刀:SL/3-6 一字螺丝刀:PH/0-2 6 角套筒:6.3mm 4-9 磁性接杆:60mm 木工钻头:4~8mm 石工钻头:4~10mm 金属钻头:2~6mm 套筒驱动:25mm	电动电钻、卷尺、十字螺丝刀、螺丝刀、六角套筒、磁性接杆、木工钻头、石工钻头、金属钻头、套筒驱动、劈头夹、羊角锥、磁性鱼雷水平尺、合格检测报告	
3	螺丝刀套装	T 系列	STANLEY	5	产品材质:铬钒合金钢 产品制式:公制 刀头规格:T6,6.5mm,T8,T15,5.5mm,♯1,♯2 旋杆类型:梅花型、十字、一字 套装件数:16 件	十字螺丝批、一字螺丝批、花形螺丝批、精密螺丝批、合格检测报告	

序号	名称	型号	品牌	数量	技术参数	配置	图片
4	砂轮机	GWS660	BOSCH	5	输入功率:660W 空载速率:11000r/min 主轴直径:M10 切片直径:100mm 质量:1.5kg	主机 操作说明书 合格检测报告	
5	切割机	GCO14-24	BOSCH	5	额定输入功率:2000W 切割能力矩形:85mm×180mm 切割能力矩形:120mm×120mm 切割能力矩形:138mm×138mm 空载转速:2500r/min 磨片直径:355mm 磨削钻孔直径:25.4mm 质量:17kg	主机 操作说明书 合格检测报告	
6	角磨机	STGL 2218	STANLEY	10	输入功率:2200W 空载转速:8500r/min 砂轮尺寸:180mm 输出轴:M14 额定电压:220V 产品尺寸:50mm×15cm	主机 操作说明书 合格检测报告	
7	维修工具柜	705×370×830mm	STANLEY	10	抽屉尺寸:560mm×320mm×50mm 砂漆表面,抗挂痕、抗溶解 工作台采用双侧拉锁控一体式设计 伸展导轨,两边带护套,承重达30kg,使用寿命3万次 底座为敞开式设计,高度为38cm 且两边配有带孔挂板	工具柜 操作说明书 合格检测报告	
8	圆头锤	STHT 54191-8-23	STANLEY	15	锤头材质:碳钢 质量(oz/g):16/454 长度:345mm 手柄材质:木柄 锤头规格:27mm 高度:20mm 宽度:103mm 质量:1.0kg	圆头锥 操作说明书 合格检测报告	
9	羊角锤	STHT 51271-8-23	STANLEY	15	类别:羊角锤 锤头材质:高碳钢 质量(oz/g):16/454 长度:350mm 高度:50mm 宽度:140mm 手柄材质:木柄 锤头规格:28mm 重量:1.5kg	羊角锥 操作说明书 合格检测报告	

序号	名称	型号	品牌	数量	技术参数	配置	图片
10	扳手工具套装	LT-027-23	STANLEY	5	产品材质:Cr-V 钢 表面处理:镀铬 产品制式:公制 扳手规格:6~19mm EVA 工具托尺寸:278mm×375mm×45mm	扳手工具(含14件) 操作说明书 合格检测报告	
11	扭力扳手	SE-01-025	STANLEY	10	产品材质:工具钢 产品制式:公制 扭矩范围:5.25N·m 扭矩刻度:0.1 精度:3% 扳手长度:300mm	扭力扳手 操作说明书 合格检测报告	
12	电动扳手	GDX18V	BOSCH	5	工具夹头:1/4in 内六角,1/2in 方形 空载速率:0~2800r/min 冲击率:0~3200 次/min 扭矩:170N·m(内六角),185N·m(方形) 电池容量:18V/4A 充电器:AL1860CV	电动扳手 电池 充电器 安全绳 操作说明书 合格检测报告	
13	对讲机	GP328D+防爆	摩托罗拉	50	型号:摩托罗拉 GP328D+ 防爆类型 频率范围 VHF:136~174;UHF:403~527MHz 射频输出功率:5/1W 信道数:32 个 理论通信距离:5~15km 工作电压:7.5V 频率稳定度:0.5(ppm) 电池类型:锂电池 电池理论寿命:29h 监听功能:有 外形尺寸:130mm×55mm×40mm 质量:322g 防护等级:IP68 防爆等级:IIBT3	对讲机 充电器 天线 背夹 原装电池 操作说明书 合格检测报告	
14	电笔	62601	世达	20	材质:铬钒合金钢且防爆 LCD 显示:数显型 可直接或间接测量:0~380V 感应测试:可轻松进行感应断点测试,断线点的测试,检测微波的辐射及泄漏情况	电笔 操作说明书 合格检测报告	
15	工具腰包	95-267-23	STANLEY	50	产品材质:采用高级尼龙材料 规格大小:200mm×180mm×80mm	工具腰包 操作说明书 合格检测报告	
16	钳子套装	TK912-23C	STANLEY	5	产品材质:合金钢 产品规格:1 件 DYNA-GRIP 钢丝钳 8″ 1 件 DYNAGRIP 尖嘴钳 6″ 1 件 DYNAGRIP 斜嘴钳 6″ 1 件 日式专业塑料水口钳 6″	钳子套装 操作说明书 合格检测报告	

序号	名称	型号	品牌	数量	技术参数	配置	图片
17	轴承加热器	VLY-4	国产	2	材质:不锈钢 功率:12kW 外形尺寸:280mm×130mm 模式:移动式	轴承加热器 操作说明书 合格检测报告	
18	手拉葫芦	5吨/3m	国产	5	起重链条:80级锰钢 手拉链条:镀锌防腐防锈 吊钩:高温淬火锻造 360°旋转 外壳与吊钩:喷塑处理,确保不生锈	手拉葫芦 操作说明书 合格检测报告	
19	手拉葫芦	5吨/6m	国产	5	起重链条:80级锰钢 手拉链条:镀锌防腐防锈 吊钩:高温淬火锻造 360°旋转 外壳与吊钩:喷塑处理,确保不生锈	手拉葫芦 操作说明书 合格检测报告	
20	橇棍	18×400mm	国产	10	产品材质:65锰钢 表面处理:喷塑 两端形状:尖,扁	橇棍 操作说明书 合格检测报告	
21	橇棍	22×800mm	国产	10	产品材质:65锰钢 表面处理:喷塑 两端形状:尖,扁	橇棍 操作说明书 合格检测报告	
22	橇棍	22×1000mm	国产	10	产品材质:65锰 表面处理:喷塑 两端形状:尖,扁	橇棍 操作说明书 合格检测报告	
23	紫铜棒	9×500mm	国产	10	铜含量:99.9% 杂质含量:0.1% 硬度:80~110HV 抗拉强度:245~345	紫铜棒 操作说明书 合格检测报告	
24	安全吊带	3~10t	国产	20	产品材质:丙纶 载荷规格:3~10t 耐酸碱,抗腐蚀,抗拉强度强	安全吊带 操作说明书 合格检测报告	
25	钢丝绳	2mm×100m	国产	10	产品材质:不锈钢 直径:2mm 抗拉强度:15MPa 表面光滑 有无磁性:有弱磁	钢丝绳 操作说明书 合格检测报告	
26	电烙铁	220V-30W (9件装)	国产	10	产品材质:胶柄电烙铁 功率:30W 温度范围:100~400℃ 电压调节范围:220~240V	电烙铁,电烙铁1个 吸锡器1个 烙铁架1个 焊丝2m 操作说明书 合格检测报告	

序号	名称	型号	品牌	数量	技术参数	配置	图片
27	管子钳	10in	sata	10	钳头材质:铝合金 柄部材质:铝合金 长度:250mm	管子钳 操作说明书 合格检测报告	
28	管子钳	14in	sata	10	钳头材质:铝合金 柄部材质:铝合金 长度:350mm	管子钳 操作说明书 合格检测报告	
29	皮带扳子	97-101-23	史丹利	10	规格大小:11in 材质:工具钢	皮带扳子 操作说明书 合格检测报告	
30	手持电钻	GBM340	BOSCH	10	额定功率:340W 电压:220V 空载转速:2800r/min 交流电源	手持电钻 操作说明书 合格检测报告	
31	热熔枪	NL220	国产	10	枪嘴材质:铝合金 功率:8W 枪嘴口径:1.8~2.0mm 预热时间:5~7min 充电模式:USB-锂电池充电	热熔枪 操作说明书 合格检测报告	
32	电焊机	ZX7-315GS	国产	2	电源电压:三相 AC380V±15% 频率:50/60Hz 电流调节:40~480A 推力调节范围:0~100N 负载持续率:40% 效率:85% 外壳防护等级:IP21	电焊机 操作说明书 合格检测报告	
33	手电筒	C8	国产	10	材质:铝合金、充电式 光源形式:LED 功率:4W 射程:17m 挡位:强光-中光-弱光-爆闪-SOS	手电筒 智能 USB 充电器 操作说明书 合格检测报告	
34	千斤顶	5t	国产	5	起重高度:180~360mm 结构特征:液压式 拉力:650~5000t	千斤顶 操作说明书 合格检测报告	
35	接地电阻测试仪	UT522	优利德	6	产品规格:UT521(接地电阻:0~2000Ω;接地电压:0~200V)UT522(接地电阻:0~4000Ω;接地电压:0~400V) 测量范围:0~4000Ω 基本精度:±(2%+3)	测试仪 操作说明书 合格检测报告	
36	钢卷尺	91347	世达	20	功能:自带 LED 照明,即使在昏暗的环境下依然可以使用 材质:尺带材料使用 65Mn 钢 表面喷涂环保油漆涂层及保耐磨层;弹簧使尺带伸缩自如 尺壳采用环保 ABS 塑料 测量范围:0~5m 卷尺宽度:19mm	钢卷尺 操作说明书 合格检测报告	

序号	名称	型号	品牌	数量	技术参数	配置	图片
37	塞尺	0.01～1mm	Grows	10	材质:不锈钢 测量范围:0.01～2.0mm 尺片数量:21 尺身长度:100mm 尺片规格:0.01mm、0.02mm、0.03mm、0.04mm、0.05mm、0.06mm、0.07mm、0.08mm、0.09mm、0.1mm、0.2mm、0.3mm、0.4mm、0.5mm、0.6mm、0.7mm、0.8mm、0.9mm、1.0mm、1.5mm、2.0mm	塞尺 便携盒 操作说明书	
38	间隙尺	09407	世达	5	材质:尺身采用 65♯Mn,表面抛光处理 测量范围:0.02～1mm 叶片数量:32 片 叶片形状:圆形 尺身长度:35″长 尺片规格:0.02mm、0.03mm、0.04mm、0.05mm、0.06mm、0.07mm、0.08mm、0.09mm、0.1mm、0.13mm、0.15mm、0.18mm、0.2mm、0.23mm、0.25mm、0.28mm、0.3mm、0.33mm、0.38mm、0.4mm、0.45mm、0.5mm、0.55mm、0.6mm、0.63mm、0.65mm、0.7mm、0.75mm、0.8mm、0.85mm、0.9mm、1.00mm 采用公英制对照	间隙尺 便携盒 操作说明书	
39	钢直尺	91402	世达	10	材质:不锈钢材料 测量长度:150mm、200mm、300mm	钢直尺 保护罩 操作说明书	
40	钢直尺	91403	世达	10	材质:不锈钢材料 测量长度:150mm、200mm	钢直尺 保护罩 操作说明书	
41	兆欧表	1537	Fluke	6	测量范围:500000MΩ 电压设置:250V/500V/1000V/2500V 工作温度:10～50℃ 防护等级 IP40	兆欧表 操作说明书 合格检测报告	
42	滑橇解锁扳手	非标	国产	10			

15.8 涂装辅料清单

涂装辅料清单如表 15-61 所示。

表 15-61　涂装辅料清单

序号	使用工段	物料号	材料名称	规格	品牌	单位	参考单耗量	图片	功能
1	PTED	PIM004	216U普通圆砂纸	5寸/240目[1]无孔背绒	3M	张	0.15		打磨
2	PTED	PIM005	216U普通圆砂纸	5寸/400目无孔背绒	3M	张	0.02		打磨
3	PTED	PIM010	白布	纯棉	订制	条	0.01		擦拭
4	PTED	PIM090	细铁丝	直径 1mm/2mm	订制	kg	0.01		捆扎
5	PTED	PIM121	螺纹胶	固百利/290	订制	瓶	0.02		密封
6	PTED	PIM101	网砂	3M 8寸 400目	订制	张	0.09		打磨
7	PTED	PIM063	无水乙醇	分析纯级浓度 99.7%	订制	瓶	0.01		擦拭
8	PTED	PIM102	手托(8寸)		订制	个	0.01		打磨
9	SL	PIM029	遮蔽胶带	3M 50mm×50m	3M	卷	0.02		遮蔽
10	SL	PIM002	10号油画笔	锋长:31mm 锋头宽度:18mm 画笔全长:298mm	Martol	支	0.01		刷胶
11	SL	PIM003	12号油画笔	锋长:37mm 锋头宽度:23mm 画笔全长:310mm	Martol	支	0.01		刷胶
12	SL	PIM063	无水乙醇	分析纯级浓度 99.7%	亚士	瓶	0.11		擦拭
13	SL	PIM064	医用酒精	医用浓度 95%(从 4/1 改 75%)	防疫站配方	瓶	0.01		擦拭
14	SL	PIM066	黑海绵	98mm×76mm×26mm	定制	块	1.80		刮胶
15	SL	PIM067	生料带	50m/卷,1.9cm×50mm	邦手 Bang-up	卷	0.01		密封
16	SL	PIM087	涂胶刮板	小(厚 8mm×宽 25mm×95mm)	订制	个	0.01		刮胶
17	SL	PIM088	涂胶刮板	大(厚 8mm×宽 55mm×95mm)	订制	个	0.01		刮胶

①1寸≈0.0333m；目，筛网的单位，为1平方英寸（25.4mm×25.4mm）筛网面积上所具有的网孔个数。

序号	使用工段	物料号	材料名称	规格	品牌	单位	参考单耗量	图片	功能
18	SL	PIM089	自干密封胶	透明色，快干胶，修补时使用 Terostat-MS 935	Teroson	支	0.01		修补
19	SL	PIM094	银针	华佗无菌针灸针（铝箔包装）每盒 100 支	华佗	支	0.01		通枪嘴
20	SL	PIM097	1 号油画笔（刷笔）	峰长：8mm 峰头宽度：4mm 画笔全长：265mm	Martol	支	0.01		刷胶
21	SL	PIM107	去遮蔽夹子	长 50cm	订制	个	0.01		去遮蔽
22	SL	PIM108	强力高效擦拭纸	94165 300 张/箱	Kimberly	张	1.42		擦拭
23	SL	PIM135	长毛刷	3cm	破天荒	支	0.01		刷胶
24	SL	PIM069	左前悬支撑	C02-01666	订制	个	1.00		遮蔽
25	SL	PIM070	右前悬支撑	C02-01667	订制	个	1.00		遮蔽
26	SL	PIM071	前纵梁底部	C02-01668	订制	个	2.00		遮蔽
27	SL	PIM072	左斜梁底部	C02-01669	订制	个	1.00		遮蔽
28	SL	PIM073	右斜梁底部	C02-01670	订制	个	1.00		遮蔽
29	SL	PIM074	后轮罩	C02-01671	订制	个	4.00		遮蔽
30	SL	PIM075	后弹簧支撑	C02-01672	订制	个	2.00		遮蔽
31	SL	PIM076	后纵梁	C02-01673	订制	个	2.00		遮蔽
32	SL	PIM077	后纵梁右后部	C02-01674	订制	个	1.00		遮蔽
33	SL	PIM078	螺柱 $\phi 5$	C02-01675	订制	个	35.00		遮蔽
34	SL	PIM079	螺柱 $\phi 6$	C02-01676	订制	个	13.00		遮蔽

序号	使用工段	物料号	材料名称	规格	品牌	单位	参考单耗量	图片	功能
35	SL	PIM080	刹车管支架	C02-01677	订制	个	4.00		遮蔽
36	SL	PIM081	排气装置	C02-01678	订制	个	4.00		遮蔽
37	SL	PIM082	手刹拉索支架	C02-01665	订制	个	2.00		遮蔽
38	SL	PIM083	刹车燃油管线支架	C02-01664	订制	个	3.00		遮蔽
39	SL	PIM084	前纵梁螺栓遮蔽件 M10	C02-01686	订制	个	16.00		遮蔽
40	SL	PIM085	前纵梁螺栓遮蔽件 M8	C02-01687	订制	个	1.00		遮蔽
41	SL	PIM086	前纵梁螺栓遮蔽件 M6	C02-01688	订制	个	4.00		遮蔽
42	SL	PIM098	横纵梁遮蔽件 Q20	C02-01689	订制	个	7.00		遮蔽
43	SL	PIM099	地盘中部圆孔	C02-01680	订制	个	1.00		遮蔽
44	SL	PIM103	底盘堵件 $\phi25$	C02-01690	订制	个	2.00		遮蔽
45	SL	PIM104	底盘堵件 $\phi35$	C02-01691	订制	个	2.00		遮蔽
46	SL	PIM105	前轮罩堵件 $\phi26.2$	C02-01692	订制	个	2.00		遮蔽
47	SL	PIM116	自干密封胶	Teroson MS935	Teroson	瓶	0.01		密封
48	SL	PIM106	手刹拉索挂钩	C02-01685	订制	个	4.00		遮蔽
49	TC-Pre	PIM006	普通圆砂纸	5 寸/400♯无孔背绒	3M	张	0.14		打磨
50	TC-Pre	PIM007	普通圆砂纸	5 寸/600♯无孔背绒	3M	张	0.01		打磨
51	TC-Pre	PIM018	水磨砂纸	400♯长方形 14cm×11cm 3M	3M	张	0.02		打磨

序号	使用工段	物料号	材料名称	规格	品牌	单位	参考单耗量	图片	功能
52	TC-Pre	PIM024	网纱	5寸/P400# Mirka	Morka	张	0.05		打磨
53	TC-Pre	PIM030	高温纸胶带	3M 48mm×50m	3M	卷	0.01		遮蔽
54	TC-Pre	PIM056	手托盘	3m背绒的82475	3M	个	0.01		打磨
55	TC-Pre	PIM063	无水乙醇	分析纯级 浓度99.7%	亚士	瓶	0.01		擦拭
56	TC-Pre	PIM095	圆砂纸	3M 3寸 400# 3M背绒 中间有孔	3M	张	2.50		打磨
57	TC-Pre	PIM096	圆砂纸	3M 3寸 600# 3M背绒 中间有孔	3M	张	0.86		打磨
58	TC-Pre	PIM101	8寸网纱	3M 281W P600	3M	张	0.08		打磨
59	TC-Pre	PIM102	手托盘	82793直径8寸 厚度25mm （配281W网砂）	3M	个	0.01		打磨
60	TC-Pre	PIM108	强力高效擦拭纸	94165 300张/箱	Kimberly	张	0.05		擦拭
61	TC-Pre	PIM115	黏性布	PS350-D2 300mm×400mm	展成洁	张	0.40		擦拭
62	TC-Pre	PIM140	手托盘	5寸	3M	个	0.01		打磨
63	TC-Pre	PIM152	蓝色海绵擦拭布	蓝色海绵 25cm×32cm		张	0.19		擦拭
64	TC-Pre	PIM123	喷枪一次性壶 125070	RPS上壶0.6L 功能免洗枪壶 SATA	SATA	个	0.01		洗枪
65	TC	PIM029	遮蔽胶带	3M 50mm×50m	3M	卷	0.01		遮蔽
66	TC	PIM030	耐热胶带	3M 48mm×50m	3M	卷	0.01		遮蔽
67	TC	PIM036	超细纤维擦拭布	KIMTECH* PREP 75890(25张/箱)	Kimberly	张	0.02		擦拭
68	TC	PIM062	凡士林	工业级(500G)	北洲	瓶	0.01		吸尘

序号	使用工段	物料号	材料名称	规格	品牌	单位	参考单耗量	图片	功能
69	TC	PIM063	无水乙醇	分析纯级浓度 99.7%	亚士	瓶	0.01		擦拭
70	TC	PIM094	银针	华佗无菌针灸针（铝箔包装）每盒 100 支	华佗	支	0.01		通枪嘴
71	TC	PIM108	强力高效擦拭纸	94165 300 张/箱	Kimberly	张	0.27		擦拭
72	TC	PIM161	伟厚遮蔽胶带	3M 50mm×50m	伟厚	卷	0.01		擦拭
73	TC	PIM115	黏性布	PS350-D2（中黏）300mm×400mm	展成洁	张	0.20		擦拭
74	TC	PIM168	白色超细纤维擦拭布	wipe cloth	Kimberly	张	0.01		擦拭
75	TC	PIM171	杜邦白色擦拭纸	MPAP-3 无尘擦拭纸 9 寸 300 片/包	杜邦	盒	0.01		擦拭
76	TC	PIM172	杜邦白色擦拭纸	LD-3 多用途擦拭纸 35×30cm 300 片/盒	杜邦	盒	0.01		擦拭
77	FS	PIM009	精密圆点磨砂纸	2000♯1 寸精密圆点磨（466LA）（500/卷）	3M	张	1.14		打磨
78	FS	PIM018	水磨砂纸	400♯长方形 14cm×11cm 3M	3M	张	0.32		打磨
79	FS	PIM020	水磨砂纸	800♯长方形 14cm×11cm 3M	3M	张	0.19		打磨
80	FS	PIM021	水磨砂纸	1000♯长方形 14cm×11cm 3M	3M	张	0.23		打磨
81	FS	PIM023	水磨砂纸	2000♯长方形 14cm×11cm 3M	3M	张	0.35		打磨
82	FS	PIM030	耐热胶带	3M 48mm×50m	3M	卷	0.03		遮蔽
83	FS	PIM033	Tesa 遮蔽薄膜	4174（单边胶）7147 350mm×22m 透明	Tesa	卷	0.01		遮蔽
84	FS	PIM036	超细纤维擦拭布	KIMTECH＊PREP 75890（25 张/箱）	Kimberly	张	0.02		擦拭
85	FS	PIM041	羊毛垫 3 寸	3 寸（配合 7403 抛光机）	3M	个	0.02		抛光

序号	使用工段	物料号	材料名称	规格	品牌	单位	参考单耗量	图片	功能
86	FS	PIM043	羊毛垫5寸	5寸（配合715A2抛光机）85079	3M	个	0.00		抛光
87	FS	PIM044	海绵托盘3″	配合7125抛光机用051144-14736	3M	个	0.01		抛光
88	FS	PIM045	抛光液	3M 13084（白）	3M	桶	0.01		抛光
89	FS	PIM049	托盘3125	3125托盘	3M	个	0.01		打磨
90	FS	PIM054	抛光海绵轮	配3″海绵托盘14736用PN2648	3M	个	0.01		抛光
91	FS	PIM055	小水瓶	配合点磨机200mL 圆锥头	3M	个	0.01		打磨
92	FS	PIM058	白蜡笔	白色	德国施德楼	支	0.01		标记
93	FS	PIM059	黑蜡笔	黑色	德国施德楼	支	0.01		标记
94	FS	PIM060	蜡笔笔芯	白色	德国施德楼	根	0.01		标记
95	FS	PIM061	蜡笔笔芯	黑色	德国施德楼	根	0.03		标记
96	FS	PIM063	无水乙醇	分析纯级浓度99.7%	亚士	瓶	0.02		擦拭
97	FS	PIM064	医用酒精	医用浓度95%（从4/1改75%）	防疫站配方	瓶	0.01		擦拭
98	FS	PIM065	铝箔纸	450mm×300mm	定制	卷	0.01		包装遮蔽
99	FS	PIM108	强力高效擦拭纸	94165 300张/箱	Kimberly	盒	1.19		擦拭
100	FS	PIM116	粗抛白蜡	WXCPQ208 P400	曼泽那	瓶	0.01		抛光
101	FS	PIM117	细抛灰蜡	WXCPQ208 P4000	曼泽那	瓶	0.01		抛光
102	FS	PIM121	Tesa窗框遮蔽胶带	宽20mm×66m	Tesa	卷	0.01		遮蔽

序号	使用工段	物料号	材料名称	规格	品牌	单位	参考单耗量	图片	功能
103	FS	PIM122	新闻灯灯管	海宁 1300W	海宁	根	0.01		烘干
104	FS	PIM123	喷枪一次性壶 125070	RPS 上壶 0.6L 功能免洗枪壶 SATA	SATA	个	0.01		洗枪
105	FS	PIM124	喷枪一次性壶 118414	RPS 上壶 0.3L 功能免洗枪壶 SATA	SATA	个	0.02		洗枪
106	FS	PIM133	自吸尘打磨袋	配合 3M 5 寸 20319 自吸尘打磨机	3M	个	0.01		吸尘
107	FS	PIM139	Tesa 窗框遮蔽胶带	宽 50mm×66m	Tesa	卷	0.01		遮蔽
108	FS	PIM141	绒扣圆砂纸	3 寸 P2000 背绒 HF-PINK	日本富士星	张	0.01		打磨
109	FS	PIM145	面相笔	韩国华虹 0.9mm	hwahong	支	0.05		修补
110	FS	PIM146	面相笔	韩国华虹 1.2mm	hwahong	支	0.01		修补
111	FS	PIM150	自干黑漆	罐容量:380mL 净含量:150g 黑色	保赐利	瓶	0.05		修补
112	FS	PIM159	遮蔽胶带（美纹纸胶带）	3M 50mm×50m 2308	3M	卷	0.01		遮蔽
113	FS	PIM158	自粘胶带	70mm×200m	德莎	卷	0.01		遮蔽
114	FS	修补漆	高浓清漆		新劲	L	0.01		修补
115	FS	修补漆	固化剂		新劲	L	0.01		修补
116	FS	修补漆	稀释剂		新劲	L	0.01		修补
117	FS	修补漆	接口水		新劲	L	0.01		修补
118	FS	修补漆	底色漆		新劲	L	0.01		修补
119	EOL	PIM001	点漆笔	羊毛	榭得堂	支	0.01		修补

序号	使用工段	物料号	材料名称	规格	品牌	单位	参考单耗量	图片	功能
120	EOL	PIM009	精密圆点磨砂纸	2000♯1寸精密圆点磨(466LA)(500/卷)	3M	张	0.12		打磨
121	EOL	PIM018	水磨砂纸	400♯长方形14cm×11cm 3M	3M	张	0.01		打磨
122	EOL	PIM020	水磨砂纸	800♯长方形14cm×11cm 3M	3M	张	0.01		打磨
123	EOL	PIM021	水磨砂纸	1000♯长方形14cm×11cm 3M	3M	张	0.01		打磨
124	EOL	PIM030	耐热胶带	3M 48mm×50m	3M	卷	0.01		遮蔽
125	EOL	PIM033	Tesa遮蔽薄膜	4174（单边胶）7147 350mm×22m 透明	Tesa	卷	0.01		遮蔽
126	EOL	PIM036	超细纤维擦拭布	KIMTECH＊PREP 75890（25张/箱）	Kimberly	张	0.01		擦拭
127	EOL	PIM041	羊毛垫3寸	3寸（配合7403抛光机）	3M	个	0.01		抛光
128	EOL	PIM043	羊毛垫5寸	5寸（配合715A2抛光机）85079	3M	个	0.01		抛光
129	EOL	PIM055	小水瓶	配合点磨机200mL 圆锥头	3M	个	0.01		打磨
130	EOL	PIM063	无水乙醇	分析纯级浓度99.7%	亚士	瓶	0.01		擦拭
131	EOL	PIM065	铝箔纸	450mm×300mm	定制	卷	0.01		遮蔽
132	EOL	PIM094	银针	华佗无菌针灸针（铝箔包装）每盒100支	华佗	支	0.01		通枪嘴
133	EOL	PIM108	强力高效擦拭纸	94165 300张/箱	Kimberly	张	0.12		擦拭
134	EOL	PIM116	粗抛白蜡	WXCPQ208 P400	曼泽那	瓶	0.01		抛光
135	EOL	PIM117	细抛灰蜡	WXCPQ208 P4000	曼泽那	瓶	0.01		抛光
136	EOL	PIM121	Tesa窗框遮蔽胶带	宽20mm×66m	Tesa	卷	0.01		遮蔽

序号	使用工段	物料号	材料名称	规格	品牌	单位	参考单耗量	图片	功能
137	EOL	PIM122	新闻灯灯管	海宁 1300W	海宁	根	0.01		烘烤
138	EOL	PIM124	喷枪一次性壶 118414	RPS 上壶 0.3L 功能免洗枪壶 SATA	SATA	个	0.01		洗枪
139	EOL	PIM132	抛光蜡	3M 28695	3M	瓶	0.01		抛光
140	EOL	PIM136	罐装点漆笔		Mr. point	支	0.01		修补

参 考 文 献

[1] 王锡春. 涂装车间设计手册 [M]. 北京：化学工业出版社，2008.

[2] 胡宗武，石来德，徐履冰. 非标机械设计手册 [M]. 北京：机械工业出版社，2003.

[3] 马春庆，赵光麟. 涂装设备设计应用手册 [M]. 北京：化学工业出版社，2019.

[4] ABB S. p. A. ABB SACE Division. 低压配电电气设计安装手册 [M]. ABB（中国）有限公司，译. 北京：机械工业出版社，2008.

[5] 陆耀庆. 实用供热空调设计手册 [M]. 2 版. 北京：中国建筑工业出版社，2008.

[6] 石敬炜. 建筑消防工程设计与施工手册 [M]. 北京：化学工业出版社，2019.